NATIONAL GEOGRAPHIC

历史时间线
时空坐标下的人类全景图

美国国家地理学会 编著　王诗婷 译

人民东方出版传媒
People's Oriental Publishing & Media
东方出版社
The Oriental Press

图书在版编目（CIP）数据

历史时间线：时空坐标下的人类全景图 / 美国国家地理学会编著；
王诗婷译 . — 北京：东方出版社 ,2023.11

书名原文：HISTORY AT A GLANCE:Illustrated Time Lines From
Prehistory to the Present Day
ISBN 978-7-5207-3057-0

Ⅰ.①历… Ⅱ.①美…②王… Ⅲ.①世界史 - 文化史 Ⅳ.①K103

中国版本图书馆 CIP 数据核字 (2022) 第 219174 号

Copyright © 2019 National Geographic Partners, LLC.
Simplified Chinese Edition Copyright © 2023 National Geographic Partners, LLC.
All rights reserved. Reproduction of the whole or any part of the contents without written
permission from the publisher is prohibited.
NATIONAL GEOGRAPHIC and Yellow Border are trademarks of the National
Geographic Partners, LLC, used under license.
This edition is published by Beijing Highlight Press Co., Ltd under licensing agreement
with National Geographic Partners, LLC.

著作权合同登记号 图字：01-2022-5443 号
地图审图号：GS（2023）2580 号

历史时间线：时空坐标下的人类全景图
（LISHI SHIJIANXIAN:SHIKONG ZUOBIAO XIA DE RENLEI
QUANJINGTU）

策　　划：	王莉莉
编　　著：	美国国家地理学会
译　　者：	王诗婷
责任编辑：	李　森
特约编辑：	刘芳屹　张雅静
责任审校：	张凌云　赵鹏丽
出　　版：	东方出版社
发　　行：	人民东方出版传媒有限公司
地　　址：	北京市东城区朝阳门内大街 166 号
邮政编码：	100010
印　　刷：	番茄云印刷（沧州）有限公司
版　　次：	2023 年 11 月第 1 版
印　　次：	2024 年 2 月第 2 次印刷
开　　本：	889 毫米 ×1194 毫米　1/16
印　　张：	25.25
字　　数：	500 千字
书　　号：	ISBN 978-7-5207-3057-0
定　　价：	238.00 元
发行电话：	（010）85924663　85924644　85924641

如有印装质量问题，请拨打电话：（010）85924602　85924603

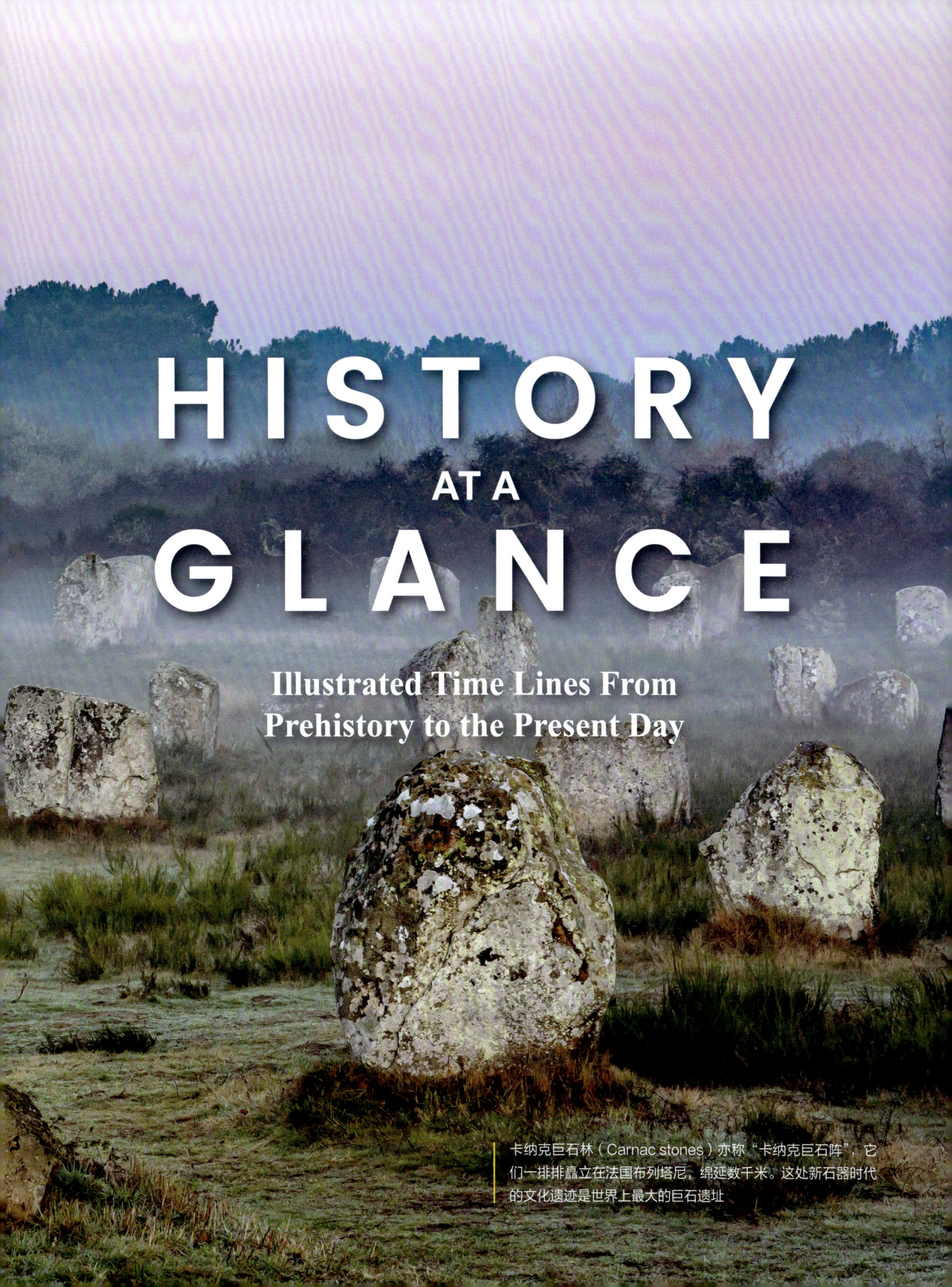

HISTORY AT A GLANCE

Illustrated Time Lines From Prehistory to the Present Day

卡纳克巨石林（Carnac stones）亦称"卡纳克巨石阵"，它们一排排矗立在法国布列塔尼，绵延数千米。这处新石器时代的文化遗迹是世界上最大的巨石遗址

目录

前言 8

第 1 章 早期社会
史前至公元前 500 年

引言 12
世界一览 20

最早的社会 22
冰期

短文 | 人类的迁徙 24

公元前 3000—前 2500 年 26
文字的诞生

短文 | 古代苏美尔 29

公元前 2500—前 2000 年 30
印度河流域文明

公元前 2000—前 1500 年 32
失落的米诺斯世界

短文 | 来世之旅 34

公元前 1500—前 1400 年 36
考古揭示中华文明之源

公元前 1400—前 1300 年 38
图坦卡蒙之墓

公元前 1300—前 1200 年 40
中美洲的奥尔梅克人

短文 | 一神信仰之始 43

公元前 1200—前 1100 年 44
腓尼基航海者

公元前 1100—前 1000 年 46
以色列王国

公元前 1000—前 900 年 48
婆罗门教：梵我合一

公元前 900—前 800 年 50
凯尔特人：欧洲金属匠

公元前 800—前 700 年 52
非洲的努比亚王国

公元前 700—前 600 年 54
热爱生活的伊特鲁里亚人

公元前 600—前 500 年 56
大洋洲探险家

第 2 章 古典时代
公元前 500—公元 500 年

引言 60
世界一览 68

公元前 500—前 440 年 70
琐罗亚斯德教

公元前 440—前 370 年 72
民主的起源

短文 | 波斯的力量 74

公元前 370—前 310 年 76
诺克人

公元前 310—前 230 年 78
亚历山大图书馆

公元前 230—前 170 年 80
汉尼拔

短文 | 秦始皇 82

公元前 170—前 100 年 84
格拉古兄弟

公元前 100—前 40 年 86
恺撒大帝

公元前 40—公元 40 年 88
征氏姐妹的叛乱

公元 40—100 年 90
马萨达

短文 | 被冻结的时间：
庞贝，公元 79 年 92

公元 100—170 年 94
莫切艺术

公元 170—230 年 96
基督教的兴起

公元 230—310 年 98
纳斯卡线条

公元 310—370 年 100
特奥蒂瓦坎

公元 370—440 年 102
印度的黄金时代

公元 440—500 年 104
罗马的陨落

第 3 章 信仰与权力
公元 500—1000 年

引言 108
世界一览 116

公元 500—540 年 118
欧洲的修道生活

公元 540—580 年 120
佛教东传

短文 | 丝绸之路 123

公元 580—620 年 124
中国大运河

公元 620—660 年 126
伊斯兰教的兴起

公元 660—700 年 逊尼派和什叶派	128
公元 700—730 年 沙漠宝藏	130
短文 ｜ 玛雅编年史	132
公元 730—760 年 阿拉伯海商人	134
公元 760—790 年 拜占庭皇后	136
公元 790—820 年 查理大帝	138
公元 820—850 年 喀多联盟	140
公元 850—880 年 北欧海盗	142
公元 880—910 年 西里尔字母	144
公元 910—940 年 土丘建造者卡霍基亚人	146
公元 940—970 年 神圣罗马帝国	148
短文 ｜ 伊斯兰艺术与科学	151
公元 970—1000 年 宋朝	152

第 4 章 入侵与进步
1000—1500 年

引言	156
世界一览	162
1000—1030 年 犹太人西迁	164
1030—1060 年 摩尔人统治下的西班牙	166
1060—1100 年 "征服者"威廉	168
1100—1130 年 骑士时代	170
1130—1160 年 火药的诞生	172
短文 ｜ 吴哥的荣耀	175
1160—1200 年 狮心王和苏丹	176
短文 ｜ 石头里的古城	178
1200—1230 年 耆那教寺庙：非暴力人士的庇护所	180
1230—1260 年 武士道	182
1260—1300 年 马可·波罗	184
1300—1330 年 哥特式大教堂	186
短文 ｜ 黄金帝国马里	189

上图 成千上万的穆斯林在大清真寺的方形天房前俯身祈祷，将他们的麦加朝圣之旅推向高潮

1330—1360 年 秘鲁的奇穆王国	190
1360—1400 年 威尼斯商人	192
1400—1430 年 阿兹特克帝国	194
1430—1460 年 印刷的革命	196
1460—1500 年 哥伦布发现新大陆	198

第 5 章 彼此交融的世界
1500—1750 年

引言	202
世界一览	208
1500—1515 年 起航的葡萄牙	210
短文 ｜ 文艺复兴时期的天才们	213

左图 第二次世界大战期间，美国"企业"号航空母舰甲板上的一名机组人员在太平洋指挥战斗机飞行员。这是空军首次在重大冲突中发挥引领作用

1515—1530 年 征服者科尔特斯	214
1530—1545 年 西班牙宗教裁判所	216
1545—1560 年 开掘新大陆	218
短文丨奥斯曼帝国	220
1560—1575 年 细菌战	222
1575—1590 年 无敌舰队的最后一刻	224
1590—1605 年 俄国的崛起	226
1605—1620 年 西北航道	228
1620—1635 年 恩东戈的武士女王	230
1635—1650 年 爱尔兰入侵	232
1650—1670 年 艾萨克·牛顿先生	234

短文丨莫卧儿帝国的辉煌	236
1670—1690 年 阿散蒂联邦	238
1690—1710 年 塞勒姆的女巫审判	240
1710—1730 年 种姓制度	242
1730—1750 年 印第安战争	244

第 6 章 帝国与革命
1750—1900 年

引言	248
世界一览	254
1750—1760 年 理性时代	256
1760—1770 年 庞蒂亚克之战	258
短文丨奴隶贸易	260
1770—1780 年 美国革命	262

1780—1790 年 艺术的革命	264
1790—1800 年 法国大革命	266
1800—1810 年 拿破仑的征服	268
1810—1820 年 祖鲁人的崛起	270
1820—1830 年 南美洲的自由	272
1830—1840 年 血泪之路	274
1840—1850 年 爱尔兰马铃薯饥荒	276
1850—1860 年 太平天国运动	278
1860—1870 年 达尔文主义	280
短文丨美国内战	282
1870—1880 年 争夺非洲	284

短文｜曼哈顿大熔炉	287	1942 年 斯大林格勒围城战	326	1985—1990 年 全球艾滋病危机	366
1880—1890 年 建造布鲁克林大桥	288	1943 年 意大利战役	328	1990—1995 年 种族隔离的终结	368
1890—1900 年 俄国犹太人遭到的迫害	290	1944 年 岛战	330	短文｜都市生活的诱惑	370
		短文｜诺曼底登陆	333	1995—2000 年 谷歌	372

第 7 章 全球冲突
1900—1950 年

引言	294	1945 年 向日本投掷原子弹	334	**第 9 章 全球化与颠覆** **2000 年—**	
世界一览	302	短文｜纳粹大屠杀	336	引言	376
1900—1905 年 飞行的新世界	304	1946—1950 年 莫罕达斯·甘地	338	世界一览	382
1905—1910 年 现代艺术的开端	306			2000—2004 年 王室血案	384

第 8 章 走向新的世界秩序
1950—2000 年

1910—1915 年 建设巴拿马运河	308	引言	342	短文｜恐怖主义的新面孔	386
短文｜死于堑壕	310	世界一览	350	2004—2007 年 "卡特里娜"飓风	388
1915—1920 年 俄国革命	312	1950—1955 年 朝鲜战争	352	2007—2010 年 智能手机	390
1920—1925 年 爵士时代	314	1955—1962 年 摇滚	354	短文｜大衰退	392
1925—1930 年 华尔街的"黑色星期二"	316	1962—1968 年 公民权	356	2010—2013 年 社交媒体与"阿拉伯之春"	394
1930—1935 年 希特勒掌权	318	短文｜越南失利	359	2013—2016 年 克里米亚	396
1935—1939 年 抗日战争	320	1968—1974 年 登月的一步	360	2016—2018 年 女性大游行	398
1940 年 不列颠之战	322	1974—1980 年 柬埔寨杀戮场	362	短文｜气候变化	400
1941 年 珍珠港	324	1980—1985 年 日本的经济奇迹	364	图片来源	402

前言

在信息高度发达的今天，了解街头巷尾、整个国家乃至全世界正在发生的事情，比已往任何时候都更加容易。智能手机、平板电脑和笔记本电脑可以瞬间让我们全面了解相关的人物、事件与文化。

但是，在以前呢？

你也许知道"1492年，哥伦布正航行在蔚蓝的海洋中"，但是请快速想一下，15世纪还发生了哪些重大事件？

实际上，15世纪发生了不少事情：当玫瑰战争在英格兰激战正酣之际，印加人正在安第斯山区建造雄伟的马丘比丘；意大利人首次在佛罗伦萨欣赏波提切利的画作《维纳斯的诞生》（Birth of Venus）；西非的穆罕默德一世篡夺了桑海帝国的王位，将这个盛产黄金的国家推向了权力的巅峰。

当我们回顾历史时，视角往往会变窄，看得越远，画面越趋近于碎片。关注的焦点会从世界转移到某个国家、某个民族或某个事件，而不是整体。

《历史时间线》改变了这一切：这本书涵盖了从古至今的人类文明，将过往的全球图景融汇在一起。全书回溯到几千年以前，通过比较时间线呈现出真正的全球史观。每一条时间线，都凸显出每个历史时期世界各地的人和事。有趣的手工艺品、令人着迷的艺术品与引人入胜的地图，构造出一幅描绘当时的发明创造、历史事件、历史遗迹以及生活在其中的人们更为生动的画面。

翻到第27页，看看4000多年前的世界发生了什么吧：埃及法老在吉萨建起第一批金字塔，印度西部印度河沿岸的村庄逐渐变成了城市，中国的丝绸纺织技艺日臻成熟。

把时间快进2000年，也就是翻到第89页，当屋大维向埃及艳后克莱奥帕特拉宣战时，越南的征氏姐妹发起了一场叛乱。在大西洋的另一侧，特奥蒂瓦坎的居民正在中美洲建造巨大的建筑，他们的文明开始崛起。

通过这种方式回顾世界历史可以开阔我们的视野，让我们身临其境地看到人类那丰富的共同历史。我邀请你一同沉醉于历史，也沉醉于历史的一切瑰丽之中。

——艾米·布里格斯

右页图 印加古城马丘比丘（Machu Picchu）于1450年左右在今秘鲁境内的安第斯山区建成，建造者没有使用金属工具、砂浆或车轮。图中这座复杂的城市在16世纪西班牙征服期间被遗弃，1911年才重新被外界发现

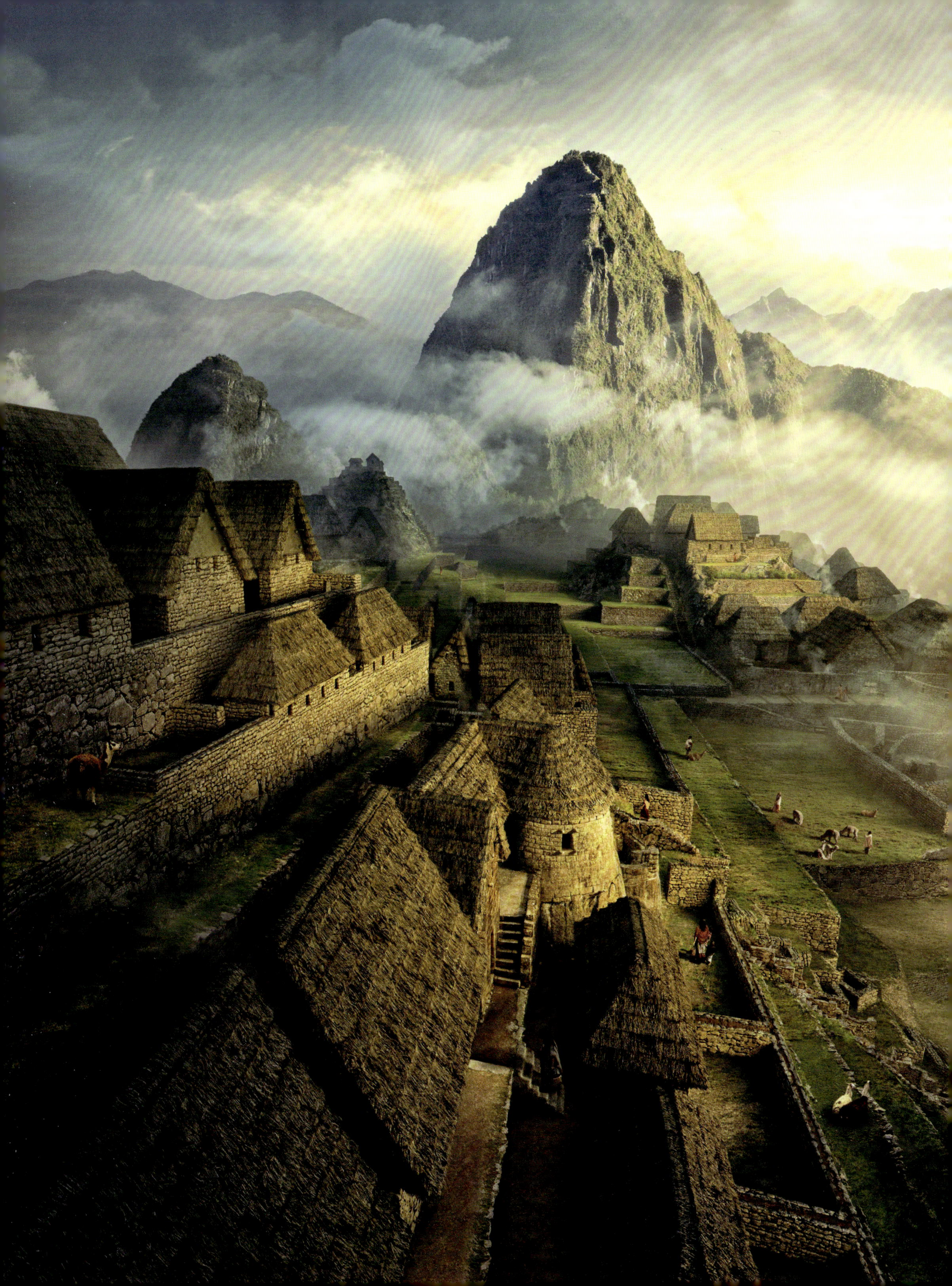

第 1 章

早期社会

史前至公元前 500 年

位于吉萨的大金字塔（中）和它周围的遗迹，是古埃及法老雄心壮志的证明，他们征召劳工建造这些宏伟的坟墓，目的是永久安置自己的遗体，好让他们的灵魂去往来世

人类的历史就是一个物种的故事：他们既擅长开发资源，也擅长改变环境。现在他们已经有能力创造出新的生命形式，或是大规模毁灭生命，并使多个物种走向灭绝。作为建设者、殖民者和征服者，人类展现出了惊人的创造力、改造力与破坏力。"世间有许多奇迹，但没有一种奇迹可以与人类相比。"希腊剧作家索福克勒斯写道，"超乎想象的狡猾是一种非凡的技能，它使得人类时而堕落，时而向善。"

人类之所以拥有改善或破坏环境的非凡能力，应该归功于一场始于400多万年前的进化。当时，在非洲出现了最早的原始人类——能够直立行走的灵长类动物。早期原始人类的平均直立身高只有91—122厘米，脑容量仅为现代人类的1/3，这限制了他们的思维能力与语言能力。但由于能够直立行走，还拥有可以对握的手指（用大拇指和其他手指抓住东西），早期原始人类能够采集和搬运食物，并用简单的工具对它们进行加工。

随着时间的推移，有些原始人类进化出了更大的脑容量，能够充分表达自己的想法，能够制造出精巧的工具和武器，还能集体狩猎。智人（或称"现代人"）大概在30万年前出现在非洲。由于能够适应不断变化的环境，他们最终占据了这个星球上的大部分地方。在最近一次冰期（大约结束于1.2万年前）中，他们以兽皮蔽体，在洞穴里生火取暖，挨过了北半球的冬天。冰期海平面下降，使人类得以从西伯利亚步行到北美，抵达澳大利亚和以前无法到达的其他大陆。

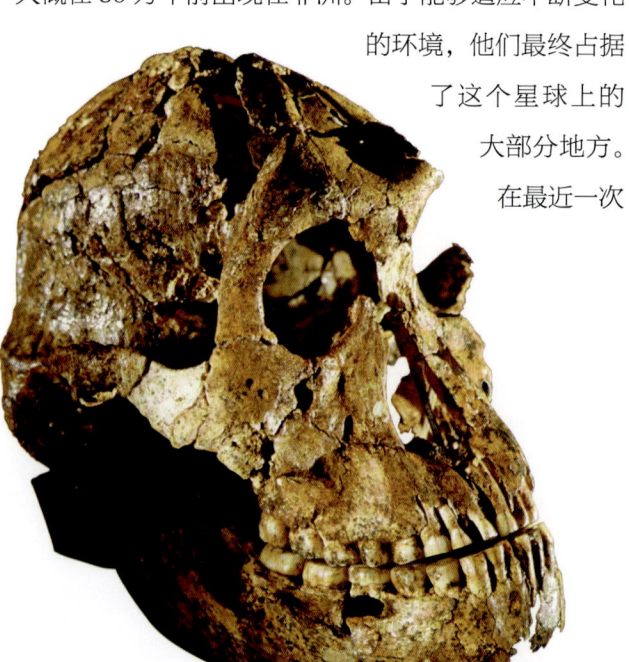

在冰期，人类靠采集野生谷物和其他植物生活，但他们能生存下来并发展壮大，主要靠的是狩猎。当时的人类擅长集体狩猎，能够捕杀大型动物，猛犸象和乳齿象也许正是因此而灭绝的。在令人叹为观止的岩画中，猎人们向他们追踪的动物表达了敬意。绘制岩画的目的，也许是向这些动物的魂灵致敬，祈望它们赐予丰富的食物。人们很早就认为，人类作为掠食者的破坏力与他们作为艺术家、发明家所具备的创造力息息相关。

落地生根

大约自公元前10000年，地球开始变暖，人类必须适应新的环境：他们以极其巧妙的方式做到了这一点。由于全球变暖、过度狩猎，许多人类在冰期捕食过的大型动物都灭绝了。而与此同时，可食用的植物大量繁衍，它们如今生长的地方之前不是太寒冷，就是太干燥。从近代狩猎采集者的行为来看，在远古时代采集的任务基本是由女性来完成的。她们很可能还利用有关

左图 从这个200万年前的头骨来看，早期原始人类的颅骨结构与现代人不同，他们脑容量较小，颌骨较大。但它们和现代人一样能够直立，这使得它们在行走时可以携带食物、工具或武器

植物的知识驯化了小麦、大麦、水稻、玉米等其他谷物。这样，曾经四处游荡觅食的人类群体得以在一个地方定居下来。

动物的驯化对人类过上定居生活也有帮助。最早被人类驯化的动物可能是狗。后来，人们又成功驯化了一些有用的动物，比如牛和羊，它们能提供肉、奶和皮毛。这些工作很可能是由男性完成的，因为他们承担了大部分的狩猎工作，并在这一过程中逐渐学会了如何控制动物。

单凭这些，并不足以让人类选择定居。当一些人在村落里定居了很久之后，游牧民族还在继续跟着他们放牧的动物（如绵羊和山羊）四处迁移。然而，最富生产力的是那些能驯化动物、种植作物的农业社会。农业提供了多余的食物，让某一部分人可以专心从事其他工作，比如设计新工具，开发新技术。

农业的进步最早出现在中东地区，很多具有相当规模的城镇在那里发展起来，耶利哥就是其中之一。公元前8000年，耶利哥已发展成一个拥有约2000名居民的有组织的聚落，人口比典型的狩猎采集者部落多10倍以上。为保护自己的家园免受外来侵袭，耶利哥人筑起了一道墙，这道墙后来成了传奇。在耶利哥和其他类似的城镇中，住着许多专门从事非农产业的人，包括商人、金属工匠和制陶工人。人们需要陶制容器来盛放谷物和其他易腐烂的食物，于是促使陶轮得到了改进。也许是陶轮所带来的灵感，人们发明了最早的轮式车辆。在耶利哥等地，农民用牛等牲畜拉犁耕田，并用多余的农产品换取陶制容器、铜制工具等手工制品。

公元前5000年，欧洲、亚洲和非洲的大部分地区的居民已开始从事农业生产。在美洲，人们驯化的动物很少，因为那里几乎没有可以驯化的物种（马在美洲已经灭绝，直到欧洲人抵达他们所谓的"新大陆"时才被重新引入）。但美洲人驯化了玉米等农作物，村落和高度专门化的复杂社会由此发展起来。

文明的曙光

到了公元前3500年，一个足够复杂和完备、能够以"文明"相称的社会即将出现。"文明"（civilization）一词源自拉丁语的"civis"，意为"城市居民"。所有早期文明都拥有壮观的城市或装饰着精美艺术和建筑作品的祭祀中心。各个文明都有强有力的统治者，能够召集数千人来建设公共工程或参与军事行动。很多文明都用文字编撰法律，将知识与传说通过文学的形式保留下来，但并不是所有文明都是如此。

生活在这些高度复杂的社会中的人拥有先进的技术，但他们并不比生活在相对简单的社会中的人更优

下图　360万年前，坦桑尼亚境内的原始人类将脚印留在了火山灰上。他们走后，火山灰将脚印凝固保留了下来

越、更聪明。文明体现了人性中的矛盾，人类既极富创造力，又极具剥削性；文明改善了部分人的生活，但同时又奴役着另外一部分人。文明中的城市孕育出学问、发明与艺术，但许多城市又毁于其他一些所谓的"文明人"之手。哲学家和诗人看到了文明的荣耀与野蛮，他们明白，统治者营造起来的任何东西都能被推倒。"只要他尊重地方的法令和他凭天神发誓要主持的正义，他的城邦便能耸立起来，"索福克勒斯写道，"如果他胆大妄为，犯了罪行，他就没有城邦了。"

权力走廊

有数个古代文明是沿着河流兴起的，比如美索不达米亚的底格里斯河和幼发拉底河、埃及的尼罗河、今天巴基斯坦境内的印度河，以及中国的黄河。居住在河流沿岸肥沃土地上的人们需要强有力的统治者，以协调建设灌溉和防洪工程、收集富余的食物并把它们分配给从事公共服务的人，以及完成另外一些重要任务。统治者常要求人们提供劳动力和缴税，或征收一部分收成。这么做确实能提高部落的生产力，让部落变得更强大。

就这样，城镇发展成为能控制偏远农场和村落的城市。公元前3200年左右，美索不达米亚出现了世界上最早的城市，并发展为可容纳5万人的大城市。人们将多余的粮食储存在神庙群中。那里的抄书吏还发明了一种楔形文字。他们在黏土板上书写，以记录收到和分发出去的物品。当人们因为领土或水源而与外来者发生冲突时，该城会任命一名首领来对抗外敌。立有战功的首领将持续掌握权力并登基为王。有些王族会将宫殿建在神庙旁，要求以活人献祭。公元前2500年左右，在苏美尔地区的乌尔，有些人会被杀掉，与死去的统治者葬在一起，以在另一个世界继续侍奉这些权贵。

公元前2330年前后，在波斯湾附近，包括乌尔（Ur）和乌鲁克（Uruk）在内的很多繁荣的苏美尔城市都落入了来自美索不达米亚北部的征服者萨尔贡（Sargon）之手。萨尔贡的后人失去了对帝国的控制权，但这个地区后来在巴比伦统治者汉谟拉比（Hammurabi）执政时再次被统一。汉谟拉比在自己统治的区域颁布的成文法，表述清晰且通行全国。巴比伦人还借助文字将传说写成文学作品，如《吉尔伽美什史诗》（The Epic of Gilgamesh），记述了传说中寻求永生的国王的故事。

在埃及，城市发展的速度相对较慢，但尼罗河促进了国家的统一。人们乘船顺流而下抵达地中海，溯水而上时则使用帆或桨。南部高地的雨水使尼罗河在夏季泛滥，滋润了原本应是沙漠的土地。洪水奇迹般地造就肥沃的土壤，这给了埃及人以希望：他们渴望死而复生。公元前3000年左右，定都孟斐斯的埃及早期君主（法老）巩固了自己的统治，他们死后遗体会被制成木乃伊保存下来，并埋葬在随着时间推移变得越来越宏伟的坟墓中。胡夫金字塔于公元前26世纪建于吉萨，动用了数万名劳工，它象征着与太阳神拉有密切关系的埃及统治者的崇高愿望。有的文献称，法老的灵魂会从金字塔"直抵天堂，成为拉的眼睛"（这一

左图 这尊胡须结成辫状的威风凛凛的青铜雕塑，是美索不达米亚理想统治者的象征。也许它与萨尔贡有几分相像——后者自阿卡德一路南进，征服了苏美尔诸城，建立了美索不达米亚地区的第一个帝国（参见第15页地图）。

图案如今仍被保留在1美元的纸币上）。

宏伟的纪念性建筑，不只存在于埃及和其他文明中心。在大金字塔修建之前，今英国境内就出现了巨石阵。巨石阵可能是被用于与日月相关的宗教仪式。欧洲拥有如此巨大的石质遗迹，说明当时那里的农业社会已经能够在神职人员或其他权威人士的领导下合力劳作。但此时欧洲还没有城市，也没有像法老一样统治广大疆域并留下历史印记的统治者。约公元前2000年，埃及君主的势力范围向南扩张到努比亚（今埃塞俄比亚），埃及的权力中心从孟斐斯转移到了底比斯。

受灌溉之惠，印度河及其支流沿岸的城市早在公元前2500年就已蓬勃发展起来。这些城市经过了精心规划，有宽阔的街道、用以储存余粮的大型粮仓，还有复杂的排污系统。其中最大的两座城市是摩亨佐·达罗（Mohenjo Daro）和哈拉帕（Harappa）。摩亨佐·达罗拥有近4万名居民，而哈拉帕则是哈拉帕文明名称的来源。这些城市的手工业者生产棉织品和珠宝，商人将手工制品和原材料运往美索不达米亚。哈拉帕文明的文字尚未被破译，可能是因为他们的文字还相当原始，但在当时，这一文明可是世界上组织结构最完善的社会之一。公元前2000年之后，哈拉帕文明开始衰落，很可能是洪水或其他自然原因造成的。

在中国，多地出现了农业和技术革新，其中长江下游地区早在公元前7000年就已开始种植水稻。长江

古老的伊拉克遗迹

美索不达米亚的意思是"河流之间的土地"，人类文明的惊人成就定义了美索不达米亚的历史。它是犹太人、基督徒和穆斯林传统的发源地，为现代生活中几乎所有的善与恶提供了种子和土壤：文学、医学和科学；专制和战争。该地区没有天然屏障的保护，任由变幻莫测的河流摆布。此外，还有大量的入侵者和移民涌入这里。他们是今天的伊拉克人的祖先。

16　历史时间线：时空坐标下的人类全景图

下游和其他地区产出的富余食物为中国的能工巧匠提供了生活保障。这些匠人擅长陶器制作、玉器雕刻和青铜铸造（青铜是一种铜和锡的合金，它为世界各地的古代社会提供了比纯铜制品更坚固的武器和工具）。

公元前 2200 年左右，黄河沿岸地区的政治局面出现了重大变化。由于黄河沿岸降水丰沛，当地的居民对灌溉没有太大的需求。北风吹来的土粒沉积形成肥沃的黄土，人们就在黄土中种植粟和其他谷物。可是同样的黄土也阻塞了黄河，造成洪灾。中国的史书记载，一位富有传奇色彩的名叫禹的部落首领制服了洪水，平定了天下。禹建立了夏朝。夏朝的历代统治者动员百姓参与治水工程，疏浚河道、修建堤坝，并由此赢得权力和威望。

大约公元前 1600 年，夏朝被商朝取代。商朝的统治者在首都四周用夯土筑城以御敌，并募集军队、开疆拓土，将疆域扩大到中国东北部的大片地区。祖先崇拜是中国的一项古老传统。商朝统治者用青铜器向祖先献祭，并借助龟甲和兽骨与祖先交流，预测未来。龟甲和兽骨受热会出现裂纹，揭示了祖先对所提问题的回答。这些回答会被刻在甲骨上。和其他古代文明类似，商朝社会等级森严，统治者、贵族和农民、奴隶之间的财富与权力差异巨大。在战争中被俘获的奴隶有时会被处死，为已故的商王殉葬。

入侵与创新

从约公元前 1600 年起，来自北方的入侵者席卷了埃及、美索不达米亚、印度河流域等古代文明区。这些入侵者大多是印欧人。几个世纪以来，一波又一波的印欧人从黑海和里海以北的欧亚大草原迁徙而来，他们最早驯服了马，并用马来拖拉车辆。马拉的战车，使得他们在战场上所向无敌。这些人的迁徙对许多语言的发展产生了影响，包括梵语（印度的古典语言）、波斯语、希腊语、拉丁语和英语，它们都属于印欧语系。

一群被称为迈锡尼人的印欧人来到希腊，在那里，为他们的国王建起了山顶城堡和宏伟的陵墓——国王被埋葬在黄金堆中。不久，不安分的迈锡尼人攻占了克里特岛，并驱逐了岛上的米诺斯统治者。此前，米诺斯统治者通过海上贸易获得了大量财富，兴建了绘有鲜艳壁画的宫殿。

在接下来的几个世纪里，拥有印欧血统的凯尔特人跨越欧洲向西扩张，直至不列颠群岛。他们建起迈锡尼式的高大堡垒，用珠宝为贵族陪葬。

在中东，同属印欧民族的赫梯人侵入美索不达米亚。公元前 1595 年，赫梯人驾驶战车征服了巴比伦，击溃了汉谟拉比所建立的帝国。后来的亚述人则通过使用战车和战马，完善骑兵的作战能力，并制造坚固的铁制武器，来统治中东。铁器比铜器便宜，在锻造中加入的木炭中的碳能使铁器更坚固——这种工艺最终催生了炼钢技术。亚述人对敌残暴且引以为傲，一位国王在取胜后写道，"我挖出了好多士兵的眼珠子"。那些臣服于亚述的人被帝国吸收，并为帝国的军队提供了新鲜血液。

经过数个世纪的征服，被称为"战争大师"的亚述人的统治最终被米底人和巴比伦人推翻，巴比伦人夺回了巴比伦。但就在公元前 539 年，波斯入侵，巴比伦再次易主。波斯统治者尊崇的神是阿胡拉·马兹达（Ahura Mazda）。根据波斯圣人琐罗亚斯德（Zarathustra，琐罗亚斯德教创始人）的教义，阿胡拉·马兹达是与宇宙邪恶势力做斗争的最高神。

这些波斯人的先祖是自称"雅利安人"（意为"高贵的人"）的印欧人。早在 1000 多年前，他们就已生活在今天的伊朗（即"雅利安"）境内。之后，一部分波斯人留在伊朗，其他人则在公元前 1500 年左右经由阿富汗进入印度河流域。此时哈拉帕文明已经崩溃，当地居民根本不是入侵者的对手。雅利安人推行严格的等级制度，居于统治地位的是雅利安祭司、酋长。在商

左图 公元前 14 世纪末，年轻的法老图坦卡蒙逝世。图中描绘的是王后安克塞娜蒙为坐在黄金王座上的埃及法老图坦卡蒙涂抹香水的情景。黄金王座是图坦卡蒙诸多的陪葬宝物之一

人和地主辅助下，他统治着由农民和劳工构成的广大的社会底层。雅利安人逐渐朝着东南方向的恒河扩张。他们推行的等级制度固化成种姓制度，几乎断绝了下层人上升的通道，但他们的宗教仪式与教义却在接触到印度次大陆的本土信仰后受到了挑战，不得不做出修改。印度教、佛教和奉行非暴力的耆那教都诞生于这场宗教大变革中。

许多王国在这个动荡时期都灭亡了，中国和埃及虽存活了下来，却也未能躲过战争的洗礼。中国人在与西面及北面游牧民族打交道的过程中，掌握了许多新技术。这些进步也给周朝的统治者带来了麻烦（周朝于公元前1100年左右取代了商朝），因为他们无法阻止自己统治下的地方诸侯聚敛铁制兵器和其他资产。到了公元前700年，这些诸侯开始争霸，中国陷入了分裂。不过，生于公元前550年左右的哲学家孔子将追求统一与和谐的古老思想保留了下来，他的学说也启发了中国后来的很多统治者。

在埃及，统治者掌握了对手使用的武器和马拉战车，抵挡住了希克索斯人的凶猛进攻。公元前1550年左右的一场胜利标志着埃及新王国的崛起。在新王国时期，埃及的权势达到鼎盛。国家的部分权力由女性行使，比如象征着生育和母性的哈托尔女神的女祭司。还有女王哈特谢普苏特（Hatshepsut），她代表自己年幼的继子执掌国政，继子成年后她仍不放权。但和大多数古代王国一样，通常是男性主宰着国家的命运，拉美西斯二世就是这种父权制倾向的代表。他妻妾众多，生育了100多个孩子，还曾出兵外国、宣扬军威。公元前1275年，他率军进入叙利亚，在卡迭石与赫梯人展开了一场史诗般的战车大战。

这一时期受到埃及影响或为埃及所控制的还包括有着游牧传统的希伯来人。希伯来人的早期文献中记载了希伯来人被埃及人奴役的历史。后来，摩西率领希伯来人前往应许之地迦南。公元前1000年左右，以色列联合王国建立。这些希伯来人认为自己的祖先是美索不达米亚乌尔城的先祖亚伯拉罕（Abraham），他们的部分习俗和传说受到苏美尔或巴比伦传统的影响。

不过，与巴比伦人不同的是，除了耶和华外，他们拒绝信奉其他神。耶和华与亚伯拉罕及其后裔立约，并通过摩西向希伯来人传述他的律法。根据希伯来人的文献记载，在这些律法中，有这样一条诫令："除了我以外，你不可有别的神。"这并非第一个信奉一神教、崇拜唯一神的王国。公元前1350年左右，法老埃赫那吞（Akhenaten）就曾宣告太阳神阿吞至高无上、崇拜其他神是非法的。埃赫那吞去世后，对太阳神的一神崇拜随之消亡，但犹太教的信仰却延续了下来，并影响了基督教和伊斯兰教。

埃及人对于生活在其西部的利比亚人和南部包括努比亚人在内的非洲黑人民族也产生了很强的影响。努比亚人采用埃及的文字系统，崇拜埃及神祇，还建起埃及式的金字塔来安放国王的遗体。随着时间的推移，努比亚统治者实力渐长，胆量也越来越大，他们开始不再向埃及法老进贡黄金。公元前750年左右，努比亚人取得了埃及的统治权，并一直以法老的身份统治埃及，直到下个世纪亚述人入侵埃及。

日益复杂的世界

与多种文明交流有时能加速文化发展，但许多复杂的社会基本是靠自己发展起来的，东南亚就是这样。那里的贵族通过贸易和战争发了财，他们会雇用技艺高超的陶器工匠和青铜工匠，而当地高产的稻米也满足了工匠的生存需求。

在与旧大陆已有文明完全隔绝的情况下，美洲发展出了复杂的社会。安第斯山区，在土豆、玉米和其他农作物的产量有盈余的情况下，人们得以在建设祭祀中心上倾注大量精力和进行技术创新，比如查文·德·万塔尔地区的神庙是在公元前850年左右开始修建的。与此同时，在位于中美洲墨西哥湾沿岸的圣洛伦索和拉本塔，奥尔梅克人正在强势统治者的指挥下创造类似的建筑奇迹。我们也许能从奥尔梅克艺术家雕刻的巨石头像上窥见统治者的威严。奥尔梅克人的成就为玛雅文明奠定了基础。

在全世界最引人注目的文化成就中，有一部分出现在复杂社会发生互动的地方。公元前 1000—前 500 年，来自今黎巴嫩的腓尼基人和来自雅典等新兴城邦的希腊人在地中海沿岸建立了数十个殖民地，并使用约 24 个字母组成的拼音文字体系传播文化，而世界其他地区的学者则必须掌握成百上千个字符。这样，除了祭司、统治者、抄书吏之外，其他人也能学会读写。识字率的提高帮助人们从"臣民"转向"公民"，人们普遍具备了自我管理的能力。罗马人就是一例：公元前 500 年前后，他们驱逐了伊特鲁里亚的统治者。识字不能改变人类好斗的天性，语言也可以是致命的武器。但文字提高了人类的知识素养，还帮助人类创作出了文学、哲学和科学作品，它们所产生的影响比军事征服所取得的胜利更加持久。

下图 奥尔梅克的艺术家用从遥远的采石场运来的巨大玄武岩，雕刻出许多硕大的头像。这些头像所表现的很可能是奥尔梅克的统治者，他们指挥着成千上万名劳工，修建位于今墨西哥湾附近祭祀中心的神庙和土筑金字塔

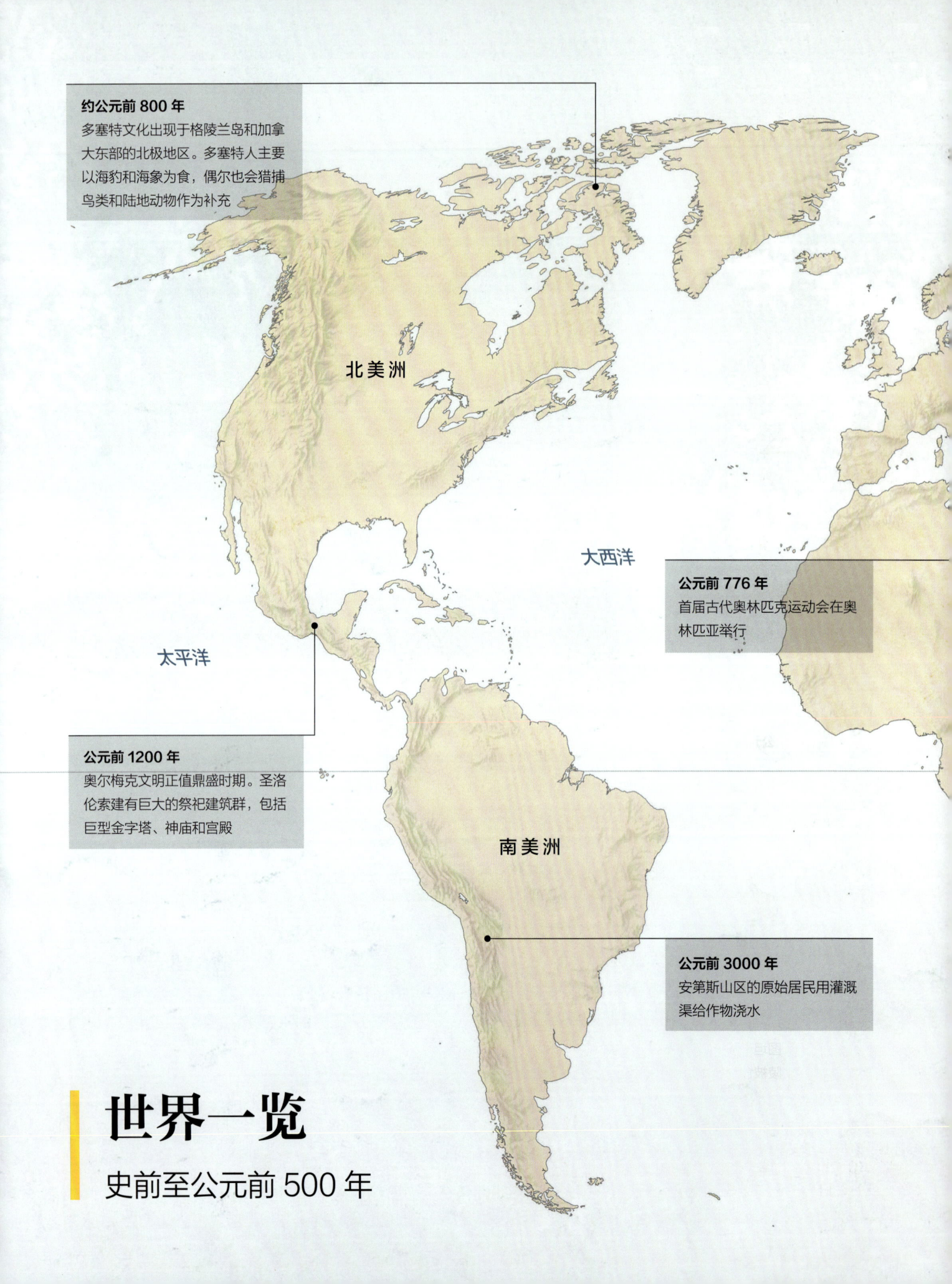

约公元前 800 年
多塞特文化出现于格陵兰岛和加拿大东部的北极地区。多塞特人主要以海豹和海象为食,偶尔也会猎捕鸟类和陆地动物作为补充

北美洲

大西洋

公元前 776 年
首届古代奥林匹克运动会在奥林匹亚举行

太平洋

公元前 1200 年
奥尔梅克文明正值鼎盛时期。圣洛伦索建有巨大的祭祀建筑群,包括巨型金字塔、神庙和宫殿

南美洲

公元前 3000 年
安第斯山区的原始居民用灌溉渠给作物浇水

世界一览
史前至公元前 500 年

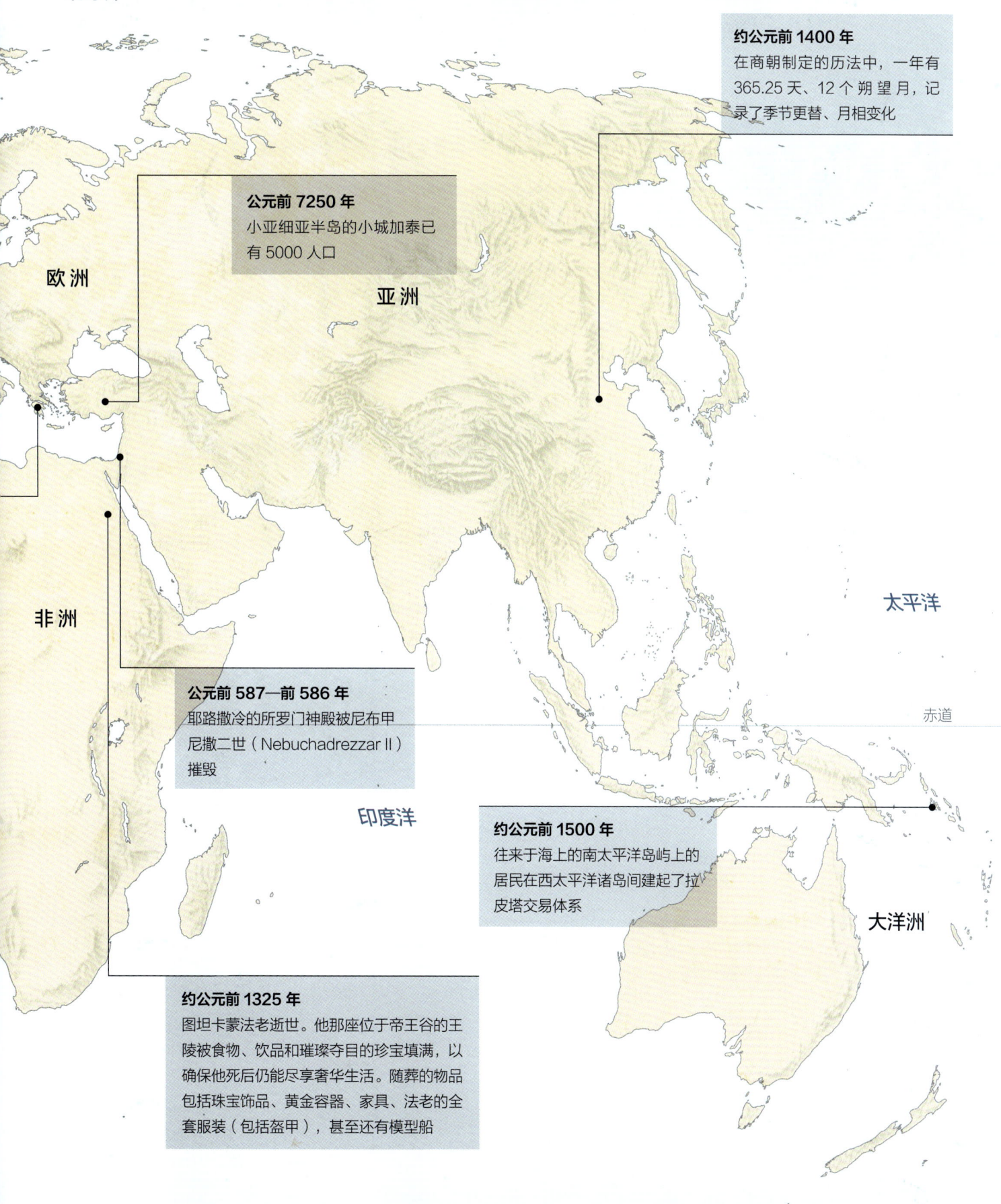

北冰洋

约公元前 1400 年
在商朝制定的历法中，一年有 365.25 天、12 个朔望月，记录了季节更替、月相变化

公元前 7250 年
小亚细亚半岛的小城加泰已有 5000 人口

欧洲

亚洲

非洲

太平洋

公元前 587—前 586 年
耶路撒冷的所罗门神殿被尼布甲尼撒二世（Nebuchadrezzar II）摧毁

印度洋

约公元前 1500 年
往来于海上的南太平洋岛屿上的居民在西太平洋诸岛间建起了拉皮塔交易体系

赤道

大洋洲

约公元前 1325 年
图坦卡蒙法老逝世。他那座位于帝王谷的王陵被食物、饮品和璀璨夺目的珍宝填满，以确保他死后仍能尽享奢华生活。随葬的物品包括珠宝饰品、黄金容器、家具、法老的全套服装（包括盔甲），甚至还有模型船

最早的社会

	政治与权力	地理与环境	文化与宗教
美洲	约公元前 16500—前 14500 年：人类开始抵达南美洲，到达今天智利的蒙特韦尔德。 约公元前 12500 年：人类开始在北美定居。 约公元前 12000 年：海特萨克文化时期，加拿大不列颠哥伦比亚省中部沿海地区建立了人类聚落。 公元前 11000 年：克洛维斯文化兴盛于大平原地区，影响遍及北美。	约公元前 11000 年：最后一次全球性的冰川期结束。人类成功适应了冰川期结束后的环境。 约公元前 4000 年：猛犸象灭绝（亦有灭绝于公元前 2000 年左右的说法）。	公元前 5700—前 4300 年：陶器在今南美洲圭亚那境内得到使用。 公元前 3114 年：此为玛雅历法中最早的时间。后来的玛雅文明以此作为时间的起点。
欧洲	公元前 500000 年：科学家认为，尼安德特人最早可能于此时出现在欧洲。 约公元前 45000 年：现代人类（智人）也许于此时抵达欧洲，和尼安德特人比邻而居。 公元前 28000 年：最后的尼安德特人灭绝于直布罗陀地区。 约公元前 7000 年：从事农业生产的部族从小亚细亚半岛进入希腊，并继续向西深入欧洲。		约公元前 40000—前 14000 年：生活在南欧地区的人类通过岩穴艺术表达自我。法国拉斯科和西班牙阿尔塔米拉的岩穴绘画尤其具有艺术价值。 约公元前 4500 年：欧洲西部建造了最早的巨石陵墓。 约公元前 4000—前 1500 年：超过 3000 尊巨石柱被竖立在今法国卡纳克地区。
中东 & 非洲	公元前 4400000 年：原始人类出现。 公元前 300000 年：现代人（智人）出现在非洲。 公元前 100000 年：以狩猎、采集为生的现代人迁居中东地区。 公元前 8000 年：耶利哥城（在今以色列境内）已是一座大城市。 公元前 7250 年：小亚细亚半岛的小城加泰已有 5000 人口。 约公元前 3100 年：美尼斯统一上下埃及。	公元前 120000—前 90000 年：丰富的降水使非洲撒哈拉成为宜居之地。 公元前 12000 年：从埃及到伊拉克的新月沃地生长着大量的野生谷类作物。 公元前 8000—前 7700 年：小麦和大麦被种植在新月沃地。灌溉农业始于公元前 5000 年左右；牛被驯化成家畜。 约公元前 6500 年：位于今叙利亚境内的乌加里特已有人类居住。 公元前 5000 年：农业开始在印度与伊朗交界的地区扩散。	约公元前 23000 年：非洲纳米比亚的阿波罗遗址内的岩画可以追溯到这一时期。 公元前 4000 年：西非加纳海岸的居民掌握了制陶技术。 公元前 3761 年：犹太历的纪年从这一年开始。 约公元前 3200 年：苏美尔人发明了刻在黏土上、用于书写和计数的楔形文字，并使用楔形文字来记录贸易往来和税收情况。 公元前 3100 年：象形文字在埃及出现。
亚洲 & 大洋洲	公元前 100000—前 60000 年：弗洛勒斯人生活在今印度尼西亚爪哇，这是直立人的一个小分支。 公元前 65000 年：现代人乘船抵达新几内亚和澳大利亚。 公元前 40000—前 30000 年：澳大利亚以狩猎和采集为生的土著发展出复杂的社会行为，如火葬逝者和使用饰物。 公元前 28000 年：所罗门群岛已有人类定居。	公元前 10000 年：海水上涨造成澳大利亚与新几内亚、韩国与日本隔海相望。 约公元前 10000—前 8000 年：农业在黄河流域及中国其他地区发展起来。 公元前 6500 年：在位于今天巴基斯坦和印度西部的印度河流域，农业兴起。 约公元前 5000 年：中国中东部开始将水稻作为作物种植。 约公元前 3000 年：新几内亚人开始种植薯类与芋头，并驯养了猪和鸡。	公元前 28000 年：澳大利亚最早的岩石艺术可以追溯到这个时期。 公元前 10500 年：以狩猎和采集为生的日本绳文人开始制作陶器。"绳文"是"绳状图案"的意思，描述的正是陶器上的花纹。

那时的生活

石器时代的生活

石器时代是已知的第一个史前文化时期，因人类对石器的使用而得名。330 多万年前，生活在非洲的早期原始人类用两块石头相互击打，制成砍砸器，这是目前已知最早的切割工具。最初的工具是用较硬的石头将较软的石头切割成满意的形状。古代先民的工具加工技术历经成千上万年的发展，最终开启了能够生产金属工具的青铜时代。石器时代的最后一个阶段是新石器时代，人类在这个时期学会了种植庄稼、饲养家畜。

科学与技术	人类与社会
约公元前 9000 年：北美克洛维斯文化地区出现了燧石箭头与矛尖，后者即"克洛维斯石矛尖"。 公元前 8000 年：弗尔萨姆人制作出十分复杂的工具，用来清理动物的毛皮、制造有杀伤力的武器。 公元前 8000 年：亚马孙河流域的土著居民驯化了可可树、橡胶树、巴西栗和马里帕棕榈。	下图 冰川期的野牛雕像，发现于法国拉马德莱纳岩棚
公元前 6000 年：在中欧多瑙河沿岸，人们用木杆建起结实的小屋，并以茅草覆顶。地面由灰泥铺成，内嵌下沉式壁炉。	约公元前 5000 年：欧洲多地在埋葬死者时，已有显著的社会等级区分。 约公元前 4200—前 500 年：岩石艺术盛行于今挪威境内的阿尔塔峡湾，说明该地是北极圈内的一个重要的人口聚居区。在数以千计的岩画中，有一幅描绘了滑雪的场景。
约公元前 100000 年：中石器时代，非洲人已经掌握了制作片状工具的技术。 公元前 35000 年：非洲南部地区的人们发明了一种简单的计数工具。 公元前 6000 年：小亚细亚半岛的加泰开始炼铜。 约公元前 3500 年：为了在尼罗河上航行，埃及人制造了装有船桨和帆的船。 公元前 3800 年：中东人使用铜和砷，制造出世界上已知最早的铜器。	约公元前 3200 年：居住在底格里斯河和幼发拉底河之间（希腊人将这片区域称作"美索不达米亚"，意思是"河流之间的土地"）的苏美尔人发展出了发达的文明。肥沃的河谷地区很早就提供了富余的食物，人口也随之大量增加。尼普尔和乌尔等城市兴起，领导者组织兴建了包括公用建筑、神庙和防御城墙在内的大型工程。有了宗教活动和成文的法律，这一文明迅速进入了阶级分明的社会。
古代澳大利亚土著创作的造物主旺吉纳（Wandjina）岩画	公元前 30000 年：人类开始在日本群岛定居。

冰期

从约 45 亿年前地球形成到现代，至少经历过 4 次大冰期，其间冰川覆盖了南北半球的部分地区。

最近的大冰期始于 4000 万年以前，当时南极冰盖开始形成。300 万年前，北半球的冰面开始扩大，冰期进入盛期。在南半球，冰原最终自南向北覆盖了南美洲的大部分地区，包括巴塔哥尼亚高原和安第斯山脉；在北半球，自北向南，冰原覆盖了格陵兰、北欧和加拿大，南抵宾夕法尼亚州。沿俄亥俄河、密苏里河向南，冰原到达了北达科他州、蒙大拿州、爱达荷州和华盛顿州。由于格陵兰和南极仍被冰盖覆盖，从严格意义上说，我们仍处于这次大冰期之内。不过在此期间，地球已经经历了多轮冰期（冰川扩展）—间冰期（气候相对温暖，冰川退缩）的轮回循环。这些轮回一般以 4 万—10 万年为一个周期。最近一次冰期在大约 1.2 万年前结束，当时的气候比现在冷得多也湿得多，气温比现在低 15 ℃，所以如今是沙漠的地方当时被丰富的植被覆盖。冰盖融化后，形成了大湖和大河。

最后这次冰期使人类得以到达世界各地。由于海平面降低，人类不仅得以从非洲走向中东、亚洲和欧洲，还通过临时的陆桥走向了此前与世隔绝的大洋洲和北美洲。等到冰原退却，气候发生变化，丰富多样的可食用之物获得了有利的生长条件。人类调整了自己的饮食和生活方式，适应了这个物产丰饶的世界。农业大幕开启，人类即将过上更为稳定的定居生活。

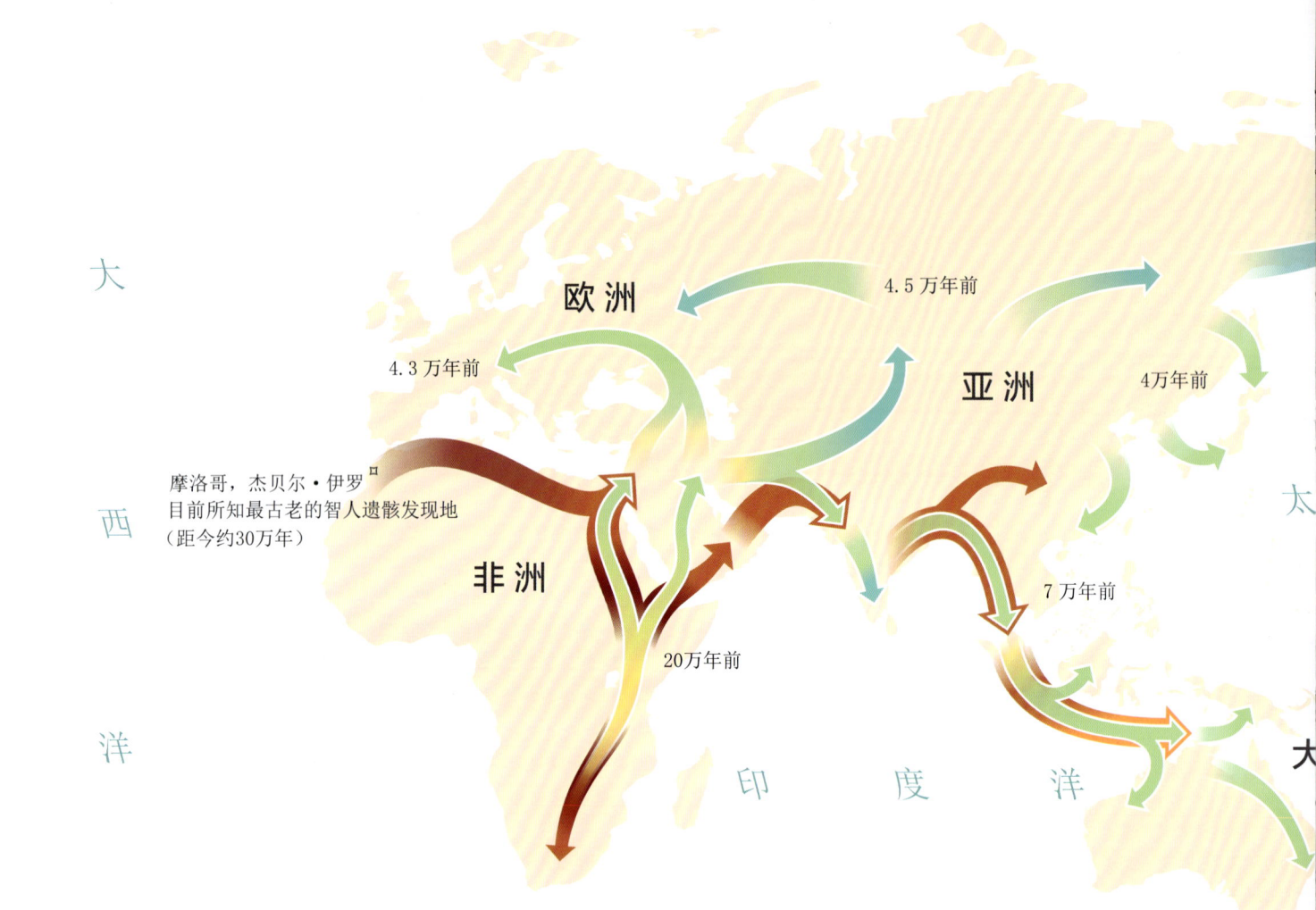

人类的迁徙

尽管人类进化史和有关人类如何散布到全球各地的历史中仍有许多未解之谜，但一种最广为接受的观点认为，现代人起源于非洲。古生物学家和考古学家从岩石和骨骼化石中寻找蛛丝马迹，一点一点拼出了人类的历史，并基本达成一致，他们认为直立人是大约190万年前在非洲由其他更原始的人类祖先进化而来的。大约30万年前，直立人进化为智人，并最终取代了早期的原始人类。

智人的第一次迁徙是从非洲到中东再到中亚，促成的原因可能包括人口增长、竞争加剧，以及人类制造复杂工具、猎捕大型动物、建造长期庇护所的能力增强。这次迁徙可能发生在20万年前，不过大多数迁出的智人都灭绝了。在7万年前的新一波迁徙中，智人进入了东南亚。冰期开始后，地球表面气温下降，水分富集于庞大的冰川中，海洋面积缩减，大陆之间的陆桥随之显露出来。人类利用这些新路径继续迁徙，并在今印度尼西亚和新几内亚境内的岛屿上建立了聚落。公元前60000年，部分人类群体已经越过新几内亚到达了澳大利亚。智人大约在4万年前开始抵达欧洲。借助西伯利亚和阿拉斯加之间的临时陆桥，人类得以在公元前16000年前后到达美洲大陆。公元前12000年，人类已经出现在南美洲的最南端。

2万—1.5万年前

北美洲

北冰洋

太平洋

大西洋

南美洲

洋洲

20万年前	6万年前	今天
第一次大迁徙	第二次大迁徙	
12万—6万年前	6万—3万年前	

1.5万—1.2万年前

在现有认识的基础上，遗传学家通过分析DNA的变化来追溯人类世系，近期又有新发现。做出贡献的科学家包括获《国家地理》（National Geographic）基金项目资助的斯宾塞·韦尔斯（Spencer Wells）。韦尔斯检测了生活于世界各地与外界隔绝的部落中的数千名土著男性的血样，并追踪了Y染色体的遗传路径，该染色体会原封不动地由父亲传给儿子。韦尔斯发现，今天在世的所有非非洲裔的人都源自非洲的同一个族群。他绘制了一幅反映Y染色体传播及其突变的地图，该图与古生物学家和考古学家绘制的人类迁徙地图十分相似。

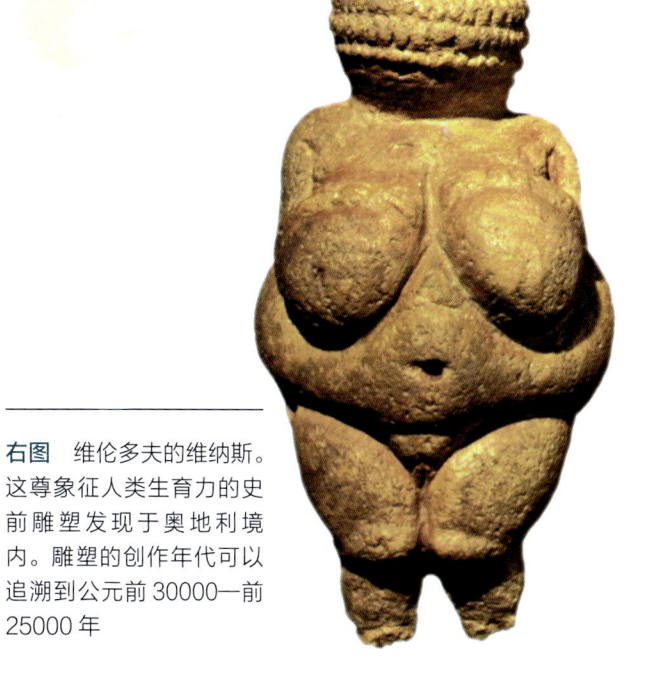

右图 维伦多夫的维纳斯。这尊象征人类生育力的史前雕塑发现于奥地利境内。雕塑的创作年代可以追溯到公元前30000—前25000年

公元前 3000—前 2500 年

	政治与权力	地理与环境	文化与宗教
美洲	**约公元前 3000 年**：北美五大湖区有人类定居，今路易斯安那州的波弗蒂角附近亦有人类定居。 **约公元前 3000—前 2500 年**：南美秘鲁沿海地区出现了小渔村。	**公元前 3000 年**：安第斯山区的农民用灌溉渠给作物浇水。 **约公元前 3000—前 2000 年**：土豆和藜麦成为南美安第斯高原地区居民的主要作物。	英格兰索尔兹伯里平原上的巨石阵
欧洲	**约公元前 3000 年**：作为青铜时代爱琴海沿岸文明的代表——米诺斯文明兴起于克里特岛。当地的统治者组织兴建了宫殿和城市。	**约公元前 3000 年**："湖居人"定居于湖泊沿岸，主要居住在今瑞士境内，亦分布于法国到斯洛文尼亚一带。	**约公元前 3000—前 2935 年**：英格兰威尔特郡建起了巨石阵。巨石阵呈环形，直径约 100.58 米，边缘分布有 56 个被称为"奥布里坑"的坑洞。巨石阵可能是一处天文台，用于追踪天空中太阳和月亮的位置。
中东 & 非洲	**约公元前 3000 年**：尼普尔和其他城邦开始形成政治联盟，苏美尔文明势力渐强。 **约公元前 3000 年**：腓尼基人在今黎巴嫩和叙利亚的部分地区定居下来。 **约公元前 2700 年**：苏美尔北部城邦基什与其东方的邻国埃兰（在今伊朗境内）交战。 **公元前 2650 年**：法老萨那赫特（Sanakhte）创建埃及第三王朝，开启了古王国时期。	**约公元前 3000 年**：埃塞俄比亚已有高粱种植。 **约公元前 2900 年**：《圣经》与苏美尔史诗中描绘的大洪水也许就发生在这一时期。 **约公元前 2500 年**：帕勒摩石碑的象形文字记录了从埃及前往蓬特的一个贸易使团的情况，这说明当时地中海和红海沿岸贸易往来十分兴盛。	**约公元前 3000 年**：苏美尔人发展出一个复杂的社会。他们以多层神庙为中心建立城市。这些庙宇被称作金字形神塔，由祭司掌管。 **约公元前 2925—前 2325 年**：帕勒摩石碑以象形文字记下了埃及前五个王朝的统治者和重大事件。 **公元前 2685 年**：苏美尔人制作的艺术品繁复而精致，其中《乌尔王军旗》（Standard of Ur）正反两面用贝壳、青金石和玛瑙镶嵌而成的马赛克图案，分别刻画了和平与战争时期乌尔人的日常生活。
亚洲 & 大洋洲	**约公元前 3000 年**：南岛语系人群从今中国台湾地区迁至菲律宾。 **约公元前 2500 年**：在今天的巴基斯坦和印度西部地区，印度河沿岸那些新石器时代的村落发展成了城市。	**公元前 2800 年**：青藏高原遭遇旱灾。	**公元前 3300—前 2250 年**：中国良渚文化区的工匠们雕琢出光滑的玉器，并将它们放在墓穴中墓主的旁边。

科学与技术	人类与社会
约公元前 3000 年：亚马孙河流域的农民通过放火焚烧、施用粪肥和残羹剩饭等方式来增强土壤肥力。	公元前 3500—前 1500 年：瓦尔迪维亚文化在厄瓜多尔沿海地区兴起，并与秘鲁人建立了贸易关系。
约公元前 3000 年：塞浦路斯已在开采铜矿，并出口到地中海地区。	公元前 3200—前 2300 年：从乌克兰到斯堪的纳维亚半岛的北欧和中欧地区处于绳纹器文化时期。该文化的名称源于其装饰简单的陶器。该文化埋葬死者的方式十分特别，男性位于墓葬的右侧，女性位于左侧。
约公元前 3000 年：埃及人发明了用纸莎草的茎制成的莎草纸。 约公元前 2700 年：苏美尔人制定了一种以 354 天为一年的历法。 约公元前 2650 年：作为王陵的左塞尔金字塔建成。这座阶梯金字塔是埃及众多金字塔中年代最早的。最恢宏的金字塔则是吉萨大金字塔。	约公元前 3000 年：苏美尔北部的基什和其他城邦的居民基本是属于闪族的阿卡德人，而南部的居民大多是苏美尔人。美索不达米亚北部地区是胡里安人的地盘，而今伊朗西南部的主人则是埃兰人。 约公元前 2650 年：苏美尔君主吉尔伽美什掌控了乌鲁克。 约公元前 2550 年：埃及法老斯尼夫鲁（Sneferu）之子胡夫（Khufu）开始在吉萨建造高约 146.61 米的大金字塔。
约公元前 3000 年：中国人开始将煤作为燃料。 约公元前 3000 年：印度河流域的哈拉帕人首先织成了棉布。 约公元前 2700 年：中国丝绸纺织技艺已较为成熟。	约公元前 3300—前 2650 年：中国黄河沿岸兴起以彩绘陶器为代表的马家窑文化。

文字的诞生

苏美尔人最伟大的成就是发明了文字，这一过程始于公元前 3300 年。由于商业交易需要记录所储存或交易的商品数量，或者是记录羊的数量，苏美尔人发明了称作"bullae"的中空软黏土球。买家或卖家可以将锋利的代币压入黏土球中，留下的凹痕越大，代表数量越多。发生争议时，可以打开黏土球，清点代币的数目。这种记录方式很快发展成将象形文字刻在黏土板上的做法，以简单的符号来代指交易的物品。商人用圆柱形的黏土印章在黏土板上滚动，以此在协议上签下自己的名字。

随着时间的推移，苏美尔人发明了通过组合符号来表达复杂思想的方法，例如用表示水和嘴的象形文字来表示"喝"。经过数个世纪的发展，象形文字变得越来越抽象，并开始表达读音。这些印痕由于是用楔形的芦苇草刻出来的，因此被称为"楔形文字"（英文名称来源于拉丁语的"楔子"一词）。这种书写方式继续发展、扩展，最终被用来撰写早期的法律与文学作品。

上图 用苏美尔楔形文字写成的有关山羊与绵羊数量的账目

历史时间线：时空坐标下的人类全景图

古代苏美尔

底格里斯河和幼发拉底河之间的肥沃之地在古代被称为"苏美尔",后来的希腊人将之称为"美索不达米亚"。那里孕育了丰富的物产,养活了数以万计的人口。大约 5000 年前,苏美尔人住在大城市的泥砖结构房屋里,周围是郁郁葱葱的田野和长满无花果树和枣椰树的花园。他们很早就开始建设井然有序的社会,并步入了文明社会:他们建立了劳动分工制度,引导千百名劳动者参与公共工程;发明了书面语言,制定了法律,教育青年人,并向众神祈祷。他们的神包括天空之神安、风神恩利尔、水神恩基以及其他各种自然现象之神,还有每座城市对应的守护神。

苏美尔人建造了巨大的塔庙。塔庙包含"高台"和"高庙",即建于塔体之上的神庙。塔体外形酷似阶梯形金字塔,如果加上塔顶神庙,总高度能超过 45 米。最著名的塔庙位于乌尔城(如下图)。这些塔庙由祭司掌管,他们一面侍奉神灵,一面接受人们进献的贡品。祭司还会在环绕塔庙底部的储藏室中收藏食物,并重新分配物品、记录税收情况、监督灌溉渠等大型工程的建设。人们会将与诸神面貌相仿的陶质或石质小像置于庙中,向它们祈求消灾避难(包括洪灾、火灾或瘟疫等)。苏美尔人相信死后有灵。安葬过世的君王时,苏美尔人会将财宝、家仆和一应必需品共同下葬,以确保逝者能继续他们已然习惯的生活方式。

上图 乌尔城的大型阶梯式金字形塔庙高耸入云,以此向月神南那致敬
左图 这些雕像表现的是古代苏美尔人正合掌向上天祈祷

公元前 2500—前 2000 年

	政治与权力	地理与环境	文化与宗教
美洲	**公元前 2500 年**：多塞特人生活在北美北极地区和格陵兰岛，与外界联系极少，也少有基因融合。	**约公元前 2000 年**：南美北部太平洋沿岸已拥有上百处人类长期定居地，并形成了特定农业、手工业和文化习俗。	**约公元前 2500 年**：北美大峡谷洞穴中的居民举行萨满巫术仪式，以求猎获丰富的动物。
欧洲	**约公元前 2500 年**："钟形杯文化"从法国扩展至低地国家。该文化因其产出的陶器而得名。 **约公元前 2500 年**：石器文化在斯堪的纳维亚半岛发展起来。 **约公元前 2500 年**：在多瑙河及其流经中欧地区的支流沿岸，人们开始耕种土地。当土壤失去肥力时，就向西迁移。	**约公元前 2500 年**：多条从巴尔干半岛通往西班牙的陆上商路被打通。	**约公元前 3000—前 2200 年**：克里特岛美沙拉平原上建起了圆形的公墓。以蛇和公牛作为宗教符号。 **左图** 埃及军队中的努比亚弓箭手
中东 & 非洲	**约公元前 2500 年**：闪米特人中的迦南部落定居于巴勒斯坦沿海地区。 **公元前 2334—前 2279 年**：阿卡德国王萨尔贡建立了历史上第一个帝国。 **公元前 2193 年**：阿卡德帝国崩溃。 **公元前 2180 年**：政局动荡、社会纷乱，埃及古王国灭亡。 **公元前 2112 年**：乌尔纳姆以乌尔城为中心，在美索不达米亚建立起苏美尔帝国。 **公元前 2008—前 1957 年**：孟图霍特普二世重新统一了埃及。	**公元前 2180 年**：旱灾打乱了尼罗河的季节性泛滥，导致了饥荒，社会陷入无政府状态。	**约公元前 2500 年**：苏美尔乌尔王陵中有大量珍宝，也有殉葬者。 **约公元前 2500 年**：埃及人开始将去世的王室成员制成木乃伊。 **约公元前 2240 年**：阿卡德统治者自封为神。 **约公元前 2000 年**：希伯来族长亚伯拉罕带领族人离开苏美尔乌尔城。
亚洲 & 大洋洲	**约公元前 2500 年**：印度河流域的哈拉帕发展为一个成熟的文明，拥有了完整的社会组织、宗教、公共工程和书写系统。 **约公元前 2070 年**：中国的夏朝此时已在黄河流域建立。	**约公元前 2500 年**：哈拉帕人在印度河流域驯化了鸡。	**公元前 2600—前 2500 年**：中国龙山文化时期的匠人用陶轮制作出颇具特色的黑陶。

科学与技术	人类与社会
约公元前 2000 年：北极地区的居民用燧石制作了精细的打制工具，开启了"北极小工具传统"。	
哈拉帕文明在印度河流域传播示意图	
约公元前 2100 年：苏美尔医师用啤酒和芥末调制成泥敷剂，以治疗某些疾病。 **约公元前 2061—前 1786 年**：埃及中王国时期（第十一和第十二王朝），埃及雇用努比亚麦德察人为雇佣兵。麦德察人最出名的是他们高超的射箭技能。	**约公元前 2500 年**：美索不达米亚的统治者包括国王和立下显赫战功的贵族。祭司属于次一个等级，他们向神祷告，祈求神给城邦降下好运。祭司依靠公众敬献的祭品为生，他们掌管着大型神庙，负责组织公共生活和农业生产，并负责食物的储存与再分配。社会底层主要由平民组成，他们负责耕种土地、买卖货物、生产日用品。此时，文字不仅用于创作文学作品，也服务于经济活动。
约公元前 2500 年：针灸起源于中国。	**约公元前 2500 年**：生活在印度河流域的哈拉帕人建起规模庞大并经过精心规划的城市，反映出他们已有组织严密的领导层。哈拉帕人发展出了一套先进的文化。在如今的印度和巴基斯坦，还能看到哈拉帕文化的遗迹。

印度河流域文明

公元前 6000 年，位于今天的巴基斯坦和印度西部地区的印度河流域就已吸引农牧民前来安家。印度河流域当时十分肥沃，当地居民产出的农产品多有富余，村庄与城市随之兴起。到公元前 2500 年，那里最大的两座城市——位于河谷低地上的摩亨佐·达罗和位于较高地带的哈拉帕代表着今日所称"哈拉帕文明"这一高度发达文明的顶峰。

这些城市的道路铺设得笔直，形如网格，路旁散布着泥砖结构的房屋、商店和或许用于祭祀用途的公共浴室。精英人士住的房子比较大，一般有两层高。房屋中间有庭院，人们在那里烹饪、进餐。每幢房子都有浴室，污水汇入街道下水道。下水道的发明大大改善了公共卫生状况，使城市可以应对更高的人口密度。哈拉帕和摩亨佐·达罗的总人口可能已达 8 万人。哈拉帕人发明了一种至今仍未被破译的复杂文字，并与美索不达米亚、伊朗及其他遥远的国家有着广泛的贸易往来。约公元前 1500 年，大概是因为北方入侵者入境，哈拉帕遭废弃。

上图 摩亨佐·达罗遗址发现的雕塑，刻画了印度河流域祭司或统治者的形象

公元前 2000—前 1500 年

	政治与权力	地理与环境	文化与宗教
美洲	**公元前 1800 年**：南美安第斯山区的居民建起第一批由金字塔和神庙组成的祭祀中心，还制作了形态独特的陶器。	**公元前 2000—前 1000 年**：北美东部的居民开始种植西葫芦和向日葵。 **公元前 1900—前 1500 年**：墨西哥太平洋沿岸地区的莫卡亚文化的陶器中有可可成分，可能来自巧克力饮品。	**约公元前 1500 年**：发现于北美五大湖区的古老铜质饰品表明，当时的社会可能存在等级制度。
欧洲	**约公元前 2000 年**：奥克尼群岛斯卡拉布雷出现了石器时代人类定居点。 **公元前 1800 年**：由于克里特岛地处地中海中心位置，作为贸易枢纽的米诺斯得以向南、向东扩展影响范围。 **公元前 1600 年**：迈锡尼文明在希腊南部兴起。	**约公元前 2000 年**：操雅利安语的印欧人迁居到小亚细亚半岛、希腊北部与意大利等地。 **约公元前 1900 年**：伊特鲁里亚人和希腊人建立了琥珀贸易路线，从北欧输入琥珀和锡。 **约公元前 1700 年**：来自土耳其北部和乌克兰的操雅利安语的人向北迁徙，抵达斯堪的纳维亚半岛。 **公元前 1613 年**：锡拉岛火山大爆发，米诺斯文明就此中断。	**约公元前 2000 年**：弥诺陶洛斯的传说讲述了一个时代：神生下了国王，其中一个王的女儿又生出了半人半牛的弥诺陶洛斯。弥诺陶洛斯住在克里特岛的一座迷宫里，要求人们每年进贡一次童男童女。后来，弥诺陶洛斯被来自雅典的忒修斯所杀。 **约公元前 1880—前 1750 年**：米诺斯人用线形文字 A 取代了早期的象形文字。
中东 & 非洲	**约公元前 1900 年**：阿摩利人控制了整个美索不达米亚。 **约公元前 1915 年**：埃及入侵努比亚，将国界线推至尼罗河第二瀑布。 **公元前 1792—前 1750 年**：汉谟拉比重新统一了古巴比伦王国，并进一步拓展了帝国的疆域。 **公元前 1630 年**：游牧民族希克索斯人击败并统治埃及，古埃及中王国时期结束。公元前 1539 年，埃及底比斯的国王击溃了希克索斯人，建立新王国。	**那时的生活** **《汉谟拉比法典》** 《汉谟拉比法典》赋予男性权力。作为一家之主，男人对外代表着自己的家庭。他们可以将自己的妻子儿女卖为奴隶，以偿还债务。妻子与人通奸会被溺死，男性却可以与情妇、奴隶、妓女发生性关系。丈夫可以休妻，只是需要退还嫁妆，妻子的娘家必须将女儿接回。	**约公元前 2000 年**：以吉尔伽美什王为主人公的英雄史诗《吉尔伽美什》已初具雏形。在此之前，阿卡德公主恩西杜安娜也曾写有一部诗作。 **约公元前 1792—前 1750 年**：汉谟拉比编纂了一系列法律，即《汉谟拉比法典》。这些法律严重依赖报复手段，如"以眼还眼"。 **公元前 1525—前 1516 年**：法老图特摩斯一世（Thutmose I）开始在底比斯以西的石灰岩峭壁中建造陵墓。
亚洲 & 大洋洲	**约公元前 2000 年**：生活在印度河流域的哈拉帕人与遥远的美索不达米亚有贸易往来。 **约公元前 2000 年**：南岛语系人群抵达巴布亚岛、新几内亚岛，并慢慢向其他岛屿迁徙。 **约公元前 1600 年**：商朝大体控制了黄河中下游和华北平原。	**约公元前 2000 年**：印度河流域的人们开始砍伐森林。 **约公元前 1920 年**：夏朝的建立者禹制服了泛滥的黄河洪水。	**约公元前 1600 年**：商朝人发展出了书写系统。他们用灼烧甲骨的方式向先祖请教问题，认为甲骨表面产生的裂纹就是先祖的答复。问题和答复都会用一种象形文字刻在甲骨上，这些字符现在被称作"甲骨文"。甲骨文为中国汉字的发展奠定了基础。 **约公元前 1500 年**：生活在印度的雅利安人没有发展出一套严密的政治体制，却建立了牢固的社会秩序。他们还建立了一个信仰体系，成为日后印度教的基石。

科学与技术	人类与社会
约公元前 2000 年：生活在今厄瓜多尔、秘鲁和智利的人开始使用芦苇造的船。	公元前 2000—前 1500 年：新石器时代的居民在美洲各地的村落中定居下来，纺织、制陶和石雕等技术变得更加普及。
公元前 1800 年：不列颠群岛生产出了青铜器，很可能是由钟形杯文化区域的人带来的。 约公元前 1800 年：斯堪的纳维亚半岛开始铸造青铜器。	公元前 1600 年：迈锡尼人成为爱琴海沿岸最强大的力量。这些技艺过人的水手与附近岛屿和地中海东岸地区进行海上贸易，并在沿途设立贸易点。在繁荣商业的推动下，迈锡尼城中建立了庞大的宫殿和其他雄伟的建筑。
约公元前 2000 年：美索不达米亚开始使用汲水吊杆（中国古称"桔槔"）取水。取水时，水桶悬挂在长杆的一端，长杆的另一端悬挂着重物，中间有支点。 约公元前 1650 年：巴比伦人记录了金星的出没。后来，加喜特人从巴比伦人那里继承了有关星座和行星名称的知识。 约公元前 1600 年：埃及人写了一部医学书籍，准确介绍了心脏、胃、肠和血管的运行方式。	公元前 2100—前 1570 年：苏丹科尔玛王国成为利润丰厚的尼罗河贸易的霸主。 约公元前 1900—前 1700 年：亚述人在近东地区建立了一大批贸易中心。当丈夫旅行和销售商品时，妻子则待在家里，经营进出口与制造业务。 约公元前 1500 年：操某种雅利安语的米坦尼人统治着美索不达米亚北部，那里的居民主要是胡里安人。 约公元前 1500 年：中东地区骆驼的驯化，改变了该地区人口流动与货物运输的方式。
约公元前 1800—前 1500 年：中国二里头建立了青铜作坊。一般认为二里头是夏朝中晚期的一座都城。	约公元前 1600 年：商朝的君王由贵族辅佐，贵族会与商王一同征战、狩猎。平民百姓住在王城外的村庄里，在田间劳作。商代人在夯土地面上建起半木结构的房屋，以树枝为墙，墙上涂有灰泥，屋顶覆有茅草。王族陵墓深埋地下，墓中陪葬有华丽的陶器和青铜器，以及人殉，他们将在阴间继续侍奉君王。刻在兽骨或龟甲上的姓氏，表明后来盛行的祖先崇拜此时已有雏形。

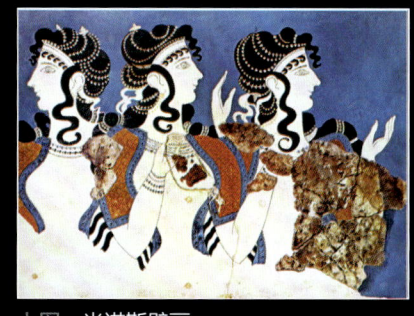

上图　米诺斯壁画

失落的米诺斯世界

地中海东部的克里特岛上发展出了一种早期文明。那里的居民被称为米诺斯人，这个名字源自传说中的米诺斯王。米诺斯人捕鱼、航海，与希腊、小亚细亚半岛、埃及和腓尼基有广泛的贸易往来。

约公元前 2000 年，米诺斯人在克里特岛建造了城市和一系列宏伟的宫殿，影响力扩展到其他岛屿。宫殿既是行政中心，也被用作仓库，储存食品和商品，如粮食、橄榄油、葡萄酒和精致的陶器。米诺斯人还发明了一种叫作"线形文字 A"的文字。这种文字尚未被破译，但看起来人们曾在贸易中用它记录信息。约公元前 1700 年，一系列的地震打乱了米诺斯人的生活。附近的锡拉岛火山大爆发，火山灰如暴雨般倾泻到克里特岛上。锡拉岛大部分被毁。

后来，米诺斯人重建了城市和宫殿，还为房屋增加了诸如室内管道和下水道系统等设施。然而，他们的财富引来了入侵者——很可能是好战的迈锡尼人。公元前 1100 年，克里特岛成了一片焦土，米诺斯文明也掩埋于废墟之中。尽管如此，米诺斯人留下的遗产始终影响着地中海地区和希腊人。

来世之旅

古埃及人相信，只要遗体经过妥善的处理，逝者就可以复生。每当有重要人物去世，防腐师会迅速对遗体进行处理，把大脑当作无用之物丢弃，将内脏取出放入卡诺匹斯罐子中。这些器官将在人复生时与身体重聚。妥善安置好这些器官后，防腐师会用钠盐将遗体脱水，向其体内填充稻草或棉花，然后涂上香油和树脂，再用长达数百米的亚麻布条将遗体紧紧包裹起来。当所有的东西都被包裹和固定好后，伴随着咒语和祷文的吟唱，木乃伊被装入棺中、埋葬在奢华的坟墓里。墓中物资充足，逝者在"来世之旅"中所需要的东西一应俱全。

公元前1550年左右的新王国时期，人们开始在帝王谷的石壁中修建王陵。陵墓内有长廊和多个墓室，存放着名副其实的宝藏。墓室装饰得十分奢华，室中涂满了异乎寻常的祈求庇佑的祷文和咒语，五颜六色的装饰画中多次出现墓主的名字，并把逝者描绘成被所有重要的男女神祇接待的样子。左边的画出自新王国时期法老霍伦海布（Horemheb）之墓，刻画了霍伦海布向冥界的统治者奥西里斯进献祭品的场景。奥西里斯持有象征王者身份的弯钩权杖和连枷，身体紧紧地裹在亚麻布里。

当时，人们认为冥界始于西边日落的地方，所以陵墓通常建在尼罗河西岸。根据新王国时期编成的重要宗教文献《死亡之书》（Book of the Dead），逝者的身体将乘船穿越冥界，并将经历多场考验。死者的心脏将与真理之羽一较轻重，奥西里斯将判断这个人是否值得永生。如果能赢得奥西里斯的肯定，死者将获得重生，并于第二天早上与太阳神拉一起冉冉升起。

上图 这幅墓中画作刻画了奥西里斯迎接新王国法老霍伦海布进入冥府的场景
右页图 法老塞蒂一世（Seti I）的木乃伊被完好地保存在帝王谷的陵墓中

第 1 章 早期社会　35

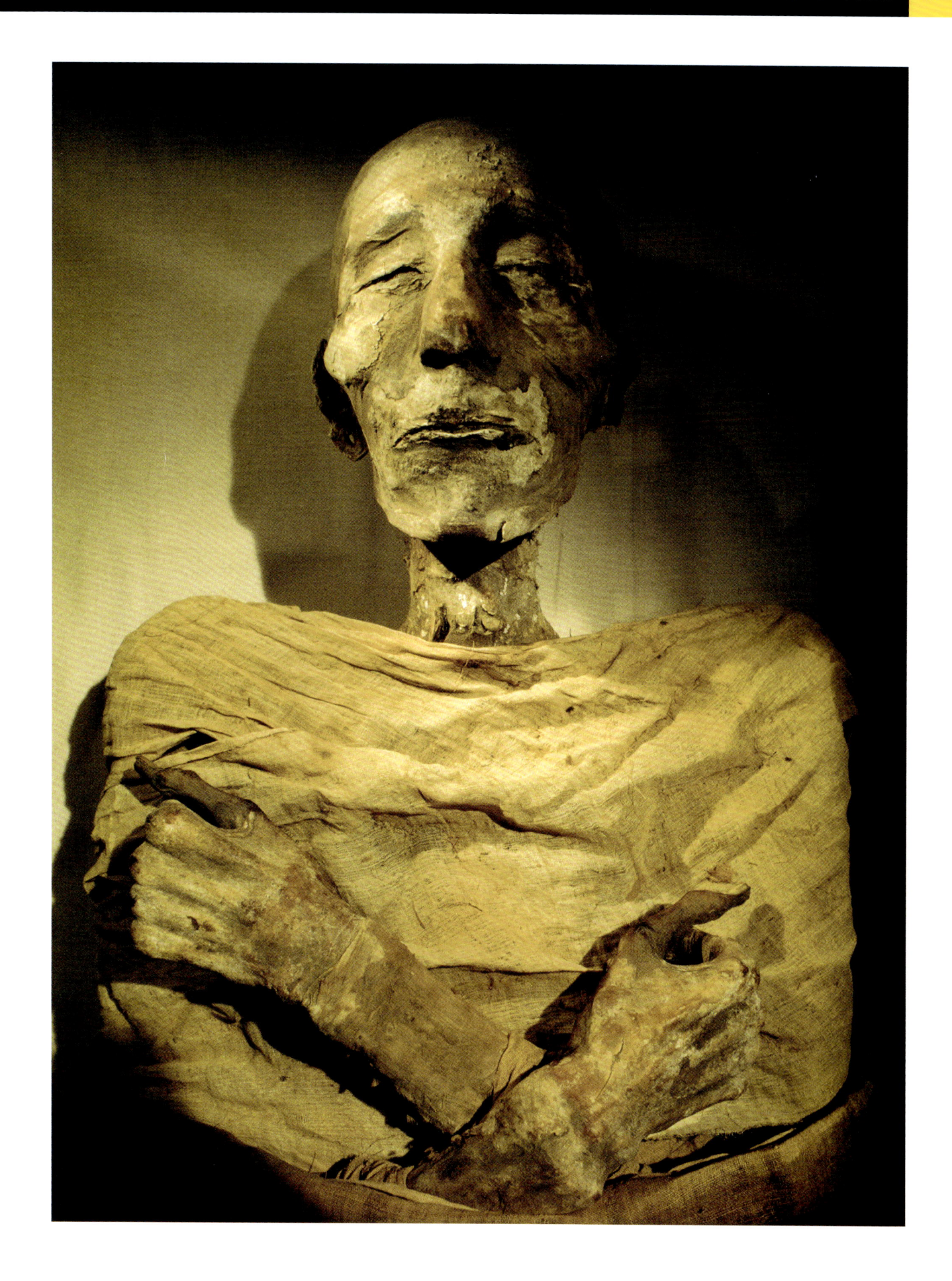

公元前 1500—前 1400 年

	政治与权力	地理与环境	文化与宗教
美洲	**约公元前 16 世纪**：农业村落开始出现在中美洲的墨西哥中部、洪都拉斯和萨尔瓦多之间的地区。	**约公元前 1400—前 1250 年**：墨西哥太平洋沿岸的莫卡亚村民以捕鱼、狩猎为生，种植包括豆类和玉米在内的农作物。	**约公元前 1500 年**：墨西哥西部的居民开始将逝者埋葬在早期的竖穴墓中。墓中设有垂直竖井通往墓室。
欧洲	**公元前 1450 年**：迈锡尼人的影响力扩展到希腊本土之外，在小亚细亚半岛、西西里岛和意大利南部建立了定居点。他们还控制了克里特岛，终结了米诺斯文明。		**约公元前 1500 年**：迈锡尼人使用了一种名为"线形文字 B"的文字。那里的匠人会用玻璃、贵金属和宝石制作奢侈品。
中东 & 非洲	**约公元前 1500 年**：加喜特人入乡随俗，低调统治巴比伦。 **约公元前 1479—前 1426 年**：埃及法老图特摩斯三世出征叙利亚和巴勒斯坦（最著名的是美吉多之战）获胜。他还深入努比亚，直抵尼罗河第四瀑布。 **公元前 1473—前 1458 年**：女王哈特谢普苏特全权统治埃及。她曾派遣使团前往努比亚和索马里。		**约公元前 1500 年**：对游牧民族之神阿摩利的崇拜开始在巴比伦兴起。在画中，他穿着长袍，戴着帽子，手里拿着拐杖，身旁有一只羚羊。 **约公元前 1500 年**：乌加里特楔形字母表上的 600 个符号被削减到 30 个，不过抄书吏也将旧版本的字母表保留了下来。
亚洲 & 大洋洲	**约公元前 1500 年**：日本的绳文文化达到鼎盛。 **约公元前 1500 年**：商文化在今中国河南省郑州地区繁盛起来。在城墙环绕的城市周围，建有大型公共建筑，还有大量的小村庄。	**约公元前 1500 年**：印度开始种植高粱。 **约公元前 1500 年**：来往于海上的南岛语系人群在斐济群岛建立了定居点。 **约公元前 1500 年**：南岛语系人群在西太平洋诸岛间建起了拉皮塔贸易体系。	**约公元前 1500 年**：日本绳文人用黏土制作了象征生育力的泥塑。 **约公元前 1500—前 1000 年**：印度的婆罗门教种姓制度将人分成四个等级： 　　婆罗门——祭司 　　刹帝利——战士和贵族 　　吠舍——手工业者和商人 　　首陀罗——无地的农民 四个等级之下，还有"不可触碰的贱民"。他们做着惹人讨厌的工作，比如埋葬死者。

那时的生活

埃及女法老哈特谢普苏特

哈特谢普苏特女王是法老图特摩斯二世（Thutmose II）的遗孀、图特摩斯一世之女。她抓住了机会，代替年轻的继子图特摩斯三世（Thutmose III）执政。哈特谢普苏特在这个位置上做得得心应手，还获得了法老的称号。为了向臣民证明自己的合法性，她声称阿蒙神是她的父亲，自己的法老称号也是阿蒙神赐予的。她参与建设了多座雄伟壮观的建筑，其中包括帝王谷附近的葬祭庙和存放供祭祀所用船只的卡纳克神庙。她不再发动军事征讨，转而鼓励使团到国外开拓贸易，并为她的国度带回了新的财富。

科学与技术	人类与社会
约公元前 1500 年：秘鲁人开始加工金属。	**中国青铜时代各朝代** 图中展示的是各朝代鼎盛时期的疆域。 ■ 夏朝（约公元前2070年建立） ■ 商朝（约公元前1600年建立） ■ 周朝（约公元前1046年建立）
约公元前 1500 年：在今天的布拉格附近，乌尼蒂茨文化兴起。当地人开始开采、使用并交易铜和锡。	
约公元前 1500 年：埃及人发明了制造玻璃的工艺。 **约公元前 1500 年**：埃及法老们继续在底比斯以西的帝王谷修建复杂而精巧的陵墓。他们还在尼罗河东岸建造了以自己的名字命名的宏伟神庙。	**下图** 从这张几案（禁）和这些精致的酒器中，可以一窥中国青铜时代高超的铸造工艺
约公元前 1500 年：操着雅利安语的印欧人骑着驯化了的马，从中亚迁徙到了印度。他们会用马驾驭马车，长途运输货物，在对敌作战时，也会使用马匹。 **约公元前 1400 年**：印度北部的人们开始加工铁器，生产刀和凿子等工具。	

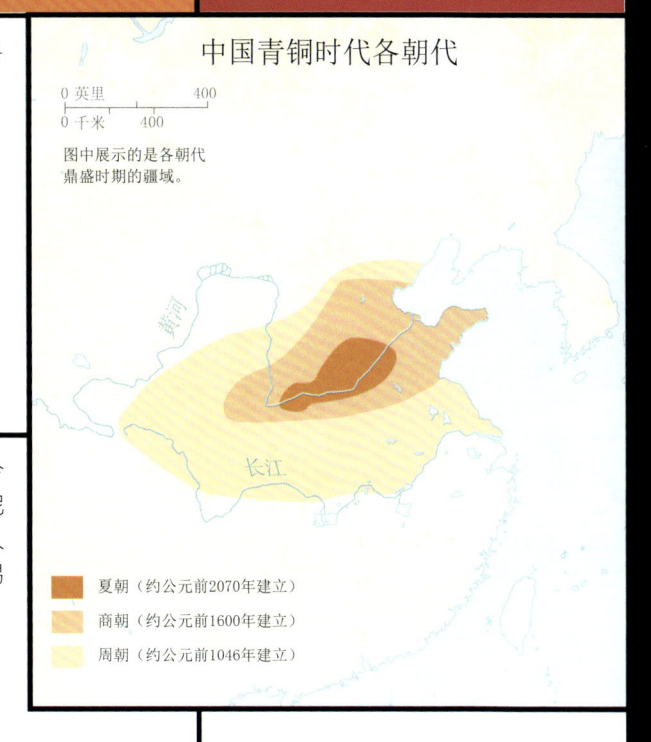

考古揭示中华文明之源

在过去的 50 多年里，中国境内的考古发掘工作突飞猛进，不断地改变着人们对中国文明起源的固有看法。考古学家曾认为中国新石器时期文明起源于黄河流域，但如今，在从南海沿岸到东北地区的许多遗址中都发现了新石器时期文明的痕迹，时间可以追溯到公元前 6000 年。所以无论从地缘上、文化上，还是民族上说，中华文明的源头都比我们之前所认为的更加多样化。

传统说法认为，黄帝等上古时代的贤君教授中国人学会了农耕、书写和医学，早期王朝夏、商、周是由道德高尚的统治者开创的，但亡于暴君之手。然而现代研究发现，这些朝代可能并不是在日渐扩大的地域范围内前后相继；从某种程度上说，它们是在同一时期共存于不同的地区。这些朝代的统治方式从商王治下的松散邦联演进到周朝时松散的分封体系。考古发现已多次为历史记载提供了佐证，如甲骨和青铜器上的文字，已经证实了传统历史文献中对商王统治方式的记述。其他青铜器出土的位置可远及地处西南的四川省。

公元前 1400—前 1300 年

	政治与权力	地理与环境	文化与宗教
美洲	**约公元前 1350 年**：今瓦哈卡州圣何塞莫戈特修建了墨西哥最早的公共建筑。	**约公元前 1300—前 600 年**：位于墨西哥东部的洛斯胡梅罗斯火山频繁喷发，扰乱了当地人的生活。	**约公元前 1400 年**：在今墨西哥恰帕斯州帕索德拉阿马达，在目前已知最早的球场上，人们经常举行一种仪式性的球赛。
欧洲	**约公元前 1400 年**：欧洲各个定居点的居民开始积累物质财富，并为村落修筑工事，以保卫自己的财产。	**约公元前 1500—前 1400 年**：在青铜时代"盐业繁荣"期间，位于今奥地利境内的哈尔施塔特兴盛起来。当时路网贯通，村落扩大，商人增多，共同支撑起当地欣欣向荣的采盐业。 **约公元前 1400 年**：中欧地区的农民用某些金属制作了镰刀等工具，并且可能已经实行了轮作制度。	**约公元前 1400 年**：火葬的盛行，说明人们对于来世有了不同的看法。
中东 & 非洲	**约公元前 1400 年**：腓尼基城市提尔、西顿和比布鲁斯成为繁荣的贸易中心，对外出口紫色布料和来自黎巴嫩的雪松。 **约公元前 1380—前 1346 年**：赫梯国王苏庇路里乌玛一世终结了米坦尼王国的统治，并占领了叙利亚。阿淑尔-乌巴里特一世为亚述重新赢得独立。 **约公元前 1335—前 1325 年**：年仅 9 岁的图坦卡蒙法老继承了埃及王位，他于 19 岁时去世。		**公元前 1353—前 1335 年**：埃赫那吞法老在埃及建立起一神崇拜体系，但维持的时间不长。 **约公元前 1325 年**：图坦卡蒙法老逝世。他那座位于帝王谷的王陵里填满了食物、饮品和璀璨夺目的珍宝，以确保他死后仍能享尽荣华富贵。随葬的物品包括珠宝饰品、黄金容器、家具、法老的全套服装（包括盔甲），甚至还有模型船。
亚洲 & 大洋洲			**公元前 1500—前 1200 年**：青铜时代晚期，印度先哲创作了《吠陀经》。这是印度最早的宗教作品，其中包括圣歌、祈祷文和祭祀仪式。

那时的生活

叛逆之君埃赫那吞

埃赫那吞法老的王位传自父亲阿蒙霍特普三世（Amenhotep III）。阿蒙霍特普三世兴建的庙宇和宫殿是埃及艺术和奢华风格的缩影，他的儿子却有意回避这类炫富行为，并强烈谴责让祭司手握重权的做法。埃赫那吞拒不接受神庙崇拜，只尊崇太阳神阿吞。他将首都从底比斯迁至阿玛纳，在那里建起一座崭新的城市。城中有一座能被阳光照亮的开放式神庙，与以往那些阴暗而神秘的神庙截然不同。埃赫那吞在位期间，埃及艺术的风格也发生了变化，画像上国王与王室成员开始出现了栩栩如生的面部表情。然而等到埃赫那吞死后，祭司们又恢复了旧的统治秩序。

科学与技术	人类与社会

图坦卡蒙之墓

少年法老图坦卡蒙只活了 19 岁，几乎没有机会去成就一番伟业。1922 年，人们发现了他完好无损的陵墓。图坦卡蒙由此广为人知。

遵循埃及人安葬法老的习俗，图坦卡蒙葬于帝王谷。他的遗体经过防腐处理后被制成了木乃伊，放在层层棺具之中。棺具最内层是纯金的，外层则是花岗岩石棺。单是图坦卡蒙的死亡面具（如下图）就用掉了约 10.21 千克黄金。同在墓中陪伴这位法老开启阴间生活的还有约 5 万件绚丽夺目的随葬品，其中包括大量镶嵌有珠宝的宝物。这座陵墓反映出公元前 14 世纪埃及上层人士日常生活的许多细节。

图坦卡蒙大概是琪雅（地位较低微的妾）和埃赫那吞法老之子。埃赫那吞曾尝试以单一神（太阳神阿吞）取代当时所有的祭司与神。他去世之后，年幼的图坦卡蒙在辅佐朝政的大臣的影响下，恢复了旧秩序，诸位祭司恢复了崇拜众多神明的习俗，首都也被迁回了底比斯。

从手工艺品和绘画作品来看，图坦卡蒙和他的年轻妻子安克塞娜蒙过着奢华而悠闲的生活。艺术作品中的图坦卡蒙会驾驶战车，会参与游泳等体育运动，有时还会打猎、捕鱼。人们曾怀疑他死于谋杀，但现代检测显示，他很可能死于因左腿骨折所引发的坏疽感染。

埃及新王国时期底比斯的神庙 / 陵庙

下图 图坦卡蒙的死亡面具

约公元前 1400 年：土耳其海岸附近的一艘沉船可以追溯到这一时期。沉船发现于公元 20 世纪，船上载有铜、锡、玻璃、松脂、乌木原木、象牙、鸵鸟蛋壳、乌龟壳、骨螺壳、雌黄（黄色染料）、无花果、石榴、葡萄、橄榄、红花和香菜。

约公元前 1400 年：中国人生产出了需经高温烧制的原始瓷器，这是瓷器的前身。

约公元前 1400 年：在商朝制定的历法中，一年有 365.25 天、12 个朔望月，可以解释季节更替、月相变化。

公元前 1300—前 1200 年

	政治与权力	地理与环境	文化与宗教
美洲		约公元前 1300 年：今路易斯安那州波弗蒂角的居民从他们生活在阿巴拉契亚山区和密西西比河上游河谷的贸易伙伴那里进口铜和燧石。	约公元前 1300 年：奥尔梅克人将放血和球类比赛作为宗教仪式。这二者后来成为中美洲文明的标志性特征。
欧洲	公元前 1300 年：借助贸易，来自希腊本土的迈锡尼人控制了克里特岛和地中海东部沿岸的诸多殖民地。	克里特岛上的米诺斯文明最终被迈锡尼人吞并。后来，迈锡尼人控制了地中海沿岸大部分地区	
中东 & 非洲	约公元前 1285 年：亚述王阿达德-尼拉里一世（Adad-Niari I）征服米坦尼，将亚述帝国扩张到了美索不达米亚北部。 约公元前 1275 年：埃及法老拉美西斯二世（Ramses II）与赫梯国王穆瓦塔利斯（Muwatallis）在卡迭石之战中遭遇，这次会战被视为古代世界最伟大的战争之一。双方孰胜孰负并不明确，但拉美西斯二世将卡迭石之战作为一场辉煌的大胜仗来纪念。	约公元前 1280 年：一场地震袭击了腓尼基尼尼微，伊什塔尔神庙受损。 约公元前 1279—前 1212 年：拉美西斯二世将国都迁往位于尼罗河三角洲东北部的培尔-拉美西斯。	约公元前 1300 年：宗教文献记载，摩西率领希伯来人逃离埃及，前往巴勒斯坦。在今天埃及境内的西奈山上，摩西领受了"十诫"。 约公元前 1300 年：亚述国王向亚述之神阿舒尔祈祷，给国民以和平、繁荣与公正。 约公元前 1300—前 1100 年：人们以口头文学的形式，将有关特洛伊战争（交战双方为迈锡尼人与特洛伊人）的故事保存下来。直到数个世纪之后，荷马史诗《伊利亚特》问世，这段故事才有了文字记录。
亚洲 & 大洋洲	约公元前 1300 年：中国商代统治者将国都迁至安阳。	约公元前 1200 年：朝鲜半岛的农民在旱地上、水田中种植水稻。	公元前 1600—前 1100 年：商代中期，贝壳被广泛用作货币。 公元前 1500—前 1200 年：用梵文写成的宗教文本《吠陀经》编订而成。它得名于印度的吠陀时代。

科学与技术	人类与社会
约公元前 1300 年：波弗蒂角（位于今美国路易斯安那州）的居民环绕一处广场建起一个复杂的土筑建筑群。广场是商人交易、匠人劳作的地方，也是举行仪式的场所。这个社区拥有 4000—5000 名居民，在其周围还有一些小型聚落。	约公元前 1300 年：波弗蒂角的历史证明，并非只有从事农业才会产生聚落、才能具备组织劳作的能力。这一社区中的居民虽然建造了巨大的建筑，但他们是依靠捕鱼和贸易为生的狩猎采集者。
约公元前 1300 年：瓮棺文化时期的中欧人用青铜制造武器和首饰。	约公元前 1300 年：瓮棺文化时期的人将死者火化，并将骨灰装入骨灰瓮，埋到墓地里。
约公元前 1300—前 1100 年：据希腊剧作家埃斯库罗斯记载，特洛伊陷落之后，有人借助某种烽火系统给希腊王后克吕泰涅斯特拉报信，告诉她本方已赢得胜利，她的丈夫阿伽门农即将归来。这是电报系统的前身。 约公元前 1223 年：最早的可靠日食记录记下了发生于乌加里特（今叙利亚北部）的一次日全食。	公元前 1298—前 1232 年：长寿的法老拉美西斯二世为自己修建的纪念物比其他任何一位法老都多：他扩建了卡纳克神庙和卢克索神庙，在尼罗河西岸建起了拉美西斯神庙，还在努比亚修建了六座神庙（其中最为壮观的一座位于阿布辛贝）。这位勇武的君王打过很多仗，但也会为了和平坐下来谈判。与赫梯打完仗，他将一位赫梯公主纳入后宫，作为自己众多妻妾之一。拉美西斯二世在位 67 年后去世。他共有 50 个儿子，第十三子麦伦普塔赫继承了法老之位。
约公元前 1200 年：中国商代已使用配有辐条轮的马拉战车。这种战车有时也出现在墓葬中。	约公元前 1250 年：妇好去世，葬于今河南安阳。墓中的随葬品包括 271 件武器和许多珍宝。妇好是商王武丁的夫人，也是著名的将领。

右图　奥尔梅克玉石雕像，出土于韦拉克鲁斯

中美洲的奥尔梅克人

早在公元前 2250 年，墨西哥湾沿岸低地的居民就已开始种植玉米和其他作物，还会捕捞鱼类和贝类等海洋资源。奥尔梅克人组成了以酋长为首领的部落，生活在农业社群中。到公元前 1200 年，奥尔梅克人（意为"橡胶人"，其名字来自该地区的橡胶树）已建立起中美洲地区最早的文明社会。

奥尔梅克人生活在威权社会下，有着复杂的劳动分工。奥尔梅克社会上层征召了成千上万名劳工，在土丘上建起结构繁复的祭祀中心，以及神庙、球场和有围墙环绕的广场。还有一些工人负责从山中开采出玄武岩巨石，并把石块运出山区，雕成硕大的头像，大概是用作领袖或神祇的象征。这些祭祀中心平时仅对上层人士和神职人员开放，普通人只有在特殊的日子才能进入。最早的祭祀中心建于圣洛伦索，第二处于公元前 800 年建于拉文塔，第三处于公元前 400 年建于特雷斯·萨波特斯。奥尔梅克文化的影响远远超出了墨西哥的疆域，它的大部分成果（包括一种早期文字和历法）都为后来的文化所继承。

历史时间线：时空坐标下的人类全景图

一神信仰之始

犹太教圣经《妥拉》（也是基督教《圣经》的前五卷）记载，地球上的生命源于伊甸园，有四条河流发源于那里。其中的两条河流分别是幼发拉底河和底格里斯河，它们直到今天仍在伊拉克（当时叫作"乌尔"）境内流淌。《圣经》上说，大约在公元前2100年，耶和华对亚伯拉罕说："你要离开本地……往我所要指示你的地去……我将使你的国家伟大。"

依据《妥拉》，亚伯拉罕和他的部族（本是游牧的牧民）在耶和华的指引下抵达了位于埃及和黎巴嫩之间的迦南。从那时起，亚伯拉罕就和耶和华建立了私人关系，亚伯拉罕遵行耶和华的诫命，并接受忠诚度的考验。在亚伯拉罕原先生活的地方，人们敬畏众神，而且必须设法让这些神灵满意，然而在这时，亚伯拉罕开始信仰至高无上的、拥有超凡权力的神。

亚伯拉罕的孙子雅各有十二个儿子，据说他们就是以色列十二支派的祖先。为了躲避饥荒，雅各和他的家人迁居到了埃及，其他希伯来人也会作为商人和四处巡游的工匠定期前往那片土地。雅各在埃及去世，以色列人（上帝将雅各称作"以色列"，故有此名）则遭到法老（当时的法老很可能是拉美西斯二世）奴役。约公元前1300年，摩西将以色列人拯救出来，并率领他们安全离开了埃及。

在西奈山上，摩西领受了写在石头上的圣约，也就是"十诫"。"十诫"以"除了我以外，你不可有别的神"开头，为犹太教的道德律令奠定了基础；而犹太教的道德律令后来又成了基督教和伊斯兰教的道德准则。"十诫"规定：禁止偶像崇拜；要孝敬父母；杀人、奸淫、偷盗、撒谎将遭到惩罚；每周的第七天应作为休息日，用来祷告和反省；美德将得到奖赏，恶行将受到处罚。

希伯来人抵达迦南后，建立了以色列王国。一神信仰将希伯来人与周围的人区分开来，也给他们带来了沉重的负担，但他们的宗教经受住了种种磨难，一直延续到今天。

右图 羊皮纸卷轴上的手抄本《妥拉》记载了古代以色列的法律与历史
左页图 在伦勃朗创作于17世纪的一幅画中，摩西高举着写有"十诫"的石板

公元前 1200—前 1100 年

	政治与权力	地理与环境	文化与宗教
美洲	**约公元前 1200 年**：苏族印第安人生活在加拿大平原上，仅能勉强维持温饱。 **公元前 1200 年**：奥尔梅克文化正值鼎盛时期，他们在圣洛伦索建起一处规模庞大的祭祀建筑群，其中有巨大的金字塔、庙宇和宫殿。 **公元前 1200 年**：过着游牧生活的奇奇梅克人一路扩张到墨西哥北部地区。	**约公元前 1200 年**：玉米成为中美洲的主要农作物。 **约公元前 1200—前 200 年**：在这1000年里，加利福尼亚沿海地区的居民以海为生。当男性出门捕鱼时，女性就在家中磨制橡子面。	**约公元前 1200 年**：奥尔梅克人雕刻了巨大的石质头像，将其宗教中令人叹为观止的方方面面呈现在世人眼前。他们信奉的神明包括美洲豹神和生育女神。让奥尔梅克人闻名于世的还有他们那精心制作的蛇纹石马赛克，成品可达4.57米×6.10米。
欧洲	**约公元前 1200 年**：印欧语系的古凯尔特人在中欧定居下来。 **公元前 1150 年**：希腊本土的迈锡尼文明趋于衰落。		**约公元前 1200 年**：螺旋式装饰风格盛行于东欧、中欧，可能是受到了与之有贸易往来的希腊迈锡尼人的影响。
中东 & 非洲	**约公元前 1200 年**：亚述国王图库尔蒂-尼努尔塔一世击败巴比伦。 **约公元前 1174 年**：在士师统领下，以色列十二支派在示罗（Shiloh）圣殿会面，同意结成统一联盟。 **约公元前 1119—前 1098 年**：巴比伦国王尼布甲尼撒一世攻占埃兰首都苏萨并夺回了马尔杜克神像。 **约公元前 1115—前 1077 年**：亚述国王提格拉特-帕拉沙尔（Tiglath-Pileser）的势力范围远及黎巴嫩。	**约公元前 1150 年**：尼尼微再次发生地震，伊什塔尔神庙遭到破坏。	**约公元前 1200 年**：梁柱结构四居室成为今以色列地区在铁器时代第二阶段最主要的住宅形式。 **约公元前 1200 年**：撒玛利亚山顶的一处圣地由一圈巨石围成，一侧还立着一块石头。人们在遗址处还发现了一个青铜公牛的雕像。 **约公元前 1100—前 1109 年**：巴比伦创世史诗《埃努玛·埃利什》（*Enuma Elish*）创作完成。在诗中，马尔杜克不仅是全人类之王，也是众神之王。
亚洲 & 大洋洲	**公元前 1122—前 1034 年**：中国的商王朝出现了动乱的迹象。	**约公元前 1500—前 1000 年**：日本人开始迁居到凉爽湿润的沿海地区，在那里他们掌握了深海捕鱼技术。	**约公元前 1100 年**：中国产生了更复杂、更具抽象性的文字形式——"金文"。这种文字被铸刻在青铜器上。

那时的生活

赫梯的陨落

赫梯帝国是一个由印欧人组成的多元化社会，混合了自公元前 1650 年以来即存在于小亚细亚半岛的安纳托利亚文明、巴比伦文明和胡里安文明。赫梯帝国素来以强大的君主闻名，这些君主包括基本废除了死刑的哈图西里一世（Hattusili I）、征服阿勒颇、摧毁了汉谟拉比建立的巴比伦帝国的穆尔西里一世（Mursili I），以及重新占领了小亚细亚半岛大部、与埃及和叙利亚境内的米坦尼对峙的图达里亚二世（Tudhaliya II）。赫梯人与强大的埃及法老拉美西斯二世在卡迭石之战中打成了平手，最后让一位赫梯公主嫁入了拉美西斯的后宫。约公元前 1200 年，弗里吉亚人入侵小亚细亚半岛，大批难民随之涌入赫梯境内，削弱了帝国的国力，并最终导致了赫梯的衰落。

科学与技术	人类与社会
约公元前 1200 年：奥尔梅克人制定了一种月亮历。 公元前 1200 年：奥尔梅克人居住的地方其实没有石头，他们从北部高地运来巨大的玄武岩，并对巨石进行加工，但他们没有金属工具。	约公元前 1200 年：奥尔梅克社会秩序井然，上层能调动大批民众兴建大型建筑、建造壮观的雕塑。奥尔梅克人建立了广泛的贸易网络，用于买卖黑曜石、玉石和可可豆。

腓尼基人正在建造船只

约公元前 1200 年：美索不达米亚的手工业者完善了铁制工具和武器的制作工艺。事实上，他们尝试制造铁器的时间还要更早些。

腓尼基航海者

在公元前第三个千年结束前，已有闪族部落在今天的黎巴嫩和叙利亚沿岸定居下来。后来希腊人给他们取名"腓尼基人"。这个词来源于希腊语中的"phoinix"，意为"紫色"，因为这些人常穿紫色的斗篷。

腓尼基人在贸易路线的交会点上建起提尔、西顿和比布鲁斯等城市，并开始往返航行于地中海沿岸。到公元前 1200 年时，他们成了有名的航海家，靠星星导航往来于海岸间，贩卖松木和一种色泽独特的紫色布料（染料取自骨螺）。腓尼基人的贸易网络从西班牙和北非直抵土耳其和希腊，他们还完成了人类历史上有记载的首次环非洲航行。为了记录他们庞大的贸易网络，腓尼基人设计了一套字母式书写系统（而非图像式书写系统）。后来，他们又把这套文字传给了希腊人，西方字母表即在此基础上发展而来。

腓尼基人从未建立过统一的王国，只是形成了几个独立的城邦。东方的亚述和波斯相继崛起，腓尼基城邦被入侵。公元前 332 年，最后一座腓尼基城邦被亚历山大大帝摧毁。

腓尼基人的沿海贸易网络

货船 公元前 1500 年左右

货船 公元前 800 年左右

三层划桨战船 公元前 300 年

公元前 1100—前 1000 年

	政治与权力	地理与环境	文化与宗教
美洲		约公元前 1000 年：奥尔梅克人用热带橡胶树的树汁制成橡胶球，玩起了后来在中美洲十分盛行的著名球类游戏。	约公元前 1100 年：南美洲安第斯山区的社会变得更加复杂。织工能够织出带有精致花纹的织物，手工业者用金、银、铜制造出精美的首饰和坚固的工具。
欧洲	公元前 1100—前 1000 年：说多利安语的希腊人到达伯罗奔尼撒半岛。		约公元前 1100 年：来自波罗的海的琥珀开始在欧洲被广泛交易。
中东 & 非洲	约公元前 1100 年：阿拉米人入侵亚述和巴比伦，致使两国陷入黑暗时代。 公元前 1075 年：埃及中央政府的统治被削弱，地方政府各有所图。乱世开始，埃及新王国时期结束。		约公元前 1100 年：腓尼基人规范了首套含有 22 个字母的字母表，简化了书写，从而让更多人能够读书写字。希腊人继承并改进了这套字母表，这也是现代西方字母表的基础。 约公元前 1100 年：《温－阿蒙历险记》（Wen-Amon）讲述了埃及官员温－阿蒙去黎巴嫩采购雪松木材，途经迦南的故事。温－阿蒙与"海上民族"（他们似乎掌控着沿海贸易）共处了一段时间。
亚洲 & 大洋洲	公元前 1046—前 1045 年：来自中国西北的挑战者推翻了商王朝，建立了周朝。	约公元前 1100 年：中国人开始种植大豆。	约公元前 1100 年：南岛语系人群使用马来语、印度尼西亚语、菲律宾语、波利尼西亚语和其他大洋洲语言。

那时的生活

印欧语系的语言

印欧人放牧牲畜，他们骑着马、驾着战车冲出欧亚草原，去征服新的土地。印欧民族内部存在许多敌对的部族。随着赫梯人、雅利安人等族群分散到从小亚细亚半岛到印度与欧洲等广阔的地域中，他们彼此之间断了原有的联系，又建起新的关系，各个分支使用的语言也逐渐分化成许多相关的语言。新出现的语言包括古印度语——梵语、波斯语、希腊语、拉丁语、日耳曼语族诸语言、斯拉夫语族诸语言，以及所谓罗曼语族（包括法语、西班牙语、意大利语）。今天，印欧语系是全世界最大的语系，其使用者比其他任何语系都多。

以色列王国

据文献记载，约公元前 1300 年，希伯来人离开埃及，在迦南山地定居下来。他们原本分作十二支派，但大概在公元前 1174 年，出于对好战的腓力斯丁人的恐惧，希伯来人联合起来，建成了统一的国家——以色列王国，扫罗（Saul）成为第一任国王。公元前 1004 年前后，大卫（David）继承了王位，并将耶路撒冷定为国都。根据《圣经》中记录的年代顺序，从大卫崛起到其子所罗门（Solomon）于公元前 930 年逝世，以色列统一的黄金时代持续了 80 年。考古学家已经找到了那个时期的建筑，但碳 14 测年法和陶器遗存都无法确定准确年代。

所罗门去世后，他的王国依照部落间的界线分裂成了两部分，分别是北部的以色列王国和南部的犹大王国。学者认为是所罗门强制纳贡、强征劳役的政策导致了这次分裂。南北两国之间的争斗很快被来自亚述帝国的威胁所取代。位于北部的以色列王国沦为亚述的附属国，并逐渐被强敌无情吞并。最后一座保有自治权的城市撒玛利亚于公元前 721 年被攻陷。根据亚述人的记载，约有 2.7 万名以色列人被驱逐，散落到中东各地。

南部的犹大王国面积比北部的王国小很多，也无法获取以色列谷地中丰富的资源，但在以色列王国灭亡之后，它仍然存在了 200 多年。起初，也许是因为犹大王国太小太不起眼，不可能在国际上起到多大作用。然而，实力雄厚的尼布甲尼撒二世还是在征服中东时攻破耶路撒冷，摧毁了城中的圣殿。以色列王国就此覆灭。

科学与技术	人类与社会
	大卫和所罗门统治下的以色列王国（约公元前 1004—前 930 年） 以色列王国（约公元前 929—前 721 年） 犹大王国（约公元前 929—前 586 年） 摩押（历史地名） 图中展示各王国鼎盛时期的疆域 所罗门王去世之后，以色列分裂成北部的以色列王国和南部的犹大王国
约公元前 1100 年：美索不达米亚博尔西帕城的埃萨吉尔 - 金 - 阿普利（Esagil-kin-apli）写成了一本医学诊断手册。 约公元前 1100 年：亚述国王提格拉特 - 帕拉沙尔的藏书中有马匹驯养指南。	约公元前 1040 年：据宗教文献记载，大卫在一场战役中击败了腓力斯丁人和传奇人物歌利亚，统一了以色列。
公元前 1045 年：周人在牧野之战中击败了商朝军队。交战双方可能都使用了配有青铜饰物的马拉战车。	约公元前 1045 年：周人与商朝执政者分属不同部落。周人从西南部进入商朝的领地，并在渭河谷地（今西安附近）建都。

公元前 1000—前 900 年

	政治与权力	地理与环境	文化与宗教
美洲	**约公元前 1000 年**：在俄亥俄河谷地，主要以狩猎和采集为生的阿登纳人定居在村落中，并种植南瓜、葫芦和向日葵作为副食。	**约公元前 1000 年**：因纽特人和阿留申人成功适应了极地的环境。在过去的两千年里，他们乘船渡海，迁徙到北极地区。 **约公元前 900 年**：查文文化在查文·德·万塔尔兴起。查文·德·万塔尔位于安第斯山区，海拔约 3048 米。	**约公元前 1000 年**：北美阿登纳人在石板上雕出轮廓清晰的浮雕，既有鸟类图案，也有几何图形。
欧洲	**约公元前 1000 年**：希腊人越过爱琴海，迁徙到小亚细亚半岛的部分地区。	**约公元前 1000 年**：燕麦在欧洲广泛种植。 **约公元前 900 年**：人口从亚得里亚海东部向西流动，进入意大利北部，波河流域由此发展起来。	**约公元前 1000 年**：维拉诺瓦文化（被认为是伊特拉斯坎文化的前身）流行将逝者火化，把骨灰装入赤陶土制成的骨灰瓮中下葬。骨灰瓮有时会做成房子的形状。
中东 & 非洲	**约公元前 1000 年**：腓尼基城邦不断派出商船，在塞浦路斯、西西里、马耳他和西班牙等地建立贸易点。 **公元前 1000 年**：印欧语系的米底人和波斯人从中亚迁往今伊朗。 **约公元前 965—前 922 年**：所罗门继承了父亲大卫的王位成为以色列之王。他利用腓尼基的木材和工匠，在耶路撒冷建起一座圣殿。所罗门去世后，他的儿子们将王国一分为二，耶罗波安（Jeroboam）成为以色列之王，罗波安（Rehoboam）则成为犹大国之王。	*以色列国王所罗门*	**公元前 1000 年**：根据宗教典籍记载，大卫统一了犹大和以色列，成为以色列的王。他将装有"十诫"的约柜带到了耶路撒冷。
亚洲 & 大洋洲	**约公元前 1000 年**：周天子管辖中央王国，赐给宗族成员贵族头衔和统治权，委派他们去管理边远地区的领土。	**约公元前 1000 年**：在正处于绳文文化时期的日本，气候和食品供给发生了变化。北起北海道诸岛，南至九州岛，各地居民都受到波及。 **约公元前 1000 年**：南岛语系人群在汤加群岛和萨摩亚群岛上定居下来。	**约公元前 1000 年**：周朝工匠制造出纹饰精美的、有尖足的青铜器皿，以供祭祀宴饮之用。

第 1 章 早期社会　49

科学与技术	人类与社会
约公元前 1000 年：墨西哥的奥尔梅克人用铁矿石制作马赛克式镜子。	公元前 10 世纪：生活在墨西哥特诺奇蒂特兰的奥尔梅克人在卡斯卡哈尔石板上用符号留下了记录。据考古学家鉴定，这是美洲地区最早的文字遗存。
约公元前 1000 年：希腊人开始使用铁。	
约公元前 1000 年：腓尼基人使用从骨螺中提取出的物质将织物染成紫色。	
约公元前 1000 年：在中国，冶铁技术开始广为人知，工具（尤其是武器）生产从此更为普遍。于是，地方诸侯能以更低廉的成本武装自己，从而可以违抗中央政府的号令，依照自己的愿望行事。	
约公元前 1000 年：中国人已用冰制冷。	

下图　婆罗门教的神——湿婆。湿婆以舞王娜塔罗伽的形象出现，脚踩一个匍匐的小鬼翩翩起舞，周身有火焰环绕

婆罗门教：梵我合一

在世界各种宗教中，婆罗门教（印度教的古代形式）也许是最古老的。婆罗门教的根源可以追溯到兴起于巴基斯坦和印度西部的印度河流域文明，教义中还混合了由说雅利安语的印欧人带入印度的种种信仰。婆罗门教的圣歌、祷文和祭祀形式本来是口口相传的，公元前 1500—前 1200 年，这些内容被记录在了《吠陀经》中。

宗教传统还在不断演进，公元前 800 年左右，上述内容又被编成《奥义书》。这些宗教经典主张，世间万物都是宇宙灵性（称为"梵"）的一部分，一切生灵都浸于其间。

婆罗门教尊崇成千上万不同的神灵，从家庭和村庄的保护神，到神通广大、化身众多的毗湿奴和湿婆。毗湿奴也会以奎师那的形象出现，是宇宙的庇护者。湿婆则是毁灭之神，他通常被刻画成长着四只手臂的形象（以昭示他的神力），身体周围常有火焰环绕。

如此众多的神祇为普通人接近神之境界提供了不同的路径。根据每个人今生的功业，他/她来生将转世过上更好或更糟的生活。如果能以最正确的方式度过一生，就可以从出生—死亡—转世的轮回中解脱。

婆罗门教不是由某一个人创立的，这在世界宗教史上是极为罕见的。

公元前 900—前 800 年

	政治与权力	地理与环境	文化与宗教
美洲	**约公元前 900 年**：位于墨西哥圣洛伦索的奥尔梅克文化中心被毁。位于拉文塔的一处祭祀建筑群成为奥尔梅克文化的新中心。 **约公元前 900 年**：秘鲁帕拉卡斯半岛上的居民建立了祭祀中心。		**约公元前 900 年**：帕拉卡斯人将逝者的遗体制成木乃伊，并用精致的棉布包裹起来。 **约公元前 800 年**：拉文塔成为奥尔梅克文化最重要的祭祀中心。一般认为，高约 30.48 米的 C 土丘是中美洲地区最早的金字塔之一。
欧洲	**约公元前 900 年**：从事贸易的希腊埃维亚人在意大利南部西海岸建立殖民地。 **约公元前 9 世纪—前 8 世纪**：从位于今意大利北部的博洛尼亚到南部的蓬泰卡尼亚诺，维拉诺瓦文化（被认为是伊特拉斯坎文化的前身）正值盛时。	帕拉卡斯羊驼毛织物	**约公元前 800 年**：希腊人开始使用和改造一种源自腓尼基的字母书写体系。
中东 & 非洲	**公元前 883—前 859 年**：在亚述纳西拔二世的统治下，亚述收复了失去的领土，再次成为美索不达米亚地区的强国。 **公元前 876—前 869 年**：暗利王统治着以色列的撒玛利亚。 **约公元前 859—前 824 年**：亚述国王沙尔马那塞尔三世入侵叙利亚。以色列国王亚哈参与的盟军挡住了他的攻势。 **约公元前 839—前 830 年**：乌拉尔图王国在小亚细亚半岛东部兴起，它的创始者与胡里安人有亲缘关系。乌拉尔图王国在峭壁上建起城堡，定都凡城。	**公元前 814 年**：相传，腓尼基人在北非沿海建立了迦太基城。	
亚洲 & 大洋洲	**公元前 841 年**：周朝贵族废黜了周厉王并代理国政，直至太子继位。	亚述人使用攻城锤进攻一座防御严密的城市	

科学与技术	人类与社会
约公元前 800 年：巴拿马的居民在特殊的桌子上用磨石加工玉米。	约公元前 1000 年：奥尔梅克人的贸易伙伴向南远及圣萨尔瓦多。他们还从今墨西哥格雷罗州购买玉石，从瓦哈卡州购买黑曜石。
约公元前 800 年：制造铁器的技艺传到西欧、中欧各地。	约公元前 900—前 750 年：荷马写下了史诗《伊利亚特》(Iliad) 和《奥德赛》(Odýsseia)，记叙特洛伊战争期间的一些事件和希腊英雄奥德修斯回家途中发生的故事。尽管这两部史诗的作者身份经常受到质疑，它们准确的成书时间也尚无定论，但《伊利亚特》和《奥德赛》毫无疑问是最古老的希腊文学作品，也是很多西方文学作品的原型。
约公元前 883—前 681 年：亚述人制成攻城锤并多次改进，使之更轻便、更易操控，方便移动和制作。	公元前 883—前 745 年：亚述人将被征服民族的人迁至亚述腹地，又将亚述人迁到新征服的领土上。所有这些人都被视作亚述国民，享有平等的地位。御道和邮政系统遍布帝国各地。
	约公元前 9—前 6 世纪：印度各个散居的宗族逐渐并入恒河沿岸规模较大的邦国。

凯尔特人：欧洲金属匠

希腊人所称的"凯尔特人"于公元前 800 年左右在今奥地利哈尔施塔特盐矿区定居下来。他们建立农业村落，采盐贩盐。当时盐是一种十分贵重的商品，特别是因为它可以被用来保存肉类而受人珍视。凯尔特人穿的不是地中海居民所熟知的那种披着的有褶皱的衣服，而是长裤，这让穿托加长袍的地中海人觉得他们很古怪。

凯尔特人源自印欧人种，他们的部落组织松散、变动频繁，人们仅仅因为使用相同的语言、有着同样的宗教信仰而结合在一起。凯尔特人散布到中欧各地，带去了高超的铜器制造工艺，他们能够制作武器等有用的器具。凯尔特人有马匹、四轮木马车，后来又改造出更轻、更快的两轮马车。他们为自己的村庄修筑防御工事，建造庞大的土墙，却从未形成一个统一的国家。其首领的墓穴中藏有黄金、琥珀等珍贵的宝物。从陪葬品来看，凯尔特人和波罗的海及地中海地区都有贸易往来。

公元前 750 年左右，炼铁技术取得进步，凯尔特人成了这方面的专家。凯尔特人的能工巧匠造出了马车车轮的轮圈、农业生产工具、实用的家用器具、胸针等首饰，以及剑、矛头和盾牌中心的面板。这样，凯尔特人就有了精良的装备。他们迅速控制了欧洲大部分地区，从奥地利进入瑞士、德国、法国和斯堪的纳维亚半岛。到公元前 500 年时，他们已经进入西班牙和英国。凯尔特人在那里生生不息数百年，直到败在罗马帝国手下。

公元前 800—前 700 年

	政治与权力	地理与环境	文化与宗教
美洲	**约公元前 800 年**：秘鲁查文文化正值盛时。查文文化区既是宗教中心，也是安第斯山区正在兴起的长途贸易网络里的交易中心。	**约公元前 800 年**：多塞特文化出现于格陵兰岛和加拿大东部的北极地区。多塞特人主要以海豹和海象为食，偶尔也会猎杀鸟和陆地动物作为补充。 **约公元前 800—前 600 年**：北极地区的居民开始在阿拉斯加沿海捕鲸。	**约公元前 800 年**：秘鲁人在查文·德·万塔尔建造了呈 U 形的神庙，饰以精致的人物和动物图案。神庙面朝东方日出的方向。
欧洲	**公元前 800 年**：定居中欧的凯尔特人从奥地利哈尔施塔特附近向西迁移，进入英格兰。 **公元前 800 年**：独立城邦在希腊形成，其中最突出的是斯巴达和雅典。 **公元前 753 年**：传说罗慕路斯和雷姆斯在意大利中部的七座山丘上建立了罗马城。 **约公元前 8—前 7 世纪**：因为骁勇善战、骑术高超而令人闻风丧胆的斯基泰人在今天的克里米亚地区建立了帝国。	**约公元前 800 年**：希腊人在地中海和爱琴海沿岸建立了殖民地。 **约公元前 8 世纪**：伊特鲁里亚人迫使埃及、腓尼基和近东诸国与他们做生意，因此被称为海盗。	**约公元前 800 年**：凯尔特人在泉水边、橡树下祭拜神明，由德鲁伊祭司主持仪式。 **约公元前 800 年**：西伯利亚的斯基泰人以放牧为生，却依靠劫掠积累了大量财富。他们能制作精美的金器和首饰，为逝者陪葬。 **约公元前 800 年**：阿波罗在希腊德尔斐受到供奉。 **公元前 776 年**：首届古代奥林匹克运动会在奥林匹亚举行。
中东 & 非洲	**约公元前 800 年**：亚述帝国将美索不达米亚收入囊中，还征服了叙利亚和小亚细亚半岛的部分地区。 **公元前 750 年**：位于北非的腓尼基殖民地迦太基成为西地中海上的独立贸易枢纽。 **约公元前 719—前 703 年**：库施国王沙巴卡（Shabaka）继承祖父与父亲的征服大业，攻下了埃及，建立了埃及第二十五王朝。	**约公元前 800 年**：努比亚人用铁制造工具和武器。为了炼铁，他们大量采伐森林。 **公元前 745 年**：发展农业成为亚述人的一项重要任务。帝国境内四处可见新建的不设围墙的农业聚落。 **约公元前 740 年**：巴比伦人开始记录天象、河水水位、商品价格与历史事件。	**约公元前 800 年**：巴比伦语成为中东地区的通用语言。公元前 7 世纪到公元前 6 世纪，巴比伦语逐渐被阿拉米语取代。 **约公元前 743—前 512 年**：皮耶是第一位统治埃及的努比亚国王。努比亚人和埃及人的艺术、宗教进一步融合。第二十五王朝的努比亚公主扮演"阿蒙神之妻"的传统角色，象征统治家族和阿蒙-拉神之间的联姻。
亚洲 & 大洋洲	**公元前 770—前 476 年**：随着周王朝的衰落，中国处于敌对的半自治国家之间的权力斗争之中。这就是所谓的春秋时期。	**公元前 770 年**：游牧民族袭击周朝，迫使周人将首都东迁至洛阳，西周灭亡，东周开始。	**公元前 800 年左右**：印度先哲将雅利安人的信仰整合到被称为《奥义书》的经文中，这些经文构成了古代印度宗教的基础。 **公元前 800 年左右**：这一时期的中国诗歌后来被编入《诗经》。

科学与技术	人类与社会
公元前 800 年左右：在查文·德·万塔尔复杂的建筑中设有超过 300 米长的内部管道，用于排水与通风。	**公元前 8 世纪左右**：在今墨西哥瓦哈卡州附近的阿尔班山遗址，人们开始修建萨波特克城。建筑者们建造了环绕着公共建筑和宗教建筑的中心广场。
公元前 800 年：在如今的英格兰，铁器的使用已经十分普遍。 **公元前 8 世纪左右**：在如今的奥地利哈尔施塔特地区，凯尔特人开始普遍用铁来锻造剑和带翼的斧头等武器。	**公元前 800 年左右**：位于伯罗奔尼撒半岛上的斯巴达城邦将其影响力扩展到了整个半岛。斯巴达人建立了一支训练有素的军队，他们分外崇尚纪律与简朴的生活方式。斯巴达男孩在 7 岁时便会进入严格的军事学校。

下图 卡纳克出土的雪花石膏雕像，刻画了美丽的阿蒙尼尔迪斯一世，她是库施统治者卡施塔的女儿

非洲的努比亚王国

　　古努比亚位于尼罗河第一瀑布和第五瀑布之间，是如今埃及和苏丹的一部分，其历史与古埃及一样悠久。公元前 3000—前 500 年，努比亚有过各种各样的名字，它曾被称为亚姆（Yam）、库施（Kush）、纳帕塔（Napata）、梅罗埃（Meroe）和埃塞俄比亚（Ethiopia）。由于农业和畜牧业的繁荣，努比亚人以射箭技能而闻名，并经常作为雇佣军为埃及军队服役。在贸易中，他们充当中间人，把非洲的财富送往北至如今希腊克里特岛的地方，他们提供的货物包括令人垂涎的非洲黄金、乌木、象牙、外来动物和兽皮等。

　　在埃及的中王国时期，各个法老将下努比亚推进到第二瀑布附近。公元前 1450 年左右，埃及再次入侵库施王国，直至第四瀑布。努比亚王子会被送进埃及的宫廷，在那里，他们学习埃及的习俗。公元前 8 世纪，埃及正处于无政府状态，强者得胜带来了局势的好转：库施国王皮耶顺流而下，征服了埃及。他建立起一个统治埃及近百年的王朝，这个联合王国成了非洲最大的国家。

　　公元前 664 年，亚述人、波斯人，以及亚历山大大帝所率领的希腊人和罗马人先后占领了埃及。依然独立的努比亚人继续发展，他们建造了金字塔，发展炼铁技术，并开发出一种尚未被破译的文字。

左图 这张地图展示了埃及和努比亚王国在不同时期的管辖范围

公元前 700—前 600 年

	政治与权力	地理与环境	文化与宗教
美洲	约公元前 700 年：如今墨西哥瓦哈卡州阿尔班山遗址的浮雕显示出奥尔梅克文化的深远影响。	约公元前 700 年：尽管石灰岩上只有一层薄薄的肥沃土壤，玛雅人还是设法在尤卡坦半岛发展出了定居农业。	约公元前 650 年：奥尔梅克浮雕中刻有简短的象形文字，这表明中美洲在这一时期曾存在过书面语言。
欧洲	约公元前 700 年：雅典等希腊城市成为学术中心。海上贸易给雅典带来了财富。 约公元前 700 年：得益于冶铁技术、当地丰富的矿产资源，以及与埃及、叙利亚、小亚细亚半岛和希腊的贸易往来，意大利中北部的伊特鲁里亚人发展壮大起来。 公元前 616 年：伊特鲁里亚人卢修斯·塔克文·普里斯库斯（Lucius Tarquinius Priscus）成为罗马国王。	约公元前 700 年：地中海葡萄酒以及酿造和饮用葡萄酒的器具传入了中欧。	约公元前 8 世纪：伊特鲁里亚人擅长制作精美的雕塑，尤其是精致的赤陶棺。
中东 & 非洲	约公元前 700 年：辛梅里安人和斯基泰人的武装骑兵横扫中东。 公元前 672—前 671 年：亚述人把努比亚人赶出埃及，委任尼科一世进行统治。 公元前 646 年：在伊朗西南部，亚述国王亚述巴尼拔征服了埃兰人。 公元前 625 年：一个新的巴比伦帝国——迦勒底帝国成立，在民众的支持下，那波帕拉萨尔成为国王。 公元前 614—前 609 年：亚述帝国被巴比伦国王那波帕拉萨尔和米底亚国王基亚克萨雷斯的联军毁灭。	约公元前 704—前 681 年：亚述国王辛那赫里布（Sennacherib）修建了一条 10 千米长的运河和巨大的石头引水渠，以增加柯沙河的流量，从而灌溉尼尼微周围的众多种植园。 约公元前 700 年：波斯人开发了一种地下水道灌溉系统，称为坎儿井（Qanat）。这些水道能将水从山上输送到沙漠地区，把蒸发量降至最低。	约公元前 650 年：根据琐罗亚斯德教的说法，先知琐罗亚斯德出生于一个贵族家庭，他得到过异象的启示，在如今的伊朗地区传教。他教导人们一种善恶对立的道德观，他鲜明的一神论信仰反映出当时普遍存在的多神宗教的影响。 约公元前 600 年：埃及人通过使用一种被称为"通俗文"（Demotic）的文字来简化书写方式。
亚洲 & 大洋洲	公元前 685—643 年：齐国的齐桓公将邻近地区纳入自己的势力范围。	公元前 602 年：黄河发生有记载以来的第一次改道，从今河北沧州市某处入海。	约公元前 7—前 3 世纪：中国人使用毛笔和墨水在玉石、竹简、木牍和丝绸上书写文字。

科学与技术	人类与社会
公元前 700 年左右：秘鲁的查文人似乎是最先通过焊接技术来制作三维金属物体的美洲人。	公元前 600 年左右：在如今玻利维亚的阿尔蒂普拉诺高原上，人们住在被涂成黄色和红色、茅草覆顶并装有滑动门的土坯房里。
公元前 700 年左右：罗马步兵使用长矛作战，但骑兵使用的长剑很可能源自改良的高卢人的剑，它之后成了中世纪剑的范本。 公元前 600 年左右：希腊军队开创了一种被称为"方阵"的防御队形，即由手持盾牌和长矛的士兵肩并肩站在一起形成人墙。	公元前 700 年左右：希腊史诗诗人赫西俄德在《劳作与时日》（Works and Days）中描写了农场生活，描述了种植大麦、小麦、葡萄和无花果的过程以及饲养马、牛、山羊、绵羊和野猪的方法。 公元前 600 年左右：在如今的西班牙加利西亚和阿斯图里亚斯，凯尔特人开始建造卡斯特罗斯（Castros），一种巨大的戒备森严的山顶定居点。
约公元前 650—前 627 年：亚述国王亚述巴尼拔（Ashurbanipal）成为第一位学习写字的国王。他将当时所有已知的科学、历史、宗教和文学作品的复制品收集到一个藏有 2 万多块泥板的图书馆中。	公元前 7 世纪左右：达莫特（D' MT）王国是由一个讲闪米特语的民族在提格雷（在今埃塞俄比亚）北部高地建立的。他们通过与南阿拉伯半岛商人的贸易得到奴隶、象牙、贵金属和其他珍宝。
公元前 700 年左右：印度外科医生苏苏鲁塔（Sushruta，中国古代译为"妙闻"）为患者做了白内障手术，还通过植皮的方式做出了新的鼻子。	

热爱生活的伊特鲁里亚人

伊特鲁里亚人定居在意大利阿诺河和台伯河之间的山顶村落，在公元前 1000 年迅速崛起。该地区的铜、锡和铁矿藏丰富，这使得其与邻国以及航海的腓尼基人进行活跃的贸易。到公元前 8 世纪，这些村落发展成了有着等级社会的城邦。

希腊人在伊特鲁里亚王国附近建立了殖民地，并对伊特鲁里亚的艺术和文化产生了重大影响。贸易带来了埃及、叙利亚、小亚细亚半岛和希腊的奢侈品，而伊特鲁里亚的影响力则向南北扩散。公元前 616 年，卢修斯·塔克文·普里斯库斯成为罗马的统治者。他建立起一个王朝，将罗马变成了一个城市中心，建造了纪念性建筑，铺设了广场，修建了地下排水系统。公元前 509 年，罗马人废黜了最后一位伊特鲁里亚统治者，建立了共和国，伊特鲁里亚此后便成了罗马的一部分。

下图　伊特鲁里亚赤陶棺

公元前 600—前 500 年

	政治与权力	地理与环境	文化与宗教
美洲	**公元前 550 年左右**：北极的多塞特人在哈得孙湾北部、北美北部沿海岛屿和格陵兰岛西部建造了用石头、浮木和草皮构筑的半地穴式住所。		**下图** 多塞特因纽特人野兔的护身符
欧洲	**公元前 594 年**：雅典贵族领袖梭伦（Solon）推行改革，允许所有自由公民参政。他被后人视为"民主之父"。 **公元前 509 年**：罗马共和国建立。 **公元前 508 年**：雅典的克里斯提尼（Cleisthenes）进行改革，以新的行政选区制度，打破了部落贵族势力对政权的控制。改革最终确立了古希腊的民主政治。	**公元前 510 年左右**：米利都的希腊历史学家赫卡塔埃乌斯（Hecataeus）写了第一部关于地理学的著作，其中包括一幅世界地图。	**公元前 600 年左右**：斯堪的纳维亚人铸造出青铜卢尔，那是一种长 1.52—2.44 米、以兽角为模具的乐器。 **公元前 581 年左右**：希腊的哲学家和数学家毕达哥拉斯（Pythagoras）开始研究数学和天文学的基本原理。 **公元前 525 年左右**：古希腊三大悲剧家之一的埃斯库罗斯出生，他的代表作有《俄瑞斯忒亚》《波斯人》等。他首创三联剧的悲剧形式，使希腊悲剧逐渐完善，被称为"悲剧之父"。
中东 & 非洲	**公元前 597 年**：尼布甲尼撒二世洗劫了犹大王国。许多民众被掳去了巴比伦。 **约公元前 590—前 529 年**：居鲁士大帝（Cyrus the Great）统治着埃兰和波斯，征服了米底亚、小亚细亚半岛和巴比伦。 **公元前 546 年**：在小亚细亚半岛，富有的吕底亚克洛伊索斯（Croesus）将他的王国拱手让给了波斯军队。 **公元前 522 年**：大流士一世（Darius I）获得波斯的统治权。	**公元前 600 年左右**：尼科二世国王雇用的腓尼基水手环绕非洲航行。 **公元前 546 年左右**：居鲁士大帝占领了吕底亚的萨迪斯城。它成为波斯皇家御道主要的西端终点。这条御道发源于波斯首都苏萨，最终延伸超过 2400 千米，横跨小亚细亚半岛。 **公元前 515 年左右**：波斯国王大流士一世派遣希腊卡里安达的探险家西拉克斯（Sclyax）探索印度河的河道。后者成为第一位描述印度的西方人。	**公元前 587—586 年**：在耶路撒冷，所罗门圣殿被尼布甲尼撒二世摧毁。公元前 538 年，流亡的犹太人获准返回耶路撒冷，开始重建这座建于公元前 515 年的圣殿。 **公元前 550 年左右**：琐罗亚斯德教成为波斯阿契美尼德王朝的官方宗教。 **公元前 550 年左右**：马球运动在波斯帝国发展起来。它被认为是皇家骑兵训练项目的一部分。
亚洲 & 大洋洲	**公元前 600 年左右**：在印度次大陆的扩张战争中，几个小国彼此争权夺利，但没有一个国家能征服其他国家。 **公元前 520 年**：波斯征服了印度西北部的部分地区。	**公元前 543 年左右**：印度东北部的摩揭陀王国在频婆沙罗（Bimbisara）国王的领导下开始崛起。	**公元前 551 年左右**：孔子诞生于今中国东部的山东曲阜。

第 1 章 早期社会　57

科学与技术	人类与社会

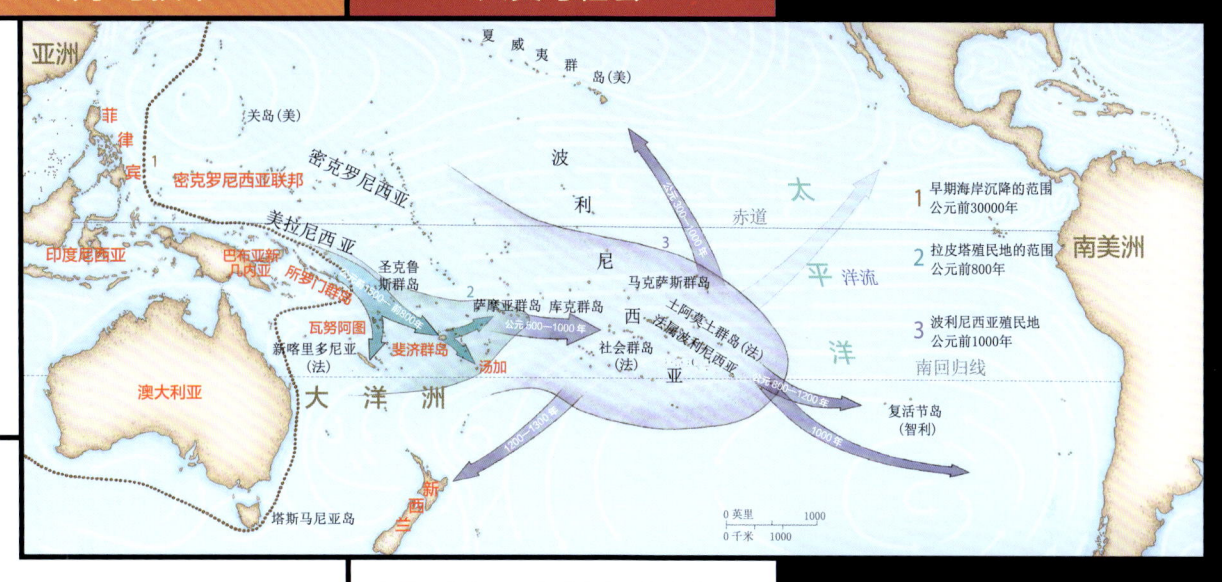

上图　南岛语系人群建立了拉皮塔交流网络，在整个南太平洋范围内传播文化和农业技能

大洋洲探险家

公元前 60000 年左右，人类从东南亚乘坐装备有帆的简易船只迁徙到澳大利亚、新几内亚和附近的岛屿上。大约公元前 8000 年，气候变暖导致海平面上升，澳大利亚因此与新几内亚隔离。

此后不久，说着马来语、印度尼西亚语、菲律宾语、波利尼西亚语和马达加斯加语的南岛语系人群，开始沿新几内亚北部海岸进行勘探和贸易，沿路介绍种植块根作物的方法——比如山药和芋头，以及养猪和养鸡的技术。他们乘坐独木舟在海面上航行，根据风向、云层的形成、星星或是鸟的飞行轨迹来寻找下一个可居住的岛屿。在随后的"发现潮"中，人们于公元前 1500 年在斐济定居；公元前 1300 年定居瓦努阿图；公元前 1000 年定居汤加和萨摩亚；公元前 1000 年定居所罗门群岛；公元前 300 年定居夏威夷；公元前 500 年定居复活节岛，以及公元前 1300 年定居新西兰。另外，还探索了密克罗尼西亚和马达加斯加。在每个新的定居点，他们都引进了农作物和耕作技术。

公元前 560 年：在小亚细亚半岛，吕底亚国王克洛伊索斯用来自普特洛克勒斯河的金沙以及小亚细亚矿山的矿石铸造出第一批金银硬币。

约公元前 605—前 561 年：尼布甲尼撒二世使巴比伦重回辉煌：他重建并装饰了主要的庙宇，建造运河和一条大护城河，完善了城市周围的防御工事，并用石灰石铺平道路。他或许建造了巴比伦著名的空中花园，那被认为是古代世界的奇迹之一。

约公元前 559—前 530 年：阿契美尼德王朝国王居鲁士大帝依靠遍布帝国的庞大间谍网络，有了无处不在的"国王的眼睛和耳朵"。

公元前 536 年：郑国执政子产将一部法典铸刻在金属鼎上，向全社会公布。

第 2 章

古典时代

公元前 500—公元 500 年

陪葬坑中神情警觉的兵马俑是为保卫秦始皇陵墓而由中国古匠制作的数千个兵马俑之一。秦始皇死于公元前 210 年。

大约从公元前 500 年开始，出现了具有强大实力和持久影响力的文明，它们在后来被称作古典文明。就像希腊和罗马文明影响了后来的欧洲文化那样，波斯、非洲、印度、中国和中美洲的古典文明也对当地及邻近地区产生了深远的影响。伟大的帝国由杰出的征服者建立，并由精明的管理者维系。随着各大洲道路的修建和航海技术的改善，旅行和商业的范围被大大拓展了。商人、宗教人士和哲学家们传播商品和思想，使远离都城的地区也分享共同的文化。这些古典文明是如此地持久和广泛，以至于它们培育出的信仰、习俗和法律至今仍具有生命力。

波斯先驱

古典时代的黎明往往与希腊文明的繁荣联系在一起。但在希腊人赢得荣耀之前，他们不得不与波斯人打交道——波斯人统治着世界上最强大的帝国，其疆域从印度河延伸到尼罗河，并向北直抵黑海。这些土地中的大部分都被居鲁士大帝征服了，他在公元前 550 年左右控制了如今的伊朗地区，并率领他强悍的波斯军队对抗那些无法在马背上与之对抗的外国人。由居鲁士和他的儿子冈比西斯（Cambyses）创建的阿契美尼德王朝，在大流士一世手中得到了巩固。大流士一世将他的帝国

下图　公元前 333 年，马其顿征服者亚历山大大帝（Alexander the Great）在伊苏斯战役中彻底击溃波斯军队

划分为多个行省，并任命他信任的人来管理这些地区。他为每个行省规定了税收，并用这些税收在波斯波利斯建立了一座新的首都，并修建了一条长达 2400 多千米的通往爱琴海沿岸城市以弗所的御道。这条御道促进了贸易和税收，他发行的铸币也达到了相同的效果。后来统治这个帝国与其他地区的君主也采取了类似的措施来管理广袤的领土。

大约在公元前 500 年，居住在爱琴海东海岸的希腊人奋起反抗大流士的统治，并赢得了其他地区希腊人的支持。希腊人热衷于航海，在政治上分属不同的城邦，其中包括希腊本土的雅典和斯巴达等强国，以及爱琴海、地中海和黑海沿岸的遥远殖民地。希腊人有时会互相争斗，在市场上进行商业竞争，或在奥运会等节日进行体育比赛。拼音字母简单易学，许多希腊人都识文断字，也都认同《荷马史诗》中歌颂的价值观。《荷马史诗》中的英雄奥德修斯是一位狡黠的战士，特洛伊战争后，他在雅典娜的指引下安全回家。雅典娜和其他希腊神灵一样，有着人类的特质。

雅典娜是雅典的守护神。在公元前 490 年的马拉松战役中，雅典领导了与大流士的战争，并击退了波斯军队。据传说，一个信使从马拉松跑到 42.195 千米外的雅典，传达胜利的消息，随后身亡。实际的路程还要更长——马拉松到斯巴达有 246 千米——而且，他是在战斗前去请求支援的。后来，大流士的儿子和继承人薛西斯再次挑起了战争。希腊人寡不敌众，但是波斯的指挥官们在补给和协调来自不同国家的部队方面遇到了困难。公元前 480 年，希腊人在萨拉米斯海战中击溃了一支庞大而笨重的波斯舰队，并于一年后在普拉提亚又击败了波斯军队。这标志着波斯扩张的结束与希腊黄金时代的到来。

古典希腊

希波战争后，希腊文明在雅典达到了顶峰。雅典领袖伯里克利（Pericles）这样夸耀道："雅典是希腊的学校。"在众多的天才中，有哲学家苏格拉底（Socrates）和柏拉图（Plato），剧作家索福克勒斯（Sophocles）、埃斯库罗斯（Aeschylus）和欧里庇得斯（Euripides），历史学家修昔底德（Thucydides），医生希波克拉底（Hippocrates），还有雕塑家菲狄亚斯（Phidias），他的杰作装点了俯瞰城市的帕特农神庙。这种创造力的迸发与雅典民主的兴起相得益彰。通过允许男性公民选举他们的领导人，雅典树立了一个民主的典范，这一典范在短时间内并没有被超越。

雅典人曾与斯巴达人联手击败波斯人，但后来希腊的这两个主要城邦成了死敌。斯巴达的所有男人要在一起生活和训练到 30 岁，强大的军队使得斯巴达在伯罗奔尼撒战争中成了雅典的劲敌。这场史诗般的冲突既削弱了雅典，也削弱了得胜的斯巴达联盟。公元前 338 年左右，希腊落入马其顿国王腓力二世的手中，他率领一支强大的军队从北方席卷而下。马其顿人长期与希腊人进行贸易，并承袭了他们的语言和文化。腓力二世的儿子亚历山大学习希腊的文学，并声称自己是荷马所写的《伊利亚特》中的英雄阿喀琉斯的后裔。他接管了父亲的军队，开始建立自己的帝国。

亚历山大选择的时机很好，埃及和其他行省的叛乱削弱了波斯人的力量。虽然波斯人仍能召集起一支庞大的军队，但马其顿人的组

右图　希腊艺术家在雕塑中颂扬人的形体，这尊描绘铁饼投掷者的雕塑便是如此，投掷者的技巧在战争和体育竞赛（如奥林匹克运动会）中都能得到检验

上图 印度的石塔寺（形如上图这座位于桑奇的建筑）历史悠久，最早可以追溯到佛教刚发展为印度主要宗教的时候。公元前3世纪，阿育王开始信奉佛教。与此同时，中国的汉朝统治者在哲学家孔子（见右图）学说的引导下，在文武百官的协助下治理国家。

织性更强，对领袖更加忠诚，双方多次交战，也多次两败俱伤。十年之内，亚历山大征服了波斯人，夺取了他们所拥有的一切，从埃及到印度河都被纳入了亚历山大的帝国。亚历山大死于公元前323年，时年32岁，是位荷马式的传奇人物。后来，亚历山大的帝国被他的将军们瓜分，他们建立了自己的王朝。希腊和马其顿留给了安提哥那（Antigonus）；埃及留给了托勒密（Ptolemy）；剩下的则被交给塞琉古（Seleucus），他成了新的波斯皇帝。希腊人遍布亚历山大征服的土地，传播他们的语言和文化。托勒密在埃及的亚历山大建立了一个新首都（它是众多献给亚历山大的城市之一）。这座城市中有着巨大的图书馆和博物馆，吸引了来自不同国家的学者，体现了更广阔的希腊世界中的国际化精神。

亚洲帝国

亚历山大曾试图征服印度，最后以失败告终。蹚过印度河后，他与他那支厌战的军队被季风所带来的大雨困在了泥沼里，只能掉头离开。但他的到来仍对印度产生了深远的影响。印度境内当时有很多王国，亚历山大在撤退之前击垮了印度河流域的那些小王国，造成了权力真空。一位名叫旃陀罗笈多（Chandragupta Maurya）的征服者横空出世，他来自恒河边的摩揭陀国。在公元前300年左右，他建立了横跨恒河与印度河的庞大帝国，即孔雀王朝。这个王朝在旃陀罗笈多的孙子阿育王（Ashoka）统治下达到鼎盛，他征服了印度南部的大部分地区。

阿育王随后放弃了征战，开始致力于巩固疆土，修建供官员和商人使用的道路。他影响最深远的一项行为是信奉佛教。佛教是一种宗教性的哲学，其灵感来自公元前5世纪去世的印度圣人乔达摩·悉达多（也被信徒称为佛陀或开悟者）。他放弃了世俗欲望，过着简朴的生活，专心冥想，直至进入涅槃之境，即一种完美的开悟状态，从奋斗与苦难中解脱出来。佛教教导信徒，一个人获得开悟的能力其实与他的社会地位无关。因此，许多印度商人成为佛教的追随者，因为从社会地位与宗教地位来说，他们往往低于那些长期统治印度的雅利安人，即祭司与武士。在阿育王统治期间，四处游历的佛教商人充当起传教士，把他们的信仰从印度传播到东南亚和中国。公元前232年，阿育王死后不久，孔雀王朝分裂成几个相互敌对的王国。直到公元4世纪，另一位来自摩揭陀国的统治者旃陀罗笈多（与孔雀王朝创立者同名）才统一了印度。旃陀罗笈多和他的继任者所建立的笈多王朝并不像孔雀王朝那样强盛和团结，但纺织、贸易、手工艺、科学与艺术都很繁荣。

这时，印度的主导信仰变为印度教，这是一个信奉多神的宗教，相信生死轮回，认为一个人的灵魂会在下一世上升到更高或下降到一个更低的种姓，而上升与下降取决于他今世的行为。一本名为《薄伽梵歌》（Bhagavad Gita）的印度教经典经文这样教导人们：社会各个阶层的人，从高种姓的王子与武士，到低种姓的平民，如果他们过着正派的生活，履行各个种姓的职责，就会在来生得到奖赏。

第 2 章 古典时代

在中国，儒家思想开始影响统治阶级，并为社会提供了道德判断的准则。中国哲学家孔子（上页图）于公元前479年逝世，他在世时影响其实十分有限。当时，中国正进入一个被称为战国的动乱时代，孔子这样一个建议统治者实行仁政而非武力治国的哲人，在统治者看来似乎无足轻重。

但孔子的思想被弟子们记述下来，并最终成为中国及东亚大部分地区的主流思想与政治哲学。其他中国思想家提出了不同的治世之道：道家主张人们摆脱世俗的野心和冲突，寻求与自然的和谐；法家认为只有通过严苛的法律和严厉的惩罚才能建立秩序，因此统治者必须具有绝对权威。对于儒家来说，家庭是社会的基础，而对于法家而言，国家才是重中之重。

战国时期最强大的秦国采纳了法家的思想。公元前221年，秦始皇统一了中国。作为皇帝，他因铁腕统治而受到儒家和道家的谴责，他的回应是将那些批评者处死。秦始皇经常苛政扰民，发起需要数百万劳工的大型项目，例如建造长城这样的防御屏障。但正如波斯的大流士一世等其他足智多谋的古典时期统治者一样，他创造了不少功绩，例如修驰道、规范律法、铸币、统一度量衡和文字，使国内说不同方言的人们能够以书面形式交流，从而在广阔的国土上建立秩序，这些措施也有助于中国文化的统一。公元前210年秦始皇去世后，被埋葬在一个巨大的坟墓里，坟墓周围是为建造这个陵墓牺牲的奴隶尸体和数千个栩栩如生的兵马俑。他死后不久，国内就爆发了起义，秦朝灭亡。

秦朝的速亡为之后的汉朝敲响了警钟。汉代皇帝采纳了儒家的思想，相信以德治国的力量。孔子建议

下图 秦始皇陵兵马俑二号坑

统治者："道千乘之国，敬事而信，节用而爱人，使民以时。"但皇帝们并不总是遵从，许多都只是"外儒内法"，即实际上推崇法家，表面上却支持儒家的理想，以便使自己的统治能长久。"天命"就是典型的儒家理想之一，人们相信只要统治者明智而公正地治理国家，就会得到上天的庇佑。

汉代最强势的皇帝是汉武帝，于公元前141年继位。在他的指挥下，汉军击败匈奴，在朝鲜半岛设立郡县，向南直达越南。作为法家思想的拥护者，他通过征募大量兵力和劳工来巩固帝国，维护权威，但同时也在官学中推行儒家思想。

丝绸之路的东部起点是汉都长安，一直延伸到地中海东部。丝路实际上是一条贸易路线，它将中国的丝绸和其他商品带到了罗马市场，又把思想和信仰带回了中国。佛教最迟在公元1世纪就传入了中国，在汉朝衰落与崩溃之际获得了大量追随者。

有一个反复出现在汉朝统治者面前的问题，就是地主与贫农之间的社会冲突。公元前1世纪初，改革者王莽将土地从地主手中收走，重新分配给穷人，但他与他的"新"朝也因此被推翻。后来的东汉统治者不得不与农民起义做长久的斗争。

公元3世纪初，东汉灭亡，中国再次分裂成数个敌对的小国家。当中原王朝遭受来自中亚的瘟疫与少数民族政权的挑战时，儒家思想失去了吸引力，许多人转向佛教或道教。没有任何一堵墙能抵挡得住如此深远的破坏与变革的力量，这也同样影响了欧洲，并加速了罗马帝国的衰落和基督教的传播。

罗马世界

从意大利的一个小城邦崛起为世界强国，罗马靠的不仅是武力征服，还有对被征服对象采取的同化政策。罗马人给予了被征服者成为罗马公民的权利，赢得了他们的合作与忠诚，使得罗马军队能去掠夺更多领土或镇压叛乱。成为罗马公民，意味着人们得到了法律保护，他们有权在法庭上与原告对质，并在被证明有罪之前保持清白，等等。但他们依然没有民主权利，因为罗马从来就不是一个民主国家。在公元前509年废除了伊特鲁里亚人的统治后，罗马成为共和国，成立了由贵族组成的元老院和为平民代言的公民大会。制度的改革使平民有了更大的政治权利，但社会紧张局势仍持续存在，并逐渐削弱了共和国的力量。

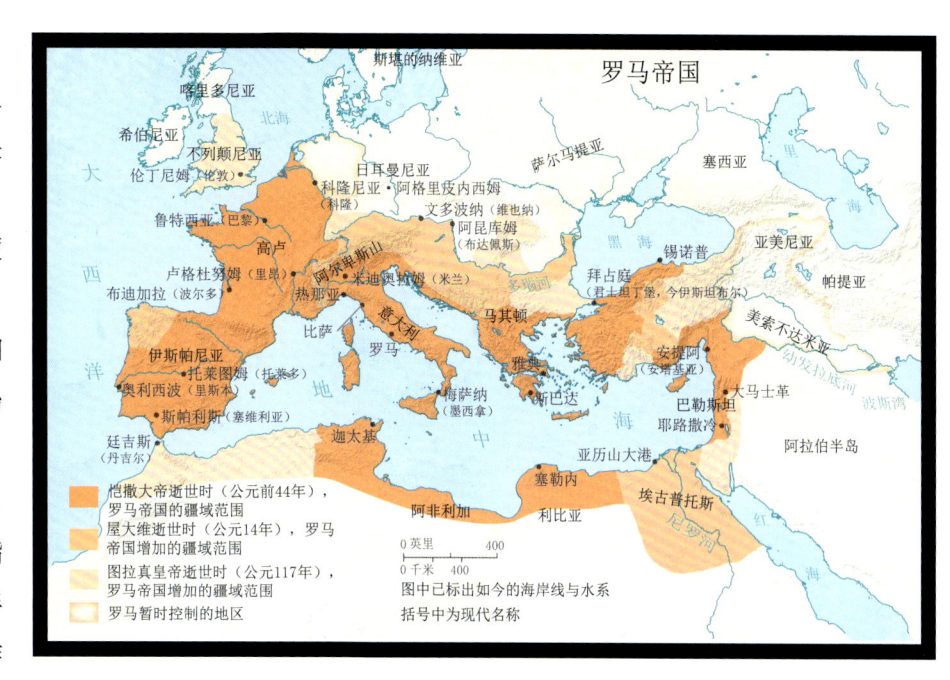

罗马的政治制度在意大利运转良好，但是在征服了北非沿岸广阔的腓尼基城邦——迦太基之后，面临严重挑战。阻挡住迦太基将军汉尼拔的入侵后，公元前146年，罗马人发动反击，将迦太基夷为平地。由于海外战争的胜利，罗马将军们获得了极大的权力与极高的威望，开始干涉富裕地主之间的国内政治争端，这些地主雇用在征战中被俘虏的奴隶，还赶走要求土地改革的农民。在众多罗马首领中，最具威名的是盖乌斯·尤利乌斯·恺撒（Gaius Julius Caesar），他于高卢（今法国）征服了凯尔特人，并于公元前49年回到罗马夺取了政权。作为独裁者，他从富人手中夺取土地，分

给了忠于他的退伍军人。

元老院的成员对恺撒的政策和拒绝交权的行为感到十分愤怒。因此，权贵们设法杀害了他，希望恢复共和制度。但结果恰恰相反，他们触发了一场动荡的内战。在这场战争中，元老院被恺撒的养子屋大维（Octavian）镇压。随后，屋大维与他的同僚马克·安东尼（Mark Antony）发生了冲突。通过击败安东尼与他的盟友——托勒密王朝的最后一位统治者，埃及女王克莱奥帕特拉（Cleopatra），屋大维最终赢得了地中海世界的控制权。他更名为奥古斯都·恺撒，像皇帝一样拥有至高无上的权威。奥古斯都以及后来的罗马皇帝们都被尊为神一般的人物，被供奉在神殿里。在他们的统治下，多数百姓都承认多神，并容忍这种帝王崇拜。然而，犹太人拒绝多神信仰，他们希望出现一个弥赛亚般的救世主来结束罗马的统治，以恢复以色列王国。在公元30年左右，一位名叫耶稣（Jesus）的犹太预言家承诺要在地球上恢复"上帝之国"，罗马当政者担心他会煽动叛乱，给他定罪，把他钉死在了十字架上。他的门徒称他为"基督"，意思是"受膏者"，也称弥赛亚，认为他会复活，在天上与上帝会合。犹太教的经书是基督教的主要灵感来源，后来成为基督教《圣经》的一部分。基督教还受到了琐罗亚斯德教的影响。琐罗亚斯德教起源于波斯，教义认为正义的灵魂能在死后进入天堂，免受地狱的折磨。

随着罗马帝国势力的不断扩张，基督徒面临着各种迫害。例如公元70年，罗马皇帝韦帕芗（Vespasian）为了结束叛乱而血洗耶路撒冷；还有图拉真（Trajan），这位皇帝于公元117年在攻打东部的帕提亚人（安息人）时因病离世。

后来的皇帝巩固了这些成果，他们拓展罗马的道路网，还建造了防御性屏障，比如英国的哈德良长城。他们还建立或扩大了除首都外的一些城市，比如高卢的里昂，它后来发展得与罗马十分相像，有喷泉、带渡槽的浴室，还有供大众娱乐的体育场和马戏团。诗人尤维纳利斯讽刺那些曾积极参与政府管理的罗马人，现在只关心"面包和马戏"；但是城市生活的吸引力是如此之大，使那些被征服的人心甘情愿地变成了罗马公民。随着时间的推移，一些发达地区的居民，如北非的塞普蒂米乌斯·塞维鲁，甚至成为罗马帝国的皇帝。

公元3世纪，罗马的权势逐渐衰落下来。传染病沿着贸易路线传播，使众多百姓染病，扰乱了城市赖以生存的粮食生产与运输。随着帝国的衰落，基督教变得更受欢迎，它给予那些处于困境中的人以仁爱与慈悲，并承诺他们日后能获得永生。4世纪初，君士坦丁大帝开始信奉基督教，并将首都从罗马迁至伊斯坦布尔海峡旁的拜占庭。新首都被称为君士坦丁堡，成为拜占庭帝国的所在地。在西罗马帝国崩溃之时，这座城市依然屹立不倒。5世纪，匈人从中亚进入东欧，取代了汪达尔人、西哥特人和其他游牧民族，随后又征服了意大利。公元476年，西罗马帝国灭亡；入侵者吸收并延续了罗马的许多文化元素，基督教就是其中的一项。

全球进展

当帝国在其他地方兴衰的时候，大洋洲、撒哈拉以南的非洲和美洲的人们没有紧跟其后，他们形成了一种生产力极强的社群，为在古典时代或之后时期出现的强大王国奠定了基础。古典时代最具冒险精神的航海家是南岛语系人群，他们乘坐装有船帆的独木舟向东跨越太平洋，在太平洋的许多岛屿上开拓殖民地，还带去了猪、鸡和芋头、面包果等农作物。后来，社群变得更加复杂，首领们出现了，他们控制着整个岛屿或岛链。大约在4世纪，马来人从印度尼西亚向西航行穿过印度洋，在马达加斯加定居并引入了香蕉。

自此之后，香蕉的种植扩展到非洲，并为人们提供了额外的食物，使撒哈拉以南人口众多的非洲社会得以维持。其中的一些社群后来发展为王国，之前它们在政治上松散地结合在一起，主要靠血缘关系维系。但早在该地区出现强国之前，尼日尔河流域等自然资源丰富地区的文化就已经变得愈加复杂和成熟。早在公元前400年，在如今的尼日利亚，诺克人就开始锻造

上图 巨大的太阳金字塔耸立在特奥蒂瓦坎之上。特奥蒂瓦坎是当时商业与权力的中心，面积极大，统治着墨西哥谷，于公元前500年左右达到了权力的顶峰

铁器，并用黏土塑造出极具表现力的人类和动物形象。在北非，这样的社群被罗马帝国所吸收，受到罗马基督教等文化力量的改造。

到4世纪，基督教从罗马统治下的埃及，一路向南传播至努比亚和埃塞俄比亚。在北美，玉米的种植从墨西哥向北传播，使原本的狩猎采集者定居下来，建立起复杂的社会。在南美洲，秘鲁的莫切人建造了大型灌溉工程，并通过战争、贸易和艺术传播文化。在中美洲，出现了像特奥蒂瓦坎这样的大城市，它位于土壤肥沃的墨西哥谷，距如今的墨西哥城不远，里面居住着12.5万—20万人，是古典时期最令人印象深刻的中心城市之一。城中有宽阔的大街、宏伟的神庙和繁忙的作坊。玛雅人与特奥蒂瓦坎有贸易往来，他们生活在尤卡坦半岛附近。玛雅人和希腊人一样，分成了多个相互竞争的城邦，比如帕伦克和蒂卡尔，这两个城邦的人口已经超过了5万人。在玛雅，"书写者"用文字记录下玛雅文明的历史，天文学家绘制天象图，并为国王们提供建议。国王们会基于天文学家对金星等天体的占星解读，发动所谓"星战"。玛雅战争的主要目的是抓捕俘虏，然后将俘虏的血献给神灵。一些俘虏被迫参加球类比赛，失败者会被斩首。罗马人也没有好到哪里去，他们热衷于观看俘虏在竞技场被角斗士或野兽杀害。世界各地的人都坚信，如果社会要繁荣发展，牺牲就是必要的。他们还以各种方式表达对宗教或仪式的推崇，蒂卡尔的球场与罗马的斗兽场就是证明。

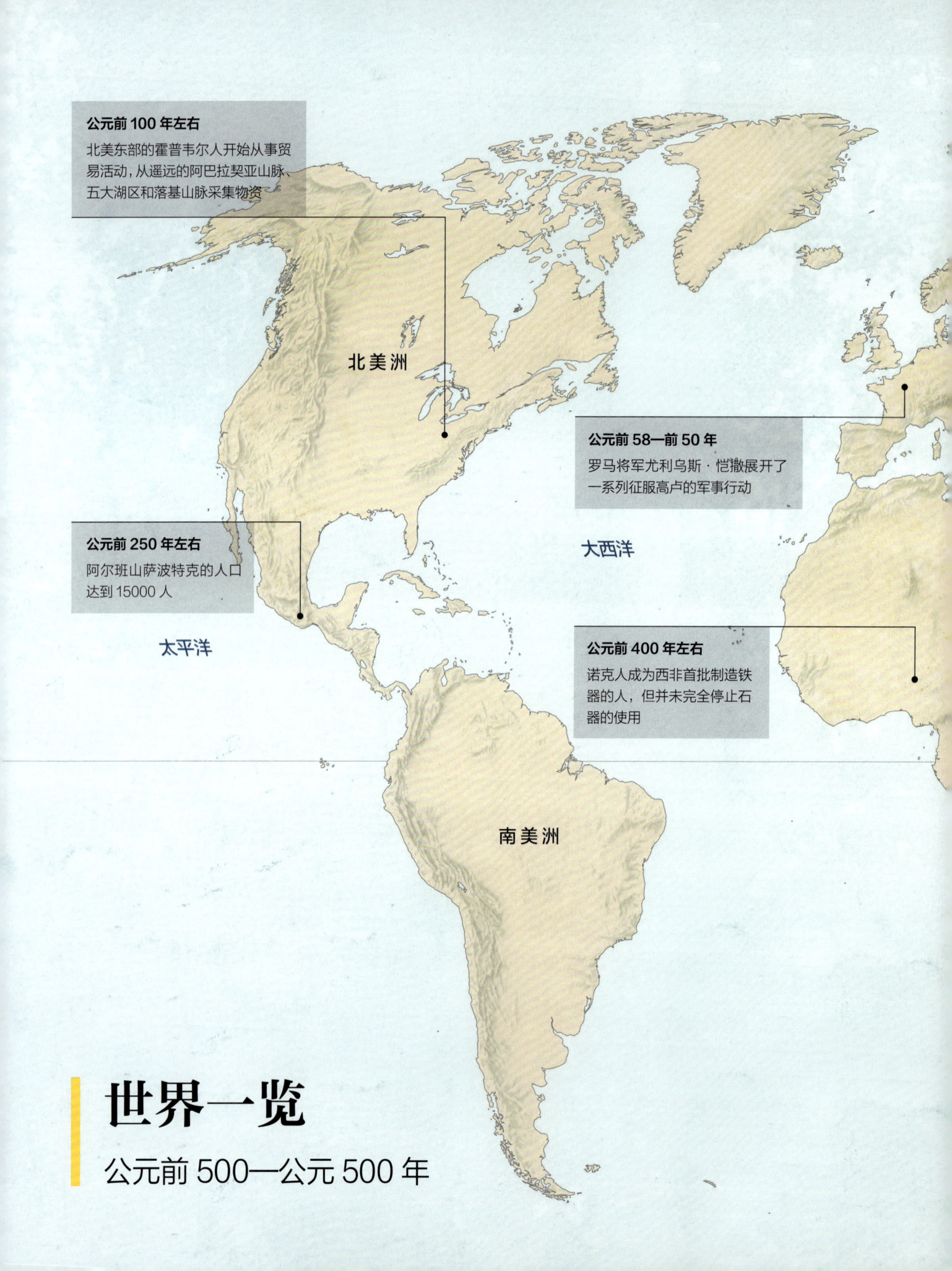

公元前 100 年左右
北美东部的霍普韦尔人开始从事贸易活动,从遥远的阿巴拉契亚山脉、五大湖区和落基山脉采集物资

北美洲

公元前 58—前 50 年
罗马将军尤利乌斯·恺撒展开了一系列征服高卢的军事行动

公元前 250 年左右
阿尔班山萨波特克的人口达到 15000 人

大西洋

太平洋

公元前 400 年左右
诺克人成为西非首批制造铁器的人,但并未完全停止石器的使用

南美洲

世界一览
公元前 500—公元 500 年

北冰洋

欧洲

约公元 80 年
基督教的教徒开始从事《福音书》（*Gospels*）的撰写工作，该书记录了耶稣的生平和教诲

亚洲

非洲

太平洋

印度洋

赤道

大洋洲

公元前 221 年
在战胜敌对国家后，秦国统治者嬴政宣称自己为统一中国的第一位皇帝，他有了一个新头衔，即所谓的"秦始皇"

公元前 500—前 440 年

	政治与权力	地理与环境	文化与宗教
美洲	**公元前 500 年左右**：阿尔班山城在墨西哥瓦哈卡谷地建成，首领们可以站在这座小丘上俯瞰自己的领土。		**公元前 5 世纪**：自公元前 12 世纪以来，奥尔梅克文化在中美洲蓬勃发展。但从此时起，其在艺术与文化上的主导地位逐渐衰退。 **左图** 公元前 470 年的伊特鲁里亚壁画，出土于意大利帕埃斯图姆的"跳水者之墓"
欧洲	**公元前 490 年**：希腊军队赢得马拉松战役，阻挡了波斯人对希腊半岛的入侵。 **公元前 480 年**：在薛西斯国王的命令下，迦太基人进攻西西里岛的希腊城市。与此同时，波斯军队在温泉关被一小队斯巴达人阻击。 **公元前 446 年**：雅典政治家伯里克利避免了雅典和斯巴达潜在的战争，后来成为雅典的主要政治领袖。 **公元前 5 世纪**：斯巴达成为希腊最强大的城邦。	**公元前 500 年**：希腊旅行家、作家米利都的赫卡塔埃乌斯在他的游记中详细介绍了欧洲、北非和亚洲的地理与民族情况。 **公元前 464 年**：斯巴达发生了强烈的地震，造成约 2 万人死亡。随后发生的农奴起义使城邦陷入混乱。	**公元前 500 年左右**：伊特鲁里亚艺术受到希腊文化的影响，蓬勃发展。 **公元前 450 年**：罗马的第一部成文法——十二铜表法在罗马广场上竖起。 **公元前 447 年**：雅典雕塑家菲狄亚斯受政治家伯里克利的委托，担任帕特农神庙的艺术总监。帕特农神庙于公元前 438 年建成，里面存放着雅典娜·帕特农（Athena Parthenos）——那座约 13 米高的装饰有黄金和象牙的主神像。
中东 & 非洲	**公元前 500—前 494 年**：希腊人在小亚细亚半岛建立的爱奥尼亚城邦发动了反抗波斯的爱奥尼亚起义，即两年后打响的希波战争的先声。 **公元前 480 年**：薛西斯计划在达达尼尔海峡上建造一座浮桥，由 676 艘两排排开的战舰组成，预计将有 36 万军队大举入侵希腊本土。 **公元前 449 年左右**：波斯与希腊城邦达成了卡里阿斯和约，并维持了大半个世纪的和平。	**公元前 490 年**：迦太基航海家汉诺（Hanno）带领 3 万人、60 艘船起航，意图在非洲大西洋沿岸殖民。他到达了如今的冈比亚、塞拉利昂，也许还有喀麦隆，一路建立了很多殖民地。	**公元前 521—前 486 年**：大流士一世通过琐罗亚斯德教宣称拥有神圣的统治权，该宗教是一种由波斯先知和宗教改革家琐罗亚斯德于公元前 1200—前 1000 年创立的信仰体系，后来成为波斯的国教。 **公元前 459 年**：波斯波利斯的百柱殿在阿尔塔薛西斯一世统治时期完工。 **公元前 445—前 444 年**：尼希米成为犹太行省总督，从波斯的苏萨返回耶路撒冷。他重建城墙，推行了经济改革。
亚洲 & 大洋洲	**公元前 475 年**：战国时期，中国历史上一个混乱纷争的时代开始了，将一直持续到公元前 221 年。	**公元前 500 年左右**：位于恒河沿岸的摩揭陀王国强势崛起，从地理角度看，它拥有贸易优势，且能轻松获取铁等自然资源。在接下来的几个世纪里，它将继续扩大对周边邦国的控制。 **公元前 450 年**：摩揭陀国王阿阇世（Ajatashatru）之子邬陀耶（Udaya）在恒河的战略要冲建立了华氏城。	**公元前 500 年左右**：摩诃毗罗（亦被称作"筏驮摩那"、耆那教的"大雄"）放弃了一切世俗的财富，过着苦行僧般的生活，并在印度北部向弟子们宣扬节俭和不杀生的教义。 **公元前 500 年左右**：中国的孔子将"仁"和"礼"作为教导弟子的核心内容。 **公元前 460—前 450 年**：乔达摩·悉达多在印度北部传播一种超越世俗、苦难的慈悲与智慧。

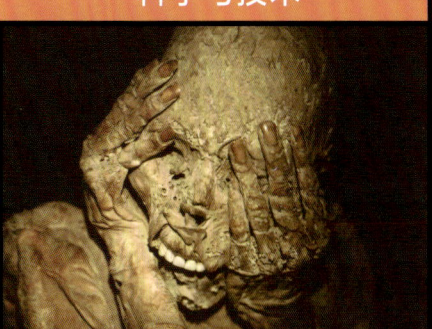

科学与技术	人类与社会
保存完好的帕拉卡斯木乃伊	公元前 500 年左右：阿登纳文化的中心在今俄亥俄州南部。人们建造了带有锥形屋顶的圆形房屋。他们建造的丘墩形墓葬影响了后来的霍普韦尔文化。 公元前 5 世纪：帕拉卡斯木乃伊的身上披着质量非凡的斗篷——那错综复杂的设计对后来的纳斯卡艺术产生了强烈的影响。 公元前 5 世纪：秘鲁的帕拉卡斯人经常绑住婴儿的头骨，使其变成细长的尖顶。
公元前 500 年左右：毕达哥拉斯从数学原理中推导出"地球是球体"这一假说。 公元前 500 年左右：英国引进了战车。 公元前 480 年：三列桨座战船是一种轻便、易操纵的船，每边有三排桨。它在萨拉米斯海战中起了至关重要的作用，帮助希腊取得了胜利。 公元前 450 年左右：奥运会首次在四轮战车和竞走比赛中采用了机械式启动闸。	公元前 494 年左右：罗马设立了平民保民官。同时，平民和贵族之间不许通婚的禁令也被解除。 公元前 450 年左右：雅典政治家伯里克利的影响力到达了巅峰，他带给人民更多参政的机会，为大型建筑工程雇用数千名劳工，并大力推进艺术和科学的发展。
公元前 500 年左右：波斯御道不断延伸，从小亚细亚半岛西部的萨迪斯到波斯西部的苏萨，全长约 2575 千米，共有 111 个驿站。 公元前 500 年左右：非洲的铁器时代可能始于西非的索尼克人在公元前 500—前 400 年制作铁制农业工具与武器。 公元前 480 年：在对雅典的一次围攻中，波斯军队使用的浸泡石油的纤维材料包裹的箭，是首批已知的"投射火炬"。	公元前 500 年左右：吉米卢（Gimillu）是美索不达米亚一个神庙里的奴隶，参与了许多涉及欺诈、贿赂和贪污的案子，但每次他都设法逃过了严厉的刑罚。 公元前 486 年：波斯的大流士一世去世，享年 64 岁。他生前建立了可以长久延续的行政制度。他的儿子薛西斯继承了王位。
公元前 500 年左右：始建于春秋时期的齐长城全长 618.8 千米，位于今中国山东省。	公元前 500 年左右：骑马的游牧民族在欧亚大草原上建立起稳固的政权。 公元前 479 年：中国思想家、教育家孔子逝世。尽管他未能成为有权势的管理者，但是记载了其教诲的《论语》将对后来中国的政治与文化产生极其深远的影响。 约公元前 476—前 390 年：中国哲学家墨子创立了墨家学派，核心是"兼爱""非攻"等思想。

琐罗亚斯德教

　　古代伊朗最重要的宗教便是琐罗亚斯德教，创始人是琐罗亚斯德，他有着与西部信奉多神的伊特鲁里亚人、南部的印地人相同的印欧血统。琐罗亚斯德早期的事迹有些老生常谈。一如先知穆罕默德，据说他还在母亲的子宫里时就被一束光芒照中；一如乔达摩·悉达多，他出身权贵，却在目睹了超然的幻象后谴责这一切；一如耶稣，他的诞生由琐罗亚斯德教的"东方三贤士"目睹，且他在开始传教前，也只带着"上神"阿胡拉·马兹达的教诲在沙漠中漫步，检验自己的信仰。

　　好几个宗教都包纳了琐罗亚斯德教诲中的一些元素，比如天堂和地狱、审判日、圣路这些概念，以及他的永恒的信条——"思想良，言语良，行为良"。希腊和罗马的哲学家也都很尊敬他。然而，不同于许多其他先知，琐罗亚斯德在世时就已被视为伟大的圣人，他的教义在那个时代得到了广泛接受。公元前 522 年，波斯大流士一世统治阿契美尼德王朝时，阿胡拉·马兹达的教义从东方的印度河传到了西方的爱琴海。那时，琐罗亚斯德教已成为世上最庞大的帝国的国教。

上图　琐罗亚斯德在与波斯国王交谈

公元前 440—前 370 年

	政治与权力	地理与环境	文化与宗教
美洲	公元前 400 年左右：在过去的两个世纪中，拉文塔的奥尔梅克城邦在文化和贸易方面的影响力不断衰退，已完全被遗弃，不再是政治文化中心了。	公元前 5 世纪：豆科植物从墨西哥传播到北美西南部。豆子、南瓜、玉米成为西南地区人们的主食。 右图 墨西哥瓦哈卡出土的萨波特克骨灰瓮	公元前 400 年左右：萨波特克文化在墨西哥南部蓬勃发展，那里的人们有自己的历法和书写体系。
欧洲	公元前 431 年：伯罗奔尼撒战争在希腊的两个联盟间爆发，这两个联盟分别是由雅典领导的提洛同盟和由斯巴达领导的伯罗奔尼撒同盟。经过 27 年的内战，雅典城于公元前 404 年落入斯巴达及其盟友之手。 公元前 430 年：雅典政治家伯里克利劝他的同胞和步兵留在雅典城墙内，以避免与斯巴达进行陆战。第二年，瘟疫席卷全城，伯里克利染病身亡。 公元前 396 年：罗马逐渐控制了台伯河。	公元前 436 年：罗马爆发了严重的饥荒，成千上万人跳入台伯河自杀。 公元前 400 年左右：凯尔特部落被罗马人统称为高卢人。几个世纪以来，他们穿越欧洲，进入今意大利北部、法国和德国。 公元前 396 年左右：只要将意大利北部的伊特鲁里亚地区纳入罗马势力范围，那里大片大片现成的铁矿就能成为罗马的囊中之物。	公元前 426 年左右：希腊历史学家希罗多德（Herodotus）完成了他的著作《历史》（History），该书详述了希腊和波斯之间的相互影响。与前人的作品相比，这部作品观察历史的视角更为宏大，希罗多德因此被称为"历史学之父"。 公元前 415 年：雅典剧作家欧里庇得斯创作了《特洛伊女人》（Trojan Women），严厉批判了战争的残酷。 公元前 387 年左右：希腊哲学家柏拉图在雅典创立了柏拉图学园。
中东 & 非洲	公元前 425 年：阿尔塔薛西斯一世去世，他的儿子薛西斯二世继位；薛西斯二世被其异母兄弟塞西狄亚努斯谋杀，而塞西狄亚努斯又被另一个异母兄弟处死，后者登上王位，即大流士二世。 公元前 400 年左右：在今突尼斯境内的迦太基主宰着西地中海的商业，它当时是腓尼基的殖民地。 约公元前 400 年：阿克苏姆王国在埃塞俄比亚北部建立。	公元前 401 年：希腊人色诺芬（Xenophon）成为波斯的一名雇佣兵。他在七卷本的《远征记》（Anabasis Kyrou）中详细记述了小居鲁士战败后从巴比伦到黑海的跋涉。 公元前 4 世纪 90 年代：希腊医生、历史学家克泰夏斯（Ctesias）向人们详细描述了巴比伦的空中花园，他曾在波斯宫廷里当过医生。	公元前 380 年：尼克塔内布一世（Nektanebo I）开创了埃及第三十王朝，迎来了一个繁荣发展的时代，留下了许多建筑，比如菲莱岛上最早的神庙，不过它们如今因修筑阿斯旺大坝被水淹没了。
亚洲 & 大洋洲	公元前 5 世纪：中国战国时期，人们修建城墙，为的是阻挡北方游牧的匈奴部落。这些城墙后来将被加固为长城。	公元前 5 世纪：战国时期，中国的农民大规模运用灌溉和施肥技术，大大提高了作物产量。	公元前 5 世纪左右：在印度北部，耆那教吸引了许多来自低种姓的信徒。在传统的印度社会中，那些信徒获得的尊重非常少。但耆那教主张抵制物欲，过苦行僧式的生活，对教徒要求太高，无法吸引大众。 公元前 5 世纪：佛教在印度北部传播开来。早期的僧侣积极传教，在传播佛陀的教义时，使用的是当时的土话而非梵文，为的是争取更多的信众。

科学与技术	人类与社会
公元前 400 年左右：在如今的秘鲁地区，人们开始使用钻孔术，即一种切除部分颅骨的外科手术。它被用于治疗头部损伤、偏头痛和癫痫。	约公元前 400—前 200 年：来自智利阿塔卡马沙漠的青金石出土于秘鲁的查文·德·万塔尔遗址，这印证了安第斯山脉之间存在着贸易网络。
公元前 440 年左右：希腊希俄斯岛的数学家希波克拉底撰写了希腊第一部数学教科书，该书主要阐述了几何学的证明。 公元前 434 年左右：希腊哲学家阿纳克萨格拉（Anaxagoras）被逐出了雅典，因为他认为太阳是一块炽热的金属。 公元前 430 年左右：科斯的希波克拉底开始编撰《希波克拉底文集》(Corpus Hippocraticum)，该书囊括了约 70 部由不同作者撰写的作品，开创了医学的先河，主张摒弃迷信，涉及的领域有药学等。	公元前 424 年：修昔底德因军事失误被逐出雅典。自此，他着手写作《伯罗奔尼撒战争史》(History of the Peloponnesian War)。 公元前 399 年：苏格拉底因亵渎神明和蛊惑年轻人而被判处死刑。他与柏拉图、亚里士多德一起奠定了传统西方哲学的基础。
公元前 400 年左右：诺克人成为西非首批制造铁器的人，但对石器的使用并未完全停止。 约公元前 390—前 340 年：希腊数学家、天文学家欧多克索斯在小亚细亚半岛的库齐库斯建立了一所学校。在那里，他对太阳、恒星、月亮和围绕地球运动的行星作了系统的解释。 公元前 383 年左右：巴比伦天文学家西丹努斯（Kidinnu）通过计算更精确的月历长度来改进天文历法。	公元前 423—前 404 年：大流士二世（Darius II）的妻子帕瑞萨娣丝（Parysatis，也是他同父异母的妹妹）是一位雄心勃勃的王后，她希望继承王位的是她最喜爱的儿子——小居鲁士（Cyrus），而非她的长子阿萨西斯（Arsaces）。公元前 401 年，小居鲁士在夺取王位的战争中死去。 公元前 401 年：在库纳萨战役中，波斯征服者小居鲁士被他的兄弟击败，胜利者以阿尔塔薛西斯二世的名义继承了王位。
公元前 437 年：第一家医院在今斯里兰卡的锡兰建立。 公元前 407—前 310 年：中国人扁鹊成为首个通过诊脉与体格检查来诊断疾病的医生。	公元前 400 年左右："硬币"从希腊经由波斯传到了印度北部。

上图　雅典卫城顶上的帕特农神庙

民主的起源

尽管许多人认为伯里克利时代是民主的起源，但那样的治理体系很可能早在狩猎采集时代就已经存在。狩猎采集时代意味着人类的发展还没有达到静态社区盛行的阶段，而静态社区往往倾向于更等级化的社会构成。但无论如何，雅典以先进的形式重塑了这种原始的思想，真正创造了我们今天所使用的"民主"这个词，也就是"人民统治"的希腊语。

公元前 508 年，在经历了一个世纪的贵族掌权后，雅典政治家克里斯提尼进行了一系列的改革，剥夺了世袭的政治权力，得到了公众的支持。他鼓励所有出生在部落的成年公民参政。部落通过抽签选出代表，在雅典卫城附近举行的每周集会上代表选民投票。虽然雅典并不能算一个真正的民主国家——只有大约 15% 的人口是成年男性公民，而妇女、移民和奴隶没有发言权，但它已比以往由一小群贵族掌控的僭主统治更进了一步。这样的民主制度在雅典一直延续到公元前 146 年，罗马人征服了这座城市，将其并入了罗马不断扩张的领土。

波斯的力量

公元前 6 世纪初，真正能被称为波斯的地区只有如今伊朗的西南部。但不过几十年工夫，强大的阿契美尼德王朝便横空出世，疆域从希腊的爱琴海一直延伸到印度西北部的印度河，基本成为古代史上的首个古典社会。虽然波斯的疆域会不断变化，其统治者也会推行不同的政策，但在接下来的 1000 年里波斯仍将大放异彩。甚至有人认为，直至今日，波斯仍然是一个有力的政治实体。

阿契美尼德王朝的创建者是居鲁士大帝。早在公元前 547 年，他的国家就可以称得上是一个帝国了，当时他在小亚细亚半岛征服了强大的吕底亚王国。公元前 539 年，他占领了巴比伦，并乘胜占领了叙利亚和巴勒斯坦的大片地区。居鲁士是个仁慈的统治者，他允许被征服的地区保留宗教和文化上的习俗，甚至释放被囚禁在巴比伦的犹太人，允许他们在耶路撒冷重建圣殿。被征服者给了居鲁士大帝一些启示，他像吕底亚人那样引进了铸币，并效仿巴比伦人的管理方法。他的儿子冈比西斯二世在公元前 525 年占领了埃及，之后的继任者大流士一世统治了印度西北部，领土东至色雷斯，西及马其顿，成为当时最大的帝国。后来，大流士的儿子薛西斯一世甚至率军占领过雅典一小段时间，但最终被击退。

大流士不仅是个出色的军事领袖，还展现出了很强的治理才能。他的主要功绩有以下几项：其一，将帝国分为 20 个行省，规定每年各行省要进献多少贡品；其二，规范了货币和度量衡；其三，将琐罗亚斯德教确立为国教，使幅员辽阔的帝国形成一个紧密的波斯共同体；其四，在波斯波利斯修建了宏伟的首都；其五，建立了一个地下灌溉系统，对农业大有裨益；其六，修建了 2575 千米长的御道，并建立了 111 个间距一致的驿站；其七，启用了帝国间谍，通过安插"国王的眼睛和耳朵"将叛乱的可能性降到了最低。在这些举措与对文化传统的宽容政策的配合下，帝国的贸易日益发达，生产力与生活水平不断提高，为波斯在近东的长期统治创造了客观条件。

右图　在波斯波利斯的一个宴会厅里，巨大、华丽的阶梯直通厅堂。这个宴会厅建于大流士一世统治时期，是不断扩张的阿契美尼德王朝的决策中心

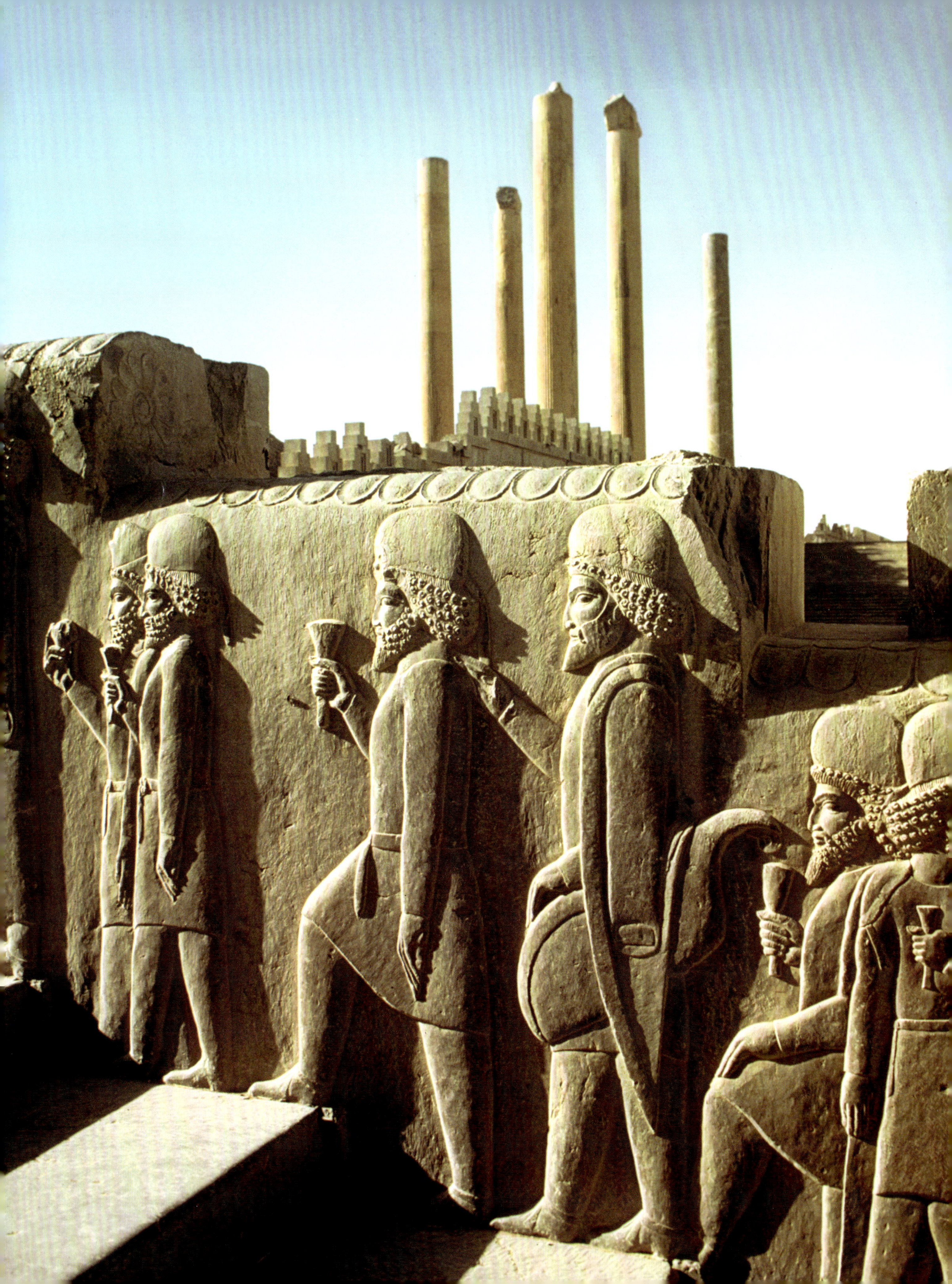

公元前 370—前 310 年

	政治与权力	地理与环境	文化与宗教
美洲	**公元前 4 世纪**：卡米纳胡尤（在今危地马拉）是玛雅最大的高地城邦，也是重要的贸易与文化中心。	**公元前 4 世纪**：阿登纳人定居于今美国俄亥俄州南部，他们开始种植向日葵和野生禾麦等作物。	**公元前 4 世纪**：玛雅人在卡拉克穆尔城邦（在今墨西哥）建造了祭祀性建筑。 **公元前 4 世纪**：在今危地马拉的佩滕省，人们正使用玛雅象形文字。
欧洲	**公元前 359 年**：腓力二世开始在位于希腊北部的马其顿王国掌权。他组建了一支训练有素的精锐军队，为步兵装备了长 4—6.4 米的萨里沙长矛。 **公元前 351 年**：罗马选举出史上首位平民监察官。 **公元前 338 年**：经过 20 年的征战，马其顿国王腓力二世终于征服了整个希腊。他又将目光投向了波斯。 **公元前 336 年**：腓力二世遇刺，他的儿子亚历山大大帝继承了这个不断扩张的庞大帝国，时年 20 岁。	**公元前 334—前 323 年**：亚历山大大帝鼓励修建道路、建设城市，为后来的罗马帝国树立了榜样。 **公元前 4 世纪**：希腊农民可能更偏爱大麦而非小麦，因为大麦在贫瘠的土地上产量更高。	**公元前 378 年左右**：古希腊哲学家柏拉图在《理想国》（Republic）中阐述了他心目中理想的政治理念。 **公元前 350 年左右**：希腊雕塑家莱奥卡雷斯（Leochares）的作品《观景殿的阿波罗》创作完成。在古代地中海世界，它被认为是男性美的典型代表。 **公元前 335 年左右**：罗马开始使用金属货币。大约 25 年后，罗马广场上的商店逐渐被银行家的住所取代。
中东 & 非洲	**公元前 334 年**：亚历山大大帝率领训练有素的马其顿精锐部队东征波斯。 **公元前 331 年**：在高加米拉战役中，亚历山大大帝摧毁了阿契美尼德王朝的波斯军队，将宏伟的帝国首都波斯波利斯夷为平地。 **公元前 312 年**：塞琉古一世（Seleucus I）是亚历山大麾下的将军，也是其亚洲帝国的继承人。他攻入巴比伦，开启了塞琉古王朝时代。在公元前 306 年前后，他从旃陀罗笈多手中夺回了巴克特里亚。	**公元前 350 年左右**：埃及培育出了一种新的小麦，使制作面包变得更加容易。再加上托勒密王朝对农业的支持，埃及逐渐成为罗马和地中海的粮仓。 **公元前 332 年**：亚历山大大帝攻下了位于如今黎巴嫩南部的海港城市提尔，在埃及建立了亚历山大城，该城逐渐成为古希腊商业的中心。 **公元前 329 年**：亚历山大大帝翻越兴都库什山脉，进入巴克特里亚，击败了当地总督贝苏斯。	**公元前 356 年**：以弗所的阿尔忒弥斯神庙被希腊人黑若斯达特斯烧毁。重建后，它变得更加宏伟，被认为是古代世界七大奇迹之一。 **公元前 332 年左右**：亚历山大的军队在波斯作战时，烧毁了许多琐罗亚斯德教的神庙，杀死了许多祭司和教徒。由于琐罗亚斯德教的教义主要靠口耳相传来延续，因此许多教义都失传了。 **公元前 324 年**：3000 名艺人从希腊来到伊朗西北部的埃克巴塔纳，为亚历山大大帝举办的宴会助兴。
亚洲 & 大洋洲	**公元前 390—前 338 年**：法家的商鞅跻身主要改革家之列，他在秦国实行变法，为统一中国奠定了基础。 **公元前 327 年**：亚历山大大帝率军跨过印度河，进入印度西北部。两年后，他无可奈何地撤退了，因为军中的士兵强烈要求回家，甚至以发动兵变相威胁。 **公元前 321 年**：旃陀罗笈多建立了孔雀王朝，是首位统一印度大部分地区的君主。他的统治一直延续到公元前 297 年。	**公元前 327 年**：亚历山大大帝入侵印度西北部，并征服了整个中东，将印度次大陆与地中海盆地不断扩大的范围连接起来。在未来几个世纪，贸易来往将愈加便利。	**公元前 350 年左右**：对后世有深远影响的道家著作《道德经》编纂完成。 **约公元前 350—前 200 年**：《孝经》撰写完成，它提倡人们需尊重和服从长者与权威。 **公元前 310 年左右**：长达 12 年的饥荒导致耆那教出现了分裂——婆达罗巴忽（Bhadrabāhu）和旃陀罗笈多带领人们从印度北部的耆那教大本营出走。

科学与技术	人类与社会
公元前 4 世纪：位于今俄亥俄州的阿登纳人使用石斧、锄头和投掷物，并以铜制装饰品进行交易。	**公元前 4 世纪**：今厄瓜多尔沿海地区的哈马-科阿克文化制作了大量泥塑，这些泥塑通常具有非常明显的特征，大都用头饰和珠宝来装饰。
公元前 350 年：亚里士多德在《论天》（On the Heavens）一书中支持了"地球是球体"这一理论，后来被证明是正确的；但他也支持了"地球是宇宙中心"这一错误说法。 **公元前 312 年**：亚壁古道——古罗马时期第一条主干道，由执政官阿庇乌斯·克劳狄·卡阿苏斯（Appius Claudius Caecus）主持修建而成。它最初从罗马延伸至卡普亚，长达 212 千米。	**公元前 343 年**：古希腊哲学家亚里士多德是柏拉图的学生与同事，他于该年前往马其顿，担任 13 岁的王位继承人亚历山大的导师。 **公元前 336 年**：腓力二世被暗杀，他入侵波斯的计划落在了儿子亚历山大身上。 **公元前 323 年**：亚历山大大帝在一次宴会上染病，10 天后死亡，时年 32 岁。他的死因一直不能确定，可能是中毒，也可能是疟疾或伤寒。
公元前 331 年左右：亚历山大大帝攻占了巴比伦；希腊历史学家卡利斯提尼（Callisthenes）与亚里士多德交流了巴比伦天文学家所取得的进展。	**公元前 350 年左右**：位于今尼日利亚的伊费被攻陷。在约鲁巴文化中，它被描述为"创造世界的地方"。 **公元前 338 年**：波斯大臣、宦官巴戈阿斯（Bagoas）毒杀了阿尔塔薛西斯三世，不久之后，他又被大流士三世毒死。 **公元前 330 年**：亚历山大大帝击败了波斯人，宣称自己是"亚洲之王"，并很快在礼服和宫廷仪式方面吸纳了波斯的习俗。
公元前 364 年：根据中国历史学家的记载，古代天文学家甘德在未借助望远镜的情况下观测到木星的卫星。	**公元前 350 年左右**：法家思想得到极大发展。法家重视农业和军事，强调"不别亲疏，不殊贵贱，一断于法"。 **公元前 330 年左右**：儒家思想家孟子开始周游列国，游说各国诸侯，宣扬他的"仁政"思想。

诺克人

公元前 4 世纪，尼日利亚中部的诺克文化正处于西非社会从新石器时代向铁器时代过渡的最前列。在撒哈拉以南的非洲，诺克是最早生产铁的地区之一，早在公元前 5 世纪就有了熔炉。诺克人开采大块矿石，将其熔化并分离出了铁，再将其制成用于开垦土地和种植山药等作物的锄头等工具。这样产生的剩余产品不仅刺激了城市中心的发展，更促进了艺术风格的发展。

诺克人在熔炉中烧制黏土，创造出家用陶器、动物塑像、风格各异的人形塑像以及人的头像。这些陶俑的面部特征十分夸张，身体部位被拉长，仿佛经过了抽象化的处理。诺克人独特的艺术风格留存得较为完整，也恰好印证了诺克人具有陶器制造的全套技能。

上图 诺克陶俑的头部

公元前 310—前 230 年

	政治与权力	地理与环境	文化与宗教
美洲	**公元前 300 年**：蒂卡尔是玛雅文化的中心之一，位于如今危地马拉的低地雨林中，从一个小型的农业社区逐渐发展成了人口众多的大都市。大约在这一时期，蒂卡尔开始修建一些祭祀性的金字塔和神庙。 **公元前 250 年左右**：阿尔班山萨波特克的人口达到了 1.5 万人。	阿尔班舞者神殿浮雕中的舞者形象	**公元前 300 年左右**：在如今的危地马拉，纳克贝人雕刻了一座 10 米宽、4.9 米高的玛雅神话中的大鸟雕塑，这是玛雅传统文化中纪念性艺术的开端。 **公元前 250 年左右**：在阿尔班山，被称为丹赞特（Danzantes）的雕刻体现出奥尔梅克文化对萨波特克艺术的影响。后世认为，这些雕塑是对萨波特克文化的精英政治和军事力量的写照，画面中描绘的可能是被杀害的俘虏或献祭之人。
欧洲	**约公元前 280—前 270 年**：罗马成为意大利半岛的主导力量。它四处建立军事殖民地，以平等的方式对待被征服的国家，逐渐建立了广泛的政治和军事基础。 **公元前 241 年**：第一次布匿战争（Punic Wars）以罗马战胜迦太基，夺取西西里岛的控制权告终。	**公元前 310—前 306 年左右**：航海家皮西亚斯（Pytheas）是第一个到达不列颠群岛和北极圈的希腊人。根据他的描述，那里的海洋是坚实的，太阳永远不会在夏天落下，这在当时的人看来十分荒谬。 **公元前 230 年左右**：亚历山大城的地理学家埃拉托色尼（Eratosthenes）计算出了地球的周长。	**约公元前 294—前 282 年**：罗德岛巨像建成。这座太阳神赫利俄斯（Helios）的铜像高 32 米，矗立在罗德港的入口处，以纪念马其顿国王德米特里一世（Demetrius I）长期围攻的结束。 **约公元前 270—前 245 年**：罗德岛的阿波罗尼俄斯（Apollonius）写下了史诗《阿尔戈英雄记》。
中东&非洲	**公元前 305 年**：塞琉古一世成功巩固了他在巴比伦的领土。公元前 280 年，他的儿子安条克一世（Antiochus I）继位，被称为"伟大的国王、世界之王、巴比伦之王"。 **公元前 245 年左右**：伊朗的帕提亚总督策划了一场成功但短暂的起义，反抗了塞琉古王朝的霸主地位，开启了这两股势力在未来 100 年力量平衡的转变。	**那时的生活** **帕提亚人** 帕提亚人最初是来自中亚大草原的游牧民族，后来逐渐在如今的伊朗安顿下来，过上了农耕生活。在较为先进的农业社会中，人们会使用谷物饲料来喂马，但由于帕提亚人较难获取传统的谷物饲料，他们的马在冬天只能吃附近草原上自然生长的苜蓿。这样一来，他们的牲畜反而比吃饲料长大的马匹体形更大，而且十分强壮，能够承载装备着金属盔甲的骑兵。因此，帕提亚骑兵对马背上的战斗技巧十分精通，往往全副武装而且训练有素，足以让任何对手闻风丧胆，他们在建立帕提亚帝国的过程中发挥了不可或缺的作用。	**公元前 300 年左右**：中东地区新建起一些希腊化城市，通用语言为亚拉姆语和希腊语。 **公元前 280 年左右**：亚历山大博物馆与亚历山大图书馆建成。 **公元前 280 年**：《旧约全书》（Old Testament）的前五卷从希伯来语翻译成了希腊语。
亚洲&大洋洲	**公元前 300 年左右**：孔雀王朝控制着从印度河到恒河的贸易、农业、税收和外交事务。 **公元前 260 年**：孔雀王朝的阿育王征服了印度的羯陵伽，那场战役中有约 10 万人被杀死。后来，阿育王成为一名佛教徒，放弃了打猎。 **公元前 250 年左右**：日本的弥生文化得到发展。	**公元前 305 年左右**：在孔雀王朝国王旃陀罗笈多的赞助下，南亚次大陆西北部的塔克西拉成为著名的学术中心与商业中心。 **公元前 300 年左右**：水稻栽培从中国传入了日本。	**约公元前 269—前 232 年**：阿育王在印度建立了医院，并为病人提供药品，还为动物提供医疗救助。 **约公元前 269—前 232 年**：在阿育王的支持下，佛教传遍了整个印度和巴克特里亚（今阿富汗）。其中，水手与商人是重要的传播者，他们将教义沿海路传到了东南亚。

科学与技术	人类与社会
公元前 3 世纪：拉托利塔文化位于今厄瓜多尔沿海地区，那里的工匠们制作了大量精致的黄金和铂金饰品，其铸造和镀金技术是其他地方所没有的。	公元前 250 年左右：纳斯卡文化位于今秘鲁北部沿海，以出产高质量的陶器和纺织品闻名。
公元前 300 年左右：巴比伦天文学家贝罗索斯（Berosus）生活在希腊的科斯岛上，他发明了一种早期的日晷，使人们能知道大致的时间。 公元前 270 年左右：萨摩斯的希腊天文学家阿利斯塔克（Aristarchus）用几何学知识估算出了太阳与月亮的大小以及和地球的距离。他还提出假说：地球每年围绕太阳公转一周，每天绕着地轴自转一周。 公元前 250 年左右：希腊医学家埃拉西斯特拉图斯（Erasistratus）被称为"生理学之父"，他系统阐明了心脏瓣膜的功能。	公元前 300 年左右：希腊产生了三种哲学思想流派：伊壁鸠鲁主义，认为快乐即是终极的善；怀疑主义，重视推理和探究；斯多葛主义，主张通过精致的生活来达到心灵的宁静。 公元前 264 年：最初的角斗士比赛起源于罗马，是伊特鲁里亚人的葬礼传统之一。在接下来的几个世纪里，与战车比赛一样，它们将在罗马世界受到广泛欢迎。
公元前 300 年左右：著名数学家欧几里得（Euclid）在亚历山大城授课，并撰写《元素》（Elements）一书来阐述几何学定律。 公元前 290 年左右："解剖学之父"赫罗菲拉斯（Herophilus）在亚历山大城从事人体解剖工作，这是一项在其他地方被禁止研究的技术。他认为，大脑是神经系统的中心。 公元前 280 年左右：世界上第一座不朽的灯塔——亚历山大灯塔动工。它的火光被用镜子反射到海面上。	公元前 300 年左右：在位于尼日尔三角洲的杰内地区（如今的马里市），人们受到西非城市化的渐进影响。在此过程中，水稻种植、贸易和工艺都起了助推作用。 公元前 280 年左右：亚历山大城成为托勒密帝国的政治中心，其港口可以同时容纳 1200 艘船。
公元前 250 年左右：阿育王进一步发展了祖父留下的道路系统，以鼓励陆上商业，并在各地建立灌溉系统，大力发展农业。 公元前 240 年：中国天文学家留下了世界上有关哈雷彗星的最早记录。	公元前 250 年左右：儒家思想家荀子提倡道德和礼仪，认为那是儒家社会秩序观的基石，也是国家创造社会秩序的重要手段。 公元前 250 年左右：法家的韩非子阐述了其治国观点，他的观点在之后的几个世纪持续影响着中国的政治。

亚历山大图书馆

在希腊化时代，思想交汇贯通，希腊西部与波斯东部传统也彼此交融。希腊商人们最先涌入亚历山大大帝新建立的城市，随之而来的是空前规模的文化交流。

公元前 332 年，亚历山大在尼罗河三角洲建立了亚历山大城，它是古代世界上最国际化的城市之一。后来，亚历山大大帝英年早逝，他的帝国也随之被瓜分，亚历山大城被划入托勒密王朝的版图。不久之后，亚历山大城内建起了一座学术图书馆，还有一座附属的"博物馆"——这个词最初的意思是"供奉缪斯女神的庙宇"，在当时绝无仅有。

地中海沿岸的学者们逐渐聚集到这个蓬勃发展的学术中心，里面藏有 40 万—70 万卷卷轴（其中有些卷轴的来路十分可疑）。著名的几何学家欧几里得在这里编写了极富开创性的《元素》；医生、解剖学家赫罗菲拉斯（Herophilus）在这里通过解剖尸体来研究人体生理学，这种做法在其他地方是被禁止的；来自萨摩斯岛（Samothrace）的学者阿利斯塔克在此整理了与荷马有关的各种文本；犹太学者在此把《圣经》中的《旧约全书》从希伯来语翻译成希腊语。

后来，希腊世界的很多地方都竞相效仿亚历山大城的学术中心。直到公元前 4 世纪晚期，信奉基督教的罗马皇帝狄奥多西一世为了清除国中所有异教残余，下令摧毁亚历山大图书馆之前，它都是举世无双的。

公元前 230—前 170 年

	政治与权力	地理与环境	文化与宗教
美洲			公元前 200 年左右：纳斯卡线条开始出现在今秘鲁南部沿海干旱的沙漠中。这些巨大的地画是通过刮除沙漠岩石表面的深色氧化层而绘成，有些是动物形象，有些则呈从射线中心发出多条直线状。
欧洲	汉尼拔从西班牙到意大利的入侵路线图 公元前 218 年：第二次布匿战争爆发，迦太基将军汉尼拔率领 6 万大军与 37 头战象穿越阿尔卑斯山进入意大利北部；这次成功的入侵直接威胁到了罗马的统治。	公元前 225 年左右：作为古代世界七大奇迹之一的罗德岛太阳神铜像，在地震中倒塌。	公元前 195 年左右：拜占庭的希腊学者阿里斯托芬（Aristophanes）将重音符号引入了希腊文字。
中东 & 非洲	公元前 214 年：在与罗马人协商后，努米底亚国王西法克斯（Syphax）领导了一场短暂的反抗迦太基的叛乱。 公元前 202 年：在如今的突尼斯，罗马军队击败了汉尼拔领导的迦太基军队，签下了和平协议，迫使迦太基将其大部分舰队及其在西班牙的领地割让给罗马。 公元前 189 年：罗马军队打败了塞琉古帝国统治者安条克三世（Antiochus III，也被称为安条克大帝）。	公元前 200 年左右：尼日尔和塞内加尔河谷的洪水缓解了干旱，人们因此逐渐定居下来。	公元前 230 年左右：雕塑《垂死的高卢人》（Dying Gaul）创作完成。该雕塑可能是为了纪念对加拉太人的胜利，加拉太人是凯尔特人中进入小亚细亚的一支。这件作品象征着战争的痛苦。 公元前 196 年：埃及法老托勒密五世的登基诏书被三次刻在罗塞塔石碑上，一次用的是古希腊文，一次用的是古埃及象形文字，还有一次用的是通俗体。
亚洲 & 大洋洲	公元前 221 年：在征服了敌对国家后，秦国统治者嬴政宣称自己为统一中国后的第一位皇帝，他有了一个新的头衔"秦始皇"，即秦朝的第一位皇帝。 公元前 209 年：秦始皇去世第二年，农民起义使秦朝四分五裂。 公元前 202 年：中国军事将领刘邦称帝，史称汉高祖。	公元前 220 年左右：秦始皇将他的帝国划分为 36 个郡，每个郡分别由一名文官和一名武官管理。 公元前 200 年左右：汉朝在长安（在如今的西安附近）建都，这座国际化的城市将成为中国历史上重要的文化中心。 公元前 185 年左右：由于南部统治者的入侵、内部叛乱和宗教冲突，印度的孔雀王朝逐渐湮灭。	公元前 221—前 210 年：秦始皇继续修建他的陵墓，陵墓面积达 56.25 平方千米，墓内有着珍珠镶嵌出的天空图、水银灌成的河流与兵马俑。 公元前 200 年左右：印度教经典《薄伽梵歌》被进一步修订。该书以一位战士王子和马夫对话的形式，对神学进行了反思。

科学与技术	人类与社会
公元前 200 年左右：秘鲁南部沿海的纳斯卡人开始建造庞大的被称为普基奥斯的地下水渠系统（其中的许多渠网至今仍在使用），将纳斯卡沙漠变成了可以耕种的土地。	公元前 200 年左右：霍普韦尔文化开始出现在今俄亥俄州南部。
公元前 213 年：在西西里的锡拉库扎，希腊数学家、发明家阿基米德（Archimedes）使用杠杆和滑轮制造出各种军事装备，并得出了圆周率的近似值。 公元前 200 年左右：罗马人发明了混凝土。	公元前 226 年：一支凯尔特高卢军队威胁着罗马在意大利北部的控制权。在第二年的泰拉蒙战役中，他们被一举击溃。 公元前 200 年左右：罗马征服的大部分土地成为富有的精英阶层的财产，他们建立起大规模的种植园，称之为大庄园，由农民或奴隶来经营。这些大种植园的繁荣是以牺牲邻近的小种植园为代价的。
公元前 225 年：在埃及的亚历山大港，阿波罗尼奥斯（Apollonius）撰写了古希腊几何学经典论著《圆锥曲线论》(Conics)。	公元前 183 年左右：汉尼拔流亡到利比萨（在今土耳其），他不愿屈服于罗马人，并于该年自杀。 公元前 171 年左右：米特里达梯一世（Mithradates I）登上帕提亚帝国的王位，他既是一名士兵也是一名征服者。很快，他将统治从印度到地中海的土地。
公元前 220 年左右：秦始皇征用了大量劳力，在中国各地修建了驰道、桥梁和运河，并修缮了长城。 公元前 200 年左右：中国数学家开始使用指数公式和早期的科学计数法。	公元前 221—前 207 年：中国开始使用一种统一的圆形方孔铜钱。在战国早期，中国便开始使用各种形状的铸币作为货币。 公元前 200 年左右：匈奴人在首领冒顿的统治下组成了庞大的联盟。 公元前 188 年左右：吕雉太后成为中国历史上第一位颁布诏书的女性统治者。

汉尼拔

当汉尼拔还是迦太基国里的一个毛头小伙子的时候，他曾经请求父亲带他一同去西班牙征战。父亲同意了，但向汉尼拔提出了一个条件，要他发誓永不成为罗马的盟友。后来汉尼拔不仅履行了他的诺言，甚至凭借出众的军事天赋挑战了罗马帝国的权威，几近成功。

在 26 岁的时候，汉尼拔成为军队的最高统帅，他使罗马卷入了第二次布匿战争，与迦太基为敌。他集结了一支约有 6 万人的军队，以及 37 头非洲战象，翻越阿尔卑斯山，对意大利北部发动了一场传奇般的奇袭。当别人告诉他战象不可能越过阿尔卑斯山时，汉尼拔回答说："要么找到办法，要么创造办法。"事实是，尽管汉尼拔的军队因此折损了一半，但他们的确做到了。

汉尼拔在意大利不断取胜，并威胁要征服罗马。但是在他的兄弟死去，与马其顿人的结盟也失败时，汉尼拔不得已回到了非洲，因为罗马军队已经威胁到了他的家乡。后来，迦太基被攻占，接下来的 500 年里，罗马在地中海的霸权将无可动摇。

上图　汉尼拔的军队越过阿尔卑斯山

秦始皇

秦始皇是第一位统一中国的皇帝，他的名字是中国历史上极为厚重的一笔。公元前 247 年，13 岁的他登上了秦王宝座。在接下来的 26 年里，他率领秦军击败了所有敌对国家，不断扩张领土，统一天下，建立了中国历史上第一个大一统的帝国。随后，秦始皇着手重组帝国的政治和社会结构，使他自己成为政治的核心；他还整治军队、编纂法律，并统一了度量衡、车轴长度、货币与文字。他下诏修建驰道，挖掘运河和灌溉系统，使国内的交通四通八达；他还命令修缮战国时期各国的长城，使其连接形成"万里长城"。为了实现所谓的"长生不老"，秦始皇还建造了一座极尽精巧的陵墓。秦始皇陵的修建历时 36 年，征用了大量的刑徒，数量几乎与修长城的人数相当。整个建筑群占地 56.25 平方千米，内部有一支真人大小的兵马俑军队守卫。传说陵墓中有皇帝所需要的一切用具，内部流淌着一条水银河流，顶部还有一张星象图，上面布满用珍珠模拟的星座。但截至目前，这些说法还只是传说，因为考古学家仍在犹豫是否要全面开掘这个陵墓，他们担心盲目开掘会损害其原本的结构。借助遥感技术，他们已经取得了一些非常重要的进展：陵墓内汞元素的异常含量是正常含量的 100 倍（也就印证了水银河的说法）。从汉代开始，人们普遍认为秦朝的统治是一种专制主义，统治阶层过度行使了他们的权力。汉代著名学者贾谊（公元前 200—前 168 年）撰写著名《过秦论》，总结了秦国的兴衰历程，将其灭亡归因于统治者缺乏儒家价值观。汉朝统治者以史为鉴，尽管施行的仍是秦朝留下的中央集权制，但他们通过诉诸儒家理念来使权力显得有理有据。

随着儒家思想在汉代成为国家正统，封建统治者推崇董仲舒"天人合一"的观念。在汉及以后的朝代，"天命"成为新朝代建立者为自身合法性辩护的关键要素。和汉朝的创始人刘邦一样，之后的王朝建立者都声称自己得到了上天赋予的权力，因为自己具有非凡的美德和能力。从这个角度来看，秦始皇既不寻求，也不声称自己拥有天命，而是通过法家主张的"严刑峻法"来统治，这对秦朝的中央集权、领土扩张和国家统一起到了积极的作用。

右图 公元前 3 世纪，秦始皇命令将战国时期各国的长城加以修缮，并连接成"万里长城"。明朝是最后一个大修长城的朝代，如今人们所看到的长城多是那时修筑的

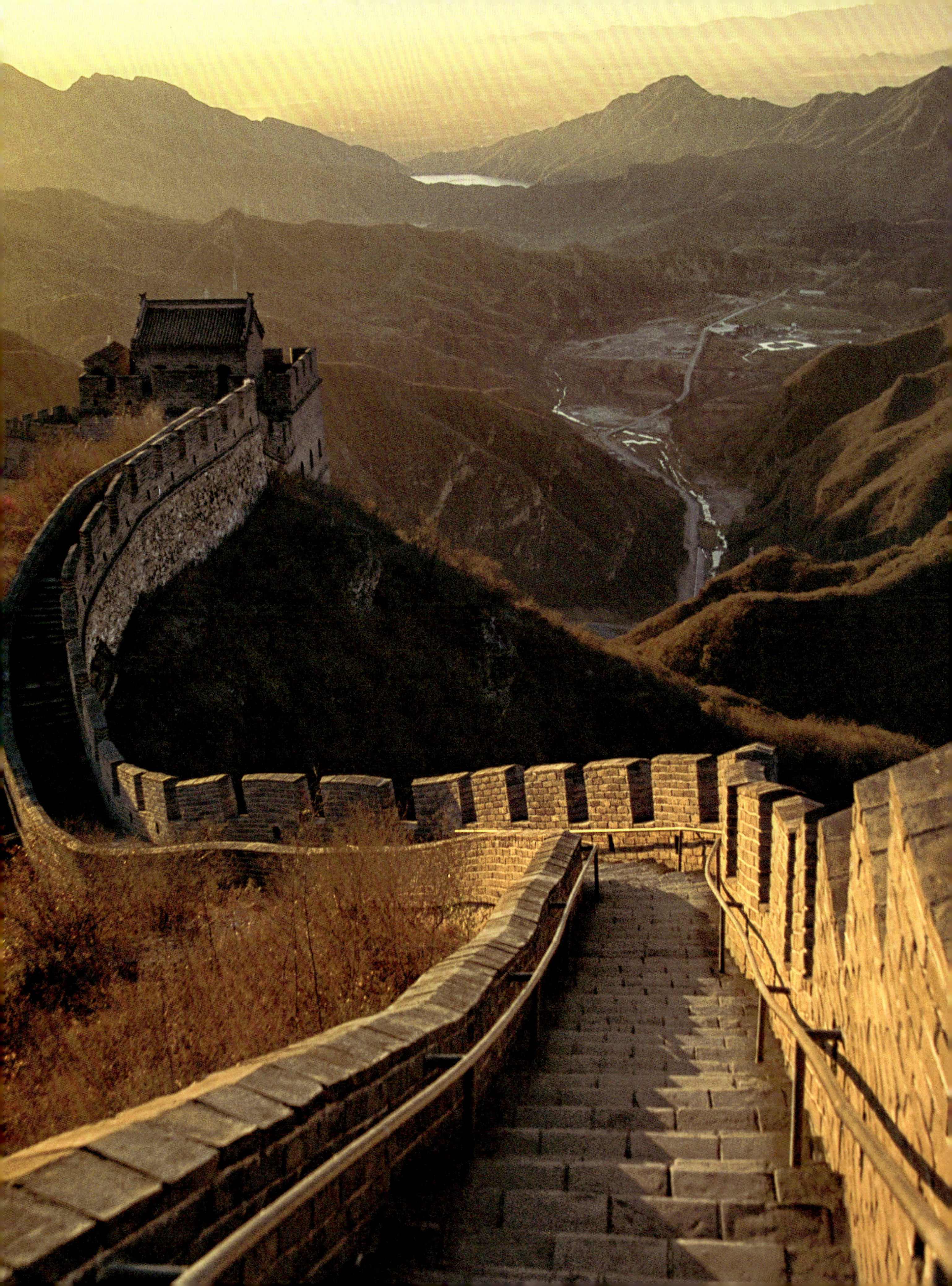

公元前 170—前 100 年

	政治与权力	地理与环境	文化与宗教
美洲	公元前 100 年左右：在男性贵族阶层领导下，阿尔班山开始了一段征服临近地区的时期。		公元前 100 年左右：在今哥斯达黎加，玉石被制成挂饰，并用作葬礼上的祭品。
欧洲	公元前 133 年：罗马保民官提比略·格拉古（Tiberius Gracchus）提出了一项新的土地法案，主张将土地重新分配给穷人，因此被元老院中的反对者乘乱暗杀。 公元前 123—前 122 年：罗马保民官盖约·格拉古（Gaius Gracchus）是提比略·格拉古的弟弟，他积极推动土地改革，主张让更多人得到公民权利。在政敌的迫害下，他于公元前 121 年自杀。	格拉古兄弟 公元前 122 年：位于西西里岛的埃特纳火山爆发。 公元前 113—前 110 年：干旱迫使辛布里人和条顿人从意大利北部的日德兰半岛迁徙进罗马的疆土，最终导致了与罗马军团的暴力冲突。	公元前 166 年：罗马喜剧作家泰伦斯（Terence）创作了他的第一部喜剧《安德罗斯女子》（Andria）。 公元前 100 年左右：雕塑《米洛斯的阿芙洛蒂忒》（Aphrodite of Melos）创作完成，后人更熟悉的名字是《断臂维纳斯》。人们至今仍不知道雕刻者的名字。
中东 & 非洲	公元前 160—前 152 年：帕提亚帝国的统治者米特里达悌一世在今伊朗攻占了米底城，使帕提亚帝国的疆域大大扩张，提升了在美索不达米亚的影响力。 公元前 150 年：在被努米底亚国王马西尼萨入侵之后，迦太基城违反了第二次布匿战争时签订的和平条款，为罗马在公元前 149 年发动第三次布匿战争提供了理由。罗马军队在执政官科尔内利乌斯·西庇阿的率领下占领了这座城市，将其夷为平地，驱逐其居民，并在周围的土地上撒盐，以阻碍农业的发展。	公元前 146 年：罗马摧毁了迦太基，建立阿非利加行省，成为地中海地区的主要政治经济力量。 公元前 129 年：位于底格里斯河畔的泰西封被选为帕提亚帝国的冬季都城。 公元前 125 年：一场蝗灾侵袭了北非的罗马领地，粮食价格因此疯狂上涨。	公元前 167 年：叙利亚塞琉古王朝君主安条克四世（Antiochus IV）发布了一系列法令，禁止耶路撒冷的犹太教习俗。这引起了祭司马提亚（Mattathias）和他的儿子玛喀比（Maccabees）领导的叛乱，最终他们取得了成功。公元前 165 年，犹大·玛喀比使犹太圣殿重现辉煌。 公元前 150—前 100 年：帕尼亚的犹太哲学家阿里斯托布鲁从摩西的智慧中衍生出一些有关希腊哲学的思考。
亚洲 & 大洋洲	公元前 141 年：汉武帝开始了他长达 54 年的统治。凭借法家思想和庞大的官僚体系，他建立起有着强大权力与影响力的中央政府。他征收重税，并对事关国计民生的物品进行专卖。 公元前 134 年：中国的汉武帝施行"罢黜百家，独尊儒术"的政策。 公元前 130 年左右：随着汉朝军队出兵南越、闽越、东越、朝鲜半岛，儒家思想和中央集权制度也传入这些地方。	公元前 140 年左右：桑蚕养殖、丝绸纺织遍布中国和印度，丝绸在波斯、美索不达米亚和罗马帝国成为一种珍贵的商品。	公元前 124 年：中国的汉武帝建立了"太学"，用于培养官员来充实汉帝国的官僚机构。在这所帝国大学里，儒家经典被列为基础课程。 公元前 113 年：中国汉朝的中山靖王刘胜去世。作为当时全国最富有的人之一，他和他的妻子安葬时身穿金缕玉衣，其中的金线重 1.1 千克。 公元前 108 年：汉代史学大家司马迁继承了父亲的衣钵，承担起修撰《史记》的使命。

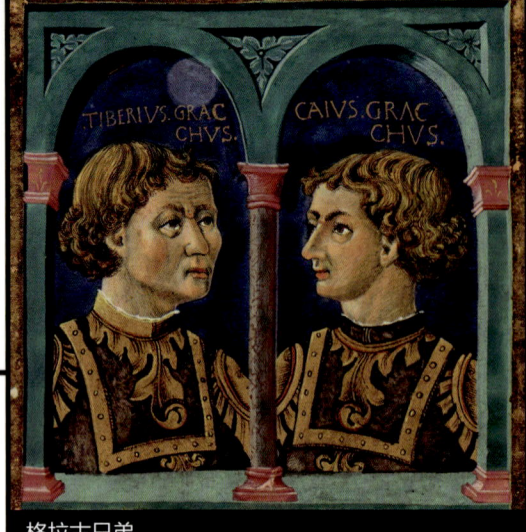

科学与技术	人类与社会
公元前 100 年左右：位于墨西哥城东北部的特奥蒂瓦坎古城的太阳金字塔与月亮金字塔，开始动工修建。	**公元前 100 年左右**：在如今的艾奥瓦州附近，霍普韦尔人开始在艾奥瓦河畔建造圆锥形土墩。
公元前 144 年：罗马最长的渡槽"玛西亚"建成。 **公元前 142 年**：罗马第一座横跨台伯河的石桥埃米利奥桥竣工。 **公元前 140 年左右**：希腊天文学家希帕恰斯（Hipparchus）发明了星盘，能测量太阳或地平线上的恒星的角度。他记录了近 850 颗恒星的亮度和位置。	**公元前 152 年**：希腊运动员罗德岛的列奥尼达斯（Leonidas）连续在四次古代奥运会上赢得三个跑步项目的冠军。 **公元前 107 年**：盖乌斯·马略（Gaius Marius）被选为罗马执政官。为了与努米底亚国王朱古达（Jugurtha）进行持久作战，马略招募了一些没有土地的农民，组成了一支军队。
公元前 150 年左右：小亚细亚半岛的希腊哲学家马洛斯的克拉特斯（Crates）发明了地球仪。 **公元前 2 世纪**：希腊商人西帕鲁斯（Hippalus）利用季风，在印度和地中海之间找到了安全的贸易航线，后来夏天的西南季风便以他的名字命名。不过，阿拉伯和印度的水手很可能在他之前就已掌握了这一知识。	**公元前 161 年**：在哈斯摩尼起义后，以色列的犹大·玛喀比与罗马建立了外交关系，这是塞琉古王朝将圣殿奉献给宙斯的结果。
公元前 2 世纪：在中国的汉朝，铁锹、镐、锄头和镰刀等铁制工具被广泛使用，由此产生的农业剩余为其他工艺品的制造提供了条件。	**公元前 139 年**：张骞是汉武帝时期的一名官员，出使西域的外交活动，让他接触到了匈奴和其他中亚民族。

格拉古兄弟

在罗马共和国后期，小土地拥有者是维持帝国经济的重要支柱，但在一项新的政策颁布后，他们成了遭受极多苦难的一群人。这项新的政策要求到达一定年龄的人必须在军中服役，而且不论服役的时间被拖得多么长，都必须参与一场完整的战役。随着罗马军队规模不断扩大，那些离家太远、太久的小土地拥有者的农场往往面临破产。贵族乘机抢走他们的土地，并凭借奴隶获取了大量的财富。这样一来，罗马社会的贫富差距开始呈指数级增长。

提比略·格拉古就是在这样的社会背景下出生的。他于公元前 133 年被选为罗马下层阶级的代表——平民保民官。此后，他提出了一系列改革措施来限制大土地拥有者的权力，因此遭到了元老院中既得利益者的强烈反对。然而，格拉古的法案不仅被通过，还得到了一笔资金。自此，广大平民对他十分忠诚，贵族则对他抱有强烈敌意。公元前 132 年，元老西庇阿·纳西卡（Scipio Nasica）发动了一场骚乱，提比略·格拉古被人乘乱用棍棒打死。

10 年后，也就是公元前 123 年，提比略·格拉古的弟弟盖乌斯·格拉古当选为保民官。哥哥去世后，盖乌斯不仅继承了家族财产，也继承了其激进的政治观点。他把注意力转向了罗马无地穷人的问题与罗马对其意大利盟友的不平等对待。他提议，应该向所有讲拉丁语的盟友授予公民身份，结果他在两年后遭到迫害并自杀。此后不久，执政官卢修斯·欧皮米乌斯又杀害了 1000 名他的支持者。33 年后，通过一场不必要的血腥内战，讲拉丁语的盟友才有了被授予罗马公民的资格。

公元前 100—前 40 年

	政治与权力	地理与环境	文化与宗教
美洲	**公元前 100 年左右**：特奥蒂瓦坎的人口达到了 3 万人。	**公元前 100 年左右**：一股巨大的熔岩流覆盖了墨西哥盆地南部的奎奎尔科及其周围的大部分农田。难民涌向附近的特奥蒂瓦坎，该城的区域影响力因此大增。	**公元前 36 年左右**：玛雅人开始用 20 进制的长历法来记录历史，这是中美洲最古老的完整记录。
欧洲	**公元前 86 年**：盖乌斯·马略流亡归来，向罗马进军，并成功占领了这座城市。 **公元前 83 年**：马略去世三年后，他的政治对手卢基乌斯·科尔内利乌斯·苏拉进军罗马，并开始清除政敌。 **公元前 49 年**：尤利乌斯·恺撒率领军队渡过卢比孔河进入罗马。公元前 44 年，他被任命为终身独裁官，正是此事导致他在几个月内被一群元老暗杀。	**公元前 58 年**：恺撒开始出兵征服高卢（今法国）。到该世纪末时，大量的凯尔特人被纳入了罗马日益扩大的势力范围。	**公元前 70—前 40 年**：西塞罗（Cicero）的演说确立了罗马精神中的斯多葛主义。 **公元前 57 年左右**：卡图卢斯（Catullus）被认为是罗马最优秀的抒情诗人，他的诗大多书写他与莱斯比娅的爱情。 **公元前 50 年左右**：罗马人使用咒符的历史，最早可以追溯到公元前 600 年。在这一时期，咒符的使用变得更为复杂，被用于召唤神明以对付情场或生意上的对手。 **公元前 42 年**：恺撒死后，罗马将其奉为神明。
中东 & 非洲	**公元前 64 年**：塞琉古王朝仅剩的那块还在不断萎缩的土地，最终被罗马军队征服，那曾是亚历山大大帝创建的帝国的一部分。这使得叙利亚进入了罗马不断扩大的统治范围。 **公元前 53 年**：卡莱战役期间，帕提亚帝国的军队击溃了土耳其东南部的一支罗马军队，阻止了罗马人进一步向东进军。		**公元前 100 年左右**：依万（Iwan）是一种建筑形式，指向某一侧开放的大房间，于该时期在美索不达米亚得到发展，并在帕提亚和萨珊建筑中流行开来。 **公元前 63 年**：罗马将军庞贝攻占耶路撒冷，犹太国家领土缩小。 **公元前 50 年左右**：叙利亚工匠将玻璃吹制技术提高到了非常先进的水平。
亚洲 & 大洋洲	**公元前 87 年**：汉武帝逝世。虽然在统治末期，帝国的势力被严重削弱，但在其鼎盛时期，汉朝的势力范围曾达到如今的乌兹别克斯坦和朝鲜半岛的北部与中部。 **公元前 57—前 18 年左右**：朝鲜半岛陆续出现三个敌对势力：公元前 57 年出现的新罗、公元前 37 年出现的高句丽和公元前 18 年出现的百济。	**公元前 111 年**：中国的汉武帝在绿洲城市敦煌建立了军事指挥中心。敦煌是丝绸之路的重要前哨。 **公元前 100 年左右**：中国的各个地方建立起了常平仓。	**公元前 100 年左右**：印度教学者继续修订并增补伟大的口述史诗《摩诃婆罗多》（Mahabharata）和《罗摩衍那》（Ramayana）。他们在这些作品中注入了印度古代宗教神学和伦理教义。

链接

东非贸易的十字路口

得益于古代帝国的行政政策，遥远国家之间广泛通商的好处在撒哈拉以南非洲的城市中并未丧失。在许多希腊文献中提到过，东非城市拉普塔（Rhapta）以阿拉伯水手的中转站而闻名，这些水手用金属武器和铁制工具交换大量的象牙、椰油、玳瑁和犀牛角。坦桑尼亚出土的古希腊和罗马钱币证实了当地与地中海国家有贸易关系。但也有说法认为，这是印度尼西亚水手带来的。虽然至少在 6 世纪之前，这个古老的贸易市场是一直存在的，但是它的遗迹至今仍未被发现，因此对于其确切位置依然存有争议。

科学与技术	人类与社会
公元前 100 左右：在今秘鲁伊卡河谷，纳斯卡人在早期帕拉卡斯文化纺织技术的基础上，生产出了先进的机织纺织品。	**公元前 50 年左右**：在尤卡坦半岛的切图马尔湾，塞罗斯人拆除了先前的建筑，建造了由小金字塔构成的城市中心。金字塔的表面装饰着巨大的太阳和金星图案。
公元前 80 年：哲学家波塞多尼奥斯（Poseidonius）对地球周长做了非常精确的估计。	**公元前 89 年**：意大利的同盟者战争以罗马给予半岛盟友公民权而告终。 **公元前 73 年**：逃亡的奴隶斯巴达克斯在意大利发动叛乱。叛乱持续了两年，官方动用了八支罗马军团才成功镇压。 **公元前 46 年**：作为独裁者，盖乌斯·尤利乌斯·恺撒将公民权扩展到了各行省，并启动了雄心勃勃的建筑项目，以雇用城市里的贫民，并改进了罗马历法。
公元前 100 年左右：纳巴泰人的都城佩特拉（位于今约旦大裂谷）繁荣发展。凭借从香料贸易中获得的财富，那里的人们直接在砂岩峭壁间建造了精美的陵墓和神庙。	**公元前 51 年**：托勒密十二世（Ptolemy XII）去世后，他的女儿克莱奥帕特拉继承了埃及王位。公元前 48 年，她见到了恺撒，成为他的情人，并为他生下儿子；后来，她嫁给了马克·安东尼，又生了一对双胞胎。
公元前 100 年左右：中国的数学家普遍开始使用负数。	**公元前 100 年左右**：汉武帝为了保障军事远征和其他事业，提高了税收，并对铁和盐等商品实行官营。 **公元前 81 年**："盐铁会议"在汉都长安举行，儒家"限制政府与民争利"的观点占了上风。

右图　恺撒戴着桂冠的半身像

恺撒大帝

30 岁时，盖乌斯·尤利乌斯·恺撒流着泪，走近亚历山大大帝的雕像，哭诉道："亚历山大在我这个年龄征服了这么多国家，而我却没有做过任何值得纪念的事情。"他所描述的情况并没有持续太久。公元前 59 年，恺撒被任命为罗马三个省的总督。随着他拥有了罗马军团的指挥权，以及在罗马国内相当大的政治影响力，恺撒开始实现他长期以来的野心，征服已知的世界。在接下来的 8 年里，恺撒不仅将罗马的统治范围扩展到今英国北部，而且还为罗马从共和国到帝国的转变铺平了道路。

公元前 58 年，恺撒率军进入山北高卢。那是一片广阔的土地，包括今天的法国。恺撒迫使那里的凯尔特部落屈服于罗马的统治，并将成千上万的新奴隶送回罗马。随后，他征服了不列颠的大部分地区，这是历史上最大规模的海军入侵之一。在征服了 800 座城市和 300 个部落，杀死了 100 余万高卢人，并将百余万高卢人变为奴隶之后，恺撒回到了罗马。在那里，他被尊为终身独裁官，甚至是神。

公元前 40—40 年

	政治与权力	地理与环境	文化与宗教
美洲		公元元年左右：编篮者文化二期西南部的人们种植了玉米和南瓜，他们是普韦布洛人的祖先。	公元前 1 年左右：卡瓦奇是秘鲁南部纳斯卡文化的重要中心。卡瓦奇的常住人口非常少，它很可能是一个朝圣之地，只有在举行仪式活动时才有大量人员前来。
欧洲	公元前 32 年：后来被称为奥古斯都的屋大维向克莱奥帕特拉宣战。第二年，在阿克提姆战役中，他的核心军事指挥官马库斯·阿古利巴（Marcus Agrippa）击败了马克·安东尼的部队。	公元前 30 年左右：罗马官方雇用数十万名工人，完成了神庙、浴室、竞技场和水渠等众多基础设施的建设，罗马人口随之激增。 公元前 20 年：经过 17 年的工作，马库斯·阿古利巴根据对罗马帝国道路系统的调查，完成了一幅世界地图。	公元前 40—前 30 年：希腊雕塑家阿格桑德罗斯、波利多罗斯和阿典诺多罗斯完成了《拉奥孔》（Laocoön）。这件作品后来影响了文艺复兴、巴洛克和新古典主义时期的雕塑家。 公元前 29—前 19 年：罗马诗人维吉尔（Virgil）创作了《埃涅阿斯纪》（Aeneid），这是一部关于罗马建国的传奇史诗。 公元前 23 年左右：罗马诗人贺拉斯发表了《颂歌集》（Odes）。
中东 & 非洲	公元前 40 年：帕提亚人短暂地占领了叙利亚和小亚细亚。 公元前 37 年：罗马封希律（Herod）为犹太王。希律曾是加利利的分封王。	公元 19 年：叙利亚发生地震，超过 12 万人丧生。 公元 20 年左右：希腊地理学家、历史学家斯特拉波（Strabo）将阿拉伯半岛描述为一块富饶的土地，是香料和乳香的产地。	公元前 37—前 4 年：希律王重视希腊文化，开始在巴勒斯坦进行大规模的建筑工程。 公元 29 年左右：拿撒勒的耶稣开始在巴勒斯坦传教，以慈悲的胸怀和永恒的救赎启示吸引着信徒。
亚洲 & 大洋洲	公元 9 年：汉朝政府和军队的最高长官王莽篡位登基。王莽 16 年的统治成了西汉和东汉之间的权力空白期。 公元 18—23 年：赤眉、绿林军起义推翻了王莽的统治，恢复了汉朝在中国的统治。	公元 25 年左右：中国汉朝的都城从长安迁到了洛阳。在此之前的几年里，长安经历了一系列的动乱和反叛。	公元元年左右：中国的艺术家制作出一种写实的陶俑——明器，用来给死者陪葬。

科学与技术	人类与社会
	公元元年左右：早期的纳斯卡人在秘鲁纳斯卡山谷的村落中定居。

左图 雕像《拉奥孔》描绘了《伊利亚特》中的特洛伊祭司之死

公元前 36 年左右：罗马作家、学者马库斯·特伦提乌斯·瓦罗（Marcus Terentius Varro）提出了一种观点，认为通过鼻子和嘴进入人体的肉眼看不到的生物会导致疾病。这是已知的关于细菌理论的首个假说。

公元前 27 年：罗马元老院授予屋大维前所未有的"奥古斯都"（意为"至尊"）称号。屋大维自此开始了长达 40 年的统治。他开启了人们所说的"罗马和平"时期，大大推进了整个罗马世界的法律、贸易、交流和繁荣。他被公认是第一位罗马帝国皇帝。

公元 20 年左右：德鲁伊教是一种在不列颠岛和高卢盛行的凯尔特人的宗教。罗马皇帝提比略企图镇压这一宗教。

公元前 30 年：马克·安东尼与克莱奥帕特拉在几近失去地中海东部的控制权之际，自杀身亡。由法老统治的托勒密王朝结束，埃及成为罗马的一个行省。

公元 30 年左右：在罗马统治者和巴勒斯坦犹太人关系非常紧张的时期，耶稣被罗马当局钉死在十字架上。

公元 39 年：征氏姐妹，即征侧（Trung Trac）和征贰（Trung Nhi），在如今的越南北部领导了一场反抗汉朝统治者的叛乱。她们曾短暂地建立起了一个自治国家。公元 43 年，二人被汉朝军队击败后自杀。

那时的生活

在耶稣时代

1 世纪的犹太（又译作犹地亚）是一块充斥着政治与社会紧张气氛的土地，异教徒和犹太人之间，罗马统治者和臣民之间，犹太教的各个教派之间，充斥着紧张的气氛。因此，任何有能力吸引追随者的人都被一些利益团体，包括罗马总督和犹太教大祭司视为危险人物，因为随时准备对罗马发动圣战的犹太人并不缺乏。在耶稣的家乡加利利地区，他从未被指控有任何严重的违法行为，但当他进入耶路撒冷庆祝逾越节时，却受到了一大群仰慕者的欢迎，甚至他流露出的怜悯之情也成为冲突的征兆。

征氏姐妹的叛乱

古代越南社会的女性远非中国历史学家、作家班昭在《女诫》中所描述的那样，是儒家理想化的妻子和母亲。在当时，妇女很受尊重，并在社会和经济生活中发挥积极作用。这种文化传统与汉朝的文化发生了冲突，汉朝于公元前 2 世纪进军越南的北部。当征侧的丈夫因密谋叛乱而被暗杀后，她接管了这次行动。她带着妹妹、母亲和贵族成员，组织了一支 8 万人的军队，向良劳（Lien Lau）进军，将杀死她丈夫的汉朝将军及其军队逼得落荒而逃。

在接下来的三年里，这支未经训练、补给不足的武装力量从汉朝手中夺取了越南北部的数十座城市。当时的许多领导者都是妇女，包括征氏姐妹的母亲。在如今的海防附近的红河边的迷灵县（Me Linh），征氏姐妹宣称，她们是从今中国南部一直延伸到越南中部的越南自治王国的联合女王。但是，公元 43 年，当汉朝将军马援率领军队抵达越南时，这对姐妹和她们的军队完全不能与之抗衡。

随着必然的战败，征氏姐妹投入红河自杀，汉朝在当地的统治得以恢复。

公元 40—100 年

	政治与权力	地理与环境	文化与宗教
美洲	**公元 50 年左右**：北美中东部地区的霍普韦尔人建造了越发复杂的土制建筑。 **右图** 老普林尼，罗马博物学家、学者		**公元 50 年左右**：北美中东部地区的霍普韦尔人的艺术风格不断精进。随着他们丧葬仪式的扩大，许多制作精良的手工艺品被安放到了权贵的坟墓中。
欧洲	**公元 60—61 年**：不列颠岛爱西尼部落的女王布狄卡（Boudicca）在东英吉利领导了一场起义，有 7 万罗马人和亲罗马人的不列颠人被杀。布狄卡战败自杀后，成为当地人反抗罗马统治的象征。 **公元 69 年**：随着皇帝尼禄（Nero）的自杀和朱里亚-克劳狄（Julio-Claudian）王朝的终结，整个罗马帝国的将军们开始争权夺利。在"四帝之年"年末，韦帕芗建立了弗拉维王朝。	**公元 64 年**：大火烧毁了半个罗马。尼禄皇帝将此归咎于基督教教会；随后，他在废墟上建造了一座华丽的帝国建筑——金宫。 **公元 79 年**：维苏威火山爆发，附近的城市庞贝、赫库兰尼姆和斯塔比亚被掩埋在厚厚的火山灰和浮石之下。	**公元 77 年**：罗马作家、学者老普林尼的《自然史》（Natural History）撰写完成，该作品有 37 卷之多，不仅包括自然科学知识，还囊括了其在文明中的应用。公元 79 年，他在观察维苏威火山爆发时因窒息而亡。 **约公元 81—96 年**："东方邪教"在罗马传播开来。图密善（Domitian）统治期间，在罗马的战神广场为伊西斯和塞拉皮斯建造了神庙。
中东 & 非洲	**公元 66 年**：第一次犹太—罗马战争爆发。普通的犹太牧师和叛变的大祭司领导了这次对驻犹太的罗马军队的进攻。这场小规模的冲突导致耶路撒冷和其圣殿在公元 70 年被摧毁。罗马军队在公元 72—73 年围剿了残余的犹太叛乱者，包括驻守在山顶的马萨达要塞的犹太人，从而结束了犹太人的大起义。	**公元 60 年**：一场地震摧毁了小亚细亚的弗里吉亚城。	**公元 48 年左右**：基督教传教士塔尔索的扫罗（即之后的圣保罗）开始努力吸纳非犹太人教徒。他一边游历罗马帝国东部，一边与皈依者们通信来回答有关信仰的问题。 **公元 80 年左右**：基督教的新教徒开始承担《福音书》的撰写工作，该书记录了耶稣的生平和教诲。
亚洲 & 大洋洲	**公元 73 年**：东汉将军班超奉命出使西域。在其后近三十年的时间里，维护了东汉边疆地区的安全。	**公元 70 年**：中国东汉水利学家王景治理黄河成功。	**公元 53 年**：基督教使徒、传教士托马斯（Thomas）在印度西北部的马德拉斯（如今的金奈）去世。在此之前，他成功地让一些印度人皈依了基督教。 **公元 57—75 年**：汉明帝将佛教引入中国。 **公元 68 年**：白马寺是中国最早的佛教寺院之一，位于东汉都城洛阳城外。 **约公元 78—102 年**：贵霜王朝的君主迦腻色迦（Kaniska）在向中亚地区传播佛教方面发挥了重要作用。

科学与技术	人类与社会
公元 100 年左右：特奥蒂瓦坎的太阳金字塔高约 64 米，底部占地约 5000 平方米。它是西半球发现的最大的金字塔之一。	公元 50 年左右：萨波特克的都城阿尔班山逐渐发展壮大，几座神庙也开始动工。
公元 70 年左右：罗马皇帝韦帕芗开始建造弗拉维圆形剧场，也就是著名的罗马斗兽场。场内可容纳 5 万观众，设有地下通道和活动门，甚至可以将水引入以模拟海战。 公元 80 年左右：希腊医生佩达尼乌斯·迪奥斯库里德斯（Pedanius Dioscurides）写下《药物论》(On Medicine）一书，该书收录了 600 多种植物的采集方法和药效。 公元 80 年左右：一种被称为安提基拉特机械的天文计算器被发明出来。	1 世纪 40 年代：罗马皇帝克劳狄乌斯（Claudius）建立了由专业行政官组成的帝国官僚机构，其中大部分官员是以前的奴隶。 公元 89 年左右：图密善皇帝将哲学家们赶出罗马后，曾经是奴隶的斯多葛派哲学家爱比克泰德（Epictetus）在伊庇鲁斯的尼科波利斯建立了一所学校，吸引了许多精英阶层的罗马人。
公元 62 年左右：亚历山大的数学家、发明家海伦（Heron）描述了许多能够节省劳力的机械装置，如蒸汽机、水钟、水风琴和里程表，但高度依赖奴隶劳动的人们对此毫不在意。	公元 40—70 年：古希腊的《红海环航记》(Circumnavigation of the Red Sea）描述了红海地区和从东非沿岸到印度的贸易情况。
公元 50 年左右：在中国，天文学家成为掌握了专业技术的阶层。	公元 92 年：《汉书》的作者班固逝世。他的妹妹班昭接替他完成了这部作品。班昭曾撰写《女诫》一书，提出为丈夫无私牺牲并忠于丈夫是女性的基本美德。 公元 100 年左右：通过丝绸之路，罗马人用金银购买印度纺织品、中国的丝绸、阿富汗的绿松石和东南亚的香料。

马萨达

公元 66 年，一群犹太叛军占领了犹太沙漠中俯瞰死海的堡垒。它被称为马萨达（Masada），源于希伯来语"堡垒"一词，100 年前由罗马任命的希律王建造。这一叛乱是犹太人大起义的第一场，持续了 7 年，并导致了犹太历史上大量散居的现象。

公元 72 年，罗马军队摧毁并掠夺了耶路撒冷，直逼马萨达，意图彻底平息这个地方的麻烦。犹太历史学家弗拉维乌斯·约瑟夫（Flavius Josephus）讲述了这样一个故事：罗马军队冲破城墙，没有受到任何抵抗就冲入了城堡，只发现了 1000 具男女老幼的尸体，那是集体自杀的结果。考古发现讲述的故事则略有不同：在附近的一个山洞里，人们发现了 25 具骷髅，意味着有人企图逃跑。其他人，由于寡不敌众，可能血战到了最后一刻。无论如何，马萨达的故事是一个人类为自由而抗争的生动例子。

上图　马萨达，犹太沙漠中的山顶堡垒

被冻结的时间：
庞贝，公元 79 年

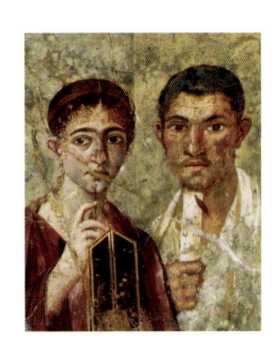

公元 79 年 8 月 24 日快到下午的时候，维苏威火山剧烈喷发，从火山口喷出的物质高达 27 千米，混杂着尘埃、烟雾和浮石，其沉降物从维苏威火山向外延伸了 40 千米。附近的城镇，如庞贝、赫库兰尼姆和斯塔比亚，被埋在了数米厚的火山灰和浮石之下。与此同时，那些城市建筑的一些精美之处也被保留了下来，比如描绘一对年轻罗马夫妇（左图）的壁画。政治家、博物学家、《自然史》的作者老普林尼当时住在附近的米塞努姆港口。出于学术兴趣与英雄主义情怀，他冒险进入灾难现场，再也没有出来。他的侄子小普林尼留在了港口，日后为历史学家塔西佗（Tacitus）写下了一篇描述这场事件的文章：

"一团浓密的乌云从我们身后升起，像洪水一样漫过大地……黑暗降临了，不是那种没有月亮或多云的夜晚的黑暗，而是仿佛密室里的一盏灯被熄灭了。你可以听到女人的尖叫声、婴儿的哭号声、男人的喊叫声；有些人在呼唤他们的父母，有些人在呼唤他们的孩子或妻子，试图通过声音辨认出他们。人们哀叹自己或亲人的命运，有些人因恐惧而祈祷死亡……我可以这样自夸，在这场危险中，我没有发出一声呻吟，或恐惧的呼喊；但我承认，我从自己的命运中得到了一些可怜的慰藉，因为我相信，整个世界都将与我一同死去，而我亦将与它一同死去。"

在火山爆发之后的几个星期里，曾经的居民和提图斯（Titus）皇帝派遣的搜救人员从被掩埋的城市中尽力挖掘着他们所能找到的东西。当地居民搜寻幸存的家庭成员或他们遗留下的个人物品，搜救人员寻找可以运回罗马的雕像或大理石，抢劫者寻找埋藏的财宝。然而，在几十年内，庞贝城和其他附近的城市犹如传说一般，完全从公元 4 世纪的地图上消失了。

庞贝古城的遗址于 16 世纪末被重新发现，让人们得以一窥罗马帝国公民的日常生活，否则罗马的遗风也早消失在历史中了。城市中心、圆形剧场、商店和小巷，居住区和室内装饰，乃至维苏威火山遇难者的遗体，都被冻结在了时间里，冻结在公元 79 年 8 月 24 日。

上图 这幅壁画描绘的是一对年轻的罗马夫妇。由于维苏威火山的喷发，这幅壁画以原始状态被保留了数个世纪。人们对于罗马壁画的大部分认知都是来自庞贝时期的这些样本

右图 维苏威火山隐现在一名受害者的身后。考古学家朱塞佩·菲奥雷利（Giuseppe Fiorelli）在 1864 年发明了一项技术，将石膏灌注到火山灰中一具男性尸体腐烂后留下的空壳里，从而保存下了这一生动的瞬间

第 2 章 古典时代　93

公元 100—170 年

	政治与权力	地理与环境	文化与宗教
美洲	公元 100 年左右:"众神之城"特奥蒂瓦坎位于如今的墨西哥城附近,其通过军事统治、贸易和文化影响力而在附近地区崛起。到了公元 150 年,它的人口几乎是最初的 3 倍。 公元 100 年左右:由于被同时代的霍普韦尔文化同化,北美东部阿登纳文化的痕迹逐渐减少甚至消失。	公元 100 年左右:北美东部的霍普韦尔人从遥远的落基山脉、五大湖区和阿巴拉契亚山脉等地区收购货物进行贸易。	公元 100 年左右:莫切文化的特点是农业水平很高,而且有着先进的金属加工技术。工匠们掌握了在金饰板上镶嵌绿松石图案的技术,还能制作精美的陶器。
欧洲	公元 101 年:罗马皇帝图拉真进一步将罗马帝国的疆界从多瑙河延伸到了达基亚。 公元 161 年:马可·奥勒留(Marcus Aurelius)在养父安东尼·庇护(Antoninus Pius)去世后成为罗马皇帝。尽管他在整个执政期间都信奉斯多葛哲学,但他几乎一直在四处征战。	霍普韦尔人的丰收仪式	公元 109 年左右:罗马历史学家塔西佗写了一部罗马史,尖锐地批评了奥古斯都之后的皇帝。 公元 150 年左右:希腊哲学家、神学家、殉道者查士丁(Justin Martyr)将希腊哲学与基督教教义两相融合,但拒绝承认希腊神话。
中东 & 非洲	公元 114 年:罗马皇帝图拉真征服了亚美尼亚和美索不达米亚。 公元 162—166 年:罗马人和帕提亚人就亚美尼亚的控制权再次爆发战争,帕提亚人大败。	公元 106 年:佩特拉(位于今约旦)被征服后并入罗马帝国。 公元 150 年左右:埃及天文学家、数学家和地理学家托勒密在《地理学》(Geography)中描绘了罗马人所知的整个世界。它北起设得兰群岛,南至尼罗河源头,东起中国和东南亚,西至加那利群岛。	公元 132—135 年:巴尔·柯赫巴(Bar Kochba)领导了一场反抗罗马帝国的暴动,导致耶路撒冷的犹太人遭到迫害和流放。
亚洲 & 大洋洲	2 世纪:豪强地主把控了汉朝政府。他们逃避赋税徭役,肆意盘剥百姓,甚至为了维护自己的利益而组建私人军队。	公元 116 年:天文学家张衡绘制了一种地形图。	公元 147 年左右:安息国僧侣安世高(An Shigao)到达中国洛阳,他是将佛经译成中文的最早译者之一。他对佛教在中国的兴起发挥了重要作用。

科学与技术	人类与社会
公元 100 年左右：莫切人开始建造太阳金字塔，它是当时美洲最大的建筑之一。	公元 100 年左右：早期的普韦布洛人定居在如今北美西南部的四角地。他们会编制篮子和凉鞋。在狩猎与采集之外，他们还种植玉米和南瓜以补充日常所需。 公元 150 年左右：尤卡坦半岛贝肯的居民在定居点周围修建了一道防御沟，这证明战争在玛雅文明中极为常见。
公元 100 年左右：罗马人扩展了道路系统，以方便他们更好地为边境提供补给，更快地调动军队。 公元 100 年左右：不列颠岛的矿山向罗马帝国供应铅和锡。 公元 122 年：不列颠岛北部的哈德良长城开始修建，其目的是保护罗马帝国免受蛮族侵扰。这道屏障从一边的海岸延伸到另一边的海岸，长约 117 千米。	公元 100 年左右：外省人加入罗马军队，目的是获得公民权并学习贸易。 公元 100 年左右：在罗马，技术娴熟的战车驾驶者成为受欢迎的英雄。
公元 150 年左右：古希腊罗马时期的埃及科学家托勒密撰写了《数学大成》（Mathematike Syntaxis），后来被称为《天文学大成》。直到科学革命之前，该作品一直是西方关于天文学的主要著作。	公元 130 年：罗马皇帝哈德良在埃及建立了安提诺波利斯城，以纪念他的男宠安提诺乌斯（Antinous）。安提诺乌斯于该年淹死在尼罗河中。
公元 105 年左右：东汉宦官蔡伦改良了用树皮、破麻布和旧渔网造纸的现代方法。有些资料显示纸的发明最早可以追溯到公元前 150 年。 公元 132 年：东汉天文学家张衡发明了地动仪和浑天仪。	2 世纪：东南亚的马来人加入了古典帝国所建立的广泛贸易网络。得益于他们以航海为主的生活方式，马来文化扩展到了整个马来半岛和邻近岛屿。

莫切艺术

在没有书面交流系统的情况下，古老的文化要如何保存和传承？比如其领袖、神灵、习俗和日常生活的历史。以秘鲁沿海的莫切人为例，他们通过艺术做到了这一点。

作为一个极端的民族，莫切人能够创作出情感表现力惊人的作品，也能够呈现出令人毛骨悚然的残暴作品。他们用模具来复制黏土制品，但每一件陶器都以独特的方式进行加工，为后人留下了大量独特的手工制品。陶器的主题涉及范围很广，从重要人物的肖像，到神话、性或日常生活的场景。

莫切神庙的建筑群以色彩斑斓的壁画作为装饰，其中一个常见的图案是一个被称为"斩首者"的人物，他通常有数条手臂，其中一条手臂总是拿着刀，另一条手臂则抓着一颗断头的头发。有些场景极为可怕，以致学者们都认为它们存在夸张的成分，直到考古遗骸证实了其在莫切仪式中的地位。通过这些丰富而格外清晰的艺术作品，我们可以窥见这个已消逝的社会的运作方式。

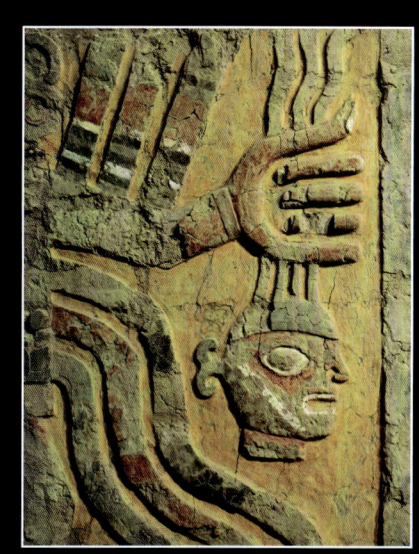

上图 "斩首者"和他手中的断头——这是莫切文化中的常见主题

公元 170—230 年

政治与权力	地理与环境	文化与宗教
		公元 200 年左右：特奥蒂瓦坎的不朽建筑包括羽蛇神金字塔和长 4000 米、宽 40 米的黄泉大道，它们都是中美洲的建筑杰作。

美洲

欧洲

这张地图体现了公元 2 世纪时基督教的影响范围

地图图例：
- 古遗址
- 基督教的范围：到公元 1 世纪末；到公元 2 世纪末
- 保罗的布道团：
  - ① 第一次（公元 46—48 年）
  - ② 第二次（公元 49—52 年）
  - ③ 第三次（公元 54—58 年）
  - ④ 第四次，前往罗马（公元 59—60 年）
- 括号中为公元 1 世纪时的地名

公元 203 年：年轻的母亲维比娅·佩蓓图（Vibea Perpetua）记录下了她作为一名基督徒所受到的审判和惩罚的经历。她在这一年殉道而死。她的文字是古代世界中少数幸存的由女性撰写的文献之一。

中东 & 非洲

公元 224 年：帕提亚帝国已经因内部叛乱而遭到削弱，最终被波斯的萨珊王朝推翻。在接下来的 400 年里，萨珊王朝将以泰西封为首都（在今巴格达附近）统治美索不达米亚。

公元 194 年：罗马皇帝塞普蒂米乌斯·塞维鲁（Septimius Severus）将罗马的叙利亚行省分为两部分，北部的叙利亚科勒地区（Coele）和南部的叙利亚菲尼斯。

公元 200 年左右：罗马公路系统大大促进了基督教的传播，基督教传教者将教义带到了北非、地中海和欧洲。

公元 180 年左右：基督教神学家爱任纽（Irenaeus）写下了《驳异端》（Against Heresies），驳斥诺斯底主义，宣扬经典《圣经》的权威性、主教的职责以及"真理的规则"，即拒斥异端邪说的信条。

公元 200 年左右：犹太学者和拉比们开始编纂《密西拿》（Mishna），即犹太法律和道德戒律的集合，成为《塔木德》（Talmud）的基础。

公元 224—240 年：阿尔达希尔一世（Ardashir I）是波斯帝国萨珊王朝的第一位国王，他将琐罗亚斯德教定为国教。

亚洲 & 大洋洲

公元 184 年：在道教领袖张角的领导下，中国东部爆发了黄巾起义。这场农民起义严重削弱了东汉王朝的统治，因为镇压起义需要数目庞大的军队和巨额开支。

公元 220—280 年：汉朝灭亡后，中国分立为三个政权：北方的曹魏、东南的东吴以及西南部的蜀汉。这就是所谓的三国时期。

公元 226 年：东吴在中国南方设立"广州"，这座港口城市的人口和财富都发展起来。

公元 175 年左右：在东汉洛阳的太学中，儒家经典被刻在了石碑上。

公元 200 年左右：佛教的实践发生了一些变化，以使它更容易为世俗之人所接受，这就是大乘佛教。这种新的佛教形式尊崇佛陀为神，允许菩萨（即为了给他人提供指引延迟进入涅槃的开悟者）的存在。

公元 220 年左右：随着汉代的灭亡，人们对其国家意识形态——儒学的兴趣开始减弱。

科学与技术	人类与社会
公元 200 年左右：在墨西哥盆地的特奥蒂瓦坎城，石墙建筑开始取代以前那种不够坚固的泥砖建筑。 公元 200 年左右：在如今的亚利桑那州菲尼克斯盆地周围恶劣的半干旱环境中，霍霍卡姆人发展了旱作农业技术，每年能收获两次南瓜、豆类和玉米。	2 世纪：黄泉大道是特奥蒂瓦坎的主要街道，其周围建有大约100 座供祭司和权贵居住的宫殿。平民百姓则住在城外。 公元200 年左右：加利福尼亚沿海的人们发展出了先进的捕鱼技术，以从丰富的海洋资源中获取食物。他们还从事远距离贸易，贝壳被他们传播到各个地区。
公元 216 年左右：希腊医学家克劳迪亚斯·盖伦去世。他在世时，是一位多产的思想家和作家，甚至可能实施过一种早期的脑外科手术。 公元 216 年：罗马的卡拉卡拉大浴场竣工。它配备有可供奥运会使用的游泳池、冷热水池、运动和比赛场地，可同时容纳1 万人。	公元 180 年：安东尼瘟疫肆虐 15 年之后，罗马帝国的人口显著下降，人们甚至认为，是安东尼瘟疫夺走了皇帝马克·奥勒留的生命。 公元 229 年：历史学家迪奥·卡西乌斯（Dio Cassius）退出政坛，以完成他的著作《罗马史》(History of Rome)。这部作品共有 80 卷，其中多卷留存至今。
公元 224 年左右：新建立的波斯萨珊王朝的商人将水稻、甘蔗和茄子等东方作物引进了波斯，他们与东西方人民都进行了广泛的贸易往来。	公元 200 年左右：在今尼日利亚，西非的诺克文化从历史中消失了。诺克人制作的泥人是撒哈拉以南非洲最早的风格化雕塑。
公元 200 年左右：东汉末年，名医华佗发明了麻沸散。	公元 220 年：镇压了黄巾起义的将军曹操在洛阳去世。在人生的最后几年，他巩固了在中国北方的权力。 公元 220 年：曹操的儿子曹丕，成为中国北方曹魏政权的第一位皇帝。

基督教的兴起

基督教会最初是一个秘密的犹太教教派，集会地点并非公共礼拜中心，而是在家中，被罗马帝国视为非法宗教。大约在公元前45 年，新皈依的塔苏斯的保罗开始了他为期一生的传教工作，试图将耶稣的福音传播到非犹太世界。为此，他抹去了早期基督教本质上的犹太特性，这让许多早期保守派的基督教徒感到沮丧。

保罗在东地中海周游传道，并劝说与他通信的人们皈依基督，这些书信如今成了《新约》的一部分。不久后，《福音书》的出版为其更有组织地传教铺平了道路。罗马帝国的迫害反而加强了教会信徒的传教热情，人们愈加同情这种以救赎为根基的宗教。公元 313 年，君士坦丁大帝在整个罗马帝国内对基督教徒实行宽容政策，并亲身信奉了这一宗教。

大批新皈依者涌入，因为他们看到了接受皇帝的信仰的好处。虽然这可能稀释了信徒的忠诚度，但丝毫不会减缓其扩张的步伐。"启蒙者"圣格里高利使亚美尼亚王国皈依基督教，而景教传教者则一路深入中亚，来到了中国。很快，乌尔菲拉（Ulfilas）开始向哥特人传教，并将《圣经》翻译成他们的语言；图尔的马丁（Martin）在高卢找到了皈依者，帕特里克（Patrick）在爱尔兰找到了皈依者，弗鲁门修斯（Frumentius）在埃塞俄比亚找到了皈依者。甚至，在印度南部都有基督教教堂，据说是由传教士使徒托马斯建立的。事实上，到了 5 世纪末，西方世界几乎没有一个角落不受这种出身卑微的宗教的影响。

公元 230—310 年

	政治与权力	地理与环境	文化与宗教
美洲	公元 250 年左右：尤卡坦半岛南部低地的玛雅社会进入了"古典时期"，其特点是强大的城邦均由国王统治，它们处理各自的事务并开展独立贸易。		公元 300 年：在哥斯达黎加，玉石在祭祀活动和葬礼中被大量使用。来自洪都拉斯和萨尔瓦多的大理石、墨西哥的陶器和黑曜石，都是哥斯达黎加与北方邻居开展贸易的证据。
欧洲	公元 235—284 年：二十七位罗马帝国王位的继承人相继夺取了权力，并短暂掌权。除四人外，其他人均惨死于敌人甚至自己的军队之手。 公元 286 年：罗马皇帝戴克里先将其帝国分成两个平等的行政单位。 公元 293 年：罗马皇帝戴克里先建立了四帝制，这是一种副帝制，由一位奥古斯都统治罗马帝国的任意一半，并由他指定一位被称为恺撒的人作为共治者和继承人。	公元 251 年左右：西普里安瘟疫从埃塞俄比亚蔓延到了罗马，持续了近 20 年，最严重时每天可造成约 5000 人死亡。	公元 251—258 年：法国的主保圣人丹尼斯（Denis）据说是巴黎的第一任主教，被罗马皇帝德西乌斯（Decius）或瓦莱里安（Valerian）迫害致死。 公元 303—304 年：罗马皇帝戴克里先颁布了四项禁止基督教的法令。最严重的基督教殉道时期自此开始。
中东 & 非洲	公元 256—260 年：沙普尔一世领导的萨珊王朝打败了几支罗马军队，大肆洗劫叙利亚，并俘虏了罗马皇帝瓦莱里安。 公元 272 年：罗马人占领了叙利亚中南部的巴尔米拉，俘虏其女王芝诺比亚。 公元 299 年左右：波斯和罗马签订了一项条约，为它们的边境带来了和平。罗马人为边疆防御系统修建了堡垒和道路。	公元 256 年：瘟疫肆虐于亚历山大。大多数居民逃离了这座城市，但基督徒们选择留下来照顾病人。 公元 300 年左右：基督教在中东和北非以及更遥远的地方蓬勃发展。	公元 238 年左右：在小亚细亚半岛中部，"显灵迹者"格里高利说服了许多人皈依基督教。 公元 240 年：先知摩尼（Mani）开始宣扬一种新的普世宗教，将琐罗亚斯德教、基督教和诺斯底主义的元素融合为一种世界性的教义。 公元 286 年左右：埃及的圣安东尼在沙漠中徘徊，他在那里孤独和简朴地生活了约 19 年。他被普遍认为是基督教禁欲主义的创始人。
亚洲 & 大洋洲	公元 238—247 年：中国史书中记载古代日本有一位名为卑弥呼的女性统治者，或称"太阳之女"，她同时拥有政治和宗教上的权威。	公元 271 年：中国地图学家裴秀去世。他提出了绘制地图必须遵循的"制图六体"。	3 世纪 20 年代：道教信徒在中国达到了前所未有的数量，部分原因是儒家思想的竞争力减弱，以及人们在乱世中更想寻求能使内心平和的思想。

左图 罗马皇帝戴克里先的大理石头像

科学与技术	人类与社会
公元 300 年左右：莫切文化在秘鲁北部沿海地区发展起来，其金字塔神庙由土坯建成，墙壁上绘有彩色壁画。	**公元 300 年左右**：普韦布洛人的生活模式远播至科罗拉多高原和今新墨西哥州北部地区。
公元 271 年：罗马修建奥勒良城墙。这道巨大的防御工事长约 20 千米，厚约 4 米，是整个罗马帝国城市周围正在修建的城墙的代表，这种趋势一直延续到中世纪。	**公元 274 年**：奥勒良皇帝建立了太阳神教——一种供奉叙利亚太阳神的宗教，并将其定为官方宗教。在被基督教取代之前，它一直是罗马帝国内最主要的信仰。 **公元 305 年**：戴克里先建立了四帝共治制度来统治辽阔的罗马帝国，但在他退位后，统治阶层分裂为数个派系，争夺控制权的内战随之爆发。
公元 275—300 年左右：埃塞俄比亚的阿克苏姆王国开始铸造金属货币。	**公元 260 年左右**：在安提阿，被沙普尔一世（Shapur I）的萨珊王朝军队俘虏的罗马士兵被转移到了波斯。在那里，罗马士兵们所掌握的先进技术被用于建造贡德沙普尔城和位于舒什塔尔的恺撒大坝。其他俘虏在波斯建立了基督教教会。 **公元 270 年**：创立了新柏拉图主义学派的普洛丁去世。这一学派主导了数个世纪的哲学思想，影响了基督教，对伊斯兰神学思想也有一定的影响。
公元 269 年：印度学者斯普基得瓦迦（Sphujidhvaja）编写了一本占星术手册，主要翻译自希腊原著。 **4 世纪左右**：在印度，悬索桥经历了强化改造。建造时，人们先是用竹子编制，后来又使用了铁链。	**公元 300 年左右**：在日本古坟时代，权贵们被埋葬在精心建造的坟墓中，墓穴中有泥人陪葬。

纳斯卡线条

纳斯卡线条位于秘鲁南部沿海干旱的沙漠中，自 20 世纪 20 年代航空公司飞行员发现其形状以来，它便成了学者和阴谋论者一直在努力解开的益智拼图。纳斯卡线条，只能从空中看到，它们由数量庞大的不同形状和大小的地形符号或地面标记组成。有些是严格的几何图形——直线、三角形、梯形和螺旋形，而另一些则是花、树、鸟或其他动物的生动形象，甚至还有一个被称为"猫头鹰人"的独特的拟人化形象。

这些线条的存在引发了许多猜想，有些是科学严谨的，有些则不那么严谨。由于大部分的纳斯卡线条是在公元前 200—公元 600 年这 800 年间完成的，因此可以合理地假设，它们可能具有多种功能，主要与仪式、种植和从恶劣的沙漠环境中取水有关。已知的是，纳斯卡人擅长灌溉，他们建造了一片渠道网络，将纳斯卡河与来自安第斯山脉的地下水连接起来。这些线条与灌溉渠道或其他地下水源的联系仍不得而知。

两个工人在测量蜘蛛形状的线条

公元 310—370 年

	政治与权力	地理与环境	文化与宗教
美洲		公元 300 年左右：在密西西比河上游地区，美洲印第安人制作了鸟类、哺乳动物和爬行动物的巨型雕像。	4 世纪：在玛雅文明的古典时期，玛雅人取得了许多文化上的进展，包括形成了一套书写体系。
欧洲	公元 312 年：罗马将军君士坦丁一世（Constantine I）进军罗马。在米尔维安大桥战役中，他篡夺了东部最后一位好战的异教徒皇帝，即他的妹夫马克森提乌斯（Maxentius）的皇位。 公元 358 年：在持续的侵扰和与日俱增的防御压力之下，罗马帝国被迫将如今的比利时地区割让给了法兰克人。	公元 330 年：君士坦丁一世将古希腊城市拜占庭定为新首都，将它打造成"新罗马"，并将其命名为君士坦丁堡。该城位于马尔马拉海的欧洲一侧，是黑海的入口。	公元 313 年：东方的罗马帝国皇帝君士坦丁和李锡尼（Licinius）发布了《米兰敕令》，确认了罗马帝国对基督教与所有其他宗教的容忍政策。
中东 & 非洲	公元 350 年左右：埃塞俄比亚阿克苏姆王国的入侵，导致梅罗这个位于阿拉伯半岛西南部今苏丹境内的王国灭亡。		
亚洲 & 大洋洲	4 世纪：通过结盟和军事征服，旃陀罗笈多（Chandra gupta）和儿子沙摩陀罗（Samudra）将统治区域拓展到了印度的大部分地区。他们创建了自笈多王朝以来印度首个中央集权，但允许地方政府保持原样的帝国。 公元 313 年：高句丽吞并了乐浪郡，控制了朝鲜半岛北部。 公元 316 年：匈奴军队洗劫了长安，灭掉了西晋。		公元 310 年：佛教徒佛图澄（Fotudeng）抵达中国洛阳。

展示君士坦丁一世时期罗马城中竞技场位置的模型

科学与技术	人类与社会
4世纪：玛雅人已经可以进行复杂的天文观测，并发展出一套含有数字"0"的计数系统。	4世纪：在今俄亥俄州奇里科，霍普韦尔人继续堆筑仪式性的土丘，里面埋有精美的艺术品。
公元313年左右：罗马皇帝君士坦丁一世在罗马修建了许多大教堂，包括圣彼得大教堂和圣保罗大教堂。 公元340年左右：马其顿人发明了一种先进的弹射器。 公元361年：君士坦丁堡市颁布了行医者必须持有执业执照的规定。	公元325年：罗马皇帝君士坦丁一世扶植基督教，并将整个罗马帝国的宗教信仰制度化。他召集主教，在君士坦丁堡附近的尼西亚召开了首次基督教大公会议。在这次会议上，尼西亚信经得到了发展，明确了耶稣与上帝间的教义关系。 公元360年：曾经的罗马士兵都尔的玛尔定，在高卢建立了第一座修道院，致力于将基督教传播到农村地区。
4世纪：阿克苏姆王国里矗立着巨大的花岗岩方尖碑，也许是为了纪念已故的国王。最大的方尖碑重约5吨，比埃及最大的方尖碑还要高。	公元330年左右：在叙利亚使徒弗鲁门修斯的影响下，阿克苏姆国王埃扎纳（Ezana）皈依基督教。在埃扎纳统治时期，阿克苏姆王国的疆域达到了顶峰，向西延伸到如今的苏丹，向东延伸到阿拉伯半岛南部。
公元320年左右：中国骑兵开始使用成对的全掌马镫，从而可以在战争中更好地控制马匹。	4世纪：西晋灭亡后，北方游牧民族涌入中国北方。他们在那里建立起强大的政权，统治了该地区数个世纪。 公元361年：中国著名的书法家王羲之逝世。他在世时，其作品已被视作无价之宝。

上图　特奥蒂瓦坎出土的玉石面具

特奥蒂瓦坎

特奥蒂瓦坎位于今墨西哥城东北48千米处的墨西哥谷，是古典时代最重要的城市之一。在其鼎盛时期，即公元400年前后，它不仅是美洲最大的城市，也是世界上最大的城市之一。特奥蒂瓦坎拥有一座巨大的祭祀中心，其面积足有20平方千米，大约有15万名居民，是当时伦敦人口的许多倍。

特奥蒂瓦坎不仅是重要的宗教中心，也是制造业和经济中心，控制了整个中美洲的贸易网络。它的特产是绿黑曜石，即一种玻璃状火山石，经过切割可以做成各种刀具；这座城市还生产了大量陶器，并对外出口雕像。

公元前400年前后，农民们最早在这座城市定居，到公元前200年左右，特奥蒂瓦坎很可能凭借其军事力量开始影响周边。它在文化和经济上的影响力，甚至超过了后来的阿兹特克帝国。在7世纪或8世纪的某个时候，这座城市惨遭洗劫并被遗弃，但仍有朝圣者前来参观，他们给这座城市取了个名字，后人称之为"纳瓦特"（Nahuatl），意思是"人成为神的地方"。

公元 370—440 年

	政治与权力	地理与环境	文化与宗教
美洲	公元 378 年：一位名叫"火"（Fire）的特使从玛雅的大城市特奥蒂瓦坎来到危地马拉。他的到来将开启一个全新的王朝，带领玛雅帝国走向其权力的顶峰。 公元 400 年左右：北美东部的霍普韦尔文化逐渐没落，变成了不那么集中、组织松散的群落。土丘建筑与霍普韦尔的贸易网络也随之衰落。	5 世纪左右：在如今的犹他州和北美西部大盆地地区，弗里蒙特人不再穴居，而是建造了带有粮食储藏室的居所。	公元 400 年左右：在洪都拉斯，玛雅的科潘成为该地区重要的政治和宗教中心。
欧洲	公元 406 年左右：在国王贡德里克（Gunderic）的带领下，汪达尔人和其他日耳曼人入侵并摧毁了罗马高卢行省的大部分地区。 公元 410 年：以亚拉里克（Alaric）为首的西哥特军队占领并洗劫了罗马，在过去的一年里已经对其进行了多次围攻。虽然一个多世纪前罗马已不是帝国首都，但此事仍象征着西罗马帝国的覆灭。入侵者没有破坏圣彼得和圣保罗大教堂。	公元 400 年左右：日耳曼部落从北部入侵如今的瑞士，而罗马征服者则是从南部进入。瑞士陡峭的阿尔卑斯山脉造成了一种隔离效应，致使山脉两侧的语言差异一直保持到了今天——瑞士的北部讲德语，而南部主要讲由拉丁语发展而来的意大利语和法语。	公元 379—395 年：罗马将军狄奥多西一世成为皇帝，他将基督教确立为罗马帝国的国教。公元 392 年，他完全禁止了人们对异教神的崇拜；公元 394 年，他废止了奥运会，因为它与异教徒有关联。 公元 428 年：君士坦丁堡的主教、希腊神学家聂斯脱里（Nestorius）强调要将人性和神性分开，这在天主教会内部引发了不少冲突。
中东 & 非洲	公元 390 年左右：罗马皇帝狄奥多西一世宣布信奉异教是违法的，随后人们摧毁了亚历山大的塞拉皮斯神庙以及亚历山大图书馆。 公元 429 年：汪达尔人从西班牙入侵非洲，于 439 年占领迦太基。	公元 397 年左右：在北非，柏柏尔将军吉尔多（Gildo）试图将他的领土从西罗马帝国分离出去，但以失败告终。	公元 396 年：在如今的阿尔及利亚，希波的奥古斯丁（Augustine）成为一名主教。他的作品，如《忏悔录》（Confessions）和《上帝之城》（City of God），融合了基督教神学和新柏拉图主义，并阐述了"正义战争"理论等主题。 公元 400 年左右：阿希（Ashi）是《巴比伦塔木德》（Babylonian Talmud）编写工作的主要推动者之一，该书是对《密西拿》的注释。与此同时，巴勒斯坦的拉比们也在编写《巴勒斯坦塔木德》，大约完成于公元 425 年。
亚洲 & 大洋洲	公元 375 年左右：在印度北部，旃陀罗笈多二世登上了笈多王朝的王位。他统治的疆域从恒河一直延伸到印度西部和南部，和平与繁荣为他的疆土增光添彩。 5 世纪左右：大和朝廷将其势力范围扩展到了整个日本列岛。 公元 423 年：北魏占领了洛阳，那是一个由北方的鲜卑人建立的政权。	公元 399—412 年：僧人法显是第一位从中国前往印度的朝圣者。他的作品生动地呈现了从中亚灼热的沙漠到帕米尔山脉上凿出的小径和梯子等景观。	公元 400 年左右：在长安，印度僧侣鸠摩罗什开始负责将佛经译成中文。 公元 400 年左右：梵语诗人迦梨陀娑（Kalidasa）声名鹊起。他的作品，尤其是戏剧《沙恭达罗》（Abhijnana-shakuntala）获得了广泛的认可，他也因此成为最伟大的梵语诗人之一。 公元 400 年左右：有关古代印度宗教伦理教义的论述《薄伽梵歌》，经过多次修改后最终成形。

科学与技术	人类与社会
公元 400 年左右：这一时期，中美洲人已经有了"轮子"的概念，但只是被使用在为儿童生产的玩具中。在没有驮畜的情况下，轮式车辆多半没有用武之地。	**公元 400 年左右**：特奥蒂瓦坎依然在中美洲的密集型贸易网中占有重要地位。它对外出口陶器、泥塑，以及它最有特色的商品——绿色黑曜石做成的刀片、箭头和刮刀。 **公元 417 年**：今天危地马拉里奥·阿祖尔河沿岸的一座坟墓中的象形文字记录了一位重要的玛雅统治者的出生日期，但他的名字早已湮没在历史中。
约公元 408—450 年：东罗马皇帝狄奥多西二世扩建了君士坦丁堡的三面城墙，并修建了巨大的蓄水池，使这座城市几乎不可能被征服。	**公元 410 年**：在亚拉里克多次围攻罗马期间，城里的许多日耳曼奴隶加入了他的阵营。事实上，亚拉里克的军队只有在奴隶为他打开城门时，才能进入罗马。 **公元 415 年**：西哥特人离开了意大利，进入高卢南部和西班牙。在接下来的 3 个世纪，他们将驻留在首都托莱多。

上图　笈多王朝的壁画

印度的黄金时代

公元 375 年左右，旃陀罗笈多二世继承了笈多王朝的王位，开创了一个文化与经济都十分繁荣的时代，亦常被称为印度的黄金时代。印度文明受到希腊文化极大影响的时代已成过去，旃陀罗笈多重建了印度的传统习俗和行政规范。

通过军事征讨和婚姻联盟，旃陀罗笈多将帝国的疆域从恒河延伸到了印度河，并向北延伸到如今的巴基斯坦。帝国的扩张带来了大量财富，其中的一部分便被花在了科学和艺术上。旃陀罗笈多建立了一个被称为"宫廷九瑰宝"的诗人群落，古典梵文文学中的主要人物迦梨陀娑便可能位列其中。在笈多王朝的宫廷里，天文学和数学也得到了很好的发展。

旃陀罗笈多还创立了免费的疗养院和医院，废除了死刑，并颁布了一部统一的法律。在德里附近，有一根纪念这位仁慈统治者的铁柱，历经 1600 多年也没有腐坏。

链接

传染病的传播

被统称为"丝绸之路"的广袤陆路与海路，将相距遥远的帝国连接成了横跨欧亚大陆的综合贸易网，它不仅带来了异域的商品和新思想，也传播了传染病——它饥渴地寻找着没有免疫力的人群。3—5 世纪，在罗马帝国和汉朝，传染病肆虐其中，大大削弱了这些帝国抵御入侵的能力。随着贸易的减少，帝国经济也逐渐衰退，由此产生了一些区域化的市场。在未来几个世纪内，这些市场未能再次连接世界。

公元 376 年：来自东亚的游牧民族匈人在战胜了生活在多瑙河畔的哥特人后，来到了罗马帝国的边境。在接下来的 70 年里，他们将在中欧建立起自己的帝国。

公元 418 年：在罗马帝国内部，犹太人被禁止担任公职和服兵役。

4 世纪：在笈多王朝的庇护下，印度教逐渐取代佛教，成为印度占主导地位的宗教和文化传统。

公元 400 年左右：旃陀罗笈多二世（Chandra Gupta II）为来访者设立了免费的休息场所，也为生病的臣民提供免费医疗。

公元 412 年：中国学者、僧侣法显从印度带回了对中国佛教产生重要影响的梵文佛经。他还撰写了《佛国记》。

公元 427 年：中国田园诗人陶渊明逝世。

公元 440—500 年

	政治与权力	地理与环境	文化与宗教
美洲	**公元 450 年左右**：阿尔班山（在今墨西哥瓦哈卡）萨波特克的人口持续增长。在其鼎盛时期，可能有 3 万多居民。 **公元 450 年左右**：秘鲁北部沿海的莫切文明进一步扩大了其对周边民族的影响。在方圆 6475 平方千米的河谷地带，莫切文明是政治和祭祀的中心。 **公元 500 年**：特奥蒂瓦坎的人口数量达到巅峰，有 12.5 万—20 万人。	**公元 455 年左右**：玛雅城市奇琴伊察在尤卡坦半岛上建立起来。在接下来的 1000 年里，它将发展成一座重要的城市和神庙综合体。 **公元 500 年左右**：弗里蒙特人现身犹他州，他们可能是从西北平原迁徙过来的。	**公元 500 年左右**：在安第斯山区，蒂瓦纳科崛起于的的喀喀湖南岸。它因阿卡帕纳金字塔和卡拉萨萨亚神庙等壮丽建筑而闻名。
欧洲	**公元 441 年**：在匈人王阿提拉（Attila）的指挥下，匈人对东罗马帝国发动了大规模进攻，入侵多瑙河边境，随后是高卢和意大利北部。他们几乎势不可当，一路高歌猛进，直到公元 453 年阿提拉去世为止。 **公元 455 年**：盖萨里克国王率领汪达尔人入侵罗马，掠夺了许多艺术品。 **公元 476 年**：日耳曼人奥多亚克废黜西罗马帝国末代皇帝罗慕路斯，并被蛮族叛军拥立为国王。至此，西罗马帝国灭亡。	**公元 480 年**：东罗马帝国的首都君士坦丁堡遭遇了一场持续 40 天的地震。 **公元 493 年**：狄奥多里克（Thodoric）刺杀了奥多亚克后，在意大利建立了东哥特王国，首都设在拉文纳。	**公元 450 年左右**：来自不列颠岛的基督教主教帕特里克，以传教士的身份前往爱尔兰。他在阿马建立了教区，并试图使岛上的人们皈依基督教。 **公元 451 年**：基督教的卡尔希顿公会议重申了尼西亚信经中规定的制度，并谴责了基督教中的聂斯脱里派和基督一性论者。 **公元 496—498 年**：法兰克国王克洛维（Clovis）在妻子克洛蒂尔德（Clothilde）的规劝下受洗成为基督徒。
中东 & 非洲	**公元 429 年**：汪达尔人是一群日耳曼移民，以迦太基为首都定居在北非。西罗马帝国皇帝瓦伦提尼安三世（Valentinian III）承认了他们的独立性，但汪达尔人依然持续侵扰着摇摇欲坠的西罗马帝国。 **公元 484 年**：波斯萨珊王朝君主卑路斯一世（Peroz I）在与嚈哒人的战斗中丧生。贵族和琐罗亚斯德教祭司成为萨珊王朝的中坚力量。	**公元 500 年左右**：东非和印度尼西亚的原住民在马达加斯加建立了农业定居点。	**公元 489 年左右**：在被皇帝弗拉维·芝诺·奥古斯都（Flavius Zeno Augustus）驱逐出东罗马帝国后，聂斯脱里派的基督徒在波斯蓬勃发展。 **公元 490 年左右**：与真人脑袋一般大小的陶土面具莱登堡头像被制作出来。它们是非洲南部已知的最早的雕塑，可能被用于农业部落的某种仪式中。
亚洲 & 大洋洲	**公元 450—500 年**：嚈哒人摧毁了印度笈多王朝的防御工事。	**公元 485 年**：中国的北魏实行均田制，这一制度也将耕地和果园作了区分。	**5 世纪 40 年代左右**：北魏统治者开始在都城平城建立了一个佛教和佛教艺术中心，这反映了宗教在中国北方的传播。 **公元 493 年**：在北魏新都洛阳附近的龙门，一系列的石窟寺开始修造。 **公元 495 年**：少林寺始建于今中国河南省。

科学与技术	人类与社会

地图中标出了最终使西罗马帝国灭亡的数次进攻

	公元 459 年：著名的叙利亚修士西蒙·斯台利兹（Simeon Stylites）去世。从公元 420 年起直到去世，他一直生活在阿勒颇西北的柱子上，因此被称为"坐柱者西蒙"。
公元 494 年：北魏的一位将军在战争中运用了一种新颖的竹制悬索桥。这座桥能横跨河流，还可以被随时沉进水里以阻挡敌人的船只。	**公元 446 年左右**：中国北魏皇帝下诏灭佛。

罗马的陨落

尽管几个世纪以来，日耳曼人一直在向罗马帝国的边界推进，但直到公元 4 世纪他们才真正成为严重的威胁。长期以来，罗马被篡位者和德不配位的当权者不断削弱。在公元 286 年，戴克里先皇帝将罗马帝国一分为二，即东部和西部。公元 330 年，君士坦丁一世将首都迁至君士坦丁堡，即如今的伊斯坦布尔，使之成为"新罗马"；它将成为拜占庭世界的中心。与此同时，旧罗马和帝国西部正被腐败的、不称职的当权者所控制，他们手下的士兵并非训练有素，拿到的军饷也很少。

公元 370 年左右，一群匈人游牧骑兵从东部闯入。他们是技艺高超的弓箭手，在骑马突进时还能协同作战，罗马人对此却毫无准备。汪达尔人从北方入侵了高卢，击溃了那里原有的日耳曼群体，包括法兰克人、阿勒曼人和勃艮第人。汪达尔人继续挺进北非，在那里，他们曾短暂地享有了自治权，并持续侵扰日薄西山的罗马帝国。哥特人挺进巴尔干半岛，在与罗马和解失败后，公元 378 年，他们在亚德里亚堡战役中击败了罗马军队。公元 410 年，哥特人进入意大利，占领了罗马城。

与此同时，罗马军队放弃了不列颠岛，转而打击苏格兰人、皮克特人、盎格鲁人和朱特人，而阿提拉所率领的匈人则入侵了高卢和意大利，直至阿提拉死去才停止。最后，公元 476 年，日耳曼首领奥多亚克废黜了最后一位西罗马皇帝，并自立为国王，这个曾经强大的帝国自此陨落。

第 3 章

信仰与权力

公元 500—1000 年

数以百万计的穆斯林在大清真寺前躬身祈祷，麦加朝圣到达了高潮

随着伊斯兰教在 7 世纪的兴起，以及基督教和其他宗教的传播，信仰有了比以往任何时候都更加强大的力量，它激励着统治者，也令军队骚动起来。世俗野心与宗教热情推动阿拉伯征服者穿越非洲和中东，也推动了拜占庭帝国在地中海沿岸和西欧基督教王国的扩张。这些虔诚的信徒追逐着帝国的荣耀，也从古老的帝国文化中汲取教训。拜占庭的基督徒受到希腊传统的启发，西欧的基督徒则是以罗马为根基，而穆斯林则继承了波斯的文化遗产。

在其他地方，宗教也产生了深远的影响。穆斯林军队占领了印度北部，使该地区与南部信奉印度教的王国区分开来。在东亚，佛教在僧侣的努力下不断扩张，一如基督教在欧洲那般，与传统的儒家信仰和神道教（日本的传统信仰）相竞争。在美洲，玛雅人和其他文明的统治者为他们的神明建造了高耸的纪念性建筑，使其权威达到了前所未有的高度。信仰改变了一些社会，使一些社会更强大，也摧毁了一些社会。

拜占庭的扩张

公元 4 世纪，罗马皇帝君士坦丁将首都迁到了拜占庭（后改称君士坦丁堡），为东方的希腊化帝国奠定了基础，它比西罗马帝国的寿命要长久得多。后来希腊语成为拜占庭的官方语言，拜占庭学者们研究亚里士多德和其他希腊古典作家的作品。

右页图 宗教狂热和希腊的艺术传统催生了拜占庭式的宏伟画像，例如这幅位于君士坦丁堡圣索菲亚大教堂的基督马赛克像，它在大教堂变成清真寺时被保留了下来

下图 这张地图显示了拜占庭帝国的鼎盛时期，即 6 世纪查士丁尼（Justinian）统治时期的疆域。拜占庭人将君士坦丁堡视为第二罗马，并通过将信仰和文化传播到了遥远的莫斯科（莫斯科后来被俄罗斯人誉为第三罗马）来延续罗马帝国的传统

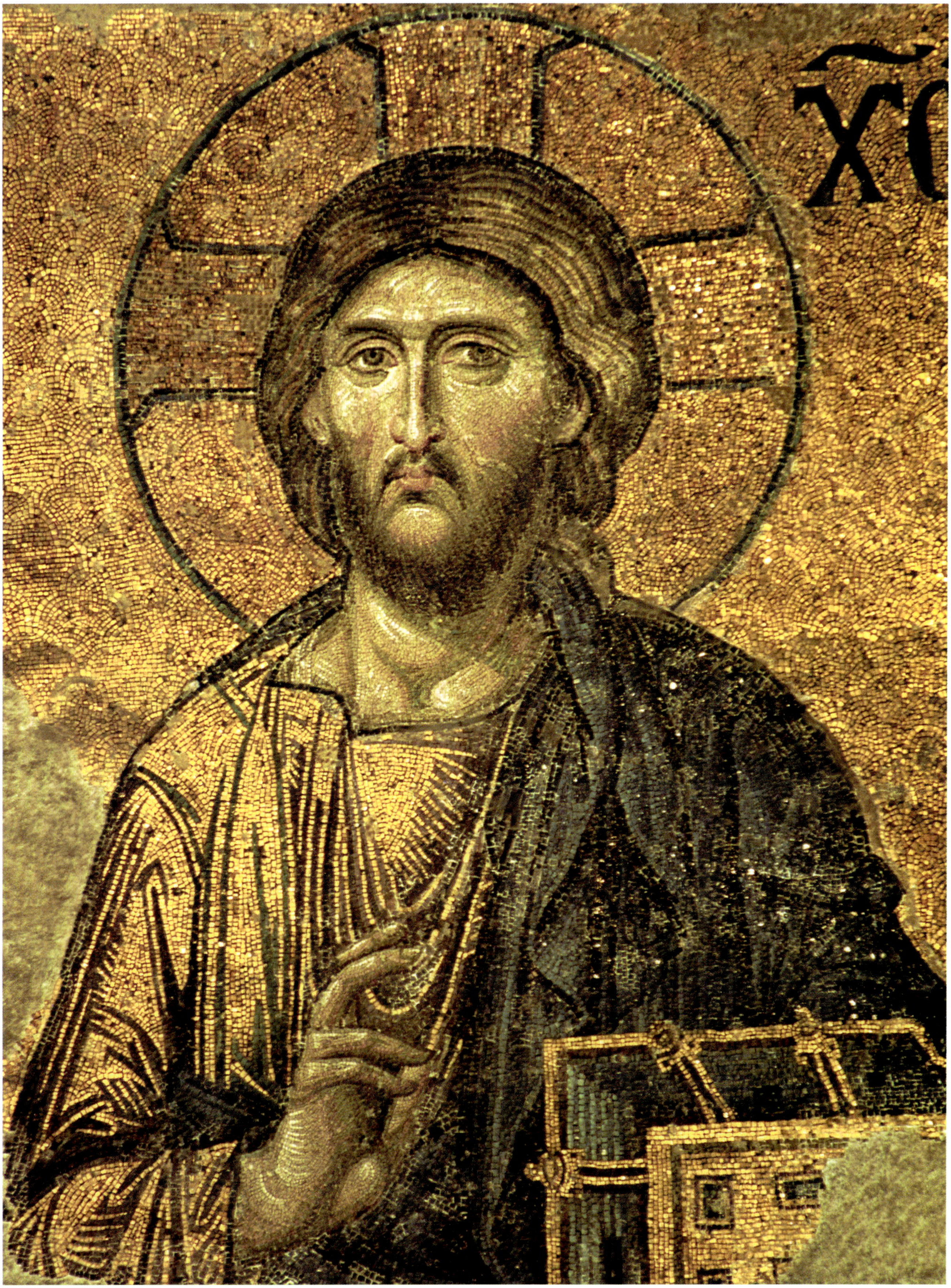

伊斯兰教的传播

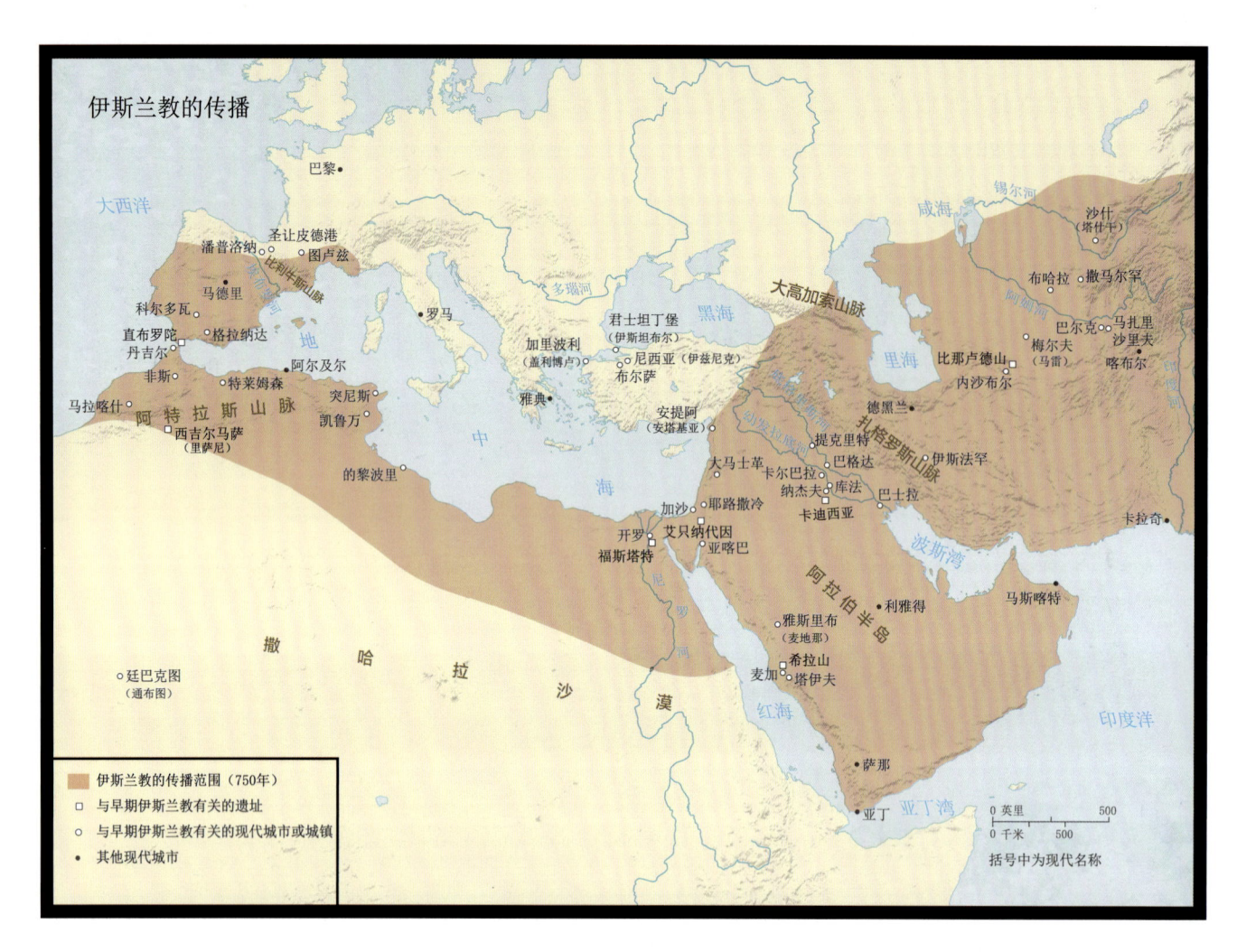

上图 公元750年，当阿拔斯王朝在波斯掌权时，伊斯兰帝国从西班牙一直延伸到印度北部

公元6世纪，拜占庭帝国在查士丁尼统治下达到了顶峰。在君士坦丁堡大部分地区被抗议高税收和粮食短缺的暴乱者摧毁后，查士丁尼在君士坦丁堡修建了一座圣索菲亚大教堂和纪念性建筑。那些抗议活动几乎把他赶下台，但他有着铁腕手段的妻子狄奥多拉（Theodora）皇后说服了他，让他坚守阵地，并动用军队镇压了起义，杀死了数万名反叛者。随后，查士丁尼的军队开始对外征服，占领了意大利、非洲西北部和西班牙南部。到了公元565年查士丁尼去世时，帝国的疆域已几乎包围了地中海。

拜占庭帝国又延续了好几个世纪，但再也不曾像查士丁尼统治时期那样强大。他的继任者们丢掉了对意大利和其他西方领土的控制权，在那些地方，基督徒们承认的是罗马主教，而未把拜占庭主教当成精神之父或教皇。在拜占庭帝国内部，为加强皇权，打击教权，"毁坏圣像运动"爆发。富有的领主们不顾拜占庭皇帝的反对，扩张了自己的军队，并且拒绝纳税。然而，没有什么比伊斯兰势力的扩张更能削弱拜占庭的了，他们占领了埃及、巴勒斯坦和叙利亚，并威胁到了君士坦丁堡。

伊斯兰世界

伊斯兰教起源于麦加，那是一片绿洲，阿拉伯人聚集在这供奉了许多神灵的圣地上进行贸易并做礼拜。先知穆罕默德出生于公元570年左右，他以商人的身份四处旅行，结交犹太人、基督徒和信奉其他宗教的人。在他40岁左右时，他得到启示，自此信奉真主安拉是至高无上、无所不有、无所不知、无所不能的神。穆罕默德与其他人分享了他得到的启示，并承诺要拯救那些信奉伊斯兰教的人，那意味着服从真主安拉。穆斯林从此宣称："除安拉外，别无他神，穆罕默德是安拉的使者。"

穆罕默德的话激怒了麦加那些仍然信奉其他神的人。公元622年，他离开了麦加，加入了麦地那城的追随者，并在那里获得了力量。他们的祖先长期为了族人而战，现在他们准备为自己的信仰而战。公元630年，穆罕默德重返麦加，并规定以圣殿克尔白作为各地穆斯林的朝拜中心。穆罕默德于公元632年去世，之后不久，他宣布的"真主启示"便通过以阿拉伯文写成的《古兰经》继续流传。穆罕默德的领导角色落在了哈里发（代理者）的身上，在伊斯兰教的指引下，他们统一了阿拉伯半岛，并开始了扩张。公元650年，阿拉伯军队已占领了从埃及到波斯的广袤地区。在接下来的一个世纪里，他们向东南扩张到印度河，向西横跨北非，一直到达西班牙。

在这个扩张时代，伊斯兰世界掌控在倭马亚王朝的哈里发手中。一个被称为什叶派的伊斯兰教派与之抗衡，因为他们只承认阿里及其后裔为穆罕默德的合法继承人，另一派被称为逊尼派的穆斯林承认了倭马亚王朝的合法性。但在被征服的土地上，一些逊尼派和什叶派、非穆斯林一样，对哈里发心怀怨恨。在波斯，不同教派的叛军集结在阿布·阿拔斯（Abu al Abbas）的周围。公元750—754年，阿布·阿拔斯终结了倭马亚王朝的统治，建都库法。次年，继任者曼苏尔迁都巴格达，学者们在那里学习《古兰经》以及波斯、希腊和印度圣贤的经典著作，包括医学和数学等。阿拉伯数字和代数学便是伊斯兰学者馈赠给现代科学的礼物之一。

在巴格达以外的许多城市，伊斯兰文化和文学都得到了蓬勃发展。通过与中国的贸易，阿拉伯人学会了如何造纸和大批量地生产书籍，他们将书籍保存在诸如西班牙科尔多瓦的图书馆这样的地方。他们不允许清真寺中出现图画或雕塑，但他们的艺术家是抽象设计和书法方面的大师。一般来说，伊斯兰当政者允许其他信仰的存在，但要求这些信徒缴纳特别的税款。哈里发承认波斯的一些犹太拉比为"加昂们"（geonim，意为"超群者"），并允许他们在受穆斯林统治的犹太社区里，用犹太法典和《塔木德》解决宗教问题。犹太法典于6世纪编成，汇集了犹太教的法条和传统。以《古兰经》为基础的伊斯兰法律则为妇女、仆人和奴隶提供保护。与此同时，他们延续了古老的中东习俗，要求妇女在公共场合戴面纱，并允许一夫多妻。

非洲的萌动

9世纪，来自北非的穆斯林商人骑着骆驼，穿越撒哈拉沙漠，前往西非寻找财富。在那里，繁荣的社会已经沿着塞内加尔河和尼日尔河发展起来。那里的农民在肥沃的洪泛平原上种植水稻和其他作物，粮食有了盈余，因此产生了陶工、铜匠、铁匠等工匠。这里和非洲其他地方一样，早在穆斯林到来之前，就已经开始从事长途贸易，促进了商业中心的发展。杰内－杰诺（Jenne-Jeno）就是商业中心之一，它是一个拥有1万多人口的小镇，位于尼日尔河和巴尼河的交汇处附近。

在非洲西部的尼日尔河和塞内加尔河之间，加纳王国崛起了。那里的商人从南方的土地中获得黄金，这些财富吸引了阿拉伯商人，他们也在寻找象牙和奴隶。加纳的统治者后来皈依伊斯兰教，却一直没有割舍"向祖先的神灵或自然之神祈祷"等传统宗教的习俗。与伊斯兰世界的贸易为加纳带来了财富和权力，加纳逐渐从王国成长为帝国。

在东非，通过海路抵达摩加迪沙和蒙巴萨等繁忙港口的阿拉伯商人遇到了讲班图语、长期从事海上贸易的人，他们乘船往来于印度洋和红海地区。他们被阿拉伯人称为"斯瓦希里"，即"沿海地区的人"，他们把许多阿拉伯语的词语融入方言之中，因此与阿拉伯贸易伙伴的沟通很顺畅。他们向阿拉伯人出售黄金、象牙，还有来自内陆的奴隶。和西非一样，从这种贸易中获利的统治者信奉了伊斯兰教，并在政治上变得更加强大。

随着东非港口发展成为拥有清真寺的城邦，斯瓦希里社会也成为伊斯兰世界的一部分。繁荣的伊斯兰世界有着遍布各地的贸易网络和充满活力的市场，这让君士坦丁堡和西欧的统治者们艳羡不已，因为在他们的疆域里，没有哪座基督教城市可以与科尔多瓦和巴格达相比。

分裂的西方

罗马帝国的崩溃导致西欧分裂成不同的日耳曼部落。西哥特人占领了伊比利亚，直至8世纪阿拉伯军队占领了如今的西班牙和葡萄牙的大部分领土。东哥特人控制着意大利，直至6世纪拜占庭军队和伦巴第人的相继介入。不列颠岛被盎格鲁人和来自丹麦与德国北部的撒克逊人占领。然而，欧洲的日耳曼民族中最强大的当属法兰克人，在充满活力的统治者——查理大帝（Charlemagne）的统治下扩张到了法国之外。查理大帝征服了德国的大部分地区和意大利北部。公元800年，教皇利奥三世在罗马为其加冕，从而与君士坦丁堡的拜占庭皇帝比肩。

公元814年，查理大帝去世后不久，他的帝国就解体了。他的继任者无法抵挡凶猛的入侵者，其中有从东方来的马扎尔人，也有从斯堪的纳维亚半岛长途跋涉而来的维京人。维京海盗掠夺沿海的港口和修道院，并涌向内陆，控制了许多地区，包括不列颠岛的大部、诺曼底、西西里岛和俄罗斯的部分地区。后来，拜占庭来的传教士将基督教传入那里。其他维京人继续向西横渡大西洋，在冰岛和格陵兰岛殖民，并随后于公元1000年左右在纽芬兰建立了一个短暂的殖民地。

跟过去一样，在北欧海盗和其他掠夺者的入侵下，西欧四分五裂。封建社会里，农奴们在庄园里劳作，向领主缴纳租金并履行其他义务，例如劳役和兵役。这些领主又是地位更高的贵族的附庸，要在战争时给予支援。有些地区出现了国王，例如威塞克斯的阿尔弗雷德（Alfred），他从维京人手中夺回了不列颠岛的一部分；萨克森的奥托一世（Otto I）击败了马扎尔人，奠定了神圣罗马帝国的基础。但欧洲的大部分地区被贵族及其附庸控制，他们管理着庄园。这些庄园基本上能做到自给自足，因此很少有商人冒险离开家乡去做生意。

西欧最大的统一因素是罗马天主教，西欧像旧罗马帝国一样被分级组织起来：教皇有着最高权力，他手下的主教再去监督当地的牧师。罗马文化在古典教堂中得以延续，这些教堂被称为巴西利卡（basilicas），牧师和主教们穿着源自罗马的彩色长袍，牧师、教师及其他有文化的人说着拉丁语。修士们用拉丁文抄写《圣经》和其他书籍，并为其写下大量的注解说明。修女们还在修道院抄写手稿，教孩子们读书写字。在教会的影响下，拉丁语塑造了西欧文化，并演化出了包括意大利语、西班牙语、法语在内的罗曼语族。

多元的东方

与基督教欧洲不同，大多数亚洲社会及其统治者都允许多元宗教。7世纪初，笈多王朝崩溃后，印度北部的大部分地区在戒日王的统治下重新统一。戒日王是一位虔诚的佛教徒，但他并没有试图将自己的信仰强加给印度教徒或信奉其他宗教的人。戒日王死后，他的帝国崩溃了，伊斯兰军队从北方攻来，于712年征服了信德（位于今巴基斯坦），并包围了印度河流域。遥远地区的哈里发对信德的控制力非常有限，在约公元1000年信仰伊斯兰教的突厥人入侵之前，印度北部没有多少人皈依伊斯兰教；在南部阿拉伯商人定居在沿海城镇，部分当地人皈依了伊斯兰教，但大多数人仍然是印度教教徒。在印度南部的朱罗王国，印度教徒靠着做生意或生产棉布等商品发了家，他们通过捐赠来支持那些控制着大片土地的寺庙。

阿拉伯商人影响了印度的文化和信仰，而印度商人对位于印度和中国之间海上贸易线上的东南亚国家的影响更大。扶南国统治者自立为王，他们和印度国王一样崇拜印度神灵，并采用梵语作为官方语言。扶南国于6世纪垮台，随后高棉人控制了柬埔寨。高棉人也成了印度教教徒，后来接受了佛教。佛教通过印

第 3 章 信仰与权力

公元 800 年左右，北欧海盗凭借先进的造船和航海技术开始对欧洲沿海的定居点进行闪电袭击。他们穿越大西洋到达纽芬兰

度商人传入了附近的马来西亚和苏门答腊岛。

在中国，隋朝于6世纪末重新统一了帝国，结束了汉朝灭亡后长达3个世纪的动乱。隋朝统治者修建了连接黄河和长江的大运河，这是一项有助于中国经济和文化融合的大工程。数以百万计的中国人被征召到运河上劳动或去朝鲜半岛作战。隋朝军队在朝鲜半岛的失败，引发了一场起义。公元618年，隋朝灭亡，唐朝取而代之。

唐朝皇帝赞同儒家的仁政理想，并声称这是天命所归，一种只属于仁者的神权统治——就像孔子所说的那样。在唐朝，想担任公职的人必须在考试中展示自己对儒家经文知识的理解。唐朝延续了近3个世纪，其都城长安（今西安）的人口增长到近百万。中国的发明家发明了罗盘、火药和瓷器，在7世纪丝绸生产的秘密传到拜占庭之后，罗盘等物品便取代了丝绸，成为中国最珍贵的出口商品。

中国官方对儒家思想的支持并没有阻碍其他宗教或哲学的传播。佛教也得到了唐朝统治者和贵族的支持，他们频频资助佛教寺院。中国佛教朝圣者和宣扬佛法者会前往印度参观圣地，并向日本和朝鲜半岛传播他们的信仰。7世纪，新罗王国联合高句丽的残余势力对抗唐朝军队，唐朝皇帝迫于在西线与吐蕃作战的压力撤出了军队。作为回报，新罗国王向唐朝称臣，但朝鲜半岛仍然保持实质上的独立。

佛教、儒学和其他来自中国的文化极大地影响了日本的发展。日本天皇声称自己是天照大神（神道教的太阳女神）的后人。到了9世纪，日本天皇基本上沦为仪式性的人物，国家被强大的藤原家族控制着，而藤原家族通过联姻与王室紧密联结在一起。公元995年，藤原道长成为摄政。在他的统治下，日本平安时代的文学和艺术繁荣发展。朝廷中的男人用汉文书写，

下图 古代佛教建筑敦煌莫高窟

上图 建于不丹（位于印度和中国之间）悬崖边上的佛教寺院。长期以来，它们为那些想通过冥想来寻求解脱的人提供着与世隔绝的环境

而女人用日语写作，即一种新的表音文字。

世界上很少有统治者像日本天皇那样宣称自己是神的直系后裔，但很多统治者都会声称自己是神的化身；在他们面前，凡夫俗子只能卑躬屈膝，俯身膜拜。在这一时期，波利尼西亚人的禁忌制度扩展到了新西兰。在那里，酋长有着至高无上的地位，他们吃的食物和触摸过的东西都会成为禁忌，不允许平民触碰。波利尼西亚的酋长和祭司在名为"毛利会堂"（marae）的神庙里向神供奉祭品，其中一些庙宇的形状与金字塔相似，高达15米。

在中美洲，玛雅统治者在金字塔顶端的神庙里向神明献祭自己或俘虏的血。科潘和帕伦克的玛雅金字塔高耸入云，成为玛雅文明鼎盛时期的标志。公元683年，帕卡尔国王结束了他长达68年的统治，被以尊贵的方式埋葬在了那里。9世纪，城邦耗尽了资源，玛雅文明衰落了。到了1000年，大多数曾经强大的城市被遗弃了，就像特奥蒂瓦坎那样，它在几个世纪前遭受了毁灭性的袭击。但是，那些曾经的金字塔建造者的壮举鼓舞了托尔特克人。10世纪，托尔特克人在墨西哥谷崛起，并于图拉建立了一座雄伟的首都，他们反过来也鼓舞了阿兹特克人。

与此同时，在北美，酋长们监督着巨大的土葬冢的建设，首先是在俄亥俄河谷——霍普韦尔文化的中心，后来又是在密西西比河谷，如卡霍基亚这样的大型城镇就是在土葬冢周围发展起来的。密西西比的统治者下葬时，有时会有祭品随葬，包括活人。与其他复杂的社会一样，这些丘墩的建造者赋予了统治者神一般的权威，只要他们拥有着上天的眷顾，就能保障他们国土的安全与繁荣。

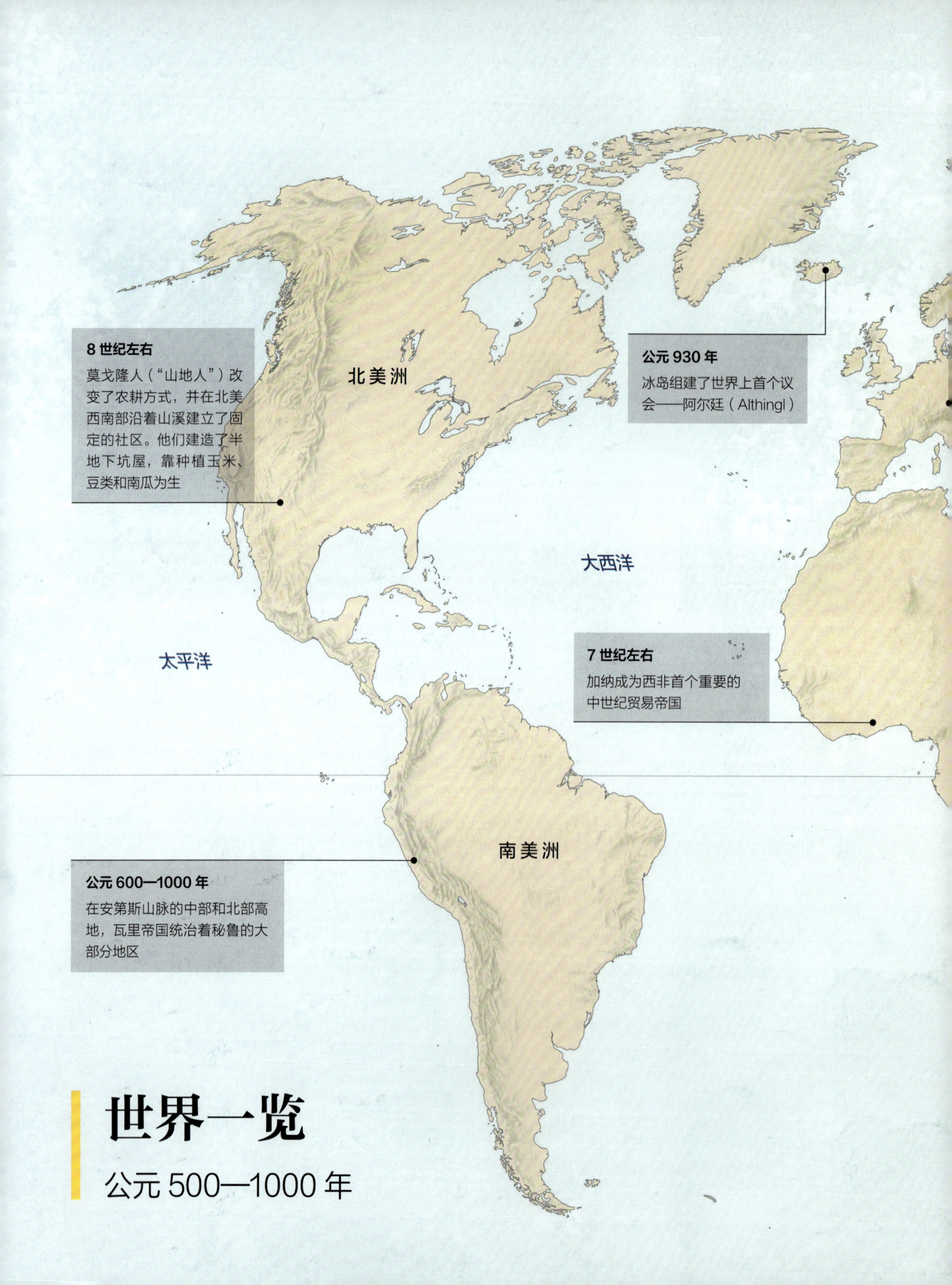

8 世纪左右
莫戈隆人（"山地人"）改变了农耕方式，并在北美西南部沿着山溪建立了固定的社区。他们建造了半地下坑屋，靠种植玉米、豆类和南瓜为生

公元 930 年
冰岛组建了世界上首个议会——阿尔廷（Althingl）

北美洲

大西洋

太平洋

7 世纪左右
加纳成为西非首个重要的中世纪贸易帝国

南美洲

公元 600—1000 年
在安第斯山脉的中部和北部高地，瓦里帝国统治着秘鲁的大部分地区

世界一览
公元 500—1000 年

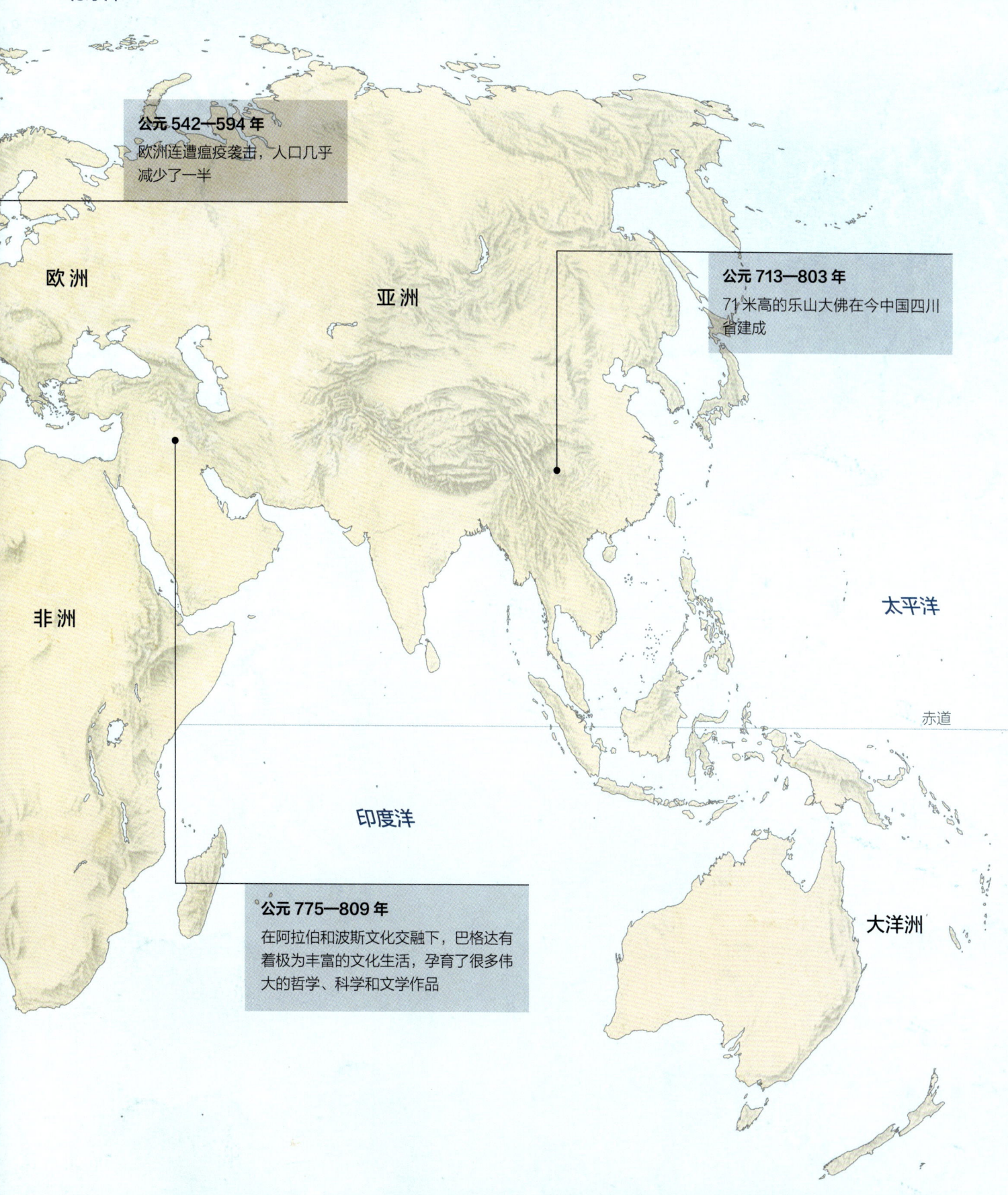

北冰洋

公元 542—594 年
欧洲连遭瘟疫袭击，人口几乎减少了一半

欧洲

亚洲

公元 713—803 年
71 米高的乐山大佛在今中国四川省建成

非洲

太平洋

赤道

印度洋

公元 775—809 年
在阿拉伯和波斯文化交融下，巴格达有着极为丰富的文化生活，孕育了很多伟大的哲学、科学和文学作品

大洋洲

公元 500—540 年

	政治与权力	地理与环境	文化与宗教
美洲	公元 500 年左右：霍普韦尔文化在俄亥俄河谷逐渐消失，留下了独特的圆锥形墓葬。它最西部的地区（今堪萨斯城霍普韦尔）继续在堪萨斯河和密苏里河的交汇处发展壮大。 公元 500 年左右：尤卡坦半岛上的玛雅文明蓬勃发展。	公元 500 年左右：普努克文化由白令海附近的古老文化发展而来，他们善于捕鲸，促进了北美白令海峡地区的发展。 公元 500 年左右：墨西哥的特奥蒂瓦坎成为美洲最大的城市。	公元 500 年左右：秘鲁的莫切人制作了精美的陶器。这些陶器或绘有日常生活的复杂场景，或被塑造成战士、国王和动物的形象。
欧洲	公元 500 年：托莱多的西哥特人统治着西班牙。 公元 511 年：法兰克国王克洛维一世（Clovis I）去世，他统治着高卢大部分的地区。在他死后，王国被他的四个儿子瓜分。 公元 527—565 年：在查士丁尼的领导下，拜占庭帝国开始夺回曾经强大的罗马帝国失去的领土。 公元 530 年：法兰克人取得了今德国和法国北部的控制权。	6 世纪左右：斯拉夫人迁移到了巴尔干半岛、匈牙利及其他邻近东欧的地区。	公元 522—524 年：罗马学者波伊修斯（Boethius）因叛国罪入狱，其间写下了名著《哲学的慰藉》（Consolation of Philosophy）。他于公元 524 年被处决。 公元 525 年左右：爱尔兰传奇人物、天主教圣徒基尔代尔的布里吉德（Brigid）去世。人们认为她在基尔代尔创建了爱尔兰的首个女子修道院。 公元 529 年：圣本笃在意大利建立了蒙特卡西诺修道院。他提出的对服从、贞洁和清贫生活的戒律，得到了其他修道院的认同。
中东 & 非洲	公元 523 年：阿克苏姆国王卡勒布为在阿拉伯半岛西南部的纳吉拉布惨遭屠杀的基督徒报仇雪恨，在那里留下了一支驻军后，返回了非洲。 公元 530 年：盖利默（Gelimer）成为北非汪达尔人的国王，这个王国的疆域从丹吉尔一直延伸到迦太基、科西嘉、撒丁岛和西西里岛。 公元 531 年：萨珊王朝国王库斯老一世（Khosrow I）重新统一波斯，开始向西进军拜占庭。	公元 526 年：土耳其的安提阿被一场地震摧毁，约 25 万人死亡。 右图 以色列一座犹太教堂的当代艺术品描绘了犹太法典的教义	公元 500 年左右：犹太学者编纂了耶路撒冷的《塔木德》（也称《巴勒斯坦塔木德》），这是一部收集了《圣经》、法律、科学和寓言的学术作品集。直至今日，犹太学者仍在持续翻译着这些关于犹太法律与习俗的文本。
亚洲 & 大洋洲	公元 500 年左右：大和朝廷巩固了其在日本的统治。 公元 522 年：中亚的嚈哒人达到了其权力的巅峰。他们统治着印度西北部，接受来自 40 个国家的贡品。	公元 500 年：丝绸之路的贸易继续将亚洲和欧洲联结在一起，商品和文化的交流非常活跃。双峰骆驼既能适应极端寒冷的山地气候，也能在炎热的亚洲沙漠里穿行，为商人运送了大量的商品。	6 世纪：在匈奴人摧毁了印度众多的佛教寺院之后，佛教在印度东北部复兴。 公元 528 年：华严佛国寺在新罗首都庆州建成。 公元 538 年：佛教传入日本。

科学与技术	人类与社会
	公元 500 年左右：玛雅社会变为城邦制，其影响区域包括今墨西哥、危地马拉、伯利兹、洪都拉斯和萨尔瓦多的部分地区。祭司们负责举行仪式和献祭，并按照农时来修正历法。玛雅人种植玉米、豆类和辣椒，并通过灌溉渠来使土地更适合耕种。

左图　莫切武士陶罐

科学与技术	人类与社会
公元 500 年左右：欧洲中东部开始使用铁头犁，农业因此有了进步。 公元 6 世纪 30 年代左右：拜占庭士兵与工兵改进了早期的罗马攻城机械。 公元 537 年：君士坦丁堡圣索菲亚大教堂竣工。它是当时最大的基督教教堂，主穹顶高约 60 米，在公元 558 年的一次地震中有部分坍塌。	公元 529 年：拜占庭帝国颁布了《查士丁尼法典》（The Code of Justinian）。罗马法的法典化将对欧洲未来的许多民法典产生影响。
公元 531 年：波斯萨珊王朝统治者库斯老一世建造了一座宫殿，它有着有史以来最大的伊万。这座宫殿被称为塔克基思拉宫，位于如今的伊拉克首都巴格达附近。它以其伊万而闻名，即高拱形的、有着巨大开口的大厅。类似的设计将成为未来清真寺的建筑特色。	公元 531 年左右：伊朗的马兹达克运动宣扬财产公有与人人平等，在支持者萨珊王朝国王喀瓦德一世（Kavadh I）去世后，参与者受到了当局的迫害。
公元 500 年左右：印度天文学家、数学家阿耶波多一世（Aryabhata I）确立了一些复杂的概念，比如数学中的"正弦表"，以及地球绕轴旋转且绕着太阳进行公转等。 6 世纪左右：人们认为国际象棋起源于此时的印度或中国，后来被引入了波斯，被称为"沙特兰兹"（shatranj）。	公元 500 年左右：印度笈多王朝的国王信奉印度教，他们大力支持艺术和诗歌、科学和数学的发展。阿旃陀石窟中有许多引人注目的壁画，描绘了宫廷生活、音乐家和戴着珍珠与宝石的舞者，仿佛在诉说着那个时代的富贵与优雅。

右图　蒙特卡西诺修道院是欧洲最早的修道院之一

欧洲的修道生活

5 世纪末，日耳曼部落已经通过掠夺和征服消灭了欧洲的大部分罗马文明，这一时期通常被称为黑暗时代。

与此同时，西欧的修道运动兴起并发展壮大，成为欧洲知识与精神的堡垒。公元 529 年，圣本笃在意大利创建了蒙特卡西诺修道院，它是最早的修道院之一。即便西方社会正陷于战争与其他动乱的泥淖，修道院仍然是稳定的地方机构，为欧洲的领袖、学者和艺术家提供教育资源。修道院传播了基督教，并提供给人们独立、平静的学习中心，保存了罗马的精神遗产。修士翻译、注释《圣经》以及其他古代文本，并坚守其中的道德价值观。圣本笃建立了本笃会规则，要求修士祈祷和工作，这两个原则成为之后 600 年沿用的标准。他的孪生姐妹斯科拉丝蒂卡（Scholastica）为修女们修改了规则。

这些规则被圣奥古斯丁（St. Augustine）和追随他的修士带到了英国，以及法兰克和伦巴第的修道院。在英国，本笃会被认为是唯一的正统，而在爱尔兰，更为激进的凯尔特修道制度则是不可动摇的正统。

8 世纪，圣博尼法斯说服了德国的异教徒部落，并在富尔达建立了修道院，这成为未来德国所有修道院的典范。

公元 540—580 年

美洲

政治与权力
公元 562 年：位于今危地马拉的玛雅城邦蒂卡尔被在墨西哥的对手卡拉克穆尔击败。

地理与环境

第一场全球流行病

6 世纪，传染病沿贸易路线传播

欧洲

政治与权力
公元 546 年：新一波的东哥特人将罗马洗劫一空。
公元 561 年：拜占庭与波斯达成"50 年和平协议"。
公元 561—584 年：法国的墨洛温王朝爆发内战。
公元 568 年：为了抵抗入侵意大利北部的伦巴第人，一些逃亡者在威尼斯潟湖的岛屿上定居下来，并建立了威尼斯。

地理与环境
公元 542—594 年：欧洲遭受了一系列瘟疫的袭击，人口几乎减半。
公元 568 年：一个日耳曼部落——伦巴第人入侵意大利北部。

文化与宗教
公元 550 年：在法国，教堂的钟声首次响起。
公元 550 年左右：据说，在拜占庭皇帝查士丁尼的劝说下，两名波斯僧侣从中国偷运回了蚕茧，揭开了丝绸纺织和桑蚕养殖的秘密。最初的几只蚕茧，标志着欧洲丝织业的开始。
公元 573—594 年：在墨洛温王朝的宗教和政治事务中，图尔的主教格里高利具有极大的影响力，他著有《法兰克人史》。

中东 & 非洲

政治与权力
公元 570 年左右：当也门总督阿布拉哈带着战象向麦加进军时，北非的阿姆哈拉建立了一个保护国。麦加人对"象军"印象十分深刻，这一年因此被称为"象年"，后来许多事件的起因都可以追溯到这场冲突。
公元 570 年左右：伊斯兰教先知穆罕默德诞生。
公元 575 年：在也门，波斯人将阿比西尼亚人推翻。

地理与环境
公元 551 年：贝鲁特被地震摧毁，25 万人丧生。

文化与宗教
公元 543 年：努比亚成立首个基督教教会。学者们开始将《圣经》翻译成当地的语言。

亚洲 & 大洋洲

政治与权力
公元 542 年：李贲带领越南人成功地反抗了中国南朝梁的统治，但不到五年，梁又重新夺回了控制权。
公元 550 年左右：在湄公河流域，扶南文化不再受重视。
公元 550 年左右：印度的笈多王朝分裂成数个小王国。
公元 577 年：以渭河为根据地的北周重新统一了中国北方。

地理与环境
公元 552—577 年：中国的北齐增建并修复了大约 1500 千米的长城。

左图 北齐胡人骑骆驼俑

科学与技术	人类与社会
公元 550 年：科罗拉多州西南部的土著开始用泥土和原木建造坑屋。	公元 550 年左右：沿海的萨利希人定居在杜瓦米什河沿岸，也就是如今的华盛顿州。
公元 571 年：有三层楼高的玛雅罗萨里拉神庙是科潘主要的宗教圣地。
	公元 550 年左右：传说中的亚瑟王携带着基督教的十字架，带领不列颠人与撒克逊人作战。他带领圆桌骑士与其军队一同征服了苏格兰、爱尔兰、冰岛和奥克尼群岛。
	公元 540 年左右：阿拉伯半岛的人口构成是：松散的游牧部落——贝都因人在沙漠里放牧山羊、绵羊和骆驼；定居部落则从事商业和长途的商队贸易。
公元 549 年：中国人发明了风筝。虽然它可能在更早的时候就出现了，但在公元 549 年首次被书面提及。
6 世纪 50 年代左右：印度天文学家、数学家伐罗诃密希罗（Varahamihira）编写了《五大历数全书汇编》，汇集了希腊、罗马、埃及和印度的天文学知识。	公元 502—549 年：南朝梁开国君主梁武帝改革了九品中正制。他后来成为一名虔诚的佛教徒，赞助修建了许多寺庙。

链接

南亚枢纽

在印度洋贸易中，印度和室利佛逝提供的异域商品发挥了重要作用。科斯马斯（Cosmas）是一位来自埃及亚历山大的地理学家，他的名字在拉丁语中被译为"印度的旅行者"。他探索并描述了自己退休后在基督教修道院的所见所闻。在他的著作《基督教诸国风土记》(Christian Topography) 中，他描绘了在锡兰登陆的船只。那些船只来自埃塞俄比亚、波斯、印度和中国，携带着丝绸、芦荟、胡椒、檀香木、麝香等，来换取翡翠、大象和马。其中的许多货物从锡兰被运到了太平洋上较偏远的港口。

上图 这尊石佛是中国佛教艺术的杰作，位于中国山西省，是那里 252 个石窟中的 5.1 万尊石佛之一

佛教东传

佛教起源于公元前 500 年左右的印度，并沿着丝绸之路逐渐获得了信徒。商贩们在丝路上蹒跚前行，僧侣们紧随其后。3 世纪，僧侣们在阿富汗贵霜帝国的一些商队站点建立了寺院。

在中国，道家和儒家思想盛行。汉朝灭亡后，中国分裂成了数个相互交战的国家时，人们或许是渴望一种能提供平静的冥想与获得救赎的希望的宗教。统治者们开始支持寺庙和寺院的建设，许多寺庙和寺院建在洞穴和山坡上。公元 550 年左右，中国已有近 1.4 万座佛教寺庙。在朝鲜，佛教也得到了国王的支持。公元 538 年（也有人认为是公元 552 年），朝鲜半岛百济王朝的统治者派出一个外交使团，把佛教带到了日本大和朝廷的统治者那里，并逐渐在日本获得了青睐。

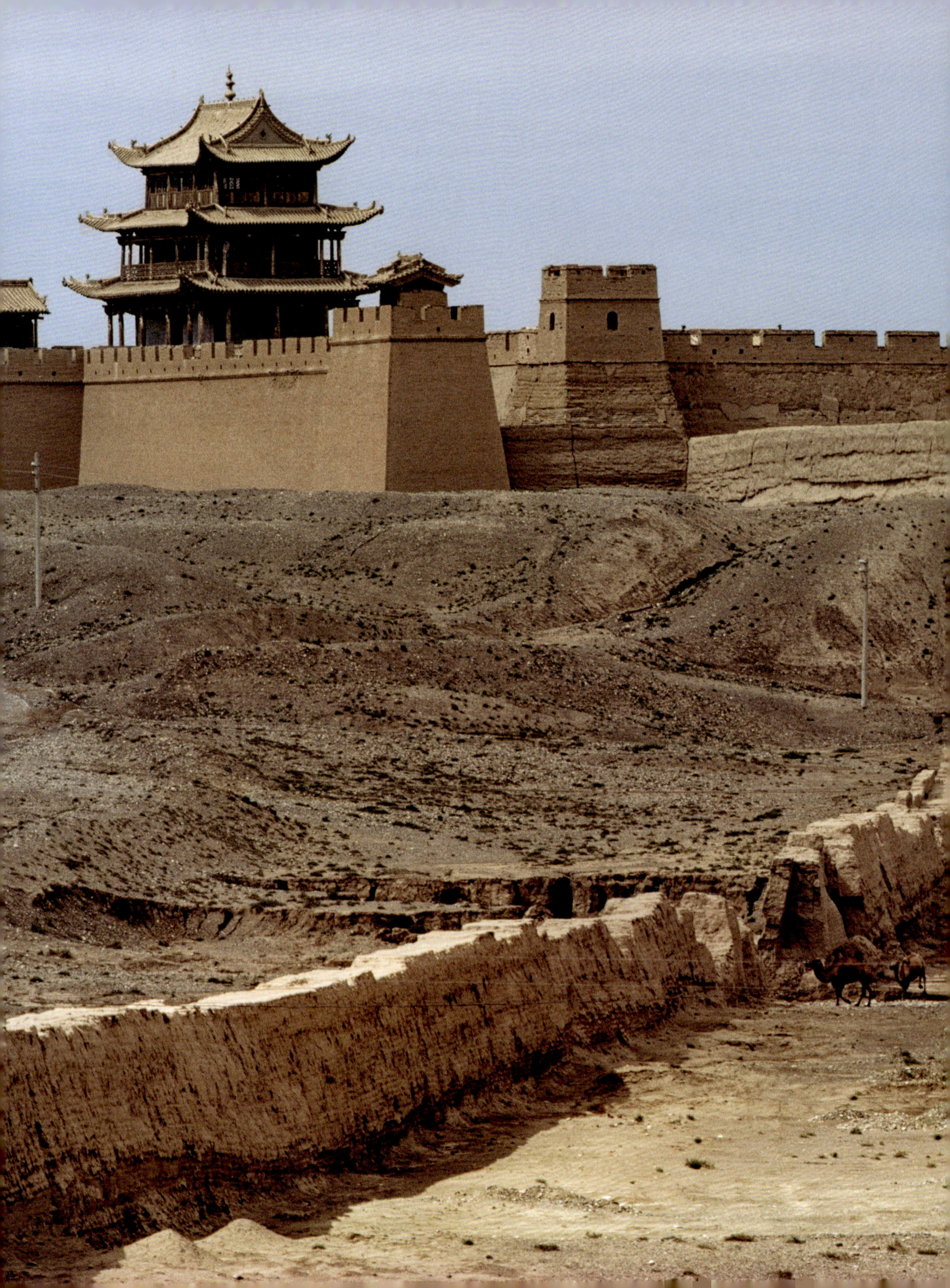

丝绸之路

　　传说中的丝绸之路，是一条横跨了崎岖山脉和荒芜土地的商队路线，早在公元前 2 世纪，它就将地中海与中国连接起来。亚历山大的军队开辟了从希腊通往印度河的道路；汉朝的使者从东亚到中亚地区获取了来自费尔干纳（大宛）的马匹，以抵御北部边境游牧民族的侵扰。

　　这条主干道从汉朝的首都长安，也就是如今的西安，向西延伸到令人望而生畏的塔克拉玛干——"一去不返的沙漠"。在那里，丝绸之路分成南北两条路线，每条路线都会穿过稀少的绿洲。两条路线在喀什重新会合，蜿蜒穿过帕米尔山脉和兴都库什山脉的积雪，绕过里海南部湖岸，途经安提阿到达地中海。大多数商人只会走其中的一小段路。走这条路往往耗时数个月，十分危险。沙尘暴、崎岖道路、强盗和自封的"税务官"，都可能给商人带来损失。

　　然而到了 7 世纪，贸易向四面八方稳步扩展。唐朝向西部扩张，在中亚和波斯东部的粟特、费尔干纳建立了都护府。中国商人用精美的丝绸和瓷器换取罗马玻璃、双峰骆驼、黄金首饰、萨珊铜器、银器以及印度宝石。宗教、科学技术、艺术和食物也沿路而行，一并传播。佛教从印度传入东方。伊斯兰教也从中东向中亚和中国西部传播。

　　这种交流一直持续到 14 世纪，促成了一种充满活力、奢华和复杂的欧亚文化。直到新的海上航线出现，在海上贸易变得更有利可图之后，这条古老的贸易路线才逐渐没落。

左图 中国甘肃省的嘉峪关。也正是从这里，商人们冒着未知的危险，把货物与思想输送到了西方
上图 位于新疆吐鲁番市的交河故城是丝绸之路的交通要道

公元 580—620 年

	政治与权力	地理与环境	文化与宗教
美洲	公元 600 年左右：秘鲁的纳斯卡文化开始衰落。 7 世纪左右：在今墨西哥恰帕斯州，玛雅帕伦克城作为一个强大的地区性首府，越发兴盛。 公元 600—1000 年左右：位于安第斯山脉中部和北部高地的瓦里帝国统治着秘鲁的大部分地区。	公元 600 年左右：位于萨尔瓦多的玛雅小镇霍亚德赛伦（Joya de Ceren）被火山喷发出的火山灰掩埋。 公元 600—650 年左右：持续了数十年的厄尔尼诺旱灾和洪水迫使莫切社会进行改造。 右图　玛雅玉米神	
欧洲	公元 590—604 年：教皇格里高利一世反对拜占庭帝国的主张，捍卫了罗马教廷至高无上的地位。 公元 602 年：福卡斯（Phocas）推翻了上一任拜占庭皇帝莫里斯（Maurice）。 公元 610 年：迦太基的希拉克略（Heraclius）率军占领了君士坦丁堡，处死了福卡斯，并登基成为皇帝。通过新一轮的战争，他收复了叙利亚、耶路撒冷和埃及。	公元 600 年左右：查士丁尼死后，拜占庭帝国在与阿瓦尔人、波斯人和阿拉伯人的军事冲突中频频落败。	公元 589 年：在西班牙国王雷卡雷德（Recared）皈依后，天主教成为西班牙的官方宗教。 公元 598 年：第一所英语学校在坎特伯雷建立。 公元 600 年左右："格里高利圣咏"以教皇格里高利一世的名字命名。 公元 612 年：瑞士圣珈尔修道院和意大利博比奥修道院建立。
中东 & 非洲	公元 589 年：阿拉伯人、可萨人和土耳其人入侵波斯，但均被击退。 公元 590—628 年：库斯老二世（Chosroes II）统治着波斯萨珊王朝。 7 世纪左右：加纳是中世纪西非首个重要的贸易帝国。	公元 619 年左右：波斯的萨珊王朝击败拜占庭军队，暂时征服了埃及。	公元 610 年左右：穆罕默德经历了精神上的转变，据宗教文献所述，他开始传播从真主那里得到的启示。他在麦加宣告世上只有一位神，并因此遭到了仇视。
亚洲 & 大洋洲	公元 581—604 年：隋文帝统一中国，建立了隋朝。 公元 587 年：在日本，苏我氏取得了大和朝廷的控制权。 公元 592 年左右：圣德太子在推古女皇在位期间任摄政，统治着日本。在他执政的三十年里，他制定了《十七条宪法》，恢复向中国派遣使节。 公元 607 年：松赞干布统一了青藏高原的大部分地区。	公元 600 年左右：芋头种植与梅内胡内鱼塘的建成养活了夏威夷的居民。 公元 600—630 年左右：中国西部的孟族人移居到泰国。来自中国南部的傣族人开始与孟族人混居并建立了小国家。	公元 600 年左右：遣隋使小野妹子创立了日本最古老的插花流派"池坊流"。这种经典的艺术形式在日本被称为"花道"。 公元 618—907 年：唐朝开创了中国诗歌文化的黄金时代。

科学与技术	人类与社会
公元 600 年左右：中美洲人用树皮制造出一种阿马特纸。 7 世纪左右：玛雅建筑的特征是多层高架平台、巨大的阶梯金字塔、叠涩穹顶，以及装饰着玛雅文字、几何图案和宗教肖像（如蛇面具）的雕塑和造型的外墙。	公元 600—1000 年：瓦里人起源于秘鲁的阿亚库乔市附近，他们修建了繁华的城市、神庙和宫殿，并建立了一个道路交通网，后来成为印加帝国的典范。
公元 600—800 年左右：低地国家开始修建堤防以抵御洪水。	公元 540—604 年：年轻时，格里高利一世便成为罗马城的总督，但他弃政皈依，成为一名修士。他卖掉了在罗马和西西里岛的家产，用这笔钱帮助穷人，并捐赠了 7 所本笃会修道院。公元 578 年，教皇派遣他以使者身份前往拜占庭寻求帮助，以对抗入侵的伦巴第人。格里高利一世回来了，但援军并没有到来，他坚信，罗马必须独立于东方教会。公元 590 年，他被选为教皇，巩固了教皇在西方教会中至高无上的地位。
	约公元 622—623 年：比拉勒（Bilal ibn Rabah）是麦加的一名奴隶，他是最早接受穆罕默德启示的人之一。比拉勒因信仰受到迫害，但他并未放弃伊斯兰教，而是很快加入了穆罕默德的军队并参与各种活动。当穆罕默德寻求召集群众之法时，他求助于比拉勒。比拉勒用洪亮的声音召唤穆斯林祈祷，就此他成为首位宣礼员（即清真寺每天按时呼唤穆斯林做礼拜的人）。
公元 581—618 年：隋朝皇帝广建宫殿和粮仓，修缮长城，开凿大运河。 公元 607 年：日本的法隆寺建成，其中有世界上现存最古老的木构建筑。 公元 618 年：唐朝的首都长安是世界上最大的城市，有一两百万人口。	公元 606—647 年：在哥哥曷罗阇伐弹那（Rajyavardhana，光憎王长子）遇刺后，16 岁的戒日王成为印度一个大帝国的统治者。带着年轻人特有的热情，他率领军队穿过印度北部，从古吉拉特邦直至阿萨姆，沿途都能感受他的影响。作为一名佛教徒，他以虔诚和慷慨著称，为其臣民提供了免费的医疗和住院治疗。

上图　大运河

中国大运河

用了 2000 年的时间，大运河的长度达到了 2700 千米，但最主要的部分是在隋炀帝时期（公元 605—611 年）完成的。

在长达 6 年的高强度修建中，数不清的工人因这个庞大的工程而辛苦劳作甚至丧命。他们修缮并扩建了始于公元前 6 世纪的旧运河系统，并开辟了一条从杭州到扬州绵延数百千米的新航道，在长江和黄河之间建立了至关重要的南北联系。后来，忽必烈把运河扩建至北京，明朝时朝廷又作了进一步的改进。

这一不朽的工程至今仍在被使用。它为南方的农业区提供了一条重要的补给线。

公元 620—660 年

	政治与权力	地理与环境	文化与宗教
美洲	公元 628—695 年：洪都拉斯科潘的第 12 任统治者灰虎（Smoke Imix）于公元 628 年开始了其漫长的统治，对玛雅乡村的广大地区实行政治控制。	公元 650 年左右：普韦布洛文化在霍霍卡姆、阿纳萨齐和莫戈隆独立地发展起来，其范围从今墨西哥北部延伸到亚利桑那州、新墨西哥州、犹他州南部和科罗拉多州等地区，西部以沙漠为界，东部以草原为界。他们靠狩猎采集为生，直到发展出脆弱的农业才定居下来。他们生产陶器来储存、保护食物免受霉菌和害虫的侵害，这是他们迈向永久性定居生活的重要一步。	公元 628—822 年：洪都拉斯科潘的建筑与文化极为繁荣。这座城市的中心是一个凸起的平台，现在被称为卫城，其中有球场、广场、神庙和宏伟的雕塑。
欧洲	公元 633 年：在英格兰的哈特菲尔德，莫西亚人和威尔士人打败了诺森伯兰人。 公元 641 年：拜占庭皇帝希拉克略去世。王位最终由他的孙子君士坦斯二世（Constans II）继任，他击退了进攻君士坦丁堡的阿拉伯人，也击败了斯拉夫人。	公元 635 年：在库勃腊特（Kubrat）的领导下，生活在黑海以北的保加利亚人联合成立了独立的大保加利亚。	公元 625 年左右：在英格兰萨福克郡萨顿胡船葬遗址的皇家墓穴里，人们发现了一艘为来世装备的船只和 41 件纯金物品。 公元 625 年左右：巴黎附近的圣丹尼斯修道院建成。 公元 630—632 年：拜占庭皇帝希拉克略指责犹太人与波斯侵略者勾结，下令强迫犹太人皈依基督教。
中东 & 非洲	公元 622 年：穆罕默德和他的追随者离开了麦地那。公元 630 年，穆罕默德返回并征服了麦加。 公元 632 年：穆罕默德逝世后，他的岳父艾布·伯克尔（Abu Bakr）成为继任者，将穆罕默德的启示和伊斯兰教带到了叙利亚、巴勒斯坦和伊拉克。 公元 634—644 年：艾布·伯克尔的继任者奥马尔（Umar）进军埃及和其他拜占庭帝国的领土。 公元 656 年：穆罕默德的女婿阿里（Ali）成为伊斯兰教的新领袖。	公元 638 年：在一些由阿拉伯军队建造的军事营地发展而来的城镇，例如巴士拉和库法，阿拉伯穆斯林开始融入当地生活，主要从事农业与贸易。	公元 624—627 年：犹太人被穆罕默德驱逐出了麦地那。 公元 638 年：阿拉伯人占领了耶路撒冷，将巴勒斯坦和叙利亚置于他们的控制之下。许多少数宗教的信徒，包括犹太人、基督教徒和塞伯伊人，处在一种"被保护"的状态之中（即"希姆米"）。 公元 650 年左右：穆斯林将穆罕默德从真主那里得到的启示汇集起来，称为《古兰经》。
亚洲 & 大洋洲	公元 618 年：隋朝官员李渊建立了唐朝。 公元 641 年：戒日王是印度一个大国的统治者，他向中国皇帝派遣了一名特使，首次在印度和中国之间建立了外交关系。 公元 645 年：在发生了反对苏我氏的"乙巳之变"后，日本新朝廷尊崇佛教，并敦促相互竞争的氏族克服分歧。 公元 652 年：阿拉伯人征服了阿富汗。	公元 650 年左右：中国的疆域从青藏高原延伸至朝鲜，从蒙古延伸到南海。 公元 650 年左右：苏门答腊岛的三佛齐出现了一个新的王国，这里成为船舶进出中国时的重要中转站。	公元 629—664 年：中国僧侣、探险家玄奘前往印度和其他地方收集佛教经典。他写了一部长篇游记，题为《大唐西域记》。他在书中还提到了阿富汗巴米扬大佛。 公元 650 年左右：松赞干布将佛教引入了吐蕃，他还建造了大昭寺和布达拉宫。

第 3 章　信仰与权力　127

科学与技术	人类与社会
	公元 650 年左右：在美洲西南部，普韦布洛人住在坑屋或土坯房里。
	左图　信奉基督教的拜占庭皇帝希拉克略对波斯人发动了一系列战争。几个世纪后，他领导的十字军东征成为中世纪欧洲一个广为流传的传说
	公元 627 年：根据皇帝希拉克略的命令，希腊语取代拉丁语，成为拜占庭的官方语言。
	公元 635 年：伊奥那岛上的一位叫艾丹（Aidan）的修士，在诺森伯兰郡附近的林迪斯法恩岛上建立了一座修道院。林迪斯法恩岛作为一个宗教中心红火了 150 年，亦被称为圣岛。
	公元 654 年：《西哥特法典》（The Visigothic Law Code）公布，它成为中世纪西班牙法律的基础。
公元 660 年：叙利亚天文学家塞维鲁斯·塞伯赫特（Severus Sebokht）撰写了一部关于星盘和星座的著作。	**公元 650 年左右**：随着越来越多的信徒从先知穆罕默德的话语中受到启发，伊斯兰王国逐渐成为一个新的社会。
	公元 656 年：奥斯曼（Uthman）死后，穆罕默德的遗孀阿伊莎（Aishah）骑着骆驼参与了事关哈里发继承权的战争。她参政的行为遭到谴责，妇女们因此被要求远离政治。
约公元 632—647 年：朝鲜半岛的新罗王国在庆州修建了"瞻星台"，它是东亚现存最古老的天文台，由 365 块花岗岩分 27 层搭建而成，象征着一年中的每一天。	**公元 626—649 年**：唐太宗重视文教，他延续了父亲唐高祖李渊开创的官学体系，重新设立国子监教育机构，并在全国建立了包括医学院在内的地方学校。
	公元 646 年：日本进行了"大化改新"，建立了新的政府和行政体制；土地收归国有并向农民重新分配，引入了借鉴自中国的新税收制度。

伊斯兰教的兴起

公元 610 年左右，麦加的穆罕默德在沙漠中得到启示，一个声音命令他服从唯一的神——安拉。

在进一步感受到异象后，他开始传播自己获得的启示，后来这些启示被汇集为《古兰经》（下图）。他向阿拉伯沙漠里实力强大的部落传达启示，要求他们只信奉一个神，并与穷人分享财富，这激怒了那些人，穆罕默德与其追随者被赶出了麦加。公元 622 年，在穆罕默德前往麦地那的途中，他所信仰的信条变得更为具体，穆斯林从此将这一年定为伊斯兰历的元年。

公元 630 年，穆罕默德率领一支军队回到麦加，击败了他的对手，他与追随者清除了克尔白里的神像。克尔白自古以来就是圣地，里面保存着神圣的黑石。穆罕默德宣布了伊斯兰教的五大支柱，以阐明信仰的义务：只信仰一个神明，祈祷，施舍，斋月期间禁食，并在有生之年进行一次朝圣（前往麦加，如果可能的话，要经常进行朝圣）。

重返麦加两年后，穆罕默德去世，但他的继任者继续传播着信仰，以言语吸引新的皈依者，用刀剑争夺新的领地。

《古兰经》

公元 660—700 年

	政治与权力	地理与环境	文化与宗教
美洲	公元 682 年：玛雅人阿可可（Ah Cacao）成为危地马拉蒂卡尔的统治者。大广场上的蒂卡尔一号神庙便是他的埋葬之地。 公元 683 年：墨西哥帕伦克的玛雅国王帕卡尔（Pacal）去世，享年 80 岁。他的执政时间很长，被葬在碑铭神庙之下。 公元 695 年：十八兔王（18 Rabbit）是玛雅的第 13 任统治者，于该年开始了他在洪都拉斯科潘长达 43 年的统治。	7 世纪：生活在密西西比州米勒文化区的人们会种植玉米，用弓箭狩猎。	7 世纪：在美国西南部，普韦布洛人的祖先（阿纳萨齐族人）改良出了一种适合用作煮锅的独特的灰色陶器。
欧洲	公元 668 年：拜占庭皇帝君士坦斯二世遇刺身亡。他的三个儿子共同统治了国家 13 年，此后君士坦丁四世（Constantine IV）废黜并谋杀了弟弟希拉克略（Herakleios）和提比略（Tiberios），独占了君士坦丁堡。 公元 681 年：保加利亚人在多瑙河以南定居，建立了他们的第一个王国。 公元 687 年：随着丕平二世（Pippin II）加冕礼的举行，法兰克王国由墨洛温王朝变为加洛林王朝。	公元 680 年：在英国，长达 3 年的干旱导致了饥荒。	公元 650 年左右：基督教在欧洲进一步传播，主教派传教士前往凯尔特人和日耳曼人控制的区域传教。 公元 664 年：在惠特比宗教会议上，英国教会决定遵循罗马的基督教习俗，而非凯尔特人的习俗。 公元 697 年：在爱尔兰举行的比尔会议（the Synod of Birr）通过了《无辜者法案》。它惩罚那些对非战斗人员，特别是妇女、儿童和神职人员施加暴力的人。
中东 & 非洲	公元 661 年：穆罕默德的第四任继任者阿里在伊拉克遇刺身亡。穆阿维叶（Muawiyah）宣布自己是所有阿拉伯土地的哈里发，开启了倭马亚王朝的统治。他将首都从伊拉克迁往叙利亚大马士革。 公元 685—705 年：倭马亚王朝第五任哈里发阿卜杜勒·麦利克（Abd al-Malik）将阿拉伯语作为官方用语，并创造了一种新的伊斯兰风格的钱币，用宗教语录来代替硬币上的图画。	公元 661 年：在世界上最不适宜居住的环境中，撒哈拉沙漠里的骆驼群让游牧的生活方式成为可能。	公元 650 年左右：抄写《古兰经》的过程中出现了许多书写艺术形式。 公元 691—692 年：耶路撒冷的圆顶清真寺是伊斯兰教最神圣的圣地之一，清真寺中间的岩石据传是穆罕默德夜行登霄的地方。犹太教认为，那是亚伯拉罕将他的儿子以撒献祭的地方。 公元 699 年左右：有人认为柏柏尔女王兼"预言者"卡希娜（Kahina）是神话人物，也有人认为她是历史人物，是犹太人，她领导柏柏尔人抗击了入侵北非的阿拉伯人。
亚洲 & 大洋洲	公元 668 年：唐朝攻灭高句丽。 公元 690—705 年：在中国，武则天从儿子手中夺取皇位，建立了短暂的武周政权。她是中国历史上唯一一位女皇帝。	公元 660 年左右：位于今乌兹别克斯坦的粟特国成为中国唐朝的一部分。 公元 668 年：新罗王国统一朝鲜半岛。	公元 660 年左右：唐朝皇室使用着来自中亚和大伊朗的豪华酒具和金银餐具。 公元 670 年左右：日本人发明了折扇。 公元 673 年：武则天出资在龙门石窟寺雕造卢舍那大佛。 公元 687 年：著名书法家孙过庭撰写《书谱》，总结了中国书法的美学理念。

科学与技术	人类与社会
公元695—738年：在科潘第13任统治者十八兔王统治期间，建筑和雕塑风格发生了变化。一座神庙的墓室里绘有一幅描绘宇宙的画，用一只鳄鱼代表夜空的弧线。	公元679年：作为强大的玛雅城邦蒂卡尔的前哨基地，双柱城（Dos Pilas）被迫效忠于蒂卡尔的对手卡拉克穆尔。双柱城的统治者巴吉尔·查恩·卡维尔（B'ajlaj Chan K'awiil）通过一系列战争战胜他的兄弟后占领了蒂卡尔。
公元678年：拜占庭士兵用一种名为"希腊火"的燃烧剂，成功抵挡住了阿拉伯人的进攻。	公元663—664年：惠特比的一位英国贵族妇女希尔达（Hilda）管理着一所双修道院。她向国王建议，鼓励学者治学并担任修道院院长会议的主持人。 7世纪60年代：大保加利亚汗国分裂成五个部落。其中由阿斯帕鲁赫（Asparukh）率领的部落与拜占庭帝国发生了小规模冲突，他们赢得了领土，并定居在多瑙河以南的古代色雷斯和马其顿地区。在阿斯帕鲁赫的统治下，他们于公元681年建立了第一个王国，并一直延续到1018年。
	公元680年：在逊尼派和什叶派的权力斗争中，穆罕默德的外孙侯赛因（Husayn）丧生。

左图 武则天

逊尼派和什叶派

公元632年，先知穆罕默德去世，穆斯林中的领导层将他的岳父艾布·伯克尔选为伊斯兰教首任哈里发，担任临时领袖。这一决定使得伊斯兰教的两个主要分支——什叶派和逊尼派之间产生永久性的裂痕。

什叶派认为，只有穆罕默德的家族成员及其后裔才可以成为哈里发；而逊尼派支持艾布·伯克尔，以及随后的两位继任者成为哈里发——他们以先知的名义动员阿拉伯人，并继续推广伊斯兰教，但他们仍被什叶派视为非法的继承者。

公元656年，穆罕默德的堂弟、女婿阿里成为第四任哈里发，这是首位受到什叶派承认的哈里发，但反对派策划的阴谋使他在公元661年被谋杀。他的继任者建立了倭马亚王朝，并将首都从伊拉克迁至叙利亚的大马士革。

在这时，两大派系间的分裂已经彻底无法弥补。阿里的最后一位继承人去世后，根据什叶派的说法，精神力量已被传给了欧莱玛（ulama），即一个由12位学者组成的委员会，再由他们选出一位"最高伊玛目"。如今，"什叶派最高伊玛目"最著名的人物便是阿亚图拉·霍梅尼（Ayatollah Khomeini）。

什叶派的理念与逊尼派略有不同，什叶派相信伊玛目是绝对正确的，因为它直接来自真主。伊玛目经常被尊为圣人，人们会到他们的坟墓前朝圣。而逊尼派认为他们不需要一个特殊的精神领袖阶层，并愿意接受与穆罕默德没有血缘关系的哈里发成为合法领袖。

大多数信徒并不会声明自己加入的是哪一派，而是简单地称自己为穆斯林。

公元 700—730 年

	政治与权力	地理与环境	文化与宗教
美洲	**公元 700 年左右**：秘鲁的莫切社会崩溃。 **8 世纪左右**：莫戈隆人改变了农耕方式，并在北美西南部沿着山溪建立了固定的社区。他们建造了半地下坑屋，靠种植玉米、豆类和南瓜为生。 **公元 721—764 年**：玛雅的基尼希·阿赫尔·莫纳赫布三世统治着墨西哥的帕伦克。		**左图** 墨西哥雅科奇兰的一幅宫殿浮雕上描绘了这样的场景：雪珂（Xoc）夫人在丈夫盾虎（Shield Jaguar）的陪同下，用一根带刺的绳子穿过舌头，将鲜血滴入碗中。统治者们用这样的血祭仪式，报答那些哺育了人类的神祇
欧洲	**公元 704 年**：英格兰的麦西亚王国国王艾特尔雷德放弃了王位，去林赛的巴德尼做了修士。他的继任者是伍尔夫希尔（Wulfhere）的儿子岑瑞德（Cenred）。公元 716 年，艾特尔博尔德（Aethelbald）继位。 **公元 711 年**：阿拉伯军队由北非入侵西班牙南部。 **公元 717年**：利奥三世（Leo III）成为拜占庭皇帝，结束了动荡局面。他击退了再次来袭的阿拉伯人。		**公元 711 年**：在西班牙，西哥特人对犹太人的敌视随着阿拉伯人的征服而减弱。
中东 & 非洲	**公元 705—715 年**：在哈里发瓦利德（Al Walid）的统治下，阿拉伯倭马亚王朝的疆域从大西洋一直延伸到中印边界。	**公元 700 年左右**：倭马亚王朝在叙利亚发展沙漠农业，在沙漠边缘的宫殿周围修建了大量灌溉工程。	**公元 707 年**：在努比亚，法拉斯大教堂开始重建，里面有许多基督教壁画。
亚洲 & 大洋洲	**8 世纪**：波利尼西亚人定居在库克群岛的拉罗汤加岛与社会群岛的塔希提岛。 **公元 712 年**：印度的信德被倭马亚王朝军队攻克。 **公元 712—756 年**：唐玄宗登基，他开创了唐朝的鼎盛时期。	**公元 710—784 年**：位于日本本州岛的国都奈良，成为一座繁荣的城市和日本文化的中心。公路将奈良与地方城市连接起来，政府机构因此可以更高效地征税。 **公元 723 年**：文殊帕坦城（加德满都）在尼泊尔建立。	**公元 700—750 年左右**：印度教哲学家商羯罗（Shankara）借助对《吠陀经》的研究来复兴印度教，并将多种思想总结成了连贯的思想体系。 **公元 712 年**：日本的历史和神话都被记载在了《古事记》（Records of Ancient Matters）中。公元 720 年，第二部编年史《日本书纪》（Chronicles of Japan）完成。

第 3 章 信仰与权力

科学与技术	人类与社会
8 世纪：玛雅天文学家追踪并绘制了火星在天空中的运动轨迹。	公元 700 年左右：在北美西南部，普韦布洛人住在建于地面的房子中，从事农耕。
	公元 700 年左右：密西西比文化发源于如今圣路易斯以南的河谷，并向东南部传播。密西西比文化延续了约 5 个世纪。
公元 725 年：英国韦尔茅斯－贾罗修道院的修士、学者比德（Bede）完成了《论时间的计算》(De Temporum Ratione)，介绍了传统的宇宙观。	公元 726—727 年：拜占庭皇帝利奥三世颁布法令禁止崇拜圣像，这引发了"毁坏圣象运动"。帝国的西部地区，包括教皇格里高利二世和三世在内，都反对这一主张。利奥三世将意大利南部和希腊从教皇教区变为了君士坦丁堡主教区。意大利拉文纳发生的一次武装起义永久性地将该地区从拜占庭帝国分离出去。
公元 721 年左右：波斯炼金术士阿布·穆萨·贾比尔·伊本·哈扬（Abu Musa Jabir ibn Hayyan）出生，他常被认为是现代化学的奠基人。	8 世纪左右：尽管从古代起，非洲的奴隶贸易就在进行，但随着其他跨撒哈拉贸易的开展，其势头也在加快。阿拉伯商人为印度、波斯、东南亚和地中海的客户提供了获得奴隶的渠道。
公元 713 年：71 米高的乐山大佛在今中国四川省动工建造。	公元 724 年：圣武天皇成为日本第 45 任天皇。作为一个虔诚的佛教徒，他持续在全国各地修建寺庙和佛像，并推广佛教。

上图 阿兹特克遗址国家保护地出土的红陶碗

沙漠宝藏

从很早的时候开始，美洲西南部的人们就在艺术和手工艺方面取得了卓越成就。岩壁上的绘画、几何图案的篮子、绿松石首饰、贝壳珠串和黑玉项链，以及织机上编织的毯子和披肩，都证明了他们高超的技艺。

第一批陶工学会了把一卷卷的黏土卷成篮状，然后把它们烧制成粗糙的容器。到了 10 世纪，陶艺已经达到了很高的艺术水平，曾经简单的、未经修饰的罐子有了复杂的色彩设计和装饰。每个文化都有各自的特色。

霍霍卡姆人喜欢在陶器上使用宽边设计；古普韦布洛人制作了带有彩绘几何图案的红土器皿，体现了人们对神圣传说的理解；米姆布雷人是莫戈隆人的后裔，他们在陶器表面覆盖上白色的高岭土，并用黑色的线条描绘出他们居住的亚利桑那州特有的生物——蜥蜴、海龟、鸟类和鱼类。他们还在特殊的葬礼仪式上使用陶器：当死者家属做出默哀的姿势时，人们便将穿了孔的碗像帽子一样戴在死者家属的头上。

玛雅编年史

在古老的"新大陆",只有中美洲人发展出了一套完整的书写体系。尽管奥尔梅克人和后来的萨巴特克人在石头刻下了简单的铭文,而玛雅人却是将文字精炼成了由 800 个图形和表音象形文字组成的复杂系统。那些铭刻在石碑、祭坛和神庙中的文字排列成网格状,或是由一组线形的方块组合来记录历史、描述国王的统治,以及重要战役的日期。族谱和仪式也被记录在了树皮纸上。

玛雅人着迷于追踪时间的流逝,并创制了几种历法。哈布历的周期有 365 天,与完整的太阳年周期相近,尽管月的长度并不相等。此外,"神圣历法"的每个周期有 260 天,其与玉米的生长周期、怀孕的时长和月亮的运动有关(如今一些玛雅人仍然每隔 260 天举行一次新年仪式)。这两种历法系统都出现在长历法中,其按时间顺序来追踪日期,以标记具有历史或神话意义的日子。玛雅人还计算了宇宙诞生的时间,并推算至公元前 3114 年。

玛雅天文学家在蒂卡尔的观测站绘制了行星和恒星的运行轨迹。天文台建在金字塔顶上,所以金星和木星会合时会在天文学家的头顶排成一条直线。

玛雅实行城邦制度,每个城邦都由一位独立的国王统治,他是神和人民之间的中间人,创造了复杂的文明。他们会玩仪式性的球类游戏,建造顶部有神庙的金字塔,举行复杂的仪式以安抚神灵,并发动战争以获取俘虏来作为祭品。放血仪式是宗教的一部分;其中一种放血方法是用一根有刺的绳子穿过舌头,将血滴进碗里,如第 130 页浮雕图片中的那样。无论是人们互相放血、献祭,还是让囚犯做这些事,都被看作安抚神灵的行为,他们认为诸神用自己的鲜血创造了人类。

到了 10 世纪,这个高度发达的文明神秘地崩溃了。人们分散到村落中,任凭丛林侵占了他们原本辉煌的城市。玛雅文明的衰落可能是由多种原因造成的:无休止的战争、干旱、森林砍伐、自然资源的枯竭,以及土壤肥力下降。

右页图 在如今危地马拉的蒂卡尔天文台,行星在其顶部形成一条完美的直线,玛雅人便在那里研究天空,以助于预测偶发事件

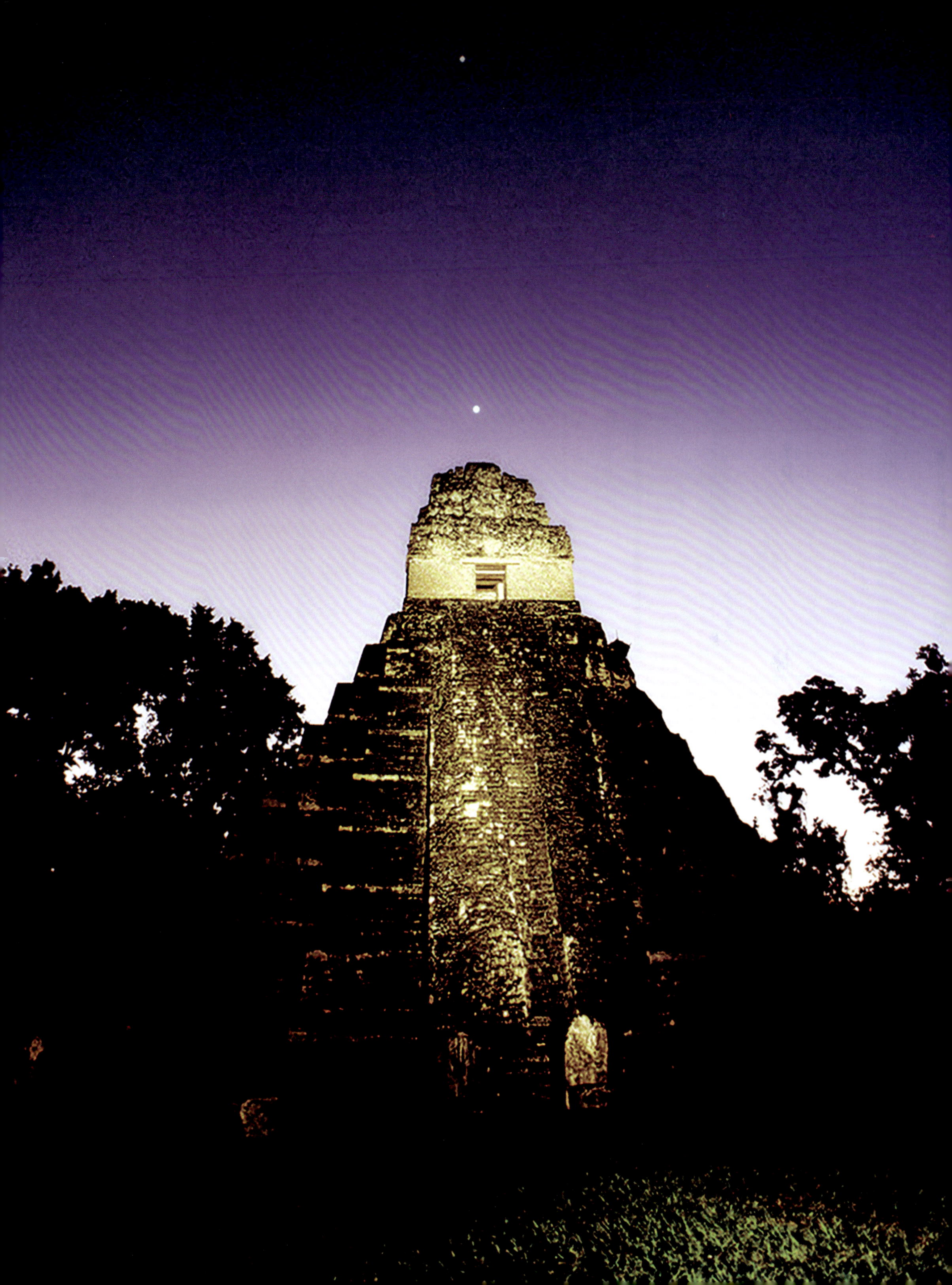

公元 730—760 年

	政治与权力	地理与环境	文化与宗教
美洲	**公元 738 年**：位于洪都拉斯的玛雅城邦科潘的第 13 任统治者十八兔王被邻近城邦基里瓜的考阿克天空酋长斩首。直到公元 749 年，第 15 任统治者烟壳王登基，科潘才恢复兴盛。 **公元 741 年**：玛雅的卡维尔·查恩·基尼奇成为危地马拉双柱城最后一位统治者。公元 760 年城邦被遗弃。 **公元 750 年左右**：特奥蒂瓦坎的都城被烧毁，起因可能是内战。		**公元 751—763 年**：在科潘，人称"烟壳王"的玛雅统治者沉溺于建造神庙和纪念碑等大型建筑。
欧洲	**公元 751—768 年**：查理·马特（Charles Martel）的儿子丕平三世（Pippin III）统治着法兰克人。 **公元 756 年**：英格兰威塞克斯的统治者丘思雷德（Cuthred）去世，威塞克斯被麦西亚王国控制。 **公元 757 年**：执政 41 年后，麦西亚国王艾特尔博尔德被谋杀。	**那时的生活** **玛雅天坑** 尤卡坦半岛的玛雅人认为，若想得到雨水的祝福，他们便应安抚神灵"恰克"，他居住在被称为"天坑"的地下水池深处。这些淡水池被认为是神送给干旱地区的特殊礼物，为城邦提供用水。这些小"天坑"被用来举行成人礼和特殊的祭祀神灵的仪式。为了安抚神灵，以保证有充足的雨水，祭司和村民们把陶碗、小雕像和香炉作为礼物扔进水池。水中的遗骸表明可能有活人被作为祭品，不过也可能是意外溺水而亡。	**约公元 700—750 年左右**：古老的英国史诗《贝奥武夫》（Beowulf）在这一时期创作完成。 **公元 731 年**：修士、学者比德完成了《英吉利教会史》（Gentis Anglorum），一部用拉丁文写成的英国史。
中东 & 非洲	**公元 750—754 年**：阿拔斯王朝的创立者阿布·阿拔斯推翻了倭马亚王朝，成为阿拉伯帝国的领袖。 **公元 750 年**：为了躲避对倭马亚人的屠杀，阿卜杜勒·拉赫曼一世（Abd al-Rahman I）王子逃到了西班牙，在那里团结人民，将科尔多瓦变为倭马亚人的新首都。 **公元 754 年**：在兄长死后，曼苏尔（Al Mansur）成为阿拔斯王朝的第二任哈里发，他在伊拉克建立了首都巴格达。	**公元 749 年**：加利利海附近发生地震，造成了巨大的破坏。	**8 世纪左右**：以精巧的韵律和韵脚编撰而成的《穆阿莱葛特》（Muallaqat，意为"悬诗"），用寥寥几句便表达出普世的主题，为后来几个世纪的诗歌立下了标准。 **公元 750 年左右**：贾法尔·萨迪格创建了贾法里教法学派，是什叶派中最重要的学派。 **约公元 750—759 年**：伊本·穆格法（Ibn al-Muqaff）将印度寓言《卡里来和笛木乃》从最初的巴列维语翻译成阿拉伯语。它成为阿拉伯文学的经典作品。
亚洲 & 大洋洲	**公元 751 年**：中国唐朝军队在今哈萨克斯坦塔拉斯河被阿拉伯帝国与中亚诸国联军击败（"怛罗斯之战"）。 **公元 755—763 年**：唐朝将领安禄山发动叛乱。虽然他于公元 757 年被杀，但叛乱一直持续到 763 年，大大削弱了唐朝的国力。	**公元 750 年左右**：在日本，庄园制度（shoen）成为重要的经济制度，因为它提供了一种更易于管理的土地持有形式。公共土地开始成为庄园。	**公元 750 年左右**：诗歌在唐朝繁荣发展，尤其是诗人李白（701—762）、杜甫（712—770）和白居易（772—846）的作品最为突出。 **公元 752 年**：日本举行奈良大佛开眼仪式，标志着日本在东亚佛教中的突出地位。

科学与技术	人类与社会
8世纪：美洲东南部的人们开始使用弓箭。	8世纪左右：墨西哥瓦哈卡州的萨巴特克文化开始衰落。米斯特克人的入侵削弱了萨巴特克人在当地的影响力，其辉煌的仪式中心——阿尔班山遗址的主广场也被摧毁。
8世纪左右：欧洲的农民开始使用坚硬的马项圈，这样就可以用马代替牛从事农耕。	公元732年：法兰克王国的"铁锤"查理——查理·马特赢得了法国中部的图尔之战（也称为普瓦提埃战役），因此名声大噪。这场战争被认为是"拯救了欧洲的战争"，无数显赫人物在战斗中丧生。这是阿拉伯人对欧洲发动的最遥远的一次入侵，也让查理家族获得了极高的威望。
	公元750年：在大扎卜河战役中，哈里发马尔万二世（Caliph Marwan II）战败身亡，倭马亚王朝就此终结。 公元750年左右：伊本·穆格法是一位皈依伊斯兰教的波斯人，也是阿拔斯王朝早期统治者的谋士，他将中古波斯语的许多文学作品都翻译成了阿拉伯语，并为阿拉伯统治者出谋划策。 公元750年左右：波斯人、叙利亚人和其他受阿拉伯人统治的民族开始将阿拉伯语作为他们的语言。
公元735年：日本文献首次记录天花瘟疫，导致近1/3人口死亡。	公元749年：奈良时期，孝谦天皇继承了皇位，成为17世纪以前日本的最后一位女性统治者。

上图 星盘从8世纪起就被用于航海，图中的星盘出土于10世纪

阿拉伯海商人

到8世纪中叶，阿拉伯水手已经掌握了从波斯湾远航至南海的航海技术。他们装备了罗盘和星盘，可以成功计算出航线，并能驾驶帆船横渡公海。

他们从阿拉伯半岛的港口前往印度南部的奎隆；驶过马六甲海峡；停靠在越南的广义省（Quang Ngai），又向北航行至中国的广东。阿拉伯商船将象牙、珍珠、熏香和香料运到中国，并带回中国的丝绸、纸张、墨、茶和瓷器。

来自中国的白瓷散发着光泽，由于其原料白高岭土在其他地方找不到，白瓷几乎是无法复制的。阿拉伯陶艺家给陶器上了一层不透明的白釉，并饰以带有金属光泽的图案，这一创新借鉴了伊斯兰玻璃制作工艺。这种新技术沿非洲东海岸和地中海一带传播，后来被叙利亚、西班牙和意大利的人们使用，在当地被称为"马约里卡"（意大利锡釉陶的统称）。

公元 760—790 年

	政治与权力	地理与环境	文化与宗教
美洲	**公元 763 年**：雅克·帕萨杰·查恩·约帕特（Yax Pasaj Chan Yopaat）成为科潘的第 16 任玛雅统治者，他被称为"初明天空中的电神"。 **公元 776—795 年**：查恩·穆安（Chaan Muan）统治着墨西哥的波南帕克。	博南帕克的壁画描绘了庆祝、战斗和牺牲的场景	
欧洲	**公元 757—796 年**：麦西亚王国国王奥法（Offa）统治着英格兰的部分地区，包括威塞克斯、苏塞克斯、肯特、东盎格鲁和北威塞克斯的一部分。 **公元 771 年**：丕平三世的儿子查理大帝成为整个法兰克王国的唯一统治者。 **公元 774 年**：在征服了意大利北部的伦巴第之后，查理大帝也加冕成为伦巴第国王。 **公元 775 年**：在丈夫去世后，伊琳娜（Irene）皇后成为小儿子君士坦丁六世（Constantine VI）的摄政皇太后。	**公元 760 年左右**：阿拉伯人利用灌溉技术在西班牙种植橘子、柠檬、无花果、椰枣和茄子，丰富了粮食供给。	**公元 784—786 年**：在西班牙的科尔多瓦，倭马亚统治者阿布杜勒·拉赫曼一世（Abd Ar Rahman I）开始建造大清真寺。
中东 & 非洲	**公元 786 年**：在伊拉克的巴格达，哈伦·拉希德（Harun al Ra-shid）成为阿拉伯帝国阿拔斯王朝哈里发。《一千零一夜》（The Thousand and One Nights）记录下了他统治期间繁荣富饶的巴格达。 **公元 786 年**：在阿拉伯半岛的麦加，什叶派发动的起义导致许多什叶派信徒逃到了北非的马格里布（即如今的摩洛哥）。	**公元 762 年**：巴格达是伊斯兰世界的新首都，两道同心的圆形墙环绕着它，巴格达因此被称为团城。	**公元 760—793 年左右**：波斯人西伯韦（Sibawayh）编写《西伯韦之书》，即《语法书》（The Book on Grammar），它是阿拉伯语语法方面的经典作品。 **公元 775—809 年**：在阿拔斯王朝的哈里发马赫迪（Al-Mahdi）与哈伦·拉希德的统治下，巴格达繁荣兴盛，有着丰富的文化生活；阿拉伯文化和伊朗文化在此交融，产生了伟大的哲学、科学和文学作品。在拉希德统治的末期，巴格达的面积仅次于君士坦丁堡。
亚洲 & 大洋洲	**公元 775 年左右**：三佛齐王国扩张了领土。		**公元 778 年左右**：婆罗浮屠动工。这是一座建于爪哇岛的大型佛教建筑。它共计使用 5.5 万立方米的石头，回廊石壁上共有 1460 块浮雕。 **左图** 位于爪哇的婆罗浮屠

科学与技术	人类与社会
	公元 763—822 年左右：雅克·帕萨杰·查恩·约帕特是科潘 16 位统治者中的最后一位，他建造了奢华的神庙建筑群，并为复杂的象形文字编年史增添了色彩。 **公元 775—975 年左右**：霍霍卡姆文化的影响力扩展到了今亚利桑那州南部。
公元 784 年左右：在赛文河和迪河之间，奥法国王建设了一条南北走向的堤坝，大致沿着英格兰和威尔士的边界。这是欧洲同类建筑项目中最大的一个，动用了数千名工人。堤岸的威尔士一侧有一条 191 千米长的沟渠，用于标记领土边界。	**公元 780 年左右**：在早期的日耳曼社会，农民基本都是自由的。8 世纪，许多人开始把土地和人身权利都交给他们的领主以换取保护。他们成为农奴，被束缚在土地上，受到领主的控制。到了公元 800 年，西欧大约 60% 的农民都成了农奴。
公元 775 年左右：雅库布·伊本·塔里克（Yaqub ibn Tariq）是巴格达最伟大的天文学家之一，他在工作中使用了来自印度的天文测量方法。	**公元 786 年**：《一千零一夜》的许多故事里，哈里发哈伦·拉希德都曾出现过。在故事中，他常在夜间乔装打扮后外出。他委任能干的管理者来治理庞大的帝国，还在艺术方面投入了大量资金，而他的妻子祖巴伊达（Zubaydah）也因资助修建道路和打井而被人们铭记。他于公元 809 年去世。
公元 768 年左右：日本称德天皇时期刻印的"百万塔陀罗尼经"为现存最早的佛教印刷品之一。	**公元 763—791 年**：吐蕃一连串的军事胜利削弱了唐朝军队，并大大缩小了唐朝的势力范围。吐蕃曾攻占唐朝首都长安（如今西安），阻隔中国与中亚地区的联系，控制了塔里木盆地南部。即便如此，唐朝一直延续到公元 907 年才灭亡，但人口开始从北方转移到更肥沃富饶的南方，那里充足的稻米和冬小麦能确保唐朝人过上更舒适的生活。

拜占庭皇后

拜占庭皇后狄奥多拉（527—548）是查士丁尼一世的妻子和重要的谋士。她曾是一名妓女，在她的努力下，拜占庭通过了赋予女性权利与保护女性的法案。但是，她也曾密谋反对政敌，批准屠杀数万人，加剧了基督教的分裂——她的丈夫曾努力阻止分裂发生。作为执政者的伴侣，狄奥多拉是中世纪最有影响力、最复杂的女性之一。

公元 8 世纪，尽管拜占庭帝国的势力和影响力日益增强，但也曾经历过动荡。拜占庭皇帝和他们的罗马祖先一样，认为自己是上帝在人间的代表。利奥三世（717—741）颁布禁止圣像崇拜法令（这个词源于希腊语中的"打破塑像"），禁止用人的形象表现上帝和圣徒。对许多人来说，这一政策亵渎了神明——成千上万的修士逃往罗马教会，因为罗马教会更能接受上帝和圣徒的实体形象。利奥三世的儿子君士坦丁五世的统治从 741 年一直延续到 775 年。

君士坦丁的儿子利奥四世仅在位 5 年，但利奥的妻子伊琳娜的执政时间却长达 27 年。伊琳娜皇后出生于希腊雅典，是一个孤儿，于 769 年嫁给利奥四世，775 年成为皇后，并在丈夫去世后于 780 年成为小儿子君士坦丁六世的摄政皇太后。她意志坚强、雄心勃勃，下令恢复了圣像崇拜。790 年，成年的君士坦丁六世从母亲手中夺回了权力，但两年后，他最终将她任命为共同统治者。797 年，伊琳娜密谋逮捕并弄瞎了自己儿子的双眼，成为首位独立统治拜占庭帝国的女性。她又继续统治了五年，下令废除禁止偶像崇拜的法令，甚至自称为皇帝而非皇后，直到 802 年，一群将军废黜并流放了她。

公元 790—820 年

	政治与权力	地理与环境	文化与宗教
美洲	公元 800 年左右：在今墨西哥城附近，托尔特克人的首府图拉发展成为一座颇具规模的城市。 公元 800 年左右：米斯特克王室开始与萨巴特克精英通婚。 公元 800 年左右：在今得克萨斯州和俄克拉何马州，喀多文明蓬勃发展。 公元 800 年左右：埃尔塔津是墨西哥湾沿岸最重要的祭祀中心。	公元 800 年左右：肥沃的冲积土壤和丰富的泉水，让得克萨斯的喀多人能够发展起繁荣的农业，种植玉米、豆类、西葫芦和南瓜等农作物。 公元 800 年左右：北美的霍普韦尔人遍布东部森林地区。	公元 796 年左右：五大湖区的渥太华、奇佩瓦和波塔瓦托米组成了"三火"同盟。 公元 800 年左右：喀多人建起了仪式性的土堆，并接受精神领袖齐内西（xinesi）的领导。 公元 800 年左右：在秘鲁，瓦里帝国和蒂瓦纳库帝国的文化经历了一次重大转变——宗教性的图像与建筑让位于世俗性的主题和用品。
欧洲	公元 795 年：维京人首次出现在爱尔兰海岸。 公元 797—802 年：拜占庭皇帝利奥四世的遗孀、君士坦丁六世的母亲伊琳娜，弄瞎了儿子的双眼，以便独自掌权。 公元 800 年：罗马教皇利奥三世为查理大帝加冕。 公元 802—811 年：尼斯福鲁斯一世（Nicephorus I）成为拜占庭皇帝。他虽然失去了占领的阿拔斯王朝的领土，但维护了君士坦丁堡的安全。 公元 814 年：查理大帝去世，他的儿子路易一世（Louis I）成为国王。	阿尔昆（Alcuin），拉丁诗人，也是查理大帝的顾问	公元 781—804 年：在担任查理大帝的私人导师后，阿尔昆成为图尔圣马丁修道院院长。在那里，他推动了加洛林小草书体的发展，这种拉丁文字体后来催生了现代罗马字体。
中东 & 非洲	公元 800 年左右：杰内-杰诺城在尼日尔河内陆三角洲繁荣发展。这座泥墙城市是一个手工艺、渔业、农业和商业中心，大约有 1 万人口。 公元 801 年：柏柏尔人在北非建立了一个独立国家，挑战了阿拔斯王朝的统治。 公元 809 年：阿拔斯王朝哈里发哈伦·拉希德去世。 公元 813—823 年：阿拔斯王朝哈里发马蒙（Al Mamun）统治着巴格达。先前他与其兄弟的争斗引发了一场内战。	公元 800 年左右：来自伊拉克的拉唐（Radhanites）犹太商人在北非定居。这些会说多种语言的商人乘坐大篷车，将北非与美索不达米亚、里海地区和印度连接起来。 公元 800 年左右：在非洲高原湖区，铁制工具的生产促进了农业和贸易，但也导致森林被砍伐，因为人们要燃烧木材来运转钢铁作坊。	公元 802 年：阿拔斯王朝哈里发哈伦·拉希德赠予查理大帝一头大象和一些奢侈品礼物。 公元 815 年左右：有着阿拉伯和波斯血统的诗人阿布·努瓦斯（Abu Nuwas）去世。他在诗中写道："唯有死与坟墓是千真万确。" 公元 815—820 年：伊斯兰教教法学派之一的沙斐仪学派创立。
亚洲 & 大洋洲	公元 794 年：日本首都从长冈京迁往平安京（今京都）。 公元 802 年：阇耶跋摩二世（Jayavarman II）在今天的柬埔寨建立了统一的王国。	公元 801 年：唐朝的地理学家贾耽绘成《海内华夷图》，幅面约十平方丈。	公元 800 年左右："词"是一种句子长短不一，便于歌唱的文学形式，此时在中国流行起来。

科学与技术	人类与社会
公元800—900年左右：北方的硬粒型玉米是北美东北部和五大湖地区的土著种植的一种变种玉米，能够承受较低的温度。这种玉米适应了比南方更冷的气候与更有限的生长期。	公元800年左右：美洲东南部的印第安人大规模发展农业，形成定居社会。男性负责打猎、捕鱼和防御，女性负责照顾农田。 9世纪左右：在喀多社会，男性承担翻土这样的体力劳动，女性则负责种植庄稼。妇女还负责管理容纳一些有血缘或婚姻关系的家庭的住所。然而，"卡迪"（caddi，也就是部落的政治领袖）既可以是男性也可以是女性。
公元807年：查理大帝收到阿拔斯王朝哈里发哈伦·拉希德赠送的一只精巧的黄铜水钟。	公元813年：隐士佩拉约（Pelayo）相信，他在西班牙的菲尼斯特雷（大地的尽头）附近发现了圣雅各的坟墓。这一发现使得每年都有成千上万人到圣地亚哥（圣雅各）- 德孔波斯特拉（又称"繁星原野"或"安葬之地"）朝圣。
公元800年左右：穆斯林数学家、天文学家阿尔·花拉子模（Muhammad ibn Musa al-Khwarizmi）对代数做了进一步的研究。 公元806年：伊布拉罕·法扎里（Ibraham al Fazari）是首位制作星盘的穆斯林天文学家。 公元815年左右：第一位阿拉伯炼金术士阿布·穆萨·贾比尔·伊本·哈扬去世。	公元800年：苏菲神秘主义者拉比亚·阿尔·阿达维亚（Rabiah al-Adawiyah）去世，她通常被视为首位伊斯兰教圣徒。 9世纪左右：考古学家发现的玻璃珠和象牙制品证明，在南部非洲沙舍河和林波波河交汇处的施罗德铁器时代的定居者与生活在沿海地区的人进行过贸易。
公元806年：一位日本僧人从中国留学归来，将茶引入日本。	公元800年左右：日本约有400万人口。

查理大帝

公元768年，丕平二世去世后，法兰克王国被查理与其弟卡洛曼瓜分。三年后卡洛曼去世，将王国留给了查理，他的统治为神圣罗马帝国奠定了基础。

查理大帝击退了来自东方的撒克逊人的多次袭击，从而使自己的财富大增。当伦巴第人开始入侵意大利，并威胁要进攻罗马时，教皇阿德里安一世向查理大帝寻求帮助。查理大帝成功地恢复了教皇的统治，并在公元773年宣称自己是伦巴第人的国王。

公元800年，在罗马圣诞节的弥撒上，教皇利奥三世将查理加冕为查理大帝（罗马皇帝）。这个头衔旨在帮助西欧独立于君士坦丁堡，并确立了天主教会在欧洲君主制世俗事务中的作用。然而，查理大帝并没有使用这个头衔；他心里明白这个头衔的用意，担心这会造成对教皇的依赖。因此，他自称"罗马帝国的皇帝"。

虽然查理大帝本人不识字，但他热心支持学术、文学、艺术和建筑研究。为了促进学术的复兴，他把阿尔昆召进朝廷，命其建立了一所学校，后来成为加洛林文艺复兴的中心。

大部分现存的古典拉丁文作品都是由来自欧洲各地的加洛林学者抄写和保管的。在这个真正的"联合国"中，有西哥特人西奥多夫（Theodulf）、伦巴第人执事保罗（Paul）以及法兰克人安吉尔伯特（Angilbert）和埃因哈德（Einhard）。阿尔昆还改进了书面拉丁文字体，也就是众所周知的加洛林小草书体。第一台印刷机使用的便是这些圆形的字母，它们后来成为现代西方字体的基础。

公元 820—850 年

	政治与权力	地理与环境	文化与宗教
美洲	约公元 800—900 年：玛雅文化区北部出现了新的城市，如乌斯马尔和奇琴伊察，其建筑的华丽程度超过了先前南部的玛雅都城。	9 世纪：为了发展农业和建筑，玛雅人砍伐了大量的森林，这加剧了土地的干燥状况，致使处在低地的玛雅文明崩溃。	8 世纪：在如今的得克萨斯州，喀多人建起了用于政治、宗教仪式或葬礼的土堆，这些土堆中可能还埋藏着祭品。
欧洲	公元 840—843 年：法兰克国王"虔诚者"路易死后，他的三个儿子为王位大打出手。 公元 846 年：阿拉伯军队洗劫了罗马。	公元 843 年：根据《凡尔登条约》，加洛林帝国被路易的三个儿子瓜分："秃头"查理（Charles）继承了今法国；"日耳曼人"路易（Louis）继承东法兰克王国，即今德国；洛泰尔（Lothair）继承低地国家、洛林、阿尔萨斯、勃艮第、普罗旺斯和意大利的大部分地区。这种未曾考虑部落或语言联系的分割，直接导致了法德之间的最终分离。	约公元 815—827 年：出生于希腊塞萨洛尼基的西里尔（Cyril）和美多德（Methodios）兄弟于公元 863 年以传教士身份向斯拉夫人引入了希腊东正教。 公元 843 年：毁坏圣像运动终结，所有的基督教教堂都被允许供奉圣像。
中东 & 非洲	公元 833—842 年：哈里发穆塔西姆（Al Mutasim）统治着阿拔斯王朝。 公元 838 年：在小亚细亚半岛，穆塔西姆征服了拜占庭帝国的阿摩利阿姆和安卡拉。		公元 830 年：哈里发阿尔·马蒙在巴格达建立了"智慧宫"（Bayt al-Hikmah）。 公元 836 年：一场建筑热潮开始席卷伊拉克的萨马拉，它是阿拔斯王朝的新首都。萨马拉拥有 19 座宫殿和一座被称为"大清真寺"的巨型清真寺，是世界上最大的城市之一。
亚洲 & 大洋洲	公元 828 年左右：统一的新罗王朝的海军以黄海的清海镇地区为大本营。据说，指挥官张保皋曾率领 1 万海军在周边海域巡逻，击退了海盗。 公元 838 年：日本最后一次遣唐使团前往中国唐朝。		公元 845 年：唐朝政府摧毁了约 4000 座寺院，这是大规模的禁佛运动的一部分，约有 26 万名僧侣和尼姑被迫回归世俗生活。

链接

非洲与中国

从公元 800 年左右开始，活跃的海上贸易就把亚非世界连接起来。从东非海岸驶来的"独桅帆船"载着黄金、象牙、铁和珍奇动物横渡印度洋来到中国。在中国的记载中，拨拔力国可能是索马里沿海的一个小镇，那里的居民"把一根针扎进牛的血管里，放干血液，喝着掺有牛奶的生牛血"——直到今天，这仍是对马赛人习俗的准确描述。非洲商人主要以来自远东的棉花、丝绸和瓷器作为交换对象。

科学与技术	人类与社会
	公元 830—900 年：在被邻国征服后，危地马拉的玛雅城市塞巴尔（Seibal）在这一时期恢复了元气，建筑和艺术得到复兴。
公元 830 年左右：《乌得勒支诗篇》（The Utrecht Psalter）中提到，在中国境外首次有人使用旋转磨石来打磨铁器。	**公元 830—846 年**：莫伊米尔一世（Mojmir I）将两个斯拉夫国家联合成大摩拉维亚公国，并作为第一位大公进行统治，直到被东法兰克国王、"日耳曼人"路易的盟友推翻为止。
公元 786—833 年：数学家、天文学家哈贾吉·伊本·优素福（Hajjaj ibn Yusuf）将欧几里得的《元素》（Elements）翻译成阿拉伯语。 **公元 828—831 年左右**：阿尔·马蒙在伊拉克巴格达和叙利亚巴尔米拉建立了天文台。 **公元 833 年左右**：哲学家阿尔·金迪（Al Kindi）撰写了两部关于科学和哲学的著作——《论视觉》（De Aspectibus）和《论医学》（De Medicinarum），对西方产生了很大影响。	**公元 847—873 年**：著名的阿拉伯学者侯奈因·伊本·伊斯哈格（Hunayn ibn Ishaq）翻译了柏拉图、亚里士多德、希波克拉底、帕加马的盖伦和其他希腊学者的著作，使他们的作品首次为阿拉伯哲学家和科学家所知悉。

右图 喀多人村落中的茅草屋

喀多联盟

8 世纪，喀多印第安人定居在得克萨斯州东部的内奇斯河谷，他们的历史可以追溯到伍德兰期。喀多人是能干的农民，他们能熟练地耕种，并改良了玉米使得产量大增，人口也因此迅速增长，鼎盛时期的人口超过 20 万。

他们从得克萨斯州慢慢扩展到俄克拉何马州、阿肯色州和路易斯安那州，在那里组成了松散的部落联盟。比如波尼部落和威奇托部落，便因习俗和语言结合在一起。他们生活在固定的村落里，居住在独特的蜂巢形房屋里——由一层层的茅草屋和柱子组成。这种房子能容纳多个家庭，有时多达 40 人。

喀多人发展出了复杂的乡村等级制度，酋长兼祭司掌握了神权与世俗权力。酋长们会为远征组织重要的仪式和军事会议，并为来访者主持"和平烟斗仪式"。他们还会为民众提供食物和其他必需品，以吸纳忠诚的追随者。

像密西西比人一样，喀多人会建造土堆，并在高高的土堆上建起祭祀中心。有些土堆是社会精英或权贵的墓地，而其他土堆上则建有大型神庙，神庙里燃烧着仪式性的火。在所有建造土堆的文化中，喀多的位置是最靠西南的。

喀多人住在林地与大型平原交会的地方，他们发展出了长途贸易网络，以销售多余的玉米和其他农产品，从而换取水牛皮和水牛肉。同样供不应求的还有用于烹饪、储藏，兼具艺术性和功能性的陶器，喀多人正是以生产这样的陶器而闻名。

公元 850—880 年

	政治与权力	地理与环境	文化与宗教
美洲	公元 850 年左右：随着人们抛弃尤卡坦半岛的城市，玛雅社会全面衰落。尽管仍有部分玛雅后裔居住在该地区，但城市已退化为丛林，人们散居在各处村落中。	公元 850 年左右：在经历了长达 100 年的干旱之后，玛雅农民正饱受煎熬，干旱时期的降雨量比往年减少了 70%。	公元 850 年左右：奇琴伊察的工匠们在从今哥斯达黎加和巴拿马地区进口的金盘上精心刻上华美的图案，并把金盘作为祭品投入"圣井"（天然祭祀坑）。
欧洲	公元 860 年：被称为"斯堪的纳维亚维京人"的罗斯人袭击了君士坦丁堡。 公元 862 年左右：留里克（Rurik）是一位半传奇式的罗斯人的领袖，他在诺夫哥罗德建立了都城。 公元 869—870 年：统治洛林的洛泰尔二世去世后，《墨尔森条约》将他的领土分为东西两部分。查理二世接管了西洛林，路易二世得到了东洛林、阿尔萨斯和北勃艮第。	公元 850—950 年：维京海盗的袭击刺激了今法国地区的农业生产，可能也影响了马匹养殖业。 公元 874 年：维京人在冰岛定居。	公元 865 年：保加利亚接受了基督教，并遵循拜占庭的仪式。
中东 & 非洲	公元 847—861 年：阿拔斯王朝的第十任哈里发穆塔瓦基勒（Al Mutawakkil）延续了前任哈里发依赖突厥近卫军来控制局势的危险政策。那些突厥士兵最终在他的长子蒙塔西尔（Al Muntasir）的怂恿下谋杀了他。 公元 861—870 年：穆塔瓦基勒遇刺后，阿拔斯王朝陷入混乱。直到公元 870 年穆塔米德（Al Mutamid）开始执政，阿拔斯王朝才恢复了一段时间的平静。 公元 874 年左右：独立的萨曼王朝于中亚建立，定都布哈拉。	公元 856 年：一场地震摧毁了波斯的达姆甘，造成 20 多万人死亡。 公元 861 年：尼罗河水位测量仪由哈里发穆塔瓦基勒下令在开罗建造，被用于测量尼罗河的年洪水量。 公元 872 年：伊拉克巴士拉的商人旅行者伊本·瓦哈卜（Ibn Wahab）描述了一次前往中国首都长安的海上航行。在他的长安观察中，他这样写道："街道上有流动的水渠，两边种着树木。"	公元 810—870 年：穆斯林学者布哈里（Al Bukhari）花了 16 年时间编纂《圣训实录》（Al Jami al sahih），它是一个世纪以后出版的六本《圣训》（Hadith，先知语录）中的一本。 9 世纪 50—70 年代：埃及、伊拉克和伊朗的苏菲学派分别提出了诸如神智论、清醒和智慧、无我等学说。 公元 859 年：卡鲁因大学在摩洛哥的菲斯创立，它被认为是世界上最古老的大学。
亚洲 & 大洋洲	公元 800—1000 年：塔希提岛的水手们远航数千米，来到奥特亚罗瓦岛上，这个岛屿后来改名为新西兰。这些定居者是毛利人的祖先。 公元 850 年左右：印度南部的朱罗王国以印度教为根本，开启了对科罗曼德尔海岸长达 4 个世纪的统治。 公元 877—889 年：柬埔寨吴哥王朝因陀罗跋摩一世（Indravaman I）建造了一座庙山（巴孔寺），这是吴哥窟建筑的前身。	公元 850 年左右：马拉王朝在今尼泊尔中部建立巴克塔普尔城。	公元 868 年：中国现存最早的完整的配有插图的雕版印刷品《金刚经》刻印完成。

科学与技术	人类与社会
公元 875 年左右：普韦布洛人的祖先（阿纳萨齐人）在位于今美国西南部的梅萨维德中部地区建造了大量的村庄，其中包括砖石建筑。	

左图　威塞克斯王国国王阿尔弗雷德

科学与技术	人类与社会
公元 862—867 年：爱尔兰知识分子约翰内斯·司各特·爱留根纳（Johannes Scottus Eriugena）撰写了《论自然的区分》（*Periphyseon*），这是一部试图描述现实本质和宇宙起源的对话集。	**公元 871 年**：阿尔弗雷德大帝（Alfred the Great）成为英格兰西南部撒克逊王国威塞克斯的国王。他于公元 878 年打败了维京入侵者，并与丹麦区的斯堪的纳维亚人达成了休战协议。

北欧海盗

　　从公元 800 年起的 3 个世纪以来，来自丹麦、挪威和瑞典的维京人，或者说诺曼人，一直在欧洲沿海和河流上进行闪电掠夺。这些曾经做过商人的海盗发现突袭比贸易更有利可图，因为他们有很先进的吃水很浅的帆船，这使得维京人能够轻松驾船靠岸，进而掠夺英格兰、苏格兰、爱尔兰、法国和德国一带的城镇与村庄。他们绕过西班牙进入地中海，顺着俄罗斯的河流进入黑海，还会冒险前往北部和西部的新大陆，在设得兰群岛、法罗群岛、冰岛和格陵兰岛定居下来，甚至还曾到北美的纽芬兰进行过一次短途探险。

　　最终，维京人在不列颠群岛的部分地区定居下来，与早期的盎格鲁－撒克逊人发生过冲突，法国的诺曼底海岸和俄罗斯北部海岸也有他们的身影。

　　维京长船有着双端船壳和突出的龙骨——通常还有着精雕细琢的龙首，可以载着上百人横渡海洋。船帆是用羊毛织成，呈长方形，有时饰有红色条纹或图案。这些船只以熟悉的地标为向导，沿着海岸线航行。由于设备简陋，维京人主要依靠太阳和星星的位置来导航。舵手用侧舵来操纵船，船员们则用索具网控制帆。

维京人的世界
— 维京人的贸易、定居和进攻路线
▇ 维京人居住地
▇ 受维京人影响的地区

左图　维京人是一流的水手，他们利用海岸和河流的路线来进行贸易，在里海到纽芬兰之间掠夺和殖民

公元 880—910 年

	政治与权力	地理与环境	文化与宗教
美洲	公元 900 年左右：来自北部的托尔特克人征服了墨西哥的中部山谷，在奇奇梅克人领袖米斯科特尔（Mixcoatl，云蛇）的率领下掠夺并烧毁了那座伟大的城市——特奥蒂瓦坎。他的儿子托皮尔岑（Ce AcatlTopiltzin Quetzalcoatl）统一了这个地区。 公元 900 年左右：在如今的新墨西哥州查科峡谷，普韦布洛人开始建设一系列以农业为基础的城市群。	公元 900 年左右：通过灌溉，托尔特克人使贫瘠干燥的土壤肥沃起来。	10世纪左右：在今新墨西哥州阿尔伯克基西南部的阿科马出现了首个定居点即海拔182米的普韦布洛村落——"天空之城"，被认为是美国最古老的、持续有人居住的村落。
欧洲	公元 882 年：诺夫哥罗德的奥列格（Oleg）夺取了基辅的控制权，他后来将基辅变成了首都。 公元 885—887 年："日耳曼人"路易之子查理三世（Charles III）短暂地统一了西法兰克和东法兰克王国。 公元 887 年：阿努尔夫废黜了查理三世，并于公元 896 年加冕为罗马皇帝。 公元 899 年：威塞克斯国王阿尔弗雷德大帝去世。他的儿子爱德华继承了王位，继续打击侵略者。 公元 907 年：诺夫哥罗德的奥列格成功领导了一场针对君士坦丁堡的攻击。	公元 892—894 年：9 世纪末，中欧的匈牙利人控制了多瑙河以东的喀尔巴阡山盆地。 公元 895 年左右：7 个马扎尔部落和 3 个可萨部落组成了匈牙利王国。	公元 893—927 年：普雷斯拉夫是保加利亚第一王国首都，因工匠而闻名，被认为是君士坦丁堡的竞争对手。普雷斯拉夫风格的瓷砖被出口到拜占庭和基辅罗斯。 10 世纪左右：西里尔和美多德兄弟都是东正教传教士。他们在希腊字母的基础上创造了西里尔字母。 公元 906 年：在保加利亚，希腊文学被翻译成斯拉夫语。
中东&非洲	公元 909 年：法蒂玛王朝由穆罕默德之女法蒂玛和阿里的后裔建立，由此什叶派脱离了逊尼派的阿拔斯王朝，建立起自己的哈里发国，征服了北非。	公元 893 年：波斯发生地震,造成10万—18 万人死亡。 公元 900 年左右：非洲东海岸涌入了大量的阿拉伯、波斯和印度商人，他们与当地的班图人很快打成一片。 9 世纪左右：阿尔及尔经历了柏柏尔王朝的一次复兴。	公元 882—942 年：被称为"中世纪犹太哲学之父"的萨阿迪亚·本·约瑟夫（Saadiah ben Joseph）著有《教义与信仰之书》，并将《旧约》翻译成阿拉伯语。 公元 885 年左右：第四个伊斯兰教法学派——罕百里学派建立。 公元 892 年：哈里发穆塔迪德（Al Mu-tadid）将阿拔斯王朝的首都从萨马拉迁回伊拉克的巴格达，并于该年建造了萨马拉宫殿城的第一座宫殿。
亚洲&大洋洲	公元 889 年左右：高棉人在柬埔寨的吴哥建立首都。 公元 900 年左右：朱罗王国是一个由泰米尔人建立的信奉印度教的王朝，控制着整个印度南部。 公元 907 年：在中国，唐朝灭亡，五代自此开始。	公元 893 年：在德芬（亚美尼亚古都），一场地震造成约 3 万人死亡，城市也遭受重创。	公元 900 年左右：日本人发明了表音的"平假名"，用来抄写日语。与外来的中国汉字相比，它更能表现本土文化。 10 世纪左右：朱罗王朝制作了一些颇为壮观的青铜雕塑，用于寺庙游行。正如印度艺术的特点一样，这些雕像综合了感观体验和神圣的信念。

科学与技术	人类与社会
公元 900 年左右：普韦布洛人建造了一套复杂的道路系统，以整合查科峡谷地区的所有城镇。	**10 世纪左右**：位于今新墨西哥州西北部查科峡谷的普韦布洛·博尼托的建筑工程启动。这个定居点未来将扩大到包括约 800 个房间和 36 个基瓦会堂（圆形地下祭祀建筑）。后来人们从这里发掘出了大量的珠宝、砖石和陶器。
10 世纪左右：中世纪的士兵，无论是维京人还是撒拉逊人，都开始使用坚硬、有弹性的钢剑。	**公元 882—911 年**：诺夫哥罗德的统治者奥列格统一了罗斯。几个世纪以来，游牧骑兵——辛梅里安人、斯基泰人、匈人、阿瓦尔人和可萨人骑着马离开了大草原，长期统治着生活在波罗的海和黑海之间作为农民或毛皮商的斯拉夫人。奥列格沿着第聂伯河，于公元 882 年占领了基辅，并将当地的斯拉夫人和芬兰人部落从可萨人手中解放出来。奥列格以罗斯领袖的身份，于公元 911 年与拜占庭帝国签订了利润丰厚的贸易协定。
公元 900 年左右：伊斯兰世界开启了长达 300 年的"科学的黄金时代"。来自突尼斯的犹太医生以撒克·本·所罗门·以色里（Isaac ben Solomon Israeli）撰写了关于医学和哲学的论文。犹太学者、医生杜纳什·本·塔米姆（Dunash ben Tamim）也因其对希伯来语和阿拉伯语的比较研究而闻名。	**公元 883 年**：非洲奴隶在今伊拉克发动的反抗阿拔斯王朝哈里发的"辛吉起义"被镇压。
10 世纪左右：火药被认为起源于这一时期的中国，虽然它最初被用于制作烟花。	**公元 900 年左右**：琐罗亚斯德教徒从波斯移居到印度西北部，以逃避宗教迫害。他们被称为帕西人（波斯人）。

上图　圣西里尔和圣美多德

西里尔字母

西里尔和美多德兄弟出生在希腊的塞萨洛尼基，后来在博斯普鲁斯海峡附近的一座修道院里担任神父。公元 863 年，兄弟俩在生活于黑海和里海间的可萨人那儿做过传教士，又被君士坦丁堡的主教派往巴尔干半岛以外的摩拉维亚，在那里留下了语言方面的遗产。

摩拉维亚的大公罗斯蒂斯拉夫也需要会说斯拉夫语的传教士，以便让他们用斯拉夫语进行传教，从而防止日耳曼人进一步侵占他的领地。西里尔和美多德在这方面取得了成功，却激起了外来神职人员的敌意。这对兄弟又被召回了罗马，并被质询他们所做的事情，但教皇没有发现他们有任何过错。

西里尔在罗马去世，而美多德以锡尔米乌姆大主教的身份回去了。在剩下的时间里，他把《圣经》和其他重要的书籍翻译成斯拉夫语，使用的是一种后来被称为"西里尔字母"的特殊字母。它是希腊语和格拉哥里语的一个版本，即一种能够表达斯拉夫语声音的古代书写形式。这两兄弟的影响波及了保加利亚、塞尔维亚和乌克兰，在那些地方，斯拉夫语仍然是做礼拜时使用的语言。

公元 910—940 年

	政治与权力	地理与环境	文化与宗教
美洲	**10 世纪左右**：霍霍卡姆文化在今亚利桑那州中部和南部蓬勃发展。 **10 世纪左右**：玛雅人放弃了位于低地的聚落。	**10 世纪左右**：在托尔特克的都城图拉，开始了新的建设时期。被考古学家称为图拉奇科（Tula Chico）的城市宗教中心被烧毁并遗弃。人们在附近的台地上建立了一座更大的替代品，它成了图拉未来的中心。	**公元 900 年左右**：托尔特克的城市里弥漫着军事色彩——巨大的石雕武士，身披盔甲，头戴羽毛头饰，支撑着神庙的屋顶。
欧洲	**约公元 913—925 年**：保加利亚的西蒙率军围攻君士坦丁堡。924 年保加利亚灭亡了塞尔维亚，925 年西蒙自封为"罗马人和保加利亚人的皇帝"。 **公元 925 年**：埃塞尔斯坦（Aethelstan）成为首位统治整个英格兰的国王。 **公元 925 年**：克罗地亚人建立起了自己的国家。 **公元 930 年**：冰岛组建了世界上首个议会——阿尔庭。 **公元 939—946 年**：埃德蒙一世接替埃塞尔斯坦成为英格兰国王。	**10 世纪 20 年代左右**：波斯地理学家伊本·鲁斯塔（Ibn Rustah）记录了他在诺夫哥罗德（在今俄罗斯）的旅行。他描述了诺夫哥罗德的地理环境（"湖中有一个巨大的、被沼泽和森林覆盖的岛屿"）、罗斯人的服装风格（"金臂章和宽松的齐膝裤子"）以及他们的性情（"热情好客，但彼此会争吵"）。	**公元 922—935 年**：巴伐利亚、法兰克尼亚和萨克森的亨利一世（Henry I，奥托一世的父亲）在今德国建造了坚固的城堡，以防御匈牙利人的掠夺。这些防御工事后来发展成奎德林堡、梅泽堡和诺德豪森等城市。
中东 & 非洲	**公元 930 年**：什叶派中的一支卡尔马特派（Qarmatians）洗劫了麦加，还掠走了天房克尔白中的黑石。	**公元 914 年**：阿拉伯探险家、地理学家阿尔·马苏第（Al Masudi）于该年开始穿越近东、印度和地中海，这促使他后来写下了一部历史与地理方面的著作——《黄金草原》（The Meadows of Gold and Mines of Gems）。	**公元 917 年**：拜占庭皇帝君士坦丁七世向阿拔斯王朝哈里发穆克塔迪尔（Al Muqtadir）位于巴格达的宫廷派去的使者汇报了那里 23 座宫殿的辉煌景象。他们描述了奢华的房间，装饰有活动树枝与金银鸟的银树以及皇家马厩、动物园、果园，还有带圆形池塘的棕榈树花园。
亚洲 & 大洋洲	**公元 900 年左右**：高棉人统治着一个以柬埔寨为基础的帝国，其势力范围包括如今泰国和老挝的大部分地区。 **公元 936 年**：高丽统一了朝鲜半岛。 **公元 938 年**：建立辽国的契丹人在今天的北京建立了一座新的都城。 **公元 939 年左右**：越南建立独立的政权——吴朝。	**公元 929 年**：爪哇的马塔兰王国的首都从爪哇中部迁至东部，可能是受到了默拉皮火山爆发的影响。	**公元 935 年左右**：朝鲜半岛文化迎来了一个艺术高速发展的时代。

科学与技术	人类与社会
	10世纪左右：霍霍卡姆人是灌溉方面的行家，他们居住在亚利桑那州索诺拉沙漠的村庄里。斯内克敦（Snake-town）的聚落以一个举行仪式的大型球场为中心。在那里出土的物品，例如橡皮球和热带鹦鹉的骨头，似乎表明中美洲人曾通过贸易或移民与他们接触过。霍霍卡姆人有可能是如今皮马人和帕帕戈人的祖先。
萨格鲁国家公园里的霍霍卡姆岩画	**公元929年**：在去教堂做弥撒的路上，信奉基督教的波希米亚公爵温塞斯拉斯（Wenceslas）被他的异教徒兄弟谋杀。此后不久，他的坟墓旁开始出现奇迹，他最终被封为波西米亚的主保圣人。圣诞颂歌《好国王温塞斯拉斯》即以这位历史上的公爵为原型，由约翰·尼尔（John Neale）创作，于1853年首次发表。
公元910年：阿拉伯医生阿尔·拉齐（Al Razi）著有200多部作品，涉及医学史、天文学、宗教和哲学等多个学科。他最早撰写了关于天花及免疫理论的著作。	**公元929年**：阿卜杜拉·拉赫曼三世（Abd al Rahman III）成为西班牙的哈里发。

土丘建造者卡霍基亚人

在北美洲的密西西比，土丘建造者们沿着密西西比河及其支流的河道进行贸易，最终到达佐治亚州和佛罗里达州的东南部，北至威斯康星州，西至阿肯色州。他们住在覆有茅草屋顶的住宅中，发展出一种混合农耕与采集的生活方式，并建造了许多土丘以供埋葬和祭祀之用。

到了10世纪，数百个小城镇散布在河谷中，其中最大的一个是靠近如今圣路易斯的卡霍基亚。这座早期的大都市环绕着栅栏和望塔，拥有至少100座土丘，人口多达1.5万人。几个土丘围绕在一个中心广场周围，呈阶梯状上升到四个宽阔的露台，上面是祭祀用的神龛或酋长的房屋。最大的建筑是一座约30米高的金字塔，占地超5公顷。

酋长死后，身着盛装的尸体会在家人和随从的护送下被抬到一个丧葬庙中。酋长会被埋葬在土丘里，有时会有随从陪葬。

右图 人口稠密的河岸城市卡霍基亚位于今圣路易斯附近，其中心是一个大广场与一座大约30米高的土筑金字塔

公元 940—970 年

	政治与权力	地理与环境	文化与宗教
美洲	**公元 950 年左右**：卡霍基亚位于今密苏里州的圣路易斯附近，是密西西比河文化中期最重要的聚落。 **公元 950 年左右**：墨西哥的阿尔班山基本上已被萨波特克人遗弃。	**公元 950 年左右**：位于墨西哥中部高地以东的大型设防城市坎托纳开始衰落。过去的 3 个世纪是它的鼎盛时期，那时这个聚落有 8 万—10 万名居民、24 个广场以及一套广阔的道路网，还有带动了该地区贸易的蕴藏丰富的黑曜石矿。	**公元 960 年左右**：图拉的托尔特克人在一座金字塔神庙里供奉着被称为"晨星和昏星之神"的奎兹特克（Quetzalcoatl，羽蛇神）。
欧洲	**公元 959—975 年**："和平者"埃德加（Edgar）重新统一了英格兰。 **公元 962 年**：德国的奥托一世加冕为神圣罗马帝国皇帝，作为意大利强大的帝国存在，与罗马教皇相抗衡。 **公元 965 年**：西西里岛落入了来自北非的阿拉伯征服者之手。		**公元 961—968 年**：在克里特岛被阿拉伯人征服后，尼康（Nikon）使那里的人们重新皈依了基督教。 **公元 963 年**：拉夫拉修道院建于希腊半岛的阿索斯山上。 **公元 970 年**：西班牙托尔托萨的梅纳海姆·本·萨鲁克（Menahem ben Saruq）去世。他撰写了第一部希伯来语词典《马贝雷特》（Mahberet）。
中东 & 非洲	**公元 945 年**：建都于巴格达的阿拔斯王朝权势衰落。 **公元 946 年**：赛弗·道莱（Sayf al-Dawlah）占领了叙利亚的阿勒颇，成为埃米尔。 **公元 950 年左右**：突厥奴隶阿尔普特勤（Alptigin）攻占了阿富汗的伽色尼。他的继任者，另一位曾经的突厥奴隶苏布克特勤（Subuktigin）建立了伽色尼王朝，使其成为伊斯兰权力中心。 **公元 969 年**：法蒂玛王朝征服了埃及和叙利亚。		**公元 940 年左右**：上加人（Shanga）在拉穆群岛的帕泰岛上用珊瑚和泥土建造了宏伟的房屋，在不久之后还将修建一座小清真寺。 **公元 945 年**：随着权力从逊尼派的阿拔斯王朝向什叶派的布希韦王朝的转移，阿拉伯帝国经历了重大的变迁。
亚洲 & 大洋洲	**公元 955 年**：犍陀罗阿迭多（Gandaraditya）统治着印度的朱罗王国。 **公元 960 年**：宋朝统一了中国，迎来了一个经济、社会、政治和文化剧烈变革的时代。	**公元 968 年**：丁部领（Dinh Bo Linh）平定十二使军之乱后，建立"大瞿越"。	**公元 960 年左右**：中国宋朝的山水画开始蓬勃发展。

那时的生活

中国的妇女

隋唐时期，中国的妇女可以随意地出门走动，甚至可以骑马。她们穿着优雅的丝绸服装，戴着防尘面纱。到 10 世纪末，妇女的地位逐渐下降，因为她们越来越被局限于家庭之中。大约在公元 950 年，南唐开始兴起缠足的习俗，这种让足部变得纤细小巧的痛苦整形手术进一步限制了妇女的活动。人们的时尚观念也发生了变化，前几个世纪的苗条外观让位于更丰满的线条，尤其体现在服饰方面。

科学与技术	人类与社会
公元 950 年左右：托尔特克人利用图拉河的水进行灌溉。	公元 950 年左右：托尔特克人凭借一支庞大的军队保护帝国不受游牧民族的入侵，并向邻近省份收取特定贡品。他们与墨西哥湾沿岸的人们交往，并从中美洲其他地区进口奢侈品，如玉石、绿松石和奇异的鸟类羽毛。托尔特克的工匠在编织、制陶和黑曜石加工方面表现得非常出色。
公元 950 年左右：欧洲人开始使用马蹄铁。 公元 950 年左右：意大利萨勒诺医学院成为中世纪欧洲第一所高等教育机构。	公元 954 年：英格兰约克郡最后一位斯堪的纳维亚统治者血斧王埃里克去世。 公元 960 年左右：丹麦国王（也是挪威国王）哈罗德一世（Harold I）受洗。 公元 966 年：波兰皮雅斯特王朝首任大公梅什科一世（Mieszko I）受洗。
公元 964 年左右：波斯天文学家苏菲（Al Sufi）撰写了一本《恒星之书》，书中将仙女座星系描述为"小云朵"。	公元 915—965 年：穆太奈比（Al Mutanabbi）被视为最伟大的阿拉伯诗人，亦称"行吟诗人"。他出生在伊拉克，曾与游牧人一起生活过一段时间，后来成为叙利亚阿勒颇哈姆丹王朝的统治者赛弗·道莱的辉煌宫廷中的一员。在宫廷里，他写下了许多言辞华丽的颂诗。 公元 953 年：布祖格·伊本·沙赫里亚尔（Buzurg ibn Shahriyar）写下《印度珍异记》（Book of Wonders of India），一部关于旅行和冒险的故事集。
公元 950 年左右：印度的阿育吠陀医学及炼金术的文献记录了长生不老药的制作过程，以及将廉价金属变成黄金的方法。	约公元 945—960 年：在日本京都附近的比叡山上，延历寺及其附属寺庙中出现了武僧组织。在接下来的几个世纪里，这些武僧将频繁介入寺庙之间的分歧、皇室的纠纷以及武士集团之间的争斗。

神圣罗马帝国

随着查理大帝的帝国被他的子孙瓜分，德国发展为许多个由公爵和大公统治的小公国。这些公国及其贵族经常陷入政教之间的权力斗争，甚至与教皇发生冲突。

公元 936 年，萨克森公国的奥托统一了北部的部分地区，被选为德意志国王。在如今的波兰、捷克和匈牙利等地，他多次击败了斯拉夫人和马扎尔人，使疆域得以向东拓展。

为了不让外来部落入侵意大利，奥托出兵保护了教会。为了表示感谢，教皇约翰十二世（John XII）于公元 962 年加冕他为"神圣罗马帝国皇帝"。这一头衔意味着教皇承认了奥托对德意志各公国以及洛林、意大利北部和勃艮第的统治。有人认为这意味着基督徒将复兴曾经强大的罗马帝国。

但这是不可能的，法国国王挫败了奥托吞并法国的企图。德意志王国本身从未实现过法国所享有的政治统一，也无法主宰欧洲。事实证明，德意志王国与教皇的关系也岌岌可危。教皇的权力覆盖了意大利和教会，他试图阻止奥托扩张帝国。

随着分歧越来越多，奥托在圣彼得大教堂召开了一次会议，罢黜了教皇约翰十二世，推举了利奥八世。利奥八世随后承认了奥托在教皇选举中有否决权，这是罗马公民赋予他的。

公元 973 年奥托去世后，他的头衔传给了他的儿子奥托二世（Otto II），之后又传给了他的孙子。这个以德意志王国为主体的帝国持续了近千年之久，直至公元 1806 年，时兴时衰，由选举皇帝和世袭皇帝统治着。

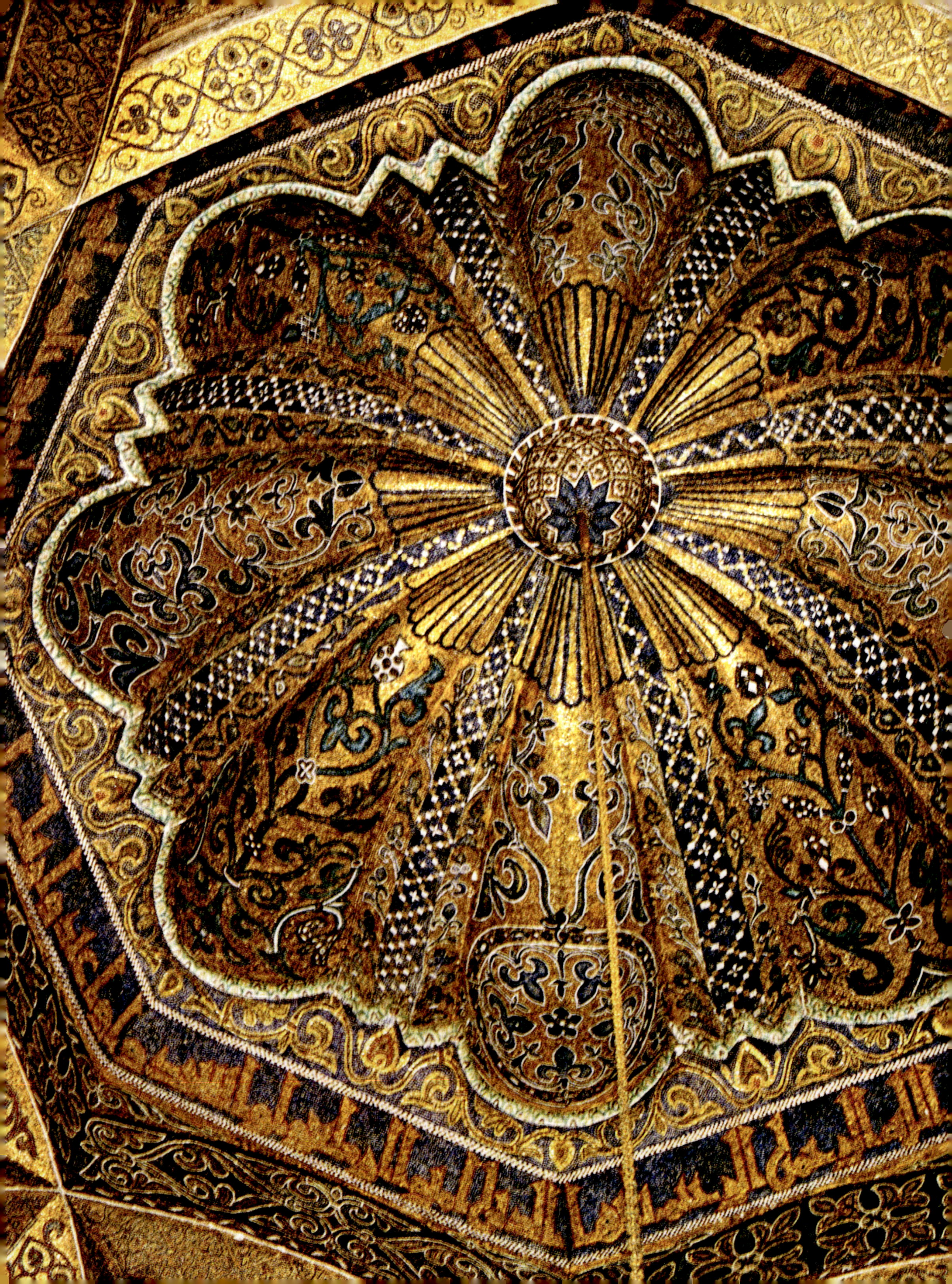

伊斯兰艺术与科学

从西班牙延伸到印度，穆斯林是一个由宗教和阿拉伯语联结在一起的丰富的文化综合体。穆斯林学者深受希腊、波斯和印度传统的影响，将艺术和科学的最新见解结合起来，并进一步发展。他们使用印度数字，包括"0"的概念——后来被欧洲的阿拉伯数字所采用——这提升了人们的数学思维，从而加深了对代数和三角学的理解。

印度和波斯凭借在天文学上的成就，建立了天文台，推算了行星的运动，测量了恒星的高度，发现了新的恒星，并提出了地球绕轴自转的理论。星盘和指南针的使用让人们可以无所畏惧地穿越大海，促进了贸易的发展。

阿拉伯文学长期以来受到说书人传统的熏陶，其散文和诗歌伴随着音乐节奏蓬勃发展，任何西方的翻译作品都无法做到这一点。无论是以道德劝诫结尾的寓言、有趣的故事，还是冒险传奇，都充满了双关、隐晦的典故和巧妙的比喻，令人过目不忘。

在每一次新的征服之后，都会出现史无前例的建筑热潮，尤其是修建宫殿和清真寺。伊斯兰建筑有时也被称为"面纱建筑"，它的美多集中表现在内部空间，有庭院、花园和喷泉。清真寺有着巨大的圆顶、宣礼塔和中央祈祷大厅，以彰显真主的无限力量。甚至动物的形象都很少被描绘出来，因为真主的创造是无与伦比的。因此，装饰物大多是几何图案和阿拉伯花饰，或是引用了《古兰经》经文的书法。科尔多瓦大清真寺（左）始建于公元 785 年，标志着西班牙和北非地区伊斯兰建筑的开始。这座清真寺以其引人注目的内部结构而闻名，尤其是圆顶。它由 850 根柱子和 19 条过道组成，通过对称实现了优雅的美感。

左图 科尔多瓦大清真寺仅用阿拉伯花饰和几何图案装饰的圆顶，彰显了阿拉伯艺术和建筑的优雅

公元 970—1000 年

	政治与权力	地理与环境	文化与宗教
美洲	**公元 987 年**：托尔特克人占据了墨西哥尤卡坦半岛上的玛雅城市奇琴伊察。 **1000 年左右**：加勒比人从南美洲迁徙到小安的列斯群岛。他们取代了原始的阿拉瓦克农耕文化，掳掠妇女并杀死男性，许多人在仪式中被吃掉。	**1000 年左右**：卡霍基亚位于密西西比河的一条主要支流沿岸，这使得那里的农业得以蓬勃发展。当地居民在冲积平原上种植了大面积的玉米，还在城郊开垦了种植多种作物的农田和菜园。	**公元 985 年左右**：红发埃里克（Erik the Red）以及数百名冰岛人命名了格陵兰岛，并在那里定居下来。他的航行在"格陵兰人萨迦"中被记录下来。
欧洲	**公元 971 年**：在保加利亚，拜占庭皇帝约翰·齐米斯西斯（John Tzimses，约翰一世）击败罗斯军队，并将多瑙河定为帝国边界。 **公元 973 年**：德意志国王、神圣罗马帝国皇帝奥托二世继承了父亲的王位。公元 983 年，奥托三世即位。 **公元 983 年**：文德人（斯拉夫部落）洗劫了今德国东部，波及范围西至汉堡市。 **公元 987 年**：休·卡佩（Hugh Capet）被选为法兰克人的国王。	**公元 974 年**：英格兰首次记录了地震。	**公元 976 年左右**：科尔多瓦（在今西班牙）发展成为伊斯兰文化中心。大清真寺于该年建成。城中有 70 个图书馆，最大的图书馆有 50 万册藏书。每年大约有 7 万本手抄本面世。 **公元 987 年左右**：基辅大公弗拉基米尔（Vladimir）接受了拜占庭教会的基督教信仰，创立了俄罗斯东正教。 **公元 996 年**：由拜占庭工匠在基辅建造的什一教堂，于该年完工并投入使用。
中东 & 非洲	**公元 999 年**：突厥伽色尼王朝和喀喇汗王朝征服了印度北部和整个中亚，将其带入伊斯兰世界。 **1000 年左右**：昆比（KUMBI）被认为是古代加纳的最后一个首都，被分成两个城市，一个是国王居住的城市，另一个是阿拉伯商人居住的城市，城内有石头建筑，宽阔的大道上有露天市场。昆比的兴建要早于伊斯兰教的传播。		**公元 971 年**：阿扎尔大学于开罗创办，成为首屈一指的伊斯兰教大学。 **公元 977 年**：学者们认为，伊玛目阿里圣陵位于伊拉克的纳杰夫。纳杰夫是先知穆罕默德女婿阿里的葬身之地，也是什叶派穆斯林的圣地。
亚洲 & 大洋洲	**公元 995 年**：日本贵族藤原兼家成为平安时代最有权势的政治家之一，几乎完全控制了朝廷。 **公元 996 年左右**：在国王罗阇罗阇一世（Rajaraja I）的统治下，印度南部朱罗王朝的势力达到顶峰。他征服了喀拉拉邦，占领了斯里兰卡北部。		**公元 950—1050 年**：克久拉霍是昌德拉王朝设立在今印度中央邦的首都，城内拥有约 85 座神庙构成的庞大建筑群。 **1000 年左右**：朱罗国王罗阇罗阇一世开始在坦贾武尔建造布里哈迪希瓦拉神庙。它是朱罗王朝现存的三座神庙建筑之一，体现了朱罗王朝在建筑、雕塑、绘画和青铜铸造方面的艺术成就。

链接

萨勒诺医学院

意大利萨勒诺医学院是中世纪第一所医学院，也是欧洲第一所大学。来自突尼斯的僧侣、学者康斯坦丁（Constantine）在那里将阿拉伯医学文献翻译成拉丁语，对西方思想产生了深远影响。萨勒诺曾经隶属于希腊，但那时处在诺曼人的统治之下。康斯坦丁精通希腊语、拉丁语、阿拉伯语和几种东方语言，这些对他在这个南部地区的生活大有帮助。萨勒诺医学院以内科医生闻名。医生们受益于来自地中海盆地周围的阿拉伯、希腊和犹太医学思想。这是一个宽容、进步的机构，向医生们教授解剖学（解剖人体在以前是被教会禁止的）并允许女性当医生。

科学与技术	人类与社会
1000 年左右：卡霍基亚进入了其建筑成就的巅峰时期，在今密苏里州圣路易斯附近的 13 平方千米的聚落内，人们用一篮一篮的土，建造了近 100 座土丘。其中最大的土丘高达 30 米，占地约 7 公顷。	
公元 936—1013 年：阿布·卡西姆（Abu al Qasim）是西班牙科尔多瓦哈里发国家的御医，他撰写了一部三十卷的医学著作《医学手册》（The Method），其中有约 200 种医疗器械的插图，并首次对血友病进行了描述，这是目前所知的有关血友病的首次记录。他被认为是中世纪最伟大的伊斯兰外科医生。 公元 970 年左右：意大利萨勒诺的犹太医生沙贝泰·多诺洛（Shabbethai Donnolo）研制出新的药理学处方。	公元 935—1000 年：萨克森公国甘德谢姆本笃会修道院的女院长赫罗斯威塔（Hroswitha），用拉丁文写过六部戏剧。她的作品体现了基督教的价值观，受到了罗马剧作家泰伦斯（Terence）的影响。她也创作诗歌，还曾记录下奥托一世统治时期的历史。 公元 991 年左右：丹麦金（Danegeld）是英国为了防止丹麦人（北欧海盗）入侵而征收的一种税，一直征收到 1084 年。英国国王用这笔收入来打发斯堪的纳维亚的掠夺者。
公元 980—1037 年：波斯哲学家和医学家伊本·西拿（欧洲人称他为"阿维森纳"）撰写过 200 多种著作，被认为是现代医学的先驱。他的作品传播到欧洲后产生过很大的影响。 1000 年左右：通过炼铁以制造更好的工具，帮助班图人在整个撒哈拉以南非洲和大湖区周围茂密的森林地区定居下来。	公元 998—1030 年：阿富汗伽色尼王朝统治者、阿尔普特勤（Alptigin）的孙子马哈茂德（Mahmud）多次率军突袭印度旁遮普，掠夺财宝，为穆斯林统治当地奠定了基础。他建立的首都加兹尼后来发展成为与巴格达齐名的文化中心。
公元 976 年左右：中国工程师张思训主持建造了一个以水银为动力的大型天象仪——太平浑仪。	公元 986 年：15 岁的辽圣宗耶律隆绪率兵迎击宋朝军队。

上图　宋代瓷枕

宋朝

唐朝的灭亡在中国引发了长达 50 年的内战。最后，公元 960 年，一位强大的军事将领赵匡胤建立了宋朝，重新恢复了实行中央集权的帝国统治。他重文抑武，把重点放在民政和教育上。随着秩序的重建，中国文化经历了又一次艺术和文学上的繁荣，涌现了更多的瓷器艺术品和绘制在纸和丝绸上的精美的山水画。

宋代的农业也有了显著的进步。在富饶的南方，出现了一年两熟的水稻。由于有了大运河，稻米可以轻易销往全国各地，粮食供应状况得到极大改善，这反过来又带动了市场、商业和货币经济的发展。城市也发展起来，它们既是经济中心，又是城市文化和大众文化的中心。

但是，军事能力的衰弱最终导致了宋朝的灭亡。来自北方草原骑兵对宋朝的持续威胁，迫使宋朝政府通过提供岁币的方式获得了暂时的和平。12 世纪初，游牧民族女真征服了中国的北方，将宋朝政府赶到了南方。

第 4 章

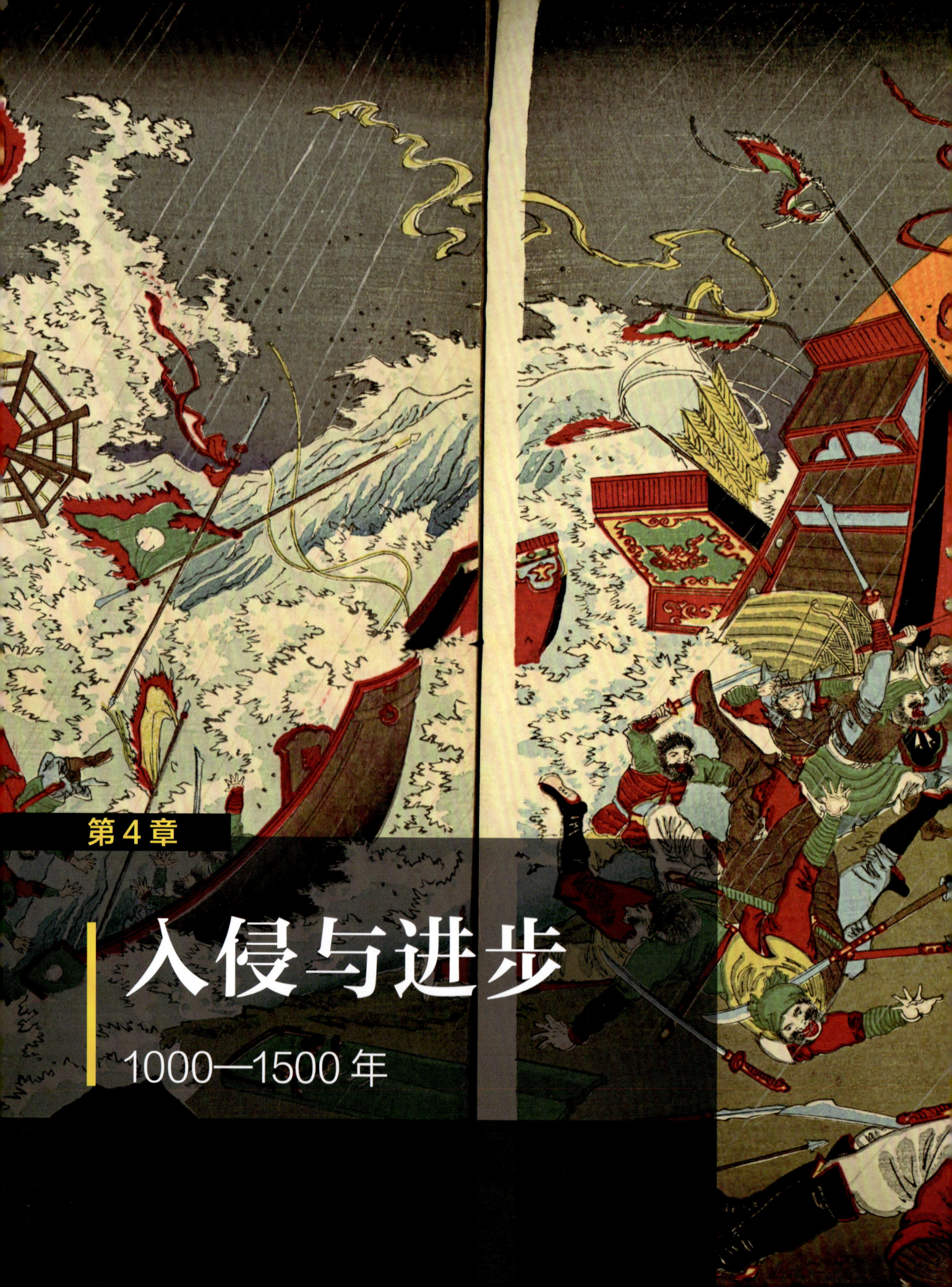

入侵与进步

1000—1500 年

在强大的忽必烈汗的领导下,蒙古军队最终完成了由成吉思汗开启的军事征讨。然而,蒙古海军在远征日本时遭遇了风暴,残余的军队被日本武士击退。数百年后,这一胜利被载入日本史册

公元 1000—1500 年，入侵者、商人和探险家们跨越大陆和海洋，将世界各地联系起来的同时也带来了冲突。来自西欧的基督教十字军前往耶路撒冷与穆斯林争夺圣地的控制权。来自中亚的突厥人和蒙古人占领了从中国到东欧的大片地区。亚洲和欧洲之间的交往传播了一场毁灭性的瘟疫，但也维持了利润丰厚的香料和其他商品的贸易，促进了航海的发展。15 世纪晚期，为了寻找新的财富来源和通往亚洲的新航线，欧洲水手绕过非洲，横渡大西洋，开始在全球展开贸易和殖民。到了 1500 年，地球上已经很少有地方能够摆脱来自遥远国度的入侵者以及他们带来的令人不安的变化。

中东动荡

到了公元 1000 年，伊斯兰世界不再统一：巴格达的阿拔斯王朝的哈里发已经失去了大部分权力，敌对的法蒂玛王朝控制了埃及、巴勒斯坦和叙利亚。内部的分裂使得外人趁虚而入，夺取了财富和圣地。在十字军到来之前，长期以游牧为生、在马背上作战的塞尔柱突厥人从中亚渗透到中东，他们为阿拔斯王朝的哈里发作战，虽然皈依了伊斯兰教，但保留了突厥人的语言和习俗。1055 年，塞尔柱突厥人图格里勒·贝格（Toghril Beg）成为巴格达的苏丹。他和他的继任者们把哈里发留在那里作为傀儡，自己开始对外征战，从法蒂玛王朝手中夺取了叙利亚和巴勒斯坦，并向小亚细亚半岛挺进。

突厥人的进攻对拜占庭帝国构成了严重威胁。在被称为"保加利亚屠夫"的巴西尔二世（Basil the

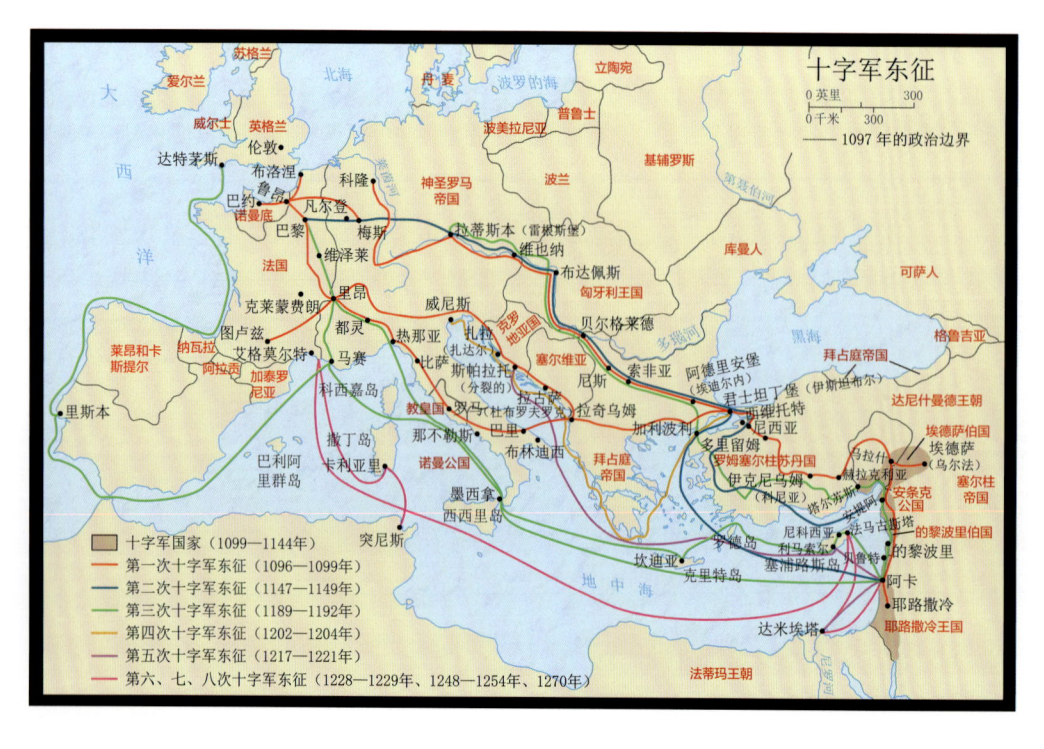

左图及右页图 从 1096 年开始，来自欧洲许多地区的基督徒参加了十字军东征，目的是打败阿拉伯军队，夺取圣地。许多十字军战士在陆地上行军，但也有一些通过海路东进，比如他们的船队曾经过博斯普鲁斯海峡的一个营地（见右页图）

Bulgar Slayer）皇帝的率领下，拜占庭军队在 11 世纪初征服了保加利亚，挺进到了土地肥沃的多瑙河流域。不过，如果拜占庭没能守住小亚细亚半岛，那将会损失惨重，因为小亚细亚半岛不仅为君士坦丁堡提供食物和贸易物资，还保护着君士坦丁堡免受侵略。1071 年，拜占庭军队在小亚细亚半岛被突厥人击败。但在苏丹死后，突厥人分裂成了敌对的阵营。拜占庭皇帝想要击败他们，于是向西欧寻求帮助，那里的基督徒也有反对突厥人的理由。东正教当时正与罗马天主教会闹决裂，罗马教皇乌尔班二世（Pope Urban II）寻觅到一个机会——他想成为耶路撒冷和其他圣地的精神守护者，以此在东地中海重新获得权威，这些圣地对基督徒和穆斯林来说都很神圣。1095 年，他号召十字军攻打突厥人。第一次十字军东征是教皇号召发起的，一个名叫"隐士彼得"（Peter the Hermit）的狂热者率领一支杂牌军参战，结果出师不利，最终惨败。与此同时，法国的贵族们正在集结一支更强大的战斗部队，他们于 1099 年成功地占领了耶路撒冷。一批批十字军随后沿着东地中海开拓疆土。1146 年，突厥人占领了十字军国家的埃德萨城，引发了第二次十字军东征，但以失败告终。1171 年，苏丹萨拉丁从法蒂玛王朝手中夺回了埃及，并于 1187 年为穆斯林收回了耶路撒冷。后来，来自信奉天主教的欧洲的十字军战士没能夺回圣地，转而反对君士坦丁堡的东正教教徒，并于 1204 年洗劫了该城，

使拜占庭帝国后来很容易受到突厥人的攻击。

欧洲崛起

十字军东征尽管并没有取得什么持久的价值，但却使欧洲人接触到了更大的世界，并鼓励他们以强有力的领导者为中心团结起来。由法国国王路易九世（Louis IX）和英格兰国王理查一世（"征服者"威廉的后代，威廉于1066年从诺曼底渡海征服了英格兰）组织的十字军彰显了欧洲君主日益强大的实力，但他们的权力主张也遭到了一些贵族的抵制。在英格兰，贵族们于1215年强迫国王约翰签署了《大宪章》，对王室权力施加了法律限制。

欧洲贵族是骑士，擅长骑马作战，人们期望他们能侍奉上帝、服从领主、尊重并保护妇女，因为那是尊重骑士精神的体现。女士们通过资助游吟诗人来宣扬骑士精神，诗人们在诗歌和歌曲中歌颂爱情、荣誉和礼节。同样的价值观也在西班牙阿拉伯贵族的宫廷中盛行，他们的浪漫诗句鼓舞了法国和其他基督教国家的游吟诗人。

一些骑士成立了宗教团体，为传播信仰而战。德意志骑士组成的条顿骑士团入侵普鲁士和波罗的海地区的其他国家，并在那里推行基督教。德国是神圣罗马帝国的一部分，帝国的疆域从波罗的海一直延伸到意大利北部。首任神圣罗马帝国皇帝是在10世纪由教皇加冕的，但是他的继任者们后来因为要求任命自己的主教而与教廷发生了冲突。

与此同时，意大利仍然分裂为许多政治联盟，包括威尼斯和热那亚这样通过与伊斯兰世界的贸易而繁荣起来的城邦。意大利商人满足了欧洲对糖、香料和丝绸等东方商品的需求，这些东西在十字军东征后变得更加流行。马可·波罗和其他意大利商人前往中国，也促进了东西方的贸易。佛罗伦萨于1300年左右成为伟大的文化中心，它是诗人但丁·阿利吉耶里（Dante Alighieri）、画家乔托·迪·邦多内（Giotto di Bondone）和学者彼特拉克（Petrarch）的故乡。

他们的作品借鉴了古典文化，成为欧洲的信仰时代和意大利文艺复兴时期的人文主义之间的桥梁。

在整个欧洲，贸易的扩张促进了城市的发展，富裕的商人和熟练的工匠聚集在一起，通过组织行会来控制生产和定价，逐渐形成汉萨同盟，影响深远。像巴黎这样蓬勃发展的城市以高耸的大教堂和教会学校而闻名，这些学校逐渐发展成为由托马斯·阿奎那这样的学者领导的大学。阿奎那借鉴了亚里士多德的著作，为天主教提供了强大的知识基础。

蒙古入侵

到了1200年，多个突厥人建立的王朝统治着北非、中东和印度北部。但是突厥人很快就被蒙古人超越了，蒙古人占据着如今的蒙古高原。他们擅长骑兵作战，但在政治上缺乏统一，直到一位名叫铁木真的首领创建了一个强大的联盟。1206年，在忽里台大会上，他成为可汗，被尊称为成吉思汗，意为拥有四海的强大者。

他的第一个征服目标是中国北方，当时那里早已脱离了宋朝的控制。宋朝统治下的中国绝对是世界上最繁荣和最具创造力的国家。中国的印刷工人发明了活字印刷术，造船商发明的舵让船只更易于操控——这些突破与中国早期的发明如火药一起传到了西方。纸币刺激了中国的经济，城市因而变得更庞大、更富裕，新的灌溉和施肥技术养活了更多的人口。然而，宋朝的统治者把军队托付给了对军事事务知之甚少的文官，在成吉思汗发动进攻的一个世纪前，宋朝北方的领土便已被女真人夺走。随后蒙古人在北方崛起，女真人虽然进行了激烈的抵抗，但到1220年，中国北方大部分地区已被蒙古人控制。

成吉思汗于1227年去世后，他的继承人继续征战，将庞大的蒙古帝国划分为数个汗国，每个汗国都由自己的可汗统治。在征服宋朝的同时，忽必烈在1274年和1281年对日本进行了大规模的海上远征，只是这两次都遭到了台风的袭击。日本人很感激"神道诸神"派"神风"拯救了他们。那些登陆的蒙古人被武士击退。

武士的法典规定，他们如果不能履行职责，就必须自杀。许多武士对日本的幕府将军失去了信心，因为他没有像期望的那样奖励他们，甚至还提高了税收以建造昂贵的防御工事。

到了1300年，蒙古帝国从中国扩张到了俄国。莫斯科和其他城市的大公们被迫向向东挺进至波兰和匈牙利的金帐汗国（钦察汗国）的蒙古人进贡。西欧虽然躲过了蒙古人的入侵，但那里的许多人都成了流行病的受害者，蒙古大军和与他们打交道的商人促进了流行病的传播。这种被称为"黑死病"的淋巴腺鼠疫于14世纪肆虐了东亚。在混乱中，蒙古人失去了权力，明朝夺回了对中国的统治权。鼠疫由寄生在啮齿动物身上的跳蚤携带，通过商船、商队和军队沿着海路和陆路传播开来。大多数被感染的人都失去了生命，而且疾病的暴发引发了社会冲突。在欧洲的一些地区，基督徒将瘟疫归咎于犹太人，并对他们进行了大屠杀。

1400年，黑死病使欧洲人口减少了60%。疾病对中东地区的破坏更为严重，蒙古人的地盘发生了动乱，突厥人乘机重新夺得控制权。由征服者帖木儿率领的军队占领了美索不达米亚、波斯和印度北部，在1405年去世前他还准备入侵中国。他的帝国和他一起灭亡了，其他突厥人迅速填补了这个权力真空，特别是在小亚细亚半岛的奥斯曼人。他们相信为伊斯兰教而战的战士会获得永恒的荣耀。"他生活在安拉的祝福之中，"一位诗人宣称，"他将得到永生。"入侵巴尔干半岛后，奥斯曼帝国于1453年占领君士坦丁堡，震惊了信奉基督教的欧洲。

这时，西欧已经基本上克服了瘟疫的影响，其君主比以往任何时候都更加强大。同年，君士坦丁堡沦陷，英法之间犹如史诗般的百年战争宣告结束。法国成功抵挡了英国对法国领土的侵占，但两国王室在战争期间通过增兵和征税来支撑战争，因此变得更加强大。在西班牙，卡斯提尔王国和阿拉贡王国早前从阿拉伯人手中夺回了西班牙的大部分领土，1469年卡斯提尔王国王位继承人伊莎贝拉与阿拉贡王子费迪南结婚；1479年两国正式合并，基本完成西班牙的统一。在航海家亨利（Henry）王子的领导下，葡萄牙成为海上强国。亨利王子推动了航海研究，并赞助了远征，使亚速尔群岛和其他岛屿成为殖民地。在那里，来自西非的奴隶在甘蔗种植园里劳作。

航海技术的进步使欧洲人得以绕过阿拉伯商人，寻求通往亚洲市场的海上航线。14世纪末，葡萄牙航海家绕过非洲南端到达印度，而意大利水手克里斯托弗·哥伦布（Christopher Columbus）为西班牙开辟了一条横渡大西洋的航线，前往他所认为的"印度"，但实际上是加勒比地区的岛屿。欧洲的重大探险活动已经准备就绪，它们将影响非洲、美洲和其他地区，扰乱或摧毁那里的强大社会。

非洲和美洲的进步

在哥伦布到达新大陆或葡萄牙商人造访西非海岸之前，这些大陆上已经出现了帝国。西非的加纳帝国在13世纪初就在游牧民族的攻击下崩溃了，这些游牧民族窥伺来自撒哈拉沙漠的阿拉伯商人的黄金已久，被黄金吸引而来。这种贸易随着马里帝国的发展而复苏，

上图 图中所描绘的蒙古战士是专业的骑兵，他们用马镫固定住身体，以向任何方向射出致命的一箭

上图 忽必烈对日本发动了大规模的海上远征

马里帝国继承了加纳帝国，疆域更加广阔。马里皇帝曼萨·穆萨（Mansa Musa）于1324年带着数千名追随者和巨额黄金前往麦加朝圣，这令伊斯兰世界一时眼花缭乱。大多数马里人的生活更为简朴，他们坚持祖先的信仰。马里人伟大的艺术和奉献精神体现在制作面具和其他用来纪念伟大灵魂的仪式的物品上。

在东非海岸，繁荣的城邦发展起来，斯瓦希里商人从印度和其他国家通过海路进口丝绸、棉花和瓷器等珍稀物品。在内陆地区，津巴布韦王国繁荣昌盛，拥有令人印象深刻的石制建筑和一座宏伟的国都，居住着1.2万—2万人口。就像马里帝国和继承了马里帝国的桑海帝国一样，津巴布韦通过贩卖奴隶、黄金和象牙繁荣起来。但直到欧洲人开始将整船整船的非洲黑人运送到大西洋对岸的殖民地，奴隶贸易才成为一种买卖。到15世纪晚期，葡萄牙商人每年从非洲出口几千名奴隶，与随后的大规模转口相比，这只是九牛一毛。

在美洲，欧洲人到来之前的一段时期也有类似的文化发展。在北美，由于大城镇耗尽了自然资源，密西西比河流域和东南部的土丘文化于13世纪衰落了。但是，由贸易和交往联系起来的小村庄组成的部落社会却在东部林地蓬勃发展。在东北部，易洛魁人的五个部落于15世纪合并成为一个强大的联盟，在后来的殖民时代大放异彩。在美洲西南部，古普韦布洛文化于12世纪的查科峡谷时期最为繁盛。查科峡谷是一个政治和祭祀中心，与偏远的定居点有道路相连。后来，严重的干旱使得古普韦布洛人被迫疏散，一些人在格兰德河畔定居下来，促进了那里印第安人社会的形成。

在南美洲，奇穆人延续了莫切人早期文化的传统，在落入印加人手中之前，奇穆人沿着秘鲁海岸扩展了800多千米的疆域。印加起源于安第斯高地，在15世纪中期，在一位名为帕查库特克（Pachacuti，意为改变世界的人）的统治者的领导下，印加成为一个强大的政权。1500年，他们的帝国从如今的厄瓜多尔延伸到智利中部，包括数千千米路面平整的道路，每隔一段路就有接待商人和官员的驿站。他们没有文字，但通过在绳子上打结来记事。

与此同时，在墨西哥谷，阿兹特克人创立了自己的帝国，并在特诺奇蒂特兰岛上建造了一座宏伟的都城，附近的一个广场是世界上最大的市场之一，每天都有数以万计的人光顾，里面摆满了美洲虎毛皮、金

本页图 14世纪，黑死病卷土重来，给地中海世界带来了可怕的损失。后来的疾病暴发不再那么严重，但在17世纪，当一位德国艺术家画出这张医生画像时，黑死病仍然是非常可怕的灾祸。画中的医生戴着面罩，以防止被感染（下图）

刚鹦鹉羽毛、陶器、棉布和其他手工制品等诱人的商品。和玛雅人一样，阿兹特克人的祭司也是天文学家，他们传承着错综复杂的历法，并以文字记载传说。阿兹特克的祭司也在特诺奇蒂特兰的大金字塔和其他神圣的地方，用活人祭祀上天。国王在加冕后发动战争，用成千上万的俘虏作为祭品以寻求神的祝福。阿兹特克人要求臣民进贡，这进一步引发了民怨，西班牙入侵者后来就是利用这一点分化并征服了阿兹特克帝国。

1100—1200 年
在密西西比文化中,卡霍基亚是印第安人的定居点之一,它是墨西哥北部重要的大都市,其人口大约有 2 万人

1453 年
英国被法国打败,百年战争就此结束

北美洲

大西洋

太平洋

1307 年
曼萨·穆萨成为马里帝国的统治者

1492 年左右
在伊斯帕尼奥拉,哥伦布命令印第安人向他进贡黄金,并开始实行强迫劳动制度。两年后,印第安人发动了第一次起义,烧毁了西班牙的一座堡垒

南美洲

1400 年左右
在秘鲁沿海的莫切山谷,奇穆文明达到其顶峰,沿着海岸扩张。1465 年,奇穆文明被印加人击溃

世界一览
1000—1500 年

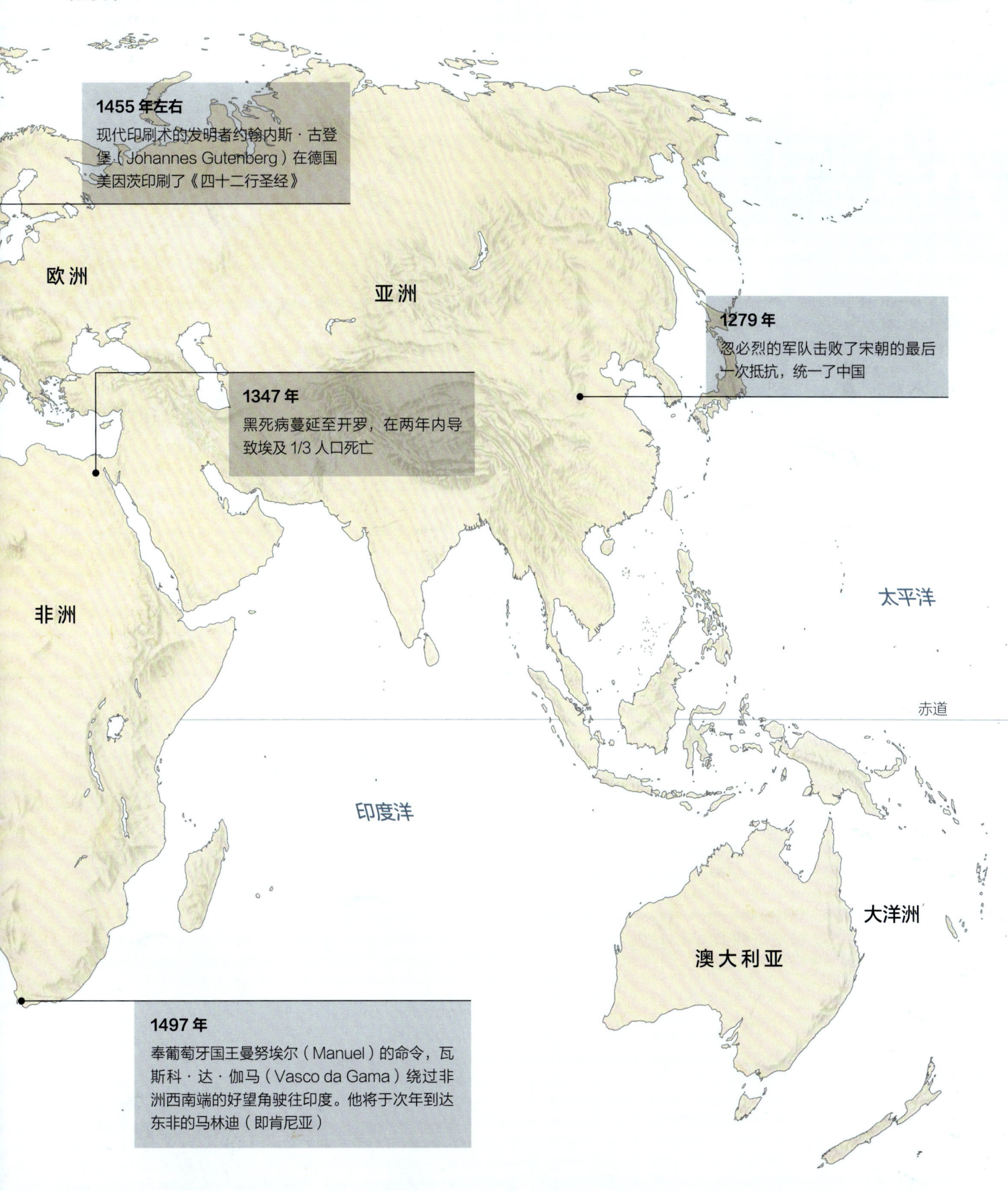

北冰洋

1455 年左右
现代印刷术的发明者约翰内斯·古登堡（Johannes Gutenberg）在德国美因茨印刷了《四十二行圣经》

欧洲

亚洲

1279 年
忽必烈的军队击败了宋朝的最后一次抵抗，统一了中国

1347 年
黑死病蔓延至开罗，在两年内导致埃及 1/3 人口死亡

非洲

太平洋

赤道

印度洋

大洋洲

澳大利亚

1497 年
奉葡萄牙国王曼努埃尔（Manuel）的命令，瓦斯科·达·伽马（Vasco da Gama）绕过非洲西南端的好望角驶往印度。他将于次年到达东非的马林迪（即肯尼亚）

1000—1030 年

	政治与权力	地理与环境	文化与宗教
美洲	**1000 年左右**：墨西哥的多民族城市图拉正处于鼎盛时期，在约 16 平方千米的范围里住着五六万人。 **1000 年左右**：安第斯高地的瓦里帝国瓦解。奇穆是后来崛起的几个帝国之一，都城为昌昌（Chan Chan）。	**1000 年左右**：据说，莱夫·埃里克松（Leif Eriksson）发现了北美洲大陆，他抵达了今加拿大圣劳伦斯湾附近。 **1000 年左右**：曼丹人沿着密苏里河向北迁移，定居在今北达科他州。	**1000 年左右**：米斯特克人因绿松石马赛克镶嵌头骨而闻名，他们建造了巨大而美丽的房屋，比如米特拉的柱宫。
欧洲	**1004 年**：阿拉伯人洗劫了比萨。 **1013 年**：丹麦人占领英格兰。 **1016—1028 年**：丹麦国王克努特（Canute）成为英格兰和挪威的国王。1028 年，他指派自己的王后艾尔夫吉夫（Aelgifu）与他们的儿子斯韦恩（Sweyn）掌管挪威。 **1018 年**：拜占庭皇帝巴西尔二世（Basil II）征服了保加利亚。 **1025 年**：君士坦丁八世（Constantine VIII）在巴西尔二世去世后继位，拜占庭帝国开始衰落。	**1000 年**：撒克逊人在布里斯托尔定居。 **1016 年左右**：苏格兰南部和北部统一。	**1000 年左右**：冰岛议会阿尔庭决定接受基督教。 **1000 年左右**：犹太思想的中心开始从美索不达米亚转移到西班牙。 **1021—1036 年**：赖兴瑙隐修院院长伯尔恩·奥吉恩西斯（Bern Augiensis）编纂了一部在音乐理论方面颇有影响力的书，名为《圣调序曲》（Prologus in Tonarium）。
中东 & 非洲	**1009 年**：法蒂玛王朝哈里发哈基姆（Al Hakim）摧毁了耶路撒冷的圣墓教堂。	**1000 年左右**：阿拉伯地理学家阿尔·麦格迪西（Al Maqdisi）去世，他著有一本关于世界自然与人文地理学的书。	**1010 年**：菲尔多西（Firdausi）创作了波斯文学中最伟大的作品之一《列王记》（Shahnama）。 **1021 年**：法蒂玛王朝哈里发哈基姆在自称"救世主"后失踪；他的追随者逃离了埃及的迫害，在黎巴嫩和叙利亚的偏远地区创立了德鲁兹派。
亚洲 & 大洋洲	**1000 年左右**：塞尔柱突厥人在中亚地区崛起。 **1005 年**：北宋与契丹人建立的辽国签订了"澶渊之盟"。 **1008 年**：在白沙瓦，伽色尼王朝苏丹马哈茂德击败了印度教徒。 **1017—1018 年**：索姆纳特被伽色尼王朝苏丹马哈茂德洗劫一空。 **1021 年**：朱罗人入侵孟加拉。	**1000—1500 年**：复活节岛上的拉帕努伊人雕刻了许多被称为"摩艾"的巨石雕像。 **1011 年**：宋真宗赵恒下令推广一种从占城国引入的耐旱水稻。它的成熟周期很短，在某些地区，农民一年能够种植两季。在高海拔和高纬度地区，人们种植了适应性更强的品种。	**1010 年左右**：日本作家紫式部完成了《源氏物语》的写作，它被认为是世界上第一部长篇小说。

科学与技术	人类与社会
1000 年左右：玛雅文明和大多数中美洲文明创制了两种历法周期：一种是 260 天，另一种是 365 天。	1000 年左右：北美东北部的易洛魁人群居并种植豆类、玉米和南瓜。
1000 年左右：锁子甲彻底改变了北欧中世纪封建骑士的作战方式。	1013—1057 年：撒母耳·哈·纳吉德（Samuel Ha Nagid）不仅是格拉纳达的犹太社区领袖，还是哈里发的重要谋士和维齐尔（相当于宰相）。 1015 年：基辅大公弗拉基米尔（Vladimir）去世。他娶了拜占庭皇帝巴西尔二世的妹妹安妮（Anne），皈依了基督教。
公元 965—约 1040 年：埃及天文学家、数学家阿尔哈曾（Alhacen）撰写了一部很有影响的光学著作，该书从理论上证明了视觉源于人眼对光线的接收。 1012 年：埃及开罗的哈基姆清真寺竣工。	1000 年左右：尼日利亚的约鲁巴人在圣城伊费繁衍壮大，他们相信这里是人类的诞生地。
1000 年左右：早熟水稻是从位于东南亚、信奉印度教的占城国引进的。 1000 年左右：令人畏惧的塞尔柱突厥战士在作战中使用复合弓和长矛。	1006 年：穆斯林在印度西北部定居。 1023 年：中国北宋政府在今四川发行了世界最早使用的纸币——交子。

犹太人西迁

伊斯兰教兴起后，犹太人主要居住在穆罕默德追随者统治的土地上。以美索不达米亚为中心，有着一群"加昂们"（geonim，即"超群者"），即学术机构的负责人，他们被视为维护法典的最高法官，世界各地的犹太人都向他们咨询宗教和非宗教方面的事务。

其中，巴格达庞贝迪塔学院的哈伊·本·设里拉（Hai ben Sherira）被认为是最后一位伟大的加昂们。哈伊以其智慧闻名，远在西班牙和埃塞俄比亚的犹太人都向他求救。他于 1038 年去世，享年 99 岁，庞贝迪塔学院也永久关闭，标志着长达 600 年的巴比伦犹太人的繁荣时期就此结束。

虽然巴比伦尼亚和巴勒斯坦的一些塔木德学院仍然开放，但主要的学术力量还是跟着犹太人迁移到了埃及、北非和西欧，特别是西班牙。那里的信仰伊斯兰教的统治者对基督教徒和犹太人比较宽容，从而形成了一个文化融合的时代。犹太医生、诗人和学者都受到哈里发的欢迎，被邀请进宫廷中。犹太人变得极具影响力，在某些情况下，他们甚至会被任命为哈里发的大臣。

但是当基督教徒崛起，摩尔人的省份逐渐落入他们手中时，这个黄金时代开始崩溃。对犹太人的迫害也随之而来，1492 年，伊莎贝拉女王和费迪南国王颁布法令，命令犹太人必须在三个月内皈依基督教，否则就要离开西班牙。这项法令是在西班牙王室资助哥伦布前往新大陆的同年颁布的，主要是为了增强基督教的影响力。西班牙统治者禁止犹太人前往美洲，然而最终正是这些地区为那些在欧洲和中东遭受迫害的犹太人提供了自由。

1030—1060 年

	政治与权力	地理与环境	文化与宗教
美洲	**1050 年左右**：玻利维亚的蒂瓦纳科作为安第斯山区的政治中心开始衰落。		**1050 年左右**：托尔特克建筑向人们展示了一种可怕的、好战的宗教，有巨大的蛇和战士的雕像，以及"查尔穆尔"（Chacmools）神像——一种斜倚着的人类形象的雕像，可能在上面进行过活人献祭。
欧洲	**1031 年**：倭马亚王朝的最后一位哈里发希沙姆三世（Hisham III）被废黜，科尔多瓦的哈里发的统治就此结束。 **1037 年**：费迪南一世成为西班牙卡斯提尔王国首位国王。 **1040 年**：苏格兰国王邓肯（Duncan）被另一位有王位继承权的麦克白（MacBeth）谋杀。 **1042 年**：诺曼人欧特维尔兄弟威廉（铁臂威廉）和德罗戈在意大利南部的阿普利亚掌权。		**1042—1052 年**："忏悔者"爱德华开始在伦敦修建威斯敏斯特教堂。 **1050 年左右**：音符被赋予了时间上的意义。 **1051 年**：洞窟修道院在基辅南部建成。其信徒中有俄国修道主义的创始人。 **1054 年**：罗马教会和东方教会永久分裂。
中东 & 非洲	**1050 年**：塞尔柱突厥人占领了波斯的伊斯法罕。 **1054—1145 年**：北非和西班牙的阿尔摩拉维王朝重新确立了逊尼派的正统观念。 **1055 年**：塞尔柱帝国创立者图格里勒·贝格（Tughril Beg）恢复了伊斯兰教逊尼派的正统地位，并将自己塑造成阿拔斯王朝的世俗统治者。	**1033 年**：巴勒斯坦发生严重地震。 **1047 年**：什叶派的作家、旅行家和哲学家纳西尔·库斯劳（Nasir-I Khusrau）访问埃及。 **1049 年**：阿拉伯游牧民（希拉尔部族）开始从阿拉伯半岛东部大量迁移到北非，这一迁移过程将持续几个世纪。	**1050—1058 年左右**：希拉勒·萨比（Hilal al Sabi）制定了哈里发法庭的规则；马沃尔迪（Al Mawardi）撰写了《苏丹政令书》，以重申被白益王朝（Buyid）埃米尔削弱的哈里发的地位。马沃尔迪的著作被认为是对伊斯兰政治理论的一个有影响力的解释。 **1055 年**：突尼斯的哈纳内尔·本·胡希埃尔（Hananel ben Hushiel）去世，他是《塔木德》最早的撰写者之一。 **1058 年**：阿拉伯古典传统的最后一位伟大诗人麦阿里（Abu al-'ala' al-Ma'arri）去世。
亚洲 & 大洋洲	**1030—1031 年**：马哈茂德死后，他的儿子马苏德（Masud）瞒着他的兄弟穆罕默德（Muhammad）在阿富汗夺取了王位。 **1038 年**：党项族在今中国西北部的甘肃和宁夏等地建立了西夏王国。 **1040 年**：塞尔柱突厥人击败了波斯的伽色尼军队，阻止了他们在该地区的扩张。伽色尼王朝统治者马苏德（Masud）逃往印度。	**1050 年左右**：中国宋朝学者沈括的著作《梦溪笔谈》中收录了现存最早的关于指南针的介绍。 **1053 年**：在日本京都附近，优雅的平等院凤凰堂从私人避暑胜地变成了一座寺庙。	**1031 年左右**：维玛拉·瓦萨利庙（Vimala Vasahi）是一座耆那教寺庙，建于今印度北部拉贾斯坦邦迪瓦拉的阿布山。在接下来的几个世纪里，这个地区将会出现更为华丽的寺庙，维玛拉只是其粗陋的前身。 **1050 年左右**：定朝（Jacho）成为日本雕刻艺术家中的佼佼者。

那时的生活

中世纪的贸易展览会

从瑞典到德国、法国、英国、意大利，再到中东，在中世纪欧洲各地举行的国际贸易展览会上，商贸活动蓬勃发展。商人们聚集在城墙外买卖商品；小丑、杂技演员、杂耍演员和音乐家在人群中走来走去，表演着他们的把戏，孩子们在一旁看得入迷，而他们的父母正在为各种商品砍价。从本地的货物到从中国远道而来的丝绸和香料，应有尽有，人们还可能发现摊位上摆满了俄罗斯的皮草、意大利的玻璃、法国的葡萄酒和布鲁日的蕾丝，什么都要经过一番讨价还价。以物易物最终将被货币交易所取代。为了鼓励商品多样化，君主们有时会免除商人的通行费，或者征收额外的税收来改善道路和桥梁，或者投资建设昂贵的大教堂等公共工程。

科学与技术	人类与社会
1050 年左右：黑曜石成为托尔特克的经济支柱，它被用于制作刀、飞镖、棍棒和还愿物品。	**1050 年左右**：在今密西西比州东南部的祭祀遗迹中，人们发现了当时的艺术品与手工艺品，这是该地区与中美洲进行贸易往来的证据。
1050 年：意大利的彼得罗塞勒斯（Petrocellus）写下了《实践》（*Practica*），这是一部重要的早期医学著作。 **1050 年**："星盘"从东方国家传到了欧洲。	**1051—1053 年**：威塞克斯伯爵戈德温（Godwine）拒绝服从国王"忏悔者"爱德华的命令，因此被放逐。后来戈德温的儿子哈罗德二世（Harold II）发动入侵，为家族恢复了地位。后来，哈罗德击败爱德华，成为英格兰盎格鲁－撒克逊时期威塞克斯王朝最后一位国王。 **1059 年**：教皇尼古拉二世（Nicholas II）颁布敕令，规定未来的教皇必须由红衣主教团选举产生。
1037 年：历史学家、医学科学家和哲学家伊本·西拿去世。 **1040 年左右**：天文学家、光学科学家伊本·海塞姆（Ibn al Haytham）去世。 **1050 年左右**：巴格达的统治者建立了一个以信鸽为主的信息传递系统。 **1052 年左右**：历史学家、数学家阿尔·比鲁尼（Al Biruni）去世。	
约 1041—1048 年：中国的毕昇发明了活字印刷术。 **1044 年左右**：中国军事书籍《武经总要》中描述了一种"漂浮着的磁罗盘"（水罗盘）。 **1054 年**：中国和日本的天文学家分别记录了一颗超新星的爆炸。这颗超新星的遗迹至今仍然可见，被称为蟹状星云。	

摩尔人统治下的西班牙

公元 711 年，来自北非的穆斯林游牧民族在直布罗陀登陆，入侵伊比利亚半岛，并开始征服西班牙。摩尔人主要是阿拉伯人和柏柏尔人的后裔，他们一直挺进到法国的普瓦捷，直到公元 732 年被查理·马特阻止。他们统治了西班牙 700 多年，对西班牙文化产生了深远的影响。

摩尔人的名字可能来源于拉丁语"Mauri"，这个古老的罗马词语意为"毛里塔尼亚（今摩洛哥）的柏柏尔人"，他们在温暖的安达卢西亚乡村安家落户，于该地区推举了伊斯兰哈里发。

他们对西班牙的清真寺和宫殿的影响显而易见，比如那鲜艳的颜色和阿拉伯风格的图案。弗拉门戈音乐虽被认为是西班牙音乐，但也包含了中世纪阿拉伯游吟诗人的韵律。据说，是阿拉伯诗歌激发了欧洲游吟诗人的灵感。到了 12 世纪，摩尔人统治下的西班牙已经成为穆斯林、基督徒和犹太人共同敬仰的重要学术中心，吸引了来自欧洲各地的学生。

然而，基督徒一点一点地夺回了这片地区。从 1212 年开始，阿方索八世（Alfonso VIII）渐渐将穆斯林逐出了西班牙中部。1492 年，费迪南和伊莎贝拉最终摧毁了摩尔人在格拉纳达的最后一个要塞，进入了也许是最美丽的摩尔建筑——阿尔罕布拉宫，取得了最终的胜利。

左图 西班牙格拉纳达阿尔罕布拉宫的桃金娘木中庭

1060—1100 年

	政治与权力	地理与环境	文化与宗教
美洲	**1083 年**：米斯特克统治者"八鹿虎爪"（Eight Deer Jaguar Claw）在瓦哈卡建立了图斯特佩克城。		**公元 900—1100 年**：秘鲁沿海的西坎文化艺术中，常出现"西坎神"图像，那是一张面具状的脸，有时还带有鸟类的特征。它或许代表着一位与生命和丰裕相关的神灵。
欧洲	**1066 年**：诺曼底的威廉（"征服者"）在黑斯廷斯战役中击败哈罗德二世（Harold II），成为英格兰诺曼王朝国王；哈罗德二世被杀。 **1071 年**：诺曼人罗伯特·圭斯卡德占领巴里，结束了拜占庭在意大利南部长达五个世纪的统治。 **1084 年**：德意志国王亨利四世成为神圣罗马帝国皇帝。 **1094 年**：熙德（El Cid）从摩尔人手中夺走了瓦伦西亚。 **1096 年**：第一次十字军东征开始。		**1065 年**：威斯敏斯特教堂于该年祝圣。 **1066 年左右**：诺曼式（罗马式）建筑传入英国。 **1075 年**：西班牙圣地亚哥的孔波斯特拉大教堂开始动工。 **1080 年左右**：贝叶挂毯兴起于英国，以精美的刺绣而闻名。 **1094 年**：威尼斯的圣马可大教堂祝圣。
中东 & 非洲	**1071 年**：在小亚细亚半岛的曼济科特，拜占庭人被塞尔柱突厥人击败。 **1071—1075 年**：塞尔柱突厥人占领了耶路撒冷、叙利亚和巴勒斯坦。 **1092 年**：塞尔柱帝国维齐尔尼扎姆·穆勒克（Nizam al Mulk）被伊斯兰宗教政治组织"阿萨辛派"暗杀。塞尔柱帝国开始分裂。 **1099 年**：十字军占领了耶路撒冷，杀死了数以万计的犹太人。	**1062 年**：穆拉比特王朝（Almoravids）建立了马拉喀什城。 **1100 年左右**：穆斯林的定居点遍布非洲东海岸，他们在印度洋上经营着繁荣而和平的贸易路线。该地区的通用语言是深受阿拉伯语影响的斯瓦希里语。	**1076 年**：在今非洲乍得湖附近，贸易帝国卡奈姆－博尔努帝国的国王乌姆（Umme）皈依了伊斯兰教。他后来死在去麦加朝圣的路上。
亚洲 & 大洋洲	**1069 年**：中国政治家王安石开始在宋朝推行以富国强兵为目的的变法活动。 **1086 年**：在日本，"院政"制度的建立削弱了藤原家族的强大势力。	**1076 年**：中国喀什的学者马哈茂德·喀什噶里（Mahmud Kashgari）绘制了一幅以中亚为中心，包括日本在内的地图。	**1050—1100 年**：中国哲学家程颢、程颐兄弟领导了宋代儒家哲学的复兴。 **1069—1070 年**：玉素甫·哈斯·哈吉甫（Yusuf Khass Hajib）为喀喇汗王朝创作了《福乐智慧》（Wisdom of Royal Glory）。它是中国维吾尔语文学的重要作品。

那时的生活

徒步狩猎野牛

在欧洲人来到美洲并引进马之前，在平原上猎杀野牛很需要聪明才智。冬天，人们可能会穿着雪鞋跟踪野牛，而在其他季节，人们有时会披着狼皮悄悄接近它们。但最高效的狩猎方式是让野牛在印第安人的安排下互相踩踏：他们将一群野牛逼向悬崖，野牛要么掉下去摔死，要么被守候的猎人杀死。印第安人建造了一行行石冢，引诱野牛走向危险之地，随后人们就会从藏身之处跳出来开始猎杀。理想的悬崖需高度适中，既能对这些野兽造成伤害，又不会让它们跌得粉身碎骨。而且，猎人们必须设法避开上风口，因为野牛虽然视力不好但嗅觉足够敏锐。

科学与技术	人类与社会
1085 年左右：因纽特文化遍及北美北极圈、格陵兰岛和西伯利亚。因纽特人发展出了制造皮艇和捕鲸船的初级技术。	**11 世纪左右**：北美平原上的印第安人使用可折叠的圆锥形帐篷和类似雪橇的小车，以便轻松地离开营地并追踪野牛。
1078 年左右：伦敦塔上的白塔开始动工。 **1080 年左右**：穆斯林和犹太人天文学家完成了托莱多星表（Toledan Tables）的编制，该表标示了恒星的位置。	**1066 年**：诺曼人的入侵削弱了英语在英国的影响力。 **1075 年**："不来梅的亚当"航行至斯堪的纳维亚半岛，记录下了极北之地（如今的冰岛）、芬兰、格陵兰岛和瑞典的社会与地理状况。 **1084 年**：威尼斯的贡多拉被首次记录。 **1086 年**：在英格兰，《末日审判书》（Compilation of the Domesday Book，一项税务评估调查）编纂完成。
1067 年：塞尔柱帝国维齐尔尼扎姆·穆勒克在巴格达创建了尼采米亚大学。 **1071 年**：非洲人君士坦丁（Constantine）把希腊医学译介到了西方世界。	**1090 年**：刺客组织阿萨辛派创立。它是伊斯兰教中伊斯玛仪派（Ismaili）一个秘密的政治组织，其成员盲目服从精神领袖，以暗杀手段消灭逊尼派、什叶派和法兰克人而闻名。 **1091 年左右**：塞尔柱帝国维齐尔尼扎姆·穆勒克编写了《治国策》（Siyasatnama），这是中东文学"王子之镜"（Mirror for Princes）流派中最具代表性的作品。
1092 年：在北宋都城开封，科学家苏颂主持建成了一座机械天文钟"水运仪象台"。	**1085 年**：司马光向朝廷进献了由他编撰的编年体史书《资治通鉴》，该书记述了从公元前 403—公元 959 年的中国历史。

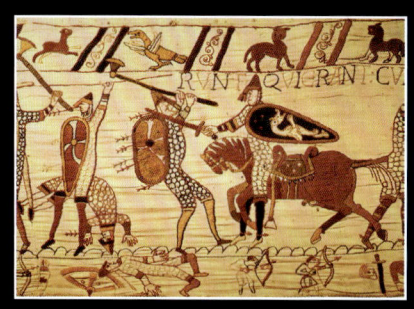

上图 在黑斯廷斯战役中，"征服者"威廉（骑在马背上的那位）杀死了国王哈罗德二世。这是从贝叶挂毯上截取的细节图

"征服者"威廉

法莱斯的"征服者"威廉，出身卑微，是罗伯特一世（Robert I）公爵的私生子。7 岁时，他的父亲去世了，威廉成为诺曼底公爵。威廉习惯了动荡时代的暴力，成长为一个高大强壮的男士，他很快成为一名成功的法国战士与男爵领袖，并将注意力转向了动荡的英格兰。

据说，当威廉拜访"忏悔者"爱德华的宫廷时，爱德华曾指定他为自己的继承人。然而，国王死后，"贤人会议"（即英格兰的政治机构）却将哈罗德立为继承人。很快，他们就要为这个决定而感到后悔。在建立了一支舰队、集结了一支军队，并获得了教皇的进攻许可之后，威廉准备武力夺回继承权。1066 年 10 月 14 日，威廉的军队与哈罗德的军队在靠近英格兰南部海岸的黑斯廷斯遭遇。威廉凭借强大的骑兵部队击败了哈罗德的步兵。

得胜的威廉疾驰至伦敦，占领了这座城市，并于 1066 年圣诞节在威斯敏斯特教堂将自己加冕为威廉一世国王。他将诺曼封建主义引入英国，从而使他能够通过这种持续了数个世纪的君主制度将英格兰置于其控制之下。

1100—1130 年

	政治与权力	地理与环境	文化与宗教
美洲	**1100 年左右**：在位于今新墨西哥州的查科峡谷，有 5000 多名古普韦布洛人在那里定居。 **1100—1200 年**：在密西西比文化中，卡霍基亚是印第安人的定居点之一，它是墨西哥北部重要的大都市，人口大约为 2 万人。	**1100 年左右**：尤卡坦半岛低地的天然井，是附近居民用于祭祀的场地。	**1100 年左右**：霍霍卡姆印第安人用从加利福尼亚海岸采集的贝壳雕刻出装饰性的镂空饰品。
欧洲	**1106 年**：在坦什布赖，英格兰国王亨利击败了长兄罗伯特，使自威廉一世去世以来分裂的英格兰和诺曼底重新统一。 **1126 年**：阿拉贡和纳瓦拉的国王阿方索一世（Alfonso I）攻击了西班牙的格拉纳达。 **1128 年**：在哈拉姆附近的多瑙河畔，匈牙利人被拜占庭皇帝约翰二世（John II Comnenus）击败。		**1100—1350 年**：游吟诗人开始在法国兴起。 **1110 年**：奇迹剧演出最早的记录出现在英格兰的邓斯特布尔。 **1122 年**：《沃尔姆斯宗教和约》（The Concordat of Worms）解决了主教叙任权的问题。 **1123 年**：拉特朗第一届大公会议禁止圣职售卖和神职人员结婚。 **1130 年左右**：法国史诗《罗兰之歌》（La Chanson de Roland）创作完成。
中东 & 非洲	**1100 年**：十字军打败了海法的犹太人，占领了那里。 **1104 年**：突厥人在哈兰击败十字军。 **1123 年**：一支埃及舰队在阿斯卡隆被威尼斯的十字军舰队击败。 **1125 年**：由宗教领袖伊本·图马尔特（Ibn Tumart）建立的柏柏尔伊斯兰国家穆瓦希德王朝占领了摩洛哥。		**1111 年**：学者、神秘主义者安萨里（Al Ghazzali）去世。他调和了神秘主义和伊斯兰正统教义。 **1122 年**：哈利里（Al Hariri）去世。他在创作"麦卡姆"的过程中完善了以韵文讲述故事的写作形式。
亚洲 & 大洋洲	**1100 年**：由王室出身的酋长所统治的新氏族从塔希提岛迁移到夏威夷。 **1115—1122 年**：中国东北部的女真族与宋朝订立海上之盟，推翻了辽朝的统治，建立金朝。	**1100 年左右**：黑胡椒成为爪哇的主要出口商品。 **12 世纪**：夏威夷和塔希提岛之间开始了双向航行。	**1100 年左右**：太平昱塔（Thapinyu Pagoda）建于缅甸蒲甘。它是统治王朝在 1057—1287 年建造的数千座佛塔之一。 **1120 年左右**：《大镜》（Okagami）成书。它讲述了藤原家族在日本平安时代（850—1025 年）掌权的历史。作者不详。

链接

香料和腐败

在中世纪的欧洲，人们通常用储藏室或储物箱来保存食物，所以会用一些草药和香料来隐匿或增强食物的某些味道以便驱除害虫。肉类，在被食用前特别容易腐烂，因此人们会在烹调时添加胡椒、肉豆蔻和其他从东方进口的香料来改善食物的味道，实际上其中有些香料也有助于保存食物。其他菜肴则要依靠当地的香料，比如厨房菜园的百里香和迷迭香，以及大量的大蒜、盐和芥末。不过，当时的糖很稀少，而且只能以圆锥状的固体方式储存。归来的十字军不仅从中东带回了糖，还带回了柠檬和甜瓜。鱼是一种极受欢迎的食材，因为在各种神圣的日子和每周五，人们都会按照教会的规定吃鱼。

科学与技术	人类与社会
1100年左右：卡霍基亚（位于今伊利诺伊州）的密西西比人在农业和建筑业中使用带燧石刃的石锄。	**1115年**：米斯特克统治者"八鹿虎爪"遭俘被杀。
1113年：圣尼古拉大教堂始建于诺夫哥罗德，是最早的洋葱圆顶教堂之一。 **1123年**：圣巴塞洛缪医院在伦敦建立。	**1100年左右**：剑桥（Bridges）曾是英格兰早期的商业中心。 **1100年**：中古英语取代了古英语。 **1100年左右**：法兰西岛的方言在12—13世纪逐渐成为法国的主要语言。 **1124年**：第一批苏格兰铸币问世。
1100年：伊斯兰科学开始衰落。	**1118年左右**：圣殿骑士团创立。该军事组织旨在保护前往耶路撒冷道路上的朝圣者的安全。

缅甸蒲甘的佛教寺庙建筑群

骑士时代

尽管骑士在十字军东征之前就已存在，但这些军事活动催生了首批官方的骑士团，即医院骑士团和圣殿骑士团，二者都承诺支持基督教在中东的活动。在法国，骑士是三大等级之一，致力于保护教会和普通人。骑士们发扬勇于冒险的骑士精神，得到了贵族地位、土地和随之而来的特权。

骑士精神的概念逐渐发展成一种理想化的行为准则，为那个混乱和充满暴力的历史时期提供了一种确定性。针对出身于骑士阶层的年轻人的艰苦训练很早就开始了。年轻人可能生来便是为了获得骑士头衔，但在真正得到这个头衔之前，他必须向人们证明自己的能力。这意味着，他必须掌握诸如狩猎、剑术、格斗、摔跤和猎鹰等技能。

作为某个骑士的侍从或预备骑士，年轻人要学会照料骑士的武器和备用马匹，做他的贴身男仆，帮他穿戴盔甲，并在餐桌旁侍候他。学徒期满后，侍从会得到骑士赠送的剑、马刺、头盔和盾牌。年轻人跪在骑士，也就是他的赞助人面前，赞助人用剑拍拍他的肩膀，授予他应得的骑士身份。

"骑士精神"一词本身就能让人联想起骑兵，他们拥有骑士技能，是将荣誉、勇敢和仁慈视为基督教准则一部分的英勇绅士。在现实生活中，有些准则常常被忽视。几个世纪过去了，许多骑士的技能展示基本上已变成了仪式，成为一种炫耀贵族身份的形式。

1130—1160 年

	政治与权力	地理与环境	文化与宗教
美洲	**1150 年左右**：普韦布洛·博尼托（Pueblo Bonito）是一个古普韦布洛文化遗址，位于今新墨西哥州的查科峡谷，于此时达到了鼎盛。	**1150 年左右**：秘鲁沿海干燥的气候迫使奇穆文明开发出了复杂的灌溉系统。	**12世纪**：在卡霍基亚（位于今伊利诺伊州），有人成群结队地玩一种向滚石圆盘投掷长矛的叫作"穿奇"（Chunkey）的游戏。
欧洲	**1138年**：霍亨斯陶芬王朝的康拉德三世（Conrad III）接替洛泰尔三世（Lothar III）成为德意志国王。 **1146—1148年**：第二次十字军东征开始。 **1152年**：在叔父康拉德三世去世后，腓特烈一世成为神圣罗马帝国皇帝。 **1152年**：阿基坦的埃莉诺与法国国王路易七世（Louis VII）解除婚姻关系后，嫁给了比她年轻的亨利。两年后，他成为英格兰国王亨利二世（Henry II）。	这是后人创作的一幅浪漫化的画作，画中是修士阿贝拉尔在为他的情人，也就是修女赫洛伊斯读书	**1132 年左右**：皮埃尔·阿贝拉尔撰写《我的受难史》，描述了他与赫洛伊斯的恋情。 **1143—1153 年**：安娜·科穆宁娜（Anna Comnena）的《阿历克塞传》是一部关于她的父亲、拜占庭皇帝阿历克赛一世（Alexius I Comnenus）一生的编年史。 **1144 年**：随着巴黎附近圣丹尼斯修道院教堂的落成，哥特式建筑于此时被引入。 **1155 年**：加尔默罗会成立。 **1156 年**：克里姆林宫开始动工，它是莫斯科的一座木结构城堡。
中东 & 非洲	**1130 年**：阿卜杜勒·穆敏成为北非地区公认的哈里发。 **1147 年**：穆拉比特王朝首都马拉喀什落入了阿卜杜勒·穆敏统治的穆瓦希德王朝手中。 **1148 年左右**：当路易七世和康拉德三世抵达圣地时，穆斯林的袭击已经使第二次十字军东征的联军力量削弱了一半以上。 **1159 年**：穆瓦希德王朝征服了突尼斯，收复了曾被西西里岛西西里王国罗杰二世（Roger II）占领的土地。	**1154 年**：阿拉伯地理学家阿什·谢里夫·艾德里斯（Ash Sharif al Idrisi）是西西里王国国王罗杰二世的顾问，他写了一本关于中世纪地理学的里程碑式著作，书名叫《渴望环游世界之人的愉快旅行》(The Pleasure Excursion of One Who is Eager to Traverse the Regions of the World)。	**1131 年**：波斯诗人、天文学家莪默·伽亚谟（Omar Khayyam）去世。他最出名的作品是诗集《鲁拜集》（Rubaiyat），诗体形式为一首四行，其中第一行、第二行和第四行押韵。后来，爱德华·菲茨杰拉德（Edward FitzGerald）把这本书翻译成了英语。 **1146 年**：穆瓦希德王朝强迫北非的犹太人改变宗教信仰。
亚洲 & 大洋洲	**1152 年**：古尔王朝苏丹阿丁·侯赛因（Alauddin Hussain）洗劫了加兹纳，使伽色尼王朝的领土缩减至阿富汗东部和印度北部。 **1160 年**：日本的平氏家族和源氏家族在平治之乱中交战，这成为 20 年后源平合战的序幕。	**12 世纪**：中国经历了反常的温暖气候，这就是我们所说的"中世纪暖期"。	**1145 年**：朝鲜儒学家金富轼编纂了《三国史记》。

科学与技术	人类与社会
12 世纪左右：在秘鲁北部高地，外科医生在颅骨环钻手术上取得了巨大成功。那是一种在头骨上钻洞以减轻颅内压力的手术，超过 90% 的病人在术后存活了下来。	1150 年左右：传说，阿兹特克人离开了墨西哥北部神秘的阿兹特兰，开始向墨西哥中部迁徙。 1150—1300 年：北美西南部开始进入普韦布洛文化三期。
1146 年：一部关于药物的著作《解毒方汇》（Antidotarium Nicolai）问世。 1150 年左右：西班牙的穆斯林开始生产纸张。 1150—1157 年：宾根的希尔德嘉德（Hildegard）在库里亚用德语写了一部基于试验、经验教训和观察的医学著作《病因与疗法》。	1132 年：英格兰国王亨利一世向保护工商业的城镇颁发了特许状。 1133 年：圣巴塞洛缪博览会在伦敦史密斯菲尔德举行。 1151 年：冰岛首次出现了火灾保险和瘟疫保险。 1151 年：国际象棋传入英格兰。 1155 年：托马斯·贝克特（Thomas à Becket）成为亨利二世的财政大臣。 1158 年：慕尼黑成为食盐贸易的中心。
1160 年左右：阿拉伯犹太学者亚伯拉罕·伊本·达乌德（Abraham ibn Daud）写下了影响深远的哲学著作《崇高的信仰》（The Exalted Faith）。	1144 年：摩苏尔的阿塔帕克（Atabeg）——塞尔柱突厥人赞吉（Turk Zangi）占领了艾德萨城，并向十字军发动了攻击，他的目的与十字军颇为相近。
1150 年左右：在高棉国王苏耶跋摩二世（Suryavarman II）的统治时期，柬埔寨吴哥寺落成。它既是一个印度教建筑群，也是苏亚瓦尔曼二世的墓地。它是世界上最大的宗教建筑群之一，也是古代高棉建筑的典范。	1132 年：李清照被认为是中国最伟大的女词人，她撰写的《金石录后序》，记述了自己婚后的生活以及夫妻二人对学术的共同追求。

火药的诞生

传说一位中国炼丹家在试图制造一种可以长生不老的药物时，意外地发明了火药。不管真假，这种爆炸性的混合物已经凭借其强大的力量达到了不朽之境。火药配方首次出现在 1044 年成书的一部宋朝军事书籍里。炼丹家试图通过将硫与硝石和其他含碳的物质混合起来以消除硫的活性，在此过程中，他们发现了一种可以剧烈燃烧的药剂，人们称之为火药。这种混合物的力量极其恐怖，以至于那部军事书籍告诫人们不要尝试去制作火药。

100多年后，中国人开始在战争中试验火药。1232年，蒙古人围攻开封时，金朝人使用大型火药喷火器来对抗蒙古人。这些致命的爆炸物打破了"中国人只在烟花上用这种新型推进剂"的说法。后来，火箭甚至可以从巨大的架子上发射出来。不过，弹丸和弹药需要纯度更高的硝酸盐混合物，而中国人通过减少配方中硝石的比例，成功地完善了这种混合物，即后世所称的黑火药。

关于中国大炮的首次记录可以追溯到 1288 年。不过，建成于 1128 年的四川石窟寺上的雕刻，似乎描绘了一门正在发射的大炮。显然，中国人拥有大炮的时间比欧洲人早了两个世纪，而欧洲人或许是从阿拉伯商人那里得知这种新式武器的。很快，人们就铸造出了金属炮管的大炮，那种大炮能发射重达 363 千克的炮弹，这也使得大炮成了 15 世纪欧洲围攻战的主要武器。

此后，火药一直是唯一被广泛使用的爆炸物，直到 19 世纪中叶，人们发现用硝化甘油制成的炸药破坏性更强。

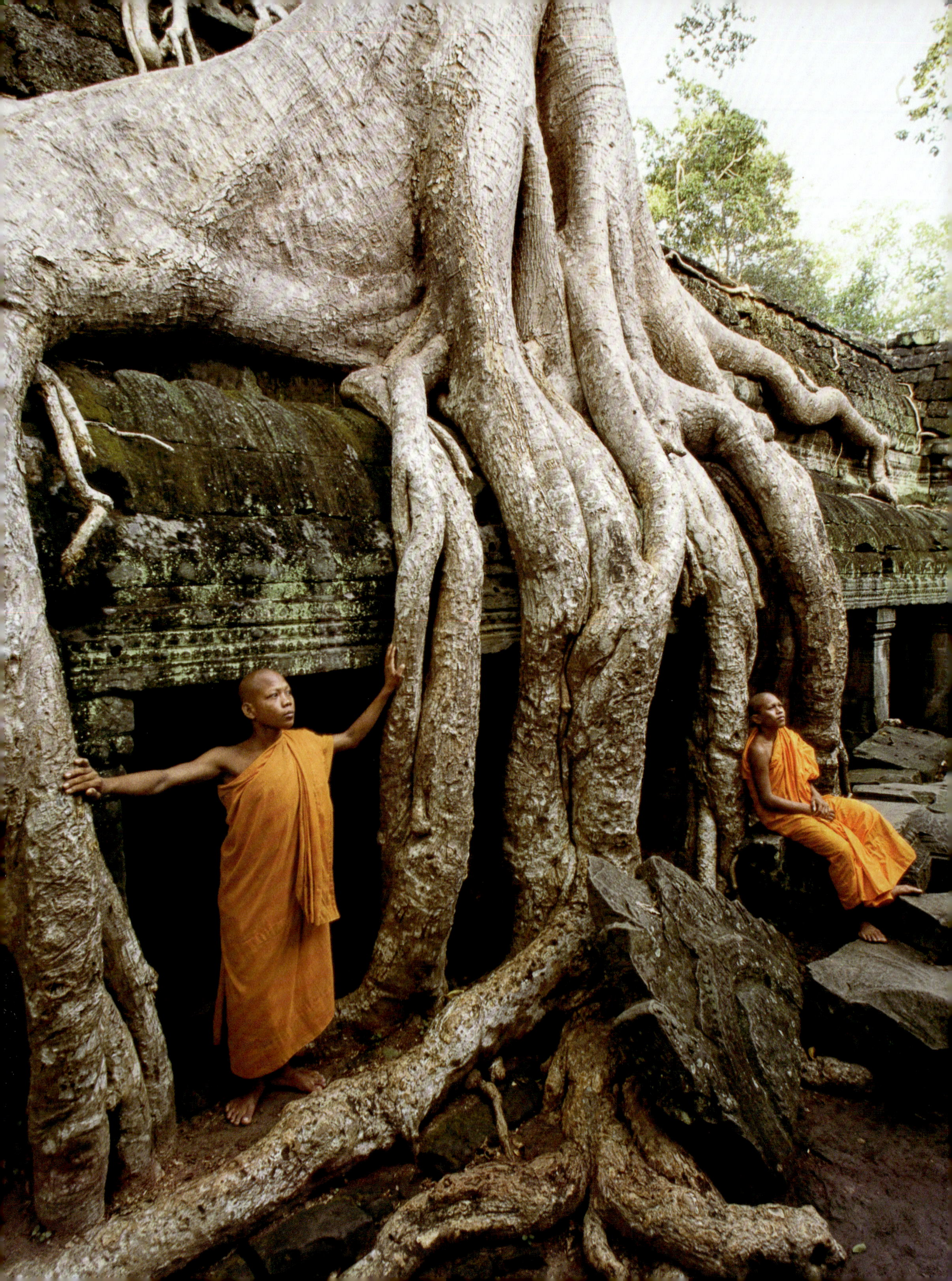

吴哥的荣耀

吴哥位于今柬埔寨金边湖，即洞里萨湖（Tonle Sap）的北端，从公元 9 世纪至 15 世纪，吴哥一直都是吴哥王朝的首都。这座古城的面积估计超过 1036 平方千米，横跨广袤的森林和平原，在鼎盛时期曾有超过 75 万人居住于其中。吴哥王朝的国王们在吴哥建造了世界上最壮观的寺庙建筑群，其中一些为印度教寺庙，另外一些则反映了吴哥王朝皈依佛教的过程。虽然主要的建筑群是吴哥寺，但其他 70 多个寺庙也为该地区增色不少。吴哥寺是苏利耶跋摩二世的杰作，他于 12 世纪统治着吴哥，并希望为自己的帝国建造一座辉煌的寺庙与行政中心。吴哥寺是世界上最大的宗教建筑之一，其设计理念反映了印度教的宇宙观。它的外门由护城河保护着，这代指世界边缘的海洋。在其内部，精美的浅浮雕讲述着奎师那、毗湿奴、罗摩，以及吴哥国王的故事。游客穿过一系列高耸的画廊和庭院，便来到主寺和一座形似莲花的中心塔楼。历经困难到达这个终极的庇护所，反映了到达神的国度所需经历的困苦。

尽管吴哥王朝对印度教诸神极尽崇拜，但它还是于 1177 年被其对手占婆（Cham）洗劫，这使得下一任国王阇耶跋摩七世（Jayavarman VII）不得不到其他地方去寻求神的保护。他将自己的寺庙建筑群吴哥寺敬献给佛教，并将其改造为佛教圣地，用佛教雕塑取代了许多印度教雕像。在吴哥城里，国王的印记无处不在：吴哥城的中央塔上是一尊巨大的佛像，建筑群周围有 50 座较小的塔，每座塔上都有以佛教中佛的形象出现的国王。在一次大规模的建设活动中，阇耶跋摩还建造了塔普伦寺（左图），作为佛教寺院和大学。直至 13 世纪，后续的统治者都在继续扩建塔普伦寺。由于其与周围的森林巧妙融合，如诗如画，因而成为最受游客欢迎的景点之一。当然，佛教也没能保住吴哥王朝，15 世纪，吴哥遭到暹罗人的劫掠。高棉人将首都迁至金边，并留在了那里。吴哥的大部分都被遗弃，任由丛林吞噬，只有吴哥寺幸免。僧侣们修剪其中的植被，并对它进行修缮，就这样作为佛教圣地被保留了下来。19 世纪法国人殖民中南半岛时，重新发现了吴哥这座"失落的城市"，并开始努力复原这个由古代高棉人留下的非凡遗产。

左图 柬埔寨的塔普伦寺。吴哥王朝的国王们在吴哥修建了许多宏伟的寺庙建筑，塔普伦寺就是其中之一，其墙壁上布满了寄生性无花果树的树根

1160—1200 年

	政治与权力	地理与环境	文化与宗教
美洲	**1175 年左右**：托尔特克的势力随着图拉城的陷落而终结。中美洲的下一个超级大国将是阿兹特克。		**1190 年左右**：古普韦布洛人在梅萨维德悬崖上凿石建造住宅，并继续在曾经居住过的平坦山地上耕作。
欧洲	**1170 年**：托马斯·贝克特在坎特伯雷大教堂被诺曼骑士谋杀。 **1176 年**：神圣罗马帝国皇帝腓特烈一世被意大利伦巴第联盟击败。 **1189 年**：英格兰国王亨利二世去世，理查一世（狮心王）即位。 **1191 年**：腓特烈一世之子亨利六世加冕为神圣罗马帝国皇帝。 **1199 年**：理查一世因伤势过重在法国去世，他的弟弟约翰继承王位。	在阿苏夫，狮心王理查率领十字军与穆斯林作战	**1160 年**：取材于凯尔特人传说的叙事诗《特里斯丹和绮瑟》（*Tristan et Iseult*）创作完成。 **1160 年左右**：克雷蒂安·德·特罗亚创作了浪漫小说《兰斯洛特》（*Lancelot*）。 **1167 年**：在亨利二世国王禁止英国学生就读巴黎大学后，牛津大学迅速发展起来。 **1170 年左右**：教皇亚历山大三世颁布赦封圣徒的法规。 **1181—1192 年**：英国作家沃尔特·马普创作了拉丁文作品《朝臣琐事》（*Couriers' Triples*），讲述了关于盎格鲁-诺曼国王的民间传说、传闻和历史。
中东 & 非洲	**1169 年**：萨拉丁成为埃及法蒂玛王朝维齐尔。两年后，他废黜法蒂玛王朝哈里发，建立阿尤布王朝，后称苏丹，宣扬逊尼派教义。 **1174 年**：萨拉丁征服了叙利亚南部。 **1187 年**：萨拉丁重新征服了耶路撒冷，这引发了 1189 年的第三次十字军东征。 **1191 年**：理查一世在阿克里击败了萨拉丁的军队，但未能夺回任何一块重要的圣地。	**1194—1200 年左右**：塞尔柱帝国最后一位统治者去世前，塞尔柱帝国除小亚细亚半岛以外的所有领土都已丧失。	**1160 年左右**：塞尔柱帝国的艺术变得更加精湛，人们在青铜和黄铜物品上镶嵌铜、银和金，上面刻着类似人类和动物形象的"栩栩如生的"阿拉伯文字。 **1166 年**：萨拉丁在开罗建立萨拉丁城堡。 **1180 年**：犹太神学家迈蒙尼德（Maimonides）完成了《迷途指津》（*Guide of the Perplexed*）一书。 **1198 年**：也门的犹太人被迫皈依伊斯兰教。
亚洲 & 大洋洲	**1185 年**：古尔王朝的穆罕默德征服了印度的旁遮普。 **1185 年**：源赖朝歼灭了平氏，并在日本镰仓建立幕府政权。 **1189 年**：在被兄长的军队击败后，源义经和他的属下武僧弁庆一同自杀。 **1192 年左右**：古尔王朝的穆罕默德占领了德里，成为印度第一位穆斯林统治者。 **1192 年**：源赖朝出任"征夷大将军"。	**1177 年**：占婆军队入侵后，吴哥王朝国王阇耶跋摩七世在吴哥寺旁边建造了一座新的首都，名为大吴哥。与供奉印度教诸神的小吴哥不同，大吴哥反映的是国王对佛教的皈依。	**1191 年**：僧人明庵荣西从中国返回日本，为日本引入禅宗中的临济宗以及饮茶风俗。

科学与技术	人类与社会
1200年左右：北美卡霍基亚的工匠们在铜作坊里制作出精致的金属饰品，并在整个南部地区售卖。	1200年左右：第一批印加人定居于秘鲁的库斯科，在安第斯山脉的高处建立了一座城市。
1163年：巴黎圣母院开始动工。 1173年：比萨斜塔开始动工。 1175—1183年：英格兰的亚历山大·尼卡姆（Alexander Neckam）撰写了《论器具》（De Nominibus Utensilium）一书，首次记载了航海罗盘。 1176年：横跨泰晤士河的伦敦桥建成，它是第一座位于潮汐水道上的石桥。 1194年：如今的法国沙特尔主教座堂开始动工。	12世纪：主妇和仆人经常带着食材去面包房里烹饪，因为大多数住宅里没有烤箱。 12世纪：东征的十字军把波斯人和突厥人使用的地毯带进了英格兰人的家中。 1180年：玻璃窗开始出现在英格兰的私人住宅中。
	12世纪：塞尔柱帝国的士兵以及后来的马穆鲁克士兵，都被要求用打马球来保持身材。 1168年左右：中世纪犹太教的杰出学者摩西·迈蒙尼德编写完成《密西拿托拉》（律法书评述）。 1193年：萨拉丁在大马士革去世，引发了继承人之间持续多年的内讧。 1198年：伊本·路世德（Ibn Rushd，即阿维洛伊）去世。他对亚里士多德著作的注解在整个欧洲和伊斯兰世界都备受推崇。
	12世纪：武士阶层开始统治日本社会。 12世纪：中国生产了大量兼具功能性和装饰性的瓷器。

左图 萨拉丁是阿尤布王朝的缔造者，也是一位穆斯林英雄

狮心王和苏丹

在第三次十字军东征中，两名最具传奇色彩的军人展开了对峙，他们是英格兰的理查一世（狮心王理查）和阿尤布王朝的缔造者萨拉丁。萨拉丁可谓是十字军的灾难，他在1187年战胜了十字军并占领了耶路撒冷，结束了基督教长达88年的统治。而理查发起第三次十字军东征的目标，便是夺回耶路撒冷。

他们二人都出生在权贵之家，受过良好教育，热衷于传播各自的信仰。理查是亨利二世和阿基坦的埃莉诺（Eleanor）的儿子，他在位期间只在英格兰待了6个月。他一生中的大部分时间都用于保卫他母亲位于法国的领地，因此他说的是法语而非英语。萨拉丁是著名的美索不达米亚库尔德人的儿子，在因宗派纷争而四分五裂的伊斯兰世界里掌权。他被授予国王的头衔，但被称为苏丹。他通过外交和军事技巧，将叙利亚、美索不达米亚、巴勒斯坦和埃及联合成为一个集精神和军事为一体的王朝。

基督教欧洲为了夺回耶路撒冷而召集人才，但这只会提高萨拉丁的声望。除了理查，法国的腓力二世和神圣罗马帝国皇帝腓特烈一世也参加了第三次十字军东征。但真正的威胁，其实是理查卓越的军事能力。他率领的十字军在黎凡特海岸击败了萨拉丁的军队，并于1191年占领了阿克城。他在阿苏夫打败了萨拉丁，从而控制了雅法。但萨拉丁保住了耶路撒冷，没有让理查获得最终的胜利。虽然理查和萨拉丁从未谋面，但作为一等一的军人，他们都赢得了对方的尊敬。萨拉丁于1193年在大马士革病死；理查于1199年在法国作战时死于箭伤。

石头里的古城

在美国西南部有一片广袤的土地，那里曾是一群颇为先进的印第安人的家园，他们被称为古普韦布洛人。科罗拉多州、新墨西哥州、犹他州和亚利桑那州交会的地方被称为"四角地"。在那里，峡谷、台地、高原、悬崖和沙漠交会，形成了壮丽的景观。那里冬天气候恶劣；夏天干旱多尘，雷暴肆虐。

古普韦布洛人就是在这种并不友好但十分美丽的自然环境中定居下来的。大约在 1050 年，人们开始在大城镇里定居，首先是在一个叫查科的峡谷（位于今新墨西哥州），然后是在北部的梅萨维德（位于今科罗拉多州）。在梅萨维德，他们开始在悬崖上为自己建造高高的避难所，很可能是为了保护自身免受纳瓦霍人和阿帕切人日益增加的入侵威胁。古普韦布洛人是专业的泥瓦匠，他们用手工切割的石块和质量上乘的泥灰浆建造了这些类似梯田式公寓的崖边住宅，这些住宅似乎无视地心引力，紧紧依附在峡谷墙壁的巨大弯曲或裂缝中。这些悬崖上的房子大约有五层楼高，只能通过梯子进入。一旦受到进攻，人们可以很轻松地把梯子推开。一楼的房间没有门窗，只能从内部进入。在这些独特的村落中，最大的是绝壁宫殿（Cliff Palace），它有大约 150 个独立的房间，每个房间的面积约为 4.6 平方米。

普韦布洛文化是从早期的编篮者文化时期的游牧部落演变而来的。当他们开始掌握了旱作农业后，便从编篮业转向了建筑业。旱作农业使他们能够在这片干旱的土地上种植玉米、南瓜、豆类和棉花，并因此永久定居下来。除了复杂的灌溉系统，他们还修建了圆形的地下储存设施来储存谷物。这些圆形的坑，也被称为基瓦（kivas），最终被改造为避难所，后来成为举行重要仪式或公共活动的场地，至今仍在被使用。从象征意义和建筑构造上来说，基瓦成了日益壮大的普韦布洛社区的中心。在查科峡谷遗址（普韦布洛·博尼托），两个大的基瓦和 37 个较小的基瓦占据了一个封闭的城市遗址的中央庭院。查科峡谷可能是这一时期最大的定居点，大约有 800 处独立的居所。

到了 13 世纪晚期，当地发生了严重的干旱，日益拥挤的城镇也爆发了内部冲突，这些情况迫使古普韦布洛人放弃了砂岩宫殿。他们的农业技能，以及纺织棉布和制作陶器的本领，都已经传给了现代普韦布洛人。后者至今仍然在古老的基瓦举行仪式，并自豪地看着社会发展得愈加富裕。

右图　科罗拉多州梅萨维德的绝壁宫殿是最大的古普韦布洛悬崖民居

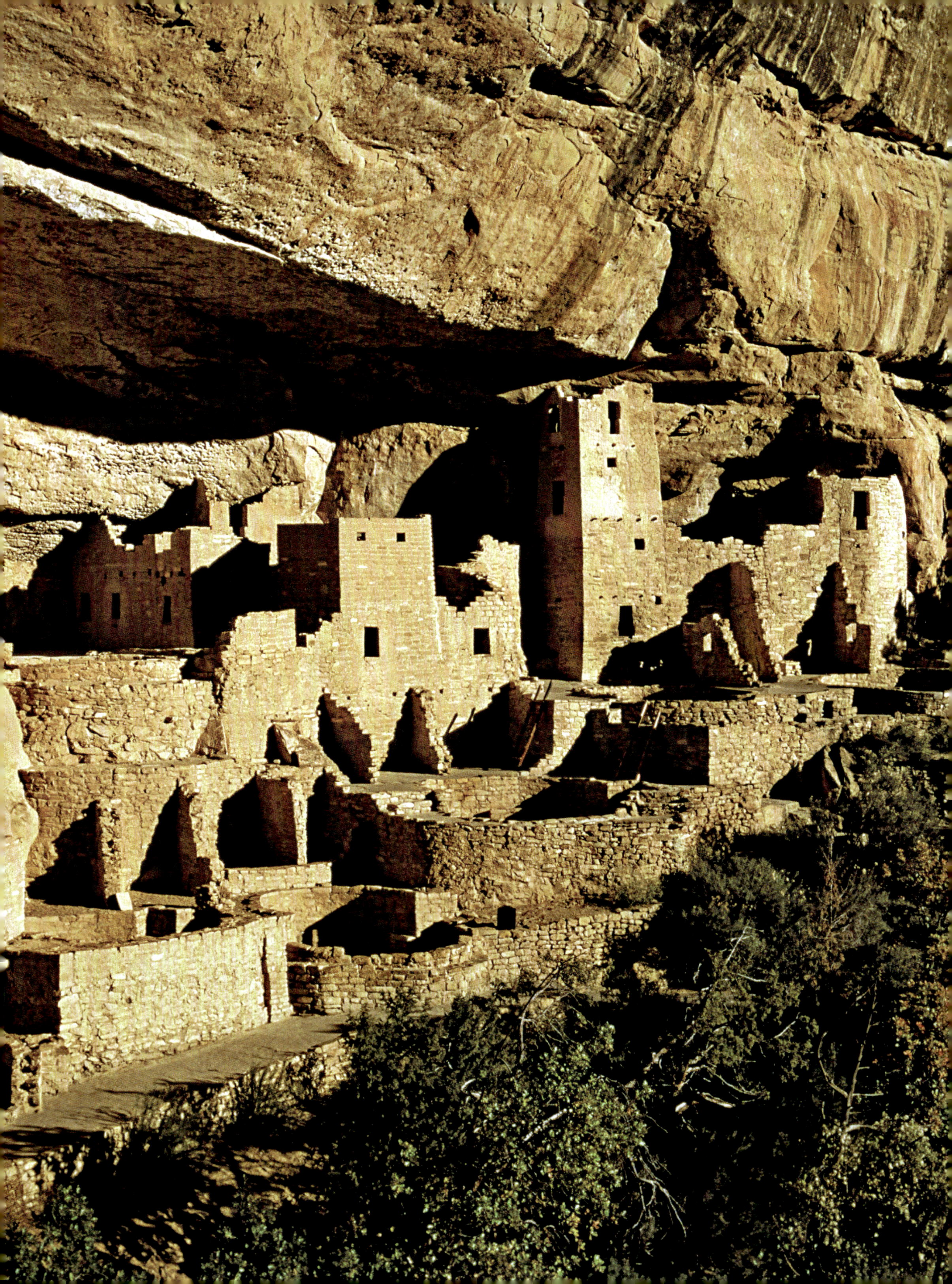

1200—1230 年

	政治与权力	地理与环境	文化与宗教
美洲	**1200 年左右**：塔拉斯坎人，或称普雷佩查人（Purepecha），在墨西哥西部的辛祖坦建立起稳固的国家，它强大到足以与所有其他的后古典帝国相抗衡。 **1200 年左右**：随着印加文明的崛起，安第斯山区的蒂瓦纳科文明消失了。 **1200 年左右**：奇琴伊察古城不再占据统治地位。不甚有名的玛雅潘已崛起 250 年了。 **1200 年左右**：秘鲁沿海的奇穆帝国开始扩张并繁荣发展。	**1200 年左右**：古普韦布洛人在今新墨西哥州中北部的班德利尔定居。 **1200 年左右**：奇穆文明在南部昌凯和北部滕布里间的沿海山谷中绵延长达 1000 千米。	**1200 年左右**：玛雅《德累斯顿手抄本》成书，其中包括金星会合周期的天文信息。
欧洲	**1202 年**：蒙费拉侯爵博尼法斯领导了第四次十字军东征。 **1215 年**：约翰王签署了《大宪章》（The Magna Carta），它使英国君主服从于法治，为个人权利奠定了基础。 **1217 年**：奥地利利奥波德六世（Leopold VI）公爵和匈牙利国王安德鲁二世（Andrew II）领导了第五次十字军东征。 **1228 年**：神圣罗马帝国皇帝腓特烈二世领导了第六次十字军东征。	**1100—1300 年**：大量的德意志人向东迁移到中东欧和东欧，这就是所谓的"东进运动"。 **1200 年左右**：巴黎发展成为一座近代化的首都。 **1221 年**：奥地利奥波德六世公爵提升了维也纳的地位，同时也增强了其他商业中心的影响力。	**1200 年左右**：犹太教中的卡巴拉派于南欧发展起来。 **1204 年**：十字军攻占君士坦丁堡，违背了他们的神圣誓言。他们摧毁圣地，袭击妇女，掠夺财宝。 **1209 年**：亚西西的方济各（Francis of Assisi）为他的小兄弟会（方济各会）立下首条规则。 **1215 年**：多米尼克（Dominic）建立了多明我会（Dominican Order），其目的是感化异教徒。
中东 & 非洲	**1200 年**：萨拉丁之弟阿迪勒成为埃及阿尤布王朝苏丹。 **1204 年**：十字军占领了君士坦丁堡。拜占庭人将首都迁往小亚细亚半岛的尼西亚。 **1217—1221 年**：对埃及苏丹国的十字军东征以失败告终。 **1225 年**：埃塞俄比亚皇帝拉利贝拉（Lalibela）去世。他曾将首都从阿克苏姆迁至拉斯塔，并监督人们在那里修建起岩石教堂。	**那时的生活** **茶 道** 茶，最初是在 8 世纪从中国传入日本的。从那时起，茶就成为日本文化的一个重要方面。僧侣们把它作为禅宗宗教仪式的一部分，商人、幕府将军和武士们也将饮茶作为一种仪式，以暂时逃避忙碌的生活。基于简单、感恩和独善其身的美德，一种正式的泡茶、上茶和喝茶的礼仪产生了。正如一位僧侣所说，茶道变成了一种关于"生活艺术的宗教"。茶师们洗净茶具，谦虚恭敬地奉上苦涩的绿茶，以净化自我心中的欲念。茶道是冥想的一种形式，既解除了身体上的干渴，又获得了精神上的慰藉。	**1200 年左右**：在今尼日利亚西南部的伊费，工匠们以制作青铜制品和逼真的陶俑头像而闻名。 **1209 年**：被公认为波斯文学史上最伟大的浪漫主义史诗诗人、《五卷诗》（Khamseh）的作者内扎米（Nezami）去世。
亚洲 & 大洋洲	**1206 年**：艾巴克建立印度德里苏丹国第一个王朝——奴隶王朝。 **1206 年**：蒙古部落首领铁木真，被尊为"成吉思汗"。他攻克了金朝的中都（1214 年）、灭掉了西辽（1218 年），并占领了中亚河中地区（1220 年）。 **1219 年**：日本镰仓幕府的第三任将军源实朝被杀后，北条氏掌控了镰仓政府。 **1227 年**：成吉思汗去世。		**1200 年左右**：受到穆斯林商人的影响，伊斯兰教开始在整个印度洋地区传播，从马尔代夫到索科特拉，再到摩洛群岛。 **1226 年**：日本僧人道元从中国归来后，推动了禅宗在日本的传播。

科学与技术	人类与社会
1200年左右：古普韦布洛人在法加达岩山（Fajada Butte）上，用石板和两块螺旋形岩画建造了一个天文观测台，用来记录分点（春分和秋分）、至点（夏至和冬至）及月亮的位置。 **1200年左右**：古普韦布洛人用丝兰植物编织出结实的凉鞋。	**1200年左右**：在今加拿大安大略省，易洛魁人住在有火坑取暖的长屋里。
1202年：斐波纳契（Fibonacci）将阿拉伯数字引入欧洲。 **1210年**：原先的兰斯大教堂被烧毁，替代它的建筑将于次年动工建造。 **1226年**：剑桥大学成为一个更加正规的机构，由一个学者组织教授定期的课程。	**1200年**：据估计，全欧洲约有19000家麻风病医院为病人提供服务。 **1209年**：英格兰国王约翰入侵苏格兰，并被逐出教门。 **1219年**：丹麦开始使用"丹尼布洛"，它是世界上最古老的国旗。 **1228年**：阿拉贡国王詹姆斯一世（James I）在巴利阿里群岛发动了一场针对伊斯兰势力的大规模进攻。两年后，他占领了马略卡岛。
1206年左右：加扎利（Al Jazari）编纂了《精巧机械装置的知识之书》（the Book of Knowledge of Ingenious Mechanical Devices），讲述了诸多自动机械。 **1218—1228年**：雅库特·伊本·阿卜杜拉（Yaqut ibn Abdallah）撰写了一部广博的阿拉伯地理词典，名为《地名辞典》（Mujam al-Buldan）。	**1210年**：阿萨辛派首领哈桑三世（Hasan III）皈依逊尼派，被称为"新穆斯林"。
1200—1500年：在太平洋波纳佩岛上的南马都尔，石宫、庙宇和其他建筑正处于早期施工阶段。 **1228年**：加藤四郎在中国学习制瓷技艺后回到日本，开始烧制瓷器。他被誉为"日本陶瓷之祖"。	

耆那教寺庙：非暴力人士的庇护所

筏驮摩那（Mahavira）在公元前6世纪创立耆那教，是印度一种基于禁欲主义原则的宗教运动。信徒一生致力于净化灵魂，过着乞丐般的生活。他们一边走，一边把眼前的所有生物都扫走。他们戴上面罩，堵住耳朵，这样就避免了破坏那些生物的灵魂，包括岩石和其他无生命的物体。

耆那教对因果报应的看法比印度教徒所认为的更为极端，将自杀视为最终的牺牲。筏驮摩那本人在72岁时绝食而死，在他死后，耆那教沿着商队路线，向西部和南部发展。在如今有着原始北方气候的拉贾斯坦邦阿布山附近，信徒们建造了精美的寺庙（下图）以作为其虔诚的象征。

如今，耆那教信众已不那么广泛，但仍有富裕的城市律师、学者乃至乞丐参与。耆那教禁止信徒从事农业，因为农业是占有性的，需要杀生。

下图 建于13世纪的位于印度拉贾斯坦邦阿布山的耆那教寺庙

1230—1260 年

	政治与权力	地理与环境	文化与宗教
美洲	1200 年左右：曼科·卡帕克（Manca Capac）成为印加帝国第一位君主。 1250 年左右：秘鲁沿海的文明在莫切山谷复兴。 1250 年左右：自称墨西卡的阿兹特克人抵达墨西哥中部。 1250 年左右：米斯特克人与萨波特克人的社会上层相互通婚。 1250—1500 年：密西西比文化的蒙特维尔定居点（位于今亚拉巴马州）蓬勃发展。	1250 年：卡霍基亚是密西西比文化中的重要城市，其面积比伦敦还要大。	1250 年左右：复杂的奇穆纺织品上有生动的彩色图案，通常描绘的是一个超凡脱俗或受人尊敬的人物，头上戴着锯齿状的新月形头饰，手里握着多根权杖。
欧洲	1230 年：费迪南三世将卡斯提尔和莱昂统一为一个国家。 1237 年：蒙古人越过伏尔加河，最终烧毁了莫斯科，征服了罗斯。 1238 年：阿拉贡国王詹姆斯一世（James I）从阿拉伯人手中夺回了瓦伦西亚。 1242 年：成吉思汗的孙子拔都在俄国的撒莱建立了金帐汗国。 1248 年：费迪南三世在围城两年后占领了塞维利亚，大部分穆斯林居民都逃到了格拉纳达和突尼斯。	1230 年：布拉格日益提高的重要性主要体现在布拉格被提升为自治区，以及由城墙和其他防御工事组成的防御系统的落成。 1240 年：英格兰和苏格兰之间建立了防御屏障。 1242 年：德国的基尔获得城市权。 1244 年左右：柏林城首次在历史记载中被提及。 1253 年：鲁布鲁克的威廉在中亚游历，并记述了自己的冒险经历。	1230—1276 年：意大利诗人圭多·圭尼采里（Guidoguini Zelli）是"温柔的新体诗"（dolce stil nuovo）这一诗歌形式的先驱，但丁是其最著名的实践者。 1250 年左右：《卡马森黑皮书》（The Black Book of Carmarthen）被抄写下来，它是威尔士诗歌最早的完整手稿。 1250 年：德国艺术的高哥特时期开始了。 1252 年：宗教裁判所开始使用刑具。
中东 & 非洲	1230—1255 年：松迪亚塔（Sundiata Keita）建立马里帝国。 1236 年：阿卜德·瓦德王朝（Abd al Wadids）是由柏柏尔人建立的王朝，定都于特莱姆森。 1243 年：蒙古人征服了小亚细亚半岛的罗姆苏丹国。 1250 年：马穆鲁克人在埃及掌权，于第七次十字军东征中击败了法国的路易九世（Louis IX）。		1240 年：西班牙的穆斯林神秘主义者、宇宙学家伊本·阿拉比（Ibn al-Arabi）去世。他相信"存在的统一性"，并将人性解析为自然和神圣宇宙的缩影。 1250 年左右：罗姆苏丹国首都科尼亚繁荣发展，细塔修道院和卡拉蒂伊斯兰学校等令人印象深刻的建筑拔地而起。 1258 年：波斯诗人萨迪（Sadi）写下了《蔷薇园》。
亚洲 & 大洋洲	1234 年：蒙古军队占领了开封，金朝灭亡。 1238 年左右：蒙古军队入侵俄国，但在印度遭遇败绩。		1231 年：卢那·瓦萨希（Luna Vasahi）是一座耆那教寺庙，位于今印度北部拉贾斯坦邦阿布山的迪尔瓦拉。 1250 年左右：中国戏剧《赵氏孤儿》被认为是杂剧的代表作。杂剧于元代演变成一种更为复杂的四幕剧形式。

> **链接**
>
> ## 中国人的生与死
>
> 由于中国人很尊崇祖先，所以很多家庭里都有自己的家庭宗教等级。活着的人需要得到死者的保佑，这样才能在人世间过上美好的生活；而死者需要活着的后代来祭奠，以滋养他们来世的灵魂。因此，死亡标志着一种新关系的开始。在父母去世后的 27 个月里，儿女们都会穿上用麻布做成的不舒服的衣服，他们不能使用瓷器，不能行房，也不能吃肉或刮胡子。每个家庭在儿子出生后都会松一口气，因为只有有儿子的人在死后才会被祭奠。

科学与技术	人类与社会
1250 年左右：检审庭（Audiencia）作为奇穆文化建筑的创新之一，是一种呈 U 形的建筑，里面有壁龛，统治者们就在那里接受贡品。	13 世纪：基切玛雅人开始在危地马拉的高地上定居。
1233 年左右：英国纽卡斯尔首次开采出煤炭。 1241 年左右：尼古拉斯·米莱普索斯（Nichalos Myrepsos）完成了拜占庭医学著作《药典》（Dynameron）的编订工作。 1248 年：科隆大教堂开始动工。 1248 年：格拉纳达阿罕布拉宫开始动工。 1250 年左右：约旦努斯·鲁福斯（Jordanus Rufus）编写了一本兽医手册《马蹄草》（De Medicina Equorum）。 1253 年：阿西西的圣方济各大教堂落成。	1240 年左右：鞑靼骑兵把肉放在他们的马鞍下面。被压了一整天后，肉会变嫩，可以生吃。 1250 年左右：工商业的飞速发展促进了社会的全面繁荣。 公元 1253 年：亚麻布最早是由英国佛兰德的纺织工人生产出来的。 1258 年：《牛津条例》（The Provisions of Oxford）开创了下议院的前身，允许土地所有者和产权所有者派代表参与议会。
1248 年：阿拉伯药物学家拜塔尔（Ibn al Baitar）去世。他创作的《药用和营养术语》（The Book of Medicinal and Nutritional Term）是一部关于药用植物、食品和药物的百科全书。	1250 年：沙贾尔·杜尔（Shajar al Durr）在她的丈夫阿尤布王朝统治者萨利赫·阿尤布（Al Salih Ayyubi）去世后成为埃及女王。她是伊斯兰历史上第二位独立执政的女性。 1250 年左右：大津巴布韦的铁器时代定居点发展至鼎盛，有许多干砌石墙和建筑，还有庞大的贸易网络，人口有 1.2 万—2 万人。 1256 年：成吉思汗的孙子旭烈兀在西亚建立了伊利汗国，并于 1258 年占领巴格达，消灭阿拔斯王朝。
1232—1233 年：中国金朝军队使用一种被称为"震天雷"的火药武器，以保卫开封免遭蒙古军队的袭击。	1236—1240 年：拉齐亚·苏丹娜成为德里苏丹国第一位也是唯一一位女性苏丹。她是受人尊敬的统治者，但最终被政敌俘虏并杀害。

上图　日本大阪精锐武士所佩戴的面具和角盔

武士道

到了 12 世纪，由武士组成的贵族阶层开始在整个日本掌权。近 700 年来，武士一直统治着日本社会。他们最初的中心是源赖朝的幕府，位于沿海城市镰仓，靠近如今的东京。随着权力从地方贵族转向以这些地方武士为根基的新官僚政权，日本武士以强大的军事护卫能力而闻名。

日本武士有点像中世纪欧洲的骑士，他们听从领主的命令，重视武功，强调勇敢和节俭。此外，武士的生活准则很强调对领主的忠诚和战败时的尊严。那种光荣的死亡方式被称为"切腹自尽"，字面意思是"剖开肚子"，即战败的武士会用自己的剑自杀。

这些精锐士兵手持刀剑，戴着可怕的面具和角盔，仅凭恐吓就能赢下许多场战斗。

1260—1300 年

	政治与权力	地理与环境	文化与宗教
美洲	**1260 年左右**：阿兹特克人生活在墨西哥中部山谷，随着时间的推移，他们成为托尔特克帝国遗留下来的库尔瓦坎人的宝贵雇佣兵。由于在战斗中表现得十分勇猛，库尔瓦坎统治者称他们为"军事狂人"，并免除了他们的劳役。	**1276 年左右**：在如今科罗拉多州的梅萨维德普韦布洛发生了长期的干旱，持续了 23 年之久，迫使古普韦布洛人离开了那里。	**1200—1600 年**：米斯特克人使象形文字的高雅风格臻于完美。他们写了许多结合了象形文字和象声符号的圣书来纪念米斯特克统治者，有八部作品保存至今。
欧洲	**1260 年**：佛罗伦萨的吉伯林派（皇帝派）在蒙特佩蒂击败了归尔甫派（教皇派）。 **1283 年**：条顿骑士团结束了自 1233 年开始的对普鲁士的征服。 **1284 年**：热那亚人几乎摧毁了梅洛里亚的比萨海军，成为威尼斯的竞争对手。 **1291 年**：十字军东征结束。耶路撒冷圣约翰医院骑士团迁往塞浦路斯。 **1297 年**：威廉·华莱士（William Wallace）领导了苏格兰人对英格兰人的反抗。	**1273 年**：西班牙成立了一个牧民同业公会，国王授予畜牧业者一系列司法和经济特权。 **1298 年**：马可·波罗回到意大利，开始在热那亚监狱里口述他的回忆录。	**1260 年**：第一次苦修者运动在德国南部和意大利北部出现。 **1266 年左右**：托马斯·阿奎那开始创作《神学大全》。 **1270 年左右**：被称为《老埃达》的冰岛手抄本是一部斯堪的纳维亚神话的集锦。 **1276 年**：亚当·德拉阿勒的讽刺作品《叶棚剧》被认为是喜剧歌剧的前身。 **1290—1295 年**：奇马布埃在阿西西的圣方济教堂创作了《圣母子登基》（Madonna Enthroned）。
中东 & 非洲	**1261 年**：米哈伊尔八世·巴列奥略收复君士坦丁堡。 **1270 年**：阿姆哈拉族王子耶库诺·阿姆拉克（Yekuno Amlak）推翻了埃塞俄比亚的扎格维王朝，在拉利贝拉留下了 11 座巨大的基督教教堂，开启了埃塞俄比亚中世纪近 250 年的高度繁荣。 **1289 年**：埃及苏丹加拉温（Qala'Un）攻占了的黎波里，阿克里成为近东地区仅存的基督教据点。 **1291 年**：马穆鲁克王朝占领阿克里。	埃塞俄比亚拉利贝拉圣乔治岩石教堂里的礼拜者	
亚洲 & 大洋洲	**1279 年**：忽必烈击溃了宋朝最后的抵抗，元朝统一了中国。 **1281 年**：忽必烈第二次试图东征日本。 **1287 年**：忽必烈征服了缅甸首都蒲甘。 **1290 年**：德里苏丹凯库巴德被谋杀，菲鲁兹·卡尔吉建立新王朝。 **1296 年**：卡尔吉被谋杀，由阿拉乌德丁·卡尔吉（Alauddin Khalji）继任，他掌控着印度大部分地区。	**1271 年**：马可·波罗前往中国旅行。1275 年时，他在为忽必烈汗工作。	

科学与技术	人类与社会
12世纪50年代至1286年：在今亚利桑那州东北部的谢伊峡谷，古普韦布洛人的凯恩塔分支建造了一座拥有155个房间的叫作契特塞尔的居所。	1300年左右：圣劳伦斯河沿岸的怀安多特人部落联合起来，形成了阿提格努森坦族（Attignousntan nation），后来被法国探险家命名为休伦人。这个庞大的母系氏族居住在覆盖着树皮的长屋中，主要依靠农业过活，辅以捕鱼与狩猎。
1260年：医学先驱撒迪厄斯·弗洛伦提努斯（Thaddeus Florentinus）成为博洛尼亚大学的校长。 1268年左右：罗杰·培根写成《大著作》（Opus maius）。 1275年左右：最初由利奥波德六世公爵（Duke Leopold VI）构想的霍夫堡宫在维也纳完工。 1296年：佛罗伦萨大教堂开始动工。	1268年：英国科学家、哲学家罗杰·培根最早提到了光学辅助透镜，这在当时的欧洲和中国都是一种创新。 1280年：玻璃镜子被发明出来。 1290年：犹太人被驱逐出英格兰。
1274年：波斯数学家、科学家和哲学家纳西尔·丁·图西（Nasir al-Din al-Tusi）去世。马拉盖天文台即为他而建。 1280年左右：摩西·德莱昂（Moses de Leon）被认为是卡巴拉经典之作《光明篇》（Zohar）的作者。	13世纪：穆斯林通过贸易和军事征服进入了非洲内陆。 13世纪90年代左右：伊利汗国维齐尔拉施特（Rashid Al Din）开始写作《史集》（Compendium of Histories），这是第一部涵盖伊斯兰王朝、印度人、中国人、法兰克人、犹太人和蒙古人的历史著作。
1266年：重建后的三十三间堂在日本京都落成。	13世纪：蒙古人用轻型柳条框架搭建圆形帐篷，即蒙古包。当他们准备搬家时，这些帐篷拆除起来很容易。 13世纪：蒙古士兵使用马镫和皮带来固定马鞍以增加稳定性，保证他们在马上射箭时可以更好地瞄准目标。 13世纪80年代左右：驯鹰是蒙古统治者最喜欢的活动之一，马可·波罗后来在他的著作中提到了忽必烈的鹰猎活动。

马可·波罗

1271年，17岁的马可·波罗开启了一场冒险之旅，这也使他的名字成了传奇。他与父亲尼科洛和叔叔马菲奥离开威尼斯，在旅行了4年，跋涉上万千米后终于到达了元朝的上都，这里是蒙古统治者忽必烈的避暑胜地。

当忽必烈通过驿马快信得知马可·波罗即将到来的消息后，他派卫兵把马可·波罗带进了他富丽堂皇的宫殿。他们成了朋友，忽必烈还让马可·波罗执行了几次外交任务，给这位善于观察的意大利人的想象增添了丰富的素材。

传说24年后，当马可·波罗一家回到家乡时，他们的亲戚甚至都不认识他们了，因为他们衣衫褴褛，言行举止中满是异国风情。据说，所有威尼斯人都争先恐后地去听马可·波罗讲述奇闻逸事。他在《马可·波罗游记》（Description of the World）一书中讲述了许多奇妙的经历，有些桥段骇人听闻，几乎可以肯定那不是真的。尽管如此，他还是让读者们畅想到世界另一端的异国他乡去旅行变成了可能。

上图 意大利热那亚的马可·波罗的马赛克肖像

1300—1330 年

	政治与权力	地理与环境	文化与宗教
美洲	1325 年左右：阿兹特克人在特斯科科湖的一个人工岛上建立了他们的首都特诺奇蒂特兰（如今的墨西哥城）。	1300 年左右：密西西比人的阿兹塔兰遗址（位于今威斯康星州）可能是因为资源短缺而被遗弃。	1325 年左右：阿兹特克人开始在特诺奇蒂特兰建造大神庙（Templo Mayor）。它将被献给战神威齐洛波齐特利和雨神特拉洛克。
欧洲	1304 年：拜占庭皇帝安多罗尼卡二世（Andronicus II）借助雇佣兵打败了奥斯曼土耳其人。 1306 年：罗伯特·布鲁斯（Robert the Bruce）加冕为苏格兰国王罗伯特一世，成功领导了反抗英格兰的战役。 1315 年：布鲁斯的弟弟爱德华登陆爱尔兰，自称爱尔兰国王。 1326 年：爱德华二世的妻子伊莎贝拉和她的情人罗杰·莫蒂默入侵英格兰，合谋废黜了国王。 1327 年：伊莎贝拉之子爱德华三世成为英格兰国王。	1312 年：北大西洋中无人居住的加那利群岛被发现。 1314—1322 年：受到瑞士冰川推进造成的长期恶劣天气的影响，英格兰面临着饥荒和经济衰退。	1305—1308 年：乔托（Giotto）被公认是 14 世纪意大利最重要的画家，他为帕多瓦的阿雷纳礼拜堂绘制了壁画。 1307 年：但丁开始创作《神曲》（The Divine Comedy）。 1309 年：法兰西籍教皇克雷芒五世（Clement V）将教皇的住所安置在法国阿维尼翁。这是"巴比伦之囚"的开端，在此期间，教皇不再居住于罗马。
中东 & 非洲	1302 年：奥斯曼帝国的第一位统治者奥斯曼一世（Osman I）在巴菲乌斯击败了拜占庭人。 1307 年：曼萨·穆萨（Mansa Musa）成为马里帝国的统治者。 1314 年：基督教埃塞俄比亚的强势君主阿姆达·泽扬（Amda Tseyon）巩固了对领土的统治。 1324 年：奥斯曼帝国首领奥尔汗从拜占庭人手中夺取了布鲁萨。两年后，他将布鲁萨定为首都。		1324 年：马里帝国皇帝曼萨·穆萨在通布图修建大清真寺。 1324 年：曼萨·穆萨前往麦加。
亚洲 & 大洋洲	1307 年：印度西部的马哈拉施特拉邦被穆斯林控制。 1320 年：吉亚斯乌丁·图格鲁克（Ghiyas al-Din Tughluq）建立了德里苏丹国图格鲁克王朝，统治印度近一个世纪。	1316—1329 年：意大利方济各会修士鄂多立克（Odoric of Pordenone）游历亚洲各地，足迹遍及小亚细亚半岛、波斯、印度、爪哇、婆罗洲和中国。他的中国游记《东游录》很受欢迎。	1300 年左右：中国戏剧家李行道创作的戏剧《灰阑记》在中国上演，它被认为是元杂剧的典范。1948 年，德国剧作家贝尔托·布莱希特（Bertolt Brecht）将其改编为《高加索灰阑记》（The Caucasian Chalk Circle）。

链接

变化的气候

公元 1276—1299 年的大干旱给居住在今天美国西南部四角地的人们造成了广泛而持久的伤害。考古证据表明，大约在 1300 年，像梅萨维德这样曾有 5000 名居民的定居点被人们遗弃。散居在科罗拉多高原地区的居民——数以万计的移民——大部分分散在南部和东部。他们定居在今新墨西哥州的阿科马，融入了亚利桑那州的霍皮人和祖尼人之中。还有一些人居住在格兰德河沿岸的普韦布洛东部的大村落里。这种对社会模式、生活安排，甚至是对之后普韦布洛人文化的象征意义上的连锁反应，比如"卡奇那舞"（Katsinas）与降雨之间的关系，持续了几个世纪。

科学与技术	人类与社会
14世纪左右：居住在今亚利桑那州中南部吉拉河谷的萨拉多人建造了"卡萨格兰德"（意为大房子），是一个四层楼高的院落。	**1320年左右**：阿兹特克人在特诺奇蒂特兰岛周围建造了奇昂帕（漂浮菜园），以养活自己。
1300年：药剂师在德国城市中很受欢迎。 **1300年左右**：尿检开始作为一种诊断手段被应用于医学。 **1301—1320年**：颇有影响力的法国医生亨利·德·蒙德维尔（Henri de Mondeville）撰写了配有插图的人体解剖学作品《解剖学》（Anathomia）及外科手册《外科》（Chirurgia）。 **1303年**：罗马大学建立。 **1325年左右**：人们开始使用脚踏风琴。	**1302年**：意大利诗人但丁被驱逐出佛罗伦萨，因为他与被称为"白党"的政治派别有勾连。当时白党失去了对佛罗伦萨的控制权，权力落入了被称为"黑党"的对立党派手中。 **1305年**：英格兰国王爱德华一世规定了"码"和"英亩"的标准。

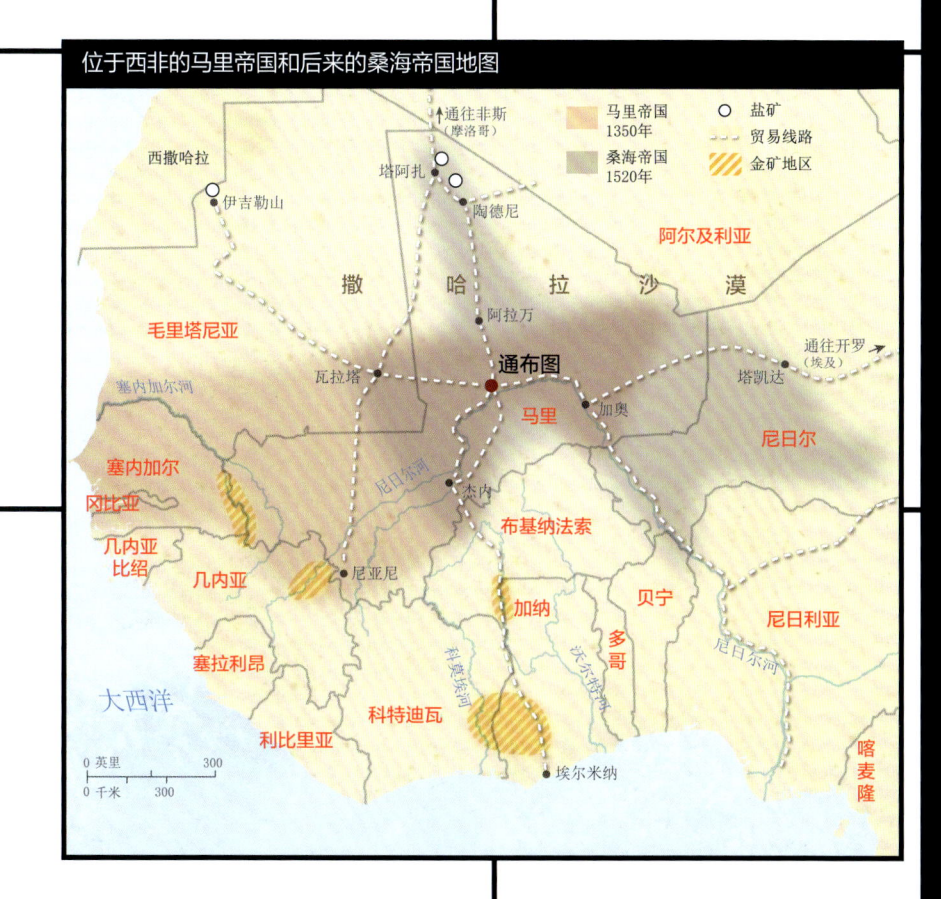

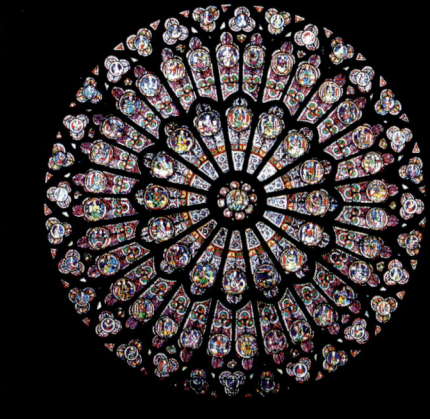

上图　巴黎圣母院大教堂的玫瑰花窗

哥特式大教堂

12世纪的欧洲出现了一种高耸的教堂建筑风格，体现了中世纪宗教的崇高地位。这在后来被文艺复兴时期的艺术家称为"哥特式"，认为这种风格很野蛮，其实大教堂一点也不粗糙。

这些拱顶杰作将尖拱门、飞扶壁和高耸的开放空间结合在一起，其间充满了透过彩色玻璃反射出的闪烁光线，传达出一种神秘的失重感，仿佛人们可以飞向天堂似的。

对基督徒来说，大教堂就是上帝的城市，他们怀着极大的热情和献身精神来建造这样的教堂，通常需要一个多世纪才能完成。作为主教们的安身之地，大教堂里摆满了精美的雕塑、圣物和祭坛画。彩色玻璃窗营造出一种气氛，色彩斑斓的图画向不识字的游客讲述着《圣经》故事。

游客在数千米之外就能看到城里最大、最宏伟的建筑，它的塔楼高耸入云，是远近礼拜者的灯塔。那些任性的、迷失的、孤独的人在大教堂里找到了慰藉，那些幸运者也来到教堂表达感恩。无论贫富，大教堂都是人间最接近天堂的地方。

位于西非的马里帝国和后来的桑海帝国地图

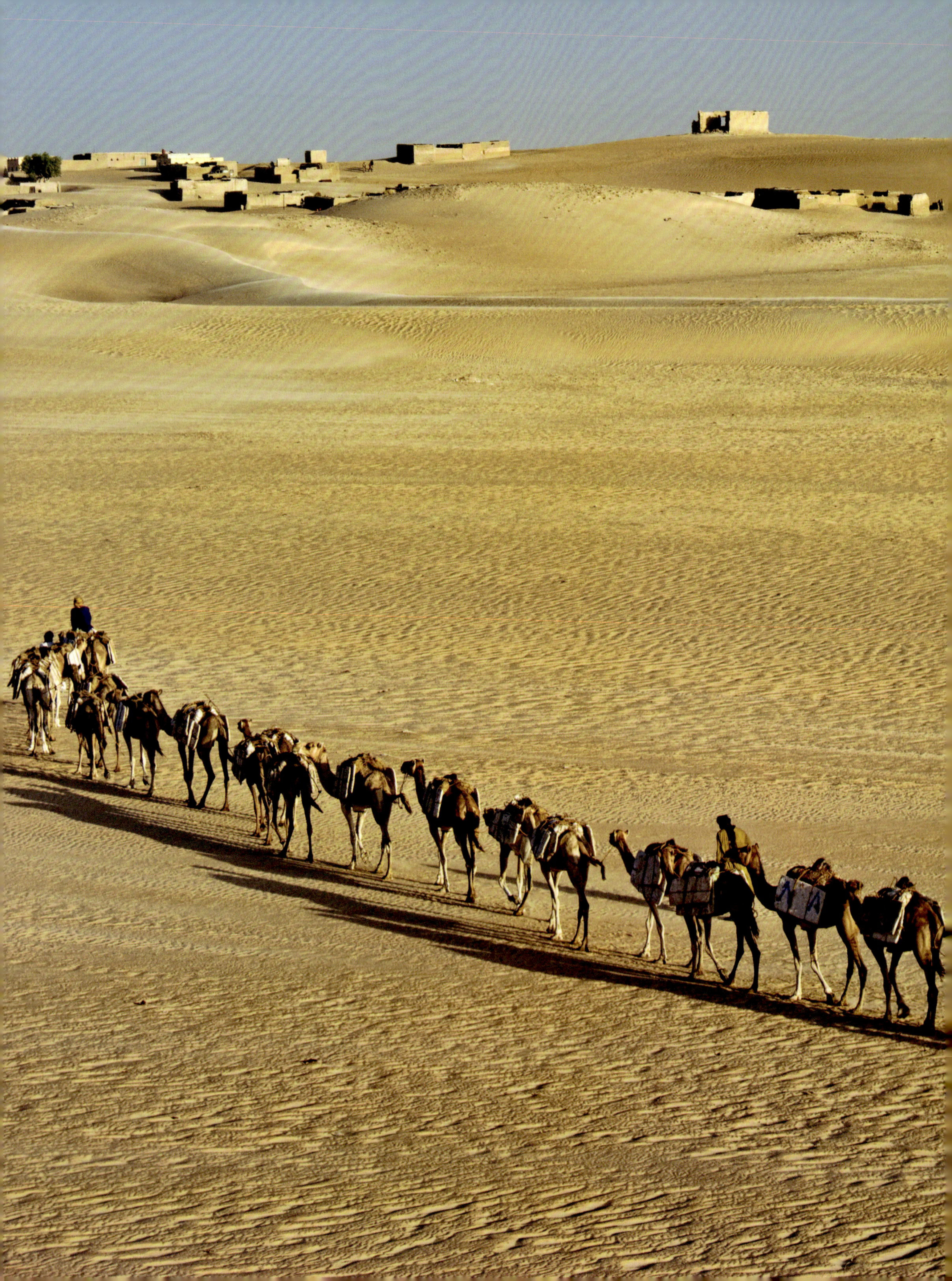

& 4 & 入侵与进步　189

黄金帝国马里

　　从 8 世纪直到殖民时代，西非丰富的自然资源孕育了数个庞大的商业帝国。第一个帝国是加纳，最大的帝国是桑海，而马里帝国之所以成为其中的传奇，是因为它的统治者曼萨·穆萨。从 1307 年到 14 世纪 30 年代，在穆萨的统治下，马里帝国的发展进入黄金时期。根据一位埃及酋长的说法，"横着穿过它大约需要四个月时间，竖着穿过它又要四个月时间"。马里帝国的实际疆域，西起大西洋，东至尼日利亚边界，南连热带雨林边缘，北抵撒哈拉中部的绿洲市场。

　　马里帝国的财富和权力很大程度上是建立在黄金的基础上的，它是世界上主要的黄金供应国之一。阿拉伯商人的商队沿着危险的贸易路线进入该地区，以获取珍贵的矿产，他们也带来了盐、奢侈品和伊斯兰教。曼萨·穆萨于 1324 年前往麦加朝圣，马里帝国也因此而闻名于世。他的随从携带着大量的黄金，途经埃及时留下了许多黄金礼物，导致开罗当地的黄金贬值了约 12 年。

　　曼萨·穆萨使马里成为重要的伊斯兰学术中心，尤其是首都通布图。他精通阿拉伯语，从麦加带回了一些学者和一个阿拉伯图书馆，并委托著名的阿拉伯建筑师阿尔·萨希利（Al Sahili）建造了一座宫殿和一座既是清真寺又是大学的建筑。尽管穆斯林旅行家伊本·白图泰（Ibn Battuta）后来访问马里时，曾抱怨那里的伊斯兰氛围不浓厚，但伊斯兰教影响的持久性在泥砖结构的杰内大清真寺（见上图）等建筑中有明显的体现，这座大清真寺是在 13 世纪的清真寺旧址上重建的。

左图　骆驼商队仍在西非运输货物
上图　马里杰内古城重建的大清真寺

1330—1360 年

	政治与权力	地理与环境	文化与宗教
美洲	**1350 年左右**：阿兹特克的军事贵族处于严格的社会等级制度的顶端，开始享受财富和特权。	**1350—1450 年**：在今亚利桑那州，许多霍霍坎姆印第安村庄被遗弃。	**1350 年左右**：阿兹特克的祭司是贵族阶层，有时甚至会成为最高统治者。 **1350 年左右**：纳瓦特语成为墨西哥中部的主要语言。
欧洲	**1337 年**：英格兰国王爱德华三世声称自己有权继承法国王位，并自称法兰西国王。这一举动引发了英法百年战争。 **1347 年**：黑死病在传入克里米亚和西西里岛后开始在欧洲蔓延。		**1334 年**：乔托开始在佛罗伦萨建造钟楼。 **1340 年**：目前已知的第一部康沃尔语文学作品问世。 **1341 年**：彼特拉克在罗马的丘比特神殿加冕为桂冠诗人。 **约 1347—1349 年**：英国哲学家和神学家奥卡姆的威廉（William of Ockam）去世。他发展了唯名论理论，并提出了如今被称为"奥卡姆剃刀"的定律。
中东 & 非洲	**1338 年**：奥斯曼人到达小亚细亚半岛的博斯普鲁斯海峡。 **1352—1353 年**：伊本·白图泰认为，伊斯兰教只不过是马里帝国的一个幌子，马里文化的深层内涵是对曼德人优越性的深信不疑。 **1354 年**：奥斯曼人占领了拜占庭帝国的加里波利要塞。	**1346 年**：君士坦丁堡发生强烈地震，导致圣索菲亚大教堂东拱门倒塌。 **1347 年**：黑死病蔓延至开罗，在两年内致使埃及 1/3 的人口丧生。	**1332 年**：非洲学者伊本·赫勒敦出生于突尼斯，他是一位伟大的哲学家和历史学家。他认为，诗歌是一种恰如其分地表达优雅和美的语言形式。 **1340 年**：波斯诗人奥贝德·扎卡尼（Obeyd-e Zakani）的讽刺作品，尤其是《贵族伦理》（*The Ethics of the Aristocracy*）描述了权贵们是如何为了自己的方便和利益而重新定义美德的。
亚洲 & 大洋洲	**1331 年**：日本皇室继承权的争端引发了反对北条氏的内战。 **1333 年**：流亡的日本后醍醐天皇在策划反对北条氏的倒幕运动、迫使最后一位北条氏执权自杀后，重新掌权。 **1336 年**：印度教帝国维贾亚纳加尔王国发迹于印度南部。 **1338 年**：日本进入室町幕府时代。 **1347 年**：阿拉丁·哈桑·巴赫曼沙赫在德干建立独立的巴赫曼苏丹国。	**14 世纪 30 年代**：黑死病可能起源于中亚地区。	**1354 年**：画家黄公望去世。他是中国"元四家"中最年长的一位。人们认为，该画派继承了文人画（也就是"士大夫画"）的传统，强调个性表达。

那时的生活

伊本·白图泰到访马里

摩洛哥人伊本·白图泰一生周游世界，在他著名的回忆录《伊本·白图泰游记》中记录了自己的见闻。白图泰自认是达尔·伊斯兰（也就是穆斯林居住区）的公民，并于 1352 年访问了马里帝国。这个非洲王国因曼萨·穆萨在 1324 年的麦加之旅而成为传奇。显然，马里有着巨大的财富，但白图泰对那里伊斯兰习俗的匮乏感到震惊。在瓦拉塔（Walata），当地官员用盛在葫芦里的蜂蜜牛奶拌小麦渣招待了他，只通过翻译来和他交流。在首都尼亚尼，有衣着不整的妇女、拜倒在曼萨国王面前的臣民和戴着面具跳舞的皇家诗人，这都有违正统的伊斯兰教规定。马里归属于伊斯兰世界，这极大地扩展了其贸易的范围，但白图泰怀疑，这种关系更关乎商业，而不是信仰。

科学与技术	人类与社会
1350 年左右：特诺奇蒂特兰的城市规划者在城内建造了一个用于运输和灌溉的运河系统。	**1350 年左右**：在阿兹特克和印加帝国，都有奴隶从事劳动。阿兹特克的奴隶是作为家仆参加劳动，而在印加，被称为亚那（yana）的奴隶则是在贵族的土地上劳作。
1337—1344 年：英国学者威廉·梅勒（William Merle）对天气进行了详细的记录。 **1344 年**：阿拉斯的马蒂亚斯（Mathias of Arras）在布拉格修建了圣维图斯大教堂。 **1348 年**：爱德华三世开始重建温莎城堡。 **1358 年**：格拉纳达的阿罕布拉宫完工。	**1341 年**：英国议会分为两院的记录首次出现。 **14 世纪 50 年代**：布鲁日作为贸易中心的重要性达到顶峰。 **14 世纪 50 年代**：汉萨同盟不断扩大德国城市在整个北欧的贸易利益，最终在斯堪的那维亚获得了贸易垄断地位。 **1358 年**：佛罗伦萨的两大银行——巴迪和佩鲁齐双双破产。
14—17 世纪：西非贝宁王国的冶金工匠以制作青铜器和锌器而闻名于世。 **1350 年左右**：清真寺和学校开始使用四伊万建筑形式。这种建筑形式的特点是有四个巨大的拱形大厅对着中央的庭院。	**约 1324—1352 年**：奥斯曼帝国推行蒂马尔制（timar），这是一种将土地和收入集中分配给军人的封建采邑制度，其要求政府定期调查土地、作物、产量和其他的收入来源，如蜂房、渔业、磨坊和工厂。 **1330 年左右**：在奥斯曼帝国，非穆斯林不能拥有穆斯林奴隶。奴隶只能是战俘或生来就是奴隶。
约 1340—1425 年：印度喀拉拉邦的马德哈瓦（Madhava）撰写了许多关于天文学和数学的开创性著作。	**14 世纪 50 年代**：在中国，红巾军和白莲教领导了反对元朝的农民起义。 **1351 年**：菲鲁兹三世（Firuz III）成为德里苏丹国图格鲁克王朝苏丹。

上图　奇穆黄金陪葬面具

秘鲁的奇穆王国

从 13 世纪开始，奇穆王国就成为秘鲁最大、最具影响力的政治实体。其农业社会在北部沿海的沙漠地区蓬勃发展。在先进的灌溉系统的帮助下，人们在那里饲养豚鼠、美洲驼，种植南瓜、玉米、红薯、棉花和豆类，这个灌溉系统还能通过运河将水引入他们的首都，也就是古秘鲁最大的城市昌昌。

奇穆王国由统治精英和世袭统治者掌控，他们的墓地中有十个王室建筑群，每个占地约 8 万平方米。城市间由公路相连，可以运输纺织品和工匠制作的特色陶器，贸易因此兴旺发展。对金、银和青铜的深度加工也是奇穆文化的特点之一。

这一高度发达的文化给印加人留下了深刻的印象，印加人于 1470 年左右征服了奇穆人，但他们采用了很多奇穆人在政治组织、灌溉系统和工程上的经验，将之用于帝国的发展。

1360—1400 年

	政治与权力	地理与环境	文化与宗教
美洲	**1372 年**：阿卡马皮奇特利建立了阿兹特克-墨西哥王朝并成为第一任国王，即"特拉托阿尼"（意为"代言人"）。这标志着这个国家实现了从氏族联盟到王朝的政治变革。	**1400 年左右**：奇穆首都昌昌位于今秘鲁的北部沿海，经过两个半世纪的扩张，占地达 36 平方千米。	**1375 年左右**：在今美国西南部，出现了包括仪式性蒙面舞和人偶在内的克奇纳崇拜。
欧洲	**1371 年**：奥斯曼土耳其人在马里卡战役中击败了塞尔维亚人，这为他们最终征服塞尔维亚和保加利亚铺平了道路。 **1371 年**：大卫二世（David II）在苏格兰去世，苏格兰进入斯图亚特王朝时期。 **1380 年**：法兰西国王查理五世（Charles V）去世后，百年战争进入了长期不稳定的停战期。 **1380 年**：莫斯科的德米特里大公在库利科沃战役中击败了蒙古人。	**1361 年**：黑死病再次在英国出现。	**1375 年**：罗宾汉出现在英国文学作品中。 **1378 年**：格里高利十一世（Gregory XI）去世，天主教会大分裂，罗马和阿维尼翁分别选出了教皇。 **1382 年**：英国宗教改革家约翰·威克里夫（John Wycliffe）的作品在牛津大学被禁。 **1387 年左右**：杰弗雷·乔叟（Geoffrey Chaucer）开始创作《坎特伯雷故事集》。 **1397 年**：赫里索洛拉斯（Manuel Chrysoloras）开始在意大利复兴希腊古典文学。
中东 & 非洲	**1375 年**：马穆鲁克人征服了西斯，结束了亚美尼亚的独立。 **1380—1394 年**：帖木尔帝国在波斯、俄罗斯、格鲁吉亚和伊拉克发动战争，最终都取得了成功。 **1389 年**：巴耶塞特一世（Bayezid I）接替父亲穆拉德一世（Murad I）成为奥斯曼帝国的苏丹。 **1396 年**：巴耶塞特一世在尼科波利斯战胜匈牙利西吉斯蒙德（Sigismund）的基督教军队。		**1390 年左右**：波斯最重要的抒情诗人哈菲兹（Hafiz）去世。他的诗作至今在伊朗仍然受到推崇。
亚洲 & 大洋洲	**1368 年**：足利义满被任命为日本室町幕府第三任将军。 **1368 年**：中国步入明朝统治时期。 **1392 年**：将军李成桂建立了朝鲜王朝，这是朝鲜最后一个，也是统治时间最长的王朝。 **1395 年**：帖木儿帝国军队将阿斯特拉罕洗劫一空。 **1398 年**：帖木儿帝国军队入侵印度，洗劫德里。		**1365年**：印尼宫廷诗人、历史学家普腊班扎（Prapanca）创作《爪哇史颂》（Nagarakrtagama），这是一部描述爪哇满者伯夷王朝文化、传说、历史和政治生活的叙述性诗作。 **1374 年**：能剧在日本兴起。 **1394—1408 年左右**：金阁寺在京都郊外建成。

链接

汉萨同盟与贸易

从 13 世纪开始，由一群德国商人发起的商业冒险活动将德国的商业市镇联合起来，推动了整个北欧的商业活动。为了控制汉萨地区的市镇以及北部和波罗的海的广大市场，联盟采取了垄断甚至武力压制的措施。其中，主要的城市有汉堡与吕贝克。最重要的商品是纺织物，其次是其他受欢迎的东西，如鱼干、咸鱼、谷物、啤酒、蜡和毛皮。在荷兰海权于 16 世纪超过英国之前，这个联盟的足迹一直延伸到英国。作为后来欧洲共同市场的先驱，该联盟的确已经成功地迈出了第一步。

科学与技术	人类与社会
	1360 年：阿兹特克人遵循中美洲的传统，按照四个主要方向划分其首都。

左图　14 世纪的骑士在用十字弓瞄准

科学与技术	人类与社会
1363 年：盖伊·德·乔利亚克（Guy de Chauliac）撰写了一部关于中世纪外科学的作品《大外科学》（Chirurgia Magna）。 **1370 年**：巴黎的巴士底狱开始动工。 **1370 年**：钢弩被用作战争武器。 **1387 年**：米兰大教堂开始动工。	**1360 年**：法国铸造出第一枚法郎。 **1367 年**：富格尔家族以织布工的身份来到德国奥格斯堡。这个家族后来将建立一个银行业与商业帝国。 **1380 年**：威尼斯击败了竞争对手热那亚共和国，次年《都灵和议》（The Peace of Turin）达成。威尼斯的艺术繁荣随之而来。 **1381 年**：增加人头税引发了英格兰的农民起义。 **1392 年**：英格兰的外国人经商权利受到极大限制。
1360 年左右：在摩洛哥，阿拉伯医学家伊本·海推布（Ibn al-Khatib）撰文称瘟疫是一种传染性疾病，这与伊斯兰教义是冲突的。	**1382 年**：马穆鲁克王朝从巴赫里王朝（突厥人建立）转变为布尔吉王朝（切尔克斯人建立）。 **1389—1403 年**：在奥斯曼帝国苏丹巴耶塞特一世统治时期，通过招募最优秀的非穆斯林青年，而不是仅仅依靠战俘来填补空缺，使耶尼切里军队成为更加正规的军队。
1370 年：中亚的撒马尔罕被重建为帖木儿帝国的首都。从 14 世纪 80 年代开始，这座城市中的华丽建筑被瓷砖所覆盖，还建造了拥有灌溉系统的花园。 **1377 年**：朝鲜半岛首次采用金属活字印制佛经。	**1368 年**：朱元璋从蒙古人手中夺回了大都（北京），建立了明朝，定都在如今的南京。

威尼斯商人

威尼斯位于亚得里亚海一个潟湖的冲积小岛上，常被称为"海上新娘"。到了 9 世纪，一个独立的共和国成立了，在接下来的 600 年里，它成了欧洲的贸易强国。1380 年，威尼斯与主要的海上对手热那亚的持久战，在前者赢得基奥贾海战之后便宣告结束。

威尼斯的优势，在于其丰富的世界贸易往来。早期，与君士坦丁堡的贸易最为重要；意大利商人经常迁往威尼斯，直到威尼斯的人口膨胀到 6 万左右。然而，到了后期，威尼斯开始进口东方的珍奇奢侈品，如丝绸、香料和香水。13 世纪，贸易路线在蒙古人统治的和平时期向南转移，叙利亚的阿勒颇和埃及的亚历山大成为威尼斯的主要贸易伙伴。

这座水手之城也发展出了繁荣的造船业，以贸易船只的生产而闻名于世，每 200 天就有一艘新的帆船下水。14 世纪中叶，威尼斯的一些船将黑死病从亚洲带到了欧洲，这座城市因此而臭名昭著。有人估计，威尼斯有 2/3 的人口死于黑死病。

在文艺复兴时期，威尼斯的艺术成就可与佛罗伦萨和罗马匹敌，提香和丁托列托等巨匠都将威尼斯视为自己的家乡。1453 年，奥斯曼人占领了君士坦丁堡，东西方之间的贸易往来因此减少，美洲大陆的发现标志着威尼斯这一贸易强国开始衰落。

1400—1430 年

	政治与权力	地理与环境	文化与宗教
美洲	**1400 年左右**：奇穆文明在秘鲁沿海的莫切山谷达到顶峰，并沿海岸扩张。 **15 世纪左右**：智利中央山谷的埃尔·维格尔人（后来被称为马普切人）在抵抗着印加人的征服。 **1418 年**：特斯科科的诗人国王内萨瓦尔科约特尔开始了长期的统治。 **1428 年**：阿兹特克统治者伊兹科阿图（Itzcoatl）率领三城联盟击败了阿兹卡波特萨尔科（Azcapotzalco）。		**1427 年**：阿兹特克统治者伊兹科阿图设置了只有贵族才能担任的顾问职位（相当于行政首脑）——奇瓦科特（cihuacoatl）。在特定的宗教节日里，这位顾问会打扮成奇瓦科特女神，这个职位就是以她的名字命名的。
欧洲	**1410 年**：约翰二十三世（John XXIII）被选为敌对教皇，这也是其支持者美第奇家族崛起的一个重要标志。 **1415 年**：英格兰国王亨利五世（Henry V）在阿金库尔击败了法国，1419 年统一了除圣米歇尔山以外的整个诺曼底。1420 年，与勃艮第统治者谈判达成《特鲁瓦条约》（Treaty of Troyes），指定他为法国王位的继承人。 **1429 年**：圣女贞德率领法国军队抵抗英格兰军队。	圣女贞德亲吻拯救之剑，由但丁·加百利·罗塞蒂（Dante Gabriel Rossetti）绘制。 **1420 年**：葡萄牙的亨利王子（航海家亨利）鼓励人们到马德拉群岛和圣波尔图岛定居。	**1408—1415 年**：意大利艺术家多纳泰罗（Donatello）雕刻了"圣约翰像"。后来雕刻了"大卫像"（1430—1432 年）。 **1413—1414 年**：在托尔托萨论争中，犹太教与基督教的分歧被辩论了超过 63 场。 **1415 年**：宗教改革家扬·胡斯（Jan Hus）被烧死在火刑柱上。 **1417 年**：罗马教皇马丁五世（Martin V）的当选结束了教会大分裂。 **1430 年左右**：德国花衣魔笛手的传说开始流传。
中东 & 非洲	**1402 年**：帖木儿击败了奥斯曼帝国苏丹巴耶塞特一世。 **1415 年**：葡萄牙国王约翰占领了摩洛哥的休达。 **1421 年**：穆拉德二世（Murad II）继承了其父穆罕默德一世（Mehmed I）的苏丹之位，统一了奥斯曼帝国，恢复了扩张政策。	**1400 年左右**：颇有成效的黄金贸易沿着赞比西河流域一直发展到非洲东南部的索法拉海岸。	**1400 年左右**：帖木儿帝国的一部插图手抄本中描绘了亚历山大大帝的故事。 **1403 年左右**：在如今的马来西亚，马六甲的穆斯林苏丹国作为亚洲的权力、信仰和贸易中心蓬勃发展起来。 **1405 年**：帖木儿被安葬在撒马尔罕（在今乌兹别克斯坦）的古尔—埃米尔陵（即"领袖的陵墓"）中。这座精致的建筑以蓝瓦穹顶、金色铭文和绿松石点缀的阿拉伯式花纹为特色。
亚洲 & 大洋洲	**1403 年**：经过长期内战，朱棣篡夺了明朝第二代皇帝建文帝的皇位，成为永乐皇帝。 **1404 年**：日本开始与明朝开展贸易。 **1421 年**：永乐皇帝正式将北京定为首都，南京则成为第二首都。 **1424 年**：永乐皇帝去世，他的统治被视为明朝的"二次建国"。	**1405—1433 年**：中国宦官郑和领导了七次大规模的远航，穿越了印度洋。 **1421 年**：中国永乐皇帝修复了大运河，并将其与黄河和长江连接起来。	**1408 年**：《永乐大典》在明朝永乐皇帝统治时期编纂完成。 **1424 年**：日本剧作家世阿弥创作的《花镜》对能剧产生了重要影响。

科学与技术	人类与社会
1400 年左右：奇普（Quipu）是印加人用来计数的装置和记录口述历史的工具。印加人没有发展出书写形式。	**1400—1450 年左右**：在北美，密西西比河中游的土丘建造阶段接近尾声。 **1420 年**：在安大略湖以北，以熊为图腾的阿提格努斯森族和以绳索为图腾的阿廷尼农纳哈克族联合起来，建立了休伦联盟。 **15—16 世纪 20 年代左右**：阿兹特克的特拉特洛尔科城被视为特诺奇蒂特兰的"孪生城"，其主要集市一天能吸引 4 万—6 万人。
1403 年：塞维利亚大教堂落成。 **1415 年**：在阿金库尔战役中，长弓的使用，使人数不多的英军在与法军的对抗中大获其利。 **1419 年**：伯鲁乃列斯基（Brunelleschi）设计了佛罗伦萨的育婴堂。 **1420 年**：伯鲁乃列斯基开始主持修建佛罗伦萨圣母大教堂的圆顶。大教堂于 1436 年建成并祝圣。	**1400 年左右**：欧洲的人口下降到约 6000 万，但各地快速发展的城镇成长为贸易中心。 **1401 年**：双头鹰成为神圣罗马帝国皇帝的象征。 **1416 年**：荷兰渔民首先开始使用流刺网。 **15 世纪 20 年代**：老科西莫（Cosimo）在佛罗伦萨大力扩张美第奇银行。它成为教皇的官方银行。 **1425 年左右**：在印刷机的帮助下，塔罗牌在欧洲流行起来。
1406 年：历史学家、社会学奠基人之一伊本·赫勒敦（Ibn Khaldun）去世。他以研究人类历史和文明衰落的著作《历史绪论》（Muqaddimah）而闻名。	
1428 年：在帖木儿帝国撒马尔罕统治者兀鲁伯（Ulugh Beg）的主持下，一座天文台开始在撒马尔罕动工修建。	

上图 一名阿兹特克祭司正从一名献祭者身上割下心脏，而另一名献祭者躺在下面。在大殿顶上献祭是为了安抚部落神维齐洛波齐特利，并恐吓敌人

阿兹特克帝国

13 世纪，一个如今通常被称为阿兹特克的民族，自称为墨西卡人，定居在墨西哥谷，并很快以勇猛而闻名。他们为托尔特克帝国灭亡后统治墨西哥的敌对城邦做过雇佣兵。1325 年左右，在特斯科科湖的一个岛上，阿兹特克人建立了他们的首都特诺奇蒂特兰，即现在的墨西哥城。他们将其打造成一个强大的防御阵地，后来成为不断扩张的帝国的中心。他们还建立了一个由庙宇、金字塔和宫殿组成的奇异的宗教区域，由被征服的敌人进贡的物品来维持运作。

然而，朝贡制度使阿兹特克人很容易受到潜在敌人的攻击，敌人可能会破坏他们的部落，从而摧毁他们的生计。结果是，阿兹特克人与特斯科科人和特拉科潘人这两个强大的潜在敌手组成了阿兹特克联盟。在蒙特祖马一世（Moctezuma I）和二世的领导下，阿兹特克人开始征服谷地以外的部落。16 世纪早期，西班牙人到达时，阿兹

阿兹特克帝国的扩张

阿兹特克世界
- 伊兹科阿图，1427—1440 年
- 蒙特祖马一世，1440—1468 年
- 阿哈亚卡特尔，1469—1481 年
- 阿维措佐特，1486—1502 年
- 蒙特祖马二世，1502—1520 年
- 三城同盟

1430—1460 年

	政治与权力	地理与环境	文化与宗教
美洲	1433 年：高地玛雅人把乌塔特兰建为他们王国的首都。 1438 年：帕查库蒂（Pachacuti）在秘鲁建立了印加统治。 1463 年：印加帝国征服了秘鲁北部的奇穆人。	1450—1454 年：干旱和食物短缺困扰着墨西哥中部地区。	1450 年左右：威若乔卡被印加人奉为创世神，太阳神的重要性紧随其后。 1450 年左右：阿兹特克高级装饰艺术风格的代表是用阿兹特神鸟绿咬鹃华丽的羽毛装饰的精致头饰。
欧洲	1433 年：匈牙利的西吉斯蒙德被选为神圣罗马帝国皇帝。 1434 年：科西莫·德·美第奇（Cosimo de Medici）流放归来，接管佛罗伦萨。 1444—1448 年：奥斯曼人在黑海征服了匈牙利人，开辟了通往君士坦丁堡的道路。 1453 年：英格兰被法国打败，百年战争结束。 1455 年：英格兰开斯特家族和约克家族之间爆发了玫瑰战争。	1443 年：哥本哈根成为丹麦首都。 1450 年左右：意大利制图师弗拉·毛罗（Fra Mauro）绘制了一幅巨大且精细的世界地图，被认为是中世纪制图学最伟大的作品之一。	1430 年：勃艮第公爵菲利普·古德（Philip the Good）创立了金羊毛骑士团。 1432 年：扬·凡·艾克（Jan van Eyk）创作了《神秘羔羊的崇拜》，也被称为《根特祭坛画》。 1432—1436 年：英国宗教神秘主义者玛格利·肯普（Margery Kempe）口述了她的自传，该自传被认为是英国文学中最早的自传之一。 1455 年左右：现代印刷术的发明者约翰内斯·古登堡（Johannes Gutenberg）在德国美因茨印刷了《四十二行圣经》。
中东 & 非洲	1450 年：阿尔巴尼亚军事统帅斯坎德培（Skanderbeg）击退了奥斯曼帝国苏丹穆拉德二世的军队，这使他成为西方世界的英雄。 1453 年：在穆罕默德二世的率领下，奥斯曼土耳其人占领了君士坦丁堡，终结了拜占庭帝国，将一些重要人物纳入了奥斯曼帝国的精英阶层。 1470 年左右：在非洲东南部，穆托塔（Mutota）的儿子马托佩（Matope）继承王位。	1434 年：葡萄牙探险家、航海家吉尔·埃阿尼什（Gil Eannes）成功穿越危险的博哈多尔角（在今突尼斯）并成功返回。 1435—1455 年：葡萄牙航海家探索了非洲西海岸，重新激活了非洲奴隶贸易。 1442 年：麦格里齐（Al Maqrizi）逝世。他撰写的《遗迹路径与鉴诫》涉及埃及的历史、地方志、宗教文化等。 1455 年：威尼斯航海家卡达莫斯托（Cadamosto）勘探了非洲的塞内加尔河。	1453 年左右：穆罕默德二世创造了一种结合东西方特色的多元宫廷文化。 1453 年：奥斯曼土耳其人将圣索菲亚大教堂改造成阿亚索菲亚清真寺（如今是一座博物馆）。
亚洲 & 大洋洲	1434 年：暹罗人入侵后，吴哥王朝的首都从吴哥迁至金边。	1453 年左右：瓦努阿图的库瓦火山大规模喷发，向大气中释放了巨量沙尘，导致世界范围内天气异常寒冷。	1438 年：在印度的江普尔，侯赛因·贾玛寺清真寺奠基。

科学与技术	人类与社会
15世纪：在秘鲁的库斯科，考利坎恰（意为"黄金庭院"，也被称为太阳神庙）、城墙以及其他建筑都是用紧密结合的巨大石块建造的，几乎没有用砂浆。	1450—1500年：喀多人与西南部的普韦布洛人进行水牛肉贸易，但当阿萨巴斯加人从如今的加拿大向南迁徙时，他们受到了沉重的打击。阿萨巴斯加人取代喀多人，成为普韦布洛人水牛肉的主要来源。
1443年：第一项关于检疫和卫生的法令在英格兰获得通过。 1447—1455年：教皇尼古拉五世（Nicholas V）汇集了1200部希腊文与拉丁文手稿，这些手稿构成了梵蒂冈图书馆的基础。 1452年：德国通过了第一批欧洲助产士法规。 1455年：罗马圣马可宫（今威尼斯宫）开始施工。	1431年：圣女贞德在鲁昂被烧死。 1447年：布鲁塞尔的织毯工建立了自己的行会。 1450年左右：中古英语让位于现代英语。 1450年左右：在美第奇家族的统治下，佛罗伦萨成为文艺复兴和人文主义的中心。
15世纪40年代：随着巨炮的发展和马车堡垒体系的应用，奥斯曼帝国的军事实力不断增强。	15世纪50年代：西非的沃洛夫人签订了向葡萄牙人提供奴隶的条约，每年向他们提供200—400名奴隶，直至15世纪和16世纪之交。 1456—1461年：伊斯坦布尔的集市通过交店铺租金来支持阿亚索菲亚清真寺。
1441—1442年：在朝鲜世宗的宫廷中，科学家们造出了测量降雨的仪器。他们开始对降雨进行精确、系统的记录，这一工作持续了几个世纪。	1446年：朝鲜世宗颁布《训民正音》，这标志着韩文的诞生。

印刷的革命

活字印刷术和其他很多发明一样，可以追溯到中国。11世纪40年代，毕昇发明泥活字印刷术，而朝鲜人在15世纪初推广应用了铜活字印刷术。但德国美因茨的约翰内斯·古登堡发明了一种有别于亚洲前辈们的印刷方法，使大规模印制真正成为现实，并引发了一场大众传播的革命。经过改良，古登堡印刷术直到20世纪末期仍然是印刷的主要方式。

为了机械地复制有插图的手稿而不失其美，古登堡的关键创新包括制造出一种可以精确地铸造大量金属字模的冲压模具，一种新型印刷机，以及使用油基墨水。他的代表作是《四十二行圣经》，在1455年之前印刷了约180本拉丁文版。比起手抄本《圣经》，这部令人印象深刻的哥特式字体作品有了巨大的进步，要知道，手抄本《圣经》可能需要一个修士花上20年才能完成。

古登堡的新技术迅速传播开来（到1520年，已经出版印刷了200多版《圣经》），而且许多书都是用民族语言而非拉丁文印刷的。这样一来，几乎所有识字的人都可以阅读文本，而不再是学者的专利，这反过来让更多的人成为有文化的人。新闻和思想传播得更快、更广，世界也因此变得更加紧密。

在古登堡的时代，他通过发明收获的财富并不多。在研发印刷术的过程中，他碰到了经济困难，而他的赞助人约翰·福斯特（Johann Fust）变得不耐烦起来，还起诉了他，成功迫使古登堡放弃了对印刷术的专利。福斯特后来靠卖《圣经》大赚一笔，而古登堡则在1468年去世，相对默默无闻。

1460—1500 年

	政治与权力	地理与环境	文化与宗教
美洲	1465年：印加人打败了奇穆人，结束了该沿海帝国的独立。 1471年：托帕·印加·尤潘基在其父帕查库退位后和平继位。 1473年：阿兹特克统治者阿蒂萨亚卡尔特征服了邻近城市特拉特洛尔科。 1494年：在海地岛，印第安人烧毁了亚克河上的一座西班牙堡垒，杀死了10名西班牙人，这是当地第一场反对伊比利亚殖民者的起义。	1492年：克里斯托弗·哥伦布在巴哈马登陆，此时他正探索一条向西航行至印度的航线。 1494年：哥伦布在第二次美洲之行中抵达牙买加。 1497年：意大利航海家约翰·卡伯特探索了从纽芬兰到新英格兰的北美海岸线。 1499—1502年：意大利航海家阿美利哥·韦斯普西抵达委内瑞拉海岸，随后探索了巴西沿海。	15世纪：为了保证太阳每天都会升起，阿兹特克祭司在特诺奇蒂特兰的神庙中献祭了成千上万的人。 15世纪：阿兹特克人将新生女婴的脐带埋在壁炉里，男婴的脐带埋在战场上，以引导那些孩子遵照阿兹特克文化。 1438—1471年：马丘比丘建于秘鲁，是印加国王帕查库蒂的庄园。 1487年：维齐洛波齐特利是阿兹特克的两位主神之一，他的神庙兴盛起来。
欧洲	1469年：美第奇家族的洛伦佐（Lorenzo）和朱利亚诺（Giuliano）成为佛罗伦萨的统治者。 1477年：奥地利的马克西米利安一世（Maximilian I）与勃艮第的玛丽结婚，哈布斯堡家族因此成为欧洲最强大国家的继承者之一。 1485年：亨利七世在博斯沃思战役中击败理查三世，玫瑰战争结束。英格兰开启都铎王朝的统治。 1492年：西班牙人占领了格拉纳达，西班牙最后一个伊斯兰王国谢幕。	1469年：费迪南五世（Ferdinand V）和伊莎贝拉（Isabella）的婚姻将卡斯提尔和阿拉贡的王室维系在一起，建立了近乎统一的西班牙。 1492年：纽伦堡的马丁·贝海姆（Martin Behaim）制作了第一个地球仪。	1467年：第一首讲述瑞士传奇英雄威廉·泰尔故事的民谣出现。 1470年左右：托马斯·马洛礼爵士完成了《亚瑟王之死》。 1473—1492年左右：威廉·卡克斯顿用英语印刷了第一本书。他一生共印刷了100多本书，包括《坎特伯雷故事集》。 1483年：教皇西克斯图斯四世（Sixtus Iv）在罗马西斯廷教堂举行第一次弥撒。 1485年左右：波提切利（Botticelli）创作了《维纳斯的诞生》。 1490年左右：芭蕾舞起源于意大利宫廷。
中东 & 非洲	1461年：最后的拜占庭文明势力特拉比松帝国被奥斯曼帝国攻灭。 1468年：穆罕默德二世占领了最后一个由突厥人建立的王朝卡拉曼。 1469年左右：桑尼·阿里·贝尔（Sonni Ali Ber）带领桑海帝国夺回了通布图。 公元1491年：经过6年的战争，马穆鲁克人和奥斯曼人达成了和平协议。 1493年：穆罕默德一世·阿斯基亚（Askia）篡夺了桑海帝国的王位。在接下来的30年里，他将其打造成撒哈拉以南非洲最重要的国家。	1469年：桑海国王桑尼·阿里（Sonni Ali）把图阿雷格人赶出了西非的通布图。 1483年：葡萄牙人在发现刚果河的入海口后，在安哥拉登陆。第二年，葡萄牙传教士也来到这里。 1488年：葡萄牙探险家迪亚士（Bartolomeu Dias）绕过好望角。 1497年：奉葡萄牙国王曼努埃尔一世（Manuel I）的命令，达·伽马经南非的好望角驶往印度。他于次年到达东非的马林迪（肯尼亚）。	桑德罗·波提切利的《维纳斯的诞生》
亚洲 & 大洋洲	1480年：莫斯科大公伊凡三世（Ivan III）不再向蒙古人进贡。 1495年：德里苏丹国苏丹西坎德尔·洛迪（Sikander Lodi）吞并了比哈尔邦。	1483年：俄罗斯人开始探索西伯利亚。 1488年：朝鲜官员崔溥前往中国，并记录了他的行程。他的日记《漂海录》记录了两国之间的友好关系和文化上的相似之处。这本书于16世纪在日本和朝鲜被广泛印刷出版。	1493年：朝鲜王朝音乐百科全书《乐学轨范》出版。 1493年：日本土佐派的代表人物土佐光信因被任命为绘所预而声名鹊起。

科学与技术	人类与社会

达·芬奇的飞行器草图

15世纪：印加人以用贵金属来做装饰而闻名，他们称黄金为"太阳的汗水"，把白银称为"月亮的眼泪"。

15世纪：加勒比地区的泰诺人与中美洲人有贸易往来。

1486—1503年：阿兹特克国王阿胡特佐特利用商人来改善贸易网和间谍网。

1492年左右：在海地岛，克里斯托弗·哥伦布命令印第安人向他进贡黄金，并开始实行强迫劳动制度。

1488—1489年：莱昂纳多·达·芬奇（Leonardo da Vinci）绘制了飞行器草图，也曾画过非常细致的解剖图。

1489年：+（加号）与-（减号）首次被使用。在16世纪后半叶，它们在代数和算术中的使用变得普遍起来。

约1494—1496年：意大利数学家卢卡·帕乔利（Luca Pacioli）写了一部两卷本的作品，概述了建筑学中的数学基础。

15世纪：在佛罗伦萨，艺术家们有自己的行会，并由富有的赞助人（如强大的美第奇家族）赞助。

1477年：奥地利的马克西米利安送给勃艮第的玛丽一枚镶有钻石的金戒指，奠定了现代订婚戒指的风格。

1478年：西班牙开始设立宗教裁判所。

1463年左右：奥斯曼帝国苏丹穆罕默德二世在伊斯坦布尔修建了一座清真寺，周围有八所伊斯兰学校，形成了奥斯曼帝国教育体系的顶峰。

1463—1499年：尼日利亚北部的卡诺王国在豪萨人国王穆罕默德·鲁姆法（Mohamman Rumfa）的统治下蓬勃发展。该国从事穿越撒哈拉沙漠的贸易，而且建造了朱玛清真寺和库尔米市场，还重新引入了阿拉伯文字，并根据伊斯兰法律制定行政法规。

1486年：贝宁国王奥扎鲁阿（Ozalua）很欢迎葡萄牙商人来到他的国家，他们用铜、黄铜、纺织品和玻璃珠来交换奴隶和布料。

1495年：中国的工程师通过封闭河道来改变黄河的流向。

右图 复原的哥伦布的小型帆船："尼尼亚"号"平塔"号和"圣玛丽亚"号

哥伦布发现新大陆

15世纪末，有多个因素促成了欧洲探索与发现的时代。基督教徒急于传播他们的宗教以阻止伊斯兰教的扩张。而自1453年奥斯曼土耳其人征服君士坦丁堡以来，陆路贸易路线就被切断了。为了获得欧洲各地需求量极大的香料、丝绸、香水和其他异国商品，亟须探索一条通往东方的新航路。

克里斯托弗·哥伦布（Christopher Columbus）是位来自热那亚的航海家、代理人，他认为，向西横跨大西洋便可以到达印度。1492年，西班牙国王费迪南和王后伊莎贝拉同意为他提供三艘船。从8月3日到10月12日，哥伦布和他的船员们一直在海上航行，直到他们在巴哈马群岛的瓦特林岛登陆，这让他们松了一口气。在那里，他们遇到了后来被哥伦布称为"印第安人"的土著，因为他确信自己已经到达了印度。他的探险队继续前往古巴和海地（哥伦布将其命名为"伊斯帕尼奥拉"，即海地岛），然后返回西班牙，受到了英雄般的欢迎。

在另外三次航行中，哥伦布到达了中美洲和南美洲，最终于1506年去世。哥伦布的航行是近代史上最重要的事件之一，它使新旧大陆连接在一起，也给美洲土著带去了毁灭性的灾难。

第 5 章

彼此交融的世界

1500—1750 年

墨西哥的一座天主教堂坐落在一座金字塔上。在西班牙殖民者将基督教强加于当地人之前，人们把几欲喷发的波波卡特佩特火山作为背景来举行仪式

公元 1500 年左右，西欧人通过在全球建立贸易基地和在美洲殖民，大大扩张了势力范围。这个过程改变了旧大陆和新大陆，因为人类、植物、牲畜、病毒和其他病原体跨越海洋，改变了大洋彼岸的状况。美洲受到的影响最大，那里的土著几乎被欧洲人传播的疾病灭绝。但是，旧大陆也经历了深刻的变化，新的农作物和商品从美洲运来，奴隶贸易也破坏了非洲及其他被殖民地区的安定。

欧洲的改革

美洲的殖民统治与欧洲革命的发展是同步的。宗教改革始于德国，印刷机就是在那里发明的。《圣经》与其他学科知识的阅读对象曾经仅限于牧师和学者，而现在只要是识字的人都能接触到。1517 年，德国修士马丁·路德（Martin Luther）发起宗教改革时，他坚持认为《圣经》才是最终的宗教权威，而不是教皇。路德反对有争议的教会行为，比如出售赎罪券和赦免人们的罪行。他的抗议被印刷出来，获得了广泛的关注，他翻译的《新约》也得到了广泛传播。新教在北欧的城市地区最为盛行，那里的许多人都受过教育，因此开始质疑天主教的教义。作为回应，天主教领袖发起了一场反改革运动，限制出售赎罪券，并改善了对神父、传教士和普通人的教化。

天主教与新教的斗争往往涉及政治因素。在英格兰，国王亨利八世（Henry VIII）于 1533 年与天主教决裂，因为教皇拒绝让他与没能生出男性继承人的妻子离婚。亨利随后解散了英国的修道院并没收了他们的财产。新教的英格兰和天主教的西班牙发生了激烈的竞争，西班牙宗教裁判所对异教徒进行了审判。1588 年，亨利的女儿伊丽莎白一世（Elizabeth I）战胜了西班牙国王菲利普二世（Philip II），她的海军击退了西班牙的无敌舰队。后来，被称为清教徒的激进的英国新教徒反对他们自己的国王查理一世（Charles I），查理被怀疑密谋恢复天主教，并于 1649 年被处决。出于类似的原因，国王詹姆斯二世（James II）于 1688 年被推翻，英国成为君主立宪制国家。

尼德兰北方各省联合起来，从试图镇压新教的西班牙手中争取政治和宗教独立，由此产生的联省共和国（又称荷兰共和国）在 17 世纪成为世界强国。相比之下，法国的"太阳王"路易十四（Louis XIV）推崇天主教。路易十四控制着教会的财富，将权力集中于凡尔赛宫，对法国实行绝对统治。

下图 意大利天文学家伽利略用望远镜发现了围绕木星运行的卫星，证明并不是所有的天体都像人们以前所想的那样在绕着地球转

上图 这张地图记录了哥伦布横渡大西洋前往西班牙的开拓性航程，以及随后约翰·卡伯特（John Cabot）受英国委派前往北美的航行；瓦斯科·达·伽马（Vasco da Gama）和佩德罗·阿尔瓦雷斯·卡布拉尔（Pedro Álvares Cabral）代表葡萄牙进行海上探险；费迪南·麦哲伦（Ferdinand Magellan）和塞巴斯蒂安·埃尔卡诺（Sebastián Elcano）为西班牙进行环球航行

新的宇宙观，由天文学家伽利略（Galileo Galilei）和物理学家牛顿（Isaac Newton）提出并用数学术语解释了万有引力。科技的进步和公司资本主义的兴起鼓励了投资和经济冒险，促进了欧洲的海外扩张。

1618年，统治着神圣罗马帝国和西班牙的哈布斯堡王朝试图推行天主教，引发了残酷的三十年战争，新教徒奋起反抗。为获取霸权的法国和瑞典、荷兰等新教国家联合起来进行抵制，迫使神圣罗马帝国给予瑞士主权，允许德国各基督教教派有礼拜的自由。在接下来的几年里，宗教冲突逐渐消退，欧洲变得越发繁荣。来自美洲的新作物改善了欧洲人的饮食，提高了预期寿命。全球贸易催生出一个富有的商人阶层，他们资助音乐家和画家，比如荷兰大画家伦勃朗·凡·莱因（Rembrandt van Rijn）。伦勃朗继承了意大利文艺复兴的遗产，从事宗教和世俗方面题材的创作。科学探究培养了一种

对新大陆的殖民

西班牙对新大陆的殖民始于加勒比地区，哥伦布和同伴在海地岛（如今是海地和多米尼加共和国共享的岛屿）、波多黎各、牙买加和古巴建立了殖民点。西班牙殖民者要求被他们称为"印第安人"的美洲土著提供劳力和贡品，这些印第安人饱受殖民者的剥削与他们所带来的疾病的折磨。随着加勒比地区印第安人的灭绝，西班牙人把受奴役的非洲人带到了种植园里，他们成了如今非洲裔美洲人的祖先。类似的过程也发生在葡萄牙统治下的巴西。

1519年，西班牙征服者埃尔南·科尔特斯（Hernan Cortes）带着几百人离开古巴，前往墨西哥寻找财富。

在一位名叫玛丽娜的塔巴斯卡印第安妇女的帮助下，科尔特斯与阿兹特克人结成了联盟。玛丽娜做了科尔特斯的翻译，后来还为科尔特斯生下了孩子。1521年，科尔特斯和他的军队夷平了阿兹特克人的首都特诺奇蒂特兰，并在那里建立了墨西哥城。在南美洲，征服者弗朗西斯科·皮萨罗（Francisco Pizarro）用类似的策略分裂并征服了印加帝国。西班牙随后直接控制了美洲殖民地，并任命了两位总督，他们分别以墨西哥城和利马为中心进行统治。传教士带来了天主教，西班牙当局废除了印第安人的奴隶制度，但许多印第安人仍然被强迫劳动。16世纪，西班牙王室从墨西哥和秘鲁的银矿开采中获利丰厚，但到了18世纪，西班牙的许多美洲殖民地已经成了国库的累赘。西班牙严格地将它们视为原材料的来源地，并禁止殖民地制造商品或进行海上贸易。

到了1750年，西班牙已经殖民了墨西哥北部的大片地区，包括今佛罗里达、得克萨斯和新墨西哥，那里的殖民者严重依赖普韦布洛人的劳动力。那些边境省份是用来保护墨西哥免受外国骚扰的缓冲地带。在北美，西班牙的主要竞争对手是英国人，他们在大西洋沿岸的殖民地十分繁荣，还在不断向西扩张。17世纪末，法国人从加拿大向南探险，占领了包括密西西比河及其支流在内的路易斯安那，这也威胁到了西班牙的利益。

由于拥有得天独厚的肥沃土地，英国在新大陆的殖民地吸引了比法国和西班牙殖民地更多的移民。一些移民寻求宗教上的自由，比如在马萨诸塞定居的清教徒和创建马里兰的天主教徒，却卷入了进一步的宗教冲突中。罗得岛殖民地是由来自马萨诸塞的持不同政见者建立的，是美洲第一个能容忍各种信仰的殖民地。

不像西班牙或法国殖民者会与印第安人通婚并生下混血儿，大多数英国殖民者避免与印第安人接触，除非是要与他们进行海狸皮等贵重物品的交易或进行土地谈判。殖民者有时会用酒从印第安人那里换取条约上的让步，并在冲突发生时利用一个部落去对抗另一个部落。强大的易洛魁联盟因与英国殖民者结盟，而陷入了与忠于法国的部落的持续战斗中，关系一度紧张到崩溃的边缘。需要劳动力的英国种植园主依赖的不是印第安人，而是来自欧洲的契约仆役，或者是来自非洲的奴隶。到了18世纪，由荷兰殖民者建立但在1664年被英国军队占领的费城和纽约等港口已经发展成为繁荣的商业中心，殖民者在这里造船，从事海外贸易，并举行集会为自治做着准备。然而，对于美洲、非洲和其他受殖民活动影响的土地上的土著来说，他们为这些进步付出了高昂的代价。

被围困的非洲

从15世纪晚期开始，随着商人和欧洲及中东军队的介入，非洲发生了剧烈变化。奥斯曼土耳其人于16世纪征服了北非的大部分地区，但没能占领摩洛哥，因为逃离西班牙迫害的穆斯林支持摩洛哥。摩洛哥人和其他北非人组成商队穿越撒哈拉沙漠，与西非繁荣的桑海帝国开展贸易。桑海帝国的统治者在通布图建立了一所伊斯兰大学。他们的军队在尼日尔河上巡逻，但缺乏摩洛哥人的武力——摩洛哥人从贸易转向了突袭，并在1591年对桑海军队进行了毁灭性打击，导致了帝国的崩溃。后来，权力转移到了沿海地区，在那里，像奥约和达荷美（如今的贝宁）这样的非洲国家从内陆地区捕获俘虏，连同黄金和其他物品一起卖给欧洲人，从而发展了起来。

葡萄牙人在沿海贸易中占有重要地位，有时还会动用武力来维护自己的利益。刚果是刚果河流域一个组织有序的王国，其统治者起初很欢迎葡萄牙商人和传教士，并信奉基督教。但当葡萄牙商人与他们的敌人进行交易时，刚果人对外国人失去了信心。17世纪，葡萄牙军队占领了刚果，杀死了国王，使整个刚果陷入了混乱。在积极抵抗的恩东戈（或称安哥拉）女王恩辛加

右页图 在一幅以阿兹特克首都特诺奇蒂特兰为背景的19世纪浪漫主义画作中，国王蒙特祖马二世站在大金字塔旁，向西班牙征服者埃尔南·科尔特斯致意，后者在劫持他为人质之前，假装是他的朋友

第 5 章 彼此交融的世界　205

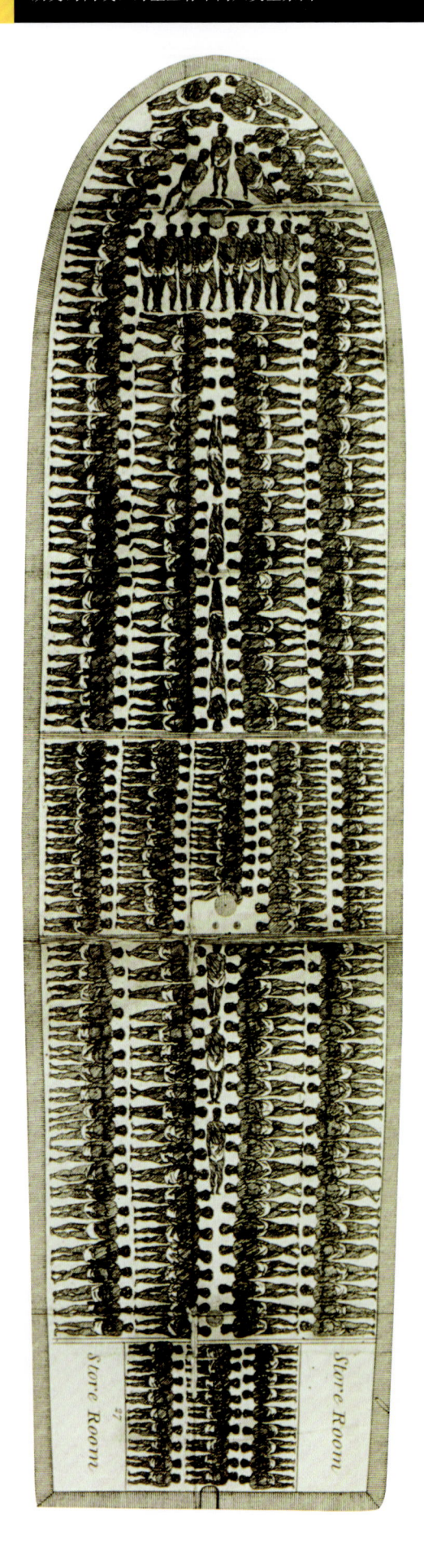

（Nzinga）死后，葡萄牙人也入侵了恩东戈，而女王曾与敌视葡萄牙的荷兰商人结盟。1652 年，荷兰人在开普敦建立了一个贸易站，后来在南非殖民。而葡萄牙人占领了东非海岸的港口，从斯瓦希里商人那里攫取了利润和权力。到了 1700 年，葡萄牙人在奴隶贸易方面的规模已经被法国人和英国人超越，他们也在非洲建立了基地。

达荷美等非洲王国从欧洲人那里获得了武器并进行扩张，像世界各地的征服者长期以来所做的那样，将俘虏贩卖为奴。许多非洲部落得益于从美洲引入的新作物，例如在热带地区生长繁盛的玉米、花生和木薯。但是，奴隶贸易带来的悲惨后果大大抵消了这些收益。奴隶贸易将大约 1200 万非洲人运送到了美洲，在极为恶劣的条件下，许多人根本无法生存下来。还有数百万人被基督教商人贩卖到世界各地当奴隶。一些逃脱奴隶命运的人被卷入了由奴隶贸易引发或加剧的毁灭性战争之中，这使非洲在未来几个世纪里更易于遭受欧洲人更深程度的入侵。

亚洲的挑战

在亚洲，各国以各种各样的方式应对着挑战。在这里，商人和探险者常常充当帝国扩张的代理人，他们有时遵从指示，在限定范围内对外国人表示欢迎，有时则与他们保持距离。中国有潜力主导亚洲的海上贸易，15 世纪的七下西洋就是证明。当时参与远航的船只多达数百艘，这也将中国的影响辐射到了印度洋上。但明朝的皇帝越来越将关注点放在如何抵御来自北方少数民族政权的威胁上，因此限制对外贸易，而不是像欧洲人那样将外贸视作国家权力的工具。但走私者公然违抗明朝统治者强加的限制，倭寇也不断入侵中国东南沿海。

17 世纪中叶，来自中国东北部的满族人取代明朝，在北京建立了清朝，但直到 17 世纪晚期完全控制中国后，才开始允许海上贸易。其实，海外贸易从未完全停止，因为中国对银锭的需求很旺盛，日本和西班牙美洲殖民地从中国购买丝绸、瓷器等商品时便会有银锭流入，从而刺激了经济的发展。外国人在受到严密监管的广州港口和海外港口购买中国商品，比如被西班牙殖民

左图 如图所示，奴隶贩子把非洲俘虏塞进开往新大陆的船舱里。在贸易初期，有些船上的环境非常糟糕，超过一半的奴隶在到达目的地之前就已死去

的菲律宾马尼拉就是这些外国港口之一，装载着新大陆白银的大帆船会途经那里。中国商人在那里有着自己的地盘，他们的成功让人嫉妒、怨恨。天主教传教士把欧洲文化和技术知识带进了中国宫廷，并试图讨好皇帝和高级官员，以传播他们的信仰。他们成功地赢得了一些皈依者，但当教皇命令中国人不能再崇拜祖先后，皇帝便禁止了基督教的传播。

日本对外界的接纳程度比较低。1543年，一艘被风吹上岸的葡萄牙商船带来了武器，并开始对日本人进行奴隶贸易，日本由此与欧洲建立了联系。由于日本奉行孤立主义政策，这种贸易在16世纪末就被禁止了。17世纪，德川幕府控制了日本，安抚了大名，结束了自16世纪开始的内乱。大名是指在自己的领地上拥有巨大权力，并能指挥强大武士的领主。德川幕府要求这些贵族每隔1年便要在江户（即东京）朝廷中生活1年，并严格限制他们与外国人接触，以防止外国人向大名提供武器，或以其他方式破坏日本的稳定。基督教是被禁止的，那些违反法令的传教士和皈依者会被处死。荷兰和中国的一些船只被允许进入长崎港做生意，但是当葡萄牙商人于1640年不请自来地到达那里时，大多数商人都被杀死，剩下的则被驱逐出境。和中国一样，日本在这一时期极为繁荣。社会地位长期次于武士和大名的商人们获得了财富和影响力，但不被允许出海贸易。

在印度，巴布尔于1526年建立了莫卧儿帝国。统治了这个国家近半个世纪的莫卧儿帝国皇帝阿克巴（Akbar）打败了印度南部的印度教徒，但并没有强迫他们皈依他本人以及印度北部许多人信仰的伊斯兰教。后来的皇帝因不再执行宗教宽容政策而引发了印度教教徒的叛乱。莫卧儿的统治者们在维持庞大的官僚机构和建造昂贵的纪念性建筑的同时，也在艰难地为南部的战争筹集资金。由于迫切需要新的收入来源，他们允许欧洲人在孟买、加尔各答和其他印度港口建立设防的贸易站。当莫卧儿帝国衰落时，英国东印度公司招募了自己的军队，在印度夺得了权力。

上图 左侧是意大利耶稣会的传教士利玛窦（Matteo Ricci），右侧是他的学生徐光启。在16世纪早期，徐光启曾协助他在中国传教

16世纪中期，随着苏莱曼一世（Suleyman I）的征服，奥斯曼帝国发展至鼎盛时期，疆域从巴格达扩展到布达佩斯。到了17世纪，奥斯曼帝国的统治者在欧洲和波斯都遭到了强烈的抵抗。在波斯，国王阿拔斯（Shah Abbas）鼓动什叶派穆斯林对抗逊尼派奥斯曼帝国。18世纪，沙皇彼得大帝（Tsar Peter the Great）将俄国的经济和军事西方化，奥斯曼帝国因此面临着更为艰巨的挑战。随着奥斯曼帝国的衰落，欧洲扩张的新机会出现在了中东和北非。

1678—1689 年
法国探险家穿越五大湖区，继续向西到达了大盐湖

北美洲

1666 年
牛顿（Newton）发展了微积分，并对月球轨道进行计算

1607 年
英国人在詹姆斯河上建立定居点

大西洋

太平洋

1530—1540 年
桑海帝国统治着西非。在通布图的大学和许多伊斯兰学院里，《古兰经》研究蓬勃发展

1500—1512 年
西班牙人探索并征服了拉丁美洲的广大地区，其中包括墨西哥的阿兹特克帝国

南美洲

世界一览
1500—1750 年

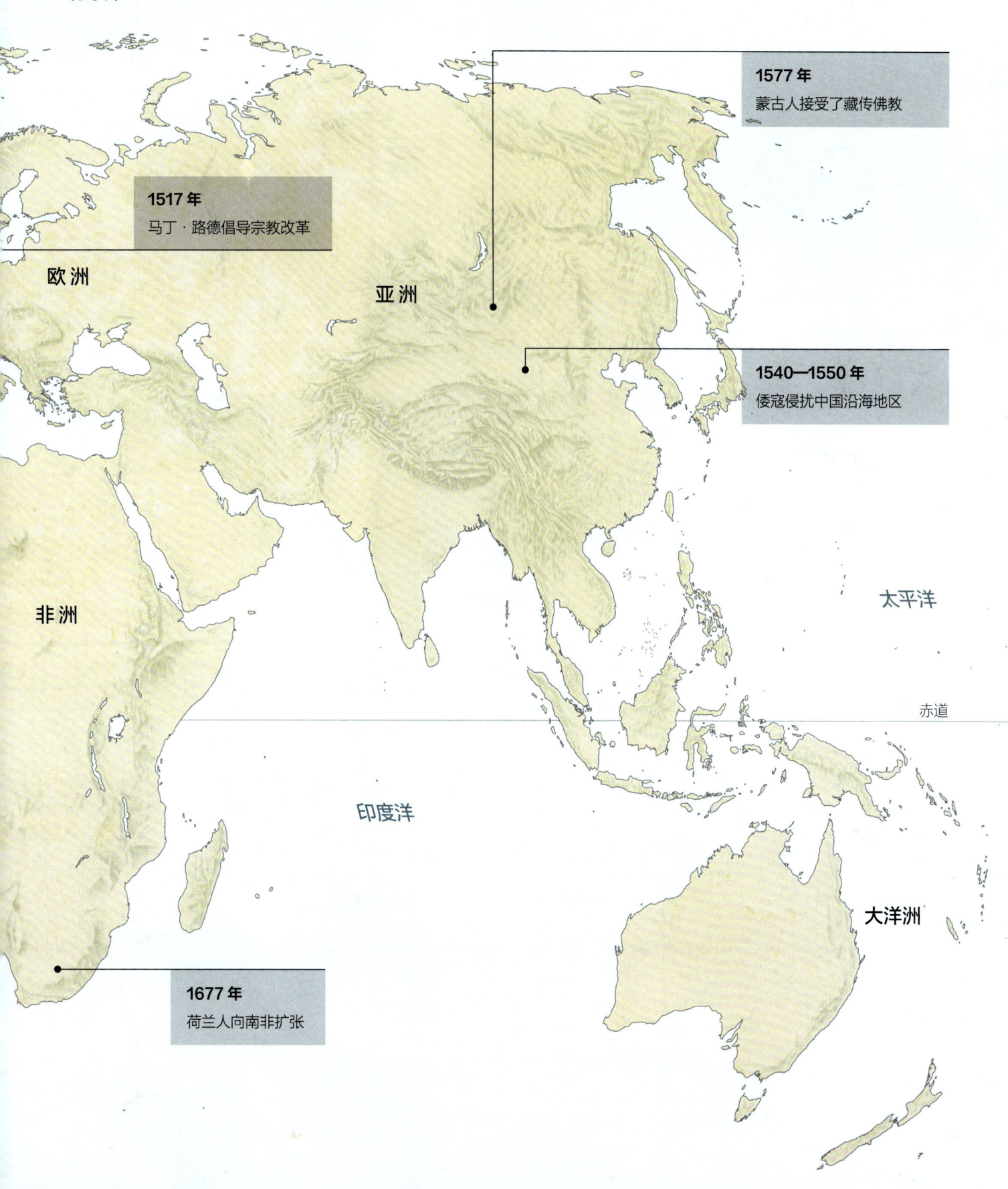

区域	年份	事件
欧洲	1517 年	马丁·路德倡导宗教改革
亚洲	1577 年	蒙古人接受了藏传佛教
亚洲	1540—1550 年	倭寇侵扰中国沿海地区
非洲	1677 年	荷兰人向南非扩张

北冰洋　欧洲　亚洲　非洲　印度洋　太平洋　赤道　大洋洲

1500—1515 年

	政治与权力	地理与环境	文化与宗教
美洲	**16 世纪**：西班牙人下达命令，要求被征服的土著服从西班牙大主教与教皇。 **1502 年**：蒙特祖马二世成为阿兹特克帝国的统治者，并开始征服墨西哥谷以外的地区。 **1509—1511 年**：西班牙人入侵并征服了波多黎各、牙买加和古巴。	**1501 年**：意大利人阿美利哥·维斯普西第二次前往新大陆。 **1502 年**：哥伦布最后一次驶往新大陆。 **1513 年**：巴斯科·努涅斯·德·巴尔沃亚（Vasco Nuñez de Balboa）穿过巴拿马地峡，看到了太平洋。 **1513 年**：西班牙人胡安·庞塞·德莱昂（Juan Ponce de León）探索了佛罗里达。	**1508 年**：教皇尤利乌斯二世授权西班牙掌控新大陆的传教活动。 **1511 年**：安东尼奥·蒙特西诺斯（Antonio Montesinos）神父谴责西班牙人在海地岛上虐待印第安人，并质疑西班牙是否有统治当地人的权力。
欧洲	**1500 年**：在法国、意大利各公国和神圣罗马帝国部分地区之间，仍存在入侵与战争。教皇权威介入了许多争端。 **1508 年**：德意志国王马克西米利安一世成为候任神圣罗马帝国皇帝；教皇规定，未来的德意志国王即为神圣罗马帝国皇帝。 **1509 年**：亨利八世成为英格兰国王，娶了其兄长的遗孀阿拉贡的凯瑟琳。	达·芬奇创作的《蒙娜丽莎》有着神秘的微笑 **1509 年**：君士坦丁堡发生了灾难性的地震。	**1500—1515 年**：克拉纳赫、丢勒、格吕内瓦尔德、达·芬奇、米开朗琪罗和拉斐尔，都是活跃的艺术家。 **1501 年**：教皇宣布允许焚书。 **1503 年左右**：达·芬奇创作《蒙娜丽莎》。 **1508—1512 年**：米开朗琪罗在梵蒂冈西斯廷教堂的天花板上作画。
中东&非洲	**16 世纪**：埃塞俄比亚帝国通过征服继续扩张。 **16 世纪**：桑海帝国在北非扩张。 **1502 年**：葡萄牙探险家瓦斯科·达·伽马逼迫基尔瓦（如今的坦桑尼亚）统治者向葡萄牙国王曼努埃尔一世宣誓效忠。 **1514 年**：在波斯西北部的恰尔德兰，奥斯曼帝国击败了萨法维王朝。		**1500 年**：这一时期，通布图的许多学校都在研究《古兰经》。那里还有一所伊斯兰教大学。 **1506 年**：刚果国王阿方索一世开始将欧洲风俗引入国内。 **1513 年**：奥斯曼帝国地理学家皮里·雷斯（Piri Reis）绘制了一幅包含了美洲的世界地图。
亚洲&大洋洲	**1500 年左右**：日本的大名们正在为权利而斗争，因为室町幕府的势力已被削弱。 **1505 年**：明朝的正德皇帝登基。 **1510 年**：阿方索·德·阿尔布克尔克（Afonso de Albuquerque）手下的葡萄牙人接管了印度果阿。 **1511 年**：葡萄牙人在马来西亚占领了马六甲。	**1511 年**：葡萄牙人在印度马拉巴尔海岸的卡利卡特建立了一个设防的贸易站。 **1513 年**：葡萄牙人到达位于中国南部沿海的澳门。 **1514 年**：中国云南西部的银矿被重新开采。	**1509 年**：中国著名山水画家沈周去世。

第 5 章 彼此交融的世界

科学与技术	人类与社会
1500 年左右：印加帝国在安第斯山区有大约 40000 千米长的道路，是利用公共劳动系统建造的。他们的语言盖丘亚语在整个地区被广泛使用。 **16 世纪**：在所谓的"哥伦布大交换"中，新大陆的农作物和种植方法被出口到欧洲，例如玉米、烟草、番茄、巧克力、土豆、红薯、辣椒、花生、木薯、菠萝、鳄梨和香草。	**16 世纪**：赐封制度延伸到了西班牙在新大陆的殖民地，该制度包括了对本土劳动力的支配权。 **1501 年**：葡萄牙探险家加斯帕·科尔特-雷亚尔（Gaspar Corte-Real）的探险队登陆格陵兰岛。在返航途中，他们从当地带回了 57 名被奴役的比沃苏克人。 **1510 年**：非洲奴隶首次被大量地带到新大陆。
1512—1513 年：英格兰国王亨利八世在伍利奇建立了一座皇家船坞，为他的新海军建造巨型旗舰——排水量达 1500 吨的"主恩亨利"号（Henry Grâce à Dieu）。 **1512 年左右**：尼古拉斯·哥白尼（Nicolaus Copernicus）首次提出行星围绕太阳转的观点。	**1505—1506 年**：尼科洛·马基雅维利（Niccolò Machiavelli）在意大利佛罗伦萨征召民兵组建军队。 **下图** 这张地图上标示的是探险家与航线，葡萄牙是第一个在海外建立帝国的欧洲国家

起航的葡萄牙

1420 年，葡萄牙决心建立并控制新的贸易路线，开始探索大西洋。被称为"航海家"的亨利王子在萨格里什的航海学院搜集信息、监督绘图、设计船只，并改进了指南针、象限仪、横标仪。1444 年，葡萄牙人已经到达了西非。1482 年，他们在黄金海岸（即加纳）建立了一个要塞，并控制着象牙、黄金、胡椒和奴隶的贸易。

航海家们诸如巴托罗缪·迪亚士（Bartholo-meu Dias）、达·伽马等人探索了非洲东海岸、印度和东南亚，他们经常屠杀当地人，给当地人留下了难以磨灭的印象。新的堡垒一建立起来，牧师们便紧跟着去传播天主教。

葡萄牙和西班牙在 16 世纪的成功扩张，为欧洲利益指明了一个新方向：向着大西洋和未知地区扩张。殖民时代才刚刚开始。

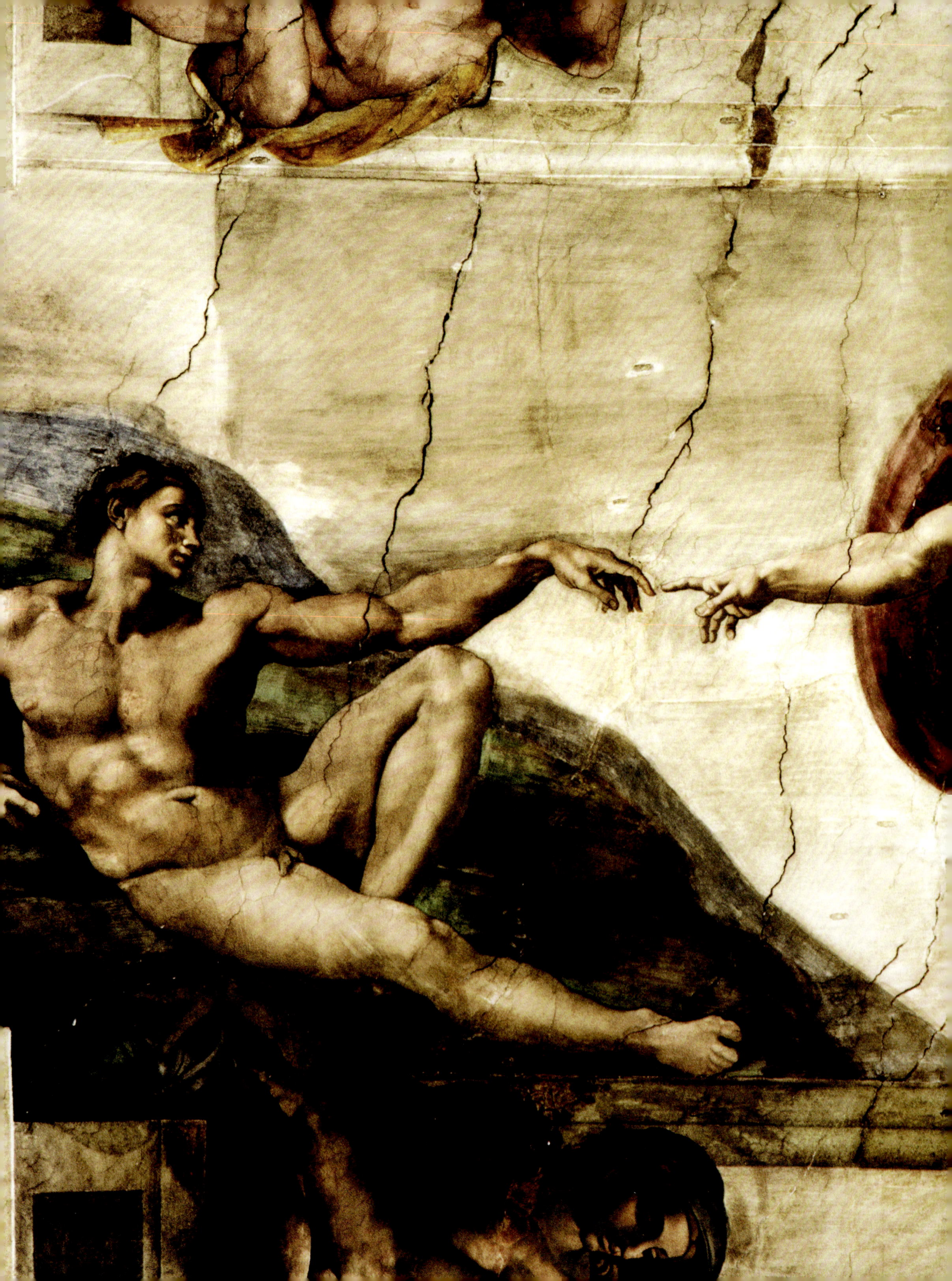

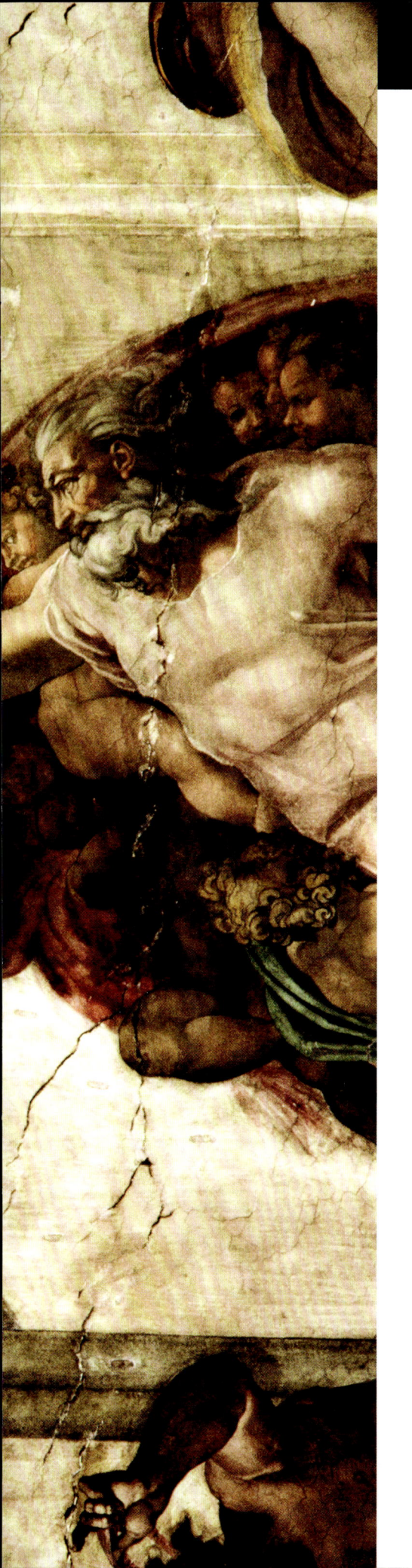

文艺复兴时期的天才们

在文艺复兴时期（约 1300—1600 年），欧洲的文化取向从主要关注宗教目标和价值观，转变为将基督教与古典历史和对世界的直接观察相结合。柏拉图、普林尼和西塞罗等作家的作品在修道院图书馆中涌现，或是由阿拉伯语翻译而来，在 15 世纪意大利富有的银行家和商人之间流传，古希腊罗马世界的传统也随之被重新发现。经典作品把理性和视觉证据，而非信仰和想象，视为真理的来源。显然，要像古人那样理解世界，就有必要审视自身——从一个可验证的、人性化的角度为自我审视设定参数。这种崭新的视角在整个艺术领域都得到了体现，首先是文学，然后是绘画和建筑。

15 世纪，意大利的大师们确立了用透视和透视缩短法来表现平面上三维物体的原理。16 世纪，米开朗琪罗、曼特尼亚（Mantegna）和丁托列托就利用这些技巧，创出富有感情的、令人折服的逼真形象。达·芬奇注意到，远处的颜色比近处的颜色更蓝；他操纵着色彩和线条实现了背景中的全景景观，比如《蒙娜丽莎》的背景便是如此。随着三维绘画越来越成熟，一个新元素被引入：强烈的感官吸引力。到了 16 世纪后期，艺术家们不仅致力于教育，也倾向于娱乐。对比和纹理，用被拉长和强调的形状在构图中创造出令人愉悦的韵律，人们研究用重复的颜色让视线穿过特定区域——这些都是那些成功画作中很常见的组成部分。在雕塑方面，艺术家们运用了前卫的夸张手法，并对戏剧性的时刻展现出偏爱。肖像和场景都摒弃了静态，16 世纪的人物似乎总在激烈的行进中被记录和捕捉。

室内装饰也开始流行起来。仿照着被发掘出的罗马时代的房间，宫殿和公共空间的内墙被涂上了奢华的装饰画，从迷人的家庭场景，到梵蒂冈西斯廷教堂天顶画中的壮观幻象。

著名的艺术家不仅会绘画和雕塑，还会制作餐具、珠宝和其他物品。与那些仅作品出名而本身默默无闻的中世纪的画家和雕塑家不同，文艺复兴时期的艺术家是国际上的明星——米开朗琪罗被同时代的人视作"完美"的化身。在君主和教皇的不断要求下，画家和雕塑家热情地描绘或雕刻出自己的形象：丢勒反复为自己画像，吉贝尔蒂和米开朗琪罗也在他们的杰作中加入了自己的可识别的特征。印刷术使重要的艺术品变得流行起来：绘画、雕塑，甚至建筑图纸，都能以印刷品和版画的形式被复制，这使得文艺复兴迅速影响了世界。

左图 作为西方艺术的杰作之一，米开朗琪罗绘制的西斯廷教堂天顶画描绘了《圣经》中的故事，包括创造亚当

1515—1530 年

	政治与权力	地理与环境	文化与宗教
美洲	**1519—1520 年**：埃尔南·科尔特斯在尤卡坦海岸登陆，向阿兹特克人的首府特诺奇蒂特兰进发；蒙特祖马二世被杀。 **16 世纪 20 年代**：西班牙人接管了哥伦比亚、萨尔瓦多和危地马拉。 **1521 年**：科尔特斯打败了阿兹特克人，宣称墨西哥属于西班牙。 **1524 年**：西班牙成立西印度委员会来处理殖民地事务。墨西哥城以及后来的秘鲁利马的总督都受到该委员会的管辖。	**1515 年**：西班牙航海家胡安·迪亚斯·德索利斯抵达阿根廷海岸的普拉塔河河口。 **1523 年**：西班牙人在委内瑞拉的库马纳建立了他们的第一个永久定居点。 **1524 年**：意大利人乔瓦尼·达·维拉扎诺（Giovanni da Verrazano）探索北美海岸时，发现了纽约湾。 **1527—1528 年**：西班牙探险家阿尔瓦尔·努涅斯·卡维萨·德巴卡和他的同伴在得克萨斯海岸遭遇意外，在北美西南地区漂流了 9 年才到达墨西哥。	**1524 年**：方济各会传教士从西班牙抵达墨西哥。探索北美的西班牙人中，牧师多来自方济各会。 **1529 年**：方济各会传教士贝纳迪诺·德·萨哈贡（Bernardino de Sahagún）抵达新西班牙。16 世纪 30 年代后期，他开始记录阿兹特克人的生活和文化的口述历史。最终完成了 12 卷本的《新西班牙事物通史》(A General History of the Things of New Spain)。
欧洲	**1515 年**：弗朗索瓦一世（Francis I）成为法兰西国王。 **1516 年**：奥地利的查理成为西班牙国王查理一世。 **1518 年**：英法恢复友好关系，签订《伦敦条约》(The Treaty of London)。 **1519 年**：马克西米利安一世去世，西班牙的查理一世成为神圣罗马帝国皇帝查理五世（Charles V）。哈布斯堡家族开始巩固其在整个欧洲的权力。 **1520 年**：丹麦和挪威国王克里斯蒂安二世（Christian II）在战争中击败了瑞典人，成为瑞典国王。	**1519 年**：费迪南·麦哲伦（Ferdinand Magellan）带领他的船队横渡大西洋，镇压了一场叛乱，并通过南美洲南端的一条危险航道进入太平洋。他在一次土著争端中丧生，他的船队里的五艘船中只有一艘于 1522 年返回欧洲。	**1516 年**：托马斯·莫尔爵士撰写了《乌托邦》(Utopia)。 **1517 年**：奥古斯丁会修士、牧师兼维腾堡大学的教授马丁·路德张贴《九十五条论纲》。 **1519 年**：马利希·慈运理（Ulrich Zwingli）在瑞士宣传教会改革。 **1520 年**：教皇利奥十世（Leo X）开除马丁·路德教籍。 **1521 年**：路德开始把《圣经》翻译成德语，于 1534 年完成。
中东 & 非洲	**1517 年**：奥斯曼土耳其人击败了埃及的马穆鲁克军队，占领了开罗，建立了对埃及和汉志（阿拉伯半岛）的宗主权。 **1520 年**：苏莱曼一世（大帝）继承了奥斯曼帝国的王位。 **1521—1522 年**：苏莱曼的军队占领了贝尔格莱德，随后是罗德岛。1526 年，他在莫哈奇打败了匈牙利人。	德国修士马丁·路德对天主教会的批评引发了宗教改革	**1526 年**：伊斯兰国家阿达尔苏丹国宣布对信奉基督教的埃塞俄比亚发动圣战。 **1530 年左右**：伊本·凯末尔（Ibn Kemal）撰写了一部多卷本奥斯曼历史著作以及多部权威宗教作品。
亚洲 & 大洋洲	**1526 年**：来自中亚的成吉思汗后裔巴布尔入侵印度，占领德里和阿格拉，建立了莫卧儿帝国。 **1527 年**：莫氏（Mac）家族在越南北部的东京地区建立政权。	**1518 年**：葡萄牙人在锡兰的科伦坡建立了贸易据点。	**1516 年左右**：中国明朝画家周臣绘制了《流民图卷》。 **1520 年左右**：心学家王阳明在明代影响深远。 **1521 年**：传说，关岛人第一次见到的欧洲来客是费迪南·麦哲伦。

科学与技术	人类与社会
1519 年：印第安人见到了埃尔南·科尔特斯带到新大陆的马匹。假以时日，对马匹的使用和骑乘将改变当地的经济、政治和生活方式。	**1515 年左右**：多明我会修士巴托洛梅·德·拉斯·卡萨斯（Bartolome de Las Casas）在西班牙为争取美洲土著的自由和更好的待遇而开展运动。他建议西班牙农民去殖民地，并与印第安人一起劳作。 **1520 年左右**：一位名叫玛丽娜的塔巴斯卡妇女后来成了埃尔南·科尔特斯的情妇和翻译，她后来在西班牙宫廷很受欢迎。
1517 年：教皇利奥十世在狩猎时使用凹面镜片来提高视力。 **1523 年**：米开朗琪罗为科西莫·德·美第奇设计了佛罗伦萨的劳伦齐阿纳图书馆。	**1528 年**：英格兰国王亨利八世要求与阿拉贡的凯瑟琳离婚。
1526—1527 年：奥斯曼帝国向埃及（1511年）、麦加（1517 年）和阿比西尼亚（1526年）提供火炮、火绳枪、造船工程师和船长等军事援助，甚至还向印度的巴布尔（1526 年）派遣制枪工匠。	**1518 年**：北非海盗巴巴罗萨·海雷丁接受了奥斯曼帝国的援助，以对抗西班牙人。

西班牙修士巴托洛梅·德拉斯·卡萨斯（图中穿红衣者）与征服者一起前往新大陆，试图为被他们征服的美洲土著辩护

征服者科尔特斯

埃尔南·科尔特斯，1485 年出生于西班牙，在一个以农民特有的顽强精神为传统，时有宗教战争的艰苦环境中长大。19 岁时，他乘船前往海地岛，在那里做过农夫和城镇官员，之后于 1511 年跟随迭戈·贝拉斯克斯（Diego Velásquez）入侵古巴。1518 年，贝拉斯克斯任命科尔特斯在美洲大陆上建立殖民地。科尔特斯集结了 11 艘船、数百名武装士兵，还有大炮和马匹，在尤卡坦登陆。他毫不怀疑自己的决心，下令烧毁船只，并承诺用黄金与上帝的祝福回报其部下。

科尔特斯用大炮和战马恐吓印第安人，在向阿兹特克人的首都特诺奇蒂特兰（墨西哥城）进发之前，他赢得了支持者和崇拜者的青睐。阿兹特克传说中的"白人征服者"帮助了科尔特斯，还有一个名叫玛丽娜的塔巴斯卡印第安女人为他去进行谈判。在首都，科尔特斯受到了统治者蒙特祖马的欢迎，蒙特祖马很快就屈服于科尔特斯的统治之下。西班牙人对阿兹特克帝国的辉煌十分惊讶，他们急于掠夺这座帝国。

1520 年，贝拉斯克斯派出一支部队去追捕逃往海边的、叛变的科尔特斯，科尔特斯迅速收服了那些想要逮捕他的人。但在他不在的时候，阿兹特克人发动了起义。蒙特祖马被杀。10 个月后，在一支由西班牙和印第安盟友所组成的强大军队的帮助下，科尔特斯重新夺回了特诺奇蒂特兰。这位征服者只靠几百人，就征服了一个拥有 1100 万人口的帝国。但是，嫉妒的同胞们的阴谋一直困扰着科尔特斯。62 岁时，他被卷入了一场官司，万念俱灰，死在了西班牙。

1530—1545 年

	政治与权力	地理与环境	文化与宗教
美洲	**1532—1533 年**：弗朗西斯科·皮萨罗（Francisco Pizarro）入侵秘鲁，杀死了印加统治者阿塔瓦尔帕（Atahualpa）。 **1535 年**：曼科·印加在秘鲁高地建立了比尔卡班巴，将一直存在至 1572 年。 **1535 年**：新大陆的第一位总督抵达墨西哥城。 **1536 年**：印加反抗者包围了皮萨罗在库斯科的部队，但最终被击败。 **1540 年**：弗朗西斯科·巴斯克斯·德·科罗纳多在墨西哥北部地区击败印第安人。	**1533 年**：葡萄牙在巴西向私人分配土地，并赋予他们广泛的权力来开发土地。 **1534 年**：法国的雅克·卡蒂亚（Jacques Cartier）探索了拉布拉多河和圣劳伦斯河，一直航行到今天的魁北克市。 **1540—1541 年**：科罗纳多横穿北美西南部，寻找著名的黄金城。他到达了科罗拉多大峡谷。	**1531年**：印第安人皈依者胡安·迭戈（Juan Diego）声称在墨西哥城附近的瓜达卢佩看到了圣母玛利亚。当地建立了一座广受欢迎的教堂。
欧洲	**1530 年**：神圣罗马帝国皇帝查理五世加冕为意大利国王。 **1530 年**：德意志的诸侯们组成了施马尔卡尔登联盟，反对查理五世及其对路德宗的威胁。在联盟的保护下，宗教改革在德国蔓延开来。 **1544 年**：瑞典实行王位世袭制。	哥白尼的日心说挑战了传统的地心说。他认为，地球和月球以及其他行星都围绕着太阳转	**1532 年**：弗朗索瓦·拉伯雷（Francois Rabelais）出版了通俗讽刺小说《巨人传》。 **1534 年**：在《至尊法案》中，英国议会确认亨利八世为"英格兰教会最高领袖"。 **1534 年**：依纳爵·罗耀拉（Ignatius Loyola）在巴黎创立了耶稣会。教皇保罗三世在 1540 年正式承认了这一团体。 **1535 年**：安吉拉·梅里奇（Angela Merici）创立了圣乌苏拉女修会。
中东 & 非洲	**1533 年**：巴巴罗萨·海雷丁被任命为强大的奥斯曼帝国舰队的指挥官。 **1538 年**：巴巴罗萨元帅在普雷韦扎击败了查理五世的舰队。奥斯曼人现在统治着东地中海地区。奥斯曼帝国再次占领巴士拉。 **1543 年**：为了与法国联手对抗哈斯堡王朝，奥斯曼帝国舰队在土伦过冬。		**1535 年左右**：马特拉克·那西（Matrakci Nasuh）对美索不达米亚战役后从伊斯坦布尔至巴格达的沿线城镇进行了描述，并配有主要城镇的微缩图。
亚洲 & 大洋洲	**1530 年**：胡马雍（Humayun）在父亲巴布尔去世后成为印度莫卧儿帝国第二位统治者。	**1543 年**：三名葡萄牙商人因风偏离了航线，到达了日本南部，这是这两种文化的首次相遇。	**1543 年**：朝鲜王朝首个书院——白云洞书院建立。它以中国早期书院为蓝本，教授理学。

科学与技术	人类与社会
1532 年：巴西开始种植甘蔗。 1535 年左右：新西班牙首任总督唐·安东尼奥·德·门多萨（Don Antonio de Mendoza）在墨西哥建立了一家印刷厂。	1535 年：法国探险家雅克·卡蒂亚在魁北克附近的圣劳伦斯河沿岸遇到了易洛魁人。 1539 年：埃尔南多·德·索托的探险队穿越美国东南部的印第安人领地时，曾犯下强奸和谋杀罪行。 1542 年：新印第安人法规范了西班牙人在新大陆的活动。新法限制了印第安人上贡的物品，约束了西班牙人对印第安人的奴役，弱化了监护征赋制。
1536 年：瑞士医生帕拉塞尔苏斯（Paracelsus）出版了第一本现代外科手术手册。 1543 年：帕多瓦大学佛兰德教授安德烈亚斯·维萨利（Andreas Vesalius）发表了基于解剖的人体解剖学研究。 1543 年：尼古拉斯·哥白尼发表了他的日心说作品《天体运行论》(De Revolutionibus)，之后不久便去世了。	1532 年：神圣罗马帝国皇帝查理五世颁布了一部刑事和诉讼法典——《加洛林纳法典》(The Constituto Criminalis Carolina)。 1536 年：约翰·加尔文成为有影响力的新教领袖，撰写了《基督教要义》(The Institutes of the Christian Religion)。他定居在日内瓦。 1542 年：教皇保罗三世在罗马设立宗教裁判所。
1543 年：由阿拉伯科学家提出的有关数理天文学定律和对血液循环的描述曾被哥白尼采用，这些理论在欧洲图书馆的阿拉伯和拜占庭手稿中都有提及。	1539 年：米玛·希南（Mimar Sinan），奥斯曼帝国最伟大的建筑师，于该年设计了他的第一个非军事建筑作品。他一生设计建造了 79 座清真寺、34 座宫殿、55 所学校和许多其他公共建筑。他一直想要创造出一种穹顶结构，能让各部分在一处着力，大小上要超过阿亚索菲亚清真寺的穹顶。最终，他在埃迪尔内的塞利米耶清真寺上实现了这一目标。
1543 年：日本藩主从葡萄牙水手处购买枪支，火器自此被引入日本。	1545 年：苏尔王朝君主舍尔沙（Sher Shah）去世。他来自阿富汗，占领了莫卧儿帝国北部的领土，是一位能干的管理者和道路建设者。

上图 宗教裁判所用酷刑迫使受害者放弃异端信仰

西班牙宗教裁判所

宗教裁判所（或说宗教法庭）是一种侦察和审判异端、巫术或其他偏离天主教信仰的司法机构。费迪南和伊莎贝拉于 1478 年被授权成立宗教裁判所，以平息改宗者（被迫改宗天主教的犹太人）和正统天主教徒之间的内部冲突。最终，宗教裁判所在西班牙殖民地和西班牙本土同时运作。这个系统依赖于地方法庭和巡回裁判官；由五名成员组成的高级委员会管理地方法庭。

有些人被匿名指控有异端行为。被告会由律师和两名公正的神父陪同受审。但是，被告往往被推定有罪，刑讯逼供时有发生。如果有证据表明被告的确信奉异端邪说，他将被敦促放弃异端，重回天主教怀抱，照做的人会被释放。民事当局会处决不照做的人，这些人通常会被烧死在火刑柱上。

梵蒂冈的记录表明，在长达 356 年的宗教裁判所统治期间，被法院判处死刑的异教徒的数量相对较少，但对非天主教徒的广泛迫害和驱逐摧毁了很多人的生活。

1545—1560 年

	政治与权力	地理与环境	文化与宗教
美洲	1549 年：葡萄牙国王约翰三世任命了一位巴伊亚总督。 1555 年：法国在巴西里约热内卢建立了定居点。	16 世纪 50 年代：西班牙人把欧洲的牛引进至阿根廷的潘帕斯地区。	1549 年：诺布雷加（Manoel Da Nobrega）在巴西成立第一个耶稣会传教团。 1550—1551 年：在西班牙王室举行的巴利亚多利德辩论中，多明我会传教士巴托洛梅·德·拉斯卡萨斯（Bartolomé de las Casas）和律师胡安·吉恩斯·德·塞普尔韦达（Juan Ginés de Sepúlveda）讨论了"印第安人基督化和西化的能力"的问题。 1551 年：墨西哥国立自治大学和利马圣马科斯国家重点大学建立。
欧洲	1547 年：伊凡四世（Ivan IV，"恐怖的伊凡"）成为俄国沙皇。 1547 年：英格兰国王亨利八世去世，他9岁的儿子爱德华六世继位。 1553 年：爱德华六世去世，他同父异母的妹妹、天主教徒玛丽成为女王。 1556 年：神圣罗马帝国皇帝查理五世让位给他的弟弟费迪南一世。他的儿子成为西班牙国王。 1558 年：玛丽女王去世，伊丽莎白一世成为英格兰女王。		1545 年：天主教神职人员在特利滕大公会议上讨论了应对宗教改革的策略。 1548 年：耶稣会传教士应国王的邀请，来到了刚果。 1549 年：一部新的《公祷书》在英格兰正式颁布，这巩固了新教的改革成果。 1558 年：裘瑟夫·扎利诺（Gioseffo Zarlino）定义了现代大调和小调音阶。
中东 & 非洲	1546 年：桑海帝国的军队占领了马里帝国的首都。 1549 年：阿斯基亚·达乌德（Askia Dawud）成为桑海帝国的皇帝。 16 世纪 50 年代左右：图西人建立了卢旺达王国。 1551 年：奥斯曼人征服了的黎波里。 1556 年左右：西非的沃洛夫帝国解体。 1556 年：刚果和恩东戈（即安哥拉）之间爆发了战争。葡萄牙人支持刚果。	1554—1557 年左右：奥斯曼帝国将军西迪·阿里·雷斯（Sidi Ali Reis）撰写了一些涉及印度洋、奥斯曼帝国的旅行见闻、天文学和数学的书籍。 1555—1564 年：伊斯坦布尔重建并扩建了供水系统，以满足日益增长的人口的需求。	1543 年：埃塞俄比亚打败了阿达尔王国，捍卫了基督教信仰。 1545—1574 年：奥斯曼帝国大教长艾布苏德·艾芬迪（Ebussuud Efendi）融合了伊斯兰法和苏丹法，特别是刑法和土地法。 1555 年：土耳其诗人巴基（Baki）因一首颂歌而跻身奥斯曼帝国苏丹苏莱曼一世的宫廷圈子。 1557 年：建筑师希南设计建造的苏莱曼清真寺建筑群完工，其中有一所大学、一座医院，以及食堂。
亚洲 & 大洋洲	1550 年：蒙古骑兵越过长城，企图围攻北京，但没能成功。 16 世纪 50 年代：倭寇不断侵扰中国沿海。 1556 年：阿克巴（Akbar）成为印度莫卧儿帝国皇帝。他对军队和税收进行了全面改革。	1556 年：中国西北部发生了一场灾难性的地震，造成 83 万人死亡。	1550 年：明代剧作家、《牡丹亭》的作者汤显祖出生。 1556—1605 年：莫卧儿帝国统治者阿克巴几乎征服了整个印度次大陆，创造了一种融合伊斯兰教和印度教的社会和文化。他鼓励波斯语文学的发展，营造出繁荣的艺术氛围，还改革了税收，鼓励宗教宽容。

链接

北半球的财富

欧洲人在美洲北部发现的第一批宝藏是在格陵兰岛和纽芬兰岛附近成群游动的北大西洋鳕鱼，这是由远航的巴斯克捕鲸船发现的。巴斯克人将腌渍干鳕鱼带回欧洲后受到追捧，但他们对鳕鱼的产地闭口不言。1497 年，约翰·卡伯特在英格兰探险时报告说，北部水域中有鳕鱼。1535 年，雅克·卡蒂亚在那里发现了 1000 艘巴斯克船。英国、法国和葡萄牙的渔民开始与巴斯克人争夺鳕鱼资源。17 世纪，强大的英国和法国舰队宣称，北大西洋渔场归他们所有。

科学与技术	人类与社会
1545—1546 年：玻利维亚波托西和墨西哥萨卡特卡斯的银矿开始被开采。 **1557 年**：混汞法的发明促进了银与原矿的分离，推动了新大陆采矿业的发展。 **1558 年**：墨西哥瓜纳华托的瓦伦西亚矿开张。	**1550 年左右**：位于美国西北部奥泽特海岸的一个印第安渔村被泥石流掩埋，保存下了当时典型的马卡人聚落的文物。 **1550 年**：葡萄牙种植园主开始大量进口非洲奴隶，作为甘蔗田的劳动力。 **1554—1558 年**：《波波尔·乌》（Popul Vuh）是玛雅人的创世故事，首次被用玛雅语言基切语记录下来。
1545 年：意大利数学家吉罗拉莫·卡尔达诺（Girolamo Cardano）发表三次和四次代数方程的解法。 **1546 年**：佛兰德地理学家杰拉杜斯·墨卡托（Gerardus Mercato）描述了地球的磁极。 **1551 年**：德意志数学家格奥尔格·雷蒂库斯（Georg Rheticus）发表三角函数表。 **1553 年**：西班牙医生和神学家迈克尔·塞维图斯（Michael Servetus）出版第一部关于肺循环的著作。	**1549 年**：伊凡四世召开了俄国第一届缙绅会议。 **1552 年**：苏格兰圣安德鲁斯的高尔夫球场开张。 **1553 年**：理查德·钱塞勒（Richard Chancellor）率领一支英国探险队，寻找一条通往中国的东北航道。他在英格兰和俄国之间建立了贸易关系。

以小亚细亚半岛为起点，奥斯曼帝国在地中海周围扩张了数百年

开掘新大陆

美洲的西班牙征服者为西班牙王室创造了巨大的财富，他们声称自己拥有墨西哥和秘鲁开采的所有金银的 1/5。海盗们掠夺那些将贵重金属运回欧洲的大帆船（这也是英国和西班牙发生战争的主要原因），并用缴获的金银来刺激北方港口的经济。金属流入欧洲，金属货币供应激增，刺激了城市工商业的发展，也使得欧洲与印度和中国的贸易成为可能，因为这些国家对大多数欧洲商品都不感兴趣。1545 年，人们在波托西的安第斯山区发现了大量银矿，随后在萨卡特卡斯、墨西哥的瓜纳华托也发现了银矿。为了得到矿工，西班牙人采用了一种印加劳役制度——米塔制，即按规定的劳动天数从每个家庭中抽取一名工人。为了躲避劳役，许多人离开家园逃到了遥远的地方，这大大破坏了乡村社会。

很快，矿井吞噬了人命，工人们与家人失散，又在难民营和新兴城镇里饱受水污染、住房不足和疾病肆虐的折磨。狭窄的矿井穿透了波托西的大山；矿井内部热得令人窒息，很容易发生灾难性的塌方事故。矿工们在几乎完全黑暗的情况下沿着隧道爬行，直到抵达可开采的银矿脉；几个小时后，他们又要精疲力尽地爬出来，背上驮着装满矿石的筐子。到了 17 世纪中期，开矿者们开始使用雇佣劳工，他们被部署在小型采矿营地里，当一个地方的矿脉枯竭时，他们就会迁去另一个地方。

随着新西班牙发展出了自己的文化，殖民地政府扣留了白银，用于支付工资、装饰教堂和保卫边境。随着西班牙在旧大陆势力的衰落与美洲自治的开始，流向欧洲的白银日益减少。

奥斯曼帝国

奥斯曼人原为一个突厥小部族，初居中亚，后迁至小亚细亚半岛，后来日渐兴盛。从 13 世纪末的奥斯曼一世（Osman I）开始，王朝的控制权便父子相承。奥斯曼帝国发明了攻城船，征服了设防的拜占庭城市，并通过战争和谈判发展起来。1346 年，奥斯曼人带着雇佣兵和殖民者越过博斯普鲁斯海峡，进入巴尔干半岛。巴耶塞特一世（1389—1402 年在位）将国土向东推进到小亚细亚半岛，引发了帖木儿帝国的入侵。帖木儿推翻了奥斯曼帝国的统治，恢复了地方统治者的权力。巴耶济德的儿子穆罕默德一世重新控制了帝国，并进一步扩张了奥斯曼帝国。多年来，奥斯曼人一直绕过位于博斯普鲁斯的拜占庭帝国的首都君士坦丁堡。1453 年，穆罕默德二世率领 8 万大军、一支舰队和有史以来最大的巨炮围攻这里。他占领了这座城市，并将其更名为伊斯坦布尔。他将其作为首都，对它进行翻新重建，并鼓励工业与贸易，也鼓励来自各个领域的人彼此融合。塞利姆一世（1512—1520 年在位）使奥斯曼帝国的领土扩大了一倍，叙利亚和埃及也被纳入其中。苏莱曼一世（1520—1566 年在位）在 1526 年的莫哈奇战役中占领了贝尔格莱德，并获得了如今匈牙利的大部分领土。

奥斯曼人对不同的文化非常宽容，从来不把某种语言或宗教强加给臣民，但苏丹对权力的掌控却是绝对的。为了避免在继承人问题上产生争议，新苏丹的兄弟与他们的家人有时会被处死。男孩们被从帝国各地征召入伍，加入苏丹的亲军——卡皮库鲁（政府的奴隶）。苏丹的奴隶享有优待，最高级的奴隶和王子一起在宫廷学校中接受教育，往往会成为官员、行政人员和学者。

苏莱曼一世被称为"大帝"，他统治着匈牙利、克里米亚、伊朗、阿拉伯半岛、希腊和北非。但是，奥斯曼帝国的压力越来越大：欧洲的海上航线威胁着贸易，来自美洲的贵重金属使货币大幅贬值；帝国未能赶上西欧的军事近代化，部分原因是精锐的苏丹亲兵制度抑制了军事创新，该制度直到 1826 年才被废除。在 1571 年的勒班陀战役中，奥斯曼人在海上被击败，这标志着其海军力量的衰落。1683 年，奥斯曼人在围攻维也纳时遭遇败绩，激起了欧洲军队更加大胆的反攻。奥斯曼帝国趋于没落，最终在第一次世界大战中败给协约国，奥斯曼帝国因而分裂。1923 年，土耳其共和国成立，奥斯曼帝国灭亡。

上图 苏莱曼一世将奥斯曼帝国带上了辉煌的巅峰。他被欧洲人称为"大帝"，也被臣民称为"立法者"。苏莱曼既是杰出的战略家，也是公正的管理者

右页图 这幅非写实绘画描绘了 1526 年 8 月 29 日苏莱曼一世率军奔赴莫哈奇战场时的场景

دویدند کردن چنان بیم تیغ
بدان بیم با نیج و بیم تیغ

1560—1575 年

	政治与权力	地理与环境	文化与宗教
美洲	1565 年：西班牙建立了圣奥古斯城，使得他们在与竞争对手法国的对抗中巩固了对佛罗里达的主权。 1570—1600 年左右：易洛魁联盟将莫霍克人、奥内达人、奥农达加人、卡尤加人和塞内加人联合在一个共同的体系下，目的是促进成员间的和平与规范。 1572 年：西班牙人抓获了统治比尔卡班巴的印加最后的统治者图帕克·阿马鲁，并将他斩首。	1562 年：英国人约翰·霍金斯（John Hawkins）载着一批奴隶从几内亚航行到西印度群岛。 1567 年：伤寒导致 200 万印第安人死亡。	1569—1571 年：西班牙国王费利佩二世在墨西哥城和秘鲁利马设立宗教裁判所。 1572 年：耶稣会士抵达新西班牙开始传教活动。方济各会修士被迫离开墨西哥布道团，迁往边境，他们在那里成功地使许多佛罗里达和新墨西哥的印第安人皈依天主教。 1577 年：宗教裁判所谴责方济各会牧师贝尔纳迪诺·德·萨阿贡，因为他记录了哥伦布发现美洲之前的历史。他的手稿被称为《佛罗伦萨手抄本》。
欧洲	16 世纪 60 年代：法国因宗教问题内战频仍。 1562 年：神圣罗马帝国皇帝费迪南一世与奥斯曼帝国皇帝苏莱曼一世签署休战协议。 1564 年：费迪南一世去世，其子马克西米利安二世接替他成为神圣罗马帝国皇帝。 1564 年：伊凡四世在与沙俄大贵族的权力斗争中离开了莫斯科。 1568 年：荷兰争取从西班牙统治下独立的八十年战争开始。	《佛罗伦萨手抄本》（the Florentine Codex）中的插图记录了阿兹特克人收割苋菜的景象	1564 年：教皇批准出版《禁书目录》（Prohibited Books）。 1572 年：3000 名法国胡格诺派教徒在圣巴塞洛缪纪念日被屠杀。
中东 & 非洲	16 世纪 60 年代：在加夏人的入侵中，因班加拉的军队从如今的安哥拉进攻刚果王国。国王阿尔瓦罗一世（Alvaro I）请求葡萄牙人为他们提供武器和军队。 1568 年：刚果的所有事务都受到了葡萄牙的影响（直至 1622 年）。 1571 年：奥斯曼帝国舰队在勒班陀战役中被西班牙人摧毁。 1573 年：奥斯曼人和威尼斯人签署君士坦丁堡和平协议。	1574 年：葡萄牙人在恩东戈（如今的安哥拉）建立了殖民地。	1568 年：波斯萨法维王朝国王塔赫马斯普（Shah Tahmasp）送给奥斯曼皇帝塞利姆二世（Selim II）一本图文并茂的《列王记》（Shahname）作为加冕礼的礼物。书中有 258 幅细密画。这也许是有史以来最宏大的一部伊斯兰手稿。
亚洲 & 大洋洲	1571 年：日本向西方商人开放长崎港。 1573 年：日本武士织田信长推翻了室町幕府。他对长期敌对的大名采取了果断的军事行动。到 1582 年他去世之前，日本有一半的区域已被他统一。	1567 年：西班牙探险家阿尔瓦拉·德·门达尼亚·德·雷瓦拿（Alvaro de Mendana de Neira）从秘鲁启航，发现并命名了所罗门群岛。 1574 年左右：中国开始种植来自新大陆的作物，比如红薯、玉米和花生。	1575 年左右：日本的城堡建筑以及与其相关的艺术作品发展到了史无前例的高度。这与强大的大名，如织田信长和丰臣秀吉等关系密切。

科学与技术	人类与社会
1563年：人们在秘鲁的万卡韦利卡发现了汞。它被应用于一种成本更低的提炼白银的混合工艺。在未来30年里，西班牙的白银汇付将稳步增长。	**1561年**：西班牙探险家在切萨皮克湾绑架了一个名叫奥派坎诺的阿尔冈琴族男孩。他的哥哥是酋长波瓦坦（Powhatan）。他被带到西班牙，1570年又被带回弗吉尼亚，为耶稣会传教士做翻译。奥派坎诺回到家乡后，领导了对西班牙定居者的袭击，让他们无法在当地建立殖民地。 **1569年**：西班牙总督弗朗西斯科·德托莱多抵达秘鲁。他在稳定政府方面立下了功劳，但也镇压了当地居民。
1569年：赫拉尔杜斯·墨卡托使用正轴等角圆柱投影法来制作地图，即将球面转换为平面。 **1572年**：丹麦天文学家第谷·布拉赫（Tycho Brahe）发现了仙后星座中的一颗超新星。 **1573年**：一家制糖厂在德国奥格斯堡开业。	**1560年**：凯瑟琳·德·美第奇（Catherine De Medici）成为法国的统治者。她作为三个法国国王的母亲，对法国的控制持续至1574年，还试图控制宗教派别。 **1564年**：伽利略·伽利雷、克里斯托弗·马洛（Christopher Marlowe）和威廉·莎士比亚诞生。
1569年：奥斯曼人试图在顿河和伏尔加河之间开挖一条运河，以开辟一条从黑海通往里海的航道。	**1560年**：奴隶贸易在中非十分普遍。 **1560年左右**：唐娜·格拉西娅·纳西（Dona Gracia Nasi）是一位富有的犹太女商人，她与侄子唐·约瑟夫（Don Joseph）搬到了伊斯坦布尔。她帮助犹太人在奥斯曼帝国定居，建立了犹太社区。她和唐·约瑟夫凭借广泛的家庭人脉和经济关系参与了国家财政。
1575年：在长野之战中，织田信长革命性地利用西方武器击败了敌对的大名。	**1565年**：西班牙大型帆船开始每年往返于马尼拉和阿卡普尔科。

细菌战

早期探险家，从哥伦布到约翰·史密斯，当他们第一次到达美洲时，都会在报告中提及社会的繁荣与稠密的人口。但仅仅20年后，情况就大不相同了：欧洲人带来的流行病摧毁了当地的文明。在二者接触后的130年里，天花、斑疹伤寒、白喉、流感和麻疹等疾病夺走了大约95%的土著居民的生命。

海地岛上的阿拉瓦克人从1495年就开始饱受疾病的折磨，到1552年时已经全部死亡。印第安劳工的流失促使西班牙人进口非洲奴隶来作为替代品，这催生了具有深远文化影响的新经济。在秘鲁，一波又一波的天花迅速夺走了一半人口的生命，这引发了统治者之间的内战，使得皮萨罗凭借不到200人的微弱力量便推翻了庞大的印加帝国。

1606—1620年，新英格兰富有的印第安人聚居地失去了90%的人口，可能是因为病毒性肝炎。到了17世纪中期，随着喀多的人口从20万减少到9000人，原本繁忙的喀多文化中心逐渐缩小为分散的小村庄。

许多因素共同造成了这场灾难。最重要的是，这些病原体对印第安人的免疫系统来说是陌生的；由于没有抗体来保护个体自身，社群往往会集体死亡。从佛罗里达到得克萨斯，德索托于1539年引入的猪在南部到处乱跑，它们可能通过食物链将炭疽、旋毛虫病和肺结核传染给了野生动物。虽然美洲土著有许多种保护性的药物，但很少有药物能与欧洲的新疾病抗衡。

1575—1590 年

	政治与权力	地理与环境	文化与宗教
美洲	**16 世纪 80 年代**：西班牙征服了阿根廷。曾被遗弃的布宜诺斯艾利斯重新被启用。 **1581 年左右**：在费利佩二世统治期间，葡萄牙并入西班牙。他在欧洲与荷兰人的政治斗争，引发了葡萄牙人和荷兰人在巴西的冲突。 **1584 年**：沃尔特·雷利（Walter Raleigh）派出一支探险队去北美大西洋沿岸地区勘察。他们声称这是英格兰的领土，并将其命名为弗吉尼亚，以纪念伊丽莎白一世。	**1578 年**：弗朗西斯·德雷克（Francis Drake）沿着北美西海岸航行到温哥华地区，声称那里是英格兰的土地。 **1585 年**：理查德·格伦维尔（Richard Grenville）在洛亚诺克岛安置了 108 名殖民者，但弗朗西斯·德雷克于次年将殖民者赶走。 **1587 年**：约翰·怀特（John White）带着 177 名殖民者，包括妇女和儿童，来到了洛亚诺克岛。他自己则返回英国寻求补给。	**16 世纪 80 年代**：西班牙王室依靠传教士和天主教会来控制印第安人。传教士比士兵花费更少，影响却更持久。 **1587 年**：洛亚诺克印第安人曼蒂奥（Manteo）皈依基督教。
欧洲	**1576 年**：鲁道夫二世（Rudolf II）成为神圣罗马帝国皇帝。他的统治将持续到 1612 年。 **1579—1580 年**：乌得勒支同盟将低地国家的七个北部省份联合起来对抗西班牙。它们后来形成了荷兰。 **1588 年**：西班牙无敌舰队被英国海军击败，西班牙的霸权开始衰落。		**1575 年**：莱顿大学建立。 **1576 年**：演员理查德·伯比奇（Richard Burbage）的父亲詹姆斯·伯比奇（James Burbage）建造了伦敦第一家公共剧院。 **1577 年**：画家埃尔·格列柯（El Greco）开始创作他最重要的一些作品，一直持续到 16 世纪 90 年代。 **1580—1581 年**：埃德蒙·坎皮恩（Edmund Campion）开始在英格兰传教。他很快被捕，以叛国罪受审，并被处决。 **1582 年**：爱丁堡大学建立。
中东 & 非洲	**1578 年**：在三王之战中，摩洛哥苏丹阿布德·马立克（Abd al Malik）击败了入侵的葡萄牙国王塞巴斯蒂安（Sebastian）的军队，废黜了苏丹穆塔瓦基勒（al Mutawakkil）。 **1587 年**：阿巴斯（Shah Abbas）成为萨法维王朝的统治者。他开始重建、扩大伊斯法罕，并改革波斯的军队和政府。		**1570 年左右**：采法特的卡拉巴教派是在摩西·本·雅各布（Moses ben Jacob）和以撒·本·所罗门·卢里亚（Isaac ben Solomon Luria）的领导下创立的，正处于鼎盛时期。 **1582 年**：《沙欣列王纪》（Shahin-shahname）第一卷编撰完成。它描述了奥斯曼帝国苏丹穆拉德三世（Murad III）统治时期的重要事件，特别是其子穆罕默德的割礼庆典。
亚洲 & 大洋洲	**1581 年**：俄国开始占领西伯利亚。 **1585 年**：丰臣秀吉开展了一项调查以确立对日本经济的控制。	**1584 年**：荷兰人在俄国的阿尔汉格尔（Archangel）建立了一个贸易站。	**16 世纪 80 年代**：利玛窦将耶稣会传教士带到中国。 **1581 年**：中国人定义了自己的音调和音阶。

链接

女王 vs 女王

苏格兰女王玛丽（1542—1587）是詹姆斯五世（James V）的独生女，她在法国被培养成一名天主教徒，1561 年返回苏格兰，开始统治苏格兰。作为一个有成就、受过良好教育的女人，她对苏格兰的事务和贵族的权力出现了严重误判。她接连走进了两桩不受欢迎的婚姻，疏远了有权势的贵族和长老会，并导致了一场国内叛乱。最终，她的派系被击败。玛丽在英格兰被囚禁了 19 年，她数次成为反对女王伊丽莎白一世的天主教阴谋的焦点。女王最终于 1587 年以叛国罪对她进行审判，并将她斩首。伊丽莎白一世死后，玛丽的儿子詹姆斯继承了英国王位。

科学与技术	人类与社会
1585 年：第一批经验证的巧克力货品从墨西哥被运往欧洲。	1584 年：来自洛亚诺克岛的印第安人旺奇斯（Wanchese）和曼蒂奥，与理查德·格伦维尔（Richard Grenville）一起航行至英国。 1586 年：英国私掠船主弗朗西斯·德雷克袭击了西班牙的圣奥古斯丁定居点，并将其烧毁。
1581 年：意大利人伽利略研究了钟摆原理。1589 年，他受命在比萨大学教授数学。 1582 年：教皇格里高利十三世（Gregory XIII）改革了罗马儒略历，以更准确地反映年份长度。公历在天主教国家很快被接受，但欧洲新教国家接纳的速度相对缓慢。 1589 年：威廉·李（William Lee）发明了英国第一台针织机。	1583 年：人寿保险单最早在伦敦签发。 1589 年：法国宫廷开始使用叉子作为进餐工具。
1577—1580 年：天文学家塔奇·阿尔丁·伊本·马鲁夫（Taqi al-din ibn Ma'ruf）建立了伊斯坦布尔加拉图天文台。他利用先进的仪器校正天文表。	1582 年：马里的桑海帝国在其统治者阿斯基亚·达乌德（Askia Daoud）去世后进入动荡时期。 1589 年：奥斯曼帝国的近卫军因军饷不足而发动叛乱。
	1581 年：明代中国施行被称作"一条鞭法"的新税制，确立了白银本位货币制度。 1588 年：在重建后的日本社会，只有武士有权携带武器。

无敌舰队的最后一刻

16 世纪晚期，西班牙与新大陆的贸易航线正面临着越来越大的挑战。英国商船开始航行到美洲，西班牙的制裁引发了英国海盗弗朗西斯·德雷克代价高昂的报复。国王费利佩二世被这些挑衅和英国反天主教的政治举措激怒了。在教皇的支持下，他计划动用一支拥有 130 艘战舰和 3 万名士兵的舰队来对抗英国海军，同时指派帕尔玛公爵率领一支 3 万人的军队渡过英吉利海峡入侵英格兰。

英国女王伊丽莎白授权德雷克，允许他针对西班牙的战备行动发动一系列先发制人的袭击。1588 年 5 月，费利佩的舰队出海，7 月驶进英国水域。英国人以同样数量的战舰和由霍华德（Howard）勋爵指挥的武装商船相迎。在朴次茅斯、普利茅斯和怀特岛附近的战斗中，英国人利用机动性和射击火力更加卓越的舰艇，沿着英吉利海峡向法国海岸追击西班牙人。

帕尔玛的军队从来不需要应对入侵，因为不利的风向和英国对加莱的封锁迫使西班牙人绕过不列颠群岛撤退。西班牙舰队的水和食物耗尽了，剩余的舰艇大部分被风暴摧毁。那些挣扎上岸的幸存者惨遭屠杀。

这场战争的后果非常严重。尽管西班牙人发动了进一步的进攻，但当英国开始崛起为海上强国时，西班牙人"无敌"的威名已被击得粉碎。战争的结果刺激了海军技术的发展，确保了英国的新教改革，也打破了西班牙和葡萄牙对世界贸易的垄断。随着西班牙霸权的衰落，英国人、法国人和荷兰人在新大陆上得到了更多的利益。

1590—1605 年

	政治与权力	地理与环境	文化与宗教
美洲	**1598 年**：墨西哥城的统治者派遣胡安·德·奥尼亚特（Juan de Oñate）和数百人前往埃尔帕索北部地区殖民。 **1598 年**：西班牙人奴役着普韦布洛的印第安人。	**1590 年**：约翰·怀特带着补给品回到洛亚诺克岛，却发现岛上无人居住。 **1595 年**：沃尔特·雷利率领一支探险队，深入委内瑞拉奥里诺科河上游 480 多千米。	**1595 年**：在墨西哥城的一次公开宣判中，宗教裁判所判处许多改宗者（改宗犹太教者）死刑。 **17 世纪**：在今佛罗里达州和新墨西哥州，方济各会传教士向印第安人传授天主教教义和礼拜仪式，鼓励他们在服饰、食物和农耕方面向欧洲学习。
欧洲	**1598 年**：《南特赦令》（The Edict Of Nantes）给予法国新教徒公民权和信仰自由。 **1603 年**：英格兰伊丽莎白女王去世，王位传给了詹姆斯六世（James VI）。他将以詹姆斯一世的身份统治英国。 **1603 年**：詹姆斯一世下令将最受伊丽莎白一世宠爱的沃尔特·雷利以叛国罪逮捕，监禁在伦敦塔中，这标志着英国宫廷出现了新动向。	伊朗伊斯法罕鸟瞰图	**1591 年**：威廉·莎士比亚的伦敦剧作家生涯开启。从 1593 年开始，他几乎每年都创作一部新作品。 **1593 年**：法王亨利四世皈依天主教。在后来的几年里，他调和了与教皇的分歧，结束了法国的宗教战争。 **1599 年**：环球剧场在伦敦建成。
中东 & 非洲	**1591 年**：摩洛哥人征服了桑海帝国。桑海的从属国与之脱离了关系。 **1598 年**：伊斯法罕成为波斯萨法维王朝的首都。 **17 世纪**：埃塞俄比亚的奥罗莫人进行扩张并向南突袭。	**1592 年左右**：葡萄牙商人在今肯尼亚的蒙巴萨岛定居。	**1602 年**：波斯肖像画家里扎伊·阿巴西（Riza yi Abbasi）开始创作细密画。
亚洲 & 大洋洲	**1591—1592 年**：丰臣秀吉统一了日本，开始对朝鲜发动连续入侵。 **1595 年**：印度莫卧儿帝国皇帝阿克巴征服了阿富汗。 **1600 年**：德川幕府的创立者德川家康在关原之战中击败了敌对的大名，成为日本无可争议的统治者。 **1603 年**：江户（今东京）是德川幕府统治下的政府所在地。	**1592 年**：詹姆斯·兰卡斯特（James Lancaster）沿印度洋上的马来半岛海岸航行。 **1602 年**：日本邀请西班牙前来进行贸易。 **1604 年**：哥萨克人在西伯利亚的托木斯克建立了一个定居点。	**1592 年**：中国小说《西游记》出版，它讲述了一位僧侣求取佛经的朝圣之旅。 **17 世纪**：复活节岛上的雕像建筑逐渐消失，未完成的雕像留在原地。 **1601 年**：意大利耶稣会传教士利玛窦在北京定居。

科学与技术	人类与社会
1600 年：在巴西，种植园奴隶制度已经被建立起来。奴隶们在工厂里学习管理出口糖的生产。	**1600 年**：美洲的人口开始显现出一个世纪以来民族交融的证据。尤其是在拉丁美洲，有许多土著和欧洲人生下的混血儿。 **17 世纪**：逃亡的奴隶开始在巴西的偏远地区形成名为"基隆博"（quilombos，逃奴堡）的自由社区。 **1601 年**：新墨西哥殖民地的恶劣条件迫使许多殖民者放弃了定居点。
1592 年：荷兰开始使用靠风车驱动的锯。 **1592 年**：多梅尼科·丰塔纳（Domenico Fontana）发现了罗马庞贝古城的废墟。 **1595 年**：墨卡托（Gerardus Mercato）的地图集出版。 **1600 年**：第谷·布拉赫和约翰内斯·开普勒（Johannes Kepler）开始在布拉格附近的布拉赫天文台一起工作。	**1593 年**：意大利哲学家乔尔丹诺·布鲁诺（Giordano Bruno）是哥白尼的支持者，他被梵蒂冈当局囚禁，于 1600 年被处决。 **1597—1598 年**：《伊丽莎白济贫法》（The Elizabethan Poor Law）颁布，该法为贫困儿童和老年人提供救济，并为教区济贫院的健全人提供就业机会。事实上，这些法律构建起了早期的社会福利制度。
17 世纪左右：烟草被引入奥斯曼帝国。	**17 世纪**：英国、法国和荷兰的东印度公司都热衷于与萨法维王朝开展贸易。
1591 年左右：朝鲜将军李舜臣研制的"龟船"被认为是史上最早的铁甲战舰。	

俄国的崛起

1480 年，莫斯科大公伊凡三世将莫斯科从金帐汗国手中解放出来。金帐汗国 13 世纪中期打败了俄国的诸侯，并从那时开始向俄国大公们征收大量的贡品。伊凡四世（"恐怖的伊凡"）巩固了伊凡三世的基业，并正式获得了"沙皇"的称号。他冷酷无情而又难以捉摸，征服了更多的土地。

16 世纪中期，俄国人开始向东迁移。哥萨克人沿着向北流动的河流穿过大陆，一路建立了很多定居点，并发动袭击，营造恐怖的气氛，最终到达太平洋西岸。

俄国发生内乱又遭受外敌入侵的时期被称为"混乱时期"，一直到 17 世纪初罗曼诺夫（Romanov）王朝开始统治为止。1682 年，彼得大帝成为沙皇，改革并重组了政府，采用公历，建造桥梁、道路、运河和工厂，并将欧洲的工匠和医生引进俄国。彼得大帝的统治将俄国的未来与欧洲各国联系在了一起。

右图　这张地图记录了俄国从 1462 年的一个小公国扩张成为 1796 年的大国的过程

1605—1620 年

	政治与权力	地理与环境	文化与宗教
美洲	**1607 年左右**：大约 30 个阿尔冈琴部落联合起来，组成了由波瓦坦酋长瓦亨塞纳卡瓦（Wahunsenacawh）领导的联盟。 **1615 年**：塞缪尔·德·尚普兰（Samuel de Champlain）袭击了易洛魁联盟的奥奈达人。 **1619 年**：第一届弗吉尼亚民众议事会召开。	**1608 年**：法国人萨缪尔·德·尚普兰建立了一处贸易堡垒，此为魁北克市的前身。 **1610 年**：圣达菲城建立。 **1616 年**：威廉·巴芬（William Baffin）在寻找经加拿大前往中国的西北航道时，发现了巴芬湾。 **1616 年**：沃尔特·雷利被释放出狱，他率领一支探险队去寻找传说中的"黄金国"。	**1607 年**：杰出的殖民地画家巴尔塔萨尔·德·埃查夫·奥里奥（Baltasar de Echave Orio）创作了《圣庞西亚诺的殉难》（The Martyrdom of Saint Ponciano），此画被认为是他为所有新西班牙教堂创作的最好的作品之一。 **1612 年**：弗朗西斯科·德·帕雷霍（Francisco de Parejo）的《卡斯蒂利亚语—蒂姆库恩语教义问答》（Castilian-Timucuan Catechism）出版，这是美洲土著语言的首次外译。
欧洲	**1605 年**：包括盖伊·福克斯（Guy Fawkes）在内的英国天主教"阴谋组织"在威斯敏斯特安放了火药，但火药阴谋最终被发现了。 **1608 年**：爱尔兰人反抗英国统治者的奥多尔蒂之乱以失败告终。 **1611 年**：国王詹姆斯一世解散了议会；国王和议会之间的分歧将持续 50 年。 **1613 年**：米哈伊尔·罗曼诺夫被选为俄国沙皇。他的后代将一直统治俄国到 1917 年。	威廉·莎士比亚	**1605—1612 年**：莎士比亚创作了代表作《李尔王》《麦克白》《冬天的故事》和《暴风雨》。 **1605—1615 年**：塞万提斯分两册出版了《堂吉诃德》（Don Quixote）。 **1610 年**：珍妮·德·尚塔尔（Jeanne de Chantal）和方济各·撒肋爵（Francis de Sales）创立了圣母往见会。 **1611 年**：新版本的英文《圣经》出版，得到了国王詹姆斯一世的授权和赞助。 **1612 年**：异教徒最后一次被英格兰当局烧死。
中东 & 非洲	**17 世纪**：卢巴-隆达人迁移到赞比亚北部。托瓦（Torwa）和穆塔帕（Mutapa）成为津巴布韦高原上有名的修纳人国家。 **1606 年**：奥斯曼人与哈布斯堡人签署停战协议，承认双方统治者的平等地位。	**17 世纪**：为奥斯曼帝国提供军事力量（尤其是骑兵）的蒂玛尔制衰落了，在法国实行的包税制最终取而代之。	**1609—1615 年**：蓝色清真寺是伊斯坦布尔一座巨大而精致的建筑，修建于艾哈迈德一世（Ahmet I）统治时期。 **1611—1616 年**：沙阿清真寺建于今伊朗的伊斯法罕。它以高达 52 米的大厅穹顶和鲜艳多彩的瓷砖而闻名。
亚洲 & 大洋洲	**1605 年**：莫卧儿帝国皇帝贾汗吉尔（Jahangir）成为印度的统治者。他睿智而宽容，既遵循伊斯兰教教义，又尊重印度教信徒的信仰。 **1612 年**：萨法维王朝夺回了阿塞拜疆和高加索部分地区。边界恢复到了 1555 年时的情景。 **1615 年**：德川家康颁布了《武家诸法度》，以规范武士阶层的行为。	**1617 年**：莫卧儿帝国皇帝贾汗吉尔授予托马斯·罗（Thomas Roe）在港口城市保留贸易仓库与工厂的特权。这是英国在印度获得贸易优势的开端。	**1609 年**：插图版百科全书《三才图会》在中国出版。

第 5 章 彼此交融的世界　229

科学与技术	人类与社会
1607 年：美国第一艘帆船建造于缅因州的萨加达霍克。 **1612 年**：弗吉尼亚州的殖民者首先将烟草作为一种经济作物来种植。 **1619 年**：弗吉尼亚州的殖民者建造了福尔克里克钢铁厂，后来在殖民者和波瓦坦人的冲突中被损毁。 **1620 年**：拉美大西洋贸易的总量和价值均开始下降。	**1607 年**：英国人在约翰·史密斯（John Smith）上尉的指挥下，在弗吉尼亚州的詹姆斯河上建立了一个小定居点。 **1613 年**：波瓦坦酋长的女儿波卡洪塔斯（Pocahontas）为在一次争端中被捕的约翰·史密斯进行调解。 **1616 年**：波卡洪塔斯和她的英国丈夫约翰·罗尔夫启航前往英国。她死于 1617 年。 **1619 年**：第一批非洲奴隶到达弗吉尼亚殖民地。
1609 年：托马斯·哈里奥特（Thomas Harriot）发现了太阳黑子。 **1610 年**：伽利略使用自制望远镜观测木星的卫星。 **1614 年**：苏格兰数学家约翰·奈皮尔（John Napier）出版《奇妙的对数表的描述》。 **1618—1619 年**：英国医生威廉·哈维（William Harvey）描述了血液的循环。 **1618—1621 年**：德国天文学家约翰内斯·开普勒出版了《世界的和谐》（其中包含开普勒第三定律）和《哥白尼天文学概要》。	**1607 年**：泰隆（Tyrone）伯爵、泰康内尔（Tyrcon-Nell）伯爵以及他们的家人和朋友突然逃离了爱尔兰。这一事件被称为"伯爵出逃"。
17 世纪：奥斯曼医学吸纳了由德籍瑞士医生巴拉赛尔苏斯（Paracelsus）的追随者出版的欧洲医学成果。	
1607 年：欧几里得的著作《几何原本》在中国出版。	

下图　加拿大努纳武特地区附近的巴芬湾里的海冰正在融化

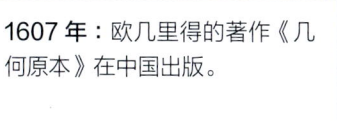

西北航道

当欧洲人意识到哥伦布并未到达亚洲时，他们开始努力寻找一条能穿过美洲大陆、到达中国的海上航线。麦哲伦找到了一条通往太平洋的水道，但他也只是航行到了暴风肆虐的南美洲最南端。探险家们希望在北方找到一条走起来更容易的路线。

早在 1497 年，英格兰国王亨利七世就指示约翰·卡伯特，让他去寻找穿越加拿大北部北冰洋的西北航道。许多探险家都曾进行尝试，但都以失败告终，比如雅克·卡蒂亚、弗朗西斯·德雷克、马丁·弗罗比舍（Martin Frobisher）、詹姆斯·库克（James Cook）和威廉·巴芬等。1583 年，汉弗莱·吉尔伯特（Humphrey Gilbert）在航行中溺水身亡。1611 年，当船员们意识到哈得孙湾是个被冰封锁的陷阱时，暴动的船员放逐了亨利·哈得孙。1845 年，载着约翰·富兰克林（John Franklin）和 129 名船员的两艘船失踪。罗伯特·麦克卢尔（Robert McClure）的船在冰中被封锁了两个冬天，随后在 1854 年靠雪橇完成了陆路穿越。这些远征也带来了好处——欧洲人与印第安人建立起贸易关系，并占领了富饶的密西西比河流域。

最终，1906 年，阿蒙森（Roald Amundsen）通过了考验，成为第一个到达南极的人。1969 年，巨大的曼哈顿号破冰船在两周内完成了这一旅程，它一路粉碎了 1046 千米的浮冰。

1620—1635 年

	政治与权力	地理与环境	文化与宗教
美洲	1621 年：荷兰西印度公司成立。 1622 年：波瓦坦战争爆发，引发了波瓦坦人对切萨皮克湾和弗吉尼亚周围定居点长达 14 年的时断时续的战争。	1626 年：荷兰人用以物易物的方式获得了曼哈顿岛。 1630 年：一大群英国清教徒在马萨诸塞湾建立了殖民地。 1632 年：英国国王查理一世向塞西利厄斯·卡尔弗特颁发特许状，后者在切萨皮克湾附近建立殖民地。这块殖民地被命名为马里兰州，以纪念查理一世去世的妻子亨利埃塔·玛利亚王后。 1634 年：法国的让·尼科莱（Jean Nicolet）探索了威斯康星和格林湾。	1630 年：马萨诸塞湾清教徒殖民者的领袖约翰·温斯罗普（John Winthrop）用布道来激励民众，宣传他们创业的目的：他们要为世界树立社群的榜样，成为"山巅之城"。 17 世纪 30 年代：法国传教士开始向被他们称为休伦人的土著传教。 1632 年：约翰·艾略特开始在新英格兰建立皈依基督教的印第安人居住的村庄；他用阿尔冈琴语布道。
欧洲	1622 年：詹姆斯一世成为第一位同时统治英格兰和苏格兰的国王。 1624 年：红衣主教黎塞留（Cardinal Richelieu）成为法国第一任首相。 1625 年：詹姆斯一世去世，他的儿子查理一世成为英格兰国王。 1629 年：查理一世解散英国议会。英国议会直到 1640 年才恢复。 17 世纪 30 年代：瑞典深度卷入了"三十年战争"。	1626 年：英国的沼泽首次被排干以用作农田。	1627 年：海因里希·许茨（Heinrich Schütz）创作了第一部德语歌剧《达芙尼》（Dafne）。 1632 年：荷兰画家伦勃朗创作了他最著名的集体肖像画之一《尼古拉斯·杜尔医生的解剖学课》（The Anatomy Lesson of Dr. Nicolaes Tulp）。 1633 年：荷兰画家朱迪思·莱斯特成为哈勒姆画家协会唯一的女性成员。 1633 年：文森特·德·保罗（Vincent de Paul）创立了慈善修女会。
中东 & 非洲	1622 年：奥斯曼帝国苏丹奥斯曼二世（Osman II）被废黜，后被暗杀。穆拉德四世（Murad IV，1623—1640 年在位）继任。 1625 年左右：达荷美王国建立。 1631 年：英国在黄金海岸（加纳）设立贸易站。荷兰人将葡萄牙人驱逐出黄金海岸。		1632—1635 年：奥斯曼帝国苏丹穆拉德四世的"道德运动"使得烟草和咖啡被禁，咖啡馆也被迫关闭。
亚洲 & 大洋洲	1620 年左右：柬埔寨金边王朝国王吉·哲塔二世（Chey Chettha II）与越南人结成联盟。 1632 年：莫卧儿帝国军队将葡萄牙人赶出了孟加拉。	1620 年左右：荷兰人在爪哇岛上建立了一座城市，名为巴达维亚。 1624 年：荷兰人在中国台湾沿海建立贸易站。 1626 年：中国北京发生一场强烈的地震。 1633 年：英国人在孟加拉建立了一个贸易站。	1629 年：德川幕府禁止女性在歌舞伎剧院演出，因为歌舞伎剧院起源于皮肉生意。 1630 年左右：山水画家董其昌在明代颇为活跃。

那时的生活

传说中的伊斯法罕

波斯国王阿巴斯（1587—1629）重建了伊斯法罕，它位于今伊朗德黑兰南部，是当时最美丽的城市之一。它的中心是一座巨大的庭院，由清真寺和崇高的礼仪之门连接着，四周是两层楼高的建筑，装饰着凹进去的拱门。宽阔的林荫大道上有喷泉和水道通向城市，游客们对它赞不绝口。在 17 世纪 60 年代，伊斯法罕拥有 162 座清真寺、48 所学校、273 间浴室和近 2000 间旅馆。1722 年，吉尔札伊阿富汗人入侵，这座城市的大部分都被摧毁了。

科学与技术	人类与社会
17世纪20年代：荷兰人在新阿姆斯特丹殖民地建造了第一家锯木厂。 1629年：马萨诸塞的塞勒姆引进造船工人，建立了一个造船的中心。	1621年：印第安人萨莫塞特（Samoset）、提斯坎图姆（Tisqantum）和马萨索伊特（Massasoit）在科德角附近的海岸边与"五月花"号上的航海者见面。 1623年：英国殖民者迈尔斯·斯坦迪什（Myles Standish）杀死了马萨诸塞的印第安领袖维塔瓦内特（Witawanet）。
1620年：居住在英国的荷兰人科内利斯·德雷贝尔发明了一种人力潜水艇。它能在水下约3—5米处航行，利用通气管为水手供氧。 1622年：英格兰人威廉·奥特雷德（William Oughtred）发明了一种可以滑动的计算尺。 1629年：意大利工程师乔瓦尼·布兰卡（Giovanni Branca）设计发明了一种蒸汽涡轮机。	1626年：法国对在决斗中杀死对手的人处以死刑。 1633年：伽利略因教授哥白尼学说而被定罪。 1633—1637年："郁金香热"在荷兰肆虐。
1631年左右：波斯哲学家米尔·达玛德（Mir Damad）去世。 1633年：英国人在印度孟加拉开设了第一家工厂。	1623年：被罢免的埃尔祖鲁姆总督阿巴扎·穆罕默德·帕夏（Abaza Mehmed Pasha）领导了一场反对奥斯曼帝国官僚机构的叛乱。 1625年：奥斯曼帝国的通货膨胀达到了顶峰。
1621年：军事学专著《武备志》在中国出版。	1620年左右：东林书院对明代政治的影响达到了顶峰。 1624—1627年：明代宦官魏忠贤达到了他一生中权力的顶点。

恩东戈的武士女王

16世纪中期，为了寻找矿藏、盐矿和奴隶，葡萄牙人来到恩东戈，一个位于非洲西南部伦达高原的村落联盟。这片土地归姆邦杜人所有，他们的统治者被称为恩戈拉（Ngola）。随着葡萄牙对奴隶的需求不断增加，他们与恩戈拉家族的交易逐渐失衡，最终，1621年，恩戈拉派他的妹妹恩辛加（Nzinga）代表他与葡萄牙人进行交易。

恩辛加是一个聪明而自信的女人，她进入议事厅时，发现只有一个席位，而那个席位是属于葡萄牙总督的。她示意一名侍从跪下，当她的活座席，然后开始为姆邦杜人争取非常有利的条件。她要求接受基督教洗礼，让总督亲自担任她的教父，以此与欧洲人建立起一种特殊的联系。

1624年，两国关系再次恶化。恩辛加女王组建了一支军队，与葡萄牙人作战，然后撤退到内陆。她放弃了基督教信仰，与凶猛的加加族掠夺者结盟。作为一名极具天赋的游击战略家，她将山区马坦巴（Matamba）作为姆邦杜人的据点，并欢迎逃跑的奴隶加入队伍，还以特殊的手段从葡萄牙军队中招募叛徒。她组建了基隆博（kilombo）军团，这些人放弃了自己与家庭的联系，在民兵组织中过集体生活，完全献身于女王的军队。恩辛加女王直到六十多岁都还在率兵打仗，她摧毁了奴隶贸易，并将精力用于突袭葡萄牙人，将不少乡村夷为平地。直到1663年她去世后，葡萄牙人才终于进入西南部内陆地区。在1975年之前，葡萄牙人一直占据着这个被他们称为"安哥拉"的国家。

1635—1650 年

	政治与权力	地理与环境	文化与宗教
美洲	**1638 年**：新瑞典殖民地（位于今特拉华州）在北美特拉华河沿岸建立。 **1639 年**：北美康涅狄格河沿岸的定居者订立《康涅狄格基本法》(The Fundamental Orders of Connecticut)。 **17 世纪 40 年代**：新法兰西的定居点实行领主制。休伦耶稣会的传教士将法国的影响扩展到了整个印第安部落。 **1641—1679 年**：新罕布什尔殖民地归马萨诸塞湾殖民地管理。	安妮·哈钦森	**1636 年**：罗杰·威廉姆斯（Roger Williams）因为鼓吹宗教自由而被马萨诸塞湾殖民地驱逐出境，他在罗得岛建立了一块殖民地。 **1636 年**：哈佛大学在马萨诸塞建立。 **1638 年**：无视性别角色限制的清教徒精神领袖安妮·哈钦森（Anne Hutchinson）被驱逐出马萨诸塞湾殖民地，迁至罗得岛生活。 **1640 年**：《海湾圣诗》(The Bay Psalm Book)是英国殖民地出版的第一本书。
欧洲	**1640 年**："大选侯"腓特烈·威廉（Frederick William）成为勃兰登堡大选帝侯。直到 1688 年去世，他在欧洲政坛都很有影响力。 **1641 年**：一场天主教叛乱在爱尔兰爆发，新教徒在阿尔斯特遭到屠杀。 **1648 年**：《威斯特伐利亚和约》(The Peace Of Westphalia Concludes)结束了三十年战争。"投石党之乱"（Frondes，反对王权的叛乱）在法国爆发，一直持续到 1653 年。		**1637 年**：在苏格兰，一部新的祈祷书的引入煽动了暴力行为，引发了对英国国家权威的反叛。 **1641 年**：法国哲学家笛卡尔（René Descartes）写下《沉思录》(Meditations)。 **1642 年**：受清教徒的影响，伦敦的剧院关闭了。 **1642 年**：莫里哀（Moliére）在巴黎成立了一个剧团，它最终发展为法兰西喜剧院。
中东 & 非洲	**1645 年**：克里特战争始于奥斯曼人和威尼斯人争夺克里特岛。 **1648 年**：穆罕默德四世（Mehmed IV）成为奥斯曼帝国苏丹，年仅 6 岁。	**1641—1648 年**：荷兰人从葡萄牙人手中夺取了安哥拉，然后向寻求恢复其奴隶劳动力供应的巴西人投降。	**1642—1666 年**：阿巴斯二世统治着波斯，他是萨法维王朝的最后一位伟大的建设者和艺术赞助人。在他死后，宗教领袖在政治和文化中获得了更重要的地位。
亚洲 & 大洋洲	**1644 年**：兴起于中国东北部的满族人建立了清朝。	**1635 年**：锡兰的拉贾辛哈二世请求荷兰舰队协助他们从葡萄牙人手中收复领土。 **1637 年**：英国商人抵达中国广州。 **1638 年**：荷兰人在毛里求斯定居。 **1639 年**：哥萨克人向太平洋沿岸进发。 **1639 年**：英国人在印度马德拉斯定居。 **1642 年**：荷兰航海家阿贝尔·塔斯曼沿着澳大利亚海岸航行，发现了塔斯马尼亚、新西兰、新几内亚和斐济群岛。	**1637—1638 年**：在基督教皈依者和社会经济弊病的影响下，日本爆发了岛原之乱，导致葡萄牙人被驱逐出境，基督教在日本被禁。 **1645 年**：清政府颁布"剃发令"。

科学与技术	人类与社会
1639 年：北美洲第一台印刷机诞生。 1644 年：英国殖民地的第一座铁熔炉建于马萨诸塞的布伦特里。	1637 年：英国人开始限制移民前往他们在美洲的殖民地。 1645—1654 年：巴西人袭击荷兰定居者，最终迫使荷兰人离开了在巴西的殖民地。 1647 年：马萨诸塞建立了美国第一个公立学校体系。
1637 年：笛卡尔出版了一本关于解析几何的著作。 1639 年：奎宁是一种从南美洲金鸡纳树树皮中提取的印第安药物，在欧洲最早被用于退烧。 1639 年：英国天文学家杰雷米亚·霍罗克斯（Jeremiah Horrocks）预测并观测到了"金星凌日"现象。 1642 年：法国哲学家布莱斯·帕斯卡（Blaise Pascal）发明了一种数学计算器。	1635 年：邮政服务将伦敦和爱丁堡连接起来。 1637 年：笛卡尔在《谈谈方法》中写道："我思故我在。" 1642—1649 年：英国内战在以克伦威尔（Oliver Cromwell）为首的议会派武装支持者和查理一世的支持者之间爆发，冲突以国王被处决而告终。
	1642—1674 年：克洛多娃（Krotoa），或者称伊娃，是一位科伊部落女性，她为荷兰人做翻译。她的经历体现了南非新兴社会的复杂性。
1637 年：中国科技百科全书《天工开物》出版。 1644 年：中国人开始采用由耶稣会传教士引进的西方历法	

一位来华的德国耶稣会传教士

爱尔兰入侵

12 世纪时，爱尔兰被诺曼人征服了。从那时起，土地和权力从本土的盖尔人领主手中逐渐转移到外国领主手里，这加剧了冲突，并一直影响到如今的爱尔兰事务。为了用听命于国王的世袭男爵制取代古老的选举宗族首领的制度，诺曼人在金雀花王朝时期创造了伯爵，从而将盖尔人的人口与政治事务分离开来。后来，都铎王朝开始实行种植园制度——将爱尔兰的土地授予英国地主，让他们按照英国的方式开发和管理爱尔兰的土地。

当英国教会从罗马分离时，进一步的分裂出现了。天主教反宗教改革运动鼓励爱尔兰神职人员传播对英国人的敌意。1601 年，教皇支持西班牙入侵爱尔兰，英国以巨大的代价打败了西班牙。皇室对英国地主的优待导致北部阿尔斯特省的天主教徒选择移民出走；许多长老会苏格兰人作为租户搬到了那里。民众的不满情绪在 1641 年的血腥起义中爆发，成千上万的殖民者被杀。

英国内战期间，议会派和保皇派军队的入侵给爱尔兰带来了创伤。获胜的克伦威尔的士兵在那里获得了土地，并迫害天主教徒。1660 年以后，天主教徒被禁止居住在城镇，所有市政权力转移到新教徒手中，天主教徒的土地仅占爱尔兰土地的 22%。

到了 18 世纪初期，《忠诚宣誓法》（Test Act）禁止天主教徒担任政府职务，英国议会上院成为处理爱尔兰法律事务的最高法院，爱尔兰天主教徒只拥有祖国 14% 的土地。官僚机构推行了无情的种族灭绝政策，剥夺了爱尔兰人的政治和经济资源，这些不满情绪很快被美国和法国的革命所激化。

1650—1670 年

	政治与权力	地理与环境	文化与宗教
美洲	1651—1652 年：在北美洲，荷兰人煽动莫霍克人攻击瑞典人的盟友萨族人。 1663 年：英国国王查理二世为卡罗来纳殖民者颁发特许状。 1664 年：英国吞并了新尼德兰，并改名为纽约。	1650 年左右：靛蓝成为墨西哥和中美洲最重要的出口商品之一。	1657 年：新尼德兰（后来的纽约）的犹太人被授予市民（即英国公民）的权利，但他们仍不能在公共场合礼拜。 1661 年：约翰·艾略特（John Eliot）把《圣经》译为阿尔冈琴语。 17 世纪 70 年代：传教士开始失去对普韦布洛人的控制。前者无法再保护后者免受阿帕切人的袭击、经常性的干旱与流行病，而传教士对普韦布洛妇女的性剥削也助长了当地人的不满情绪。
欧洲	1653 年：1651 年英国的《航海条例》（The English Navigation Act）限制对外贸易后，英荷两国有过几次零星的战斗。 1653 年：奥利弗·克伦威尔成为英格兰共和国的护国主，他把英格兰划分成由军事将领统治的军区。 1661 年：路易十四（Louis XIV）亲政。		1651 年：英国哲学家托马斯·霍布斯（Thomas Hobbes）出版了为君主制度和政治专制主义辩护的《利维坦》（Leviathan）。 1656 年：英国剧作家威廉·达文南特（William Davenant）在伦敦筹划了第一部歌剧。 1660 年：女演员首次出现在英格兰舞台上。德国戏剧公司在之后不久也开始效仿引入女演员的做法。 1660 年：伦敦的塞缪尔·佩皮斯（Samuel Pepys）开始写作他著名的日记。
中东 & 非洲	1650 年：威尼斯人封锁了达达尼尔海峡。 1654 年：奥斯曼帝国宰相穆罕默德·柯普鲁律（Mehmed Kopruli）率军打破了威尼斯的封锁。 1656—1702 年：身为宰相的柯普鲁律家族改革了奥斯曼帝国。 1659 年：在争夺南部非洲领土的战斗中，荷兰人击败了霍肯人。 1665 年：葡萄牙人赢得姆布维拉战役后，刚果不再是一个统一的王国。	1652 年：荷兰东印度公司在好望角附近建立了居民点。 1664 年：荷兰人允许农民在好望角耕种。	1650 年：穆斯林开始在西非与富拉尼人共同生活。 1665 年：加沙的内森（Nathan）宣称沙巴蒂·萨维（Chabbetai Zevi）是犹太人的弥赛亚，吸引了许多犹太人、基督徒和穆斯林追随者。因煽动叛乱被捕后，萨维和他的许多门徒都皈依了伊斯兰教，在土耳其形成了顿姆（Donme）教派。 17 世纪 70 年代：富拉尼人对西非的非穆斯林邻国发动了战争。
亚洲 & 大洋洲	1656 年：荷兰人从葡萄牙人手中夺走了科伦坡（锡兰）。 1661 年：康熙皇帝登基，他统治的 61 年是一个繁荣稳定的时期。 1661 年：清朝命令中国沿海的居民撤离，以应对海盗的侵袭。这条法令将持续二十多年。	17 世纪 60 年代：莫卧儿帝国在印度次大陆的权势达到了顶峰。 1668 年：英国东印度公司控制了孟买。	17 世纪：能剧剧团是由日本武士阶级官方培养的，其中的高级成员会接受能剧舞蹈和吟唱的训练。 1650 年：耶稣会传教士汤若望（Adam Schall von Bell）得到清朝顺治皇帝的许可，扩建了原利玛窦所建小礼拜堂，建成北京城内的第一座大教堂（南堂）。

链接

犹太侨民

随着罗马帝国的衰落和伊斯兰教在中东的崛起，犹太人分散了：一部分人向西迁移到伊比利亚半岛，另一部分向北进入德国和东欧。在中世纪，犹太人通过学习相同的教义，即《妥拉》（希伯来《圣经》）和《塔木德》——《妥拉犹太律法》的注释，始终保持着共同的宗教文化身份。1492 年，许多塞法迪姆犹太人从伊比利亚被驱逐出境，移民到英国和荷兰，并在美洲建立了第一批犹太社区。后来，成千上万的阿什肯纳齐犹太人加入了他们，以逃离东欧屡屡发生的迫害浪潮。

科学与技术	人类与社会
1664年：康涅狄格总督、极具才华的业余科学家小约翰·温斯罗普（John Winthrop）宣称，他通过望远镜看到了木星的第五颗卫星。	1650年：在巴西，葡萄牙耶稣会士安东尼奥·维埃拉（Antonio Vieira）以其著作和布道而闻名。 1655年：霍皮族印第安人胡安·库纳被指控崇拜偶像，被一名西班牙牧师烧死。 1665年：迦勒·奇沙托穆克（Caleb Cheeshahteaumuck）在哈佛大学取得文学学士学位，他是第一位印第安人大学毕业生。
1651年：意大利天文学家乔瓦尼·利奇奥里发表了一幅月面图。 1654年：法国数学家布莱斯·帕斯卡与皮耶·德·费马提出了概率论。 1656年：荷兰科学家克里斯蒂安·惠更斯发现了土星光环。 1662年：英格兰国王查理二世特许伦敦皇家学会推广科学。 1662年：英国化学家罗伯特·波义耳发表了一篇描述气体压力和体积之间关系的论文，这就是所谓的波义耳定律。	1662年：牛津大学天文学教授克里斯托弗·雷恩（Christopher Wren）设计了他的第一座建筑。 1665年：让－巴蒂斯特·科尔贝尔（Jean-baptiste Colbert）成为法国国王路易十四的财政大臣。他推行的经济改革促使法国成为欧洲的主导力量。 1667年：玛格丽特·卡文迪什（Margaret Cavendish）在伦敦皇家学会发表讲话，但她的想法遭到了其他会员的轻视。直到20世纪中叶，才有女性成为会员。
康熙皇帝朝服画像	17世纪50年代：荷兰开普殖民地的奴隶制一直持续到19世纪30年代。荷兰人从西非、莫桑比克、马达加斯加、印尼和印度获得了奴隶。 1652年：奥斯曼帝国宰相塔洪库·艾哈迈德·帕夏（Tarhoncu Ahmed Pasha）是第一个在该财政年度之前准备预算的人。 1652年：阿曼苏丹国干预东非的政治和贸易，应当地首领的要求驱逐了葡萄牙殖民者。
	1661年：清朝的康熙皇帝对科学、音乐和诗歌很感兴趣，并支持学术研究。他的统治将持续到1722年。 1662年：驱逐荷兰殖民者，收复台湾的郑成功在中国台湾岛去世。

上图 牛顿发现，白光是由七种颜色的光混合而成

艾萨克·牛顿先生

1642年，艾萨克·牛顿出生于英格兰林肯郡一个贫困的农夫家庭。

他自幼多病，家人几乎没指望他能活下去。作为一个农村孩子，他并不擅长做农活儿。在祖母的抚养与老师和叔叔的鼓励下，他考进了剑桥大学，比大多数学生要晚一年。直到1665年，大学因瘟疫而关闭时，牛顿的奇迹之年才真正开始。在大约一年的时间里，23岁的他发现了将永远改变科学的定律。

牛顿寻求自然界运行的精确数学原理。他研究了物体对力的反应，并提出了后来成为力学基础的基本运动定律。他不仅阐述了万有引力定律，还开发了一种新的数学方法，即微积分。

牛顿以惊人的方式，为那些控制着宇宙现象的精确物理、数学定律提供了可验证的预测。牛顿创立的科学方法，为我们的科学发展提供了思想动力。

莫卧儿帝国的辉煌

从 15 世纪初到 18 世纪中期，莫卧儿帝国的皇帝们统治的地区从阿富汗的喀布尔扩展到如今的巴基斯坦和孟加拉国，并向南穿越德干高原，到达印度西海岸的卡利卡特。虽然莫卧儿人在战争中极具侵略性，但他们与对手结盟的天赋也有助于巩固那令人称奇的多元帝国。

莫卧儿帝国以繁荣的艺术、农业、经济发展和宗教宽容而闻名。华丽的泰姬陵是沙·贾汗爱妻的陵墓，是莫卧儿文化的缩影，他将财富转化成了美。这座纪念性建筑由大理石建造而成，在不同光线的照射下，会呈现出不一样的视觉效果，其美丽与宁静令人叹为观止。没有人知道是谁设计了这座陵墓，只知道它是在 1632—1643 年建成的。中央穹顶下的陵墓有 23 层楼高，四角由四座尖塔守卫。来自波斯和中亚的工匠用半宝石、宗教铭文和奢华的花园创造出了复杂的嵌入式"花瓣"。

莫卧儿帝国的创立者巴布尔，是帖木儿也是成吉思汗的后代。印度斯坦自 1200 年以来就由穆斯林苏丹统治，据传是一块有着宝石和黄金的土地，但防守较为薄弱。1526 年，巴布尔从阿富汗出兵，用大炮攻占了德里。这位风度翩翩的领袖很快建立了一个帝国，在其继承人的统治下，这个帝国不断扩张，变得繁荣昌盛。

巴布尔的孙子阿克巴（1556—1605 年在位）是一位哲人王。他在自己的土地上建立城市，吸引了数百位建筑师、工匠、艺术家、诗人和商人。他在阿格拉附近的新首都法塔赫布尔西格里建造了伊巴达特·汗那（Ibadat Khana），作为宗教辩论的场所。阿克巴本人也经常组织印度教徒、穆斯林、耆那教徒、犹太教徒和基督徒讨论他们的信仰。为了促进跨文化理解，他委托专人将印度教史诗翻译成波斯语。他的私人图书馆藏有 2.4 万卷图书，那些文学、哲学和历史学的经典著作会由专人大声朗读给他听。受雇的画家跟随着他的队伍，记录下他的事迹。为了获得勇猛的拉吉普特军阀的支持，阿克巴娶了拉杰普特公主，尊重她们的印度教信仰，并在宫廷中为她们的亲属安排了职位。他让印度教徒加入官僚队伍，废除了对非穆斯林和朝圣者额外征收的税赋。

阿克巴的儿子贾汗吉尔（1605—1627 年在位）对艺术充满热情，把欧洲和中国的珍宝带到了印度。贾汗吉尔在克什米尔修建了沙利马尔和尼沙特欢喜花园，溪流在穿孔的大理石屏风上潺潺流过，奏出叮叮当当的水上音乐。贾汗吉尔的儿子沙·贾汗继承了王位；而沙·贾汗的三儿子奥朗则布在激烈的皇位继承战争中击败了三个兄弟，并囚禁了沙·贾汗，成为莫卧儿帝国皇帝。

奥朗则布是一位严格而教条的君主，他舍弃了宗教宽容国策，激化了国内矛盾，导致了帝国的分裂。波斯人从北方入侵，拉杰普特联盟破裂。18 世纪中叶，欧洲军队统治了印度。

右图 印度阿格拉，日出时的光影描摹着泰姬陵的轮廓

第 5 章　彼此交融的世界　237

1670—1690 年

	政治与权力	地理与环境	文化与宗教
美洲	1675—1676 年：印第安人反抗英国北美殖民地严酷统治的菲利普国王之战爆发，菲利普最终被杀死。 1677 年：英国人签署了一项条约，保证弗吉尼亚的帕蒙基和马塔波尼部落享有自治权。这项条约在之后的 300 年中一直被遵守。 1680 年：宗教领袖波佩领导了一场将西班牙人赶出新墨西哥定居点的普韦布洛起义。	陶斯普韦布洛（Taos Pueblo），1680 年反西班牙起义的中心	17 世纪 80 年代：耶稣会传教士到达北美西南部。 1688 年：阿尔冈琴部落与法国人联手对抗英国人和易洛魁人，这场战争后来被称为威廉王战争，是欧洲大同盟战争的延伸。
欧洲	1674 年：约翰三世在战胜土耳其人和哥萨克人后成为波兰国王。 1675—1679 年：勃兰登堡选帝侯腓特烈·威廉在德国与瑞典人作战。 1685 年：英国国王查理二世去世，同情天主教的詹姆斯二世继任。 1688 年：在光荣革命中，詹姆斯二世被废黜，取而代之的是他信仰新教的女儿玛丽和她的荷兰丈夫奥兰治的威廉王子。	1679 年：巴黎出版最早的航海年鉴。	17 世纪 70 年代：建筑师克里斯托弗·雷恩最为活跃的时期开始了。他设计了 50 多座伦敦教堂和许多其他建筑，包括圣保罗教堂、基督教堂、剑桥三一学院和伦敦切尔西医院。 17 世纪 70 年代：剧作家阿芙拉·贝恩（Aphra Behn）是第一位以写作为生的英国女性。 1678 年：英国作家约翰·班扬（John Bunyan）是一位清教徒，他出版了《天路历程》（The Pilgrim's Progress）的第一卷。第二卷出版于 1684 年。
中东 & 非洲	1673—1677 年：荷兰人和霍肯人第二次开战。经过谈判，霍肯人同意与荷兰人合作。 1680—1690 年：阿散蒂部落在西非黄金海岸统一起来。 1683 年：奥斯曼人对维也纳的最后一次围攻依然毫无结果。在一场持续到 1699 年的战争中，他们失去了大片的欧洲领土。	1671—1672 年：奥斯曼帝国官员艾弗利亚·切莱比（Eliya Chelebi）的《旅行札记》（Travels）详细记录了他在整个奥斯曼帝国旅行时考察和听闻的地理、建筑、人物和传说。 1688 年：法国胡格诺派教徒来到非洲南端的开普殖民地定居。	1684—1686 年：埃塞俄比亚皇帝伊亚苏一世（Iyasu I）安排会议，以调和相互对立的基督教宗教势力。
亚洲 & 大洋洲	1673 年：中国南方的一些省份脱离清政府的控制，三藩之乱爆发。 1683 年：清政府统一台湾，巩固了其统治。 1689 年：《尼布楚条约》（The Treaty of Nerchinsk）规定了清朝与沙俄的边界和贸易权。这是中国与欧洲大国之间的第一个外交协定。	1674 年：法国人在印度的本地治里建立了一个贸易站。 1685 年：中国重新对欧洲商人开放港口。	1680 年：日本俳句大师松尾芭蕉创作了他的第一首俳句，这也确立了他标志性的 17 音节格式。 1682 年：井原西鹤创作了《好色一代男》，这是大阪和其他城市中心产生的"浮世绘"文学的代表。16 世纪 80 年代，木版画艺术首次展现了"浮世绘"。

科学与技术	人类与社会
1670年左右：新西班牙的白银生产开始领先于秘鲁。 **1673年**：波士顿邮路连接起北美洲东海岸波士顿和纽约市之间的居民点。 **1686年**：水稻首次在南卡罗来纳沿海地区种植。	**1680年左右**：疾病使普韦布洛人从60000人减少到17000人。 **17世纪80年代**：墨西哥的胡安娜·克鲁斯女士正处于她才智的高峰。作为一个学识渊博的人，她与大学教授辩论、写诗、作曲，最终因挑战教会权威而被送进了修道院。 **1688年左右**：天花首次袭击了关岛，导致当地的查莫罗人大量死亡。
1675年：格林尼治天文台建于伦敦郊外。 **1675年**：莱布尼茨完成一套完整的微分学。 **1679年**：法国工程师丹尼斯·帕潘（Denis Papin）发明了一种高压蒸汽炊锅，即蒸汽机的前身。 **1687年**：艾萨克·牛顿出版《自然哲学的数学原理》（*Philosophae Naturalis Principia Mathematica*），用数学来描述地球的形状、潮汐以及天体的运动。	**17世纪70年代**：公共咖啡馆在法国和德国开业。 **1673年**：《宣誓法案》禁止天主教徒在英国政府任职。 **1685年**：路易十四废除《南特赦令》，成千上万的胡格诺派教徒离开法国。 **1687年**：威尼斯人对占领雅典的奥斯曼土耳其人的炮击摧毁了雅典的帕特农神庙。
1681年左右：波斯药剂师穆扎法尔·伊本·穆罕默德·侯赛尼·西法（Muzzafar ibn Muhammad al-Husayni Shifa'i）的医学著作被翻译成拉丁文，在巴黎以《波斯药典》（*Pharmacopoea Persica*）之名出版。	**17世纪70年代**：阿散蒂人奥塞·图图（Osei Tutu）用战争打出了一条权力之路。他被立为阿散蒂人民的国王（Asantehene），并建立了阿散蒂王国。

下图 传统的阿散蒂王国旗帜上画着金色的凳子，象征统治者的王位和阿散蒂人的团结

阿散蒂联邦

17世纪末，阿散蒂王子奥塞·图图本在强大的登基拉国王的宫廷中做人质，后来成功逃脱出来。他逃到了阿克瓦姆，一个与登基拉联盟地位平等的王国。在那里，他计划将阿散蒂的小定居点联合起来，并组建了一支强有力的军队来抵抗登基拉的统治。

当奥塞·图图回到位于库马西的王宫时，他也带回了阿克瓦姆的顾问、大祭司奥库姆福·阿诺基。根据传说，阿诺基收到了一份神奇的礼物——一只金凳子。大祭司宣布，这只金凳子乘着云从天上降下来，落在奥塞·图图的膝上，使他的统治具有了神圣的意义。阿诺基认为，金凳子不仅仅是王权的象征，也是阿散蒂精神的化身。

奥塞·图图和阿诺基懂得使用这些符号，也懂得战争的艺术。库马西军队以行军的蚂蚁为榜样，野蛮攻势和出其不意是他们的招牌战术。奥塞·图图从欧洲商人那里购买枪支，在17世纪晚期，他的军队打败了经验不足的登基拉的新统治者。奥塞·图图的军队从战争和奴隶贸易中获得了战利品，其中包括大量的黄金。

凭借用黄金购买的武器装备，阿散蒂占领了西非黄金海岸（即现在的加纳），奥塞·图图成为阿散蒂人民的国王（Asantehene），并为他的民族联盟制定了宪法。阿散蒂人普遍认为他就是帝国的传奇创始人。他的中央集权国家和对其边界内各个群体的艺术传统的支持，有助于形成一种有凝聚力的加纳身份认同。直至今日，金凳子仍然是阿散蒂精神的象征，在现代加纳国家受到阿散蒂王的保护。

1690—1710 年

	政治与权力	地理与环境	文化与宗教
美洲	1700 年：在北美西南部的阿瓦托维屠杀中，保持民族传统的霍皮人杀害了西班牙传教士和皈依基督教的霍皮人。 1702 年：英国人、法国人和他们各自的印第安人盟友开始加入安妮女王之战。这场冲突一直持续到 1713 年。	1699 年：法国人皮埃尔·伊贝维尔（Pierre Le Moyne D'iberville）在密西西比湾沿岸建立了莫勒帕斯堡，靠近如今的比洛克西。 18 世纪：在西属美洲，由印第安人、西班牙人、非洲人和混血儿组成的多样化和混合型人口不断增长。 1702 年：法国人在今亚拉巴马州探险并定居。	1692 年：马萨诸塞塞勒姆的女巫审判将 19 名被指控"与撒旦交易"的人定罪并处死。1697 年，塞缪尔·休厄尔法官否定了这场审判的结果。 1701 年：耶鲁大学的前身联合学校在今康涅狄格州的赛布鲁克建立。 1701—1703 年左右：多明我会神甫弗朗西斯科·西米内斯（Francisco Ximénez）将玛雅人诞生的故事《波波尔·乌》从基切文翻译为西班牙语。
欧洲	1690 年：英格兰威廉三世入侵爱尔兰，平息了詹姆斯二世支持者的叛乱。 1696 年：彼得大帝拒绝与他的兄弟分享权力，成为俄国唯一的沙皇。 1700 年：费利佩五世成为西班牙国王。 1701 年：勃兰登堡选帝侯腓特烈三世加冕为普鲁士国王腓特烈一世。 1707 年：根据联合法案，英格兰和苏格兰两国将联合起来组成大不列颠王国。	1697 年：英国海盗威廉·丹皮尔（William Dampier）出版了关于他环球航行经历的《新环球航海记》（A New Voyage Round the World）。 1703 年：彼得大帝开始在涅瓦河口兴建圣彼得堡。1712 年，圣彼得堡成为俄国的首都。	1699 年：彼得大帝颁布法令，俄国将把 1 月 1 日（而非 9 月 1 日）作为新年的开始。这是他推动俄国西化和近代化计划的一部分。 1708 年：约翰·塞巴斯蒂安·巴赫创作了著名的宗教康塔塔作品《基督躺在死亡的枷锁中》。他的创作生涯一直持续至 18 世纪 40 年代后期。 1709 年：意大利大键琴制作师巴托罗密欧·克里斯托弗里（Bartolomeo Cristofori）发明了钢琴。
中东 & 非洲	1699 年：阿曼控制着东非海岸的大部分地区。 1700 年：奥约帝国在如今的尼日利亚西南部繁荣发展。	1694—1696 年：干旱、饥荒和瘟疫袭击了埃及，开罗的暴乱分子抢劫了粮仓。	1699 年：《卡洛维茨条约》（The Treaty of Carlowitz）从奥斯曼帝国手中夺走了穆斯林聚居的领土，这大大降低了奥斯曼帝国在中东欧的影响力。 1706 年：多尼亚·比特里斯（Doña Beatriz）是刚果圣安当会的领袖，因异端罪名被捕。她被判有罪并被烧死，被称为"刚果的圣女贞德"。
亚洲 & 大洋洲	1696 年：俄国人入侵并征服了堪察加半岛。	1699—1700 年：英国人威廉·丹皮尔乘船前往澳大利亚西北部和新几内亚。 1707 年：日本东京附近的富士山喷发。	1700 年：在大阪和其他城市中心，元禄时代的流行文化蓬勃发展。 1700 年：据估计，当时的中国有大约 19.6 万名基督徒。

科学与技术	人类与社会
1690 年：一家造纸厂在宾夕法尼亚建成。 **1700 年左右**：耶稣会牧师路易·尼古拉（Louis Nicholas）撰写了《新大陆图鉴》（Codex Canadensis），这是一本关于新大陆动植物和居民的插图手抄本。 **1702 年**：为了筹集资金来参与安妮女王之战，马萨诸塞湾殖民地开始发行纸币。其他新英格兰殖民地也很快效仿。	**1699—1700 年**：天花和黄热病折磨着卡罗来纳州的印第安人；许多幸存者向西迁移。当老人们都去世后，人们就很难再了解过往的仪式、礼节和传统了。 **1704 年**：《波士顿新闻信》（The Boston News-lctter）开始出版。 **1707 年**：在南卡罗来纳州，亨利埃塔·迪林·约翰斯顿（Henrietta Deering Johnston）开始绘制人物和场景的粉彩画像。
1702 年：德国许多城市出现了各种样式的路灯。 **1704 年**：艾萨克·牛顿出版《光学》（Opticks）。 **1705 年**：英国天文学家埃德蒙·哈雷（Edmund Halley）预测，1682 年引起世人恐慌的一颗彗星将于 1758 年回归。他没能活着看到自己的预言被证实，不过这颗彗星是以他的名字命名的。	**1696 年**：艾萨克·牛顿在货币改革后被任命为英国铸币厂总监。他于 1705 年被封为爵士。 **1697—1698 年**：彼得大帝隐姓埋名游历普鲁士、荷兰、英国和瑞典，观察欧洲人的生活。 **18 世纪**：新闻期刊与评论期刊在整个欧洲都越来越受欢迎。
哈雷彗星每 76 年回归一次	**1703 年**：商人和艺术家参与了近卫军在君士坦丁堡发动的一场叛乱，推翻了放弃首都的奥斯曼帝国苏丹穆斯塔法二世（Mustafa II）的统治。 **1709 年**："西伯利亚流放制度"开始执行，大批的俄国人被流放到偏远地区。

塞勒姆的女巫审判

17 世纪末，随着欧洲女巫审判的逐渐平息，新大陆的猎巫热才刚刚开始。1692 年，在清教的马萨诸塞湾殖民地，有关巫术的传言开始在波士顿北部塞勒姆村的富裕农民中间流传。对遗产、生活方式和教会事务的争吵，对 113 千米外的边境战争的焦虑，以及青年们的百无聊赖，都可能导致人们对巫术产生歇斯底里的反应。

1692 年 1 月，几个年轻女孩开始在公共场合抽搐，尖叫着说她们正被女巫折磨。她们指控了三名妇女，其中包括牧师的奴隶提图芭（Tituba）。一个由地方法官召集的法庭进行了调查，与此同时，"着魔"女孩一个接一个地出现，被指控的人数也成倍增加。同年 5 月，总督菲普斯（Phips）任命了一个新的法庭来接手这些案件，其中包括著名的猎巫者威廉·斯托顿（William Stoughton）和科顿·马瑟（Cotton Mather）。

被告没有法律顾问，而道听途说、闲言碎语和臆测都能被当作证据。在数百名被控施巫术的人中，有一名持怀疑态度的酒馆老板、一名与邻居争吵的老年妇女、一名前塞勒姆教会牧师和一个 4 岁的孩子。到 1692 年 10 月为止，已有 19 人被判有罪并被绞死，一人被压死，还有几个人在监狱里死亡，两条狗作为同谋亦被处死。

1693 年，其余被告被赦免。法官们对他们在审判中所扮演的角色感到遗憾；陪审员承认他们犯了错误，塞勒姆的牧师们纷纷忏悔。1706 年，受"折磨"的女孩之一安·普特南（Ann Putnam）承认，她的指控实际上是错误的。

1710—1730 年

	政治与权力	地理与环境	文化与宗教
美洲	1710 年：英国军队入侵加拿大的阿卡迪亚，从法国人手中夺走了皇家港口。 1710 年：三个莫霍克人和一个莫西干人前往英国，请求安妮女王援助他们抗敌。 1715—1716 年：在南卡罗来纳，英国殖民者和当地印第安人（主要是雅马西人）之间的雅马西战争使得印第安人丧失了对该地区的控制权。 1722 年：北卡罗来纳的定居者袭击了塔斯卡罗拉人。塔斯卡罗拉部落残余势力向北迁移，加入易洛魁联盟。	1713 年：《乌得勒支和约》（The Peace of Utrecht）把纽芬兰和其他法国殖民地割让给了英国。英国拥有将非洲奴隶带到西班牙殖民地的专有权。 1718 年：法国探险家让·比恩维尔建立了新奥尔良。 1723 年：在与法国争夺佛罗里达彭萨科拉湾控制权的三年后，西班牙人建造了一座名为圣罗莎的要塞。	1711 年：葡萄牙国王约翰五世下令禁止在巴西米纳斯吉拉斯金矿区举行任何宗教仪式。 1716 年：英国殖民地的第一家剧院在弗吉尼亚的威廉斯堡开业，七年后关张。 1718 年：方济各会修建的阿拉莫教堂在得克萨斯圣安东尼奥建成。 1724 年：科珀斯·克里斯蒂修道院是墨西哥第一座土著妇女修道院。
欧洲	1711 年：英国殖民投资计划中的南海公司开始运营，但在 1720 年因欺诈而破产，投资者倾家荡产。 1715 年：路易十五（Louis XV）成为法国国王。 1715 年：被废黜的詹姆斯二世之子詹姆斯·爱德华（老僭王）进入苏格兰，试图夺回英国王位，但以失败告终。		1710 年：德国理性主义哲学家莱布尼茨出版了《神义论》（Theodicy）。 1717 年：英国联合总会在伦敦成立。共济会开始在欧洲和北美扩展。 1726 年：英国作家乔纳森·斯威夫特（Jonathan Swift）出版《格列佛游记》（Gulliver's Travels）。 1728 年：西班牙宗教裁判所压制了共济会在马德里的分会。
中东 & 非洲	1722 年：以马哈茂德（Mahmud）为首的吉尔扎伊阿富汗人入侵波斯并围攻伊斯法罕，这座城市从此一蹶不振。 1724—1727 年：阿波美国王阿加亚（Agaja）征服了西非的阿拉达和维达（今贝宁南部）。他将王国的名字改为达荷美。 1729 年：葡萄牙人被永久驱逐出东非的蒙巴萨（如今的肯尼亚）。		1718—1730 年：奥斯曼帝国进入了"郁金香时代"，人们开始尝试接纳欧洲的礼仪、品位和时尚。
亚洲 & 大洋洲	18 世纪 20 年代：在幕府将军德川吉宗的领导下，日本实行了涉及经济、社会和政治的享保改革。 1723 年：雍正皇帝加强了清朝的中央集权。他废除了贱籍制度。	18 世纪二三十年代：印度斋浦尔城按棋盘方格式规划建设。 1722 年：荷兰探险家雅各布·罗格芬（Jacob Roggeveen）发现了复活节岛。	1724 年：中国皇帝颁布诏书，下令禁止传习基督教。基督教传教士被驱逐出境。 1725 年：石田梅岩在日本创立"心学"，这是一种融合日本神道教、中国道教、佛教和儒学的哲学体系。 1726 年：雍正皇帝下令排印《古今图书集成》。它有超过 75 万页的篇幅，编者试图以其总结中国历代文化遗产。

那时的生活

奴隶贸易

在非洲和美洲奴隶贸易的鼎盛时期，中非和西非的大多数人生活在小村庄里，通常是以大家庭的形式生活。男性通常是家庭的主人，但继承权可能取决于女性。在森林边缘，人们刀耕火种，种植着谷物、山药和各种品类的香蕉；人们也进行有关铁、铜、盐和贝壳的贸易。在那里，疾病很难得到根治，因此人口增长缓慢。奴隶贩子把健康的男人、女人和孩子拐走，这破坏了经济和社会习俗。只有病人和老人留下的社区陷入了混乱，再也难以恢复。

科学与技术	人类与社会
1715—1716 年：宾夕法尼亚的西比拉·马斯特斯发明了一种玉米碾磨机和一种编织帽子的工艺。 **18 世纪 20 年代**：普林西比奥公司在弗吉尼亚建造了阿科基克熔炉，并向英国出口铁。 **1724 年**：路易斯安那的密西西比河沿岸修建了第一批堤坝，以抵御破坏性的洪水。 **1728 年**：约翰·巴特拉姆在费城购买了 4000 多平方米的土地开办了一家植物园，并开始为他庞大的北美植物收藏采集标本。	**1715 年左右**：巴西米纳斯吉拉斯的金矿区有 3 万名奴隶劳工。 **1718 年**：欧洲人把长曲棍球描述为"渥太华人和底特律的波塔瓦托米人玩的游戏"。 **18 世纪 20 年代**：流行病导致秘鲁的人口骤减。
1710 年：雅各布·克里斯托夫·勒布隆（Jakob Christof Le Blon）是一位德国雕刻师，研制出一种三色印刷工艺。 **1721 年**：黑死病最后一次在欧洲暴发。 **1721 年**：在观察到奥斯曼土耳其人使用种痘预防天花后，玛丽·沃特利·蒙塔古（Mary Wortley Montague）夫人鼓励英国人也接种天花疫苗。 **1725 年**：俄国沙皇叶卡捷琳娜一世创办了圣彼得堡科学院。 **1728 年**：一部关于牙科医学的著作在法国出版。	**1710 年**：伦敦和北美新英格兰之间开始提供定期邮递服务。 **1719 年**：丹尼尔·笛福（Daniel Defoe）匿名出版了他最伟大的小说《鲁滨孙漂流记》。1722 年，又出版《莫尔·佛兰德斯》(*Moll Flanders*)。 **18 世纪 20 年代**：流亡英国的法国哲学家伏尔泰深受英国思想和科学研究的影响。 **1727 年**：英格兰公谊会（贵格会）主张废除奴隶制。
1729 年：奥斯曼帝国外交官兼印刷师易卜拉欣·穆特费里卡（Ibrahim Muteferrika）出版了一部描述欧洲政府、军事组织和地理的作品。他也曾印制地图。	**1713 年**：一艘荷兰船只带来了天花，它迅速席卷了整个开普殖民地，白人和非洲人都将因此殒命。 **1721 年**：奥斯曼帝国苏丹艾哈迈德二世（Ahmed II）向西方文化敞开了帝国的大门。
18 世纪 20 年代：王公萨瓦伊·贾伊·辛格二世（Sawai Jai Singh II）开始在印度斋浦尔建造简塔·曼塔尔天文台。	**1720 年**：德川幕府解除了对外国书籍的禁令，荷兰人开始进入日本。 **1724 年**：怀德堂是一所面向青年商人的学校，于日本大阪成立。 **1729 年**：雍正皇帝禁止在中国贩卖和吸食鸦片。

右图 印度的种姓制度往往决定人的职业，比如洗衣女就出身于洗衣工家庭

种姓制度

古时候，浅肤色的雅利安入侵者将种姓制度引入印度，将其作为在印度次大陆的黑肤色土著中建立社会秩序的一种方式。这种制度中的形式被沿用至今，在尼泊尔、斯里兰卡、巴基斯坦和孟加拉国都有不同的体现。种姓是世袭的，一个人出生时，也就与世界建立了一种特殊的关系。种姓也与宗教的纯度有关：祭司便出身于最高种姓。虽然种姓制度植根于婆罗门教，但在亚洲的伊斯兰教、锡克教、基督教和佛教传统中也有其踪影。

种姓决定了人们的社会行为。一个人必须和与自己同一种姓的人结婚，吃特定的食物，仅和种姓相同的人住在一起，并在工作中承担特定的义务。最初的四个种姓被称为"瓦尔纳"，这个词的意思是"颜色"；四个种姓分别是婆罗门，即祭司；刹帝利，即国王、贵族和战士；吠舍，即商人和农民；还有首陀罗，即农民和劳工。在所有这些人之下，是那些做着最卑贱和宗教上不洁的工作的人，比如收垃圾、扫地和打扫厕所，即所谓的"贱民"。在这些群体中，有许多特殊的职位和等级，因此，一个低种姓的人即使是当地的重要人物或是有影响力的人，也必须对高种姓的人毕恭毕敬。

1730—1750 年

	政治与权力	地理与环境	文化与宗教
美洲	**1732 年**：英王乔治二世向詹姆斯·奥格尔索普授予在卡罗来纳南部建立殖民地的特许状，后者以国王的名字将殖民地命名为佐治亚。 **1737 年**：在一场名为"量步购地"的土地诈骗案中，宾夕法尼亚当局从特拉华印第安部落夺取了约 3100 平方千米的土地，他们声称这片土地是在 1686 年签订的一份已遗失的条约中割让的。 **1736—1737 年**：英国出兵保卫佐治亚免受西班牙的袭击。	**1742—1743 年**：法国人向西探索，穿过今南达科他州。 **1748—1749 年**：法国人和英国人争夺俄亥俄河谷的控制权。俄亥俄公司的建立是为了确保英国人对河谷的控制，而皮埃尔布兰维尔则率领一支探险队沿着俄亥俄河顺流而下，将河谷划归法国。	**18 世纪 30 年代**：大觉醒大运动席卷了北美的英属殖民地。在这个宗教狂热的时期，游行传道人强调个人与上帝的关系是最重要的，并质疑官方教会的权威。 **18 世纪三四十年代**：波士顿的约翰·斯密伯特（John Smibert）和查尔斯顿的耶里米·修士（Jeremiah Theus）的作品使肖像画繁荣起来。 **1740 年**：摩拉维亚教徒在宾夕法尼亚的拿撒勒和伯利恒建立了定居点，后来又在北卡罗来纳建立了定居点。
欧洲	**1730—1743 年**：俄国和波斯对奥斯曼土耳其人发动战争。 **1740 年**：普鲁士的腓特烈·威廉一世去世，他的儿子腓特烈二世（腓特烈大帝）继位。 **1740 年**：神圣罗马帝国皇帝查理六世去世，女儿玛丽亚·特蕾莎（Maria Theresa）继承了王位，她在外交方面享有盛誉。 **1745 年**："小僭王"查尔斯·爱德华是被废黜的英王詹姆斯二世的孙子。他进入苏格兰试图夺回英国王位，但最终被击败。		**18 世纪 30 年代**：弗朗索瓦·布歇（François Boucher）、让-巴蒂斯·西蒙·夏尔丹（Jean-Baptiste-Siméon Chardin）、威廉·霍加斯和卡纳莱托（乔瓦尼·安东尼奥·卡纳尔）都在埋头创作。 **1734 年**：乔治·赛尔（George Sale）将《古兰经》译成英文。 **1734 年**：瑞典科学家伊曼纽尔·斯韦登堡（Emanuel Swedenborg）以哲学家和神秘主义者的身份撰写了许多关于自然世界的文章，收获了大批追随者。 **1738 年**：教皇克莱门特十二世（Clement XII）颁布反共济会的法令。
中东 & 非洲	**1750 年**：达尔富尔王国（今苏丹西部）向南部和东部扩张。		**18 世纪 30 年代**：皈依伊斯兰教的法国伯爵德博内瓦尔（Comte de Bonneval）将欧洲的专业知识带到奥斯曼帝国，将炮兵部队建设得更为现代化，还建立了一所军事工程学校。
亚洲 & 大洋洲	**1739 年**：纳迪尔·沙阿统治下的波斯军队洗劫了德里。纳迪尔闯入莫卧儿帝国的宫殿，偷走了孔雀宝座和光明之山钻石。 **1746 年**：在奥地利王位继承战争期间，法国在印度的总督约瑟夫·弗朗索瓦·杜普雷占领了马德拉斯地区。 **1748 年**：阿富汗—锡克战争的起因是阿富汗国王艾哈迈德·沙阿·杜拉尼带领军队征服了如今巴基斯坦的拉合尔。	**1733 年**："大北方探险"开启。在丹麦探险家兼俄国海军军官维图斯·白令（Vitus Bering）的领导下，这次探险绘制出了西伯利亚北极海岸的大部分地图。	**18 世纪 40 年代**：木偶戏在日本的商业中心蓬勃发展。 **1748 年**：歌舞伎剧《忠臣藏》创作完成。这部作品以 1701—1703 年的忠臣藏事件为蓝本，讲述了 47 个浪人为他们的主人复仇的故事。

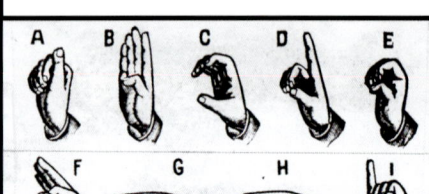

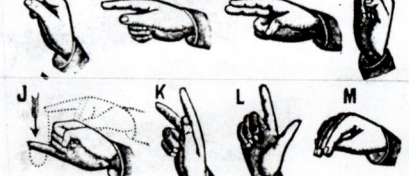

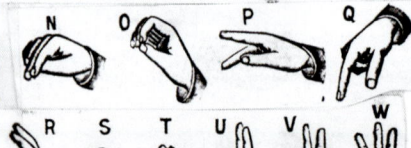

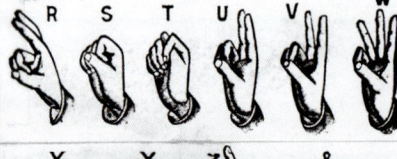

手语字母表

科学与技术	人类与社会
1730 年：北美第一座制糖厂在纽约建成。 **1738 年**：佐治亚萨凡纳的安德鲁·杜奇（Andrew Duche）生产了美国殖民地时期的第一件瓷器。比英格兰生产第一件瓷器的时间早了 6 年。 **1739 年**：卡斯帕·维斯塔（Caspar Wistar）在新泽西开办了一家玻璃厂。 **1742 年**：南卡罗来纳的伊莱扎·卢卡斯·平克尼（Eliza Lucas Pinckney）将靛蓝作为一种有用的作物来推广。 **1744 年**：本杰明·富兰克林发明了富兰克林炉。	**1733—1743 年**：库萨波纳基萨（Coosaponakeesa，女性，父亲为英国人，母亲为克里克印第安人）在佐治亚殖民地领袖詹姆斯·奥格尔索普（James Oglethorpe）与克里克人的谈判中充当翻译。 **1739 年**：委内瑞拉、哥伦比亚和厄瓜多尔的人民受到新格拉纳达总督府管辖。 **1739 年**：在史陶诺起义中，南卡罗来纳的奴隶发动起义并杀害了 20 名白人居民。
1735 年：瑞典博物学家卡尔冯·林奈出版《自然系统》。他通过将所有已知的有机体置于一个单一的分类系统中，建立了分类学的框架。 **1736 年**：法国成功完成了首例阑尾切除手术。 **1736 年**：橡胶首次从南美进口到欧洲。 **1738 年**：公元前 79 年被火山爆发掩埋的罗马城市赫库兰尼姆开始被挖掘。	**1746 年**：包括《服装法》在内的禁令都旨在削弱苏格兰的盖尔文化，瓦解其宗族制度。许多苏格兰高地人因此移居国外。 **1749 年**：西班牙人贾科布·罗德里格斯·佩雷尔（Giacobbo Rodrigues Pereire）展示了他为那些既听不见也不会说话的人开发的手语系统。
	1730 年：伊斯坦布尔的巴特罗纳·哈利尔（Patrona Halil）起义反对战争税和各阶级之间日益扩大的经济鸿沟。

那时的生活

在南非边境

1652 年，荷兰东印度公司在好望角建造了堡垒和农场，以为船只提供补给。1700 年，开普敦有了 3000 名定居者，而被称为"切克布尔人"（Trekboers）的牧民在边远地区放牧牛羊，占领了非洲土著牧民的土地。当欧洲疾病在当地人中肆虐时，长途跋涉的"切克布尔人"散布到了开普敦以北 483 千米的奥兰治河。这个边疆地区的欧洲民族过着艰苦的狩猎、放牧和贸易的粗犷生活，对土著居民和政府的限制怀有敌意。最终，崇尚父权制的荷兰加尔文主义者宣称他们在种族和宗教上更为优越，他们组织了武装民兵来保护定居点不受攻击。

18 世纪 40 年代：中国的科举考试制度受到抨击。
1747 年：耶稣会士开始为乾隆皇帝设计北京颐和园三大花园中的长春园。

印第安战争

当欧洲人和印第安人共享一片风景时，第一次友好接触与合作似乎不可避免地伴随着误解和文化冲突。欧洲的技术使征服世界成为可能，但土地所有权和印第安人对殖民法律的漠视却造成了长期的麻烦。疾病削弱了土著群体，许多人沦为南方奴隶狩猎活动的猎物；英国人在整个殖民地范围内出售印第安奴隶，一直将他们卖到加勒比地区的种植园。截至 1730 年，南卡罗来纳 1/4 的奴隶是印第安人。

在整个殖民地时期，欧洲人因贸易纠纷引发的经常性战争对四处迁徙的部落更为有利，传统的生活方式因此遭到破坏。

1675 年，英国对印第安人土地的侵占破坏了马萨诸塞定居者与万帕诺亚格人建立的良好关系。梅塔卡姆，即英国人所知的菲利普国王，领导了一场遍及新英格兰的战争，烧毁了 52 个城镇。在菲利普被杀之前，有 600 名英国人和 3000 名印第安人死亡，他的部落联盟也四分五裂。

法国、英国和荷兰当局也为殖民战争招募了印第安人盟友。毛皮贸易权、新英格兰北部和西部的土地所有权，以及对西印度群岛贸易的控制权，成为威廉国王战争（1689—1697）、安妮女王战争（1702—1713）和乔治国王战争（1744—1748）爆发的原因。休伦人和相关部落为法国而战；易洛魁联盟为英国人而战，边境定居点得到了发展。1754 年，法国人、英国人和易洛魁人都宣称对俄亥俄这个富有的地区拥有主权，从而引发法国—印第安人战争。这场战争为美国培养出了乔治·华盛顿这位独立战争的领袖。

# 第 6 章

帝国与革命

1750—1900 年

未戴头盔的西蒙·玻利瓦尔在马背上与西班牙保皇党人作战。这幅现代绘画作品,描绘了玻利瓦尔于1810年在南美洲发起的脱离西班牙殖民统治的独立战争的情形

从18世纪晚期开始，政治和技术的进步使高度工业化国家比欠发达国家具有了更大的优势。工业革命始于英国，伴随着民族主义浪潮、对人民主权的要求、对顺应人民意愿的政府的期待，席卷整个西欧。法国通过革命废除了君主制，其他一些欧洲国家则通过成立立法机构来限制王权。

在美洲，许多国家反抗欧洲殖民统治，实现了政治独立，但只有美国、加拿大和少数拉美国家成功通过工业化走向经济独立。19世纪末，拉丁美洲、非洲、亚洲和太平洋地区的大多数国家都受到了世界主要工业大国（包括美国、日本、俄国、英国、法国、德国等西欧国家）的经济影响或政治统治。这种以工业发展为基础的新帝国主义，为20世纪帝国主义列强争夺霸权和发展中国家争取独立的斗争定下了基调。

美国革命

1750年，新大陆仍旧是欧洲的殖民地。殖民列强之间的冲突表明，赢家和输家都会付出高昂的代价。1763年，法国承认在法国—印第安人战争（与欧洲七年战争有关，交战双方主要是法军和英军）中败给英国，并交出了加拿大。但是，英国为了补偿战争损失，向美洲殖民者征收新税，却不授予他们在议会中的代表权，这激怒了美洲殖民者。1775年，马萨诸塞州的反抗者与英国军队发生冲突，发动了革命。一年后，殖民地代表在费城集会，宣布独立。弗吉尼亚的托马斯·杰斐逊将人民主权作为《独立宣言》（Declaration of Independence）的基石。他写道，政府的"正当权利来自被统治者的同意"，如果政府剥夺了人民的自由和其他"不可剥夺的权利"，就应被改变或废除它。

1781年，美国指挥官乔治·华盛顿在法国军队的帮助下，于约克镇赢得了决定性的胜利。英国承认了美国独立，1789年，华盛顿成为美国第一任总统。美国宪法将许多权力留给了各州。大多数州最初限制白人男性财产所有者的投票权，奴隶制在南方各州变得根深蒂固，在北方的一些州也一直持续到19世纪中期。

美洲很快爆发了反对殖民统治的叛乱。1791年，奴隶和自由黑人在杜桑-卢维杜尔（Toussaint-Louverture）的领导下，于海地发动反抗法国统治的起义。1804年，海地宣布独立。与此同时，拿破仑·波拿巴（Napoleon Bonaparte）把路易斯安那卖给了美国，他决定集中力量在欧洲与英国和西班牙等对手抗衡。1808年，他入侵西班牙，把他的兄长推上了王位，这引发了拉美殖民者的抗议；同时这些殖民者也看到，西班牙的权威正在被削弱。

1810年，一个名叫米格尔·伊达尔戈·伊·科斯蒂利亚（Miguel Hidalgo y Costilla）的牧师领导了一场反抗西班牙当局和土地所有者的起义，开启了墨西哥独立战争。富有的墨西哥人转而反对叛军，伊达尔戈遭到处决，但斗争仍在继续。1821年，保守的将军阿古斯汀·德·伊图尔维德（Agustin de Iturbide）为墨西哥赢得独立并在次年称帝。但他很快就被迫退位了，中美洲国家脱离了墨西哥，墨西哥于1824年重组为共和国。

在南美洲，委内瑞拉的西蒙·玻利瓦尔于1810年领导了一场反抗西班牙统治的起义，并成为一个包括委内瑞拉、哥伦比亚、巴拿马和厄瓜多尔在内的国家的总统。在其他地方，阿根廷独立斗争领袖何塞·德·圣马丁（Jose de San Martin）帮助自己的国家和邻国智利从西班牙手中解放出来。随后，他率领军队进入秘鲁，

右页图 一位非洲裔美国人的背部满是伤痕。作为奴隶的他逃离了种植园，并在美国内战期间加入了联邦军队

第 6 章 帝国与革命 249

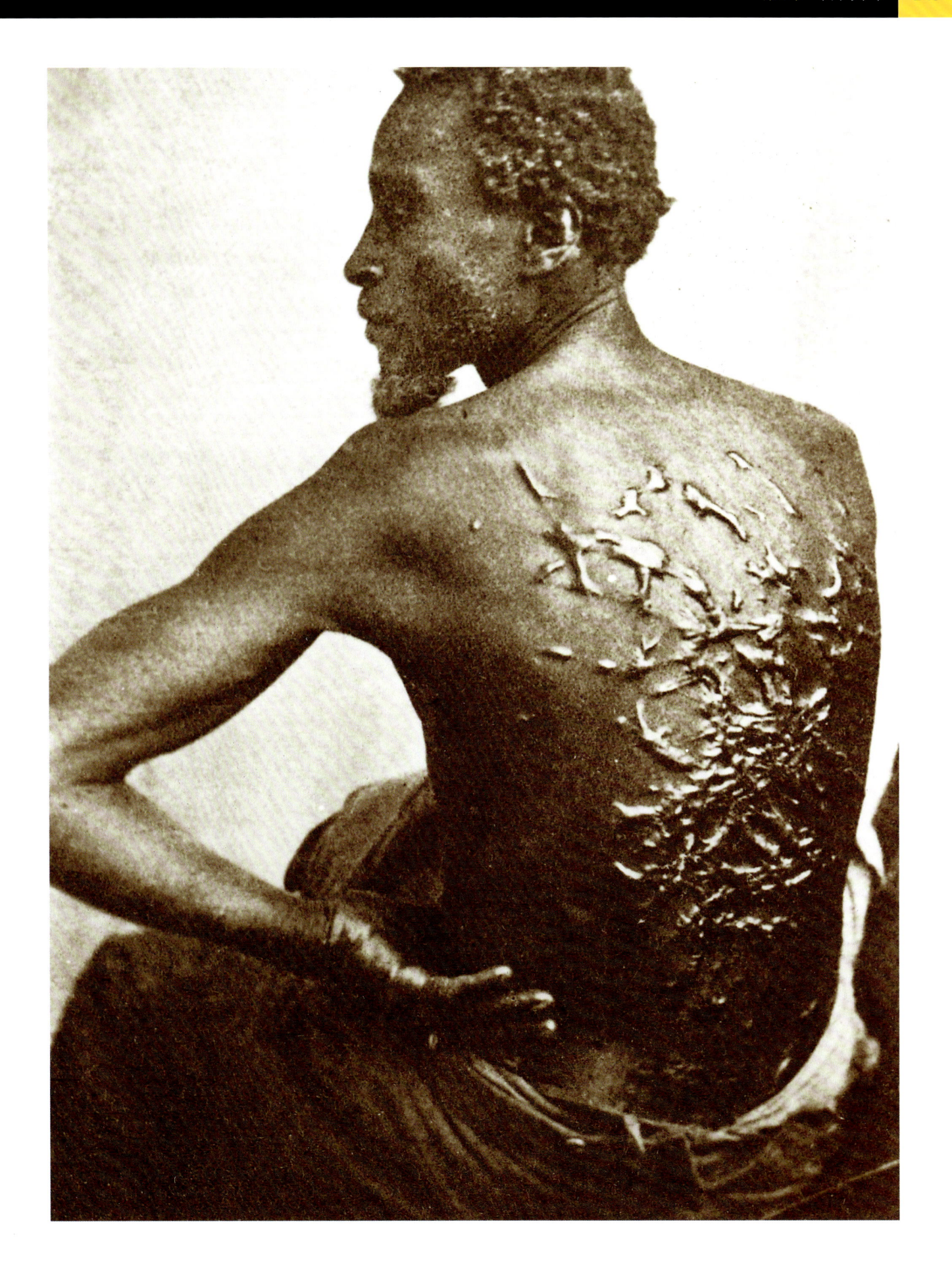

并让位于在利马掌权的玻利瓦尔。玻利瓦尔在秘鲁南部内陆击败了西班牙保皇派，那块土地便因此被命名为玻利维亚。他希望将自己解放的土地统一为一个国家，其面积可与 1822 年从葡萄牙手中赢得独立的巴西相当。但反对者抨击他是独裁者，并迫使他交出权力，他的联盟因此分裂为更小、更弱的国家。

作为英国殖民地，美国和加拿大建立了自己的议会，并通过贸易来发展经济。与美国和加拿大不同，拉丁美洲除了农业和贵金属之外几乎没有其他财富来源，而这些资源大部分都是在殖民地时期开采出来的。由于贫穷和政局不稳，许多拉丁美洲国家按照其伊比利亚殖民者的传统进行自治，处于军人政府或军事独裁者的控制之下。墨西哥的安东尼奥·洛佩斯·德·圣安纳（Antonio Lopez de Santa Anna）在得克萨斯被英美叛乱分子击败，得克萨斯人随后宣布独立。当时美国意图扩张领土。1845 年，美国吞并了得克萨斯，引发与墨西哥之间的战争，最终夺得了新墨西哥和加利福尼亚。

美国人在西部地区的奴隶制问题上进行了激烈的争论。亚伯拉罕·林肯（Abraham Lincoln）反对扩大奴隶制，1860 年他当选总统后，南方各州脱离联邦，组成了南部邦联。1863 年，林肯发表了《解放奴隶宣言》（Emancipation Proclamation），解放了当时反抗联邦地区的奴隶，这为随后爆发的内战赋予了新的意义。这使得已经废除了奴隶制但仍从蓄奴的南方进口棉花的英国感到气馁，不愿再帮助南部邦联。联邦拥有比南部邦联更多的人口和更强大的工业基础，最终于 1865 年

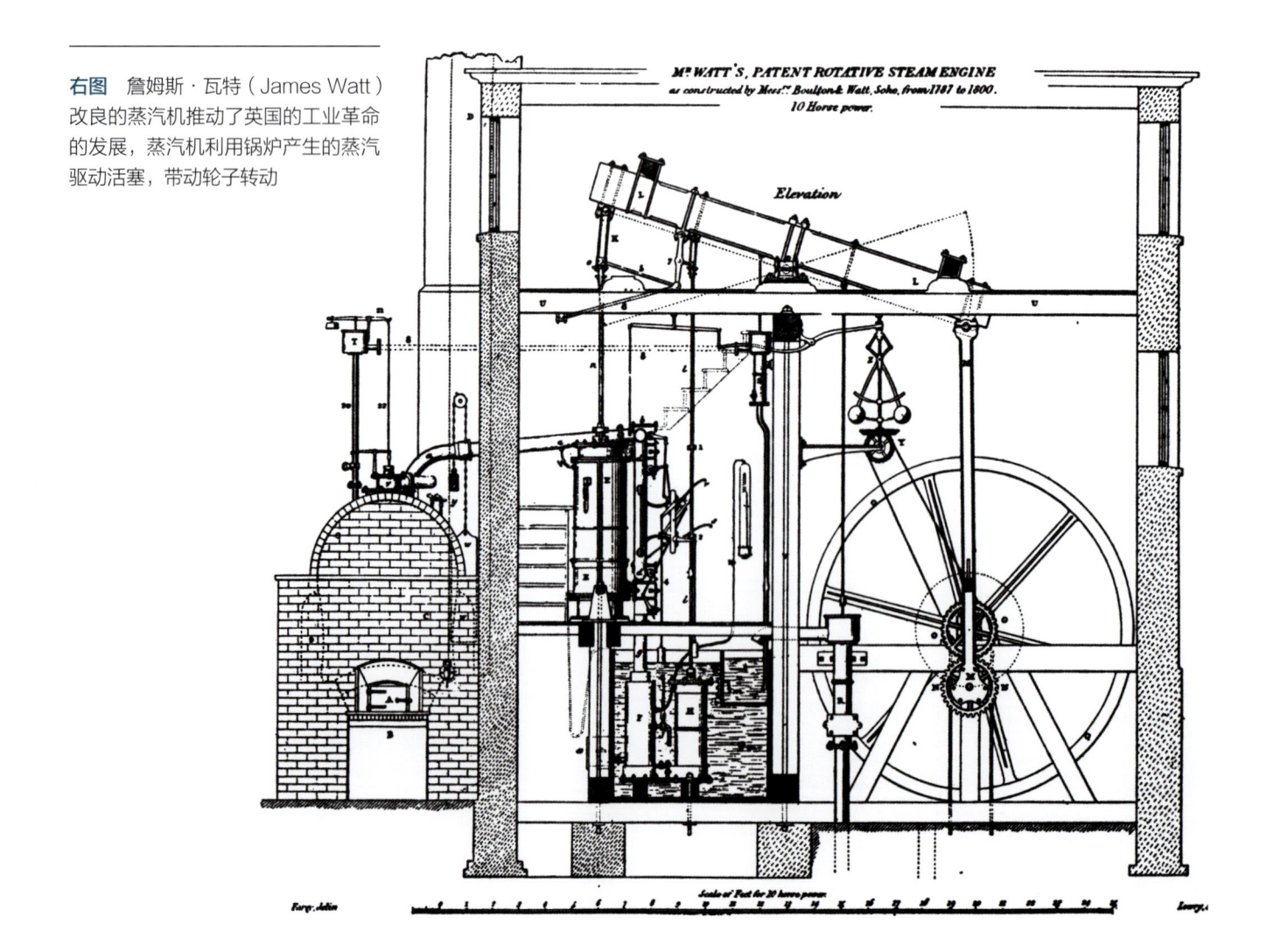

右图 詹姆斯·瓦特（James Watt）改良的蒸汽机推动了英国的工业革命的发展，蒸汽机利用锅炉产生的蒸汽驱动活塞，带动轮子转动

赢得了战争。南北统一后，为美国大规模的工业化做好了准备，而这一过程在欧洲早已展开。

欧洲的工业强国

1866 年，第一条跨大西洋的电报电缆铺设成功，使得信息自此可以瞬间跨越大洋。大部分功劳都要归于美国金融家赛勒斯·菲尔德（Cyrus Field），但他的大西洋电报公司是在英国成立的。一个世纪前，英国爆发了工业革命，产生了巨额利润，这些利润被投资于英国、加拿大、美国等其他国家的新技术。

有诸多因素使得英国成为工业革命的发源地，例如大量的煤炭和铁矿石储备，以及鼓励私营企业和投资的政治体制。英国拥有繁荣的家庭手工业，工人们在家里手工编织呢绒和棉布。1765 年，詹姆斯·瓦特（James Watt）改良了蒸汽机，蒸汽动力被应用于纺织，纺织业自此蓬勃发展。工厂取代了小作坊，工人的生产力大幅提高，产品的成本也随之降低。19 世纪早期引入的蒸汽机车，通过铁路将工厂与城市、港口和煤矿连接起来。对于劳动者来说，工厂制度让他们精疲力竭，被称为卢德分子的抗议者捣毁了机器。但随着工会获得谈判权，议会颁布了劳动法，工人们的工作条件慢慢得以改善。

其他西欧国家纷纷效仿英国的工业发展道路，通过创造有利于资本主义发展的政治条件，或者通过私人资本而非国家来控制经济。在法国大革命之前，经济政策是由国王制定的。路易十四和他的继任者是有着绝对权威的君主，他们的顾问只能提出建议，而不能发号施令。但是，法国统治者在战争上花费巨资，不得不增加农民和中产阶级的税收负担，这就削弱了统治者的权威。第三等级对皇室和贵族阶层越来越不满。与美国革命不同的是，始于 1789 年的法国革命是一场彻底改变社会制度的努力，其思想部分来源于让-雅克·卢梭（Jean-Jacques Rousseau）和其他启蒙运动哲学家所倡导的众生平等、天赋人权理念。1793 年，国王路易十六和王后玛丽-安托瓦内特被处决，此举遭到英国、西班牙和其他国家的反对和干涉。之后，法国一直处于混乱之中，直到 1799 年拿破仑掌权后才稳定下来。

作为皇帝，拿破仑通过改革税收制度和法典，建立公共教育制度，使法国社会更加公平进取，但他是一个民族主义者，而不是革命者。他的军队忠于他，但更忠于法国，并在一场接一场艰难持久的战役中彰显他们的爱国热情。通过征服，拿破仑建立起了一个新的欧洲，在那里，爱国主义、军国主义和资本主义结合在一起，创建了一个拥有巨大权力的国家，许多为祖国而战或工作的公民也都有帝国野心。

1812 年，拿破仑入侵俄国时遭遇失败，大部分军队冻饿而死。在 1815 年的维也纳会议上，反对他的盟国试图通过同意镇压威胁现有君主制的起义来恢复欧洲的旧秩序。但民族主义的浪潮已无法被抑制。当希腊反抗奥斯曼帝国的统治并赢得独立时，即使保守主义者也为之高兴，但当 1830 年比利时从荷兰手中挣脱出来时，旧秩序的捍卫者们被吓坏了。1848 年，人们的革命热情爆发了，巴黎的示威者恢复了法兰西共和国，维也纳、柏林和其他城市的抗议者要求建立立宪政府。

1848 年，德国人卡尔·马克思（Karl Marx）和弗里德里希·恩格斯（Friedrich Engels）发表了《共产党宣言》（Communist Manifesto），但当时民族主义热潮更胜一筹。普鲁士政治家奥托·冯·俾斯麦（Otto von Bismarck）统一了德国，他曾说："国家的命运不是由演讲或投票，而是由'铁和血'来决定的。"1871 年，他利用军火制造商克虏伯家族的工业力量，发动了扩张战争，缔造了第二个德意志帝国（第一帝国是神圣罗马帝国）。德国皇帝允许建立议会，刚刚统一的意大利国王也是如此。甚至在哈布斯堡王朝统治下的奥匈帝国，以及因法国大革命而停止政治制度自由化努力的俄国，也实行了改革。1861 年，沙皇亚历山大二世（Alexander II）在俄国废除了农奴制，农民开始参加地方选举。

19 世纪，随着工业的发展、卫生条件的改善和公众健康水平的提高，欧洲人口激增。几千万欧洲人移

上图 1842年8月29日，中英双方在南京城外的英国军舰上签订了不平等条约《南京条约》

民到美国、加拿大和阿根廷等拉美国家。欧洲的投资帮助美国建造了横跨北美的铁路，并为城市提供电力，欧洲移民对美国农业和工业生产率的飙升做出了贡献。到了1900年左右，美国已经成为世界上最强大的经济体。1867年，加拿大成为英联邦自治领，除外交政策外，其他所有领域均享有独立。但在其他地方，英国和其他工业化国家加强了对欠发达国家的控制，因为蒸汽动力、铁甲战舰等军事进步使它们能够迅速而稳健地在全球范围内投放武装力量。

全球帝国主义

英国对印度的统治始于18世纪中期，当时东印度公司在印度建立了军事据点和贸易站，并招募了印度士兵来支持英国军队。莫卧儿帝国分崩离析，地方统治者不得不与英国抗衡。1757年，孟加拉统治者为了惩罚违反贸易限制的英国人，攻陷了他们在加尔各答的驻军处，并将囚犯关进了"黑洞"（black hole），许多人死在了那里。作为报复，英国军队占领了孟加拉，并用一个顺从的统治者取代了之前的统治者，为接管印度其他邦开创了先例。1858年，印度发生兵变后，英国军队控制了印度，并实行直接的帝国统治。印度被视为棉花和其他原材料的来源地，也是能带来丰厚利润的英国制成品（如棉织物）的市场，这些制成品出口到印度的数量太多，导致印度的本土纺织品贸易急剧萎缩。

英国人从印度出口的物品包括鸦片，这些鸦片被非法销往中国。当中国于1840年试图阻止鸦片走私时，英国军队介入，强迫中国开放沿海港口以开展对外贸易，并割占了香港岛。

这对中国满族统治者来说是一个耻辱的打击。在19世纪50年代，清朝几乎被太平天国运动推翻。太平天国运动是一场受基督教启发的农民运动，主张所有财产都由人民共同拥有，这挑战了传统中国的社会和政治秩序。1864年太平天国运动失败，但是要求改革的呼声依然存在。1898年，朝廷中的改革者得到了年轻的光绪皇帝的支持。他的姨母慈禧太后很快篡权，处决或流放了改革者。随后，她默许义和团运动继续发展，那是一场反对外国人和外国影响的民众运动。外国军队出兵镇压了义和团，中国被迫向入侵中国的国家支付赔款。后来，许多有志之士认识到只有推翻清朝的统治，才能救亡图存。

随着中国的衰弱，欧洲列强有了占领东南亚并开发其资源的机会。英国占领了缅甸和马来西亚，法国声称对印度支那拥有主权，荷兰扩大了对东印度群岛的控制。日本通过把自己发展为一个帝国主义国家而摆脱了外国的威胁。1853年，当美国军舰进入东京湾要求与日本进行贸易时，日本人震惊了，随后推翻了德川幕府，还政明治天皇。在明治天皇的领导下，日本实施改革，制定宪法，开展对外贸易，实现工业化，并建立了强大的军队，于1894年打败了中国。

在中东，奥斯曼帝国的统治者努力进行改革，但还是没能充分实现近代化，还失去了他们在巴尔干半岛和北非的大部分领土。法国在1830年首次向阿尔及利亚派兵，并继续宣称对非洲西北部大部分地区拥有主权。1875年，英国从埃及手中购买了苏伊士运河的股权，之后英国对埃及和苏丹进行了殖民侵占。

到了1880年，许多帝国主义列强纷纷加入对非洲的争夺。在那里，毁灭性的跨大西洋奴隶贸易已经结束，取而代之的是新的剥削形式。一些对非洲劳工的严重虐待发生在比属刚果，其他国家统治的殖民地的情况也好不到哪里去。1884年，包括美国在内的十几个国家的代表在柏林开会，为现有殖民地划定了边界，并制定了认领新殖民地的规则。但这并没能阻止欧洲人为争夺非洲而开战。在南非，英国殖民者和荷兰殖民者的后裔阿非利卡人之间的冲突持续不断。1880年，英国的殖民统治引起了阿非利卡人的反抗，第一次布尔战争爆发。次年双方停战，阿非利卡人获得了自治权。第二次布尔战争（又称英布战争）爆发于1899年，结束于1902年，阿非利卡人被迫停止军事抵抗，交出全部武器，接受英国殖民统治。英国的殖民统治为南非独立后施行的种族隔离政策埋下了种子。

帝国主义列强对土地的掠夺不仅覆盖了非洲，甚至延伸到了遥远的太平洋岛屿，如塔希提岛，18世纪起，波利尼西亚人在那里遭受了欧洲国家殖民。这些岛屿中的大多数面积都太小了，不适合进行大规模的殖民活动，就像英国于1788年将澳大利亚作为流放地那样。但它们仍被许多国家觊觎，因为它可以成为海军基地、种植园和传教的场所。美国传教士和糖业种植园主在夏威夷建立了强大的势力。1893年，美国海军陆战队登陆夏威夷，推翻了立誓反抗外国统治的利留卡拉尼（Liliuokalani）女王。五年后，夏威夷被吞并，恰逢美西战争，美国军队占领了古巴和菲律宾。美国从殖民地变成了帝国主义殖民者。

上图 1877年1月1日，坐在象牙王座上的维多利亚女王正式加冕为印度女皇

1890 年
美国军队在南达科他州的翁迪德尼屠杀了 300 多个几乎手无寸铁的苏族人，结束了印第安人的抵抗战争

北美洲

1775 年
在马萨诸塞列克星敦和康科德的战斗标志着美国反抗英帝国的独立战争的开始

1846—1848 年
美国和墨西哥之间的战争导致美国占领了加利福尼亚和先前属于墨西哥的西南部大部分地区

大西洋

太平洋

1811 年
委内瑞拉国民议会宣布委内瑞拉脱离西班牙而独立

南美洲

1888 年
巴西是美洲最后一个废除奴隶制的国家。黑人和混血儿仍然处于经济阶梯的最底层

世界一览
1750—1900 年

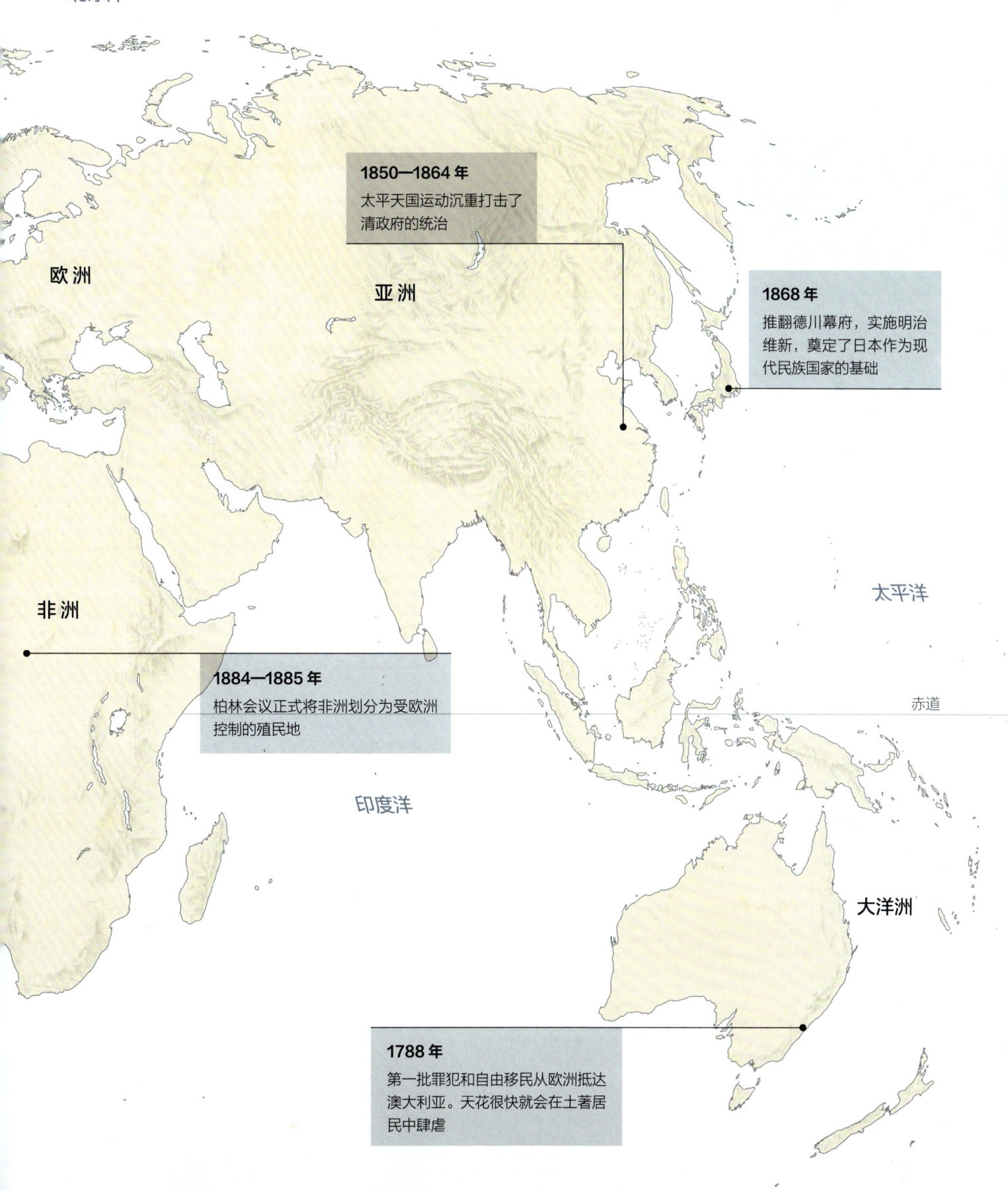

北冰洋

欧洲

亚洲

1850—1864 年
太平天国运动沉重打击了清政府的统治

1868 年
推翻德川幕府，实施明治维新，奠定了日本作为现代民族国家的基础

非洲

太平洋

1884—1885 年
柏林会议正式将非洲划分为受欧洲控制的殖民地

赤道

印度洋

大洋洲

1788 年
第一批罪犯和自由移民从欧洲抵达澳大利亚。天花很快就会在土著居民中肆虐

1750—1760 年

	政治与权力	地理与环境	文化与宗教
美洲	1750 年：法国的代理人和商人控制了密西西比河流域的贸易。 1754 年：北美大陆爆发法国—印第安人战争，交战双方是欧洲列强英国和法国。 1759 年：英国人从法国人手中夺取了魁北克。	18 世纪 50 年代：俄亥俄河谷已经成为肖尼人、特拉华人、怀恩多特人和迈阿密人等众多印安部族的家园。	1759 年：耶稣会士因为替印第安人争取政治权利而被逐出巴西。
欧洲	1750 年：马科斯·德·庞巴尔（Marquês de Pombal）侯爵成为葡萄牙首相，并实施改革。他帮助里斯本从 1755 年摧毁该城的地震中恢复过来。 1756 年：七年战争爆发，法国、奥地利、萨克森、瑞典和俄国联合起来，与普鲁士、汉诺威和英国抗衡。 1759 年：查理三世成为西班牙国王，他强化了波旁王朝的殖民地改革。 1760 年：乔治三世登上英国王位。	1750 年：此时，英国已有一半的农田被圈占。圈地运动允许大地主收买小地主的地产和公共土地，然后把它们租给流离失所的劳动者。 1755 年：在葡萄牙里斯本发生的一场特大地震中，超过 6 万人死亡，震级约为里氏 8.7—9 级。	1751年：法国启蒙运动中的重要书籍《百科全书》开始出版。 1754 年：圣安德鲁斯皇家古老高尔夫俱乐部成立。 1755 年：俄国第一所大学——莫斯科国立大学建立。 1759 年：伏尔泰出版《老实人》（Candide）。 1759 年：大英博物馆在伦敦开馆。
中东&非洲	1757 年：穆罕默德三世成为摩洛哥苏丹。 1757—1774 年：在穆斯塔法三世（Mustafa III）统治期间，1768 年之前的奥斯曼帝国一直保持稳定。 1758 年：英国人从法国人手中夺取了西非的塞内加尔。	1750 年左右：扎希尔·欧麦尔（Zahir al-Umar）开始在提比里亚种植并出口棉花。	1750—1779 年：在波斯，卡里姆汗·赞德（Karim Khan Zand）在纳迪·沙阿（Nadi Shah）的暴政之后建立起开明的政权。 1757 年左右：奥斯曼帝国宰相穆罕默德·拉吉布·帕夏（Mehmed Ragib Pasha）主张与欧洲开展外交，并进行军事改革，比如重组炮兵部队和重开一所工程学校。
亚洲&大洋洲	1757 年：阿富汗斯坦"国父"艾哈迈德·沙阿·杜兰尼（Ahmad Shah Durrani）率军队掠夺了印度城市德里、阿格拉、马图拉和温达文。 1757 年：罗伯特·克莱武（Robert Clive）在普拉西战役中击败法国支持的西拉吉-乌德-道拉（Siraj-ud-daula），奠定了大英帝国统治印度的基础。 1760 年：广州成为中国唯一获准开展对外贸易的港口。	1750 年左右：中国人口接近 2.15 亿。	1750 年左右：中国人吴敬梓创作了一部讽刺中国科举考试制度的小说《儒林外史》。

科学与技术	人类与社会
1752年：本杰明·富兰克林发明避雷针。他的"闪电实验"包括在雷雨中放风筝。 **1754年**：法国—印第安人战争的爆发导致许多印第安人更加依赖来自法国和英国的生活必需品。一旦战争结束，这些资源就会消失，将给印第安人带来灾难性的后果。	**1754年**：法国—印第安人战争期间，22岁的乔治·华盛顿率领英军在宾夕法尼亚州的奈谢西提堡附近伏击了一支加拿大侦察队。 **1755年**：爱德华·布拉多克（Edward Braddock）率领英国军队和弗吉尼亚民兵在迪凯纳堡袭击法国军队时受重伤而亡。
1755年左右：在遭遇毁灭性地震之后，里斯本建造了欧洲第一座抗震建筑。	**1750年**：欧洲人口达到约1.4亿人。

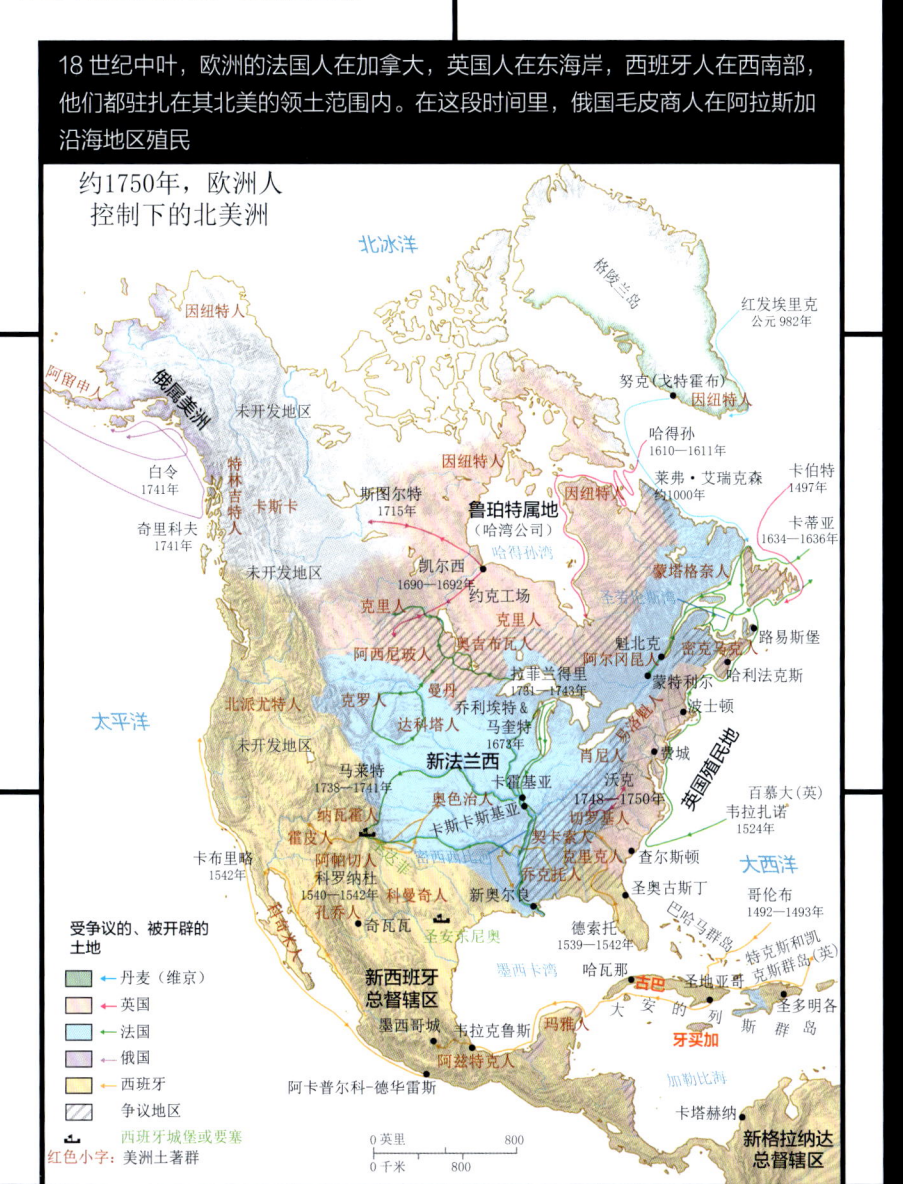

18世纪中叶，欧洲的法国人在加拿大，英国人在东海岸，西班牙人在西南部，他们都驻扎在其北美的领土范围内。在这段时间里，俄国毛皮商人在阿拉斯加沿海地区殖民

理性时代

18世纪中期，欧洲乃至美洲的作家和学者都在挑战关于王权、宇宙结构和有组织宗教的世俗权力的传统定论。对宗教、政治和社会权威的绝对服从，开始被理性洞察下的对各种思想的审视所取代。如果世上存在支配物质世界的自然法则，那么是否也存在适用于社会的自然法则——适用于民众活动和政府？对很多人来说，答案是肯定的。

这一历史时期被称为理性时代，也被称为启蒙运动，因为很多思想家都相信理性能够阐明真理。这种启蒙精神在欧洲最强大的国家——法国——表现得最为明显。这一运动的领导者，也就是法国启蒙思想家们，有着不同的背景和文化传统。其中有钟表匠的儿子让－雅克·卢梭，身为贵族与地方法官的孟德斯鸠，还有出身富有的资产阶级的伏尔泰。

这些哲人曾说，知识是通向幸福的道路。1751年，作家丹尼斯·狄德罗（Denis Diderot）出版了35卷本巨著的第一部分，其中包含了从数学、政治、音乐到制绳、网球和马术的各种知识。这套巨著有着一个简单的，也许是无法达到的目标：向人们传授所有的知识，因而被称为"百科全书"。

狄德罗在接下来的20年里又出版了27卷"百科全书"。这些作品出版后立刻引起了轰动，法国的宗教和政治领袖谴责它，警方也禁止它，但公众很喜欢，当时印刷的4000套销售一空。

1760—1770 年

	政治与权力	地理与环境	文化与宗教
美洲	**1762 年**：在与英国的七年战争中，西班牙人暂时失去了对哈瓦那的控制权。这促使西班牙人在加勒比地区重建防御工事。 **1763 年**：奥塔瓦族印第安人首领庞蒂亚克（Pontiac）在底特律及其附近地区领导了一次反对英国殖民者的起义。 **1763 年**：巴西殖民政府所在地南迁到里约热内卢。 **1763 年**：《巴黎条约》（The Treaty of Paris）结束了法国—印第安人战争。英国获得法属加拿大和密西西比河以东的领土。	**18 世纪 60 年代**：从北卡罗来纳到佛罗里达，水稻种植促进了经济增长。 **1769 年**：西班牙人开始在南加利福尼亚定居；圣迭戈布道团成立，它是新西班牙一系列布道团之一。	**1763 年**：图罗犹太教堂在罗得岛的纽波特建成，这是北美第一个重要的犹太教中心。 **1767 年**：西班牙政府将耶稣会士驱逐出新西班牙。 **1768 年**：卫斯理教堂是北美殖民地第一个卫理公会中心，在纽约开放，它是美国历史最悠久的卫理公会的第一处永久会址。
欧洲	**1762 年**：叶卡捷琳娜二世成为俄国女沙皇。 **1768 年**：俄国和奥斯曼帝国爆发战争，后者是俄国争夺巴尔干半岛和黑海地区统治权的主要对手。	**1763 年**：七年战争之后，腓特烈大帝推动重振普鲁士农业。	**1762 年**：卢梭出版了欧洲启蒙运动时期的代表作《社会契约论》。 **1762 年**：英格兰人发明了"三明治"，以三明治伯爵（Earl of Sandwich）的名字命名。 **1768年**：《大英百科全书》首次出版。 **1770 年**：路德维希·凡·贝多芬（Ludwig van Beethoven）诞生，他被认为是有史以来最伟大的作曲家。
中东 & 非洲	**1769 年**：马穆鲁克人领袖阿里·贝（Ali Bey）从奥斯曼帝国总督手中夺取了埃及的控制权。 **1770 年**：奥斯曼帝国军队在俄土战争中溃败。		**1760 年**：奥斯曼帝国苏丹穆斯塔法三世开始在伊斯坦布尔修建拉莱利清真寺，这是一座典型的巴洛克-奥斯曼建筑。
亚洲 & 大洋洲	**1761 年**：英国占领本地治里（Pondicherry），摧毁了法国在印度的势力。	**1768 年**：英国船长詹姆斯·库克开始探索太平洋，曾在新西兰和澳大利亚等地登陆。	**1760 年**：葛饰北斋出生于日本江户，他是日本最著名的画家和版画家之一。 **1763 年**：曹霑（又名曹雪芹）去世。他创作的小说《红楼梦》，讲述了一个衰落的贵族家庭的故事。

那时的生活

库克船长抵达新西兰

在詹姆斯·库克（James Cook）船长之前，很少有外来者到过新西兰的毛利群岛。根据口述历史，毛利人大约在公元 1300 年到达他们口中的"长白云之地"。他们从波利尼西亚的某个地方出发，乘着七只独木舟完成了这次长途航行。他们用独特的面部文身来装饰自己，身穿亚麻编织的长袍，饰以当地鸟类的羽毛。毛利人是优秀的猎人和渔民，他们把木头、骨头和玉石雕刻成工具或战斗武器。邻近的毛利部落为争夺领土或复仇而互相争斗，输家最终沦为奴隶，甚至可能被吃掉。

科学与技术	人类与社会
18世纪60年代：美国南部的水稻种植者引进脱粒机来促进水稻生产。 1760年：本杰明·富兰克林发明了双焦眼镜。	1761年：詹姆斯·奥蒂斯（James Otis）对英国强加的援助令状提出挑战，并创造了"没有代表权的征税就是暴政"的说法。 1765年：查理三世允许商人和货品在西班牙殖民地之间更自由地流动。 左图　本杰明·富兰克林
1769年：詹姆斯·瓦特为现代蒸汽机申请了专利。蒸汽机广泛应用于制造业，是工业革命早期的一座里程碑。 1769年：理查德·阿克莱特（Richard Arkwright）申请了水力纺纱机的专利，那是第一台能够生产出韧性和硬度符合经纱要求的机器。	18世纪60—70年代：德国犹太人哲学家摩西·门德尔松敦促政府给予犹太人公民权利。 1762年：法国政府向农村地区开放制造业。 1767年：叶卡捷琳娜大帝委托专人为俄国制定新的法律法规，但这项工作毫无进展。尽管叶卡捷琳娜认为自己是支持启蒙运动的君主，但在她统治期间，农奴制却在俄国愈演愈烈。
1765年：土耳其数学家伊斯梅尔·埃芬迪（Ismail Effendi）将有关对数的文章翻译成土耳其语。	1763年：奥斯曼帝国大使在柏林拜会腓特烈大帝。在返回伊斯坦布尔后，他建议奥斯曼帝国应在军事及与欧洲的关系方面做出重大改变。 下图　1763年4月，庞蒂亚克招募邻近的美洲土著加入反抗英国的起义
1769年：詹姆斯·库克船长和博物学家约瑟夫·班克斯（Joseph Banks）在塔希提岛观测到金星凌日。	

庞蒂亚克之战

18世纪，美洲印第安人通过让两大敌对的殖民者——英国人和法国人相互对抗来维持微妙的局面。但在七年战争结束后，情况发生了变化，法国将五大湖区的要塞割让给了英国。英国驻北美指挥官杰弗里·阿默斯特（Jeffery Amherst）对这些被他视为"地球上有史以来最邪恶的生物"采取了新手段。阿默斯特中断了法国采取的提供贸易品和礼物来换取与要塞周围地区保持友好关系的做法。

奥塔瓦、明戈（Mingo）、怀安多特、奥布吉瓦、休伦、乔克托、皮奥里亚（Peoria）等其他许多部落的首领密谋计划抵抗。第一个发动袭击的是俄亥俄山谷的奥塔瓦酋长庞蒂亚克。几周内，尼亚加拉大瀑布以西的每一个英军据点都被摧毁，宾夕法尼亚、马里兰和弗吉尼亚的殖民者陷入了恐慌之中，但包括底特律、尼亚加拉大瀑布和皮特堡在内的最坚固的堡垒仍在坚守。英国援军帮助了被围困的堡垒，阿默斯特在与美洲印第安人的细菌战中丧心病狂地使用了感染了天花的毯子。庞蒂亚克期望法国人会施以援手，但这显然是不可能的。英国承认软实力是解决这场尴尬战争的更好办法，并于1764年和1765年签署了几项和平条约，承认印第安人的主权。历史学家们对这场战争中庞蒂亚克酋长的作用存在争议，因为关于他的传记缺少细节的介绍，但这位酋长是被英国人正式赦免的人之一。焦虑的美洲殖民者期望此人会受到更严厉的惩罚，而这种期望也促使他们对帝国的幻想日益破灭。

奴隶贸易

到 18 世纪时，奴隶制在非洲已经存在了数百年。一些被奴役的非洲人被留在当地；有些则被送到东方的伊斯兰国家；越来越多的奴隶被用绳子捆在一起，押送到大西洋沿岸，然后被装进开往美洲的奴隶船。

横跨大西洋的奴隶贸易始于葡萄牙人，他们把非洲人贩运到本国或大西洋岛屿上充当劳动力。随着殖民扩张，英国、法国和荷兰也加入了这种可怕的、日益全球化的奴隶贸易。

18 世纪下半叶，横跨大西洋的奴隶贸易达到了顶峰，英国商人运送的奴隶比其他任何欧洲国家都多，大多数奴隶被带到英国的北美殖民地。1860 年时，有一半的新大陆奴隶生活在美国。

被送往加勒比地区和南美洲的奴隶通常都活不长。恶劣的气候、疾病、营养不良和奴隶主的残暴导致了高死亡率。不过，也有许多非洲人奋起反抗，那些成功逃脱的为自由而战者被称为"逃亡黑奴"，他们的存在激励了奴隶的反抗精神，有时他们还能成功建立属于自己的社区。尽管困难重重，还是有一些非洲人幸存了下来，并将他们的文化价值观传递给了新一代的非洲裔美洲人。

右图 在欧洲、非洲和美洲之间的三角贸易（如上图所示）使欧洲的实业家和美国的种植园主大获其利，其代价则是这些非洲奴隶的牺牲

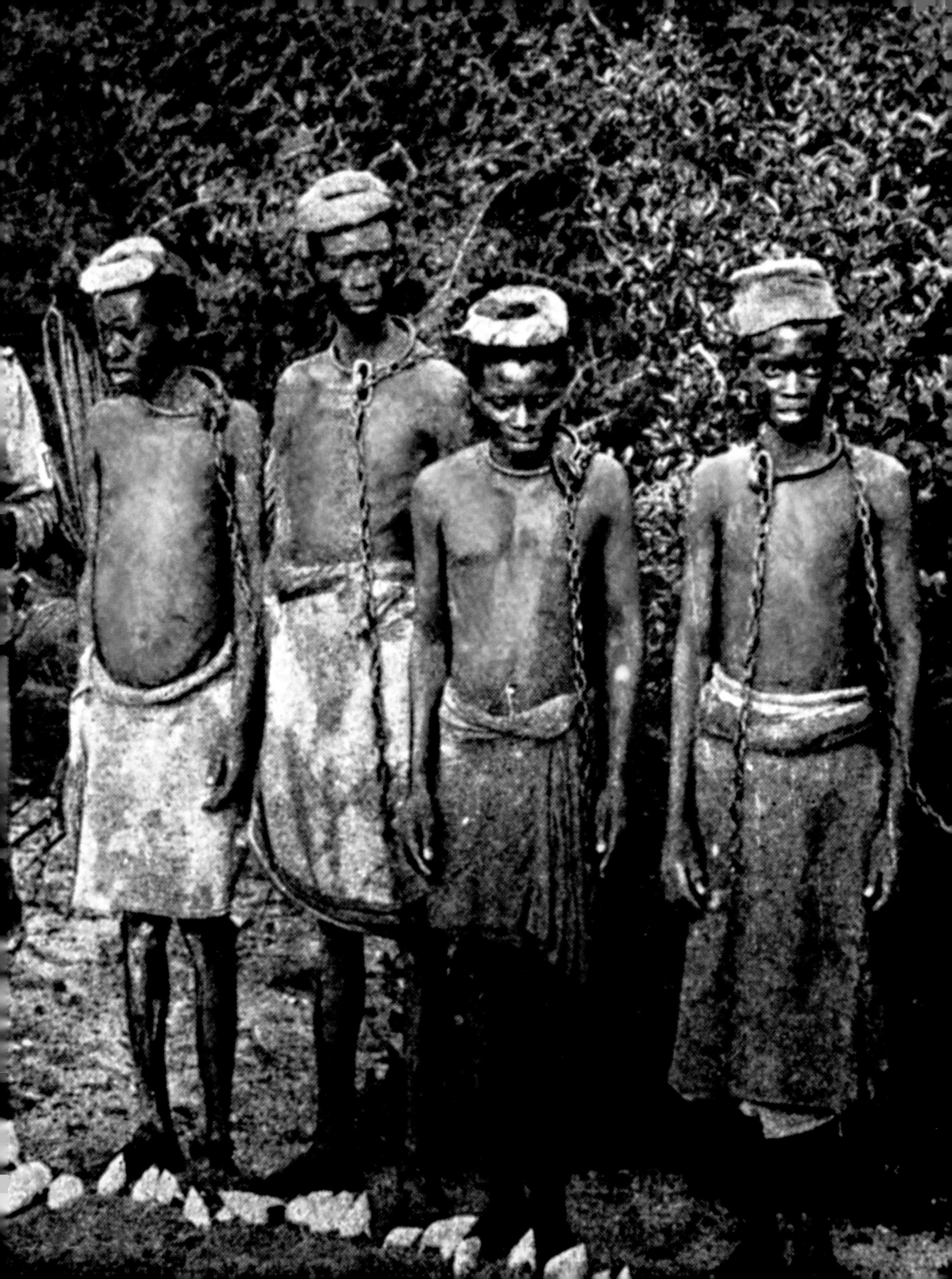

1770—1780 年

	政治与权力	地理与环境	文化与宗教
美洲	1775 年：马萨诸塞列克星敦和康科德的战斗标志着美国独立战争的开始。 1775 年：大陆会议任命乔治·华盛顿为大陆军总司令。 1776 年：大陆会议通过了《独立宣言》。 1776 年：阿根廷拉普拉塔总督府建立。 1778 年：法国作为美国的盟友加入美国独立战争。	18 世纪 70 年代：委内瑞拉和古巴种植的咖啡、甘蔗与可可均成为加勒比海地区的主要出口作物。	18 世纪 70 年代：跟随西班牙人进入新加利福尼亚的方济各会传教士为成千上万的印第安人施洗。 1779 年：新大陆第一所美术学校在墨西哥城建立。
欧洲	1772 年：波兰第一次被俄国、普鲁士和奥地利瓜分。（第二次和第三次瓜分分别在 1793 年和 1795 年。） 1773 年：俄国哥萨克人普加乔夫（Pugachev）发动反对农奴制的起义。	18 世纪 70 年代：俄国商人伊凡·里亚霍夫（Ivan Lyakhov）探索了俄国新西伯利亚群岛，想要收集猛犸象的骨骼和象牙。 18 世纪 70 年代：农学家罗伯特·贝克威尔（Robert Bakewell）因在英格兰农场里对家畜进行选择性育种而出名。	1770 年：基督教福音传教士乔治·怀特菲尔德（George Whitefield）去世。他被誉为美国 50 所学院和大学的奠基人。 1773 年：教皇克莱门特十四世（Clement XIV）发布镇压耶稣会命令。 1774 年：玛利亚·特蕾莎在奥地利推行初等义务教育。 1776 年：亚当·斯密出版《国富论》(The Wealth of Nations)，为自由资本主义奠定了理论基础。
中东 & 非洲	1771 年：埃及的阿里·贝伊与俄国人结盟，反抗奥斯曼帝国的统治，但反叛于 1773 年被镇压。 1774 年：俄土战争结束。奥斯曼人失去了克里米亚和穆斯林所居住的黑海沿岸的土地。 1779 年：卡里姆汗去世。在他的统治下，波斯获得统一。他死后，波斯再次陷入无政府状态。	1770 年：苏格兰探险家詹姆斯·布鲁斯（James Bruce）发现了蓝色尼罗河的源头。	1773 年：伊斯坦布尔科技大学建立。
亚洲 & 大洋洲	1779 年：詹姆斯·库克船长在夏威夷的一次小规模冲突中丧生。	1771 年：乾隆大海啸和八重山大地震袭击了琉球群岛，造成 1 万多人死亡。	1772 年：乾隆是清朝的第四位皇帝，他启动了《四库全书》工程，将中国的全部文学遗产汇编成一套庞大的丛书。

科学与技术	人类与社会
1773 年：哥伦比亚植物学家穆蒂斯（Mutis）因在波哥大讲授哥白尼的理论而被指控为异端。	**18 世纪 70—80 年代**：墨西哥煤矿因工作条件而爆发劳工斗争。 **1774 年**：安·李（Ann Lee），也被称为安妈妈，创立了美国震教派。 **1775 年**：废奴主义者安东尼·贝内泽（Anthony Benezet）和费城的其他贵格会信徒成立了"拯救受到非法奴役的自由黑人协会"。
18 世纪 70 年代：威廉·赫歇尔（William Herschel）和卡罗琳·赫歇尔（Caroline Herschel）制造了望远镜，它将被用于日后他们对行星、彗星和星云的研究。 **1772 年**：约瑟夫·普里斯特利（Joseph Priestly）发现了光合作用的过程。	**1776 年**：内森·黑尔（Nathan Hale）在长岛监视英国军队时被抓，被处以绞刑，据说他在绞刑架上说："我唯一遗憾的，是我只有一次生命献给我的祖国。" **1780 年**：北美大陆军名将本尼迪克特·阿诺德（Benedict Arnold）出卖了西点要塞，投降了英国人。

美国革命

十年来，由于英国对殖民地政府的控制以及未经殖民地人民同意对其征税，致使英国和美洲殖民地之间的紧张关系日益恶化。1775 年，英国议会声称，大多数抗议活动发生的中心——马萨诸塞已处于叛乱之中。同年 4 月 19 日，列克星敦和康科德战斗标志着美国独立战争已经打响了。

大陆会议任命乔治·华盛顿为大陆军总司令，并于 1776 年 7 月 4 日通过了《独立宣言》。英国拥有庞大的陆军和海军，发动了陆地和海洋的力量来镇压革命。但是，他们必须穿越大西洋才能运送和补给军队。英国人赢得了许多场战役的胜利，但获得的战利品却很少。美国人尽管经常困难重重，却总是设法组织起新力量，持续进行战斗。

在法国盟友的帮助下，华盛顿在弗吉尼亚的约克镇取得了决定性的胜利。1783 年，《巴黎条约》迫使英国承认 13 个殖民地独立。一个新的联邦制国家不久后便会诞生。

左图 法国盟友拉法耶特侯爵（Marquis de Lafayette）站在乔治·华盛顿将军的左边。他们在福吉谷商议战事。此地是大陆军在 1777 年 12 月至 1778 年 6 月的大本营。那里的寒冬严重削弱了军队的士气和人数

1780—1790 年

	政治与权力	地理与环境	文化与宗教
美洲	**1781 年**：美国和法国军队在弗吉尼亚的约克镇封锁了康沃利斯（Cornwallis）指挥的 7500 人的英军部队；康沃利斯投降。 **1783 年**：根据《巴黎条约》，英国承认美国独立。 **1788 年**：美国通过了宪法，确立了联邦政府三权分立的架构，包括参议院和众议院的两院制立法机构。	**18 世纪 80 年代**：路易斯安那和佛罗里达的西班牙官员急于增加人口，他们用土地来吸引美洲人。 **1781 年**：西班牙从英国手里夺走了佛罗里达西部。	**1780—1781 年**：耶稣会士弗朗西斯科·克拉维吉罗（Francisco Clavigero）在流放中撰写了《古代墨西哥历史》。 **1789 年**：曾经的奴隶奥劳达·埃奎亚诺（Olaudah Equiano）出版了他的回忆录。他在英国发表巡回演讲，以反对奴隶制。
欧洲	**1781 年**：约瑟夫二世（Joseph II）在奥地利废除农奴制，并赋予新教徒和犹太人公民权利。 **1783 年**：俄国吞并克里米亚，一个位于黑海的具有战略意义的半岛。 **1789 年**：攻陷巴士底狱标志着法国大革命的开始。	**1789 年**：来自亚洲的菊花首次被引入法国。 **1790 年**：欧洲人口约有 1.9 亿。	**1788 年**：查尔斯·卫斯理（Charles Wesley）去世，他创作了数千首赞美诗，例如《欢迎天使送佳音》（Hark, The Herald Angels Sing）和《耶稣，我心灵的至爱》（Jesu, Lover of My Soul）。 **1789 年**：《人权宣言》（The Rights of Man and the Citizen）在法国发表。 **1790 年左右**：莫扎特（Mozart）、海顿（Haydn）和贝多芬主导着欧洲管弦乐成熟的古典时期。
中东 & 非洲	**1786 年**：摩洛哥同意停止在地中海袭击美国船只，作为回报，摩洛哥将得到 1 万美元。 **1787—1792 年**：奥斯曼帝国与俄国和奥地利的战争造成了巨大的经济损失。	**18 世纪 80 年代**：随着奴隶出口的增加，中非西部的干旱也逐渐加剧。在这十年中，奴隶出口达到每年约 8 万人的峰值。 **1787 年**：第一批从英国解放出来的奴隶定居在塞拉利昂的弗里敦。	**1782 年**：英国人模仿已经在波兰、俄国和奥地利建立的乐队，在伦敦成立了一支演奏近卫音乐的乐队。这种所谓的土耳其音乐风靡欧洲，同时土耳其咖啡馆、拖鞋、服饰和地毯也变得流行起来。 **1790 年**：犹太人在摩洛哥遭到迫害，这是对前国王偏袒政策的反弹。
亚洲 & 大洋洲	**1782 年**：拉玛一世（Rama I）继承暹罗（泰国）王位，并将首都迁至曼谷。 **1787 年**：日本江户发生市民骚乱，抗议经济剥削。	**1788 年**：第一批罪犯和自由移民从欧洲抵达澳大利亚。 **1790 年**："邦蒂"号的暴动者于皮特凯恩岛定居。	**1782 年**：《四库全书》是一个百科全书式的中国文学宝库，由乾隆皇帝指派 300 多位学者编纂而成。

科学与技术	人类与社会
	1780—1781 年：图帕克·阿马鲁二世（Tupac Amaru II）在秘鲁高地领导了土著起义；在新格拉纳达，公社社员（Comuneros）发动起义。 **1789 年**：乔治·华盛顿成为美利坚合众国的第一任总统。
蒙戈尔费埃兄弟的第一个热气球在巴黎附近升空	
1783 年：蒙戈尔费埃（Montgolfier）兄弟完成了人类历史上第一次热气球飞行。 **1785 年**：埃德蒙·卡特赖特（Edmund Cartwright）为一种水力织机申请了专利。它使纺织品生产发生了革命性的变化，对工厂制的发展起了推进作用。	**1786 年**：普鲁士国王腓特烈大帝去世。他是一位军事天才，也是一位社会改革家。
1788 年：英国博物学家约瑟夫·班克斯成立非洲协会，以进一步探索和了解非洲内陆。	**1781 年**：阿德里安·范·贾斯维尔德（Adriaan van Jaarsveld）指挥的一支布尔士兵分遣队在南非东部边境的领土争端中杀害了数百名科萨人，偷走了数千头牛。
18 世纪 80 年代：印度南部迈索尔王国的统治者海德尔·阿里（Hyder Ali）和他的儿子研制出铁壳火箭。后来他用这些火箭对付英国东印度公司。	**1789 年**：天花折磨着澳大利亚新南威尔士沿海的土著。

艺术的革命

在 18 世纪晚期的欧洲，一场革命席卷了整个艺术领域，催生了我们现在所知的浪漫主义时代。

"浪漫"这个词让人想起中世纪冒险、幻想和情感丰富的故事。这些特质在文学、绘画和音乐中重新获得了重要地位，超越了早期对平衡和克制的古典关注。在浪漫主义时期，"表达"即一切。

浪漫主义强调自然的重要性，反对启蒙运动和 18 世纪的理性主义。它强调个人、主观、想象、个体性和自发性。

在音乐上，浪漫主义带来了更松弛和更张扬的音乐形式，旋律是其主要特征。没有人比路德维希·凡·贝多芬更能表现这些特点了，他在 1783 年发表了他的第一部作品。虽然他最早的作品还带有古典传统的味道，但他很快就开始创作更大胆、更富于表现力的作品。贝多芬是第一个不受任何资助、直接靠作品谋生的作曲家，他自由地发泄他鲜明的个人主义，并呼吁公众来追随他。

左图　路德维希·凡·贝多芬

1790—1800 年

	政治与权力	地理与环境	文化与宗教
美洲	1793 年：根据美国宪法，《1793 年逃奴法案》（The Fugitive Slave Act of 1793 Prevails）生效。它规定从一个州逃到另一个州或联邦领土的奴隶可以被遣返。 1800 年：华盛顿特区成为美国政府的所在地。	18 世纪 90 年代：扬基船增加了新成立的美国和拉丁美洲之间的贸易，特别是与加勒比地区的贸易。 18 世纪 90 年代：密西西比河谷下游广泛种植甘蔗和棉花，这将使该地区从生产主食的边缘地带，转变为"种植园世界"的核心地带。 1790 年：美国第一次人口普查共查出 4000 万人口，其中 20% 是黑奴。 1793 年：亚历山大·麦肯齐完成了对加拿大的首次东西横越。	18 世纪 90 年代—19 世纪：墨西哥的瓜达卢佩圣母崇拜从天主教会鼓励下层虔诚信教的运动转变为墨西哥城地区的象征，最终变成克里奥尔民族主义的象征。 18 世纪 90 年代：曾经接纳黑人信徒的切萨皮克的卫理公会和浸信会，不再支持废除奴隶制和人人平等。 1793 年：曾为奴隶的凯蒂·弗格森（Katy Ferguson）在纽约为贫困儿童开办了一所综合学校。
欧洲	18 世纪 90 年代：西班牙国王查理四世越发受到他那无能的首相兼顾问曼努埃尔·德·戈多伊（Manuel de Godoy）的影响。 1792 年：法兰西第一共和国宣告成立。 1793 年：法国国王路易十六被处死。 1793 年：在法国，公共安全委员会开启了恐怖统治时期，旨在清除法国所有的"革命敌人"。 1799 年：拿破仑·波拿巴成为法国的第一执政并夺取了政权。	1791 年：英国全国地形测量局成立。	1791 年：西奥博尔德·沃尔夫·托恩、詹姆斯·纳珀·坦迪和托马斯·罗素成立爱尔兰人联合会，呼吁新教徒和天主教徒摆脱英国的统治。 1792 年：玛丽·沃斯通克拉夫特（Mary Wollstonecraft）出版《女权辩护》。 1793 年：法国实行十进制货币体系。 1798 年：托马斯·马尔萨斯（Thomas Malthus）出版《人口论》，认为人口增长总是快于食物供给。
中东 & 非洲	1793 年：沙特人巩固了其对阿拉伯半岛利雅得的占领；瓦哈比派神职人员担任司法和教学职位。 1797—1834 年：波斯卡扎尔王朝第二代国王法·阿里（Fath Ali）确立了王朝统治的合法性。 1798 年：拿破仑入侵埃及，在金字塔之战中打败了埃及人。但他很快就被迫放弃军队返回法国，几乎一无所获。	1795 年：苏格兰探险家蒙戈·帕克（Mungo Park）开始了他在尼日尔河上游的探险。 1800 年：从牙买加被驱逐出境的逃亡奴隶在塞拉利昂定居。 1800 年左右：奥斯曼帝国人口为 2500 万—3200 万。	1793—1796 年：奥斯曼帝国第一批永久性大使馆在伦敦、维也纳、柏林和巴黎建立。 1799 年：罗塞塔石碑是拿破仑的士兵在埃及发现的，这使得历史学家能够破译古埃及的象形文字。
亚洲 & 大洋洲	1796 年：英国人征服了锡兰，那里如今被称为斯里兰卡。 1796—1804 年：反抗清朝的白莲教起义爆发。	1792 年：日本九州的云仙火山喷发，引发山体滑坡和海啸，造成约 15000 人死亡。 1798 年：英国探险家乔治·巴斯（George Bass）和马修·弗林德斯（Matthew Flinders）乘坐单桅小帆船环绕范·迪门斯地（塔斯马尼亚岛）航行。	1797 年：第一批基督教传教士到达塔希提岛。

科学与技术	人类与社会
1794 年：伊莱·惠特尼（Eli Whitney）为轧棉机申请了专利。棉花成为美国南部的主要作物。	**18 世纪 90 年代**：克里奥尔人（出生于美洲而双亲是西班牙人或葡萄牙人的白种人）对半岛人（生于伊比利亚半岛而迁往美洲的移民）的怨恨，在查理四世政权的压制下与日俱增。 **1792 年**：美国人根据《1792 年铸币法案》建立了一家造币厂，并对全国铸币活动进行管理。
1796 年：威廉·图克（William Tuke）在约克郡为精神病患者开设了英国第一家人道疗养院。 **1796 年**：英国人爱德华·詹纳（Edward Jenner）用牛痘研制出一种天花疫苗。 **1800 年**：意大利人亚历山德罗·伏特（Alessandro Volta）发明了电池。	**1791 年**：卫理宗和 18 世纪大复兴循道运动创始人约翰·卫斯理（John Wesley）去世。
右图 罗塞塔石碑呈现了三种版本的文字：象形文字、通俗体文字和希腊文字，使商伯良（J.-F.Champolion）和托马斯·扬（Thomas Young）得以破译先前无法识读的埃及象形文字	
1793 年：马戛尔尼（McCartney）使团的中国之行未能打动乾隆皇帝。马戛尔尼带去了英国商品，比如钟表和韦奇伍德瓷器，但他没有意识到，正如乾隆皇帝所说，"我们拥有一切，我们不需要你们国家的产品"。	**1800 年**：中国人口达到 3 亿左右。

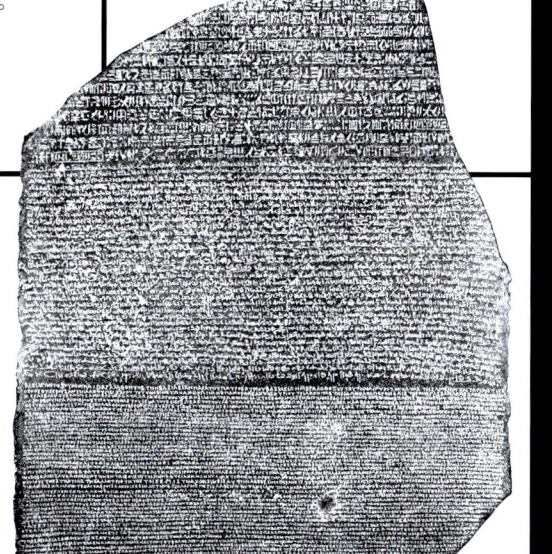

上图 处死路易十六

法国大革命

经历了多年对皇室和贵族统治的不满，法国人民在 1789 年 6 月 17 日通过组成国民会议，迈出了走向自治的第一步。此后不久，国内动乱接踵而至，不到一个月，一群人冲进了巴黎的巴士底狱，这座监狱被攻占标志着法国大革命的开始。

经过两年的监禁，国王路易十六试图逃离法国，但被抓获并遣送回首都。国王同意制定宪法，但由于革命在外国军队干预下面临失败，激进分子企图清除国内所有对手，其中包括君主制。恐怖统治时期来临，1792 年法兰西共和国成立。第二年，国王和他的妻子玛丽·安托瓦内特王后都被送上了断头台。

罗伯斯庇尔和他在公共安全委员会中的雅各宾同志使法国陷入了更大的流血冲突。成千上万的人被谴责为反革命的卖国贼，多达 4 万人在这场恐怖统治中丧生。罗伯斯庇尔最终被推翻，随后在 1794 年的热月政变中被处决。

1800—1810 年

	政治与权力	地理与环境	文化与宗教
美洲	**1801 年**：海地独立运动领袖、曾是奴隶的杜桑·卢维杜尔（Tousant Louverture）接管了整个海地岛，并被推举为终身总督。 **1807 年**：拿破仑战争期间，葡萄牙王室为安全起见逃往巴西。	**1803 年**：拿破仑以 1500 万美元的价格将密西西比河与落基山脉之间的所有土地卖给了美国。路易斯安那购地案几乎使美国国土面积翻了一番。 **1804 年**：梅里韦瑟·刘易斯（Meriwether Lewis）和威廉·克拉克（William Clark）开始探索路易斯安那和美国西北区。	**1804 年**：为了削弱教会的影响，西班牙政府要求墨西哥的教会机构收回所有贷款。许多商人因此濒临破产，迫使他们重新考虑这项政策。这一政策导致了许多西班牙裔拉丁美洲精英财务破产。 **1805 年**：墨西哥第一份日报《墨西哥日报》（Diario de México）出版。 **1809 年**：侦探小说的开创者埃德加·爱伦·坡（Edgar Allan Poe）出生，他以哥特式小说闻名于世。
欧洲	**1805 年**：拿破仑在奥斯特里茨战役中击败了俄国人和奥地利人；法国统治者准备统领欧洲。 **1805 年**：英国的纳尔逊（Nelson）勋爵在特拉法加战役中击败了法国－西班牙联合舰队。纳尔逊勋爵虽然战死，但他的胜利终结了拿破仑在海上的威势，使法国无法入侵英国。 **1807 年**：普鲁士废除农奴制。 **1808 年**：拿破仑任命他的哥哥为西班牙国王。	**上图** 弗朗索瓦－多米尼克·杜桑－卢维杜尔领导了反抗法国的海地革命，解放了黑人奴隶 **1807 年**：英帝国内部废除了奴隶贸易。 **1809 年**：瑞典把芬兰割让给俄国。	**1804 年**：拿破仑的《民法典》（Civil Code）确立了法国大革命以来产生的法律面前人人平等与财产所有权原则；这部法典后来被世界上许多国家采用。
中东 & 非洲	**1801 年**：塞尔维亚人发动起义反抗叛变的奥斯曼帝国近卫军。那些近卫军杀害了总督，并控制了贝尔格莱德。 **1807 年**：塞利姆三世（Selim III）被伊斯坦布尔的近卫军和神职人员联合推翻，但叛军亦被各省的权贵镇压；权贵们于 1808 年将塞利姆的侄子马哈茂德二世（Mahmud II）推上了王位。	**1808 年**：塞拉利昂成为英国的殖民地。	**1803—1808 年**：来自尼日利亚的富拉尼宗教领袖奥斯曼·丹·福迪奥（Usman Dan Fodio）带领他的追随者参加了一场反对豪萨统治者的"圣战"，他后来被尊为"信徒的统帅"。 **左图** 兰吉特·辛格凭借一支由锡克教徒、穆斯林、印度教徒以及欧洲军官组成的多元军队巩固了他在旁遮普的势力
亚洲 & 大洋洲	**1801 年**：21 岁的"旁遮普雄狮"的兰吉特·辛格（Ranjit Singh）自称印度旁遮普国王，开创了锡克王朝。 **1802 年**：越南阮福映（嘉隆帝）击败西山政权后建立阮朝。 **1810 年**：国王卡米哈米哈一世（Kamehameha I）统一夏威夷群岛，建立了卡米哈米哈王朝。		**1807 年**：伦敦传道会的传教士罗伯特·马礼逊（Robert Morrison）抵达广州，开始传播基督教新教。

科学与技术	人类与社会

1804 年： 德国博物学家亚历山大·冯·洪堡（Alexander von Humboldt）和法国植物学家埃梅·邦普兰（Aime Bonpland）结束了他们在中美洲和南美洲为期 5 年的开创性田野考察。

1807 年： 罗伯特·富尔顿（Robert Fulton）发明了第一艘实用的蒸汽船，它后来被命名为"克莱蒙特"号。它从纽约市航行到奥尔巴尼，然后返回。

1801 年： 法国天文学家杰罗姆·拉朗德（Jérôme Lalande）编制了一份列有 47390 颗恒星的星表。

在雅克-路易·大卫（Jacques-Louis David）的这幅著名的肖像画中，拿破仑·波拿巴正翻越阿尔卑斯山

1800—1806 年： 奥斯曼帝国苏丹塞利姆三世将现代武器和军事方法引入他的军队。

1804 年： 日本医生华冈青洲首次对病人实施全身麻醉。

1804 年： 檀香木贸易始于太平洋岛屿。

拿破仑的征服

国王被处决、恐怖统治时期开始后，革命的法国已与邻国——奥地利、普鲁士、西班牙和英国开战。一位名叫拿破仑·波拿巴的年轻炮兵军官在军中晋升飞快，他在战场上杀敌无数，令法国人为之倾心。拿破仑很快就将自己的声望转化为政治权力。

1804 年，在巴黎圣母院举行的盛大仪式上，他加冕为法兰西帝国皇帝。在加冕典礼上，教皇正要把王冠戴在拿破仑头上时，拿破仑从教皇手中拿过王冠，自己戴在头上。

法兰西帝国不再为保卫革命成果而战，而是开始主动出击。拿破仑取得了一连串令人印象深刻的胜利，其中最了不起的是 1805 年的奥斯特里茨战役，此后欧洲大部分地区都将被他踩在脚下。然而，仍有两个国家在顽强抵抗：英国和俄国。

要想入侵英国，拿破仑需要掌握制海权。但是，英国皇家海军在特拉法加的胜利使他失去了制海权，因此，横渡英吉利海峡到英国的希望也随之消失。于是，拿破仑率领他的大军穿越欧洲入侵俄国。这个致命的决定导致了他的垮台和法国的败北。因为，尽管法国人设法进入俄国并占领了莫斯科，但在 1812 年冬天，他们却没能成功留下。法国军队别无选择，唯有艰难跋涉，忍受着严寒和哥萨克骑兵的攻击。人们给出过不同的预估数字，但在 60 万左右的入侵大军中，只有 4 万乃至更少的人成功返回。

拿破仑卷土重来的希望在滑铁卢战役中破灭了，他在流放地度过了最后几年。

1810—1820 年

	政治与权力	地理与环境	文化与宗教
美洲	1810 年：米克尔·伊达尔戈·科斯蒂亚（Miguel Hidalgo y Costilla）在 9 月 16 日呼吁反对西班牙人的统治，如今这一天被定为墨西哥独立日。 1811 年：委内瑞拉国民议会宣布脱离西班牙独立。 1812—1815 年：美英爆发 1812 年战争。 1813 年：巴拉圭正式宣布成为独立的共和国。 1814 年：英军烧毁了华盛顿的白宫。	1812 年：俄美公司在加利福尼亚索诺玛海岸建立了定居点。 1814 年：安德鲁·杰克逊（Andrew Jackson）打败克里克族后，签订《杰克逊堡条约》（Treaty of Fort Jackson）。条约规定克里克族割让亚拉巴马和佐治亚 9.3 万平方千米的土地给美国。	1810—1820 年：在墨西哥独立运动中，自由主义者和独立主义者提高了瓜达卢佩圣母的权威。她在新西班牙地区被尊为女守护神。 1818 年：美国举行了第一场公开的赛马比赛。
欧洲	1812 年：拿破仑入侵俄国；他攻占了莫斯科，但由于该城失火，他无法在那里过冬，只好率领军队返回法国。 1814—1815 年：维也纳会议使法国波旁王朝复辟。 1815 年：由英国威灵顿（Wellington）公爵率领的盟军在滑铁卢战役中击败了拿破仑。		1812—1815 年：格林（Grimm）兄弟出版《格林童话》。 1813 年：英国小说家简·奥斯汀（Jane Austen）匿名出版了三卷本小说《傲慢与偏见》（Pride and Prejudice）。 1814 年：华尔兹成为一种流行舞蹈。
中东 & 非洲	1810 年：毛里求斯和塞舌尔被英国吞并。 1811 年：穆罕默德·阿里大肆屠杀开罗的马穆鲁克人，重新统一埃及国家财政。 1813 年：阿勒颇总督屠杀了叙利亚的近卫军将领。	格林童话《白雪公主》（Snow White）的标题页 1813—1814 年：在穆罕默德·阿里的领导下，埃及进行了第一次农业调查。 1814 年：根据维也纳会议的决议，荷兰将开普省永久割让给了英国。	1813 年：埃及军队从瓦哈比教派手中夺回麦加。
亚洲 & 大洋洲	1811 年：英国人征服了东印度群岛的爪哇岛。 1818 年：马拉地人被英国人击败，英国人成为印度的统治者。 1819 年：英国将新加坡建立为自由贸易港，永久性地打破了荷兰在该地区的贸易垄断。	1815 年：印尼苏姆巴瓦火山爆发，造成 5 万多人死亡。	1812 年：塔希提国王波玛雷二世（Pomare II）皈依了基督教。 1813 年：阮攸以中国小说为蓝本创作了越南叙事诗《金云翘传》。故事中的女主人公在找到幸福之前历尽磨难。 1814 年：第一批英国新教传教士抵达新西兰，向毛利人传教。 1820 年：第一批基督教传教士抵达夏威夷群岛。

科学与技术	人类与社会
1817年：纽约州开始修建伊利运河，以连接哈得孙河和五大湖。 **1817年**：巴尔的摩成为美国第一个使用燃气路灯的城市。	**1815年**：1812年战争结束后，市场经济开始改变美国社会。 **1820年**："密苏里妥协案"旨在结束美国奴隶制扩张的危机。缅因州作为一个自由州加入联邦，密苏里州作为一个蓄奴州加入联邦。
1812年：圆压平凸版印刷机被发明出来，伦敦的《泰晤士报》（The Times）就是使用这种印刷机印刷的。 **1814年**：英国工程师乔治·斯蒂芬森（George Stepheson）制造了第一个火车头"布卢彻"号。他后来的创新成就了第一台实用的蒸汽机车。	**1811年**：据俄国人口普查结果，该国人口已超过4100万。 **1815年**：在滑铁卢战败后，拿破仑被流放到圣赫勒拿岛。
1818—1834年：埃及出现了羊毛厂、制糖厂、玻璃厂和其他工业。	**1816年**：夏卡（Shaka）成为祖鲁王国的统治者；他率领纪律严明、机动灵活的军队征服了非洲东南部的许多民族。
1819年：捕鲸业始于太平洋岛屿。	

祖鲁人的崛起

夏卡·祖鲁或许是历史上最著名的南非领导人。作为一位残暴的军国主义国王，夏卡接管了当时还无足轻重的祖鲁部落，并将其变成了一个拥有5万军队的强大国家。

夏卡从小就是一名出色的战士，在父亲去世后，夏卡击败了他的兄弟，成为祖鲁酋长。他投入了极大的精力，建立起一支强大的祖鲁军队。据说，他教导部下使用盾牌作为攻击性武器，把敌人的盾牌钩在一边，从而使敌人的肋骨暴露出来。

他还设计了一种较短的长矛，可以挥舞着作为扎刺的武器。他蔑视欧洲的火器，因为它们需要很长时间才能重新装填，他认为人才是最终极的武器。他要求每一个战士做到完全的忠诚和服从，对那些不愿听从命令的人则处以死刑。不过，夏卡与他的士兵们同甘共苦，他放弃了祖鲁国王的舒适生活，和士兵一起操练。

夏卡取得了一次又一次的胜利，团结了各个部落，同时也避免了与新来的白人殖民者的冲突。在他的统治下，祖鲁的领土迅速扩张。到1820年，他已经控制了非洲东南部的大部分地区和纳塔尔。然而，祖鲁帝国的征战也摧毁了大片地区，并造成许多地区人口减少，有些部落被迫从祖鲁帝国的战争圈迁走。这段动荡时期后来被称为姆菲卡尼（mfecane）或迪法盖（difaqane），意为"混乱的时期"。

夏卡的统治于1828年结束，他被两个同父异母的兄弟暗杀。他们用长矛刺死夏卡，然后把尸体扔进一个装满石头的空谷坑。

左图 夏卡·祖鲁和他精心挑选出的武器——盾牌和长矛

1820—1830 年

	政治与权力	地理与环境	文化与宗教
美洲	1821 年：秘鲁宣布脱离西班牙独立。 1822 年：多姆·佩德罗（Dom Pedro）宣布巴西脱离葡萄牙独立。 1822 年：圣马丁离开秘鲁后，西蒙·玻利瓦尔（Simón Bolívar）率领一支军队进入安第斯山区。他的副官安东尼奥·何塞·德·苏克雷（Antonio José de Sucre）征服了西班牙最后一个据点。 1824 年：在宣布脱离西班牙独立 3 年后，墨西哥成立共和国。 1828 年：乌拉圭成为独立国家。	1821 年：西班牙以 500 万美元的价格将佛罗里达割让给美国。 1828 年：西切罗基印第安人将他们在阿肯色的土地出让给美国，以换取 2.83 万平方千米的土地，其中包括现在的俄克拉何马州北部。	1820—1830 年：小约瑟夫·史密斯（Joseph Smith Jr）报道了一系列发生在纽约州的异象。这些异象后来促成了耶稣基督后期圣徒教会（摩门教）的成立。
欧洲	1830 年：法国、德国、波兰、意大利、比利时、瑞士和葡萄牙都爆发了革命。		19 世纪 20 年代：欧洲文学和艺术中的浪漫主义以拜伦（Byron）、夏多布里昂（Chateaubriand）、海涅（Heine）、透纳（Turner）和德拉克洛瓦（Delacroix）的作品为代表。 1828 年：诺亚·韦伯斯特（Noah Webster）出版了美国第一部未经删节的词典《美国英语词典》（An American Dictionary of the English Language）。
中东 & 非洲	1821 年：埃及人入侵苏丹。 1830 年：法国人开始入侵阿尔及利亚。阿尔及利亚名义上仍是奥斯曼帝国的一部分。	法国著名浪漫主义艺术家欧仁·德拉克洛瓦（Eugène Delacroix）创作了《米索隆基废墟上的希腊》（Greece on the Ruins of Missolonghi），以纪念奥斯曼帝国统治下的希腊人的困境，这是欧洲知识分子很关注的话题。	19 世纪 20 年代：最初，美国新教传教士在黎巴嫩受到积极的接纳，但后来遭遇了马龙尼礼教会（马龙派）的抵制。 1829 年：奥斯曼帝国的一项服装法令规定以菲斯帽代替头巾。
亚洲 & 大洋洲	1824 年：英国人开始在东南亚征服缅甸。 1825—1830 年：印度尼西亚人在爪哇战争中反抗荷兰的统治。	19 世纪 20 年代：澳大利亚的羊毛取代了其原来不那么受欢迎的出口商品，如海豹皮、海豹油和檀香木，成为最受欢迎的商品。	1825 年：夏威夷女王加休曼努（Kaahumanu）皈依基督教。 1828 年：近代印度教的革新派梵社创立。 1829 年：印度寡妇自焚的陋俗在英属印度被废除。

科学与技术	人类与社会
19世纪20年代：美国制造商开发出可互换部件，最初被用于为美国陆军生产武器。 1825年：伊利运河开通，船只可以通过这条运河从五大湖进入大西洋。 1828年：美国第一条蒸汽动力铁路——巴尔的摩与俄亥俄铁路开始动工。	19世纪20年代：独立之后，大多数拉丁美洲国家都由军事强人（caudillos）统治，而非共和政体。 1830年：美国国会通过《印第安人迁移法案》（The Indian Removal Act）。
1821年：英国人迈克尔·法拉第（Michael Faraday）演示了电磁旋转，即发电机的工作原理。 1824年：巴黎的路易·布莱叶（Louis Braille）发明了一种盲人阅读方法。 1825年：第一条蒸汽客运铁路在英格兰斯托克顿和达灵顿之间开通。 1826年：约瑟夫-尼塞普尔·涅普斯（Joseph-Nicephore Niepce）拍摄了第一幅摄影图像。	1824年：《废除反结社法法案》（The Repeal of the Combination Acts）允许英国工人组建工会。 1824年：俄国圣彼得堡遭遇了历史上最具破坏性的洪水。 1829年：罗伯特·皮尔（Robert Peel）在伦敦组建了一支新的英国警察队伍。
19世纪20年代：祖鲁国王夏卡创立了南部非洲一支强大且令人畏惧的军队，他蔑视欧洲的火器，青睐"阿塞盖"（一种细长的铁制尖头木矛或标枪）。	1822年：美国废奴主义者发现了蒙罗维亚，未来它将成为利比里亚的首都。 1828年：祖鲁国王夏卡被他同父异母的兄弟暗杀。
19世纪30年代：夏威夷开始种植甘蔗。	

右图 标有南美洲殖民地独立年份的地图

南美洲的自由

南美洲摆脱西班牙殖民统治的斗争是由西蒙·玻利瓦尔领导的，他是西班牙裔美洲人，出生在委内瑞拉的富有家庭，在西班牙接受教育。正是在欧洲，玻利瓦尔受到了启蒙思想的影响。18世纪末法国与北美的革命证明，南美洲人民也可以掌握自己的命运。很快，玻利瓦尔就呼吁自己出生的大陆能获得独立，他曾说："在我打破束缚我们服从西班牙强权意志的枷锁之前，我不会让身体和灵魂安息！"

曾经，西班牙完全掌控着殖民地的政治和商业，但当拿破仑的军队入侵伊比利亚半岛时，西班牙的殖民统治变得更加宽松，革命军政府开始在南美洲建立自己的军队。玻利瓦尔在他的祖国委内瑞拉组织起革命力量。

1819年，革命军夺取了委内瑞拉的政权，随后转向哥伦比亚和厄瓜多尔。与此同时，在美洲大陆南部，何塞·德·圣马丁正在阿根廷召集革命分子。在解放了阿根廷之后，他带领5000人翻过安第斯山脉来到智利，向那里惊慌失措的西班牙守军发起进攻。

圣马丁和玻利瓦尔最终在秘鲁相遇，那里是西班牙在南美洲的堡垒。在圣马丁的领导下，秘鲁于1821年获得部分独立。在玻利瓦尔的领导下，它于1824年从西班牙获得完全独立（两年前，巴西以和平的方式从葡萄牙获得自由）。

玻利瓦尔曾希望将所有南美洲人团结成一个国家，但没有成功。尽管如此，鉴于他在南美大陆取得的成就，他被人们尊称为"解放者"。

1830—1840 年

	政治与权力	地理与环境	文化与宗教
美洲	1833 年：安东尼奥·洛佩斯·德·圣安纳将军开始了他的首个墨西哥总统任期。 1835 年：阿根廷暴虐的独裁者胡安·曼努埃尔·罗萨斯（Juan Manuel Rosas）在获得独裁权力后，再次成为布宜诺斯艾利斯总督。 1836 年：得克萨斯人在阿拉莫被墨西哥军队击败；同年晚些时候，得克萨斯在赢得圣哈辛托战役后获得独立。	1831—1842 年：文明化五部落——切罗基、奇克索、乔克托、克里克和塞米诺尔离开了原本的家园，被迫向西迁移。	1837 年：基督教福音传教士德怀特·L.穆迪（Dwight L. Moody）在马萨诸塞州的东诺斯菲尔德出生。
欧洲	1831 年：革命者朱塞佩·马志尼（Giuseppe Mazzini）创立了"青年意大利"，一个致力于建立意大利共和国的组织。 1832 年：希腊从奥斯曼土耳其人那里赢得独立。 1833 年：普鲁士领导下的德意志关税同盟（Zollverein）成立。		1831 年：法国作家雨果出版了《巴黎圣母院》。 1835 年：葛塔诺·多尼采蒂（Gaetano Donizetti）的歌剧《拉美莫尔的露琪亚》（Lucia Di Lammermoor）在那不勒斯首演。
中东 & 非洲	1830 年：法国入侵阿尔及利亚。 1831—1839 年：穆罕默德·阿里的儿子易卜拉欣·帕夏（Ibrahim Pasha）征服了叙利亚，并威胁要推翻奥斯曼帝国的统治。他推行的平等征税和征兵制在叙利亚、巴勒斯坦和黎巴嫩激起了叛乱。 1832—1847 年：穆斯林领袖阿卜杜勒卡德尔（Abdelkader）抵抗法国入侵阿尔及利亚。 1835 年：奥斯曼人重申对北非的黎波里和班加西的主权。	19 世纪 30 年代：西非生态环境的变化使得气候变干，导致了大面积的干旱和混乱。 1837 年：在血河战役中，从英国开普殖民地迁移过来的白人布尔人杀死了约 3000 名祖鲁人，并将祖鲁人赶到林波波河以北。	1835 年：耶路撒冷的犹太教堂在埃及总督易卜拉欣·帕夏的领导下重建。 1839 年：奥斯曼帝国苏丹阿卜杜勒麦吉德一世（Abdulmecid I）推行坦志麦特改革，但最终徒劳无功。
亚洲 & 大洋洲	1840—1842 年：鸦片战争爆发。中国被迫向西方列强开放港口，将香港岛割让给英国。 1840 年：在新西兰，毛利人和英国签订《威坦哲条约》（The Treaty of Waitangi），确保毛利人拥有部分土地以及作为英国臣民的全部权利。	1833—1837 年：庄稼歉收导致了日本的天宝大饥荒。	19 世纪 30 年代：鸦片进口额超过了中国茶叶和丝绸的出口额。 1831 年：汤加统治者陶法阿豪（Taufa'Ahau）皈依基督教。 1833—1834 年：日本画家、版画家歌川广重创作了他最著名的作品《东海道五十三次》。

链接

英国鸦片与中国人

19 世纪 30 年代，英国商人把成吨的在印度种植的鸦片运到广州，用来交换丝绸、香料、瓷器和茶叶。鸦片会让人成瘾，而且会造成严重的社会和经济问题。几十年来，中国政府一直都禁止鸦片进口，而英国商人却无视这一禁令。1839 年，当中国决定禁绝鸦片走私后，战争爆发了。中国的老式武器装备无法与在沿海徘徊的英国炮舰相抗衡，军队也无法与英国军队的火力一战。1842 年，中国被迫签订《南京条约》，向侵略者开放了沿海口岸，并将香港岛割让给英国。

科学与技术	人类与社会
19世纪30年代：英国数学家查尔斯·巴贝奇（Charles Babbage）进一步发展了他的"差分引擎"计算器，并为"分析引擎"制订了计划，那是现代计算机的前身。 1833年：第一台机械收割机获得专利。	19世纪30年代：南美和拉丁美洲的新独裁政权和偶尔出现的共和国使得美洲土著与西班牙裔拉美人精英们处于剥削关系中。 19世纪30年代：新英格兰的纺织女工开始就工资、工作条件和工作时间展开维权行动。 1833年：墨西哥暴发霍乱疫情。 1836年：在阿拉莫，大卫·克罗克特（Davy Crockett）及其他182人为得克萨斯脱离墨西哥独立而牺牲。
19世纪30年代：比利时开始修建国有铁路。 1840年：第一张邮票在英国发行，名为"黑便士"，上面印有维多利亚女王的肖像。	1832年：德国诗人歌德去世。 1832年：一场霍乱在英国造成3.1万人死亡。 1833年：《1833年工厂法案》（The Factory Act of 1833）对英国童工的年龄、受教育程度和最长工作时间做了规定。
	1840年左右：桑给巴尔成为东非的商业中心，向印度洋出口丁香和其他香料。
1835—1836年：博物学家查尔斯·达尔文乘坐"贝格尔"号（即"小猎犬"号）访问新西兰和澳大利亚。	

血泪之路

当美国国会通过《印第安人迁移法案》后，克里克、奇克索、乔克托、切罗基和塞米诺尔这几个部族的印第安人被驱逐出自己的土地。切罗基族试图通过最高法院来质疑该法是否符合宪法，但以失败告终。1838年，联邦政府开始从密西西比河以东迁移切罗基人。作为交换，他们得到了印第安领地，在今俄克拉何马州的土地，以及承诺的金钱和粮食。在总统安德鲁·杰克逊的命令下，温菲尔德·斯科特将军和他的7000名士兵接下了驱逐印第安人的任务。美国历史上最悲惨的一幕由此开始。有一些切罗基人设法逃走，他们逃到山区、沼泽和其他对白人来说不适宜居住的地方避难。有些则同意接受美国公民身份，并被允许留在美国。然而，在1838—1839年的冬天，大约15000名印第安人被赶到了1600多千米外的田纳西州、肯塔基州、伊利诺伊州、密苏里州和阿肯色州，进入条件恶劣的印第安人领地。

许多印第安人几乎走了一路都没有鞋子和衣服穿。印第安人在这段旅途中的死亡率极高，约有4000人死于饥饿、疾病、暴晒和疲劳。这段印第安人被迫西迁的旅程，用切罗基人的话来说，就是"血泪之路"。

左图 当切罗基人和其他美洲土著被赶出密西西比河以东的家园时，他们开始了一场被称为"血泪之路"的西迁

1840—1850 年

	政治与权力	地理与环境	文化与宗教
美洲	**1844 年**：圣多明各宣布脱离海地独立，成为多米尼加共和国。 **1845 年**：得克萨斯被美国吞并。 **1846—1848 年**：美国和墨西哥之间的墨西哥战争导致美国占领了加利福尼亚州和西南部的大部分土地，那曾是墨西哥的领土。	**1841 年**：第一批来自密苏里州的带篷货车向加利福尼亚州进发。 **1848 年**：在与英国划定了加拿大和美国的边界之后，美国国会建立了俄勒冈地区，即未来的俄勒冈州、华盛顿州和爱达荷州。 **1849 年**：加利福尼亚淘金热开始了。1848 年，有人在加州发现黄金后，超过 10 万人涌入加州寻找财富。	**1845 年**：多明戈·萨米恩托（Domingo Sarmiento）出版了《法昆多：文明与野蛮》（Facundo: Civilization and Barbarism）。该书探讨了阿根廷人的性格，也指出了拉丁美洲现代化的方向。 **1846 年**：第一场职业棒球赛在新泽西州的霍博肯举行。 **1847 年**：美国发行第一批邮票。
欧洲	**1841 年**：为了遏制俄国在东地中海的野心，一项国际海峡公约被制定，它禁止所有非奥斯曼帝国军舰进入博斯普鲁斯海峡。 **1846 年**：英国废除了试图调节谷物价格的《谷物法》(The Corn Laws)，并向自由贸易迈进。 **1848 年**：欧洲大部分地区都爆发了革命。法国宣布成立第二共和国。		**1848 年**：卡尔·马克思（Karl Marx）和弗里德里希·恩格斯（Friedrich Engels）发表《共产党宣言》(The Communist Mani Festo)，预言无产阶级的革命终将埋葬资本主义。
中东 & 非洲	**1840 年**：黎巴嫩反抗埃及的占领。 **1844 年**：英国人在西非黄金海岸建立了一个非正式的保护国。 **1847 年**：利比里亚成为一个完全独立的共和国。 **1848 年**：阿尔及利亚被宣布为法国的一部分。	**1849 年**：苏格兰传教士、探险家大卫·利文斯顿（David Livingstone）到达非洲内陆的恩加米湖。	**19 世纪 40 年代**：波斯尼亚拉比犹大·本·所罗门·阿勒卡莱（Judah ben Solomon Hai Alkalai）的书和行动成为"犹太复国运动"的先声。
亚洲 & 大洋洲	**1842 年**：《南京条约》结束了中国和英国之间的第一次鸦片战争。 **1843—1849 年**：英国人征服了印度的克什米尔和旁遮普。 **1851—1864 年**：太平天国运动沉重打击了清政府的统治。	**19 世纪 40 年代**：法国人在太平洋上占领了许多岛屿，其中包括塔希提岛。	**1844 年**：中国皇帝解除了对基督教的禁令。

那时的生活

有篷货车

从 19 世纪 40 年代开始，来自美国东部的拓荒者穿越俄勒冈小道，从密苏里州来到俄勒冈州和加利福尼亚州的边境地带。他们沿着一条由毛皮商人、军事侦察兵和传教士长期建立的路线，使用了一种独特的运输工具——有篷货车：人们乘坐在货车上，车顶覆盖着一块白色帆布。这种帆布被拉在大木箍上，一般会被涂上油以达到防水的目的。人们平时把帆布的两端都合上，以防风雨。当天气变热时，再把帆布卷起来，让微风能吹进车里。这些拓荒者担心遭到敌对的印第安人的袭击，但最终天气、荒凉和疾病被证明是更大的威胁。从 1843 年到内战期间，大约有 50 万拓荒者穿行到西部。

科学与技术	人类与社会
	1848 年：巴西伯南布哥爆发"海滩街"（Praieira）革命。 **1849 年**：非洲裔女性哈丽特·塔布曼逃脱奴役，并通过"地下铁路"组织带领 300 多名奴隶获得自由。 **1849 年**：来自伊利诺伊州的辉格党众议员、墨西哥战争的批评者亚伯拉罕·林肯（Abraham Lincoln）在一个任期结束后退出政界，从事法律工作。在接下来的十年，他成为新共和党中反对奴隶制的温和派。
哈丽特·塔布曼（Harriet Tubman，左一，拿着平底锅）和一群奴隶合影。她通过"地下铁路"组织协助他们逃跑	
1847 年：在德国，阿尔弗雷德·克虏伯（Alfried Krupp）的埃森工厂生产出第一批全钢制火炮；1867 年，阿尔弗雷德·克虏伯向普鲁士国王赠送了一门 50 吨重的钢制大炮。	**1842 年**：在对工作环境进行调查后，英国矿山禁止妇女在地下工作。 **1845 年**：爱尔兰马铃薯饥荒开始，这是 19 世纪最严重的自然灾害之一。有 110 万—150 万人死于饥饿和疾病，还有多达 200 万人离开，其中大部分移民到了美国。 **1849 年**：在英国伦敦，一场致命的霍乱导致大约 14000 人死亡。
1845 年：英国考古学家亨利·莱亚德（Henry Layard）在伊拉克开展工作的第一个月里，发现了亚述城市尼姆鲁德。	**1841 年**：奥斯曼帝国开通了邮政服务。 **1846 年**：伊斯坦布尔奴隶市场被废除。
1841 年：法国博物学家皮埃尔·博尔特（Pierre Boitard）科学地将澳大利亚有袋类动物"塔斯马尼亚恶魔"（Tasmanian devil, 袋獾）命名为"夏利里斯的嗜肉者"（*Sarcophilus harrisii*）。	**1848 年**：在夏威夷，"大土地分配法令"允许人们将土地作为私人财产分割和出售。 **1850 年**：中国人口达到 4.2 亿。

爱尔兰马铃薯饥荒

1845 年夏天，一场罕见的"枯萎病"摧毁了爱尔兰的马铃薯。马铃薯在爱尔兰有 200 多年的种植历史，是人们饮食中的基本主食。大多数爱尔兰农民从不种地的英国地主那里租用小块的土地，因为 0.4 公顷的土豆便能养活一个家庭一年。爱尔兰人开始将土豆作为他们主要的食物来源。土豆营养丰富，易于种植，只需要很少的劳动力、培训和农具，有一把铁锹就能种了。但是，当枯萎病来袭时，土豆刚从地里挖出来没几天，就开始变黏、变黑、腐烂。

关于这场枯萎病的原因有许多说法。一些调查人员说，这是"静电"或铁路机车冒出的浓烟造成的，甚至可能是地下火山喷出的"令人窒息的蒸汽"造成的。但真正的原因是一种真菌——疫霉菌，它从北美传播到了爱尔兰。

"饥荒热"——霍乱、痢疾、坏血病、斑疹伤寒和虱子感染，很快在爱尔兰乡村蔓延开来。观察人士报告说，孩子们痛苦地哭泣，看起来"像骷髅一样，五官因饥饿而变尖，四肢消瘦，只剩下骨头""大量的尸体因没有棺材，被埋在土下几厘米的地方"。

政府几乎没有给人们提供什么帮助，只是迫使成千上万的人进入济贫院。在接下来的 10 年里，有约 100 万人死亡，多达 200 万人离开爱尔兰前往英国、加拿大和美国。五年之内，爱尔兰马铃薯饥荒使爱尔兰人口减少了 1/4。这场疫病也侵袭了挪威等其他北欧国家，导致了饥荒，移民也因此增加。

1850—1860 年

	政治与权力	地理与环境	文化与宗教
美洲	**1857 年**：根据皇家法令，渥太华成为加拿大首都。 **1857 年**：德雷德·斯科特案的判决结果使密苏里妥协案变为违宪行为，这加剧了南北双方在美国奴隶制问题上的紧张关系。 **1858—1861 年**：墨西哥的保守派和自由派在三年改革战争中争夺权力。	伊莱沙·格雷夫斯·奥蒂斯在纽约展示早期的电梯	**1850 年**：由于巴西拒绝结束奴隶贸易，英国皇家海军开始扣押疑似奴隶船的船只，并迅速封锁了巴西港口。 **1852 年**：哈丽特·比彻·斯托（Harriet Beecher Stowe）出版了反奴隶制小说《汤姆叔叔的小屋》（Uncle Tom's Cabin）。 **1856 年**：墨西哥政府颁布《莱尔杜法》（Ley Lerdo），要求包括天主教会在内的所有社会团体公开拍卖出售其大部分财产。
欧洲	**1851 年**：俄国入侵奥斯曼帝国的多瑙省，通过击沉其舰队，控制了黑海。 **1852 年**：法兰西共和国落幕；路易-拿破仑·波拿巴（拿破仑三世）加冕为法兰西第二帝国皇帝。 **1856 年**：俄国在克里米亚战争中被英国、法国和奥斯曼土耳其人击败。根据《巴黎条约》，俄国接受屈辱性条款，同意不在黑海保留海军，也不在黑海海岸上保留任何基地。		**19 世纪 50 年代**：以柏辽兹（Berlioz）、李斯特（Liszt）、瓦格纳（Wagner）、勃拉姆斯（Brahms）和威尔第（Verdi）的作品为代表的浪漫主义音乐达到了顶峰。 **1853 年**：乔治-欧仁·奥斯曼男爵开始重建巴黎，以宽阔的林荫大道作为城市特色。 **1860 年左右**：狄更斯、大仲马、福楼拜、屠格涅夫、陀思妥耶夫斯基和托尔斯泰的作品令欧洲文学蔚为大观。
中东 & 非洲	**1850—1855 年**：曾经的土匪头目卡萨·海卢（Kassa Hailu）将埃塞俄比亚众多小国统一为一个帝国，并加冕为万王之王，自称特沃德罗斯二世（Tewodros II）。 **1857 年**：法国人完成了对阿尔及利亚的征服。 **1858 年**：法国向塞内加尔河上游推进，以扩大其在西非的势力。 **1860 年**：西班牙人入侵直布罗陀海峡对面的摩洛哥。	**1854—1856 年**：苏格兰传教士和探险家大卫·利文斯顿从西海岸穿越非洲到达东海岸。 **1857 年**：波斯承认阿富汗独立。	**链接** **准将佩里与日本的扩张** 1853 年，美国海军准将马休·佩里（Matthew Perry）驶入江户湾时，发现了一个神秘的岛国，除了少数荷兰和中国商人外，它对其他国家都紧闭大门。在那些震惊的旁观者看来，美国的现代船只就像"喷着烟雾的巨龙"。日本人意识到他们在技术上已经远远落后了。1854 年 3 月 31 日，美日签署了一项历史性的条约，日本同意与美国进行贸易。日本与世界其他国家之间的隔阂开始缩小，并迅速实现了工业化和近代化。在不到一个世纪的时间里，日本从一个封建国家转变成一个世界强国，随时准备挑战美国在太平洋地区的主导地位。
亚洲 & 大洋洲	**1855 年**：千岛群岛被日本和俄国瓜分。 **1856 年**：新西兰和塔斯马尼亚从英国赢得自治权。 **1856—1860 年**：第二次鸦片战争导致英国进一步侵犯中国主权。 **1857 年**：印度爆发了反抗英国统治的起义。 **1859 年**：法国占领中南半岛的西贡（今胡志明市）。	**1851 年**：新南威尔士州和维多利亚州发现了黄金，这加速了澳大利亚的移民进程。 **1858—1860 年**：在《瑷珲条约》和中俄《北京条约》中，中国向俄国割让了许多领土。 **1860—1861 年**：罗伯特·奥哈拉·伯克（Robert O'hara Burke）和威廉·约翰·威尔斯（William John Wills）完成了澳大利亚首次南北陆路穿越。两人均在返程途中去世。	

科学与技术	人类与社会
1851年：艾萨克·辛格（Isaac Singer）为"锁式线迹缝纫机"申请专利。 1852年：牛皮纸袋被发明出来。 1852年：伊莱沙·奥蒂斯（Elisha Otis）设计了第一部带有自动安全装置——防止坠落的电梯。它催生了后来的摩天大楼。 1853年：美国人发明了薯片。	1858年：亚伯拉罕·林肯竞选美国参议员时宣称："一个自相残杀的众议院是站不住脚的。"他在与斯蒂芬·道格拉斯的竞争中落败，但他在多场颇具传奇色彩的辩论中的表现让他于1860年被共和党提名为总统候选人。 1860年："驿马快信"开始全美邮件递送。
1851年：世界上第一个工业博览会"世界博览会"在伦敦开幕。水晶宫里有10万多件展品参展。 1858年：英国维多利亚女王通过跨大西洋电缆向美国总统詹姆斯·布坎南（James Buchanan）发出第一条电报。	1855—1881年：被称为"解放者"的亚历山大二世在克里米亚战争失败后试图改变俄国的落后状况。 1859年：查尔斯·达尔文出版《物种起源》（On the Origin of Species by Means of Natural Selection）。 1860年：意大利爱国者朱塞佩·加里波第（Giuseppe Garibaldi）在意大利南部发动"千人远征"；意大利统一开始。
1856年：埃及开罗和亚历山大之间的铁路开通。 1859年：来自塞拉利昂的阿弗里卡纳斯·霍顿（James Africanus Beale Horton）成为爱丁堡大学的第一位非洲毕业生，获得了医学学士学位。他写了一篇题为《非洲西海岸医学地志》（The Medical Topography of the West Coast of Africa）的论文。 1859年：埃及领导人穆罕默德·阿里（Muhammad Ali）拒绝批准开发运河，他去世后，苏伊士运河的建设得以继续。	1857年：奥斯曼帝国禁止非洲奴隶贸易。 1858年：奥斯曼帝国土地法和埃及土地法引入了私有财产这一概念；土地本应属于农民耕种者，但通常属于当地的贵族。 1860年：在第一次黎巴嫩内战中，大马士革发生的屠杀基督徒的行为引起了国际公愤，法国和奥斯曼帝国军队来到大马士革以恢复秩序。
1853年：印度拥有了第一条铁路和电报线路。	1853年：美国海军准将马休·佩里准将驶入江户湾，敦促日本开放与美国的贸易政策。 1854年：第一个从美国大学毕业的中国学生是耶鲁大学毕业生容闳。

太平天国运动

19世纪中期，中国遭受了一系列前所未有的自然灾害，包括干旱、饥荒和洪水。清王朝没有采取什么措施来缓解这些事件在各地所造成的苦难，从而激起了民众对政府的不满，最终演变成中国近代史上规模最大的起义——太平天国运动。

太平天国运动的领导者是洪秀全。曾在科举考试中失利的洪秀全声称，自己是耶稣的弟弟。1851年，洪秀全在中国南方的广西发动了起义，他宣布建立太平天国，并自封为天王。两年后，起义军占领了古都南京。

洪秀全的新秩序建立在一些基督教信仰和源自中国本土的乌托邦思想的混合基础上，在这种设想中，农民共同拥有并耕种土地。这一愿景为洪秀全赢得了中国最贫困阶层的支持。

这场运动影响了中国南部和中部的大片地区。然而，很快，该运动的领导人发现自己陷入了内讧、叛变和腐败的泥潭。英国和法国军队在意识到这场运动可能会影响其利益后，向清政府伸出了援手。但镇压太平天国的行动最终还是要依靠清政府中的地方官员，他们将地方武装联合起来为政府提供援助。

太平天国运动造成了大规模的人口死伤。就像当时席卷欧洲大陆但遭到野蛮镇压的1848年革命一样，太平天国运动也导致了中国人向美国移民的激增。

1860—1870 年

	政治与权力	地理与环境	文化与宗教
美洲	1861—1865 年：由于南部各州脱离联邦，美国内战爆发。 1862—1867 年：法国企图在墨西哥建立一个傀儡帝国。 1865 年：阿根廷、巴西和乌拉圭向巴拉圭宣战，发动了三国同盟战争。 1867 年：加拿大自治领建立。	1867 年：美国以 720 万美元的价格从俄国购买了阿拉斯加，相当于每英亩土地 2 美分。 1870 年：铁路将平原上的水牛群一分为二，破坏了美洲土著的经济基础。	1868—1869 年：路易莎·梅·奥尔科特（Louisa May Alcott）分两部出版了《小妇人》（Little Women）。 1868 年：多明戈·福斯蒂诺·萨米恩托（Domingo Faustino Sarmiento）成为阿根廷总统，他是一名了不起的知识分子、教育家和自由主义领袖。 1869 年：派尤特族印第安人的"梦先知"发展了"鬼舞"。
欧洲	1866 年：普鲁士在克尼格雷茨战役中击败奥地利。 1867 年：奥匈帝国二元君主政体建立。 1870—1871 年：普法战争后，德意志帝国建立。		1867 年：小约翰·施特劳斯（Johan Strauss II）的《蓝色多瑙河圆舞曲》（On the Beautiful Blue Danube）首次公演。 1865—1868 年：列夫·托尔斯泰（Leo Tolstoy）出版《战争与和平》（War and Peace）。 1870 年：罗马天主教会宣扬"教皇无误论"的教条。
中东&非洲	1861 年：英国控制了西非的拉各斯（位于今尼日利亚）。 1864 年：突尼斯经济衰退，导致税收增加，引发了部落和城市居民的反抗。 1867 年：英国人对埃塞俄比亚发动军事远征，以解救被特沃德罗斯二世（Tewodros II）皇帝扣押的人质。	1860—1861 年：饥荒引发了波斯的"面包暴动"；妇女领导民众进行抗议。 1863 年：美国内战期间，埃及的棉花种植业蓬勃发展。 1863 年：由法国管理的贝鲁特—大马士革公路将叙利亚内陆与贝鲁特港口连接在一起，让通往西方世界成为可能。 1867 年：南非发现了钻石。	1865 年：《圣经》阿拉伯文译本出版。 1866 年：美国新教传教士在贝鲁特创办叙利亚新教学院（现为贝鲁特美国大学），它为阿拉伯文学在叙利亚基督徒中的复兴做出了贡献。
亚洲&大洋洲	19 世纪 60 年代：新西兰的土地战争使得英国殖民者占领了北岛 1.32 万平方千米的土地。 1863 年：法国对柬埔寨建立了一种保护关系，其他受保护国包括南圻、安南、东京和老挝。 1868 年：推翻德川幕府，实施明治维新，奠定了日本现代民族国家的基础。	19 世纪 60 年代：斐济人开始种植甘蔗。 1869 年：日本于北海道殖民，将其作为新的民族国家的一部分。	1870 年：中国发生"天津教案"。

标明美国内战主要战役地点和日期的地图

科学与技术	人类与社会
1869年：横贯北美大陆的铁路完工。到第二年，美国已经拥有85277千米里程的铁路。	1865年：美国宪法第十三修正案废除了奴隶制。 1865年：约翰·威尔克斯·布斯（John Wilkes Booth）刺杀了美国总统亚伯拉罕·林肯。
1861年：法国人路易·巴斯德（Louis Pasteur）发展了疾病的细菌理论。 1863年：第一条地下铁路在伦敦建成。 1870年：欧洲拥有超过10万千米里程的铁路。	1861年：俄国农奴获得了解放，从地主那里获得了自由，但在获取自己应得的土地时，他们依然面临着许多障碍。 1862年：奥托·冯·俾斯麦（Otto von Bismarck）被任命为普鲁士首相。 1864年：亨利·杜南（Jean Henri Dunant）在瑞士成立国际红十字会。
1869年：苏伊士运河开通，将埃及地中海沿岸的塞得港与红海连接起来。它有161千米长，将从英国到印度的航程大幅缩短。 1870年：苏伊士运河运载了约43.7万吨货物。	1865年：土耳其秘密民族主义组织"新奥斯曼人"在伊斯坦布尔成立。 1870年：非洲和美洲之间的跨大西洋奴隶贸易终结。
	1869年：印度独立运动的英雄莫罕达斯·甘地（Mohandas Gandhi）出生。

左图 明治天皇。日本明治维新包括普及教育、废藩置县、迁都东京、强制兵役和取消封建阶级特权等

达尔文主义

19世纪30年代初，查尔斯·达尔文作为博物学家登上了英国皇家海军的"小猎犬"号，进行环球科学考察。在南美洲，他发现了与现代物种相似的灭绝动物的化石。在太平洋的科隆群岛上，他注意到，那里的物种与南美洲大陆上相同类型的植物和动物之间存在许多变异。达尔文还观察到，孤立的种群会以不同的方式适应和进化。例如，几种雀类已经在不同的岛屿上完成进化，每一种雀的喙都进化成了适应不同进食方式的样子。除非每一个微小物种都是奇迹的产物，否则，被隔离在岛上的各个种群都会以自己的方式进化。

在早期学者研究成果的基础上，达尔文最终发展出了自然选择理论。该理论认为，一个生物体的生存或灭绝是由该生物体对环境的适应能力决定的。成功的适应是建立在有机体随机发生的变异基础上的，这些变异被证明对生存斗争有用，从而增加了繁殖的可能性。有利的变异会传给下一代的后代。实际上，达尔文从未使用过"适者生存"这个说法，它是由达尔文的同时代崇拜者、哲学家、社会学家赫伯特·斯宾塞（Herbert Spencer）创造的。

达尔文在他的《论通过自然选择方式的物种起源》（或称《论依据自然选择即在生存斗争中保存优良族的物种起源》）一书中阐述了这些理论，也就是说生存斗争会保护更优等的物种。更广为人知的是它的简短标题——《物种起源》。达尔文的著作对19世纪60年代的社会和宗教产生了巨大的影响。进化论挑战了当时有关地球生命起源的观点，引发了关于进化论意义的激烈争论，并一直持续到今天。

美国内战

亚伯拉罕·林肯曾说，奴隶制是"道德、社会和政治上的罪恶"。1860年，林肯当选美国总统时，南方各州惊慌起来，纷纷退出联邦。这些分裂出去的州以自治权利为理由，决定组成一个新的国家——美利坚联盟国，并选举杰斐逊·戴维斯（Jefferson Davis）作为其领导人。林肯总统宣布，各州脱离联邦的行为是一场叛乱。1861年4月12日，邦联军队向南卡罗来纳州查尔斯顿的萨姆特要塞开火，南北战争就此开始。

战争双方都以为，这将会是一场短暂的冲突。北方的工厂数量是南方的5倍多，且有着更好的经济基础以及超过2200万的人口；而南方只有900多万人口，其中还有350万是奴隶。然而，南方同盟军却充满了信心，因为他们的士兵将在熟悉的地区作战。南方还有许多优秀的将军，比如罗伯特·爱德华·李，他是领导南方联盟军队的杰出将领。1861年7月，当一支联邦军向"美利坚联盟国"的首都里士满进军时，南方同盟军将其打回了华盛顿。漫长的4年以后，这场战争才宣告结束。

最后，北方的兵力优势起了决定性的作用，而北方联邦也找到了一位与罗伯特·爱德华·李势均力敌的将军——尤里西斯·S. 格兰特（Ulysses S. Grant）。1863年7月1日，两军在葛底斯堡展开决战，3日南方同盟军被击败。尤里西斯·S. 格兰特对罗伯特·爱德华·李发动了无情的追击，最终于1865年4月9日迫使他在阿波马托克斯法院广场投降。美国内战结束。

本页图　早期的新闻摄影作品让人们见识到战争的残酷，比如《葛底斯堡的亡灵》（*The Dead at Gettysburg*，右图）以及历史上的一些时刻，比如林肯在安提塔姆战役后会见将军时的情景（上图）

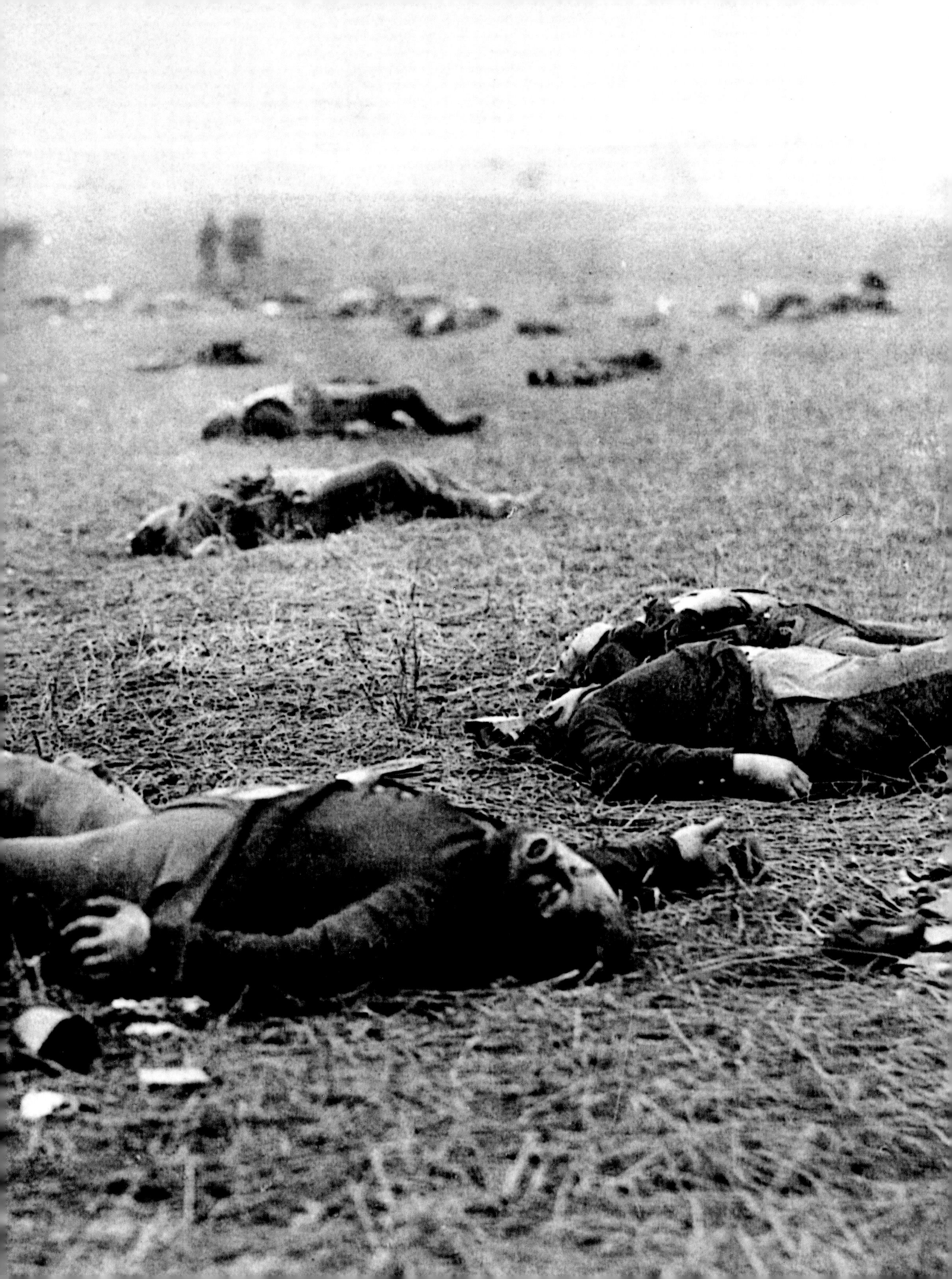

1870—1880 年

	政治与权力	地理与环境	文化与宗教
美洲	**1876 年**：在小巨角战役中，美国陆军中校乔治·A. 卡斯特（George A. Custer）及其士兵被苏族人和夏延族人杀死。 **1877 年**：波菲里奥·迪亚兹（Porfirio Díaz）成为墨西哥总统。他为国家带来了惊人的经济发展，但新财富并没有在国内得到公平分配。 **1879—1883 年**：为争夺阿塔卡马矿藏的控制权，智利、秘鲁和玻利维亚之间的太平洋战争爆发，智利取得了胜利，从而成为南美洲太平洋沿岸最强大的国家。	**1870—1900 年**：超过 1100 万移民抵达美国。 **1871 年**：芝加哥大火造成约 300 人死亡，数百万人的财产遭受损失。 **1879—1880 年**：阿根廷政府发动征服沙漠军事行动。土著居民被赶出了潘帕斯，那里被改造成为放牧的牧场。	**19 世纪 70 年代**：在整个拉丁美洲，实证主义支持下的知识分子运动将政权引向独裁。 **1873 年**：独裁者加布里埃尔·加西亚·莫雷诺（Gabriel García Moreno）将厄瓜多尔献给了"耶稣圣心"。 **1876 年**：马克·吐温出版《汤姆·索亚历险记》。
欧洲	**1877 年**：奥斯曼帝国镇压斯拉夫人的叛乱后，俄国入侵巴尔干半岛。 **1878 年**：柏林会议确认罗马尼亚、黑山和塞尔维亚脱离奥斯曼帝国独立。 **1879 年**：德国和奥匈帝国缔结双重同盟，以抵御俄国的攻击，并保证一方遭到其他国家的侵略时，他方应保持善意的中立。	**19 世纪 70 年代**：城市通过改进供水和下水道系统来改善公共卫生。	**19 世纪 70 年代**：莫奈、雷诺阿和德加的作品代表了印象派绘画的高峰。 **1878 年**：前卫理公会牧师卜威廉（William Booth）与其妻子扩大了伦敦东区的基督教传教团，并将其更名为"救世军"。
中东 & 非洲	**1879 年**：祖鲁战士在南部非洲的伊桑德尔瓦那战役中击败了英国人。	**1871 年**：英国裔美国记者亨利·莫顿·斯坦利（Henry Morton Stanley）在非洲找到了大卫·利文斯顿，他用一句著名的话问候了这位苏格兰人："我猜你就是利文斯顿医生？"	**19 世纪 70 年代**：约翰尼斯四世（Yohannes IV）皇帝强迫他的臣民皈依衣索比亚东正教会。 **1870 年**：法国通过《克雷米厄法令》（The Crèmieux），授予阿尔及利亚犹太人法国公民权。 **1875 年**：《金字塔报》创立，至今仍在埃及发行。
亚洲 & 大洋洲	**1876 年**：日本与朝鲜签订的《江华条约》申明朝鲜是一个独立国家。 **1876 年**：维多利亚女王加冕为印度女皇。 **1879 年**：第二次阿富汗战争让英国控制了阿富汗。 **1879 年**：尽管中国提出抗议，日本仍声称对琉球群岛拥有主权。	**1874 年**：斐济成为英国殖民地。	**1871—1873 年**：日本派遣岩仓使团前往欧美，考察其思想和制度。

科学与技术	人类与社会
1876 年：亚历山大·格雷厄姆·贝尔（Alexander Graham Bell）为电话申请专利。 1876 年：第一批冷冻牛肉从布宜诺斯艾利斯运抵法国，此后欧洲对阿根廷牛肉的需求大幅增加。 1879 年：托马斯·爱迪生（Thomas Edison）发明了白炽灯。	1879 年：伍尔沃思（F. W. Woolworth）开了他的第一家"五分一角商店"（five-and-ten-cent store）。
1871 年：排水量 3800 吨、能横渡大西洋的邮轮"海洋"号完工。 1878 年：伦敦安装了路灯。 1878 年：世界上第一艘油轮在里海下水；它在巴库和阿斯特拉罕之间的水域航行。	1878 年：第一届国际妇女权利大会在巴黎举行。 下图　19 世纪欧洲主要探险家在非洲的路线

争夺非洲

在 19 世纪的大部分时间里，欧洲人对非洲的介入主要集中在非洲大陆的外围——南部是开普殖民地，北部是地中海沿岸。然而，激发人们对非洲大陆内部的普遍兴趣的是一群欧洲探险家，他们穿越非洲，留下了一连串的神话和误会。

其中最著名的是苏格兰传教士大卫·利文斯顿，他是第一个从非洲西海岸穿行到东海岸的欧洲人；另一个是英裔美国记者亨利·斯坦利，他展示了刚果的商业机会，导致了更多的暴行和残酷的剥削。

传教士和探险家走到哪里，殖民列强就跟到哪里。1876 年，比利时国王利奥波德二世（Leopold II）创建了国际非洲协会，并邀请亨利·斯坦利在刚果建立比利时定居点。法国人对利奥波德的行为感到震惊，于是纷纷进入刚果河以北的地区，争夺非洲主权的竞赛就此开始。

英国人塞西尔·罗兹（Cecil Rhodes）征服了南部广阔的地区，他梦想着建立一个从南非一直延伸到埃及的大英帝国，或者用他的话说，"从好望角到开罗"。在东边，葡萄牙人沿着海岸开拓了殖民地。德国商人在东非和与西北海角的沿海地区忙得不可开交。1847 年，法国征服了阿尔及利亚。

最终，在 1884 年的柏林会议上，欧洲列强正式确立了殖民地边界。到 19 世纪末，对非洲的争夺已经结束。欧洲列强几乎瓜分了整个大陆，只有西部的利比里亚和东部的埃塞俄比亚在名义上仍然不受欧洲的控制。

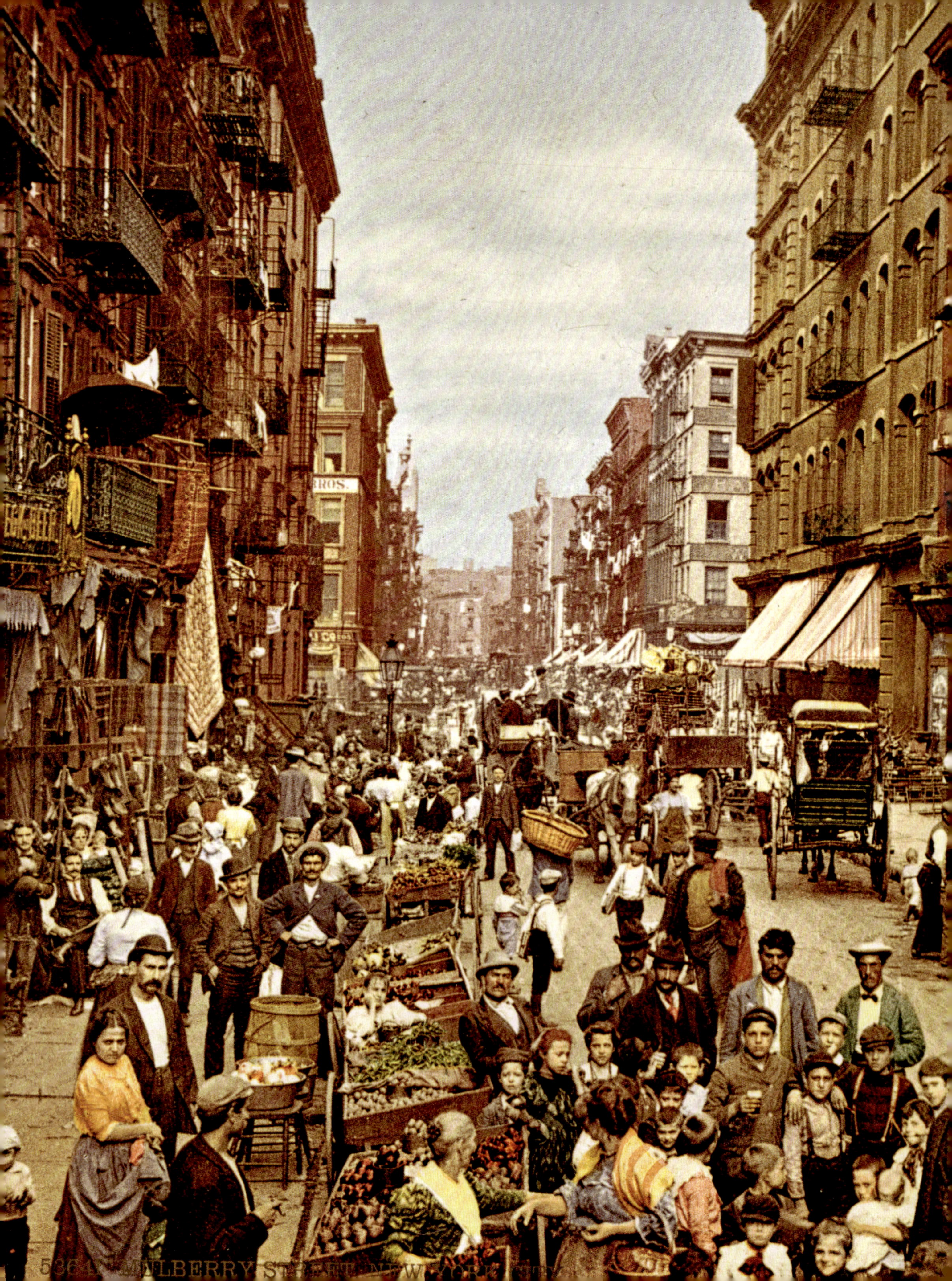

曼哈顿大熔炉

美国的城市在内战结束后的几年里迅速发展，工业的突飞猛进激发了人们追求更高收入和更好生活的愿望。人们涌向城市地区的行动如此之大，以至于报纸编辑贺拉斯·格里利（Horace Greeley）说："我们不可能所有人都住在城市里，但看来所有人几乎都决心要住进城市。"这些不断成长、大胆而充满活力的美国城市中，最了不起的是纽约。

19世纪，跟伦敦、柏林和其他欧洲大城市一样，纽约不断扩张的工业吸引了来自周边乡村的求职者，但纽约也因另一个人口来源而膨胀，即当时涌入美国的欧洲移民。这些新来的人中，有些人在到达美国后去了其他远些的地方，但许多人仍选择留在作为主要入境港的纽约。

到了19世纪90年代，移民已经占到纽约人口的80%，甚至更多。这座城市以其种族多样性而闻名，小意大利和唐人街等社区的历史都可以追溯到这一时期。但为这些新来者提供足够的住房成了主要的问题。

人们涌入纽约的速度超过了建造住房的速度。纽约及其郊区的人口从1860年的100万人增长到1900年的近350万人。最贫穷的居民住在廉价公寓里，或是租住在破旧的建筑物中。臭名昭著的贫民窟很快加入了纽约最具特色的街区之列，比如地狱厨房（Hell's Kitchen）、五点区和包厘街等。

随着数百万人挤进廉价公寓，纽约的人口密度攀升到了惊人的水平。在这座城市里，每平方千米约有35336人居住，这使得它比欧洲最密集的城市还要拥挤。例如在柏林，每平方千米约有24958人居住。纽约的人口密度在曼哈顿角附近的一个小区域达到了最高水平，那里每平方千米约有172974人。毫不夸张地说，纽约人几乎是摞起来生活的。

左图 居住在曼哈顿下东区桑树街的、为了得到挣钱和实现美国梦机会的移民

1880—1890 年

	政治与权力	地理与环境	文化与宗教
美洲	**1885 年**：自由女神像从法国运抵纽约。 **1886 年**：在逃亡多年后，阿帕切族印第安人杰罗尼莫（Geronimo）向美军投降。他一出狱就成了全国名人。 **1887 年**：根据一项条约，美国有权将夏威夷珍珠港作为加煤站和未来的海军基地。 **1889 年**：在本杰明·康坦斯·博特略·德·马加良斯（Benjamin Constant Botelho de Magalhães）领导下的军事反叛终结了巴西的君主制。	**1883 年**：与智利打完"硝石战争"后，玻利维亚失去了它的整条海岸线。 **1889 年**：宾夕法尼亚州约翰斯顿的洪水造成 2209 人死亡。	**1890 年**：美国军队在南达科他州的翁迪德尼屠杀了 300 多名手无寸铁的苏族人，结束了印第安人的抵抗战争。
欧洲	**1882 年**：德国、奥匈帝国和意大利结成了三国同盟，他们达成一项秘密协议，承诺在发生战争时互相援助。 **1890 年**：俾斯麦被迫辞去德意志帝国宰相一职。		**1880 年**：俄国小说家陀思妥耶夫斯基完成了他的最后一部小说《卡拉马佐夫兄弟》（The Brothers Karamazov）。 **1883—1885 年**：德国哲学家尼采出版《查拉图斯特拉如是说》（Thus Spoke Zarathustra）。
中东 & 非洲	**1881 年**：伊斯兰宗教领袖穆罕默德·艾哈迈德·马赫迪在苏丹领导了反抗英国、埃及统治的起义。 **1881 年**：法国入侵突尼斯。 **1882 年**：埃及的叛乱使得克罗默伯爵埃弗林·巴林（Evelyn Baring）被任命为总领事，成为埃及的实际统治者。	**1884 年**：19 世纪 90 年代，南非发现黄金，吸引了 44000 名外来者到那里寻找财富。 **1884—1885 年**：柏林会议正式将非洲划分为受欧洲控制的殖民地。 **1886 年**：德兰士瓦发现黄金；到 1899 年，那里的金矿和煤矿已雇用了 10 万名工人。	**1881—1882 年**：奥拉比·帕夏（Urabi Pasha）成为埃及的民族英雄，他支持"埃及是埃及人的埃及"的口号，并领导了一场反对土耳其族和彻尔克斯族军官任职埃及军队高层的请愿。英国人镇压了他的军事反抗，把他流放到锡兰（今斯里兰卡）。
亚洲 & 大洋洲	**19 世纪 80 年代**：泰国国王朱拉隆功（Chulalongkorn，拉玛五世）推动暹罗进行近代化改革，并抵抗欧洲帝国主义。 **1883—1885 年**：法国和中国因越南开战。 **1885 年**：印度国民大会党成立，该党奉行温和的宪政改革路线。 **1887 年**：法国人在中南半岛建立"印度支那联邦"。	**1884 年**：清政府在新疆设省。 **1884 年**：德国的殖民扩张始于太平洋岛屿。 **1886 年**：英国吞并缅甸，将其作为印度的一个省。	**1882 年**：日本开始引入以法国和德国模式为基础的法律法规。

杰罗尼莫是美国西南部奇里卡瓦阿帕切抵抗运动的领导人

科学与技术

1882年：第一座水力发电厂在威斯康星州开业。
1883年：当时世界上最长的悬索桥布鲁克林大桥竣工。
1884—1885年：世界上第一座摩天建筑——家庭保险大楼在芝加哥建成。
1890年：美国成为世界领先的工业强国，在过去的25年里，工业产量增长了2倍。

1883年：德国工程师戈特利布·戴姆勒（Gottlieb Daimler）发明了一种轻便的发动机，标志着汽车时代的到来。
1887年：约翰·博伊德·邓洛普（John Boyd Dunlop）发明了充气轮胎。

右图　戈特利布·戴姆勒坐在他第一辆汽车的后座上

1888年：德国人获得了修建安纳托利亚铁路的特许权，它后来改名为柏林—巴格达铁路。

1881年：中国自建的第一条铁路建成，为唐山的矿山提供服务。

人类与社会

1880：波菲里奥·狄亚兹向英国和北美铁路公司提供利润丰厚的合同，以扩大墨西哥的铁路系统。
1881年：克拉拉·巴顿（Clara Barton）创立了美国红十字会。
1888年：巴西是美洲最后一个废除奴隶制的国家。黑人和混血儿仍然处于经济梯级的最底层。
1890年：美国人口调查局宣称"边疆已经消失"。

1882年：欧洲犹太人首次移民到巴勒斯坦。
1888年：有46531艘帆船和1548艘蒸汽船停靠过伊斯坦布尔港。

下图　布鲁克林大桥连接着曼哈顿和布鲁克林区

建造布鲁克林大桥

1869年，经尤里西斯·S.格兰特总统和美国国会批准，布鲁克林大桥的建设工程开始了。然而，该项目饱受问题困扰，花了14年才完成。

该项目背后的推动者约翰·罗布林（John Roebling）在施工期间死于破伤风。他的儿子华盛顿·罗布林（Washington Roebling）接替了父亲的职务，但后来他患上了沉箱病，也就是现在人们所说的潜水减压病。虽然卧床不起，但罗布林决心继续负责这项工程，他在自己的公寓里用望远镜观察大桥建设的进程。他向妻子艾米丽口述指示，艾米丽再将指示传递给工人，从而指导大桥的建设。在1883年5月24日的就职典礼上，罗布林已经气息奄奄。那一天，大约有15万人以每人1美分的价格从这座大桥上通行。大桥当天晚些时候开始允许车辆通过，有1800辆车以5美分一辆的价格通过。

布鲁克林大桥是19世纪最伟大的工程壮举之一，至今仍是纽约最受欢迎和最著名的地标之一。这座约1834米长的大桥是当时世界上最长的悬索桥。

1890—1900 年

	政治与权力	地理与环境	文化与宗教
美洲	1891 年：新巴西共和国的宪法获得通过。 1896 年："普莱西诉弗格森案"（Plessy V. Ferguson）的判决结果事实上确认了美国种族隔离政策的合法性，尤其是合乎南方利益的"吉姆·克劳法"。 1898 年：美国入侵古巴，在美西战争中击败西班牙，这场战争的结果是西班牙向美国割让了菲律宾、波多黎各和关岛。	1896 年：加拿大克朗代克淘金热开始。 1900 年：巴西和阿根廷的人口随着欧洲大规模移民的到来而骤增。	18 世纪 90 年代：何塞·瓜达卢佩·波萨达（Jose Guadalupe Posada）创作了他著名的卡拉维拉斯政治漫画。 1894 年：第一份彩色星期日报纸漫画出现。 1895—1899 年：报业巨头约瑟夫·普利策（Joseph Pulitzer）和威廉·伦道夫·赫斯特（William Randolph Hearst）开展了一场激烈的发行大战；他们耸人听闻的新闻报道被称为"黄色新闻"。
欧洲	1894 年：最后一位俄国沙皇尼古拉二世（Nicholas II）登基。法国和俄国签订秘密军事协约，结成两国同盟。		1896 年：第一届现代奥运会在希腊雅典举行。 1898 年：基督徒小说家、护教者和学者克莱夫·斯特普尔斯·刘易斯（C.S.Lewis）出生于爱尔兰的贝尔法斯特。 1899 年：西格蒙德·弗洛伊德（Sigmund Freud）出版《梦的解析》（Die Traumdeutung）。
中东 & 非洲	1896 年：埃塞俄比亚皇帝孟尼利克二世（Menelik II）在阿杜瓦战役中击败了意大利入侵者，从而确保该国作为非洲独立王国的地位。 1899 年：赛义德·穆罕默德（Seyyed Mohammad）发起了长达 20 年的索马里武装抵抗，与英国、意大利和埃塞俄比亚的殖民势力相抗衡。 1899 年：布尔战争在阿非利卡人与身处南非的英国人之间爆发。 1900 年：法国和英国军队在白尼罗河的法绍达对峙，大战一触即发。	1892 年：一支法国远征队抵达西非古老的达荷美王国，将其变成自己的殖民地。	1896 年：奥斯曼帝国先锋杂志《知识财富》（Servet-iffünun）创刊。
亚洲 & 大洋洲	1893 年：美国种植园主和商人废黜了夏威夷的利留卡拉尼女王。 1895 年：甲午中日战争结束，中国割让台湾岛给日本。 1895 年：日本的殖民扩张始于太平洋岛屿。 1899 年：美国和德国瓜分萨摩亚。 1900 年：美国吞并夏威夷。	1898 年：中国将黄海沿岸的旅顺港租借给俄国，为其提供一个终年不冻港。	1900 年：西方国家组成的联军镇压了义和团运动，那是一场反抗外国势力干涉中国事务的农民起义。

阿拉斯加克朗代克淘金热中的探矿者

科学与技术	人类与社会
1891年：美国第一辆汽油动力汽车"兰伯特"（由约翰·兰伯特发明）诞生。 1894年：托马斯·爱迪生（Thomas Edison）放映了第一部电影。 1897年：美国第一条地铁在波士顿开通。 1898年：在密歇根州巴特尔克里克，威廉·凯洛格（William Kellogg）发现了一种将烤玉米制成薄片的工艺。	1892年：美国钢铁工人联合会与卡内基钢铁公司就减薪问题进行了一场流血斗争。 1898年：西奥多·罗斯福（Theodore Roosevelt）驾船前往古巴参加美西战争。他的"莽骑兵"自愿兵团中包括牛仔、土地投机者、印第安人、墨西哥人、非洲裔美国人乃至常春藤联盟的运动员。
1895年：威廉·康拉德·伦琴（Wilhelm Conrad Röntgen）发现了X射线。 1895年：电影首次在法国公开放映。 1896年：伽利尔摩·马可尼（Guglielmo Marconi）发明了无线电报。 1898年：在法国，居里夫妇发现了镭和钋。	1895年：阿尔弗雷德·诺贝尔（Alfred Nobel）立下遗嘱，设立了诺贝尔物理学、化学、生理学或医学、文学与和平奖。 1896年：奥地利犹太人领袖西奥多·赫茨尔（Theodor Herzl）坚信犹太人不能在欧洲被同化，他出版了《犹太国》一书，呼吁建立犹太人的家园。他成为"犹太复国主义之父"。 1900年：英国成立了劳工代表委员会（后称工党）。
伦琴拍摄的首批X光照片中，有一张是他妻子的手	19世纪90年代：非洲东海岸的阿拉伯奴隶贸易最终被取缔。 1897年：犹太复国主义活动始于中东和北非，即由西奥多·赫茨尔召集的第一届犹太复国主义大会。
1891年：横贯西伯利亚的铁路开始建设。 1895年：日本重工业发展颇具规模。	19世纪90年代：日本对外贸易大幅增长，主要出口商品是销往中国的棉纺织品和销往美国的丝绸。 1893年：新西兰成为第一个允许妇女投票的国家。 1895年：孙中山策划在广州发动一场反抗清政府的起义，未能成功。他后来将领导一场成功的起义，并当选为中华民国临时大总统。

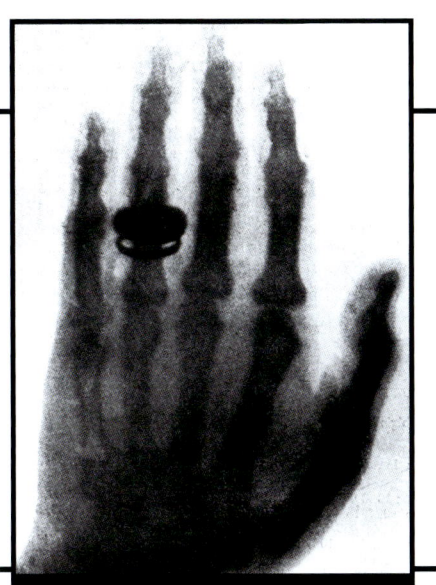

俄国犹太人遭到的迫害

从中世纪早期起，犹太商人就曾穿越俄国的土地前往印度和中国。后来，随着犹太人渐渐面临西欧国家的驱逐，他们开始向东迁移，进入波兰、立陶宛、乌克兰和其他地区，这些地区最终被不断扩张的俄罗斯帝国所控制。

18世纪90年代，叶卡捷琳娜大帝（Catherine the Great）在帝国的边境地区建立了一个殖民地，犹太人只能居住在那里，除非得到特别许可才能移居到俄国的其他地方。在接下来的一个世纪里，对犹太人居住、工作和接受教育的限制时而放松，时而收紧。然而，在沙皇亚历山大二世（Alexander II）被暗杀后（有些人将此归咎于犹太人），这些限制再次被实施。1891年，所有居住在莫斯科的犹太人都被有组织地驱逐，他们被强迫进入犹太人居住区。大约2万人不得不放弃家园和生计，搬到已经拥挤不堪的居民区。

在此期间，在一波政府默许下（也可能是在政府支持下）的大屠杀中，犹太人被殴打、杀害，他们的财产被毁。"集体迫害"（pogroms）这个词在俄语中最初的意思是"暴乱"，但很快就演变为专指俄国人对犹太人的暴力袭击。政府中的一些人甚至试图将大屠杀归咎于犹太人自己，而媒体则肆无忌惮地进行反犹太宣传。

尽管环境恶劣，而且有大量犹太人移民到美国，19世纪时，俄国的犹太人口仍在持续快速增长；到第一次世界大战开始时，估计有520万名犹太人生活在俄国。直到1917年，布尔什维克革命爆发后，针对俄国犹太人的法律才被推翻。

第 7 章

全球冲突

1900—1950 年

第二次世界大战期间,美国"企业号"(Enterprise)航空母舰上的一名机组人员正在指挥战斗机飞行员。这是空中力量第一次在重大战争中发挥主导作用

20世纪初，无线电和柴油动力船舶等新技术的发展使世界各国的联系更加紧密。随着飞机、装甲车和制导导弹的出现，世界变得更小了，敌对国家可以迅速将军事力量投放到远远超出国界的地方，并造成严重的破坏。但直到人类经历了两次世界大战，才催生出强大到有能力防止危机演变成灾难的国际组织。即便如此，可能动用核武器的第三次世界大战的潜在威胁，给人类——这独具创造力和破坏力的物种的未来蒙上了一层阴影。

即将到来的风暴

20世纪初，帝国主义列强之间的对抗引发了地区争斗，这预示着更大的冲突即将到来。在亚洲，日本和俄国为了争夺在中国东北地区和朝鲜半岛的权益，爆发了日俄战争。19世纪，俄国向南扩张，吞并了高加索地区的车臣和太平洋上具有战略意义的港口符拉迪沃斯托克（海参崴）。沙皇尼古拉二世积极寻找新的征服对象，以分散俄国国内心怀不满的民众的注意力，然而俄国却被日本击败了——1904年，日本对俄国发起挑战，摧毁了他们的海军。俄国人在1905年发动革命，尼古拉二世成立了国家杜马，但未能安抚激进分子，他们形成了叫作"苏维埃"的工人委员会。苏维埃在一些地区夺取了政权，并持续进行抗争，直到1907年被军队镇压为止。

日本受到胜利的鼓舞，继续进行侵略扩张，开始殖民朝鲜，并在中国东北驻军。日本军队驻扎在中国满族统治者的老家，使四面楚歌的清王朝陷入了更加尴尬的境地。1912年，中华民国成立，孙中山领导的革命党人迫使少年皇帝溥仪退位。然而这个新国家纷争不断，大部分地区被军阀控制。

另外两个陷入困境的帝国——奥斯曼帝国和哈布斯堡家族统治下的奥匈帝国——在引发第一次世界大战中扮演了重要角色。1908年，青年土耳其党迫使苏丹阿卜杜勒·哈米德（Abd al Hamid）恢复1876年起草的宪法，并召开议会。这些改革使土耳其人有了更加强烈的民族认同感，但并没有安抚在土耳其统治下争取独立的其他群体。土耳其保持了对中东地区的控制，但失去对巴尔干半岛的掌控。在巴尔干半岛，马其顿和阿尔巴尼亚成为与希腊、罗马尼亚和塞尔维亚一样的独立国家。

1908年，奥匈帝国吞并了脱离奥斯曼帝国的波斯尼亚。波斯尼亚因塞尔维亚人、克罗地亚人和其他种族之间的冲突而四分五裂。波斯尼亚的塞尔维亚人憎恨奥匈帝国的统治，其邻国塞尔维亚，以及对巴尔干半岛怀有图谋的盟友俄国趁机煽动塞尔维亚人奋起反抗。1914年6月，奥匈帝国王储弗朗茨·斐迪南大公（Archduke Franz Ferdinand of Austri）在访问波斯尼亚首都萨拉热窝时被一名塞尔维亚民族主义者枪杀。奥匈帝国指责塞尔维亚，而俄国则承诺保卫这个国家。

俄国和奥匈帝国之间的战争本来就已经够糟糕了，而双方的阵营更使情况雪上加霜。奥匈帝国、德国、意大利组成了三国同盟——由于意大利与巴尔干国家结盟对抗奥斯曼帝国，而德国和奥匈帝国鼓励奥斯曼帝国的统治者与他们一起对抗俄国，这一同盟关系变得紧张起来。法国、英国、俄国结成了三国协约。因此，巴尔干半岛的一场风波，可能演变成波及欧洲所有帝国主义大国及其遥远殖民地的大灾难。外交官们几乎

右页图 第一次世界大战期间，驻法美军在与德军作战前都戴着防毒面具。1915年，德军在战场上使用了毒气

第 7 章 全球冲突　295

没有时间来力挽狂澜，因为德国将军们想在俄国进行战争动员之前，就给予法国致命一击，从而避免双线作战。1914年7月底，奥匈帝国对塞尔维亚宣战，俄国出兵保卫塞尔维亚。8月初，德国军队在前往法国的途中入侵比利时，一场灾难性的冲突正在发生。

第一次世界大战

许多参与这场被称为"世界大战"的斗争的欧洲人觉得这场战争将会速战速决。然而，当德国军队在法国北部的马恩河沿岸遭遇顽强抵抗时，他们迅速取胜的希望破灭了。双方的军队在接下来的几年里几乎没有什么进展。双方都试图通过发动攻势打破僵局，但攻击者很难在致命的机枪火力下穿越雷区和带刺的铁丝网，损失十分惨重。德国和奥匈帝国的军队在东线对俄军的进攻中表现较好，成功击退了俄军，但只有迫使俄国退出战争，他们才有希望改变西线的平衡并取得胜利。

1915年，事态已经很明晰了：这将是一场漫长而令人疲惫的战争，一场全面的战争，一场将使双方的军事和经济资源都陷入紧张状态的战争。意大利背弃了三国同盟，与以英、法、俄为首的协约国共命运。奥斯曼帝国与德国、奥匈帝国组成同盟国。1915年，土耳其人在达达尼尔海峡击退了协约国的入侵部队，其中许多士兵来自英国的自治领澳大利亚和新西兰。1916年，在美索不达米亚，奥斯曼帝国俘虏了一支来自印度的英国军队。但协约国后来在中东地区取得了进展，招募了阿拉伯人，承诺让他们独立，并帮忙把土耳其人赶出阿拉伯半岛。一些反对奥斯曼帝国统治的亚美尼亚人加入了俄国人的行列，与土耳其人作战。土耳其人围剿亚美尼亚人，并将他们驱逐到叙利亚和美索不达米亚。超过50万亚美尼亚人在行进途中饿死或被土耳其卫兵杀害，为后来的种族清洗开创了残酷的先例。

法国和英国的殖民势力在第一次世界大战中扮演了重要角色，他们入侵了非洲的德国殖民地，也在其他战区打仗。比如，来自南非的黑人在德属东非和法国为

下图 第一次世界大战期间，法国、英国、俄国、意大利和其他协约国反对德国、奥匈帝国、奥斯曼帝国、保加利亚。同盟国在东线推进，迫使俄国退出了战争，却在西线输掉了战争。1917年，美国加入协约国，打破了战争僵局

英国人而战。1914年，英属印度军队为协约国贡献了超过30万名士兵，许多印度人都希望借此获得独立或自治权。日本加入协约国是为了追求自己的帝国目标，它夺取了马绍尔群岛和德国在太平洋的其他属地。而在美洲，这场战争几乎没有产生多少直接的影响：墨西哥卷入了一场混乱的革命，但保持中立；许多其他拉丁美洲国家也保持中立。在美国，孤立主义让位于对协约国的支持，因为德国的无限制潜艇战和"齐默尔曼电报"事件威胁到了美国人的利益。

1917年4月，美国加入战争，在关键时刻增强了协约国的力量。随着俄国军队的崩溃，沙皇的统治被推翻。1917年底，布尔什维克在莫斯科夺取了政权并宣布退出战争。1918年11月11日，德国签署了停战协议，第一次世界大战至此结束。

这场毁灭性的冲突致使3000多万人伤亡。1919年，巴黎和会让帝国主义战胜国重新瓜分世界，逐步建立起凡尔赛体系，为之后的第二次世界大战埋下了隐患。战败国失去了其帝国财产，德国失去大量领土和全部殖民地，奥斯曼帝国、奥匈帝国走向分裂。从旧帝国的疆域中诞生了像南斯拉夫和捷克斯洛伐克这样的新国家，波兰也得以复国。不过，大部分国家都成了种族对立和政治软弱的牺牲品，这使它们成为未来侵略者眼中诱人的目标。

为了阻止侵略，参加巴黎和会的外交官们创立了国际联盟，但该组织缺乏执行权力，在美国参议院投票反对加入该组织后，它就失去了至关重要的支持。英国和法国在大战中元气大伤，但仍保留了自己的殖民地，并在中东地区获得了新的委任授权或属地，这多少增强了敌对国家建立或恢复自身帝国的决心。

不安定的和平

尽管旧的国际紧张局势持续存在，战后的世界已与以前的世界大不相同。妇女为战争做出了巨大贡献，因此在许多国家赢得了选举权。无线电广播、留声机和电影的迅速发展，创造出一种国际流行文化，这种文化的大部分能量都来自美国。非洲裔美国人的爵士乐受到广泛欢迎，有些人把战后时代称为爵士乐时代。

1929年，美国遭遇经济恐慌，人们对未来的希望逐渐消失，这种恐慌迅速蔓延到欧洲（许多欧洲国家依赖美国的投资）和其他依赖欧洲贸易的地区。在应对大萧条时，美国总统富兰克林·罗斯福（Franklin Roosevelt）在民主体制内努力实施新政，大大增加了联邦对穷人和失业者的援助。相比之下，在德国，经济危机动摇了民主的魏玛共和国，阿道夫·希特勒（Adolf Hitler）借势上台。1935年，意大利的贝尼托·墨索里尼（Benito Mussolini）入侵埃塞俄比亚。希特勒试图通过重整军备，建立一个他称之为"第三帝国"（Third Reich）的新德意志帝国，从而重振民族自豪感并重现荣光。法国和英国害怕战争再次爆发，因此默许希特勒无视1936年签订的《凡尔赛和约》并重新占领与法国接壤的莱茵非军事区。在国内，希特勒迫害犹太人和政治对手。

1917年，列宁领导的布尔什维克取得了十月革命的胜利，次年建立了苏维埃俄国。1922年，苏联成立，列宁的继任者约瑟夫·斯大林（Joseph Stalin）为了实现农业集体化，使苏联成为工业强国，施行了五年计划，也切实提高了苏联的经济实力。

在亚洲，日本仍然致力于帝国扩张。1931年9月18日，日本帝国主义为武装侵略中国东北，制造了九一八事变，于次日占领沈阳。由于国民党政府实行"攘外必先安内"的方针，对日本的侵略妥协退让，采取不抵抗政策，致使整个东北沦陷。1936年，西安事变的和平解决促使国共合作，抗日民族统一战线逐步形成。1937年12月13日，南京沦陷，日军实施了惨绝人寰的南京大屠杀。到1938年时，日本已控制了中国东部的大部分地区。

1936年，在欧洲，意大利和德国结为轴心国盟友，在西班牙内战中进行军事干预，帮助弗朗西斯科·佛朗哥（Francisco Franco）击败了忠于共和政府的军队。这场冲突展示了德国空军的实力，也使英法两国陷入两难——是冒着打无准备之仗的风险挑战希特勒，还是在外交上安抚希特勒？他们选择了绥靖政策，允许德国在1938年吞并奥地利，并占领了捷克斯洛伐克境内的苏台德地区。当希特勒继续占领捷克斯洛伐克全境时，英法拒不履行《慕尼黑协定》中保证捷克斯洛伐克新边界的义务，事实上加速了第二次世界大战的爆发。英国希望通过绥靖政策，把法西斯这股祸水引向苏联。1939年8月23日，希特勒与斯大林签署了互不侵犯条约，并于9月1日派兵入侵波兰。

第二次世界大战

德国征服波兰只用了不到一个月的时间，这证明了闪电战的效率。1940年春天，德国军队以同样的战术占领了比利时和荷兰，并在不到六周的时间内击败法国。希特勒希望英国能妥协，但新上任的首相温斯顿·丘吉尔誓不投降。在雷达的帮助下，英国飞行员开始反击数量上占优势的德国空军，这迫使希特勒取消了那年秋天的入侵计划。德国U型潜艇对英国海上补给线的威胁很大，要不是解密人员破译了德国的密码，将其位置报告给了盟军驱逐舰，U型潜艇或许已经帮助德国赢得了至关重要的大西洋战役。

1941年发生的事件扩大了战争的范围。德国军队入侵北非、巴尔干半岛和苏联，希特勒打破了与斯大林的协约，开始实行拿破仑式的征服。然而，与拿破仑不同的是，希特勒并不满足于击败敌方军队，而是把目标对准全体人民。他于6月发动了对苏联的致命打击，大肆屠杀犹太人、吉卜赛人和斯拉夫人。纳粹官员不断加码他们的"最终方案"，强迫犹太人进入残酷的集中营。

1941年12月，苏联军队对德国发动反击。由于冬季逼近，德国向莫斯科的推进陷入停滞。在攻击德国的部队中，有一支一直在防守日本入侵的西伯利亚部队。当斯大林得知日本没有加入轴心国伙伴德国和意大利的进攻行动，反而可能会攻击美国和盟军在东南亚和太平洋的基地时，他重新部署了这支部队。美国石油禁运迫使日本领导人在实现和平或扩大进攻范围、打击包括美国在内的目标之间做出抉择。12月7日，日本袭击了美国在珍珠港的太平洋舰队，接着侵占了菲律宾、印度尼西亚、缅甸、新加坡、马来西亚等地。

1941年，德国和日本发动攻势，

左图 在第二次世界大战初期，也就是1939—1941年，德国在轴心国盟友意大利的些许帮助下占领了欧洲和北非的大部分地区，但没能征服与美国结盟的英国和俄国。1942年底，同盟国在北非取得胜利，1943年进攻意大利，1944年将轴心国军队从法国和东欧驱逐出去，1945年击败德国

上图 1943 年，在一场激烈的起义之后，德国军队将犹太人驱逐出波兰华沙，当时犹太人居住区的居民拒绝迁移。当地与其他地方的许多犹太人都被送进了集中营，几个月后，他们被谋杀于毒气室中。其他犹太人在作为奴隶劳作多年后，在集中营被杀害或死于虐待

把苏联和美国这两个人口众多、工业潜力巨大的国家卷入了这场冲突，使它们与被围困的盟国站在同一边。事实证明，德国和日本未能像计划中那样迅速取得胜利。当面对有着更强军事、经济储备的敌人时，陷入持久战尤为致命。殖民地为盟国提供了军队和物资补给。

盟国在太平洋中途岛、北非阿拉曼和苏联斯大林格勒的胜利，让轴心国转攻为守，这给了美国和苏联充分发挥力量的时间。1943 年，苏联在库尔斯克（Kursk）赢得了一场史诗般的坦克大战，迫使德国军队退回边境。与此同时，美国人在两条战线上推进，从日本人手中夺取了太平洋岛屿，并在北非与英国军队一起攻入意大利。在意大利，墨索里尼失去了权力。

1944 年 6 月 6 日，盟军在法国诺曼底登陆，于夏季攻破敌方防线、解放了巴黎，并于 12 月击退德国的反攻，德国战败的命运就此注定。1945 年初，随着苏联军队从东方推进，美国和英国军队从西方攻入德国。4 月 30 日，苏联攻占柏林，希特勒自杀。5 月 7 日，德国无条件投降。战争在太平洋地区一直持续到 8 月，美国飞行员投下的两枚原子弹摧毁了日本的广岛和长崎这两座城市。9 月 2 日，日本签署投降书，战争结束。先后有 60 多国家和地区、20 亿以上的人口卷入这场有史以来最具破坏性的战争。

从热战到"冷战"

1945 年初，盟国领导人在雅尔塔召开会议，建立了战后占领区，苏联控制了东部德国，但其占领区内的柏林被盟国分区占领。战争结束后，苏联在东部德国、波兰和其他东欧国家帮助建立共产主义政权。丘吉尔一直担心苏联的扩张，他在 1946 年宣称"一幅横贯欧洲大陆的铁幕已经降落下来"，这句话在一定程度上定义了这场被称为"冷战"的新式斗争。

历史时间线：时空坐标下的人类全景图

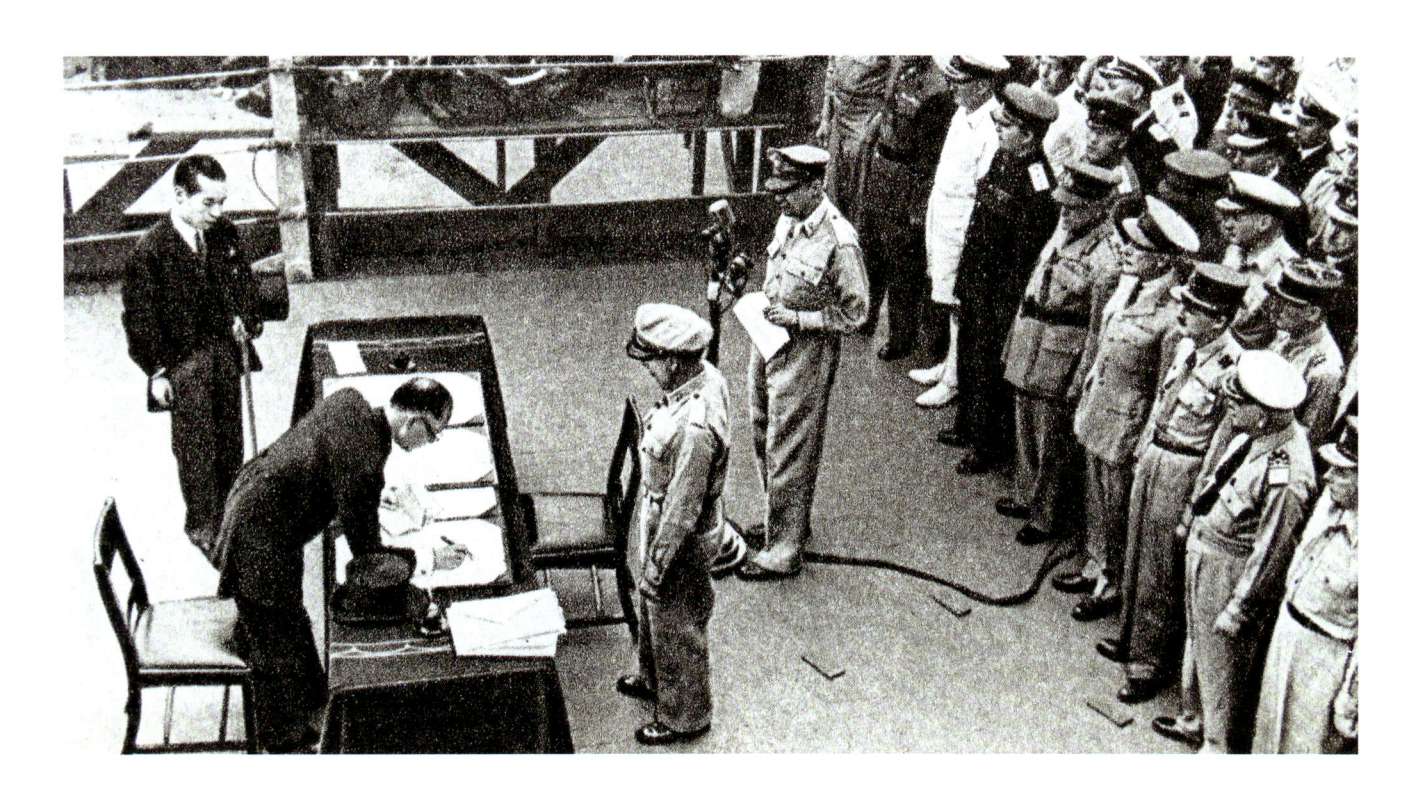

上图　1945年9月2日，在停泊在日本东京湾的美国战舰"密苏里"号上举行日本投降仪式

与之前的热战一样，共产主义与其敌人之间的冷战席卷了世界大部分地区。毛泽东领导的中国共产党在1949年打败了蒋介石领导的国民党，成立了中华人民共和国。二战结束前，朝鲜半岛北纬38°线以北的日军向苏军投降，以南的日军向美军投降，为日后的朝鲜战争埋下了隐患。苏联和中国援助了以胡志明为首的越南共产党，胡志明在第二次世界大战期间曾抵抗日本的占领，并反对法国在此后重新殖民越南。

印度独立运动的领袖莫罕达斯·卡拉姆昌德·甘地在世界民族解放运动中脱颖而出，他倡导非暴力不合作运动。1947年，英国被迫允许印度独立，但造成了印巴分治。

大英帝国统治的结束也引起了中东的动荡。自1919年接管巴勒斯坦以来，英国允许致力于犹太复国主义的犹太人在那里定居。第二次世界大战后，许多犹太难民抵达巴勒斯坦。1948年，犹太人宣布以色列成为一个独立的国家，这引发了犹太人和阿拉伯人之间的战争以及新的阿拉伯难民问题。此后，以色列仍然与阿拉伯国家不和，且得到了美国的支持。

20世纪40年代末，美国也向希腊和土耳其提供援助，以对抗那些国家的共产党人，因为此前杜鲁门总统承诺支持这些国家"反抗少数民族武装或外部压力的征服企图"。然而，随着"冷战"的加剧，美国和苏联都开始对势力范围内的敌对政府施压甚至颠覆它们。1949年，北大西洋公约组织成立，紧张局势因此加剧。1955年，华沙条约组织成立，两极格局形成。

1906 年
在为期两年半的旅程中，挪威探险家罗阿尔德·阿蒙森（Roald Amundsen）穿越了西北航道，确定了北磁极的位置

1908 年
福特汽车公司生产出第一款 T 型车，最终售出 1500 万辆

1929 年
纽约的黑色星期二标志着全球经济危机和大萧条的开始，美国证券交易所崩溃

1910—1911 年
墨西哥革命爆发，土匪出身的骑兵首领潘乔·比利亚（Pancho Villa）帮助革命军击败了波菲里奥·迪亚斯（Porfirio Díaz）

北美洲
南美洲
大西洋
太平洋

世界一览
1900—1950 年

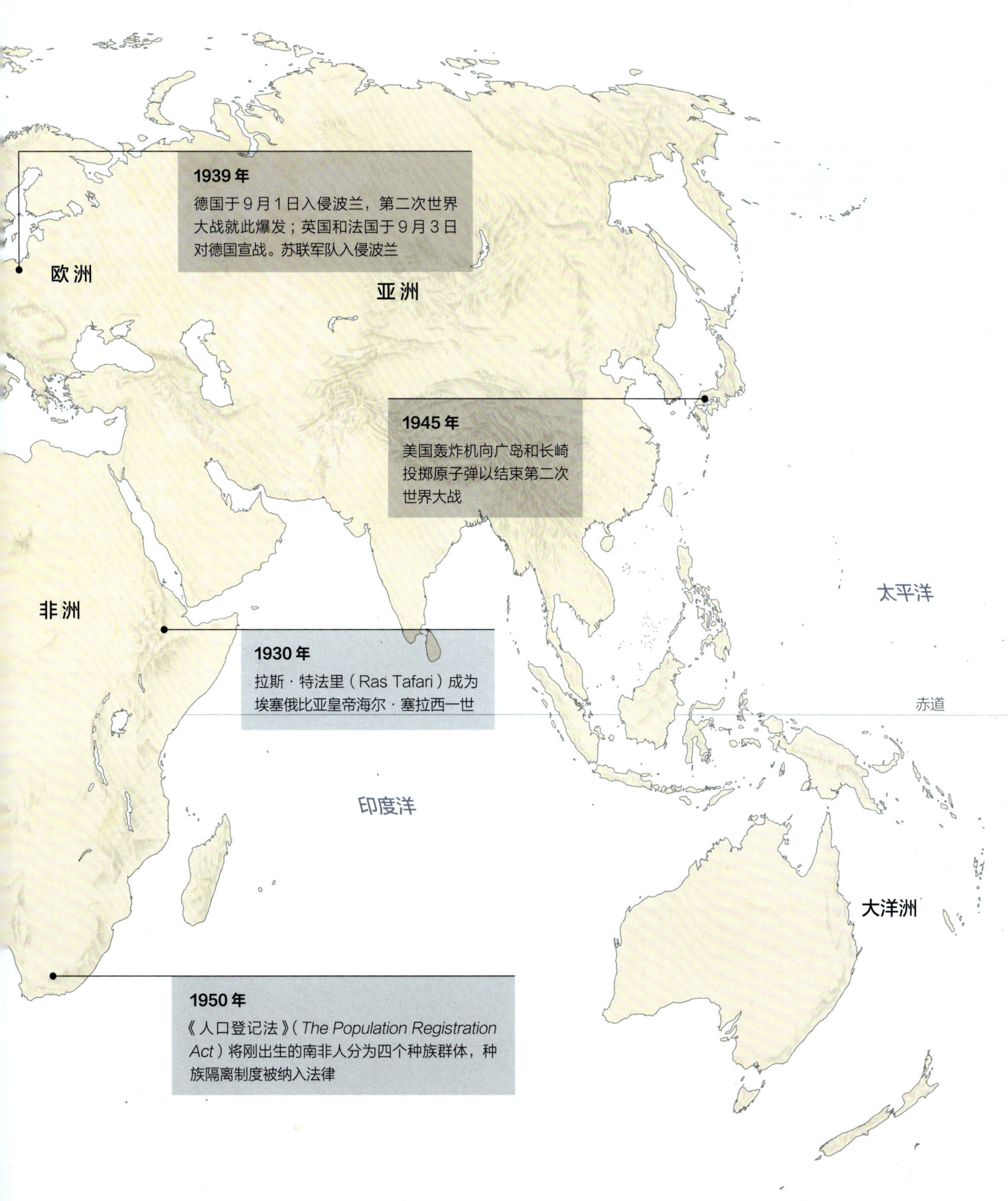

北冰洋

1939 年

德国于 9 月 1 日入侵波兰,第二次世界大战就此爆发;英国和法国于 9 月 3 日对德国宣战。苏联军队入侵波兰

欧洲

亚洲

1945 年

美国轰炸机向广岛和长崎投掷原子弹以结束第二次世界大战

非洲

太平洋

1930 年

拉斯·特法里(Ras Tafari)成为埃塞俄比亚皇帝海尔·塞拉西一世

赤道

印度洋

大洋洲

1950 年

《人口登记法》(The Population Registration Act)将刚出生的南非人分为四个种族群体,种族隔离制度被纳入法律

1900—1905 年

	政治与权力	地理与环境	文化与宗教
美洲	1901 年：普拉特修正案结束了美国对古巴的军事占领。 1901 年：美国总统威廉·麦金莱（William Mckinley）被一名无政府主义者暗杀。 1902 年：美国垦务局发展为一个强大的官僚机构，负责在西部开发中根除腐败。 1903 年：拉丁美洲自由派和保守派之间的千日战争以保守派的胜利告终。 1903 年：美国通过了一项法案以限制移民和其他不受欢迎的来客。	1901 年：在美国政府的压力下，古巴宪法会议确认了古巴作为美国保护国的地位。 1902 年：马提尼克培雷火山喷发导致的大火摧毁了圣皮埃尔镇。 1904 年：墨西哥发现了大片的奇琴伊察遗址。	1900 年：美国人西奥多·德莱塞出版《嘉莉妹妹》。 1901 年：拉格泰姆爵士乐在斯科特·乔普林的引导下在美国发展起来。 1903 年：亨利·詹姆斯出版《使节》。 1903 年：当时最长的电影《火车大劫案》时长 12 分钟。 1904 年："扒粪者"、美国记者林肯·斯蒂芬斯出版《城市的耻辱》。
欧洲	1901 年：维多利亚（Victoria）女王去世，她的儿子爱德华七世（Edward VII）继承王位。 1901 年：社会革命党在俄国成立。 1902 年：英日同盟条约规定：相互承认有权保护自己在中国和朝鲜的利益。 1902 年：德国、奥匈帝国和意大利的三国同盟重新建立起来。 1903 年：俄国社会民主党分裂为孟什维克和布尔什维克。	1900 年：考古学家阿瑟·埃文斯（Arthur Evans）爵士开始在克里特岛的克诺索斯挖掘，最终发现了失落的米诺斯文明。	1900 年：贾科莫·普契尼（Giacomo Puccini）的歌剧《托斯卡》（Tosca）首次演出。 1901 年：鲁德亚德·吉卜林（Rudyard Kipling）出版《基姆》（Kim）。 1901 年：巴勃罗·毕加索（Pablo Picasso）正处于低潮期。 1902 年：毕翠克丝·波特（Beatrix Potter）出版《彼得兔》（Peter Rabbit）。 1903 年：俄国发生反犹太大屠杀。 1905 年：法国实行政教分离。
中东 & 非洲	1900 年：布尔人开始进行有组织的游击战，入侵开普殖民地，来到距离开普敦不到 80 千米的地区。 1903 年：尼日利亚卡诺沦陷后，西非边防军在尼日利亚占领了索科托。苏丹因此逃亡。 1904 年：赫雷罗人等其他非洲人反抗德国在非洲西南部的统治。	1900 年：在布尔战争中，英国吞并了奥兰治自由邦和德兰士瓦，占领了比勒陀利亚和约翰内斯堡。 1901 年：阿散蒂王国被英国吞并，成为黄金海岸（加纳）的一部分。 1902 年：《弗里尼欣条约》（The Treaty of Vereeniging）结束了布尔战争。奥兰治自由邦成为英国的殖民地。 1904 年：摩洛哥被法国、英国和西班牙瓜分。	1903 年："英属乌干达计划"提议在东非建立一个犹太人家园。
亚洲 & 大洋洲	1900 年：中国的义和团运动结束。 1902 年：根据《菲律宾机构法案》（The Philippine Organic Act），菲律宾将受到美国的控制。 1904 年：日俄战争爆发。 1904 年：堑壕战始于日俄战争。	1900 年：印度的饥荒和黑死病疫情减轻。 1901 年：澳大利亚成为一个联邦，埃德蒙·巴顿就任首任总理。	1902 年：极具影响力的、接受过西方教育的日本画家浅井忠在法国任教。

科学与技术	人类与社会
1900年：费森登（R. A. Fessenden）使用无线电波传播人类的声音。 1900年：布朗尼相机在美国得到广泛使用。 1903年：莱特兄弟（Orville and Wilbur Wrightht）在北卡罗来纳的基蒂霍克（又译"小鹰镇"）成功试飞动力飞机。 1904年：巴拿马运河开始动工。	1901年：在加拿大新斯科舍省、新不伦瑞克省和爱德华王子岛，到1914年共发生421次工人罢工。 1901年：J.P. 摩根成立美国钢铁公司。 1902年：美国凯迪拉克汽车公司成立。 1903年：理查德·史泰福（Richard Steiff）设计了第一只泰迪熊，以总统西奥多·罗斯福的名字命名。 1904年：丧失听觉和视觉的海伦·凯勒（Helen Keller）从拉德克利夫学院毕业。
1901年：伽利尔摩·马可尼（Guglielmo Marconi）首次收到了从英格兰的康沃尔到纽芬兰的横跨大西洋的无线电信号。 1901年：巴黎开通地铁。 1904年：约翰·弗莱明（John Fleming）爵士发明"二极管"。	1901年：第五届犹太复国主义大会设立犹太国家基金。 1903年：埃米琳·潘克赫斯特（Emmeline Pankhurst）在英国成立了争取妇女参政权的全国妇女社会和政治联盟。
1902年：第一座阿斯旺大坝在埃及建成。	

下图 1903年12月17日，奥维尔·莱特在北卡罗来纳州的屠魔丘（Big Kill Devil Hill）进行试飞。他的哥哥威尔伯·莱特和他一起奔跑，帮助他稳定机翼

飞行的新世界

1903年12月17日，在北卡罗来纳的基蒂霍克附近，当奥维尔·莱特和威尔伯·莱特兄弟成功驾驶动力飞机时，他们为那些成功通过飞艇、热气球和滑翔机飞行的飞行员开辟了一个全新的世界。莱特兄弟展示了他们的理论，即用机翼的可移动部分来修正飞机的飞行姿态，而非改变飞机的重量，从而在飞机设计上取得了巨大的进步。此外，他们还制作了实用的风速计和转速表。

19世纪90年代，奥维尔和威尔伯因研究德国工程师奥托·李林塔尔（Otto Lilienthal）在滑翔机飞行方面的作品而对航空产生了浓厚的兴趣，他们把自己作为机械师的专业知识用在自行车修理店里。他们每年秋天都带着滑翔机到基蒂霍克多风的海滩上进行试飞，在他们的理论成功之后，下一个重点便是发动机。由于找不到足够轻、足够强的引擎，奥维尔干脆设计了一个引擎，兄弟俩将其组装并安装在改进后的滑翔机上。

在那改变航空史的一天，兄弟俩一共飞行了四次——奥维尔第一次飞行时在空中停留了12秒，到第四次尝试时，威尔伯在59秒内飞了260米。他们持续进行着实验，到1909年时，他们已闻名世界，并增添了更强大的发动机、乘客的座位和更复杂的控制系统。不久以后，莱特兄弟就可以把他们的发明应用于商业了，因为政府意识到了飞机在战争中的用处，开始大量订购。

1905—1910 年

	政治与权力	地理与环境	文化与宗教
美洲	1905 年：威廉·"大比尔"·海伍德等人创建了世界产业工人联盟。 1906 年：在反政府起义失败，双方和解之后，美军占领了古巴。 1907 年：1907 年大恐慌导致银行挤兑，J.P. 摩根从欧洲进口了 1 亿美元的黄金才稳住局面。 1909 年：杜波依斯（W.E.B. Du Bois）等人在美国成立了全国有色人种协会（NAACP）。	1905 年：美国国家森林管理局由吉福·平肖（Gifford Pinchot）建立。 1906 年：旧金山地震造成 3000 多人死亡以及 4 亿美元的财产损失。 1908 年：西奥多·罗斯福对公共土地及其资源进行了首次清查。 1909 年：在马修·汉森（Matthew Henson）的陪同下，美国探险家罗伯特·E. 皮尔里（Robert E. Peary）成为首个到达北极点的人。	1905 年：美国的社会福音运动体现了基督教改革资本主义的进步思想。 1906 年：圣丹妮丝（Ruth St. Denis）引入现代舞。 1906 年：厄普顿·辛克莱出版《屠场》。 1908 年："垃圾箱画派"专门描绘美国人的普通生活，由罗伯特·亨利领导的一群被称为"八人社"的画家创立。 1908 年：奥斯卡·汉默斯坦（Oscar Hammerstein）在纽约建立曼哈顿剧院。
欧洲	1905 年：沙皇尼古拉二世在《十月诏书》中提出改革意图，希望借此平息俄国日益严重的动乱。	1906 年：在为期两年半的旅程中，挪威探险家罗阿尔德·阿蒙森穿越了西北航道，确定了磁极的位置。 1906 年：维苏威火山喷发，摧毁了意大利奥塔亚诺镇。	1905 年：弗朗兹·莱哈尔（Franz Lehar）的轻歌剧《快乐寡妇》（The Merry Widow）在维也纳上演。 1908 年：福斯特（E. M. Forster）出版《看得见风景的房间》。 1908 年：肯尼斯·格雷厄姆（Kenneth Grahame）出版《柳林风声》。 1908 年：贝拉·巴托克（Bela Bartok）创作了《第一弦乐四重奏》（String Quartet No.1）。
中东 & 非洲	1905 年：路易·博塔（Louis Botha）和他领导的人民党要求在如今南非的德兰士瓦建立自治政府。 1905 年：伊朗立宪革命开始，引发了大规模示威，但被保守势力操纵。 1906 年：德兰士瓦和奥兰治自由邦获得自治权以及白人选举权。 1908 年："青年土耳其人革命"恢复了奥斯曼帝国的宪法和议会。	1905 年：内罗毕成为英属东非（肯尼亚）的首都，它位于蒙巴萨—乌干达铁路沿线。 1908 年：刚果成为比利时殖民地。 1908 年：在乌干达的乌索加地区，超过 6000 人死于饥荒。 1910 年：南非联邦成立。	1909 年：现代巴勒斯坦的第一个犹太城镇——特拉维夫建立。
亚洲 & 大洋洲	1905 年：日本人在对马海峡击沉俄国舰队。 1905 年：在日俄战争中，旅顺港被日军攻陷。《朴次茅斯和约》结束了这场战争。 1905 年：英日同盟条约延长了 10 年。 1906 年：澳大利亚接管新几内亚岛的巴布亚。	1904—1910 年：中国许多省份发生洪水、干旱和饥荒，人们因此陷入贫困。 1907 年：新西兰成为大英帝国的一个自治领。	1905 年：孙中山在东京创立同盟会，致力于创建中华民国。 1906 年：阿迦汗（Aga Khan）三世创建全印穆斯林联盟。

科学与技术	人类与社会
1905 年：美国的"优生运动"主张禁止智障者、罪犯等群体生育。 1906 年：美国《纯净食品和药品法》获得通过。 1906 年：美国第一个有声音乐广播节目由费登森（R. A. Fessenden）实验室播出。 1909 年：酚醛塑料（Bakelite）的首次商业化生产标志着塑料时代的到来。	1910 年：霓虹灯问世。 1907 年：伤寒玛丽（玛丽·梅伦）因在纽约市被发现体内携带伤寒病菌而被终身隔离。 1908 年：杰克·约翰逊成为第一位非洲裔世界重量级拳击冠军。 1908 年：通用汽车公司成立。 1908 年：福特汽车公司推出第一款 T 型车，最终售出 1 500 万辆。
1905 年：默默无闻的瑞士专利局职员阿尔伯特·爱因斯坦提出了狭义相对论，开启了原子时代。 1906 年：克莱门斯·冯·皮奎特（Clemens von Pirquet）将"过敏"一词引入医学。 1907 年：卢米埃尔兄弟发明彩色照片制作工艺。 1908 年：汉斯·盖革设计出首个能够成功计数单个 α 粒子的电子装置。 1910 年：保罗·埃尔利希研发出治疗梅毒等其他疾病的砷凡纳明。	1906 年：汽车赛事法国大奖赛首次举行。 1906 年：出现针对女性产业工人上夜班的国际限制。 1907 年：罗伯特·贝登堡（Robert Baden-Powell）在英国发起童军运动。 1909 年：伦敦 70 岁以上的市民领取到他们的第一笔养老金。
	1910 年：荷兰语和英语成为南非联邦的官方语言。
1905 年的爱因斯坦	1908 年：中国和英国就减少鸦片生产达成协议。
1906 年：世界上最大的战列舰"萨摩"号在日本下水。	

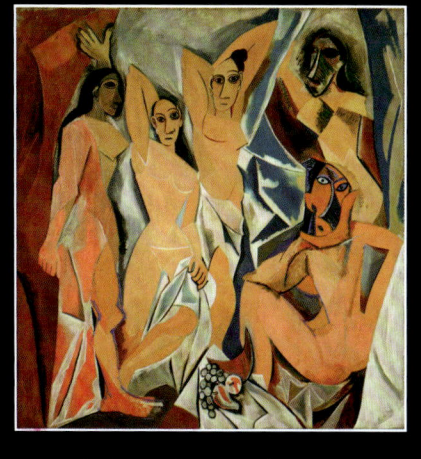

上图　帕布罗·毕加索的《阿维尼翁的少女》（Les Demoiselles D'avignon）

现代艺术的开端

1907 年，当 25 岁的西班牙艺术家毕加索创作《阿维尼翁的少女》时，他并不知道自己将会为艺术界带来一场革命。事实上，毕加索对这幅作品的意义并不确定，以致他多年来只向密友展示它，直到 1916 年才进行公开展出。

这幅画的主题是五个不同姿势的裸体，加上一个静物，看起来有点咄咄逼人，也有点野蛮，不像人们曾在艺术界所见过的任何东西。左边的三个棱角分明的人物是古典雕塑的变形，但右边两个人物扭曲和错位的五官和身体则是从非洲雕塑中汲取了灵感。人体的有机完整性、比例和连续性都被无视了。

这幅标志性的作品体现了崭新的抽象艺术手法，同时也标志着立体主义的诞生，立体主义代表了自己的世界，近似于自然，却以不同的原则构建。评论家们只看到锐利的边缘和角度，而毕加索实际上是将空洞和实体结合起来，使作品更具有立体感。1973 年，毕加索漫长的一生结束，丰富多彩的作品使他成为 20 世纪最受尊敬的艺术家之一。

1910—1915 年

	政治与权力	地理与环境	文化与宗教
美洲	1910—1911 年：墨西哥革命爆发，潘乔·比利亚（Pancho Villa）率军击败了波菲里奥·迪亚斯。 1911 年：美国联邦最高法院裁定解散标准石油公司。 1913 年：美国宪法第十六修正案允许联邦国会征收所得税。	1910 年：美国国会同意建立冰川国家公园。	1912 年：马萨诸塞州劳伦斯的纺织工人发起罢工，展现了世界产业工人联盟的力量。 1913 年：军械库展览会将后印象主义和立体主义引入纽约。 1914 年：美国作曲家、作家和出版商协会（ASCAP）成立。
欧洲	1910 年：尼古拉一世成为黑山王国国王。 1910 年：葡萄牙爆发革命。 1911 年：温斯顿·丘吉尔被任命为第一海务大臣。 1912 年：德国、奥匈帝国和意大利的同盟关系再度恢复。 1914 年：第一次世界大战因奥匈帝国王储弗朗茨·斐迪南大公和他的妻子在萨拉热窝被塞尔维亚民族主义者刺杀而爆发。	1911 年：挪威的罗阿尔德·阿蒙森成为第一个到达南极点的人。	1910 年：南美探戈在欧洲和美国广受欢迎。 1912 年：卡尔·荣格（Carl Jung）出版《无意识心理学》（The Psychology of the Unconscious）。 1913 年：大卫·赫伯特·劳伦斯出版《儿子与情人》（Sons and Lovers）。 1913 年：托马斯·曼（Thomas Mann）出版《威尼斯之死》（Death in Venice）。
中东 & 非洲	1911 年：路易斯·博萨和詹姆斯·赫尔佐格（James Hertzog）成立南非党。 1911 年：意大利入侵利比亚。 1912 年：巴尔干联军向土耳其挺进。 1912 年：南非土著国民大会（非洲人国民大会的前身）成立。 1913 年：奥斯曼人与巴尔干联盟签署和平条约。 1914 年：奥斯曼帝国军队攻击俄国港口。	1910 年：南非联邦成为大英帝国的自治领。 1912 年：摩洛哥成为法国的保护国。 1914 年：尼日利亚北部与南部统一。 1914 年：奥斯曼帝国封锁达达尼尔海峡。	1912 年：突厥主义排斥多民族的奥斯曼主义，土耳其民族主义因而兴起。兹雅·乔加勒普（Ziya Gokalp）强调土耳其语言和文化，提高妇女的地位，并许诺对宗教采取理性的态度。
亚洲 & 大洋洲	1911 年：外蒙古宣布独立。 1912 年：中华民国成立，孙中山就任临时大总统。他创立了国民党。 1912 年：中国最后一位皇帝溥仪退位。	1910 年：日本吞并朝鲜。 1914 年：新西兰占领西萨摩亚。 1914 年：日本占领北马里亚纳群岛。	1913 年：拉宾德拉纳特·泰戈尔（Rabindranath Tagore）获得诺贝尔文学奖。 1915 年：《新青年》杂志出版，此为新文化运动的标志性事件之一。

科学与技术	人类与社会
1910年：托马斯·爱迪生演示有声电影。 1910年：哈雷彗星被观测到。 1911年：查尔斯·凯特林研发出首个实用的汽车电动自启动装置。 1913年：亨利·诺利斯·罗素提出了恒星演化理论。 1914年：罗伯特·戈达德（Robert Goddard）获得了他的首个火箭专利。 1914年：巴拿马运河投入使用。	20世纪10年代：大量非洲裔美国人为了更好的工作和逃避歧视而从南方农村移居到北方工业区。 1913年：世界上最大的火车站大中央车站在纽约正式运营。 1914年：美国联邦贸易委员会成立，旨在防止不公平或欺骗性的贸易行为。 1914年：1905—1914年，约有1010万移民从南欧和东欧进入美国。
1911年：欧内斯特·卢瑟福（Ernest Rutherford）提出他的原子结构理论。 1912年：在从英国到美国的处女航中，泰坦尼克号于北大西洋与冰山相撞后沉没。 1913年：贝拉·希克（Bela Schick）发明白喉免疫试验。 1913年：尼尔斯·玻尔（Niels Bohr）提出原子结构理论。 1914年：第一条现代拉链发售。	1912年：英国发生煤炭工人、伦敦码头工人和运输工人罢工。 1912年：英国皇家飞行队（后称皇家空军）成立。 1912年：国际草地网球联合会成立。
	1913年：鉴于埃及日益高涨的民族主义情绪，英国殖民统治者允许埃及代表参加立法议会。 1913年：德国医疗传教士阿尔贝特·施韦泽（Albert Schweitzer）在法属刚果的兰巴伦开设了一所医院。
	1911年：日本的《工厂法》（1916年生效）限制妇女的工作时间，并禁止使用童工。

链接

战争中的殖民地世界

在两次世界大战中，大批殖民地人民拿起武器，为统治他们的国家效力。许多人是被征召入伍的，但也有许多人自愿入伍，因为他们相信宗主国会将独立回馈给他们。在第一次世界大战中，有成千上万的非洲人与协约国并肩作战。在第二次世界大战中，南非派遣了20万名志愿军与德国人作战，其中至少有1/3是黑人。英国、比利时和法国从撒哈拉以南的非洲招募军队，而荷兰利用亚洲殖民地人民抗击日本。印度人在第一次世界大战中联合起来支持英国后，被剥夺了自治，分裂了。有些印度人为协约国而战，但一支印度教"国民军"在缅甸为日本人而战，这是在印度教领导人甘地、尼赫鲁（Nehru）和穆斯林联盟领导人穆罕默德·阿里·真纳（Muhammad Ali Jinnah）领导下酝酿的民族主义热潮的征兆。

建设巴拿马运河

长期以来，美国人一直在考虑修建一条穿越中美洲最狭窄区域的通道。这样一条走廊连接起该地区的东西海岸，比绕道南美洲南端可以少走1万多千米。当大批拓荒者开始在俄勒冈州和加利福尼亚州定居时，人们对这条海上捷径的渴望越发高涨，西奥多·罗斯福总统因此使用了侵略性的策略，使巴拿马运河的建设成为可能。

这种雄心勃勃的尝试已经不是第一次了。1878年，一家法国公司获得了修建一条横跨巴拿马的海平面运河的特许权。但是，由于疾病、计划不周和缺乏资金，这个项目被放弃了，但在此之前，有2万名法国人付出了生命。

1901年，英国同意美国修建并加固运河，美国的选择是使其横穿尼加拉瓜。然而，由于火山爆发，从尼加拉瓜穿过的计划无法实施，罗斯福因而把注意力转向了巴拿马，那是哥伦比亚的一个省。在向波哥大请愿并遭到拒绝后，罗斯福鼓励一群哥伦比亚人建立自己的国家。麻烦还没来得及爆发，罗斯福就拿到了新巴拿马共和国永久性的海上通行权，经过几年的建设设施、疾病控制和勘测，巴拿马运河的建设开始了。1906年，罗斯福亲自访问了这个地方，成为第一位前往美国境外的在任总统。

1914年8月，巴拿马运河正式开通。大约5600名美国人因它丧生，其中大部分死于热带疾病。运河全长81.3千米，河宽152.4—304米，水深14.3米，是现代最雄心勃勃的建设项目之一，它将使世界连接得更加紧密。

死于堑壕

第一次世界大战以其惨烈和前所未有的伤亡震惊了世界。机械化武器，如带弹匣的步枪、机枪和速射火炮，增强了士兵的杀伤力（尤其是远程杀伤力），迫使欧洲军队在开阔的战场上要靠挖地三尺来保护自己。堑壕战，首次出现在日俄战争中，在一战中被大规模采用。

1915年春天，协约国与同盟国的战争陷入僵局，双方开始建造更加复杂的堑壕。堑壕由栅栏、铺板、沙袋等材料构成。德国人的堑壕往往挖得很深，比英法两国的堑壕更胜一筹。英国的堑壕体系包括三条线：前线由指挥和火力堑壕组成；中间用于支援；后方是预备堑壕，再后方是炮兵阵地。通信壕与各堑壕互相连接。双方的防线之间有带刺的铁丝缠绕，这片无人区窄可至四五十米，宽可达800多米。士兵们用有线电话、信号、狗和鸽子来传递信息。

堑壕战创造了一种类似围城战的战场局面，军队无法撤退或停止。士兵们住在设防的壕沟里。他们最重要的武器是铲子和机枪。在应对机枪射击时，手榴弹也能派上用场。刺刀的效果并不尽如人意，所以多数步兵都有一把战斗刀和一根自制的堑壕棍用于突袭。士兵们还备有防毒面具。在保持警戒时，潜望镜非常有用。进攻前，士兵们在夜色的掩护之下割断带刺的铁丝网时，钢丝钳显得至关重要。

生活在堑壕里不是件容易的事情。雨水会把沟渠变成齐腰深的泥海，许多人不得不在冰冷的水里待好几天，得了堑壕脚病。缺乏睡眠和充足的营养，长期忍受疲劳与炮弹的冲击——更不用说恶劣的卫生条件——这都是常见的问题。到处都是虱子，传播着堑壕病，还有巨大的老鼠，有些老鼠以尸体为食，长得像猫一样大，肆无忌惮地把人的背囊口袋咬出一个洞，以偷走一点食物。士兵们为了打发无聊时光，常常会把老鼠作为练习射击的靶子。这样的生活过上几个月，士兵们就被改变了：最初的恐惧让位于冷漠，这是人抵御精神错乱的主要手段。

上图 1916年底，一具德国士兵的骨架留在索姆河以北的博蒙阿梅尔堑壕中
右图 在比利时，德国士兵躺在堑壕里看报纸

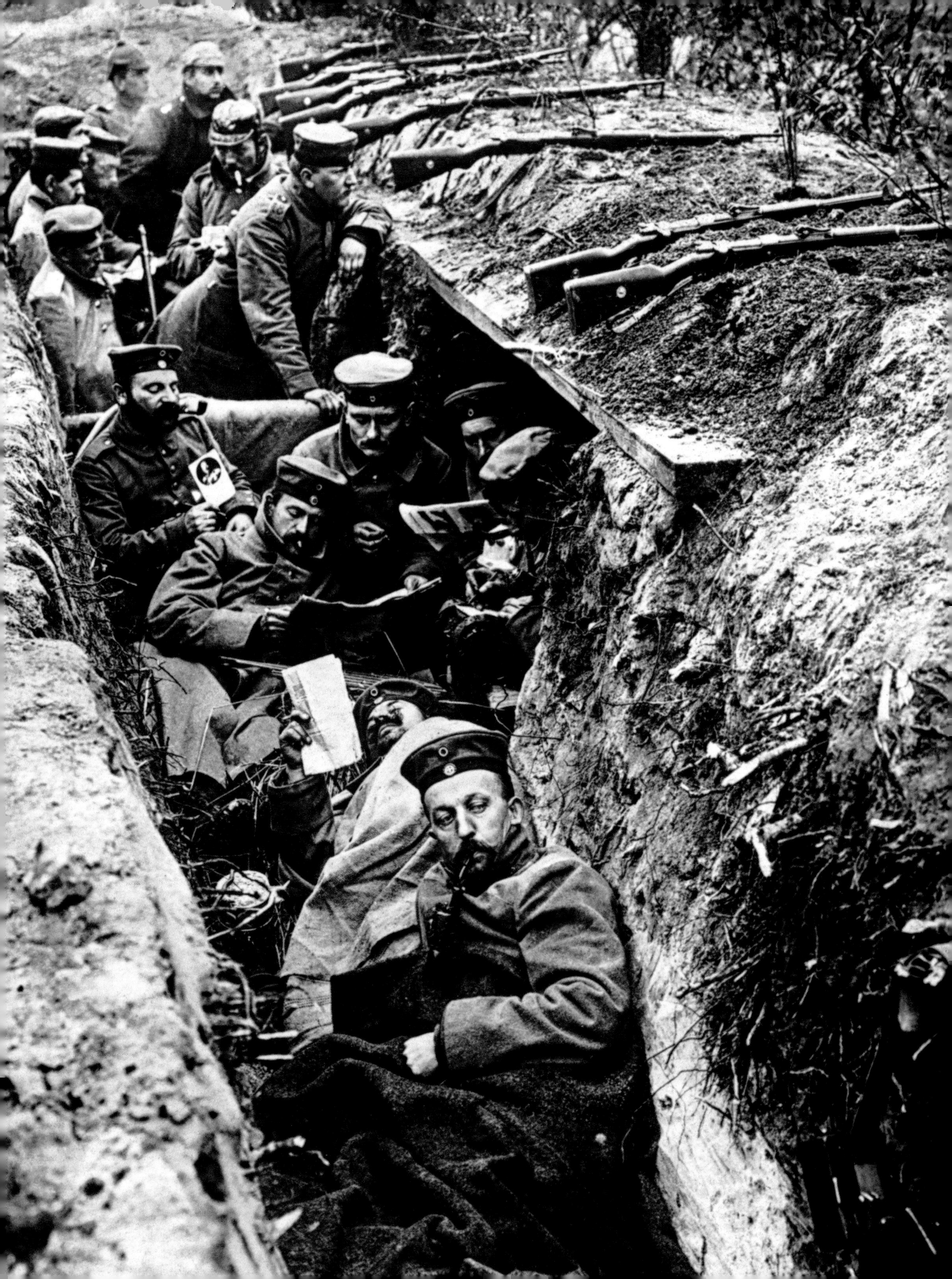

1915—1920 年

	政治与权力	地理与环境	文化与宗教
美洲	**1917 年**：美国国会通过法案，给予波多黎各人"公民"身份。 **1917 年**：美国加入第一次世界大战；潘兴将军前往巴黎指挥美国军队。 **1918 年**：美国总统伍德罗·威尔逊（Woodrow Wilson）提出十四点原则，勾勒了第一次世界大战的和平解决方案。	**1917 年**：墨西哥宪法要求进行土地改革，规定矿产和石油为国家所有。 **1917 年**：美国同意以 2500 万美元购买丹麦属西印度群岛（维尔京群岛）。 **1917 年**：斯蒂芬·马瑟组织并领导着国家公园管理局。作为塞拉俱乐部成员，他主张保护并以经济的方式利用土地。 **1918 年**：加拿大探险家维尔维海默·斯德凡森（Vilhjalmur Stefansson）在北极圈以北生活 5 年后返程。	**1915 年**：埃德加·李·马斯特斯出版《匙河集》。 **1916 年**：马里亚诺·阿祖尔出版《在底层的人们》。 **1916 年**：约翰·杜威出版《民主与教育》。 **1917 年**：乔治·M. 科汉创作了美国战争歌曲《那时那地》。 **1919 年**：亨利·亚当斯因《亨利·亚当斯自传》获得普利策奖。
欧洲	**1916 年**：都柏林的爱尔兰反抗者在复活节起义中反抗英国统治。 **1917 年**：俄国爆发十月革命。 **1918 年**：11 月 11 日，协约国和德国签署了结束第一次世界大战的停战协议。 **1919 年**：贝尼托·墨索里尼建立了"战斗的法西斯"党（Fasci di Combattimento）。	**1919 年**：欧内斯特·沙克尔顿（Ernest Shackleto）出版《南极》（South），记述了他 1914—1916 年的南极探险。	**1917 年**：基督教朝圣者都前往葡萄牙的法蒂玛，据说圣母玛利亚曾在那里出现过。 **1918 年**：胡安·米罗尔首次展出他的绘画作品。 **1919 年**：瓦尔特·格罗皮乌斯在德国发起包豪斯运动。
中东 & 非洲	**1915 年**：英属东非（肯尼亚）的义务兵役制迫使成千上万的非洲男性加入第一次世界大战。 **1915 年**：穆斯塔法·凯末尔在加利波利指挥奥斯曼帝国军队出色地抵抗了协约国的入侵。 **1918 年**：土耳其人的抵抗在巴勒斯坦瓦解；奥斯曼帝国向协约国投降。		**1917 年**：关于巴勒斯坦问题的《巴尔福尔宣言》发表，宣言表示英国将为建立犹太家园提供支持，前提是非犹太巴勒斯坦人的公民和宗教权利得到尊重。
亚洲 & 大洋洲	**1915 年**：日本提出严重威胁中国主权的"二十一条"。 **1917 年**：中国向德国和奥地利宣战。 **1919 年**：阿曼诺拉汗成为阿富汗的埃米尔（统治者）。 **1919 年**：中国爆发"五四运动"，反对签署《凡尔赛条约》。		**1916 年**：中国正在进行新文化运动，受过西方教育的中国学者主张现代化改革。 **1918 年**：加尔各答和马德拉斯发生日益激烈的穆斯林暴动。

那时的生活

1918 年大流感

第一次世界大战快结束时，一种具有高度传染性的病毒席卷全球。它通常被称为西班牙流感，因为人们误以为流感始于西班牙，但事实并非如此。瘟疫在军队中如野火般蔓延，并迅速成为一种流行病。医生和护士短缺，医院人满为患，企业倒闭，人们不敢走出家门。政府发布了禁止在公共场所吐痰或打喷嚏的法令，许多人戴上口罩以试图保护自己免受空气中的病菌的侵害。这种病菌的毒性非常强，可以让人在短时间内发烧，继而引发呼吸道疾病。如果患者幸运的话，疾病最终会被治愈，但如果运气不好，"死亡之王"肺炎就会降临，他们存活下来的可能性会更小。自从 14 世纪黑死病席卷欧洲和亚洲以来，还没有哪一种疾病导致如此多的患者死亡。就像瘟疫一样，1918 年的流感病毒很快就消失了，但还是造成数百万人死亡。

科学与技术	人类与社会
1915年：纽约的亚历山大·格雷厄姆·贝尔给旧金山的托马斯·A. 沃森博士拨打了第一个横贯北美大陆的电话。 1915年：美国和日本之间开通无线电报业务。 1916年：首次对输血用血液进行冷藏。 1918年：哈罗·沙普利推算出银河系的真实维度。	1915年：亨利·福特的公司生产出第100万辆汽车。 1916年：玛格丽特·桑格协助开设了美国第一家节育诊所。 1917年：美国通过战时燃料和食品管制法案。 1918年：美国采用夏令时。 1918年：第一笔航空邮资在美国产生。
1915年：爱因斯坦提出广义相对论。 1915年：胡戈·容克斯成功研制了第一架张臂式全金属飞机。 1916年：横贯西伯利亚的铁路竣工。 1918年：马克斯·普朗克（Max Planck）因引入量子理论而获得诺贝尔物理学奖。	1916年：英国兵役法生效。 1916年：英国实行夏令时。 1917年：英国因食物短缺而建立"国家食品厨房"。 1918年：在英国，30岁以上的妇女获得选举权。 1919年：阿斯特子爵夫人（Lady Astor）成为英国议会下院第一位女议员。
1915年：由于大量资源被投入战争，棉花价格上涨使得埃及经济繁荣起来。轻工业扩张，埃及商业阶层因此得到发展。	
1916年：日本科学家本多光太郎（Kotaro Honda）开发出第一种制作永磁体的钴钢，这种材料比以前的金属更有效。	

1917年7月4日，布尔什维克的接管行动短暂受挫，沿彼得格勒（圣彼得堡）的涅夫斯基大道逃跑的人们遭到机枪手射击

俄国革命

拥有贵族血统的沙皇尼古拉并没有意识到，他的国家正在经历一场极其严重的危机。早在1905年反抗沙皇政府的流血星期日起义中，饥饿而绝望的无产阶级就愤怒地反抗现有政权。尼古拉无力应对国家面临的危机，还激怒了农民，因此于1917年3月15日被迫退位。

1917年4月，俄国临时政府成立，迅速启动了普选和其他自由创新改革。1917年10月，列宁和他的布尔什维克追随者如雨后春笋般发展成为一支强大到足以接管政府的力量。列宁立即废除私有财产，把土地分给农民，把教堂的土地重新分配给农村里的俄国人，并使工业和金融国有化。然而，来自反布尔什维克势力的反对导致了一场长达两年的内战，造成了巨大的人员伤亡。

与此同时，向布尔什维克投降的沙皇尼古拉的罗曼诺夫家族被囚禁在乌拉尔山脉的一处庄园里，他们最终被枪杀或被刺刀刺死，尸体被扔进没有标记的坟墓里。1991年，通过DNA鉴定，几具从坟墓中挖出的尸体被鉴定为尼古拉、他的妻子亚历山德拉和他们的三个女儿。他们另外两个孩子的遗体在2007年被发现。

1920—1925 年

	政治与权力	地理与环境	文化与宗教
美洲	1920 年：美国参议院第二次也是最后一次投票反对加入国际联盟。 1920 年：美国宪法第十八修正案生效，开始实施禁酒令；第十九修正案赋予美国妇女投票权。 1923 年：沃伦·加梅利尔·哈定（Warren Gamaliel Harding）总统去世时，"茶壶山丑闻案"已经沸沸扬扬。它成了政府腐败的代名词。	1920 年：美国国会通过《矿产租赁法》。 1922 年：世界上最大的火山之一阿尼亚查克火山在阿拉斯加海岸被发现。 1924 年：美国通过一项限制移民的法案，排斥所有亚洲人。 1924 年：丹麦极地探险家克努德·拉斯穆森完成了有史以来穿越北美北极地区最长的狗拉雪橇之旅。	1920 年：迭戈·里维拉、大卫·阿尔法罗·西凯罗斯和何塞·克莱门特·奥罗斯科领导着政治社会画派，在 20 世纪 30 年代完善了墨西哥壁画的形式。 1920 年：伊迪丝·华顿出版《纯真年代》。辛克莱·刘易斯出版《大街》。 1921 年：鲁道夫·瓦伦蒂诺出演《酋长》，成为无声电影时期的第一个"拉丁情人"。
欧洲	1920 年：国际联盟在巴黎成立，总部设在日内瓦。 1920 年：海牙被选为常设国际法院的所在地，那是国际法院的前身。 1920 年：英国的"黑棕部队"抵达爱尔兰并镇压共和军叛乱。 1922 年：墨索里尼向罗马进军，并组建法西斯政府。 1923 年：阿道夫·希特勒在慕尼黑发动的"啤酒馆暴动"失败，他被判处九个月的监禁。	1922 年：爱尔兰自由邦正式宣告成立。 1922 年：苏维埃俄国改名为苏维埃社会主义共和国联盟。 1923 年：苏联为进行气象和地球物理磁极观测，开设了马托奇金沙尔站。	1922 年：詹姆斯·乔伊斯出版《尤利西斯》，T.S. 艾略特出版《荒原》，这是现代主义新文学运动中的两部重要作品。 1922 年：豪斯曼出版《最后的诗》。 1923 年：伍德豪斯出版《万能管家吉夫斯》。 1923 年：瓦西里·康定斯基创作《圆之舞》。
中东 & 非洲	1922 年：埃及在福阿德国王的领导下宣布独立。华夫脱党成为主要的民族主义政党。 1922 年：《国际联盟关于将巴勒斯坦交给英国统治的委任统治训令》发表。 1922 年：在击败希腊的入侵之后，穆斯塔法·凯末尔宣布土耳其建立共和国，并于 1923 年当选总统。 1924 年：波斯国王艾哈迈德被废黜，次年礼萨汗出任国王。	1922 年：位于卢克索附近的图坦卡蒙法老陵墓被英国的霍华德·卡特（Howard Carter）和卡那封（Carnarvon）伯爵发现。 1923 年：罗德西亚（津巴布韦）成为英国自治殖民地。 1923 年：安卡拉取代伊斯坦布尔成为土耳其首都。土耳其以小亚细亚半岛的农民及其文化为基础进行重组。	1924 年：在法国兰斯，一座纪念碑被竖立起来，以纪念在保卫法国抵抗德国时期牺牲的非洲士兵。
亚洲 & 大洋洲	1921 年：日本首相原敬遇刺身亡。 1921 年：中国共产党第一次全国代表大会在上海召开。 1921 年：日本裕仁皇太子开始摄政。 1924 年：中国国民党和中国共产党结成革命统一战线。	1923 年：东京和横滨市中心被一场地震摧毁，造成 12 万人死亡。 1923 年：安德鲁斯（R.C. Andrews）在蒙古的"烈火危崖"发现了有记录的第一枚恐龙蛋化石，它来自白垩纪晚期。	1920 年：甘地成为印度独立斗争的领袖。他主张对殖民政府采取"非暴力不合作"。 1922 年：甘地被判处 6 年监禁。 1923 年：鲁迅出版了《呐喊》，这是一本短篇小说集，号召他的同胞团结起来拯救中国。 1924 年：筑地小剧场在东京开业，这标志着日本近代戏剧的开端。

科学与技术	人类与社会
1920年：约翰·汤普森为他的冲锋枪申请专利，绰号"汤米冲锋枪"。 1923年：加拿大医师弗雷德里克·班廷（Frederick Banting）因分离出一种有效治疗人类糖尿病的胰岛素而获得诺贝尔生理学或医学奖。	20世纪20年代：哈莱姆文艺复兴时期，纽约哈莱姆区的非洲裔美国人在舞蹈、音乐、文学和戏剧方面成就颇丰。 1921年：无法核实身份的士兵被安葬在阿灵顿国家公墓。 1923年：墨西哥的潘乔·比利亚被枪手暗杀，结束了他长期的革命生涯。他曾让墨西哥和美国政府大费周章。
1921年：赫尔曼·罗夏（Hermann Rorschach）出版《心理诊断学》，总结了他使用墨迹测验诊断精神障碍的研究。 1921年：卡介苗首次被用于人体，以预防结核病。 1921年：费利克斯·德赫雷尔（Felix D'Herelle）发表了关于噬菌体（感染细菌的病毒）的研究。他创造了这个词，意思是"食菌者"。 1921年：玛丽·斯特普在伦敦开设了英国第一家节育诊所。	20世纪20年代：格特鲁德·斯坦因（Gertrude Stein）创造了"迷惘的一代"这个词，用来形容第一次世界大战后曾旅居法国的海明威、菲茨杰拉德、舍伍德·安德森（Sherwood Anderson）等作家。这一群体普遍对战争感到失望，对维多利亚时代的道德不屑一顾。 1920年：牛津大学招收了第一批女学生。 1921年：苏联实行新经济政策。
下图 1923年，跪在地上的路易斯·阿姆斯特朗在乔·"国王"·奥利弗的克里奥尔爵士乐队中演奏小号，里尔·哈丁在弹奏钢琴	1922年：英国广播公司成立。

爵士时代

20世纪20年代也被称为"咆哮的二十年代"，那是一个荒谬绝伦的时代，也是一个轻佻的时代，是美国放纵的十年。战后经济的蓬勃发展引发了更大的繁荣以及人们对幸福的广泛追求。令人兴奋的新消费品，如汽车和收音机，炫目的新款服装，如查尔斯顿舞这样疯狂的舞蹈，都令崇尚个人主义与有着即兴天赋的人们着迷。这在当时最热门的新音乐中得到了体现。

爵士乐是从由非洲奴隶带到新大陆的音乐发展起来的，它沿着密西西比河从新奥尔良来到孟菲斯、堪萨斯城、芝加哥和纽约。路易斯·阿姆斯特朗（Louis Armstrong），或称"书包嘴"（Satchmo），此人的名字便是爵士乐的代名词。他用小号即兴创作，将布鲁斯与拉格泰姆音乐融合起来，让听众们神魂颠倒。棉花俱乐部等夜总会吸引纽约白人成群结队来到哈林区，一边喝着高价的非法酒，一边观看阿姆斯特朗和其他黑人的表演。

1920年颁布的《禁酒令》与新式音乐共同定义了这个时代。对上暗号，进入非法的地下酒吧，你便能在那儿喝到私酒，这让那些买得起酒的人狂热无比。更让人兴奋的是，这种酒很可能是由芝加哥的阿尔–卡彭（Al-Capone）这样的黑帮大佬提供的。尽管联邦政府试图阻止大麦芽的流动，"但浴缸杜松子酒"还是自由自在地流淌着。

斯科特·菲茨杰拉德笔下的杰伊·盖茨比是爵士乐时代花花公子的缩影，正如他所说，美好的时光不会长久。1929年发生的股市崩盘带走了"咆哮的二十年代"，也带来了大萧条。

1925—1930 年

	政治与权力	地理与环境	文化与宗教
美洲	**1926 年**：在尼加拉瓜，自由主义者奥古斯托·塞萨尔·桑迪诺（Augusto C. Sandino）和他率领的游击队开始了一场对抗保守派的战斗。他于 1934 年遇刺身亡，这引发了一场现代革命运动。 **1929 年**：美国前总统哈定任内的内政部长阿尔伯特·法尔（Albert Fall）因参与"茶壶山丑闻案"而被定罪。 **1929 年**：国民革命党开始对墨西哥进行一党统治，直到 20 世纪 90 年代末。	**1925 年**：一个国际飞行小组首次成功乘飞艇飞越北极。 **1925 年**："三州龙卷风"是美国历史最致命的龙卷风，在密苏里州、伊利诺伊州和印第安纳州共造成 695 人死亡。 **1929 年**：美国飞行员理查德·伯德与三个同伴飞越了南极。	**1925 年**：斯科特·菲茨杰拉德（Francis Scott Fitzgerald）出版《了不起的盖茨比》。 **1926 年**：阿根廷人里卡多·G. 吉拉尔德斯（Ricardo Güiraldes）出版《唐塞贡多·松布拉》，该书被认为是加乌乔文学的典范之作。 **1929 年**：威廉·福克纳（William Faulkner）出版《喧哗与骚动》。 **1929 年**：乔治娅·奥·吉弗（Georgia O'keeffe）创作《黑蜀葵与蓝燕草》。 **1929 年**：现代艺术博物馆在纽约开张。
欧洲	**1925 年**：希特勒重组纳粹党，并出版《我的奋斗》（Mein Kampf）第一卷。 **1925 年**：德国、法国、比利时、英国和意大利签署《洛迦诺公约》，承诺在西欧实现相互保障的和平。 **1927 年**：在日内瓦举行的一次世界经济会议有 50 个国家参加。 **1929 年**：斯大林启动苏联的第一个五年计划。 **1929 年**：列夫·托洛茨基被驱逐出苏联。	**1925 年**：挪威首都克里斯蒂安尼亚更名为奥斯陆。 **1928 年**：挪威探险家罗阿尔德·阿蒙森试图在北极地区营救意大利探险家翁贝托·诺比尔时因飞艇失事而丧生。 **1929 年**：梵蒂冈城国成立。	**1925 年**：装饰艺术越来越受欢迎，这在国际装饰艺术及现代工业博览会上得到了体现。 **1925 年**：弗兰兹·卡夫卡的《审判》（The Trial）在其死后出版。 **1925 年**：第一届超现实主义美术展览在巴黎举办。 **1926 年**：米尔恩（A. A. Milne）出版《小熊维尼》（Winnie the Pooh）。 **1927 年**：弗吉尼亚·伍尔芙出版《到灯塔去》（To the Lighthouse）。
中东 & 非洲	**1928 年**：来自阿拉伯半岛的瓦哈比教派向科威特和伊拉克边境发动袭击，遭到英国飞机扫射。	**1926 年**：黎巴嫩共和国宣告成立。	**1928 年**：穆斯林兄弟会在埃及成立。
亚洲 & 大洋洲	**1926 年**：为了统一中国，中国革命者发动北伐战争。 **1926 年**：裕仁在他的父亲明仁去世后成为日本天皇。 **1927 年**：毛泽东领导的秋收起义遭遇挫折，但也让他更深刻认识到中国农民群体的力量。 **1927 年**：中国国民党在南京成立国民政府。		

右图　日本裕仁天皇的官方肖像

科学与技术	人类与社会
1927 年：查尔斯·奥古斯都·林德伯格（Charles A. Lindbergh）驾驶着"圣路易斯精神"号从纽约直飞巴黎。 1930 年：纽约帝国大厦开始动工。	1925 年：美国第一家汽车旅馆在加州的圣路易斯-奥比斯波开业。 1926 年：墨西哥的弗里达·卡罗在遭遇了一次严重的公共汽车事故后开始作画。 1929 年：由于咖啡价格暴跌和外国投资减少，巴西经济崩溃。 1929 年：纽约黑色星期二标志着全球经济危机和大萧条的开始，其间美国证券交易所崩溃。
1926 年：巴黎巴斯德研究所宣布发现一种抗破伤风血清。 1927 年：巴甫洛夫（I. P. Pavlov）提出条件反射理论。 1928 年：汉斯·盖格（Hans Geiger）和瓦尔特·穆勒（Walther Mueller）制造出改良版的盖格计数器。 1928 年：亚历山大·弗莱明（Alexander Fleming）发现青霉素。	1927 年：德国经济在 5 月 13 日"黑色星期五"崩溃。到 1930 年为止，已有 300 万德国人失业。 1928 年：英国妇女的最低投票年龄从 30 岁降至 21 岁。
1926 年：肯尼亚人类学家路易斯·利基（Louis Leakey）在肯尼亚里夫特山谷（Rift Valley）的海拉克斯山（Hyrax Hill）发现了一个新石器时代的人类遗址。	1925—1926 年：凯末尔使土耳其逐渐脱离宗教控制。他的改革包括废除一夫多妻制、禁戴菲斯帽、推动女性着装的现代化，以及采用拉丁字母。 1927 年：人们首次在伊拉克的基尔库克发现石油。
1926 年：在澳大利亚的悉尼，在为一名婴儿做手术时，马克·利德威尔博士完成了第一次成功的心脏起搏手术（用电针刺激心脏）。	1925 年：日本实行男子普选制。 1927 年：国民党右派背叛了中国共产党盟友并对他们进行杀戮，发动了"四一二"反革命政变。

华尔街的"黑色星期二"

华尔街的大人物正陶醉于牛市的荣耀之中。随着股价在 1927 年和 1928 年节节攀升，投资者疯狂买入股票，有不少人甚至借贷来炒股。1929 年 9 月时，金融界已为这种保证金交易提供了 85 亿美元的贷款。人们忽视了那些警告信号，比如汽车销量下降和汽车工厂裁员。9 月初，股市泡沫见顶；10 月 24 日，也就是所谓的"黑色星期四"，股市的泡沫最终破裂，那是华尔街接连几个黑暗日子的头一天。

尽管股票价格短暂上涨，但 10 月 25 日，也就是"黑色星期五"时，人们开始为听到的坏消息而感到恐慌。第二周的周一，股价直线下跌，而在"黑色星期二"，被抛售的股票数量高得创了纪录。在不到一周的时间里，股票市值蒸发了 1/4。许多贷款买股票的买家破产了，因为他们的股票已经毫无价值，无法偿还他们当初的借贷。

有些人完全崩溃了，他们从办公室窗户跳楼或自杀。不仅是股东，整个美国经济都感受到了崩溃的压力。很快，整个国家进入了大萧条，这是一段持续了整个 20 世纪 30 年代的严重的经济困难时期，其影响波及全世界。

在接下来的十年里，美国面临着大规模失业，数百万人面临食品短缺，无数企业面临止赎。富兰克林·罗斯福（Franklin D. Roosevelt）总统的"新政"单位，如公共事业振兴署（WPA）和民间资源保护队（CCC），提供了大量就业机会，但直到 20 世纪 40 年代初，当政府开始在国防上大举投资时，大萧条才最终结束。

1930—1935 年

	政治与权力	地理与环境	文化与宗教
美洲	1930 年：阿根廷和巴西的革命分别让何塞·乌里布鲁（Jose Uriburu）和格图里奥·瓦加斯（Getulio Vargas）掌握了权力。 1930 年：美国总统胡佛签署了斯穆特-霍利关税法，它被指责加剧了经济萧条。 1933 年：在古巴，富尔亨西奥·巴蒂斯塔（Fulgencio Batista）开始独裁统治。 1933 年：罗斯福宣布睦邻政策。	在洛克菲勒广场 30 号的 RCA 大楼工地，建筑工人在离地 243.84 米的钢梁上休息	1930 年：达希尔·哈米特（Dashiell Hammett）出版《马耳他黑鹰》（The Maltese Falcon）。 1930 年：格兰特·伍德（Grant Wood）创作画作《美国哥特式》（American Gothic）。 1931 年：亚历山大·考尔德（Alexander Calder）创作了他的首个标志性的抽象运动雕塑作品，他的同事马塞尔·杜尚称之为"动态雕塑"（mobile）。
欧洲	1930 年：最后一批协约国部队离开莱茵兰。 1930 年：纳粹党获得 107 个德国国会席位。 1933 年：苏联开启第二个五年计划。 1933 年：阿道夫·希特勒被任命为德国总理；同年晚些时候，他被授予独裁权力。 1934 年：希特勒和墨索里尼在威尼斯会面。	1930 年：法国开始在法德边境修建马奇诺防线。 1932 年：苏联发生大饥荒。	1931 年：萨尔瓦多·达利（Salvador Dalí）创作画作《记忆的永恒》（Persistence of Memory）。 1932 年：阿尔道斯·赫胥黎（Aldous Huxley）出版《美丽新世界》（Brave New World）。 1933 年：卡尔·荣格出版《现代灵魂的自我拯救》（Modern Man in Search of a Soul）。 1933 年：列夫·托洛茨基出版《俄国革命史》（Russian Revolution）。
中东 & 非洲	1932 年：伊拉克以独立国家身份加入了国际联盟。 1933 年：在父亲费萨尔（Faisal）国王去世后，加齐一世（Ghazi I）成为伊拉克国王。 1934 年：《塔伊夫条约》结束了沙特—也门战争。	1934 年：英国考古学家伦纳德·伍莱（Leonard Woolley）结束了他在古苏美尔乌尔遗址长达 12 年的开创性发掘工作。	1933 年：在德国，现代主义在艺术上被压制，取而代之的是流于表面的现实主义。 1933 年：奥斯曼大学更名为伊斯坦布尔大学，吸引了大批德国流亡教授。 1933 年：亚述基督徒在伊拉克遭到屠杀。
亚洲 & 大洋洲	1931 年：毛泽东被选举为中华苏维埃共和国中央执行委员会主席。 1931 年：日本侵略中国东北。 1932 年：暹罗军队在一场反对君主制的政变中掌权。 1933 年：查希尔·沙阿（Zahir Shah）在父亲遇刺后成为阿富汗国王。 1934 年：中国工农红军开始长征，向中国西北部实行战略转移。	1931 年：澳大利亚探险家威尔金斯（G. H. Wilkins）驾驶"鹦鹉螺"号潜水艇在北冰洋中航行。	1932 年：《浦那协定》签署，赋予印度不可接触者（贱民）投票权。 1934 年：胡适出版《中国的文艺复兴》。

科学与技术	人类与社会
1930年：天文学家克莱德·汤博（Clyde Tombaugh）发现冥王星。 1931年：美国总统赫伯特·胡佛（Herbert Hoover）为高381米、102层的帝国大厦点灯。 1932年：洛克菲勒广场30号开始动工，它是当时纽约市的众多摩天大楼之一。 1933年：旧金山—奥克兰海湾大桥（金门大桥）动工。	1930年：第一届国际足联世界杯足球赛在乌拉圭举行。 1931年：芝加哥黑帮分子阿尔-卡彭因逃税入狱。 1932年：罗斯福在接受民主党总统提名的演讲中首次使用了"新政"这个词。 1933年：美国废除禁酒令。 1934年：加拿大设立中央银行。
1932年：诺贝尔物理学奖被授予沃纳·海森堡（Werner Heisenberg），以表彰他创立了量子力学的矩阵理论。 1932年：荷兰始于1906年的须德海工程完工。 1933年：新的纳粹法规阻碍了德国的科学研究。	1933年：德国开始抵制犹太企业。 1933年：在德国，所有非纳粹作家与犹太作家的书均被焚毁。 1933年：纳粹在德国建立起第一批集中营。 1934年：希特勒通过"长刀之夜"在德国进行了一场血洗，清洗了纳粹冲锋队的军事领导人和其他对手。
1934年：莫桑比克的葡萄牙统治者建造了一座横跨赞比西河通往马拉维的桥梁。它是非洲最长的铁路桥。	1930年：拉斯·塔法里在埃塞俄比亚成为海尔塞拉西皇帝。 1934年：土耳其的第一个五年计划旨在发展化学与纺织工业和银行业。 1934年：土耳其妇女获得选举权。
1930年：印度的拉曼爵士被授予诺贝尔奖，以表彰他在光散射研究上的成就。 1930年：澳大利亚新悉尼港湾大桥合龙。	1930年：甘地发起"食盐进军"（Salt March，又译"食盐长征"），这是他反对英国在印统治的最成功的非暴力不合作运动之一。 1932年：日本开始凭借低价占领世界市场。

希特勒掌权

阿道夫·希特勒从一战中默默无闻的老兵，一跃成为德国纳粹党的总理和元首，这的确不可思议。1921年，他成功地成为国家社会主义德国工人党，也就是纳粹党的党首，在鲁登道夫（Erich von Ludendorff）元帅等位高权重者的支持下，将这个政治团体塑造成一个由先锋队士兵组成的准军事组织。

希特勒1923年的未遂政变"啤酒馆暴动"虽以失败告终，却使他在德国名声大噪。他遭到短暂监禁，这给了他创作《我的奋斗》的时间，这本书后来成为纳粹的"圣经"。在保罗·戈培尔（Paul Goebbels）和赫尔曼·戈林（Hermann Goering）的支持下，纳粹党开始壮大。希特勒向大批民众发表了长达数小时的疯狂演说，向经济萧条的民众承诺他将掠夺"犹太人金融家"，让人们重获安全。

1933年，在纳粹党成为国会第一大党后，希特勒利用政局动荡的机会采取了行动。保罗·冯·兴登堡（Paul von Hindenburg）任命希特勒为总理，到那年夏天时，他已完全接管了政府。

1935—1939 年

	政治与权力	地理与环境	文化与宗教
美洲	1935 年：罗斯福总统签署《美国社会保障法》。 1936 年：巴拉圭建立美洲第一个法西斯政权。 1939 年：罗斯福在给墨索里尼和希特勒的信中要求他们保证不会攻击欧洲和31个被点名的中东国家。 1939 年：罗斯福宣布中立法案，允许英国和法国从美国购买武器。	1935 年：一连串的尘暴席卷了美国大平原。 1936 年：洪水席袭击了宾夕法尼亚州的约翰斯顿。 1936 年：米德湖休闲区建成，其中有美国最大的水库。 1938 年：墨西哥总统拉萨罗·卡德纳斯（Lázaro Cárdenas）将英国和美国商人的私人石油公司国有化。	1935 年：乔治·格什温（George Gershwin）的民谣歌剧《波吉与贝丝》（Porgy and Bess）在纽约演出。 1936 年：戴尔·卡耐基出版《人性的弱点》。 1936 年：玛格丽特·米切尔出版《飘》。 1939 年：约翰·斯坦贝克出版《愤怒的葡萄》。
欧洲	1936 年：德军占领莱茵兰。 1936—1939 年：西班牙内战打响。 1938 年：英国首相张伯伦（Arthur Neville Chamberlain）签署《慕尼黑协定》，允许德国占领捷克斯洛伐克苏台德地区。 1939 年：德国于9月1日入侵波兰；英国和法国于9月3日对德国宣战。苏联军队入侵波兰。	1936 年：德国开始沿着与法国的边界修建齐格菲防线。	1936 年：英国广播公司（BBC）进军电视服务业。 1937 年：毕加索创作了描绘西班牙内战的油画《格尔尼卡》（Guernica）。 1938 年：水晶之夜在德国发生。纳粹分子大肆破坏犹太人的住宅、犹太教堂和商店，打碎了许多窗户。犹太人遭到逮捕和殴打，至少有91人被杀。
中东 & 非洲	1936 年：《土著人代表法》（The Representation of Natives Act）进一步限制了南非黑人的投票权。 1936 年：埃塞俄比亚首都亚的斯亚贝巴被意大利人占领。 1936 年：福阿德一世（Fuad I）去世后，16岁的法鲁克（Farouk）王子接管了埃及。 1937 年：伊拉克独裁者贝克尔·西德基（Bakr Sidqi）遇刺身亡。	1935 年：波斯改名为伊朗。 1939 年：土耳其的一场地震造成至少3万人死亡。	1936 年：巴勒斯坦人抗议犹太人移居巴勒斯坦。 1936 年：阿尔及利亚的穆斯林被剥夺法国国籍。 1937 年：皮尔委员会，即巴勒斯坦皇家调查委员会，建议建立独立的阿拉伯国家和犹太国家。
亚洲 & 大洋洲	1935年：曼努埃尔·路易斯·奎松（Manuel Luis Quezon）成为菲律宾总统。 1935 年：印度根据《1935年印度政府法令》（The Government of India Act of 1935）起草宪法。 1937 年：日本人占领了北京、天津、南京和上海。	1936 年：中国工农红军结束了长征，并在陕北的延安建立战时总部。 1937 年：国民党政府撤退到位于中国西南部的重庆。	1935 年：《英印贸易协定》签署。 1936 年：作家老舍使用笔名"舒舍予"出版了《骆驼祥子》。 1937 年：侵华日军在占领南京期间残忍屠杀中国平民和战俘。

一队德国的斯图卡俯冲轰炸战斗机以密集的队形飞行

科学与技术	人类与社会
1937 年：特拉华州杜邦公司的华莱士·卡罗瑟斯（Wallace Carothers）作为发明人，申请了尼龙的专利。 **1937 年**：弗兰克·惠特尔（Frank Whittle）设计并测试了第一台喷气式飞机发动机。 **1938 年**：阿尔伯特·爱因斯坦和利奥波德·英费尔德（Leopold Infeld）合著的科普读物《物理学的进化》出版。 **1939 年**：加州大学建造出一座巨大的回旋加速器，用来从原子核中产生中子。	**1935 年**：戒酒协会于俄亥俄州的阿克伦成立。 **1936 年**：美国非洲裔运动员杰西·欧文斯在柏林奥运会上赢得四枚金牌。 **1937 年**：阿梅莉亚·埃尔哈特（Amelia Earhart）在飞越太平洋期间失踪。 **1938 年**：美国规定每周工作时长为 40 小时。 **1939 年**：美国经济在 1937—1938 年的衰退之后开始复苏。
1935 年：苏格兰的罗伯特·沃特森-瓦特（Robert Watson-Watt）研制出探测飞机的雷达系统。 **1935 年**：莫斯科开通地铁。 **1937 年**：当时体积最大的飞艇"兴登堡"号试图在新泽西州莱克赫斯特降落时烧毁。 **1939 年**：弗里克·约里奥-居里（Frédèric Joliot-Curie）和伊雷娜·约里奥-居里（Irène Joliot-Curie）证明了原子分裂的可能性。	**1935 年**：纳粹拒绝接受《凡尔赛和约》，重新实行义务兵役制。 **1935 年**：《纽伦堡法令》生效，剥夺了德裔犹太人的公民权。 **1936 年**：德国 10～17 岁的儿童被强迫加入纳粹青年团。 **1936 年**：温莎公爵为了与美国社会名流华里丝·辛普森（Wallis Simpson）夫人结婚放弃了王位。

抗日战争

1919 年，当《凡尔赛和约》将德国在山东省的特权转交给日本的消息传到中国后，许多中国人的自尊心受到了沉重的打击。学生在城市中咆哮着抗议，最后以上海的一场罢工告终。"五四运动"标志着一场真正的文化革命，它是由民族主义和创建现代社会的愿望激发的。日本关东军以 1931 年"九一八事变"为借口占领了中国东北，建立伪满洲国。1936 年 12 月，爱国将领张学良、杨虎城发动西安事变，扣留国民党领导人蒋介石。在中国共产党方面的努力下，事变和平解决，蒋介石被迫接受停止内战、联合抗日的主张。

1937 年，日本人利用卢沟桥事变，占领了北京和天津。其后，日本军队南下进犯中华民国的首都南京。1937 年 12 月 13 日，日军实施了惨绝人寰的南京大屠杀。蒋介石的军队，连同数以百万计的百姓，长途跋涉向西撤退，这是历史上最痛苦的迁移之一。在接下来的七年里，战争持续不断，进一步削弱了国民党军队。珍珠港事件后，中日战争成了第二次世界大战的一部分。中国对日本、德国和意大利宣战，并继续对日本作战。1945 年，在付出巨大的民族牺牲后，中国人民终于取得抗日战争的伟大胜利。未来的中国也将发生翻天覆地的变革。

左图　1937 年日本轰炸后，一个受伤的婴儿在上海南站的废墟中哭叫

1940 年

	政治与权力	地理与环境	文化与宗教
美洲	9月16日：国会通过《选征兵培训和服务法案》（Selective Training and Service Act），美国首次实行和平时期征兵制。 11月5日：富兰克林·罗斯福史无前例地第三次当选总统。	"舞动的格蒂"（Galloping Gertie）是一座悬索桥，位于华盛顿州塔科马市普吉特海峡的狭窄处，建成后4个月被微风吹毁，坠入55米深的海峡中。	海明威出版《丧钟为谁而鸣》。 雷蒙德·钱德勒出版《再见吾爱》。 托马斯·沃尔夫死后，他的遗作《你不能再回家》出版。 埃德蒙·威尔逊出版《到芬兰车站》。
欧洲	4月9日：德国军队开始全面入侵挪威；丹麦已经被占领。 6月10日：意大利向英国与法国宣战。 6月14日：德国军队进入巴黎。 7月21日：苏联向被纳入势力范围的立陶宛、拉脱维亚和爱沙尼亚发出最后通牒，要求它们加入苏联。 9月7日：希特勒发动伦敦闪电战。	法国拉斯科洞穴壁上发现史前绘画，估计已有17000年的历史。	在波兰华沙，超过35万名犹太人被关在犹太人区。 英国经济学家约翰·梅纳德·凯恩斯出版《如何筹措战费》。 瓦西里·康定斯基创作画作《天蓝》。 亚瑟·库斯勒出版《中午的黑暗》。 英国作曲家本杰明·布里顿创作《战争安魂曲》。
中东 & 非洲	6月：英军在北非发起反攻。 7月3日：英国皇家海军摧毁了阿尔及利亚附近的大部分法国舰队，以防止其落入德国人手中。 9月9日：意大利轰炸巴勒斯坦。 12月9日：英国军队在埃及西部的沙漠地区向意大利军队发动攻击。		
亚洲 & 大洋洲	9月22日：日本军队从中国向中南半岛北部挺进，成为远东地区的主要帝国主义力量。日本宣称要将该地区解放出来，以免受西方的干预。 9月27日：日本、德国和意大利签署军事和经济协定（《德意志三国轴心协定》）。		**左图** 图为法兰西民族英雄、法兰西第五共和国总统、法中关系奠基人夏尔·戴高乐将军的铜像。1940年6月18日，戴高乐将军在伦敦发表讲话，号召国民抵抗侵略

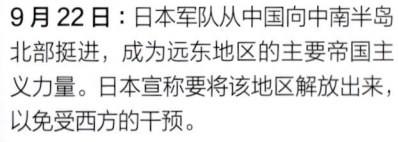

科学与技术	人类与社会
在美国，沃特–西科斯基公司的直升机首飞成功。 爱德华·麦克米兰（Edward Mcmillan）和菲利普·阿贝尔森（Philip Abelson）发现了第一个超铀元素——镎（neptunium）。	德国闪电战期间，爱德华·莫罗（Edward R. Murrow）在伦敦做播音工作。他向美国人报道了德国的轰炸给英国人民带来的极大痛苦。 托洛茨基（Trotsky）在墨西哥被暗杀。 加拿大制定了一个全国性的失业保险项目，由政府、雇主和雇员共同参与。
英国战时内阁科学顾问委员会成立。 恩斯特·钱恩（Ernst Chain）和霍华德·弗洛里（Howard Florey）将青霉素用于临床。 英国工程师唐纳德·贝雷（Donald Bailey）发明了易于装卸的军用桥。	4月27日：海因里希·希姆莱（Heinrich Himmler）开始在波兰克拉科夫附近的奥斯威辛建造集中营。 6月4日：敦刻尔克沦陷，但超过33万名盟军士兵及时撤离。 11月14日：英国考文垂大教堂在空袭中被摧毁，此事成为现代战争野蛮的象征。

不列颠之战

1940年夏天，希特勒在欧洲大陆取得成功后，将注意力转向了最大的敌人——英国。作为有计划地入侵的前奏，纳粹领导人想到了他最主要的资产之一——强大的德国空军。希特勒知道英国皇家空军（RAF）的规模比德国空军小得多，因此相信自己的轰炸机能够以蛮力压倒英国，从而摧毁其海防和船只，最终控制整个英格兰南部。

起初，德军并不能摧毁英国皇家空军，于是便安排了一场夜间轰炸行动，即闪电战。从1940年9月7日到10月，德国人袭击了英国的城市和沿海设施。但英国人拒绝屈服，他们在新首相温斯顿·丘吉尔的领导下团结一心，不惜一切代价保卫自己的国家，即便他们的城市在冬天里继续遭到猛烈攻击。雷达系统首次被投入使用，这帮助英国人做好了防空准备，在人数上不占优势的英国皇家空军仍勇敢地与希特勒的空军作战。

渐渐地，德国人意识到他们碾压英国皇家空军的努力是徒劳的，干脆放弃了入侵这个国家的企图。不列颠之战由一系列的空战构成，它是德国对外战争的首次重大失败。他们损失了大约2300架飞机，而英国只损失了大约900架。尽管成千上万的平民被杀，英国人仍将继续战斗，他们的顽强抵抗让严重低估对手决心的独裁者遭受了更大的损失。

1940年闪电战之后，温斯顿·丘吉尔视察考文垂大教堂

1941年

	政治与权力	地理与环境	文化与宗教
美洲	12月7日：日本偷袭美国太平洋舰队基地——珍珠港。 12月8日：美国向日本宣战，众议员珍妮特·兰金在国会投出了唯一的反对票。 美国情报协调局成立，不久后它将更名为战略情报局（OSS）。	华盛顿州的大古力水坝投入使用。 俯瞰纽约州尼亚加拉瀑布的彩虹桥开通。	重要影片有奥逊·威尔斯的《公民凯恩》（Citizen Kane）和约翰·福特的《青山翠谷》（How Green was My Valley）。 排行榜上的热门歌曲是格伦·米勒的《查塔努加·乔乔》（Chattanooga Choochoo）。 美国记者威廉·夏伊勒出版《柏林日记》。 美国神学家雷因霍尔德·尼布尔（Reinhold Niebuhr）出版《人的本性与命运》（The Nature and Destiny of Man）的第一卷。
欧洲	4月13日：苏联与日本签订《苏日中立条约》。 7月12日：英国和苏联签订《关于对德战争中共同行动之协定》。 12月5日至6日：苏军在莫斯科外围发动反击，并将德军击退。 12月11日：希特勒和墨索里尼向美国宣战。	6月22日：德国入侵苏联。英国女英雄艾米·约翰逊的飞机在泰晤士河河口失踪，她的尸体一直未被找到。	诺埃尔·考沃德（Noel Coward）创作电影剧本《欢乐的精灵》（Blithe Spirit）。 约翰·梅斯菲尔德（John Masefield）出版关于敦刻尔克大撤退的作品《九日奇迹》（The Nine Days）。 在列宁格勒保卫战期间，德米特里·肖斯塔科维奇（Dmitri Shostakovich）创作了《第七交响曲》。
中东 & 非洲	2月14日：埃尔温·隆美尔的非洲军团抵达北非的黎波里。 6月21日：英法联军占领大马士革。	津巴布韦的《自然资源法》成功开创了基于区域的自然保护运动。	6月1日至2日：在英国犹太人袭击巴格达之后，伊拉克发生亲德政变，犹太人遭到屠杀。
亚洲 & 大洋洲	10月18日：亲轴心国的陆军省长官东条英机被任命为日本首相。 12月25日：英国驻香港守备部队向日军投降。	中国四川省东北部20余县遭遇严重旱灾。	澳大利亚作家帕特里克·怀特（Patrick White）凭借其1939年出版的小说《欢乐谷》（Happy Valley）获得澳大利亚文学协会金奖。

科学与技术

美国化学家格伦·西博格（Glenn Seaborg）、阿瑟·沃尔（Arthur Wahl）和约瑟夫·肯尼迪（Joseph Kennedy）发现了钚。

美国首屈一指的外科医生查尔斯·德鲁（Charles Drew）设计了一套大规模收集和分配血浆的系统。他的实验项目将5000多升血浆从美国运往英国，用于治疗受伤的士兵。

英国化学家约翰·温菲尔德（John Whinfield）和詹姆斯·狄克森（James Dickson）发明了聚酯纤维，俗称涤纶。

英国首相温斯顿·丘吉尔下令，布莱切利公园（英国政府在此设立密码学校）的解密专家将得到"他们想要的任何东西"。

人类与社会

3月8日：美国国会通过《租借法案》（Lend-Lease Program），向盟国提供军事装备以及平民的衣食。这些资源大部分流向了英国和苏联。

2月5日：英国成立特别空勤团。

7月31日：纳粹领导人赫尔曼·戈林授权党卫军上将莱因哈德·海德里希（Reinhard Heydrich）着手实施犹太人问题的最终解决方案。

8月30日：英国特别行动处（SOE）和挪威流亡政府军事情报局联合实施的"设得兰巴士"（Shetland Bus）行动，开始从苏格兰岛屿向挪威的武装抵抗分子运送特工和装备。

珍珠港

1941年12月7日，星期日，这是美国人民难忘的一天，那天早晨阳光明媚，本是海军人员休息放松的一天。位于瓦胡岛基地的太平洋舰队并没有意识到即将发生什么。当地时间上午7点55分，日本舰载机在毫无预警的情况下迅速逼近，袭击了停泊在港口、毫无准备的美国太平洋舰队。包括8艘战列舰在内的19艘海军舰艇被击沉或损坏；188架美国飞机被毁，2335人死亡，1109人受伤。此外，还有68名平民丧生。

总统富兰克林·德拉诺·罗斯福听到这个消息后，对震惊了的美国人民说，这是"耻辱的一天"。具有讽刺意味的是，轰炸发生时，日本外交官正在华盛顿谈判。美国人透过日本大使馆锁着的大门看到，日本官员正在成堆地焚烧涉及此次袭击的文件。

第二天，美国向日本宣战，美国人民全力支持这一决定。太平洋舰队也以袭击时在外巡航的航母为基础得以重建。逃过一劫的这个陷入困境的国家就此加入第二次世界大战。

左图 从希希卡姆机场看日本轰炸珍珠港

1942 年

	政治与权力	地理与环境	文化与宗教
美洲	5月22日：墨西哥向轴心国宣战。 6月15日：艾森豪威尔（Dwight Eisenhower）少将得到驻欧洲美军的指挥权。 8月22日：巴西向德国和意大利宣战。	**那时的生活** **在美国被拘留的日本人** 1942年2月19日，自从珍珠港事件发生以来，由于对日本人的恐惧和怀疑与日俱增，罗斯福总统下令强制监管约12万名日裔，其中约有7.7万人是美国公民。他们只有几天的时间来处理房屋、财产和生意，之后便在军队的护卫下被火车运送到拘留营，通常是被铁丝网包围的偏远沙漠营地。多户人家挤在一个小房间里，里面只有帆布床和一个大肚火炉。1943年，在保留拘留营的同时，美国陆军开始接受日裔美国人作为新兵入伍。这些被拘留者终于在1944年被释放。1990年，美国政府开始为这次不光彩的监禁行为支付12.5亿美元的赔款。	重要影片有《小鹿班比》（Bambi）和《欢乐饭店》（Holiday）。 纳瓦霍海军陆战队队员使用他们自己的语言在太平洋上互相交流，以确保日本人无法截获重要信息。 兰斯顿·休斯是前哈莱姆文艺复兴时期的中心人物，他出版了《哈莱姆的莎士比亚》。 爱德华·霍普创作了画作《夜鹰》。
欧洲	2月：维德孔·吉斯林（Vidkun Quisling）被德国人任命为挪威首相。 5月27日：捷克游击队炸毁了盖世太保领导人莱因哈德·海德里希的汽车，使其受到致命伤，于8天后死亡。 6月29日：德军在库尔斯克发动进攻，然后向斯大林格勒挺进。 11月11日：德国入侵维希法国。		阿尔伯特·加缪（Albert Camus）出版《局外人》（L'Étrange）。 特里维廉（G. M. Trevelyan）出版《英国史》（English Social History）。 理查德·施特劳斯（Richard Strauss）创作的歌剧《随想曲》在慕尼黑公演。 阿诺尔德·勋伯格（Arnold Schoenberg）创作《拿破仑颂》。
中东 & 非洲	5月7日：25万轴心国军队在北非投降。 6月21日：德国陆军元帅埃尔温·隆美尔的装甲师占领了利比亚的托布鲁克港，这个港口将被用作补给基地。 8月30日：隆美尔在埃及英国控制区发动新的攻势。 11月4日：英国将军伯纳德·蒙哥马利在阿拉曼赢得关键胜利。 11月8日：在"接触行动"中，同盟国军队在维希法国控制的北非登陆。隆美尔撤退到突尼斯。	埃尔温·隆美尔被称为"沙漠狐狸"，他是德国驻北非部队的指挥官	
亚洲 & 大洋洲	1月2日：日本军队攻占菲律宾马尼拉。 4月18日：美军飞机在吉米·杜立特少将的率领下轰炸了东京。 5月8日：美国人在珊瑚海战役中获胜。 6月7日：日军在中途岛附近与美军激战后撤退。 8月7日：美国海军陆战队在所罗门群岛登陆。 9月25日：面对挺进的盟国军队，日本军队撤离了新几内亚。		

科学与技术	人类与社会
恩里克·费米（Enrico Fermi）主持建立第一座可控核反应推。 贝尔飞机公司试飞了美国第一架喷气式飞机。 美国汽车制造商停止生产民用轿车和卡车，并对轮胎和天然气实行定量供应。	美国开始实行定量配给，对糖、咖啡、肉、鱼、面粉和罐头等日常食品进行定量供应。 在美国海军服役的苏利文兄弟五人因"朱诺"号沉没而丧生。他们的姐妹于第二年加入"志愿紧急服役妇女队"（WAVES）。 妇女辅助军团（WACS）成立。
英国推出用国产低筋面粉制作的"战时国民面包"（wartime national loaf），以弥补定量配给的不足。	3月27日：德国当局开始有计划地将犹太人从法国驱逐到奥斯威辛集中营。 7月22日至9月12日：德国党卫军、警察部队和辅助部队将大约265000名犹太人从华沙犹太人区驱逐到特雷布林卡集中营。另有35000名犹太人在驱逐行动中丧生。 吉尔伯特·默里（Gilbert Murray）成立乐施会。
在肯尼亚内罗毕附近的奥洛戈赛利叶，路易斯·利基（Louis Leakey）和他的妻子玛丽·利基（Mary Leakey）发现了石器时代的石制手斧。	来自黄金海岸、肯尼亚、英属东非和英属西非的非洲军队在缅甸与日军作战。 第二次世界大战期间，巴勒斯坦的犹太妇女加入了英国女子辅助军团的分支之一——辅助领土服务队（ATS）。 右图 在斯大林格勒被苏军俘虏的德国战俘
日本NI-GO项目开始用气体热扩散的方式提炼铀-235，以开发核武器。	甘地指定贾瓦哈拉尔·尼赫鲁（Jawaharlal Nehru）为其继任者。 经过连续磋商，英国人提出了战后印度独立的计划，即"克里斯普建议"。 甘地和其他印度国大党领导人被捕。 日本占领巴丹后，制造"巴丹死亡行军"事件，美国和菲律宾的俘虏被强行送往战俘营，许多人因此丧命。

斯大林格勒围城战

希特勒在1942年夏天的计划是占领黑海沿岸的塞瓦斯托波尔，向南推进穿过高加索地区，与陆军元帅埃尔文·隆美尔会师。隆美尔此时正穿越北非向埃及挺进，意图征服中东，好让希特勒控制其石油供应。同时。希特勒也打算进攻守备严密的斯大林格勒，以防止苏军的反攻。

德军攻占了塞瓦斯托波尔，但由于高加索地区崎岖的地形和燃料短缺，当希特勒那决定性的斯大林格勒战役实施时，德军陷入了僵局。他命令弗里德里希·保卢斯（Friedrich Paulus）的第6集团军发动进攻，对斯大林格勒的围攻就此开始，德军奉命坚守阵地，然而他们的损失越来越惨重，地形优势也在被削弱。

11月时，苏联发动反攻，包围了25万余名德国士兵。人与人之间的战争是残酷的。到了次年1月，那些饥肠辘辘的幸存者准备投降，希特勒明白他已为同盟国献祭了一整支军队。大约30万名德国人在战斗中丧生。在被俘的近10万名德国人中，只有5000人回到了故土。

1943 年

	政治与权力	地理与环境	文化与宗教
美洲	**6月4日**：阿根廷军官阿图罗·罗森（Arturo Rawson）推翻前总统拉蒙·卡斯蒂略（Ramón S. Castillo），并领导成立了一个军政府。新的国家劳工部部长是胡安·庇隆（Juan Pero）。 **6月9日**：美国开始实行税收代缴制度。 **8月11日至24日**：英国首相温斯顿·丘吉尔和美国总统富兰克林·罗斯福在魁北克举行了两次会议。	大多数美国人都在"胜利菜园"里耕种，以作为对二战期间食品限额供应的补充。 美军收复阿留申群岛。	贝蒂·史密斯出版《布鲁克林有棵树》。 泰德·劳森出版《东京上空三十秒》。 第一个全美女子职业棒球联盟启动。 杰克逊·波洛克首次举办个人作品展。 罗杰斯和汉默斯坦创作的音乐剧《俄克拉何马州！》在纽约公演。 T.S. 艾略特出版《四个四重奏》。
欧洲	**1月31日**：德军在斯大林格勒向苏军投降。 **7月5日至8月23日**：德军在库尔斯克附近被苏军击败，这是历史上最激烈的坦克战。 **7月25日**：墨索里尼下台。 **8月17日**：西西里岛被盟军控制。 **10月13日**：意大利向德国宣战。		彼埃·蒙德里安完成画作《百老汇爵士乐》。 弗朗西斯·普朗克创作芭蕾舞剧《模范动物》。 让-保罗·萨特出版《苍蝇》。
中东 & 非洲	**1月14日**：罗斯福和丘吉尔在卡萨布兰卡会面，为结束战争制定战略。 **1月23日**：盟军占领的黎波里，那是意大利在北非的最后一个据点。 **5月7日**：盟军解放突尼斯，那是轴心国在北非的最后堡垒。		莫桑比克著名诗人鲁伊·德·诺罗尼亚（Rui de Noronha）的《十四行诗集》（Sonetos）在他死后出版。
亚洲 & 大洋洲	**1月1日至7日**：日本军队从所罗门群岛的瓜达尔卡纳尔岛撤离。 **3月2日至4日**：一支日本护航舰队在俾斯麦海战役中被美国和澳大利亚飞机击沉。 **6月21日**：美国陆军和海军发起"马车轮"行动，从所罗门群岛推进到新几内亚。	军用飞机带来的入侵物种，改变了偏远的太平洋岛屿上的生态。	**8月31日**：一支盟军特种部队在缅甸招募当地的克钦族战士，组成袭扰日军后方的游击队。

那时的生活

华沙犹太区起义

从德国在战争之初入侵并占领波兰开始，犹太人就被赶进华沙、克拉科夫、罗兹和利沃夫的贫民窟，遭受无休止的羞辱甚至屠杀。在数千人被迫忍饥挨饿后，留在华沙犹太区的 50 万犹太人于 1943 年 2 月发动了一场英勇的起义。在这场持续数月的巷战中，德国人杀害了约 7000 名犹太人。最后大约有 70 名犹太战士从下水道逃了出来。另有 5 万多人被送往劳改营，也有人被送往特雷布林卡或马伊达内克的死亡集中营。到盟军解放华沙时，整个犹太区只剩下不到 200 名犹太人。

科学与技术	人类与社会
塞尔曼·瓦克斯曼和阿尔伯特·沙茨发现了链霉素，一种用于治疗结核病的抗生素。 一条从得克萨斯州到宾夕法尼亚州的长达 2092 千米的输油管道开始投入使用。 奥托·斯特恩因为在分子束方法和质子运动方面的贡献而获得诺贝尔物理学奖。	加州造船厂雇用 28 万名工人来满足联邦政府的巨额船舶订单。 南加州的飞机制造商招募了 24.3 万名工人，为战争制造飞机。 美国军队招募日裔美国人参军。
波兰集中营的囚犯被用于医学实验。 丹麦人亨利克·达姆和美国人多伊西（E.A.Doisy）因发现并合成维生素 K 而获得诺贝尔生理学或医学奖。	1 月 28 日：德国一项法令规定，所有 16—65 岁的德国男子和 17—45 岁的妇女都必须参加义务劳动。 4 月 13 日：在卡廷森林里，人们发现了一座埋有 4443 名波兰军人尸体的集体墓穴，这引发了外交冲突。德国指控苏联曾实施谋杀。 6 月 21 日：法国抵抗运动领袖让·莫林（Jean Moulin）在里昂被捕，并遭到盖世太保头目克劳斯·巴比的严刑拷打。

1943 年 11 月，一架着火的 F6F "地狱猫"战斗机在太平洋战区的"企业"号航母上迫降，沃尔特·丘宁中尉爬上了它的驾驶舱。飞行员拜伦·约翰逊少尉受了轻伤，幸免于难

意大利战役

1943 年 7 月，为了将意大利从墨索里尼手中夺回，盟军从北非派出 3200 艘军舰，它们载着 16 万名士兵，在空降部队来到之前 3 个小时抵达了西西里岛海滩，这是大规模进攻的第一步。策划这场战役并非易事。美国陆军参谋长乔治·马歇尔曾想无视意大利，集中精力寻找经由法国攻入德国的最快路线。然而，丘吉尔让罗斯福相信，这样一场巨大的征服需要更多的时间来规划。如果在西西里的进展一切顺利，那盟军就能在欧洲大陆制造一个重要的转移，把德国军队从法国那里引开，来保护意大利。

西西里的丘陵和崎岖的地形使得与德军的战斗异常艰难，而厌倦战争的意大利士兵在战斗中缺乏斗志，又在一定程度上减轻了战争的强度。7 月 23 日，巴勒莫被乔治·巴顿的第 8 集团军攻占，墨索里尼被废黜，他的继任者向盟国投降，留下希特勒独自保卫意大利。9 月，盟军在那不勒斯登陆，他们在意大利的脊梁上面临着一场艰苦的战斗。德国人在北部设置了两道防线——北部的哥特防线和位于罗马南部的卡西诺山的冬季防线。他们还炸毁了通信系统和所有可能对盟军有用的东西。

最后，在 1944 年，盟军突破冬季防线，在 6 月 6 日（诺曼底登陆日）前不久占领了罗马。"大转移"取得了成功，尽管在那些最血腥的战斗中，人们付出了肢体残疾乃至生命的代价。

1944 年

	政治与权力	地理与环境	文化与宗教
美洲	敦巴顿橡树园会议在华盛顿特区举行，旨在起草联合国的组织章程。 威廉·多诺万（William J. Donovan）负责的战略情报局（OSS）领导着大约12000名员工，该机构后来成为中央情报局（CIA）。	诺曼·博洛格（Norman Borlang）博士在墨西哥的麦田里发起了农业绿色革命。	约翰·赫西（John Hersey）创作电影剧本《钟归阿达诺》（A Bell for Adano）。 田纳西·威廉姆斯（Tennessee Williams）创作戏剧《玻璃动物园》。 阿根廷作家豪尔赫·路易斯·博尔赫斯出版《杜撰集》（Ficciones）。 亚伦·科普兰（Aaron Copland）创作芭蕾舞剧《阿巴拉契亚之春》。
欧洲	1月27日：苏联挫败了德国对列宁格勒的围攻。 6月6日（诺曼底登陆日）：盟军开始登陆诺曼底。 7月3日：苏军占领明斯克市。 8月25日：自由法国士兵解放了巴黎。 12月16日：阿登战役在比利时打响，这是德军的最后一次反击。	荷兰的严冬与粮食封锁导致了饥荒，大约2万人因此死亡。	斯特芬·茨威格的自传《昨日的世界》在他去世后出版。 谢尔盖·普罗科菲耶夫（Sergei Prokofiev）创作的歌剧《战争与和平》在莫斯科上演。 战后经济复苏方案"凯恩斯计划"公布。
中东 & 非洲	全球战争力量都依赖于非洲的橡胶和矿产。 犹太旅成立，它在英国的支持下在埃及和欧洲与德军作战。		梅纳赫姆·贝京（Menachem Begin）领导下的伊尔贡组织宣布反抗英国的统治，以实施在巴勒斯坦建立犹太国家的"比尔特莫尔纲领"。
亚洲 & 大洋洲	3月5日：在星期四的行动中，美军乘滑翔机降落在日军后方322千米处。 5月12日至15日：在"三叉戟"会议上，盟国领导人批准了在缅甸和中国的军事行动。 6月15日：美国飞机轰炸日本本土。 10月20日：麦克阿瑟在菲律宾莱特岛登陆。		武元甲领导组建越南人民军。

那时的生活

在家门口"作战"

第二次世界大战吞噬了平民和士兵，无论男女，甚至儿童都被要求为战争做出贡献或牺牲。盟国和轴心国都实行了粮食和关键物资的定量配给，强制实行宵禁，而妇女也突然间被认定能在工厂里做"男人的工作"。日本在补充兵力方面有着长期的战略，它要求妇女帮助创造未来的"炮灰"；而在德国，纳粹试图摆脱某部分的全部人口——犹太人。在后方阵地，宣传也是主要的任务，艺术和媒体被用于鼓励忠诚，或振奋萎靡的士气，比如西屋公司"我们能行！"的海报，那海报上的女子后来被称为"铆钉工罗西"（Rosie the Riveter）。

科学与技术	人类与社会
世界上最大的战列舰"密苏里"号下水。 抗疟疾药物奎宁被人工合成出来。	在远藤案（Ex parte Endo）中，美国最高法院禁止拘禁被美国政府承认忠诚的美国公民，有效地结束了拘禁日裔美国人的政策。 大约有 17000 名墨西哥裔美国公民在洛杉矶造船厂工作。
德军开始装备梅塞施密特 Me 262 喷气式战斗机，这是当时战争中航速最快的战斗机。它主要是靠被强迫劳动的工人生产出来的，现在要改变战争的进程为时已晚。	英国放宽了电力管制。 格伦·米勒的管弦乐队在盟军远征军节目广播中，每周会表演 10 多个节目。

1944 年 3 月，美国坦克兵和步兵对所罗门群岛最大的布干维尔岛上的日军发动攻击

岛战

1942 年 8 月 7 日，美国海军陆战队攻击所罗门群岛的瓜达尔卡纳尔和图拉吉岛，这完全出乎日本人的意料。第二天，美军占领了瓜达尔卡纳尔的机场，几乎没有遭到什么抵抗。但日军很快重新集结。盟军在太平洋地区的最终胜利，唯有付出惨重的代价才能取得。

在经受住最初的攻击后，日军在图拉吉岛顽强抵抗了 31 个小时，最终大多数人被杀死或自杀。直到 1943 年 2 月，海军陆战队才在瓜达尔卡纳尔岛取得胜利，他们得到了一个不可磨灭的教训：日本士兵宁愿战死，也不愿忍受失败被俘所带来的永久耻辱。

在巴布亚新几内亚，日军在布纳的据点连同整个岛屿被麦克·阿瑟带领的军队拿下，为攻占菲律宾扫清了障碍。1944 年 10 月，菲律宾被重新夺回；11 月，马里亚纳群岛的关岛和塞班岛被攻占，太平洋战争进入了最后的阶段。

1945 年 2 月 19 日，美国海军陆战队攻击了硫黄岛，那是一个重要的空军基地所在地。虽然海军陆战队在那里升起了美国国旗，但这场胜利代价高昂，也预示了冲绳岛上即将发生的事情。4 月 1 日，陆军和海军陆战队在那里登陆时遇到了驻扎在山上的日本士兵，而神风敢死队的飞行员严重破坏了负责支持登陆的近海船只。直到 6 月底，在超过 1.2 万名美国人和 10 万名日本人被杀后，冲绳被占领。此役之后，美军轰炸机进攻日本本土有了安全的海空基地。

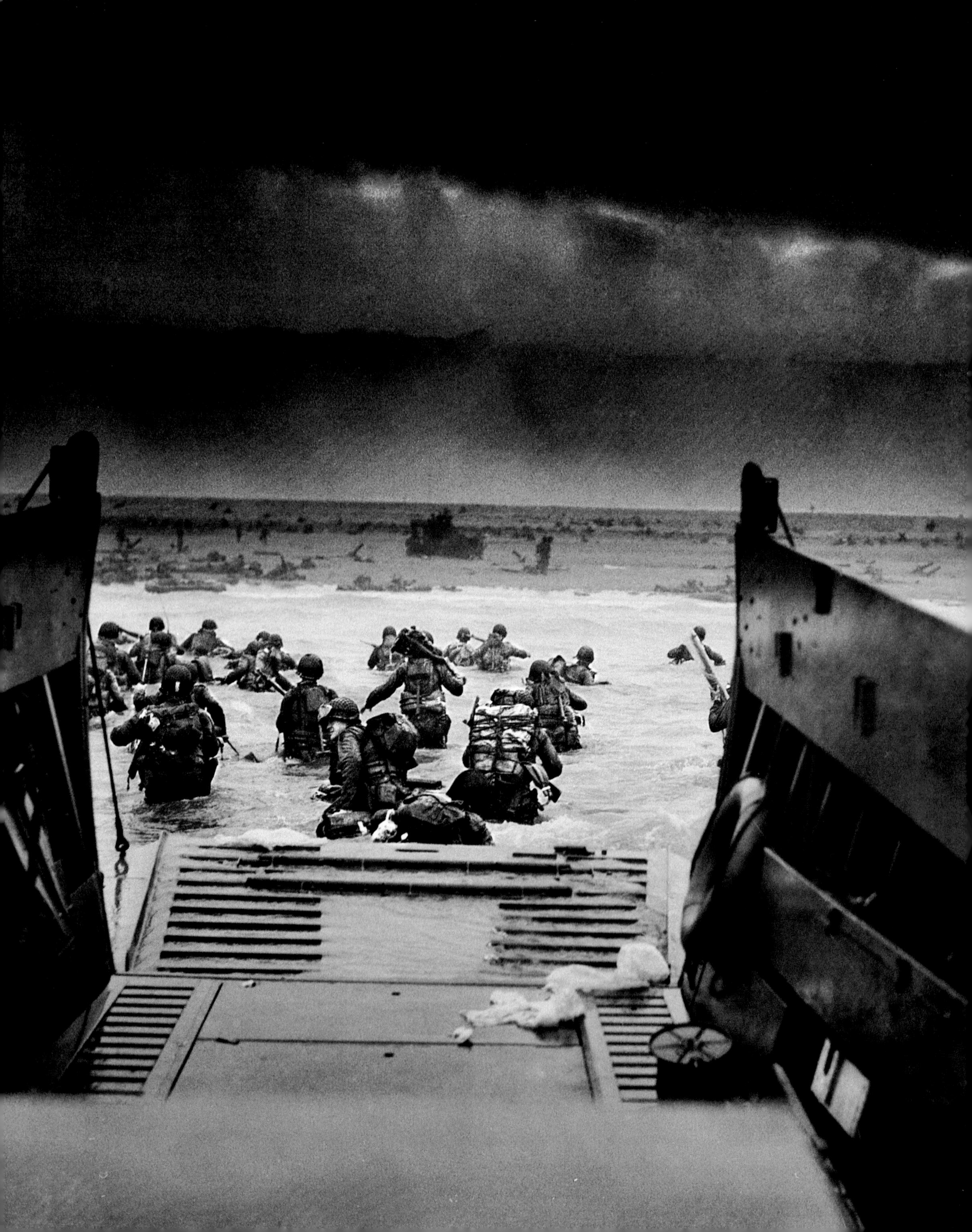

诺曼底登陆

盟军最高指挥官艾森豪威尔从 5 月 8 日开始计划诺曼底登陆,那时距离他提出的 1944 年 6 月 5 日登陆日还有将近一个月时间。艾森豪威尔时刻警惕着身边那些口风不严的人和德国密码破译员,把计划隐藏得极为严密;因此,德国人对盟军计划突破长达 2700 千米的大西洋壁垒所知甚少。

然而事实证明,天气是一个可怕的敌人。6 月 5 日的天气是该地区 40 年来经历过的最糟糕的天气,行动可能会出现差错,于是艾森豪威尔在推迟了一天后,决定利用 6 月 6 日天气转好的间隙发动进攻。即便在第一批空降部队从天而降时,德国人依然不相信会发生大规模入侵。前一天晚上,陆军元帅冯·伦德斯泰特依然认为进攻不可能在如此恶劣的天气下进行,因而没有向昏睡的希特勒发出警告。结果,负责领导纳粹军队的埃尔温·隆美尔根本不知道盟军的入侵已迫在眉睫。这个错误改变了整场战争的形势。

盟军成功登陆诺曼底。美国军队登陆奥马哈海滩和犹他海滩,英国和加拿大军队登陆黄金海滩、朱诺海滩和宝剑海滩。最激烈的战斗发生在奥马哈海滩,大约有 2500 名美军士兵在抢滩登陆时丧生。不过,德国人仍然认为,这次入侵不过是在转移他们的注意力,而真正的进攻将会发生在加莱,因此没有派遣增援部队。尽管伤亡惨重,但盟军的增援源源不断,同时有驱逐舰在海上猛烈打击德军的重炮。

对于盟军来说,这一天在巨大的胜利中落下帷幕。他们已经攻破了大西洋壁垒,并占领了壁垒内部的部分土地。虽然卡昂战役在德国士兵的坚守下一直持续到 7 月,但德军已经开始向德国撤退。盟军的空降部队要么降落在内陆,要么借助令人惊叹的滑翔机群降落,他们坚守着阵地,为登陆部队提供支援。

在诺曼底登陆之后的几天里,战斗仍在持续,造成大量的人员伤亡。与此同时,美国和英国军队扩大了各自的滩头阵地,将它们连接起来,使其能输送更多的部队和物资。人们建造了一对人工港口来停靠和卸载船只,而水手们则直接把货物从大型登陆艇上卸到海滩上。在诺曼底登陆 3 周后,100 万盟国军队、50 万吨补给品和 17.5 万辆车成功登陆,支援前线。

现在唯一的问题是,到达柏林还需要多长时间。

左图 诺曼底登陆当天,美国士兵涉水前往奥马哈海滩,远处悬崖上的德国人用重机枪和迫击炮向他们开火。奥马哈海滩是诺曼底登陆中盟军伤亡最惨重的地方

1945 年

	政治与权力	地理与环境	文化与宗教
美洲	4月12日：富兰克林·德拉诺·罗斯福去世，哈里·杜鲁门（Harry S. Truman）宣誓就任美国总统。 7月28日：帝国大厦的第78和第79层遭一架B-25轰炸机意外撞击。 10月24日：联合国成立，旨在维护世界和平。	同盟国三巨头丘吉尔、罗斯福和斯大林在雅尔塔会面	重要影片有比利·维尔德导演的《失去的周末》（The Lost Weekend）。 智利女诗人加夫列拉·米斯特拉尔（Gabriela Mistral）获得诺贝尔文学奖。 美国战地记者厄尼·派尔（Ernie Pyle）在冲绳岛战役中阵亡。不到一年后，他的作品获得了普利策奖。
欧洲	2月4日至11日：富兰克林·罗斯福、温斯顿·丘吉尔和约瑟夫·斯大林出席雅尔塔会议。 5月8日：德军将领威廉·凯特尔（Wilhelm Keitel）签署德国投降书，人们将这一天作为欧洲胜利日来庆祝。 7月/8月：由杜鲁门、丘吉尔和斯大林主导的波茨坦会议决定了德国未来的分区占领。	4月25日：美国和苏联军队在德国易北河会师。	乔治·奥威尔出版《动物农场》（Animal Farm）。 伊夫林·沃（Evelyn Waugh）出版《故园风雨后》（Brideshead Revisited）。 谢尔盖·普罗科菲耶夫的芭蕾舞剧《灰姑娘》（Cinderella）在莫斯科上演。 法国妇女首次投票。 阿尔伯特·加缪出版《卡利古拉》（Caligula）。
中东 & 非洲	2月23日：土耳其向轴心国宣战。 2月24日：埃及首相艾哈迈德·马希尔在宣布埃及对德日宣战宣言后被枪杀。 3月22日：阿拉伯联盟成立。	**那时的生活** **广岛上空** 在广岛上空，一股浓烟迅速升起。它有一个火红的核心。有一团紫灰色的气泡，在那红色的核心周围。一切都很混乱。到处都是火，就像是从巨大的煤床上喷出的火焰……它来了，帕森斯上尉说过的那种蘑菇般的形状。就像一团冒泡的蜜糖……它几乎与我们一样高了，而且还在往上爬…… 乔治·卡伦中士， "埃诺拉·盖伊"号上的尾炮手	尼日利亚的大罢工揭示了战后的不满情绪。
亚洲 & 大洋洲	2月19日：美国海军陆战队登陆硫黄岛。 8月6日和9日：美国轰炸机在广岛和长崎投下原子弹。日本于8月15日投降。 9月2日：日本代表在东京湾的"密苏里"号战列舰上签署投降书。	8月：美国和苏联造成了朝鲜半岛的分裂。 3月9日：美国B-29轰炸机群轰炸东京，超过8万名日本人丧生，其中大部分为平民，东京仿佛成了炼狱。	8月28日：毛泽东率中国共产党代表团乘飞机赴重庆与国民党举行谈判。

科学与技术	人类与社会
7月16日：第一颗原子弹在新墨西哥州阿拉莫戈多的沙漠地区成功爆炸。 布朗-鲁特公司购买了由美国政府在战争期间提供1.42亿美元融资的管道。该公司后来成为《财富》500强企业得克萨斯东部天然气输气公司。	战争极大地刺激了加州的发展，使该州城市的基础设施不堪重负。 到战争结束时，美国公民已经购买了价值1857亿美元的战争债券。 第七期战争债券在华盛顿特区开售。 加拿大实行"家庭福利津贴法案"，这标志着福利国家的到来。
弗莱明（Fleming）、弗洛里（Florey）和柴恩（Chain）因青霉素的发现、研究与改进并成功用于医治病人而共同获得诺贝尔生理学或医学奖。	4月：盟军解放了贝尔根-贝尔森、布痕瓦尔德和达豪的集中营。 4月28日和30日：墨索里尼被意大利人处死。希特勒开枪自杀。 出售食品、服装和香烟的黑市遍布欧洲。
南非成立科学和工业研究委员会（CSIR）。	

右图 1945年8月9日，在美国实施第二次核打击之后，日本长崎上空升起蘑菇云

向日本投掷原子弹

1945年4月12日，富兰克林·罗斯福去世后，哈里·杜鲁门在成为总统后首次知晓了这个国家的重大秘密，而此时距德国投降还有不到一个月的时间。他得知，美国已经成功地制造了一颗原子弹，它能够给敌人带来巨大且未知的浩劫。

日本尽管损失惨重，人民也饥肠辘辘，但一直没有表露出向盟国投降的倾向。下一步，必然是对日本本土的大规模进攻，至少会有50万名军人参与其中。考虑到这种大规模行动的死亡人数，另一种选择是轰炸——人们都希望能通过轰炸来迫使日本投降，杜鲁门决定选择后者。

盟国又给了裕仁天皇一次投降的机会，但他拒绝了。8月6日，第一枚原子弹"小男孩"在广岛上空由"爱诺拉·盖伊"号（Enola Gay）投下；三天后，"博克斯卡"号轰炸机投下的"胖子"在长崎引爆。原子弹的破坏力极为可怕——大约有78000人死于广岛，25000人死于长崎，然而确切的数字永远也无法确定。数年后，大量的人死于辐射。

第一颗原子弹爆炸后，裕仁天皇受到警告：如果他不投降，还将有更多的人倒下。长崎被摧毁后，裕仁天皇屈服了。9月2日，麦克阿瑟将军在美国战舰"密苏里"号上正式接受裕仁天皇签署的投降文件。但随着原子弹的发明和部署，世界已被永远地改变。对于不断发展的"冷战"而言，"核子冬天"将是永远存在的威胁。

纳粹大屠杀

1933年，阿道夫·希特勒上台后，纳粹开始迫害德国犹太人。同年4月，他们颁布一项法律，强制要求所有"非雅利安人"（主要指犹太人）离开公职人员队伍。渐渐地，犹太人开始遭受更多的侮辱——他们被剥夺了打电话的资格，在公共场合被强制佩戴黄色的"大卫之星"。这种羞辱的意图很快便升级成无休止的暴行。犹太人在街上被殴打和杀害，犹太妇女遭到性侵，犹太商店的橱窗被打碎，犹太人的财产被没收。一些犹太人离开祖国去寻找安全的避难所，但大多数人留了下来，盼望并祈祷纳粹的恐怖主义会很快结束。希特勒和他的同党曾考虑将犹太人驱逐到非洲大陆或马达加斯加，但他们很快意识到，要完成一项有如此多的人参与的"壮举"是不可能的。

1942年1月，纳粹官员召开"万湖会议"，协调所谓的最终解决方案：他们想消灭欧洲所有的犹太人。除了犹太人之外，还有被俘的斯拉夫人、吉卜赛人、精神病患者和身体畸形之人——换句话说，所有被认为不如理想型雅利安人的人类都包含在这项可怕的计划之中。

在波兰的华沙、罗兹、克拉科夫和乌克兰的利沃夫，最初被用于关押犹太人的贫民窟被封锁了。那些从饥饿、残酷惩罚或焚烧中幸存下来的人被塞进车厢，送往集中营，许多人几个月后在集中营里被折磨而死，或被送往死亡集中营——在那里，犹太人被赶进"淋浴间"，吸入毒气而死。其他犹太人被随机召集起来枪毙，尸体被推入集体坟墓，有时犹太人还会被逼着为自己挖掘坟墓。在早期，精神病患者和身体畸形之人都曾接受过医学实验。在集中营里，犹太人如同实验室里的小白鼠。

1945年，当集中营最终被解放时，德国公民和盟军都看到了那些瘦弱的幸存者，还有被堆在火葬场的尸体——这只是当时发生的暴行的一隅罢了。最终，超过600万犹太人死亡。战后，犹太人在以色列、美国、法国、加拿大、英国等地重建了家园，继续生活，但他们不曾忘记过去的苦难。

右图 1945年4月，布痕瓦尔德集中营的幸存者透过铁丝网凝视解放他们的美国人

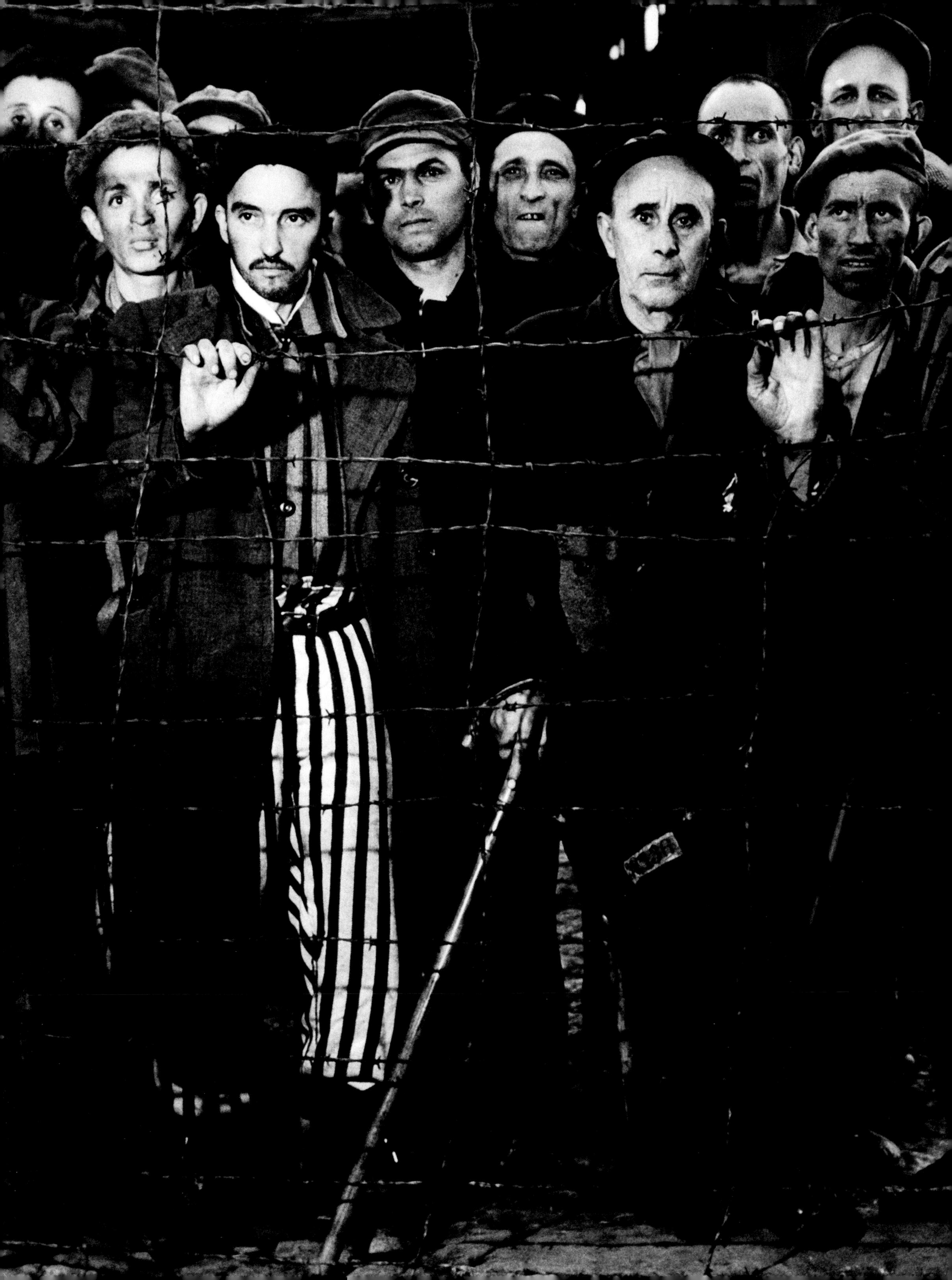

1946—1950 年

	政治与权力	地理与环境	文化与宗教
美洲	1946 年：胡安·庇隆当选阿根廷总统。 1947 年：杜鲁门主义出台，"冷战"正式开始。 1948 年："马歇尔计划"开始执行，它将向西欧提供超过 130 亿美元的援助。 1949 年：北大西洋公约组织（北约）成立，以对抗苏联。	1946 年：美国著名极地探险家理查德·伊夫林·伯德率领一支探险队前往南极。	1947 年：田纳西·威廉斯（Tennessee Williams）创作《欲望号街车》（A Streetcar Named Desire）。 1947 年：众议院非美国活动委员会举行听证会，以判定共产党的宣传是否已渗透到美国电影中。 1948 年：阿瑟·米勒（Arthur Miller）创作《推销员之死》（Death of a Salesman）。 1949 年：危地马拉的米格尔·A. 阿斯图里亚斯（Miguel Ángel Asturias）出版《玉米人》（Men of Maze）。
欧洲	1946 年：意大利宣布成立共和国。 1949 年：德国分裂为德意志联邦共和国（联邦德国）和德意志民主共和国（民主德国）。 1948 年：西方盟国开启为期 11 个月的空运，向西柏林提供物资，以对抗苏联的封锁。 1949 年：苏联成立经济互助委员会（COMECON），对标"马歇尔计划"。	1947 年：联合国大会投票决定实行巴以分治。 1949 年：爱尔兰共和国成立。	1947 年：《安妮日记》（The Diary of Anne Frank）出版。 1947 年：特雷弗-罗珀（H.R. Trevor-Roper）出版《希特勒的末日》（The Last Days of Hitler）。 1948 年：温斯顿·丘吉尔出版回忆录《风云紧急》（The Gathering Storm）。 1948 年：世界基督教会联合会在阿姆斯特丹成立。 1949 年：乔治·奥威尔出版《1984》。
中东 & 非洲	1948 年：以色列建国，随后与巴勒斯坦地区的阿拉伯人发生冲突。 1949 年：以色列和阿拉伯联盟签署停战协定，第一次中东战争结束。 1950 年：《人口登记法》将刚出生的南非人分为四个种族群体，将种族隔离制度编入法律。		1947 年：4 年前在叙利亚成立的复兴党通过了第一个章程。 1947 年：现存最古老的希伯来语文献《死海古卷》在基伯昆兰的山洞中被发现。 1947 年："出埃及 1947"号移民船由于英国的封锁而无法在巴勒斯坦靠岸，船上 4500 多名犹太大屠杀幸存者因此被迫返回欧洲。这一事件使得公众舆论倾向于赞同在巴勒斯坦建立一个犹太人的民族家园。
亚洲 & 大洋洲	1946：菲律宾获得独立。 1949 年：毛泽东宣布中华人民共和国成立。	1946 年：法国军队炮击河内，发动了对越南的全面武装进攻。 1947 年：印度和巴基斯坦成为独立国家。 1948 年：缅甸联邦成为一个独立的共和国。	1948 年：甘地遇刺身亡。 1948 年：朝鲜半岛南半部建立大韩民国；朝鲜半岛北部建立朝鲜民主主义人民共和国。

链接

以色列建国

经过 60 年的犹太复国运动，以色列于 1948 年 5 月 14 日建国。以色列资深领导人大卫·本-古里安（David ben-Gurion）宣布："根据犹太人的民族和历史权利以及联合国的决议，（我们）特此宣布在巴勒斯坦建立一个犹太国家——以色列。"第一次世界大战后，英国从国际联盟那里得到了统治巴勒斯坦的授权。然而，自 19 世纪末以来，巴勒斯坦的犹太人一直为建立犹太国家而斗争。长期定居在那里的阿拉伯人反对建立这样一个国家，而英国人无法通过谈判达成解决方案，所以他们把自己的授权交给了联合国，联合国分割了巴勒斯坦。战争接踵而至，以色列增加了土地面积，并将大约 60 万巴勒斯坦阿拉伯人赶进黎巴嫩、加沙、约旦和叙利亚的难民营。

科学与技术	人类与社会
1946 年：世界上第一台现代电子数字计算机埃尼阿克在美国诞生。 1947 年：由查克·耶格驾驶的贝尔 X-1 实验机突破了音障。 1947 年：贝尔实验室的科学家发明了晶体管。 1948 年：阿尔弗雷德·C. 金赛出版《人类男性性行为》。 1949 年：一枚美国导弹被发射至 402 千米的高空，这是有史以来最高的高度。	1946 年：住房短缺是美国归国士兵面临的一个难题。 1946 年：340 万人出生，婴儿潮开始，是美国有史以来出生人数最多的一年。 1946 年：杰基·罗宾逊是首个与大型棒球俱乐部道奇队签约的非洲裔美国人。 1947 年：多亏了《军人安置法案》，退伍军人在大学招生中所占比例达到了 49%，该年是当时入学率最高的一年。 1947 年：《塔夫脱-哈特莱法案》通过，限制了美国工会的权利。
1947 年：英国首个核反应堆在哈维尔投入使用。 1948 年：第一个港口雷达系统在英国利物浦启动。 1949 年：斯大林领导下的苏联物理学家引爆了他们的第一颗原子弹。	1946 年：英国建立国家医疗服务体系。 1948 年：第一届世界卫生大会在日内瓦召开。 1948 年：英国的天然气工业被国有化。 1948—1949 年：英国的面粉和服装配给结束。 1949 年：因反人类罪在纽伦堡受审的 22 名纳粹分子中，有 19 人被判有罪，12 人被处以绞刑。
1947 年：黄热病研究人员从乌干达赛卡森林的一只恒河猴身上发现了寨卡病毒。	1947 年：肯尼亚（英国殖民地）的妇女领导了反对强迫劳动的起义。 1948 年：工党领袖大卫·本-古里安成为新的以色列国总理。他通过犹太代办处鼓励犹太人移民。该机构曾在英国的授权下协助管理巴勒斯坦。
1946 年：美国军方在太平洋比基尼环礁上进行了首次核试验。	

右图 莫罕达斯·甘地在家里的纺车旁读书，这是他以非暴力不合作方式争取印度独立的象征

莫罕达斯·甘地

20 世纪 90 年代末，在英国接受教育的莫罕达斯·甘地在南非成为一名年轻的律师，致力于结束对印度人的歧视，第一次尝到了为独立而战的滋味。他开始发展一种新的哲学，他避开了西方的唯物主义，支持印度的禁欲主义理想。他进行了第一次非暴力抵抗（"坚持真理"），即一场对不公正法律的非暴力反抗。作为回应，南非政府减轻了对印度人的歧视。甘地在他的余生中一直采用这种方式来进行反抗。

回到祖国后，甘地领导了"食盐进军"，并在第一次世界大战中支持英国，希望英国能奖励印度实现独立。他还领导了支持穷人的劳工与土地改革游行，努力消除"贱民"这个种姓称号，并推动家庭手工业的发展。当英国人在阿姆利则进行了一场血腥的屠杀后，甘地领导了几场运动，为印度人所熟知且受人尊敬，人们尊称他为"圣雄"（意为"伟大的灵魂"）。

1930 年，甘地领导了"食盐进军"，抗议英属印度殖民当局的盐税。他和其他印度国大党领袖被判入狱，但在获释不到一年后，甘地继续进行绝食和非暴力抗议。最终，在 1947 年，他成为与英国蒙巴顿勋爵和穆斯林联盟领导人穆罕默德·阿里·真纳谈判的主要人物，这一谈判促成了印度的独立和独立伊斯兰国家巴基斯坦的诞生。

1948 年 1 月 30 日，甘地在新德里主持一个祈祷会时被一名印度教顽固教徒刺杀，此人认为甘地对穆斯林太过偏袒。这位被印度人视为"国父"的和平爱好者，就这样被暴力结束了生命。

第 8 章

走向新的世界秩序

1950—2000 年

1989年11月，一群兴高采烈的示威者协助拆除了分隔民主德国和联邦德国的柏林墙。在他们身后，勃兰登堡门隐约可见。1990年，民主德国选举产生了支持统一的议会，两国统一为德意志联邦共和国

第二次世界大战后，全球经济和人口迅速增长。人口数量从 1950 年的 25 亿上升到 2000 年的 60 多亿，这是人类历史上前所未有的生物学上的成就，在大型哺乳动物的历史上或许也是前所未有的。与此同时，世界经济总量增长了近 10 倍。平均而言，到了 21 世纪，人们比以往任何时候都更加富有，但这一平均水平的增长掩盖了巨大且日益严重的不平等。全球力量的平衡也随之迅速转变，其根本原因是不同国家的经济增长速度不同。1950 年以后，经济生产在欧洲和日本重新焕发生机；随后，中国经济发展得越来越好。

20 世纪 40 年代，美国和苏联崛起为拥有核武器的超级大国，并在"冷战"中领导两个对立的国家集团。苏联领导人将 20 世纪的两次世界大战归咎于资本主义的扩张，并承诺共产主义将带来和平与正义。美国领导人认为，自由和市场经济能够达到同样的效果，并指责是共产主义导致了世界冲突。

这些意识形态上的差异导致在朝鲜、越南、安哥拉和莫桑比克等多个地区发生了激烈的冲突。这些地区爆发了"代理人战争"，而美国和苏联则避免了直接冲突。1949 年，形势似乎向莫斯科的方向倾斜。当时苏联进行了第一次核武器试验，而毛泽东领导下的新中国加入了社会主义阵营。到了 20 世纪 80 年代，苏联经济再也无法跟上步伐。1989 年，东欧剧变；不久后的 1991 年，苏联解体，"冷战"结束。

"冷战"的结束并没有带来和平与安宁。随着非殖民化浪潮席卷非洲和亚洲，国际政治在 20 世纪五六十年代变得更加复杂。从 1956 年到 1991 年，有 100 多个国家诞生，随着南斯拉夫的解体，90 年代又有几个新国家出现。这些国家中有许多是在与欧洲国家的独立斗争中产生的。独立并不能带来持久的和平，因为殖民和战乱造成的恶劣影响久久难以消散。

到 20 世纪末，世界政治中最重大的趋势是中国的崛起。1978 年实行改革开放以后，中国着力发展市场经济，释放了经济活力。中国与资本主义世界发生投资和贸易方面的经济联系。到 20 世纪 90 年代，中国已成为世界上增长最快的经济体之一。在此后的几十年里，中国的经济增长成为举世瞩目的经济奇迹。随着经济的增长，中国的国际地位也迅速提升。

20 世纪末也见证了迅速的技术革新，尤其是在数字领域。20 世纪 80 年代，个人电脑出现在世界各地的桌子上。到了 20 世纪 90 年代，万维网已经跨越国界，将电子邮件、网站和搜索引擎带给了大众。

在 1950 年之后的几十年里，经济和人口的飞速增长给世界各地带来了日益严重的环境问题。到了 20 世纪末，不断恶化的气候成为威胁全球的潜在因素，也因此成为国际政治关注的焦点。

恐怖的平衡

1950 年 6 月 25 日，朝鲜战争爆发。7 月 7 日，美国借联合国名义，组织"联合国军"正式参战。官方名义上，美国军队只是联合国军的一部分，但美国人在其中发号施令，他们想要的并非击退朝鲜军队，恢复朝鲜和韩国战前的疆域，而是攻下整个朝鲜半岛。中国人民志愿军的加入阻止了美军的图谋，杜鲁门总统不得不对这场战争的投入加以限制，以避免与中国和苏联发生更大规模的冲突。1953 年达成的停战协议基本恢复了朝、韩两国战前的边界，此举实现了美国遏制共产主义的目标，但并没有取得美国所希望的彻底胜利。

朝鲜战争促进了日本经济的发展。美国于1945—1952年占领日本。1952年，《旧金山对日和约》签订后，仍有美军驻扎在那里，日本为驻韩美军和"联合国军"提供了价值超过30亿美元的物资。这些订单让丰田等陷入困境的日本企业得以复苏，并为随后几年的工业繁荣奠定了基础。

对于越南这样的国家来说，反殖民斗争是十分艰难的，因为殖民列强为保留或重新获得控制权会进行干涉。法国一直不肯放弃越南，直到1954年法军在奠边府被胡志明的军队击败为止。胡志明是一位共产党人，在苏联和中国的援助下领导了独立斗争。在和平谈判中，越南被划分为共产主义的北部和非共产主义的南部，按计划将选举出一位统一国家的领导人。南越担心胡志明会获胜，所以在美国的支持下拒绝统一，使得南北越南分裂。1965年，美国开始大规模对越南人民军作战，美国投入了越来越多的军队来阻止越南统一。

在非洲大部分地区，殖民统治的结束是缓慢而曲折的。埃塞俄比亚和利比亚因为原占领国意大利的失势而迅速获得独立，但其他欧洲国家不愿放

上图 朝鲜战争期间躲避战火的平民
右图 1960年，苏联领导人尼基塔·赫鲁晓夫（Nikita Khrushchev）在联合国大会上发表演讲时敲击讲台

上图 美国士兵在朝鲜战争期间构筑掩体

弃非洲殖民地，尤其是那些有大量白人定居的地区。在肯尼亚，英国殖民者从当地人手中没收了大部分最好的土地，现在他们面临着"茅茅起义"的反抗，英国人曾在1952年镇压了基库尤人的起义。非洲各国独立运动的领袖都受到了监禁，包括后来于1963年领导了肯尼亚独立运动的乔莫·肯雅塔（Jomo Kenyatta），加纳的克瓦米·恩克鲁玛（Kwame Nkrumah），以及因破坏、阴谋和叛国罪被判终身监禁的南非人纳尔逊·曼德拉（Nelson Mandela）。1961年，南非退出英联邦，但继续推行种族隔离政策。最激烈的反殖民斗争发生在阿尔及利亚，游击队与法国军队和定居者展开了长达8年的抗争，直到1962年阿尔及利亚赢得独立为止。

在中东，民族主义与日益依赖中东石油的西欧和美国的经济利益发生了冲突。1953年，英美特工策划了一场政变，推翻了伊朗首相穆罕默德·摩萨台，并恢复了巴列维的政权。穆罕默德·摩萨台在英伊石油公司的国有化进程中发挥了重要作用。伊朗国王通过保护美国和英国的石油利益并反对共产主义来回报美英，但他所领导的腐败政府与他西化伊朗、镇压异见的行为使他越来越不受欢迎，最终导致了伊斯兰革命。

1956年，埃及总统贾迈勒·阿卜杜勒·纳赛尔将苏伊士运河收归国有，经济利益也是造成埃及危机的原因之一。苏伊士运河是从波斯湾运输石油的重要通道。英国和法国随后煽动以色列挑起与埃及的争端，这为他们占领运河提供了借口。美国谴责英法的干预行为，英法的企图破产。后来，埃及向苏联靠拢，以色列向美国靠拢。不断加深的阿以争端有可能使这两个超级大国陷入直接冲突之中。

西方列强试图推翻那些受到国民拥护但不屈从于外部势力的领导人，并努力阻挠独立运动，这与它们声称的"为自由世界而战"的主张背道而驰。然而与此同时，苏联对东欧的控制给发展中国家敲响了警钟：共产主义扩张也有其阴暗面。1953年约瑟夫·斯大林死后，尼基塔·赫鲁晓夫成为苏联领导人。他披露了斯大林肃反的细节，并释放了劳改营里的政治犯，以此鼓励改革。然而，当1956年匈牙利被反苏示威浪潮席卷，并宣布退出《华沙条约》时，赫鲁晓夫立即做出了回应。苏联坦克开进了布达佩斯，遏制事态扩大化，这造成了一些负面影响。而苏联在1961年为了阻止民主德国人逃往联邦德国而建起了柏林墙，更是强化了这种负面影响。

在美国，"冷战"粉碎了人们长期享有的安全感——他们曾以为自己与敌对势力相隔千里。尽管共产主义作为一种政治运动从未对美国政治产生过重大影响，但美国公众长期以来都对共产主义怀有恐惧。

1950年，国会推翻杜鲁门总统的否决，通过了《麦卡伦法案》。该法案要求所谓的共产主义组织向美国司法部长办公室登记其成员名单。在"红色战线"名单上的是各种各样的团体，如全国黑人大会、"三K党"和华盛顿书店协会。威斯康星州共和党参议员约瑟夫·麦卡锡（Joseph McCarthy）在50年代将对赤色分子的迫害运动推到了一个新的高度。麦卡锡毫无根据地声称，他拥有一份在国务院工作的共产主义者名单，并对所谓的"遭到共产主义者渗透"的美国之音广播网、美国军队和其他组织展开了一系列调查。麦卡锡的恶劣手段在1954年的"陆军—麦卡锡听证会"上被电视转播，使公众对该参议员及其调查产生了不满。即便如此，在接下来的几十年里，反共恐惧仍然是美国政坛的一股强大潮流，影响着美国的内政和外交政策。

1957年10月，苏联成功发射人造卫星"斯普特尼克1号"。在苏联和美国展开所谓的太空竞赛的同时，来自高处的、接连不断的"哔哔"声也激起了全世界对"冷战"的恐惧。1961年4月，苏联宇航员尤里·加加林成为第一个绕地球轨道飞行的人。同年5月，美国总统约翰·肯尼迪对此做出回应，要求国会为一项雄心勃勃的太空探索计划提供资金，其目标是在10年之内将人类送上月球（并安全返回）。由此产生的美苏竞争导致每年都会有几次载人发射，其中就有首位进入太空的女性宇航员瓦莲京娜·捷列什科娃。两国迅速将单人飞船发展为更大的载人飞船，然后是太空行走，最后是登月。1969年7月20日，美国宇航员尼尔·奥尔登·阿姆斯特朗成为第一个登上月球的人。

人们研发出将人造卫星送入太空的火箭技术，这一技术也使得各国能够用携带核弹头的导弹打击遥远的目标。一枚短程弹道导弹的发射几乎能让指挥官们没有反应的时间，因此超级大国都认为其边境附近的导弹基地将对其安全构成严重威胁。美国在土耳其部署导弹以侮辱赫鲁晓夫，而赫鲁晓夫则在1962年以向古巴运送苏联导弹作为回应；古巴革命领袖菲德尔·卡斯特罗（Fidel Castro）于三年前推翻了对美国经济利益友好的政权并将古巴建设为社会主义国家。当间谍飞机发现导弹后，肯尼迪总统要求苏联移除导弹并封锁了古巴。经过近两周的艰难选择，赫鲁晓夫结束了核对抗，同意撤走导弹。作为交换，美国私下保证将从土耳其撤走导弹，并不再推翻卡斯特罗。

在古巴导弹危机时期，美国拥有比苏联更强大的核威慑力量，但苏联正在迅速建立自己的核武库。许多人认为，由于双方都面临一定程度的毁灭危机，这种力量上的平衡降低了超级大国之间爆发核战争的可能性。这种共同毁灭机制并不适用于一个超级大国与另一个超级大国的常规冲突，而"冷战"中的双方付出了最惨痛的代价。20世纪60年代中期，美国曾派遣数十万军队入侵越南，以对抗共产主义分子，而越南人民把美国人看作曾经的法国殖民者。随着双方伤亡人数的增加，这场战争在包括美国在内的世界各地引发了强烈的抗议。

重塑社会

伴随着美国反战运动，其他社会运动也如火如荼地进行着。民权运动在20世纪50年代取得了来之不易的胜利，到了60年代，在民权运动领袖马丁·路德·金和南方基督教领袖会议的激励下，抗议和游行不断推进。1963年8月，向华盛顿进军的游行吸引了20多万人来到国家广场。1963年11月，令人震惊的事件发生了：李·哈维·奥斯瓦尔德刺杀了肯尼迪总统。在此之前，肯尼迪总统已经开始推动国会通过一项改革计划，他的继任者林登·贝恩斯·约翰逊继续在这方面进行努力。约翰逊说，他希望建立一个"伟大社会"，在这个社会里，没有孩子会挨饿或失学。约翰逊和在国会中占多数席位的民主党实施了医疗保险、就业培训措施并通过了1964年《民权法案》，该法案保证了平等投票权，禁止在学校和其他公共场所实行种族隔离，也禁止在雇佣方面的歧视。在60年代和70年代，妇女解放运动有了相当大的声势。在美国，妇女在避孕、堕胎、平等获得信贷和就业机会等权利方面取得了进步。女性领导人也开始在世界舞台上崭露头角。1966年，印度政治家英迪拉·甘地当选印度总理；1969年，果尔达·梅厄成为以色列总理；1979年，英国的玛格丽特·撒切尔当选首相。然而，直到1980年，才有一名并非追随丈夫或父亲脚步的美国女性当选为美国参议院议员。

人们对空气污染、水污染以及物种灭绝等环境问题的认识日益增强，这同样推动了那个时代的社会行动和立法。1970年，理查德·米尔豪斯·尼克松总统成立环境保护局，研究并执行环境质量标准。20世纪70年代初，美国通过了《清洁空气法》和《清洁水法》，并公布了第一批濒危物种名单。

越南战争不断升级，同样不断受到刺激的还有应征入伍的美国年轻人，特别是非洲裔美国人，原本相当温和的反主流文化因之演变为一场更为严重，有时甚至很暴力的运动。60年代末的大规模示威吸引了数十万的抗议者来到纽约和华盛顿特区。1968年4月，马丁·路德·金遇刺，引发了骚乱，导致城市地区遭到破坏。仅仅两个月后，已故总统肯尼迪的弟弟、民权活动家罗伯特·肯尼迪也被刺杀，这让那一年变得更加黑暗。公众的不满集中在尼克松总统令人不快的行为上。1973年，他最终将美国从越南战争中解救出来，但"水门事件"的阴影掩盖了这一政绩。1972年6月，尼克松手下的工作人员在闯入华盛顿水门大厦民主党总部偷拍文件和安置窃听器时被当场逮捕，事件发生后尼克松试图掩盖开脱，这使他面临弹劾。1974年，尼克松辞职。

1968年，在世界各地发生的许多改革中，捷克斯洛伐克为建设"新的、民主的、符合捷克斯洛伐克实际的社会主义模式"做出了大胆的努力。然而苏联派出坦克，结束了"布拉格之春"。

在中国，长期被忽视的贫困人口受益于公共教育和医疗保健，妇女获得了新的权利和机会。当时中国的领导人是毛泽东。他出生于1893年，那时的中国还是一个饱受列强欺凌的衰败国家；而在他1976年逝世前，中国已成为一个强大独立的国家，不再受制于西方帝国主义，国际地位得到极大的改善。美国于1979年与中国建立了外交关系。

这一调整改变了"冷战"，结束了人们对社会主义国家集团一元化的恐惧，削弱了多米诺骨牌理论——也就是说，如果越南这样的小国成为社会主义国家，世界上其他许多国家都会效仿。事实上，社会主义在20世纪70年代的越南、邻国老挝和柬埔寨所取得的胜利，除了因为红色高棉大规模屠杀平民事件备受批评，中南半岛以外的地区几乎没有产生什么影响。离开越南后，美国利用其国防预算重建了军队，并启动了苏联难以承受的军备竞赛。尽管20世纪70年代的战略武器限制谈判取得了可喜的成果，但两个超级大国仍继续花费巨资发展并部署核武器（中国、英国和法国，在此时也拥有了核武器，但数量要少得多），这种军事建设持续的时间越长，苏联经济的压力就越大。

发展中国家的剧变

以首脑会议和战略武器限制谈判形式出现的缓和局面，并没能阻止美国和苏联对受超级大国经济与政治影响的发展中地区进行干预。如今严重依赖苏联援助的古巴在1975年向安哥拉派兵，帮助那里的共产党击败了受南非支持的对手。苏联的援助也推动了纳米比亚和埃塞俄比亚的独立战争，其中纳米比亚对南非的非法吞并进行了反抗。

津巴布韦于1980年赢得独立，推翻了一个叫罗得西亚的白人小国，该国也刚刚从大英帝国独立出来。许多白人因为害怕未来的不测而逃离了津巴布韦。深受殖民统治之苦的非洲人常常对殖民统治者怀有仇恨，而白人害怕遭到报复。南非是一个例外。1990年从监狱获释的纳尔逊·曼德拉成为该国首位黑人总统，并坚持了建立民主、多种族社会的长期承诺。

和非洲一样，拉丁美洲在20世纪末经历巨变，这并不全是因为"冷战"。拉美国家的工业化努力在多数时候都步履蹒跚，在农村地区和城市周边的棚户区，令人难以忍受的贫困依然存在。在这些地区，从农村涌入的移民的经济条件并没有得到改善。即使在该区域较发达的阿根廷，贫富之间的明显差距也造成了政治上的不稳定，使军官们时刻准备使用武力来维持秩序。其中一些铁腕人物是通过选举上台的，比如胡安·庇隆，他是一位极具魅力的上校，二战后，他在妻子伊娃·庇隆的帮助下统治着阿根廷。伊娃·庇隆深受人民爱戴，在政治上精明过人，并于20世纪70年代重新掌权。另一些人则是军事独裁者，他们建立军政府并发动战争。

拉丁美洲领导人通过提倡社会主义或共产主义来应对经济弊病，却面临着美国的反对；美国决心干涉西半球国家的内政。1954年，美国中央情报局发动政

上图 南非警察用狗和鞭子对付一名不守规矩的黑人。这张照片拍摄于1967年。在20世纪90年代种族隔离制度彻底结束之前，这样的场景在南非一直很常见

变，推翻了危地马拉的民选总统哈科沃·阿本斯（Jacobo Árbenz）。阿本斯曾承诺分给危地马拉农民土地，其中包括一些属美国所有的联合果品公司的土地，该公司的盟友中有美国国务卿约翰·福斯特·杜勒斯（John Foster Dulles）。理论上，美国把这个国家交到军事强人手中是为了对抗共产主义，但同时也是为了联合果品公司的利益。美国还精心策划了1973年智利军官的政变，推翻自称是马克思主义者的总统萨尔瓦多·阿连德·戈森斯，并镇压了政治异见人士。20世纪80年代，美国帮助尼加拉瓜右翼势力的反政府武装试图推翻左翼政府。美国国会禁止美国向反政府武装提供援助，但这种援助却能以向伊朗出售武器的方式暗度陈仓。1979年，伊朗国王被推翻后，伊朗的美国公民被挟持为人质。

1979年，苏联入侵阿富汗。美国和一些伊斯兰国家向阿富汗反政府武装运送武器，后者对苏联军队发动了一场成功的游击战争。1989年，苏联被迫撤出阿富汗。这场战争给两国人民带来了深重灾难，被认为是苏联对外政策的重大失败。那时，苏联已经濒临崩溃。苏联最后一任领导人米哈伊尔·戈尔巴乔夫（Mikhail Gorbachev）看到了经济和社会衰退的迹象，实施了改革和开放。同其他试图改革社会主义的人一样，他失败了，但通过允许华沙条约成员国退出而不受惩罚的措施，他帮助那些东欧新兴民主国家将可能发生的血腥起义转变为新型政党政治。

1989年11月，联邦德国和民主德国联合拆除了柏林墙；第二年，团结工会领袖瓦文萨（Lech Walesa）赢得了自由选举，成为波兰总统。强硬派指责戈尔巴乔夫未能阻止这股潮流，在1991年发动了一场政变，但戈尔巴乔夫的前助手鲍里斯·叶利钦（Boris Yeltsin）

劝阻军队不要支持叛乱者，政变宣告失败。在叶利钦的领导下，苏联不复存在，一个新的国家俄罗斯出现了，民主和自由企业的种子在长期敌视他们的环境中被播下，人们看到了俄国和谐融入欧洲社会的可能。

国家建设与全球化

"冷战"结束后，世界上最富有的国家通过建立超越国界的经济和政治关系促进了全球化，而发展中国家则努力维护自己的民族认同。20世纪90年代，世界上的许多动荡地区都是在20世纪划定边界时产生的，而这些边界很少考虑到民族或宗教所带来的问题。民族分歧严重的南斯拉夫是在一战后建立的，二战后，在共产主义领袖铁托的领导下，建立了南斯拉夫社会主义联邦共和国。铁托挫败了苏联的干涉企图，并成功地将该国最大的地区——塞尔维亚与其出生地克罗地亚及其他较小地区统一在一个国家之内。1991年，南斯拉夫解体，塞尔维亚军队进入克罗地亚和波斯尼亚，支持那里的塞尔维亚少数民族。联合国维和部队未能阻止流血冲突，有数万人死亡，许多人流离失所。

1994年，在年轻的非洲国家卢旺达发生了大屠杀，占人口多数的胡图族武装分子对曾经占统治地位的图西族进行猛烈的攻击。虽然图西族是少数民族，但在德国和比利时的殖民统治时期得到了优待。近100万图西族人和温和派的胡图族人在暴乱中丧生。

殖民主义的残余同样导致了中东的冲突。伊拉克是在一战后奥斯曼帝国解体后形成的。萨达姆·侯赛因所属的逊尼派穆斯林摆脱了殖民统治，成为伊拉克的宗教主导派系。尽管如此，逊尼派仍面临着来自伊拉克占多数的什叶派和寻求独立的库尔德人的压力。

在对伊朗发动了一场旷日持久、胜负不分的战争之后，萨达姆又于1990年入侵了盛产石油的科威特。作为回应，美国领导着一支国际盟军，在1991年将伊拉克军队赶出了科威特。

然而，就在民族冲突将各个国家分开之际，全球贸易又开始将各国聚拢到一起。第二次世界大战后不久，来自世界各地的23个国家签署了关税及贸易总协定（关贸总协定），削弱或消除了签署国之间的贸易壁垒。到1995年，该协定已涵盖了100多个国家，并由世界贸易组织（WTO）接替，后者为商谈贸易协定和解决争端提供了一个国际论坛。其他国际贸易条约，包括1994年美国、加拿大和墨西哥签署的北美自由贸易协定（NAFTA），也同样推动了世界贸易的发展。1950—2000年，国际贸易总额增长了20多倍。

同样引人注目的是，在政治上，欧洲经济共同体（EEC）在1993年升级为欧盟。在两次世界大战之后，欧盟的六个创始成员国——法国、意大利、荷兰、联邦德国、比利时和卢森堡——于1957年建立了一个共同市场，以降低关税，促进和平的经济一体化。1992年，《马斯特里赫特条约》（Treaty of Maastricht）建立了更为大胆的欧盟实体。欧盟取消了几乎所有28个成员国对货物和人员的关税和边境管制。参与国还同意使用同一种官方货币——欧元，尽管并非所有国家都使用。欧盟在布鲁塞尔设立了总部，并具有洽谈国际条约的权力。到21世纪初，欧盟已经成为世界上最大的经济体。

全球化和跨国旅行标志着公共卫生方面的巨大进

下图 20世纪90年代伊拉克巴格达的宣传画，颂扬萨达姆·侯赛因政权下的军事、工业和文化。在第一次海湾战争中，萨达姆入侵了面积较小、石油资源丰富的伊拉克邻国科威特，但被美国领导的国际联军击退。虽然入侵遭到挫败，但萨达姆依然掌握着国家大权，直到2003年才被美国和英国军队推翻

步以及严重的威胁。天花曾是世界性的灾祸，已知的最后一例天花病例出现在 1977 年的索马里。另一方面，日益无国界的社会也极大增加了艾滋病等新致命流行病的蔓延速度。尽管这种疾病可能起源于 19 世纪末或 20 世纪初的非洲，它首次被正式报道是在 1981 年的加利福尼亚。到 1999 年时，艾滋病已成为世界第四大杀手和非洲人口第一大死亡原因。

随着一个千年期步入尾声，全世界的人们开始担心一个以前从未曾考虑的问题：计算机软件可能无法识别"2000"开头的日期，世界性的计算机崩溃也会随之而来。然而，2000 年真的到来时，危机并没有发生，生活照常继续下去。那些开始于 20 世纪后半叶的趋势——全球化、数字化等，无论好坏，都将在 21 世纪加速发展。

下图 1999 年，南非的一名艾滋病患者由临终关怀护士照料着。那里的预期寿命因艾滋病流行而大幅下降

1959 年
阿拉斯加和夏威夷分别成为美国第 49 个、第 50 个州

北美洲

1964 年
美国《1964 年民权法案》（Civil Rights Act of 1964）获得通过。它禁止人们在公共场所和雇用时基于任何理由，包括种族、肤色、宗教或民族血统等原因歧视他人，并规定学校和其他公共场所不得实行种族隔离

大西洋

太平洋

1959 年
菲德尔·卡斯特罗在西半球建立了第一个社会主义政权。美国在 1961 年与之断交

1977 年
美国总统吉米·卡特（Jimmy Carter）和巴拿马政府首脑奥马尔·托里霍斯（Omar Torrijos）签署了新的巴拿马运河条约。美国承诺于 1979 年将运河归还巴拿马，但巴拿马允许美国在过渡时期继续管理运河

南美洲

1956—1961 年
非洲国家从欧洲殖民统治中获得独立，其中包括苏丹、突尼斯、摩洛哥、马达加斯加、索马里、尼日尔、毛里塔尼亚、马里、塞内加尔、乍得、科特迪瓦、多哥、贝宁、上沃尔特（布基纳法索）、喀麦隆、加蓬、中非共和国、塞拉利昂和尼日利亚等

世界一览
1950—2000 年

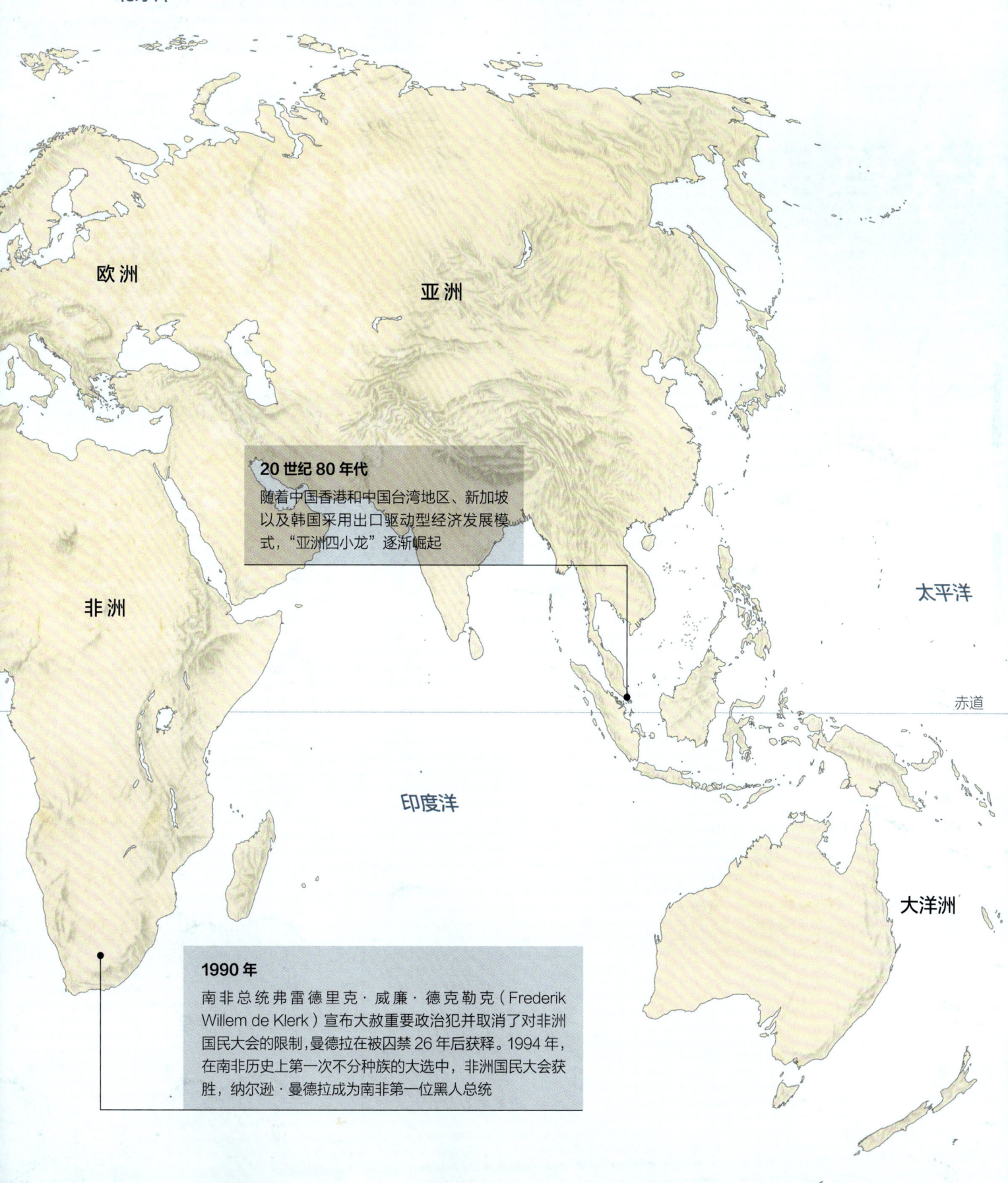

北冰洋

欧洲

亚洲

20 世纪 80 年代
随着中国香港和中国台湾地区、新加坡以及韩国采用出口驱动型经济发展模式，"亚洲四小龙"逐渐崛起

太平洋

非洲

赤道

印度洋

大洋洲

1990 年
南非总统弗雷德里克·威廉·德克勒克（Frederik Willem de Klerk）宣布大赦重要政治犯并取消了对非洲国民大会的限制，曼德拉在被囚禁 26 年后获释。1994 年，在南非历史上第一次不分种族的大选中，非洲国民大会获胜，纳尔逊·曼德拉成为南非第一位黑人总统

1950—1955 年

	政治与权力	地理与环境	文化与宗教
美洲	**1951 年**：美国宪法第二十二修正案获得通过，规定总统最多连任两届。 **1952 年**：德怀特·大卫·艾森豪威尔当选美国总统，这是 20 年来第一位共和党总统。 **1954 年**：危地马拉总统哈科沃·阿本斯·古斯曼被美国中情局（CIA）策划的政变推翻。	**1951 年**：堪萨斯河洪水泛滥，对密苏里州和堪萨斯州造成近 10 亿美元的损失。 **1954 年**：美国将 100 多万无证移民驱逐到墨西哥。	**20 世纪 50 年代**：战后的婴儿潮大大提高了北美的人口出生率，越来越多的家庭迁往郊区。 **1954 年**：女性口服避孕药的首次人体试验开始。 **1955 年**：美国劳工联合会与产业工会联合会合并。
欧洲	**1952 年**：英国国王乔治六世（George VI）去世，他的女儿伊丽莎白二世（Elizabeth II）继位。 **1953 年**：尼基塔·赫鲁晓夫在约瑟夫·斯大林去世后被任命为苏共中央第一书记。 **1955 年**：苏联及东欧社会主义国家组建华沙条约组织。	**1953 年**：英格兰、荷兰和比利时的洪水造成约 2000 人死亡。	**1953年**：塞缪尔·贝克特（Samuel Beckett）的戏剧作品《等待戈多》（*Waiting for Godot*）在巴黎首演。 **1955 年**：英国开始播放商业性电视节目。
中东 & 非洲	**1950 年**：阿拉伯联盟扩大了对以色列的经济抵制。 **1951 年**：约旦国王阿卜杜拉在耶路撒冷遇刺。 **1952 年**：贾迈勒·阿卜杜勒·纳赛尔（Gamal Abdel Nasser）在埃及夺取政权。 **1953 年**：乔莫·肯雅塔和其他五名基库尤人因在肯尼亚组织"茅茅起义"而被定罪。 **1954 年**：阿尔及利亚开始了一场反抗法国统治的、将持续 8 年的斗争。	**1952 年**：埃及同意在尼罗河上新建一座巨大的水坝，以控制每年的洪水。阿斯旺水坝于 1970 年完工，耗资约 10 亿美元。 **1953 年**：苏丹开始向独立过渡。	**1952—1956 年**：肯尼亚"茅茅起义"由基库尤中央协会的游击战士发起。 **1953 年**：在美国和英国的支持下，伊朗国王穆罕默德·礼萨·巴列维（Mohammad Reza Pahlavi）通过政变重新掌权。 **1955 年**：埃及废除了伊斯兰法庭。
亚洲 & 大洋洲	**1950 年**：朝鲜战争爆发。 **1953 年**：《朝鲜停战协定》签署。 **1953 年**：柬埔寨脱离法国获得独立。	**1953 年**：埃德蒙·希拉里（Edmund Hillar）和丹增·诺盖（Tenzing Norgay）成为首批登上世界最高峰珠穆朗玛峰的人。 **1954 年**：越南抗法战争结束，越南北方完全解放。	**20 世纪 50 年代**：战后的婴儿潮大大提高了澳大利亚和新西兰的人口出生率。

科学与技术	人类与社会
1951年：雷明顿-兰德公司推出世界第一台商用计算机尤尼法克（UNLVAC）。 **1951年**：爱达荷州的阿尔科首次利用原子能发电。 **1954年**：报道称，吸烟会导致肺癌。	**1951年**：朱利叶斯·罗森伯格和埃塞尔·罗森伯格因对美间谍罪被判处死刑，并于1953年被处决。 **1953年**：乔纳斯·索尔克研发出脊髓灰质炎疫苗，1955年被批准广泛使用。 **1954年**：美国最高法院一致反对"隔离但平等"原则，取消了公立学校中的种族隔离。 **1955年**：在亚拉巴马州蒙哥马利，非洲裔美国人罗莎·帕克斯（Rosa Parks）因拒绝向白人让座而被捕。
1955年：苏联从潜艇上发射弹道导弹。 **1952年**：英国制造的"德·哈维兰彗星一号"成为第一架有定期航线的涡轮喷气式客机。 **1953年**：苏联第一颗氢弹爆炸成功。	**20世纪50—60年代**：约瑟普·布罗兹·铁托（Josip Broz Tito）在南斯拉夫建立了一个独立的社会主义国家。 **1953年**：英国生物物理学家弗朗西斯·克里克（Francis Crick）和美国生物学家詹姆斯·沃森（James Watson）公布了DNA的双螺旋模型。 **1954年**：英国选手罗杰·班尼斯特（Roger Bannister）打破了每英里耗时4分钟的纪录，用3分59.4秒跑完了1英里。
1950—1953年：朝鲜战争是第一次以喷气式战斗机进行大规模空战、使用直升机（战术和后勤）与合成防弹背心作战为特点的战争。 **20世纪50年代**：美国在马绍尔群岛的比基尼岛和埃内韦塔克环礁进行核武器试验，其中包括第一枚氢弹。	**上图** 朝鲜战争中，朝鲜住宅区成为废墟

朝鲜战争

"冷战"时期的第一次主要冲突发生在面积不大的朝鲜半岛。自第二次世界大战结束以来，苏联和美国军队一直分别占领着三八线的两边。1948年，对立政府的建立点燃了导火索。1950年6月25日，战争爆发。

杜鲁门总统向韩国派遣美国军队，并将太平洋战场交给了"熟面孔"道格拉斯·麦克阿瑟将军。麦克阿瑟被任命为联合国军最高指挥官。朝鲜军队在最初的战役中击溃了韩军，占领了汉城。然而，麦克阿瑟在仁川进行了一次大胆的两栖登陆，切断了朝军的补给线，使联合国军得以发起反攻。1950年底，联合国军队已经把朝鲜军队一路逼到中朝边境。

当中国人民志愿军越过鸭绿江与朝鲜军队共同作战时，形势发生了逆转。麦克阿瑟想把战争带进中国，甚至想使用核武器，但杜鲁门认为这只会让事情变得更糟。由于无法解决二人之间的分歧，杜鲁门在1951年解除了麦克阿瑟的指挥权。据一名将军所说，这场战争仿佛一台"绞肉机"——那些残酷的步兵战役被加以"伤心岭"和"猪排山"这样的名字，最终的成果只是一场僵局罢了。

美国新总统德怀特·艾森豪威尔终于在1953年宣布停战时，已有5.4万名美国士兵阵亡，但朝鲜半岛上的边界和政府仍未有所改变。美国并没有取得其渴望的彻底胜利，只能这样自我安慰：无论如何，至少靠军队暂时遏制住了共产主义。

1955—1962 年

	政治与权力	地理与环境	文化与宗教
美洲	1956 年：德怀特·艾森豪威尔再次当选美国总统。 1959 年：菲德尔·卡斯特罗（Fidel Castro）在西半球建立了第一个社会主义国家。美国在 1961 年与之断交。 1960 年：约翰·肯尼迪（John F. Kennedy）成为史上最年轻的美国总统。 1961 年：美国训练的古巴流亡者企图在"猪湾事件"（吉隆滩之战）中推翻卡斯特罗，结果以失败告终。	1956 年：绿色革命将改良后的农业技术和新的植物品种相结合，使墨西哥实现了小麦的自给自足。最终，这项技术使发展中国家的 10 亿人口免于饥饿。 1959 年：阿拉斯加和夏威夷分别成为美国第 49 个、第 50 个州。 1959 年：美国和加拿大合作开凿的圣劳伦斯运河完工，它连接了五大湖和大西洋。	1959 年：由弗兰克·劳埃德·赖特（Frank Lioyd Wright）设计的古根海姆博物馆在纽约开馆。 1960 年：美国食品和药物监督管理局批准异炔诺酮-炔雌醇甲醚片（Enovid）为处方避孕药。
欧洲	1956 年：赫鲁晓夫开始"去斯大林化"，然而，当东欧的匈牙利试图从华沙条约组织中撤出时，苏联出兵匈牙利并扼制了这次分离倾向。 1957 年：欧洲经济共同体（有时也称共同市场）建立，旨在使欧洲拥有与美国和苏联相当的经济实力。 1960 年：勃列日涅夫（Leonid Ilich Brezhnev）成为最高苏维埃主席团主席。	1957 年：为了在欧洲推广核能，欧洲原子能共同体（Euratom）成立。 1960 年：塞浦路斯成为一个独立的共和国。	1958 年：英国女性获允进入议会上院。 1958 年：教皇庇护十二世（Pope Pius XII）去世；枢机主教隆卡利（Roncalli）成为教皇约翰二十三世（John XXIII）。
中东 & 非洲	1956 年：第二次中东战争因争夺苏伊士运河的控制权而爆发。 1958 年：埃及和叙利亚联手创建阿拉伯联合共和国，纳赛尔任总统。 1959 年：亚西尔·阿拉法特（Yasser Arafat）在科威特成立巴基斯坦民族解放运动"法塔赫"。 1960 年：在刚果共和国，得到美国中情局支持的约瑟夫·蒙博托（Joseph Mobutu）上校发动了一场成功的政变，推翻了苏联支持的前总理帕特里斯·卢蒙巴（Patrice Lumumba）。	1956—1961 年：非洲国家从欧洲殖民统治中获得独立，其中包括苏丹、突尼斯、摩洛哥、马达加斯加、索马里、尼日尔、毛里塔尼亚、马里、塞内加尔、乍得、科特迪瓦、多哥、贝宁、上沃尔特（布基纳法索）、喀麦隆、加蓬、中非共和国、塞拉利昂和尼日利亚。	
亚洲 & 大洋洲	1956 年：巴基斯坦伊斯兰共和国成立。 1958 年：中国开展"大跃进"运动（1958—1960）。	1958 年：东南亚暴发的霍乱和天花疫情导致 2 万多人死亡。 1962 年：西萨摩亚脱离新西兰独立。	

那时的生活

电视的首个黄金时代

与美国婴儿潮并行的是电视热潮。第二次世界大战后，技术的迅速发展和可支配收入的增加使得电视拥有量激增。1950 年时，美国大约有 150 万台电视机，而到次年已有 1500 万台。1960 年，美国的电视机数量达到 4500 万台。这一现象在全球范围内迅速扩散。苏联于 1957 年发射人造卫星，在"冷战"时期大出风头；而 1964 年，美国使用人造卫星从日本向全世界转播奥运会。电视创造出一个地球村，以前所未有的方式将各种文化联系在一起。20 世纪 50 年代，电视节目的形式由单一的广播形式发展为原创形式，并延续至今。于是，优秀影视剧喷涌而出，比如情景喜剧《我爱露西》(I Love Lucy)和警匪片《法网》(Dragnet)等。如今，世界上几乎每个国家都有至少一个电视频道。

科学与技术	人类与社会
1957年：公式翻译器（FORTRAN）是最早出现的计算机高级程序设计语言的翻译器。 **1958年**：美国政府建立美国航天局，并开始筹备载人航天计划。 **1960年**：美国科学家研制出第一束激光。	**1957年**：加拿大领导人莱斯特·皮尔逊（Lester Pearson）因协助解决1956年的苏伊士运河危机而获得诺贝尔和平奖。 **1957年**：马丁·路德·金成立了南方基督教领袖会（SCLC），以促进用非暴力的方式解决种族隔离问题。 **1958年**：美国工程师杰克·基尔比（Jack Kilby）发明集成电路。
1956年：英国第一座商业核电站开始运行。 **1957年**：苏联发射第一颗人造卫星"斯普特尼克1号"。 **1961年**：苏联的尤里·加加林成为第一个进入太空的地球人，比美国的艾伦·谢泼德（Alan Shepard）早了三个星期。	**1958年**：夏尔·戴高乐（Charles de Gaulle）当选法国总统，竞选成功的部分原因是他反对阿尔及利亚战争。 **1961年**：柏林墙被建起，目的是防止东柏林人逃到西柏林。
1959年：人类学家玛丽·利基在坦桑尼亚峡谷中发现了世界上已知最早的古人类化石，将非洲确立为人类的摇篮。	**1957年**：在克瓦米·恩克鲁玛（Kwame Nkrumah）的领导下，加纳宣布独立，并成为英联邦成员。 **1959年**：乔莫·肯雅塔因在受英国统治的肯尼亚组织茅茅起义而入狱，后来流亡并于1961年获释。 **1960年**：前盖世太保头目阿道夫·艾希曼（Adolf Eichmann）在南美洲被捕并被秘密带到以色列，于1961年在耶路撒冷接受审判后被判有罪，1962年被绞死。
1956年：日本水俣湾附近出现首例水俣病，即甲基汞中毒。 **1961年**：巨大的帕克斯射电望远镜开始在澳大利亚投入使用。	**1959年**：日本皇太子明仁与平民美智子结婚，这是1500年来日本皇室首次与平民结婚。 **1960年**：日本各地示威者走上街头，反对与美国续签安保条约。 **1961年**：缅甸人吴丹（U Thant）成为联合国第一位亚裔秘书长。

上图 "猫王"埃尔维斯·普雷斯利（Elvis Presley）在《监狱摇滚》（Jailhouse Rock）的拍摄现场

摇滚

有些人认为，西方文明的衰落可以追溯到1955年，那一年比尔·哈雷（Bill Haley）的《昼夜摇滚》（Rock Around the Clock）成为第一首风靡全美的摇滚乐歌曲。也有人说是1954年，"猫王"普雷斯利发行了《没关系》（That's All Right）。

事实上，摇滚乐的起源是很难确定的。"摇滚"这个词实际上是由克利夫兰的音乐节目主持人艾伦·弗里德（Alan Freed）于1951年创造的，被用于描述他演奏的黑人音乐和蓝调唱片。但是，作为一种商业现象，摇滚乐体现在"猫王"扭动的胯部——他将黑人福音音乐、索尔乐和蓝调的节奏与一种郁积的性吸引力结合在一起，这使他本人和摇滚乐在世界范围内引起轰动。

在"猫王"于1977年去世之前，他坐拥7首冠军歌曲、25首进入前十名和100多首进入前四十名的热门单曲。至于那些将流行文化的消亡归咎于"猫王"的人，1957年的一首卡里普索（calypso）即兴歌曲解释了一切："不要怪埃尔维斯扭动胯部；扭动胯部，从尼罗河时代就已经开始了。"

1962—1968 年

	政治与权力	地理与环境	文化与宗教
美洲	**1962 年**：古巴导弹危机爆发。美国总统肯尼迪赢得与苏联领导人赫鲁晓夫的对峙，赫鲁晓夫同意拆除古巴的导弹基地。 **1963 年**：11 月 22 日，美国总统肯尼迪在得克萨斯州达拉斯遇刺身亡。林登·约翰逊（Lyndon Johnson）宣誓就任总统。 **1964 年**：《民权法案》获得通过，它禁止人们在公共场所和雇用时基于任何理由，包括种族、肤色、宗教或民族血统等原因歧视他人，并规定学校和其他公共场所不得实行种族隔离。	**1962 年**：牙买加脱离英国独立。 **1962 年**：横贯加拿大的高速公路的第一段通车，它将成为世界上最长的连续公路之一。 **1966 年**：英属圭亚那成为独立的圭亚那国合作共和国。	**1964 年**：披头士乐队在美国的首次亮相是在埃德·沙利文秀上。 **1965 年**：马丁·路德·金在亚拉巴马州带领 25000 人从塞尔玛游行到蒙哥马利。在纽约，黑人民权运动领袖马尔科姆·艾克斯（Malcolm X）被枪杀。
欧洲	**1964 年**：勃列日涅夫接替赫鲁晓夫出任苏共中央第一书记。 **1967 年**：乔治·帕帕佐普洛斯（Tassos Papadopoulos）上校在一次军事政变后接管希腊。	**1963 年**：一座海底火山在冰岛南部海岸外喷发，在几个月内便形成了一个新的岛屿叙尔特塞岛（于 1965 年得名）。 **1964 年**：马耳他脱离英国独立。	**1962 年**：第二次梵蒂冈大公会议（1962—1965）开始对罗马天主教教会进行广泛的改革和现代化，例如逐步取消拉丁弥撒。 **1963 年**：教皇约翰二十三世去世，由枢机主教蒙蒂尼（Montini）继任，即教皇保罗六世（Paul VI）。
中东 & 非洲	**1963—1964 年**：希腊族和土耳其族在塞浦路斯爆发战争。 **1967 年**："六日战争"——第三次中东战争打响。 **1967 年**：石油资源丰富的比亚法拉试图脱离联邦，尼日利亚内战（1967—1970 年）因此爆发。这场战争导致比亚法拉发生了可怕的饥荒。	**1962 年**：阿尔及利亚、乌干达、卢旺达和布隆迪获得独立。 **1962 年**：也门分裂为两个共和国：北也门和南也门。 **1963—1964 年**：肯尼亚成为一个独立的共和国。桑给巴尔和坦噶尼喀组成坦桑尼亚联合共和国。罗得西亚分裂，北部成为独立的赞比亚共和国。 **1965 年**：冈比亚脱离英国独立。 **1966 年**：博茨瓦纳和莱索托脱离英国独立。	**1963 年**：非洲统一组织（OAU）成立。 **1964 年**：巴勒斯坦解放组织（PLO）在艾哈迈德·舒凯里（Ahmad Shukeiry）领导下成立。
亚洲 & 大洋洲	**1963 年**：南越（越南共和国）总统吴廷琰（Ngo Dinh Diem）在军事政变中遇刺身亡。 **1964 年**：北越（越南民主共和国）鱼雷艇在北部湾袭击了一艘美国驱逐舰，美国国会因此批准约翰逊总统向越南增加兵力。	**1963 年**：马来亚联合邦、新加坡、沙巴和砂拉越组成马来西亚。新加坡于 1965 年退出。 **1965 年**：飓风袭击东巴基斯坦（孟加拉国），导致 12000—20000 人死亡。	**1966 年**：中国的"文化大革命"开始。

科学与技术	人类与社会
1962年：约翰·格伦（John H. Glenn）成为首个绕地球轨道飞行的美国人。 1963年：麻疹疫苗已获得使用许可并被分发。	1962年：墨西哥裔劳工领袖凯萨·查维斯（Cesar Chavez）开始组织加州的葡萄采摘工人罢工。 1966年：贝蒂·弗里丹（Betty Friedan）领导成立美国全国妇女组织（NOW）。 1967年：帮助菲德尔·卡斯特罗在古巴掌权的革命领袖切·格瓦拉（Che Guevara）被玻利维亚军队抓获并杀害。
1963年：苏联宇航员瓦莲京娜·捷列什科娃成为首位进入太空的女性。 1963年：荷兰飞利浦公司开发出盒式磁带。 1965年：宇航员阿列克谢·列昂诺夫（Aleksei Leonov）是第一个在太空中"行走"的人，他在"上升2号"宇宙飞船外面待了10分钟。	1963年：美国和苏联在白宫和克里姆林宫之间设立了一条热线，以便两国能在即将擦枪走火之时进行快速沟通。 1967年：第一台自动取款机（ATM）在伦敦的巴克莱银行投入使用。
1964年：以色列建成全国输水系统。通过一系列建设，将北部加利利湖湖水提高372米，再通过管道输送到国土的西部、中部和南部，使大片荒漠变成了绿洲。 1967年：克里斯蒂安·巴纳德（Christiaan N. Barnard）博士领导的团队在南非开普敦进行了医学史上首例人体心脏移植手术。	1966年：法国前军官让-贝德尔·博卡萨（Jean-Bédel Bokassa）在一次军事政变中接管了中非共和国。
1964年：中国成功试爆第一颗原子弹。 1967年：中国成功试爆第一颗氢弹。	1965年：费迪南德·马科斯（Ferdinand Marcos）当选菲律宾总统。 1966年：贾瓦哈拉尔·尼赫鲁的女儿英迪拉·甘地成为印度总理。

上图 1963年，马丁·路德·金在华盛顿发表了"我有一个梦想"演说

公民权

20世纪60年代早期，种族隔离、歧视和暴力是非裔美国人生活中的严峻事实，在南方尤其如此。1961年，尽管有联邦政府的命令，但南方几乎没有学校实现了种族融合。1963年，即使在经济增长的情况下，美国黑人的失业率仍是白人的两倍多。联邦政府的"红线歧视"禁止非裔美国人在北方和南方城市的白人聚居区居住。许多民权组织为改革而奔走，他们经常采取抵制、选民登记运动和非暴力游行的方式进行抗争。1963年春天，在亚拉巴马州的伯明翰，由马丁·路德·金领导的示威者走上街头。和平抗议者遭到了催泪瓦斯和警犬的攻击。同年8月，数十万人在华盛顿特区举行了争取就业和自由的抗议游行。

约翰·肯尼迪总统对此表示同情，但是《民权法案》仍被搁置。该法案在1964年获得通过，它虽然不能立即解决歧视问题，但却是保障平等权利入法的一个重要步骤。

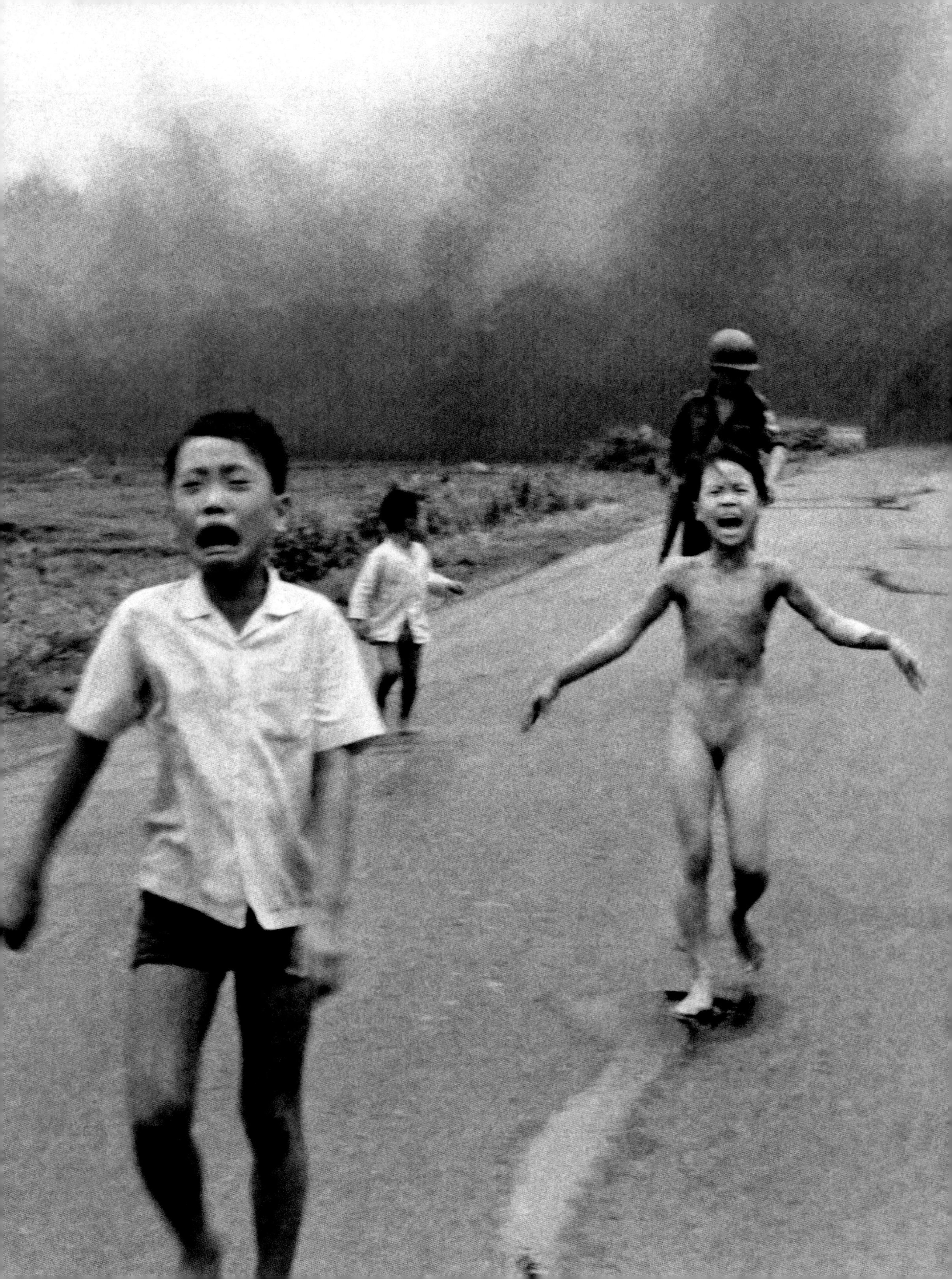

越南失利

有这样一种理论：如果一个小国成为社会主义国家，那么该地区的其他国家就会像多米诺骨牌一样紧随其后。对这种"潮流"的恐惧导致美国忽略了日本和法国的深刻教训：越南的顽强抵抗。1946 年，当法国试图重新占领越南时，胡志明曾警告他们：即便每杀 1 名法国人就要牺牲 10 名越南士兵，法国也仍然会战败。1954 年时，法国军方意识到胡志明是对的。

十年后，美国卷入了一场迄今为止美国历史上最不得人心的战争，这场战争成为"徒劳无功"的代名词。1957 年，社会主义的"北越"通过越共开始进行游击活动，以对抗非社会主义的"南越"。美国非军事顾问在越共袭击中丧生后，美国于 1962 年在"南越"建立了一个军事委员会。1964 年，在北部湾航行的美国驱逐舰受到袭击，这一被称为"记住缅因号"的挑衅行为促使国会授权美军采取军事行动。1965 年，两个营的美国海军陆战队在岘港登陆；到了 1968 年，越南已有约 50 万名美国士兵。胡志明拥有自己的超级盟友苏联，它为越南提供了援助和武器装备。

后来被曝光的证据，让人怀疑北部湾事件是否真正发生过，这也意味着这是一场笼罩在神秘之中、充满欺骗的战争。1969 年，有人揭露美军曾在前一年于美莱村屠杀了至少 347 名村民。1971 年，五角大楼的文件被泄露给媒体，暴露出美国在东南亚的介入程度比此前所承认的更深。电视报道时常播报那些令人震惊的暴行，以及士兵与平民所遭受的痛苦（那是电视节目首次对战争进行报道）。

美国军队已经失去控制，美国政府在撒谎，这种感觉驱使示威者走向极端。学生们拒绝回应征兵通知，或者通过出国来逃避兵役。运动员、偶像人物穆罕默德·阿里（Muhammad Ali）宣称自己是基于道德和宗教信仰的原因才不肯服兵役，拒绝参军的。反战抗议经常演变成暴力活动。最引人注目的是 1970 年 5 月俄亥俄州肯特州立大学发生的悲剧性对峙，当时有 4 名学生被国民警卫队杀害。

尽管林登·约翰逊总统因支持率下降和战争方面的挫折而结束了任期，但美国直到 1973 年才完全撤军，那时战争已经扩大到柬埔寨——越共补给线所在地。1975 年，随着"北越"占领西贡，多米诺骨牌正式倒下，美国彻底输掉了战争。

左图 在南越壮庞，一名 9 岁的女孩（图中）脱光了被凝固汽油弹击中的衣服，才幸免于难。这种平民苦难的景象是越南战争的缩影

1968—1974 年

	政治与权力	地理与环境	文化与宗教
美洲	1968 年：在总统竞选中，约翰逊总统因越南问题决定不再连任；参议员罗伯特·肯尼迪（Robert F. Kennedy）在赢得加州民主党初选后于洛杉矶遇刺；芝加哥民主党大会爆发骚乱。理查德·尼克松（Richard Nixon）在选举中获胜。 1972 年：理查德·尼克松连任美国总统。 1973 年：智利总统萨尔瓦多·阿连德（Salvador Allende）在一次秘密政变中被赶下台。	1970 年：秘鲁发生地震和山体滑坡，造成 5 万—7 万人死亡。 1970 年：美国国家环境保护局（EPA）成立。人们于该年庆祝了第一个地球日。绿色和平组织于次年成立。	1969 年：超过 30 万人的摇滚歌迷参加了在纽约贝塞尔附近举办的伍德斯托克音乐艺术节。 1971 年：智利诗人巴勃罗·涅鲁达（Pablo Neruda）获得诺贝尔文学奖。他的诗歌以题材广泛而闻名。 1973 年：美国最高法院在罗伊诉韦德案（Roe v. Wade）中裁定，各州不得禁止怀孕不足 6 个月的孕妇堕胎。
欧洲	1968 年：苏军占领捷克斯洛伐克，逮捕杜布切克（Alexander Dubček），中止了"布拉格之春"。 1972 年：由于天主教徒和新教徒之间的暴力冲突，英国对北爱尔兰实行直接统治。14 名手无寸铁的抗议者在"血腥星期天"事件中被英国警方枪杀。		1968 年：巴黎的学生骚乱引发了法国教育体制的改革。 1972 年：恐怖分子在慕尼黑夏季奥运会期间杀害了 11 名以色列运动员。
中东 & 非洲	1972 年：第一次苏丹内战以签署《亚的斯亚贝巴协定》（Addis Ababa Agreement）告终，南苏丹获得自治权。 1973 年：埃及和叙利亚在赎罪日那天发动突袭，第四次中东战争（"赎罪日战争"）爆发，但未能夺回失去的领土。	1968 年：伊朗的一场地震造成 12000 人死亡。 1968—1974 年：北非萨赫勒地区的干旱造成大约 10 万人死亡。 1970 年：冈比亚成为共和国。	1973 年：为了报复西方国家对以色列的支持，欧佩克（OPEC）的阿拉伯成员国禁运石油，此举在主要工业化国家引发了毁灭性的能源危机。
亚洲 & 大洋洲	1971 年：巴基斯坦爆发内战，印度支持东巴基斯坦。 1971 年：联合国大会通过决议恢复中华人民共和国在联合国的合法席位。 1973 年：美国、南越与北越签署停火协议。最后一批美军于 1973 年 3 月 29 日撤离。	1970 年：在东巴基斯坦（孟加拉国），飓风和洪水导致 50 万人死亡。 1970 年：斐济和汤加脱离英国独立。 1971 年：东巴基斯坦成为主权国家孟加拉国。 1972 年：锡兰成为斯里兰卡民主社会主义共和国。	1970 年：在菲律宾，教皇保罗六世逃过了一场暗杀。 1972 年：澳大利亚堪培拉联邦议会大厦外设置了原住民帐篷大使馆，其目的是为该国土著居民争取主权。 1974 年：秦始皇陵兵马俑被发现。

> **链接**
>
> **披头士的新时期**
>
> 披头士乐队于 1970 年解散时不仅是有史以来最成功的乐队，也改变了东西方文化在流行音乐中的融合方式。吉他手乔治·哈里森（George Harrison）开始与印度音乐家拉维·尚卡尔合作，并在一些录音带中演奏西塔琴。他们发行的《白色专辑》（White Album）主要是在印度创作的，那些沉闷的低音线和咒语般的人声皆受印度音乐的影响。不过，披头士对东方的兴趣扫了很多人的兴致，尤其是约翰·列侬（John Lennon）还曾调侃"披头士比耶稣更受欢迎"。然而，这群来自利物浦的男孩有着无人能挡的人气和影响力，他们迄今为止已在全球卖出了超过 10 亿张唱片。

第 8 章 走向新的世界秩序

科学与技术	人类与社会
1969 年："阿波罗 11 号"登陆月球。当美国宇航员尼尔·阿姆斯特朗踏上月球表面时，全世界有 1 亿多人通过电视见证了这一刻。 **1969 年**：美国国防部高级计划局网络"阿帕网"（ARPANET）正式投入运行，它是互联网的前身。 **1971 年**：微处理器是一种微型集成电路，它的发明使计算机革命成为可能。	**1968 年**：马丁·路德·金在田纳西州孟菲斯的洛林汽车旅馆被詹姆斯·厄尔·雷暗杀，美国各地爆发骚乱。 **20 世纪 70 年代**：巴勃罗·埃斯科瓦尔（Pablo Escobar）建立了后来被称为麦德林卡特尔的毒品走私组织。 **1972 年**：在冰岛雷克雅未克一场充满政治意味的比赛中，美国人鲍比·菲舍尔（Bobby Fischer）击败苏联人鲍里斯·斯帕斯基（Boris Spassky），赢得了国际象棋比赛的世界冠军。
1970 年：一个瑞士实验室研发出液晶显示器（LCD）。 **1971 年**：苏联发射第一个载人空间站"礼炮 1 号"。 **1971 年**：英格兰的一家医院安装了首台用于脑部成像的 CT 扫描仪。	**1969 年**：作家亚历山大·索尔仁尼琴（Aleksandr Solzhenitsyn）因政治异见被苏联作家联盟开除。他于 1970 年获得诺贝尔文学奖。
1970 年：埃及阿斯旺大坝竣工。1956 年，埃及总统纳赛尔宣布苏伊士运河国有，为修建这座大坝提供了部分资金。这座大坝在环境保护方面引起了争议，且淹没了努比亚大部分的考古遗迹，但它使人们得以开垦农田，并提供了急需的电力。	**1969 年**：果尔达·梅厄（Golda Meir）成为以色列第四任总理。 **1969 年**：穆阿迈尔·卡扎菲（Muammar Qaddafi）在利比亚掌权。 **1970 年**：纳赛尔死后，安瓦尔·萨达特（Anwar Sadat）成为埃及总统。 **1971 年**：伊迪·阿明（Idi Amin）少将控制了乌干达，并很快成为世界上最臭名昭著的独裁者之一。
1970 年：中国发射了第一颗人造卫星。 **1971 年**：日本启动有史以来最大的油轮"日石丸"号（载重达 37.24 万吨）。	以色列总理果尔达·梅厄

上图 进入宁静之海的巴兹·奥尔德林

登月的一步

纪念"阿波罗 11 号"登月铭牌上的最后一句话是："我们为全人类的和平而来。"然而，这一成就也意味着美国在太空竞赛中的胜利。

1957 年，苏联发射了第一颗人造地球卫星，引起了人们对太空武器的恐慌，促使美国迎头赶上。1961 年，宇航员尤里·加加林成为首个进入太空的地球人，笑眯眯地展示着苏联的霸权。

1962 年，约翰·肯尼迪总统加大赌注，承诺要在十年内将一名宇航员送上月球。阿波罗计划出师不利——1967 年 1 月，"阿波罗 1 号"的发射台起火，导致发射台上的三名宇航员全部遇难。然而，到了 1968 年，"阿波罗 8 号"已经能够绕月球轨道飞行了。

1969 年 7 月 20 日，尼尔·阿姆斯特朗和巴兹·奥尔德林驾驶登月舱"鹰"号进入了宁静之海。阿姆斯特朗的左脚踏上了月球表面，凭这令人敬畏的一步，美国赢得了太空竞赛。1975 年，苏联的"联盟"号飞船和美国的"阿波罗"号飞船在轨道上对接，实现了历史性太空握手，两国在太空探索合作方面迈出了历史性的第一步。

1974—1980 年

	政治与权力	地理与环境	文化与宗教
美洲	**1974 年**：白宫的录音带揭露了美国总统尼克松参与掩盖水门事件的事实，尼克松因此宣布辞职。 **1978 年**：在美国总统吉米·卡特的斡旋下，以色列总理贝京（Menachem Begin）和埃及总统安瓦尔·萨达特（Anwar Sadat）达成了《戴维营协议》（The Camp David Accords）。 **1979 年**：桑地诺民族解放阵线推翻尼加拉瓜政府，建立社会主义政权。	**1975 年**：苏里南脱离荷兰独立。 **1977 年**：美国总统卡特和巴拿马政府首脑奥马尔·托里霍斯（Omar Torrijos）签署了新的《巴拿马运河条约》，美国于 1979 年将运河归还巴拿马，但允许美国在过渡时期继续管理运河。 **1979 年**：圣卢西亚、圣文森特和格林纳丁斯脱离英国独立。	**1976 年**：美国圣公会同意由妇女担任牧师和主教。 **1980 年**：维护穷人利益的圣萨尔瓦多教区总主教奥斯卡·罗梅洛（Oscar Romero）在举行弥撒时被枪杀。
欧洲	**1975年**：弗朗西斯科·佛朗哥（Francisco Franco）去世，44岁的胡安·卡洛斯一世成为西班牙国王，西班牙的独裁统治结束。 **1975 年**：33 个欧洲国家外加美国和加拿大签署了《赫尔辛基协议》（The Helsinki Accords），旨在加强国际合作。 **1979 年**：玛格丽特·撒切尔成为英国首相，并开始对国有企业进行私有化。	**1976 年**：英国遭遇 250 多年来最严重的旱灾。 **1977 年**：罗马尼亚首都布加勒斯特在地震中受损严重，莫斯科和罗马均有震感。	**1974 年**：瑞典流行乐队 ABBA 组合在欧洲电视歌唱大赛中夺冠，从此闻名世界。 **1978 年**：出生于波兰的卡罗尔·沃伊蒂瓦（Karol Wojtyła）被选为教皇约翰-保罗二世（John Paul II），他是 455 年以来第一位非意大利人教皇。他在 1981 年的一次暗杀中幸免于难。
中东 & 非洲	**1975 年**：巴基斯坦游击队与基督教长枪党民兵之间的冲突引发了黎巴嫩内战。 **1975 年**：在美国、苏联和其他外国势力的支持下，安哥拉人民解放运动和争取安哥拉彻底独立联盟爆发内战。 **1979 年**：伊朗国王被迫流亡，由阿亚图拉·霍梅尼（Ayatollah Khomeini）取而代之。	**1973 年**：叙利亚幼发拉底河大坝的建成使灌溉农业面积增加了一倍，并实现了广泛的电气化。 **1975 年**：葡萄牙承认前非洲殖民地安哥拉、莫桑比克、佛得角、圣多美和普林西比独立。 **1977 年**：肯尼亚人旺加里·马塔伊（Wangari Maathai）发起"绿带运动"。她是一位在美国接受过教育的生物学家。	**1976 年**：南非约翰内斯堡的一个黑人聚居区索韦托发生暴动，大量儿童在冲突中死亡，激起国际社会对种族隔离制度的强烈谴责。 **1977 年**：联合国对南非实行强制性武器禁运。
亚洲 & 大洋洲	**1974 年**：北越和南越之间的战争仍未结束。1975年，南越投降；西贡完全解放。 **1975 年**：由波尔布特（Pol Pot）领导的红色高棉接管了柬埔寨政府。 **1978 年**：越南入侵柬寨，于次年初推翻了波尔布特政府。 **1979 年**：苏联军队入侵阿富汗。	**1974 年**：据估计，印度的天花疫情导致约 3 万人死亡。 **1975 年**：巴布亚新几内亚宣布脱离澳大利亚独立。 **1976 年**：南、北越南在分离 22 年后重新统一，成立越南社会主义共和国。	**1975—1977 年**：印度总理英迪拉·甘地宣布国家进入紧急状态，以应对印度人口过剩和教派暴力。她暂停民主进程，强制实行节育。 **1979 年**：中国"鼓励一对夫妇只生育一个孩子"。

科学与技术	人类与社会
1975 年：阿尔塔 8800（Altair8800）是第一台取得商业成功的台式微型计算机。 **1976 年**："海盗 1 号"和"海盗 2 号"着陆器传回了第一批火星表面的特写照片。	**1975 年**：前卡车司机工会主席吉米·霍法（Jimmy Hoffa）失踪。 **1977 年**：阿根廷的母亲们聚集在布宜诺斯艾利斯（"五月广场的母亲"），抗议自己的孩子在政府手中失踪，此举引起了国际社会的关注。
1978 年：莱斯利·布朗（Lesley Brown）借助"试管婴儿"技术在英国诞下一名女婴，这是全球首个"试管婴儿"。	**1978 年**：意大利前总理阿尔多·莫罗（Aldo Moro）被反政府的"红色旅"恐怖分子绑架并杀害。
	1974 年：自 1930 年登基的埃塞俄比亚皇帝海尔·塞拉西被军事政变推翻。 **1975 年**：沙特阿拉伯国王费萨尔（Faisal）被他的侄子枪杀。 **1979 年**：萨达姆·侯赛因成为伊拉克总统。
1974 年：印度成为第六个拥有核武器的国家。次年，它发射了第一颗人造卫星。 **1979 年**：索尼公司推出便携式磁带播放器——随身听。	**1975 年**：日本的田部井淳子成为第一位登上珠穆朗玛峰的女性。 **1979 年**：特蕾莎修女获得诺贝尔和平奖。

特蕾莎修女在加尔各答照料孩子

上图　头骨被排成一列，以警惕波尔布特的恐怖统治

柬埔寨杀戮场

越南方面声称，在 1978 年入侵其邻国柬埔寨并推翻红色高棉政权时，他们发现了 200 多万人的遗骸。其他消息来源认为这个数字在 100 万到 200 万之间。不容置疑的是，自 1975 年开始的四年时间里，柬埔寨当权者波尔布特把柬埔寨的稻田和果园变成了乱葬坑。

早在波尔布特掌权之前，柬埔寨就是一个暴力频发的国家。该国曾是越南抗法战争和越南战争的战场，自 1970 年以来，政府一直在与红色高棉叛乱分子作战。1975 年，这位在巴黎受过教育的工程师领导柬共推翻了当时的政权。随后，他实施了一项激进的计划：疏散城市居民，并逼迫他们进入集体农场；他关闭了学校和工厂，还处死了技术工人和"知识分子"。许多人在被迫前往农村的行军中死亡，还有更多的人死于饥饿。

在 1998 年去世之前，波尔布特一直在柬埔寨西部丛林中领导游击队。成千上万的头骨和骨头整齐地堆放在柬埔寨各地的纪念场所中，以生动的方式让人们铭记波尔布特那短暂而可怕的统治。

1980—1985 年

	政治与权力	地理与环境	文化与宗教
美洲	**1980 年**：罗纳德·里根（Ronald Reagan）当选美国总统，并于 1984 年连任。 **1980 年**：一个由可卡因毒枭支持的军政府接管了玻利维亚。 **1982 年**：阿根廷试图夺回英国控制的马尔维纳斯群岛，但最终被击败，导致阿根廷军政府倒台。 **1983 年**：贝鲁特的美国海军陆战队军营遭到袭击，241 名海军陆战队员被炸死。	**1980 年**：超过 12 万古巴人在"马列尔偷渡事件"（Mariel Boatlift）中逃往美国。 **1980 年**：华盛顿州圣海伦斯火山喷发。虽然大多数人被疏散了，但仍有 57 人死亡。这次喷发的威力是在广岛投下的原子弹的 500 倍。 圣海伦斯火山喷发	**1980 年**：美国有线电视新闻网（CNN）成为世界上第一家 24 小时新闻台。 **1981 年**：全球音乐电视台（MTV）在美国电视台首播。 **1982 年**：哥伦比亚作家、杰出的魔幻现实主义大师加夫列尔·加西亚·马尔克斯（Gabriel García Márquez）获得诺贝尔文学奖。 **1982 年**：越战老兵纪念碑在华盛顿广场向公众开放。
欧洲	**1980 年**：莱赫·瓦文萨（Lech Walesa）成为波兰团结工会主席。 **1981 年**：弗朗索瓦·密特朗当选法国总统。 **1983 年**：美国不顾公众抗议，在英国格林汉姆·科曼空军基地部署了在欧洲的第一批巡航导弹。潘兴导弹被部署在联邦德国。		**1980 年**：莫斯科夏季奥运会受到包括美国在内的 60 个国家的抵制，以抗议苏联对阿富汗的入侵。 **1984 年**：苏联和其他许多社会主义国家抵制洛杉矶夏季奥运会，以报复 1980 年美国的抵制行为。
中东 & 非洲	**1980 年**：美国突击队突袭伊朗、解救美国人质的行动以一场灾难告终。 **1980 年**：伊拉克进攻伊朗，开始了长达 8 年的战争；美国支持伊拉克。 **1981 年**：埃及总统萨达特被宗教极端主义者刺杀，继任者是实用主义者胡斯尼·穆巴拉克。 **1982 年**：以色列入侵黎巴嫩，试图赶走巴解组织武装力量。 **1983 年**：当苏丹总统对非穆斯林的南部实施伊斯兰法律时，苏丹内战再次爆发。	**1981 年**：以色列吞并戈兰高地。 **1982 年**：以色列根据《戴维营协议》将西奈半岛归还埃及，但在约旦河西岸和加沙建立了更多的定居点。 **1984 年**：埃塞俄比亚干旱导致的死亡人数接近 100 万。 **1984 年**：上沃尔特改国名为布基纳法索（Burkina Faso）。	**1982 年**：在伊朗的支持下，政治和军事组织真主党在黎巴嫩成立，该党反对以色列对黎巴嫩南部的入侵与占领。 **1986 年**：肯尼亚作家恩古齐·瓦·提安哥（Ngugi Wa Thiong'o）出版了《心智的去殖民化》（Decolonising the Mind），认为使用殖民者语言的举动带有意识形态的含义。他开始只使用母语吉库尤语写作。
亚洲 & 大洋洲	**1984 年**：锡克族激进武装分子占领了印度阿姆利则的金庙。 **1983 年**：一架韩国客机在从纽约飞往汉城的途中在苏联上空被击落，机上 269 人全部遇难。 **1983 年**：泰米尔猛虎组织为替少数民族泰米尔人建立一个独立的、非佛教国家，与斯里兰卡政府的斗争进一步升级。	**20 世纪 80 年代**：亚洲和巴西雨林的消失成为主要的环境问题之一。 **1980 年**：瓦努阿图脱离英国和法国获得独立。 **1982 年**：中国人口达到 10 亿。 **1984 年**：印度中央邦首府帕尔市美国联合碳化物属下的联合碳化物（印度）有限公司的一家农药厂发生有毒气体泄漏，造成 2.5 万人直接致死，55 万人间接致死，20 多万人永久残疾。	**20 世纪 80 年代**：在美国地对空"毒刺"导弹的帮助下，伊斯兰战士拿起武器抗击苏联入侵阿富汗。"毒刺"导弹被用于攻击苏联直升机。

科学与技术	人类与社会
1980 年：美国的"旅行者 1 号"太空探测器发回了土星壮观的照片，从图中能看出土星环和六颗新卫星。 **1981 年**："哥伦比亚"号航天飞机首飞，这是第一艘可重复使用的航天器。 **1981 年**：科学家发现获得性免疫缺陷综合征（艾滋病）。 **1981 年**：国际商业机器公司（IBM）推出第一台个人计算机（PC）。1984 年，苹果公司推出麦金塔（Macintosh），这是第一台带有图形界面的平价个人计算机。	**1980 年**：前披头士乐队成员约翰·列侬在纽约被一个痴狂的歌迷枪杀。 **1981 年**：约翰·辛克利（John Hinckley）企图在华盛顿暗杀里根总统。 **1981 年**：桑德拉·戴伊·奥康纳成为美国最高法院首位女法官。 **1981 年**：比尔·盖茨为 IBM 设计了微软磁盘操作系统（MS-DOS）。 **1984 年**：杰拉尔丁·费拉罗（Geraldine Ferraro）成为第一位在美国主要政党名单中竞选副总统的女性。
1980 年：世界卫生组织宣布天花已在世界范围内被根除。 **1981 年**：世界上最快的火车——法国 TGV 高铁，开始在巴黎和里昂之间运行。 **1982 年**：苏联探测器"金星 13 号"和"金星 14 号"发回了金星的第一张彩色照片。 **1985 年**：美国人罗伯特·巴拉德（Robert Ballard）和法国的让-路易·米歇尔（Jean-Louis Michel）在北大西洋 3700 米深的地方发现了 1912 年沉没的泰坦尼克号。	**1980 年**：持不同政见的物理学家安德烈·萨哈罗夫（Andrei Sakharov）被苏联领导人勃列日涅夫流放。 **1984 年**：法国历史上最大规模的游行示威爆发，有超过 100 万人参与其中，此举迫使政府放弃干预宗教学校的独立性。
1982 年：以色列化学家丹尼尔·舍特曼（Daniel Schechtman）发现了内部原子对称的、不重复排列的"准晶体"。	**1984 年**：南非教会理事会秘书长德斯蒙德·图图（Desmond Tutu）主教获得诺贝尔和平奖。 **1984 年**：以色列通过苏丹成功地空运并安置了 10000 名埃塞俄比亚犹太人。
1980 年：日本成为全球领先的金融中心，拥有世界十大银行中的八家。日本也超越美国成为世界上最大的汽车生产国。 **1982 年**：索尼和飞利浦推出了第一款商业销售的 CD 播放器。	**1980 年**：英迪拉·甘地在服刑出狱后重新掌权。1984 年，英迪拉被她的锡克教徒保镖暗杀，此事引发了全国范围内的反锡克教徒的大清洗。 **20 世纪 80 年代**：中国领导人邓小平改善与西方的关系，并推动中国改革开放。 **20 世纪 80 年代**：随着中国香港、新加坡、中国台湾和韩国采取出口驱动型经济发展模式，"亚洲四小龙"逐渐崛起。

日本的经济奇迹

人们很难想象，在 20 世纪 80 年代蒸蒸日上的日本和二战中被摧毁的那个日本是同一个国家。战争重创了日本的工业部门，也摧毁了其劳动力。

不过，这片复苏的土地迎来了更光明的日子。盟国为它提供了大规模的救济，包括食品和技术援助；朝鲜战争期间，日本为联合国军生产并提供了数十亿美元的补给品。不久之后，这个国家就新建了许多拥有最先进技术的工厂。日本制造业还在继续壮大。日本热情地拥抱自由企业，其成果是令人震惊的。该国的国民生产总值（GNP）在 1955—1960 年、1960—1965 年翻了一番还多，在 1965—1970 年又翻了一番。

1971 年时，日本的国民生产总值位居世界第三，仅次于美国和苏联。日本政府鼓励企业进行资本扩张投资，日本工人的生产率也很高。随着日本开始在汽车和电子行业推出高质量、低成本的产品，出口成为日本经济增长的关键。1973 年的石油危机刺激了对日本经济型汽车的需求。到 1980 年，日本在美国的汽车市场份额增加了一倍多，并在 1980 年超过美国，成为世界上最大的汽车生产国。

日本的复苏是亚洲其他自由市场成功案例的典范——包括中国台湾、中国香港、新加坡和韩国。亚洲商品的大量涌入以及日本在 20 世纪 80 年代对美国企业的大量投资，引发了美国人对失业和外国影响的担忧。然而，在 20 世纪 90 年代末，环太平洋地区的不良贷款和货币疲软引发了经济衰退。

1985—1990 年

	政治与权力	地理与环境	文化与宗教
美洲	1986 年：伊朗门事件表明里根的助手参与了一项秘密计划。该计划将向伊朗出售武器获得的资金转移给尼加拉瓜的反政府组织。美国国会在 1984 年切断了对所有反政府武装的援助。 1987 年：哥斯达黎加总统奥斯卡·阿里亚斯·桑切斯启动了"阿里亚斯和平计划"，试图推动中美洲的和平进程。 1989 年：美军入侵巴拿马并逮捕曼努埃尔·诺列加（Manuel Noriega），罪名是授权对美军人员发动攻击行动。	1987 年：最后一只野生加州秃鹫被捕捉后送往动物园。 1989 年：埃克森公司油轮"瓦尔迪兹"号在阿拉斯加海域搁浅，溢出 1100 万加仑石油。 1989 年：在旧金山举行的世界职业棒球大赛中，数百万电视观众目睹了湾区发生的地震。	1985 年：卡洛斯·富恩特斯（Carlos Fuentes）的《美国佬》（Gringo Viejo）成为美国第一部由墨西哥作家创作的畅销书。 1987 年：在纽约的一次拍卖会上，文森特·凡·高（Vincent van Gogh）的《鸢尾花》（Irises）以 5390 万美元的价格成为历史上最昂贵的艺术品。凡·高的《嘉舍医生的画像》（Portrait of Dr. Gachet）于 1990 年售出，售价为 8250 万美元。 1987 年：由于艾滋病的传播，美国电视台开始允许播放避孕套广告。
欧洲	1985 年：新任苏联领导人米哈伊尔·戈尔巴乔夫宣布他的公开性（"开放"）和改革（"重组"）政策。 1989 年：罗马尼亚的抗议者推翻政府，处决了总统尼古拉·齐奥塞斯库（Nicolae Ceauşescu）和他的妻子。 1989 年：持不同政见的捷克剧作家瓦茨拉夫·哈维尔（Václav Havel）成为捷克斯洛伐克联邦共和国总统。	1987 年：一名南斯拉夫男婴被联合国秘书长宣布为地球上第 50 亿位居民。 1988 年：亚美尼亚发生地震，造成约 8 万人死亡。 1988 年：考古学家在伦敦萨瑟克区发现了最初的环球剧场的地基。 1989 年：民主德国领导人埃里希·昂纳克（Erich Honecker）在数千名居民逃往联邦德国后辞职。改革政府掌权，柏林墙被推倒。	1986 年：《牛津英语词典》（The Oxford English Dictionary）补编最后一卷（SE-Z）出版，距第一版出版已有一个多世纪。 1987 年：美国总统里根访问柏林，纪念柏林建城 750 周年。站立在柏林墙前，他呼吁苏联领导人戈尔巴乔夫"拆掉这堵墙"。 1988 年：一架泛美航空公司的波音 747 客机在苏格兰洛克比上空爆炸，造成机上 259 人死亡，地面 11 人死亡。人们认为这是利比亚支持的恐怖分子所为。
中东 & 非洲	1986 年：美国战机突袭利比亚。 1986 年：在 150 万黑人举行大规模罢工后，南非总统波塔（P. W. Botha）宣布南非进入紧急状态。 1987 年：巴勒斯坦起义开始，这是一场有组织的行动，抗议以色列在约旦河西岸和加沙地带的统治。新的宗教性政治组织哈马斯（伊斯兰抵抗运动）成立，致力于巴勒斯坦建国事业。 1987 年：土耳其被拒绝加入欧洲经济共同体。	1986 年：喀麦隆尼奥斯火山湖释放的有毒气体致使 1700 多人死亡。 1989 年：肯尼亚总统丹尼尔·阿拉普·莫伊（Daniel Arap Moi）下令销毁 12 吨象牙，呼吁禁止象牙贸易。	1985—1986 年：在非洲所有 12—18 岁的女孩中，入学率只有 46%。 1986 年：德斯蒙德·图图成为南非开普敦第一位黑人大主教。 1989 年："伊斯兰拯救阵线"在阿尔及利亚成立。1990 年的选举胜利引发了数年的政治暴力和镇压。 1989 年：印度裔英国作家萨尔曼·拉什迪（Salman Rushdie）的小说《撒旦诗篇》（The Satanic Verses）引发巨大争议。
亚洲 & 大洋洲	1986 年：菲律宾总统费迪南德·马科斯在竞选连任引起争议后离开菲律宾，其政敌阿基诺（Corazon Aquino）成为新总统。 1988 年：苏联军队开始从阿富汗撤军，至 1989 年全部撤离。 1988 年：贝娜齐尔·布托（Benazir Bhutto）成为巴基斯坦总理，是现代历史上第一位伊斯兰国家的女元首。 1989 年：自 1926 年起担任日本天皇的裕仁去世，明仁皇太子继任。	1989 年：巴基斯坦重新加入其于 1972 年退出的英联邦。 1989 年：英国开始强行将越南难民从香港地区遣返至越南。 1989 年：缅甸在被军事接管后由"Burma"更名为"Myanmar"。联合国承认这个国名，但美国、英国及加拿大不承认。 1989 年：最后一批越南军队在占领柬埔寨 11 年后离开该国。	1988 年：韩国汉城举办夏季奥运会，这是自 1972 年以来首届没有受到抵制的奥运会。

科学与技术	人类与社会
1985年：光纤通信技术的发展使得同时传送30万路电话成为可能。 **1986年**："挑战者"号航天飞机升空后不久爆炸，7名机组人员全部遇难，其中包括宇宙飞船上的首位平民乘客克里斯塔·麦考利夫（Christa McAuliffe）老师。 **1986年**：通用汽车超越了埃克森公司，成为美国最大的公司。 **1987年**：新型抗抑郁药盐酸氟西汀在美国市场上市。	**1986年**：奥普拉·温弗瑞首次在芝加哥的脱口秀节目中亮相，她很快成为美国最有影响力的人物之一。 **1986年**：华尔街被无数的内幕交易丑闻所震动。 **1988年**：巴西橡胶厂工人奇科·门德斯领导制止砍伐亚马孙雨林的斗争，却被反对他的牧场主杀害。 **1989年**：科林·鲍威尔成为第一位担任参谋长联席会议主席的非洲裔美国人。
1985年：英国开始筛查献血者是否携带艾滋病病毒。 **1986年**：世界上最严重的核事故在苏联基辅附近的切尔诺贝利核电站发生，放射性坠尘波及整个欧洲。 **1986年**：苏联发射"和平"号空间站。	**1986年**：米哈伊尔·戈尔巴乔夫结束了安德烈·萨哈罗夫的流亡，他欢迎持不同政见的物理学家回到莫斯科。 **1988年**：英国面包师科林·皮奇福克（Colin Pitchfork）成为第一个因DNA指纹分析技术被定罪的人，他的DNA信息在奸杀案受害者身上被发现。 **1989年**：在南斯拉夫的科索沃省，阿尔巴尼亚族人开始为脱离塞尔维亚进行示威。
1986年：一艘公元1世纪的古加利利船在加利利海（Lake Kinneret）的岸边被发现，当时此地正处于旱灾之中。	**1985年**：正值发展中国家的重要时刻，第三次世界妇女大会在内罗毕举行。会议承诺将妇女平等、发展与和平联系起来。 **1989年**：德克勒克（F. W. De Klerk）接替波塔成为南非总统。
1989年：澳大利亚古生物学家帕特里夏·维克斯-里奇（Patricia Vickers-Rich）和汤姆·里奇（Tom Rich）在澳大利亚维多利亚州南部发现了一种新的白垩纪恐龙化石，并用他们的女儿雷利诺（Leaellyn）的名字将它命名为"雷利诺龙"。	**下图** 乌干达卡拉格拉村的艾滋病孤儿

全球艾滋病危机

1981年，获得性免疫缺陷综合征（艾滋病）被发现并迅速成为地球上最可怕、最令人困惑的疾病。艾滋病是由一种潜伏的病毒（人体免疫缺陷病毒，简称HIV）引起的，它破坏了人体对抗感染的T细胞，使人对感染和并发症束手无策，并可能导致神经系统紊乱。2000年时，全世界已有2500多万人感染了艾滋病毒。

该病毒通过直接交换体液（通常是血液或精液）传播，任何人都可能感染。但在20世纪80年代，艾滋病在同性恋群体中流行开来，使得该疾病成为具有极大政治影响的医学问题。在美国，同性恋权利的拥护者成为声音响亮的少数派，他们通过游说来争取更多的研究资金和性教育方面的支持。尽管有一些明显的例外，比如NBA巨星"魔术师"约翰逊因为无保护的异性性交而感染HIV，对同性恋的恐惧还是阻碍了公众对这种疾病的救助和治疗。

到21世纪初，美国的艾滋病病例有所下降，而在欠发达国家仍在上升，但趋于平稳。艾滋病在非洲的蔓延尤其严重，特别是在撒哈拉以南。自20世纪90年代中期以来，预防和治疗大大减少了全球新感染艾滋病毒的人数。

干细胞移植疗法为那些寻找治愈方法的患者带来了一线希望。目前，在现有情况下，抗逆转录病毒疗法已经能成功将体内病毒载量降低到无法被检测到的水平，但它不能完全消除病毒。21世纪初，艾滋病所造成的死亡人数在下降，但仍有数百万艾滋病毒感染者在等待救济。

1990—1995 年

	政治与权力	地理与环境	文化与宗教
美洲	1990 年：尼加拉瓜桑地诺民族解放阵线政府因比奥莱塔·查莫罗（Violetta Chamorro）的当选而下台。 1991 年：海地总统阿里斯蒂德（Jean-Bertrand Aritide）被赶下台，但于 1994 年重新掌权。 1991 年：在联合国的斡旋下，萨尔瓦多结束了长达 10 年的内战。 1992 年：威廉·克林顿当选美国总统。 1992 年：美国、墨西哥和加拿大签署了北美自由贸易协定（NAFTA）。	1991 年：秘鲁暴发霍乱疫情。据传是由受污染的海鲜引起，造成数千人死亡。 1992 年：飓风"安德鲁"袭击了佛罗里达州南部、路易斯安那州和巴哈马群岛，造成 260 亿美元的财产损失，这是美国历史上最严重的自然灾害之一。	20 世纪 90 年代：沃尔玛展开了一场积极的扩张运动。到 1995 年前后已成为世界上最大的零售商，在美国拥有 2500 多家分店，销售额达到 936 亿美元。 1991 年：迈克尔·乔丹带领芝加哥公牛队第六次夺得 NBA 总冠军。 1992 年：艾滋病成为美国 25—44 岁男性死亡的一大原因。 1994 年：由于美国职业棒球大联盟球员和管理层未能解决罢工问题，世界职业棒球大赛首次被取消。
欧洲	1991 年：拉脱维亚、爱沙尼亚、立陶宛、格鲁吉亚、阿塞拜疆、亚美尼亚和乌克兰宣布脱离苏联独立。 1991 年：华沙条约组织正式解散。 1991 年：12 月 25 日，苏联国旗最后一次飘扬在克里姆林宫上空。 1992 年：波黑战争开始。塞尔维亚族、穆斯林族、克罗地亚族三方间爆发大战。	1990 年：德国统一。 1991 年：斯洛文尼亚、克罗地亚和马其顿脱离南斯拉夫。 1993 年：捷克共和国和斯洛伐克共和国成为独立的主权国家。 1994 年：车臣地区脱离俄罗斯政府的企图被俄军粉碎。	1992 年：在西班牙巴塞罗那举行的夏季奥运会上，美国"梦之队"轻松夺冠，这是美国第一支由 NBA 职业球员组成的奥运篮球队。 1992 年：英国查尔斯（Charles）王子和戴安娜（Diana）王妃宣布离婚。 1993 年：欧洲共同体通过的《马斯特里赫特条约》生效，欧洲联盟正式诞生，简称欧盟（EU）。
中东 & 非洲	1990 年：卢旺达爆发内战，到 1994 年，胡图族人杀害了 80 多万图西族人。图西族军队最终夺回了卢旺达 200 万人口的控制权。 1990—1991 年：伊拉克入侵科威特；海湾战争中由美国领导的联军解放了科威特。 1992 年：美国军队被派往饱受内战蹂躏的索马里，以确保国际粮食援助的运送。 1994 年：约旦国王侯赛因（Hussein）和以色列总理伊扎克·拉宾（Yitzhak Rabin）签署了结束两国冲突的宣言。	1990 年：纳米比亚独立。 1990 年：阿塔图尔克大坝在土耳其投入使用，使可耕地面积增加了一倍。 1991 年：伊拉克故意向波斯湾注入数百万桶科威特石油，还放火烧毁油井，造成第二次海湾战争期间的生态灾难。 1993 年：厄立特里亚在结束与埃塞俄比亚长期的内战后成为最年轻的非洲国家。	1990 年：南非总统德克勒克宣布大赦重要政治犯并取消对非洲国民大会的限制，曼德拉在被囚禁 26 年后获释。1994 年，在南非历史上第一次不分种族的大选中，非洲国民大会获胜，纳尔逊·曼德拉成为南非第一位黑人总统。
亚洲 & 大洋洲	1994 年：金正日成为朝鲜最高领导人。 1994 年：朝鲜和美国签署一项协议，朝鲜同意冻结其核项目，美国将对朝予以援助。	1991 年：孟加拉国的一场旋风造成大约 14 万人死亡。 1991 年：菲律宾的皮纳图博火山喷发，所喷出的二氧化硫是有史以来最多的。	1992 年：印度教民族主义者摧毁了印度阿约提亚历史悠久的巴布里清真寺。

科学与技术	人类与社会
1990年：哈勃空间望远镜投入使用。它在大气层边缘环绕地球运行，可以拍摄到有史以来最深处的太空照片。1994年，哈勃发现了黑洞存在的第一个确凿证据。 **1993年**：伊利诺伊大学开发的网络浏览器马赛克（MOSAIC）发布。它将页面上的文本和图像相结合，迅速提高了万维网的知名度。 **1994年**：美国全球定位系统（GPS）建设完成。	**1990年**：秘鲁人马里奥·巴尔加斯·略萨（Mario Vargas Llosa）是拉丁美洲最著名的小说家和散文家之一，他参加了秘鲁总统竞选，但最终失败。 **1992年**：危地马拉原住民社会活动家里戈维塔·门楚女士因其为国家社会正义所作的努力而获得诺贝尔和平奖。 **1993年**：托妮·莫里森成为第一位获得诺贝尔文学奖的非洲裔美国女性。 **1994年**：墨西哥的萨帕塔主义者开展反对国家走向全球化的斗争。
1991年：英国计算机科学家蒂姆·伯纳斯-李（Tim Berners-Lee）发明万维网。通过伯纳斯-李发明的超文本传输协议（HTTP），信息得以通过互联网在计算机上彼此传递。 **1994年**：英法间的英吉利海峡隧道开通。 **1994年**：三名法国洞穴探险者在法国南部发现了一个被称为肖维岩洞的地方，里面满是史前岩画。	**1990年**：赫尔穆特·科尔（Helmut Kohl）当选统一后的德国总理。 **1990年**：工党领袖列赫·瓦文萨当选波兰总统。 **1991年**：鲍里斯·叶利钦（Boris Yeltsin）当选俄罗斯联邦总统。
伊拉克人在海湾战争后点燃石油引发大火席卷了整个波斯湾	**1993年**：以色列总理伊扎克·拉宾、前总理西蒙·佩雷斯（Shimon Peres）和巴解组织（PLO）领导人亚西尔·阿拉法特就《奥斯陆协议》进行谈判，该协议将土地和权力授予巴勒斯坦人（包括以色列承诺离开加沙地带和约旦河西岸）。 **1994年**：阿拉法特成为巴勒斯坦民族权力机构主席，控制着约旦河西岸和加沙地带。
1994年：中国的三峡大坝开始动工建设。	**1992年**：澳大利亚高等法院在法律上承认原住民在欧洲人定居之前便已存在，后来又承认原住民对澳大利亚土地的所有权。

种族隔离的终结

1964年，当纳尔逊·曼德拉因反对种族隔离而被判犯有"企图以暴力推翻政府罪"时，他说自己希望能活着看到南非成为"民主自由社会"的那一天。神奇的是，在26年的牢狱生活之后，他不仅活到了那一天，而且成了那个社会的领袖。

1948年实施的种族隔离制度将原本不成文的规矩——种族隔离和白人至上——写入了法律。不仅白人要与非白人分开，非白人也要彼此分开，例如，南非的10个班图人族群被隔离开来。大部分非白人人口被迫从城市迁移到农村保留地。在一种称为"分别发展"的政策下，每个班图族群都被分配了自己的家园。实际情况是，南非约13%的土地——其中大部分是分散的劣质土地——容纳了75%的人口，而包括城市和富矿区在内的其他地区则留给了白人。

经过几代黑人的反抗，以及数十年来国际社会对南非政府施加的压力，包括不断加大的经济制裁，少数白人维持种族隔离的能力最终被削弱。种族隔离的劳动政策和工资政策导致熟练工人严重短缺，这也迫使政府对黑人做出让步。

1991年，德克勒克总统完全废除了所有种族隔离法，于1994年举行了第一次民主选举。世界人民听到的结果是，非洲人国民大会和新总统纳尔逊·曼德拉取得了完全的胜利。最后，在1996年，《南非共和国宪法》确立了南非是"一个以民主价值观、社会正义和基本人权为基础的社会"。

城市生活的诱惑

　　墨西哥城现在是一个充满活力的城市。毕竟，这里是美洲最伟大文明之一的阿兹特克帝国的首都。如今的墨西哥城大约有2200万人口，这是近些年才出现的现象。而1950年时，它还只有300万人口。城市人口的急剧增长，特别是在发展中国家，是1950年后世界的标志性趋势之一。

　　工业革命使欧美的城市化发生了巨大的飞跃。1900年时，世界上大约有14%的人口居住在城市中，许多城市（经历了数千年不健康的循环后）的人口出生率超过了死亡率。数百万人涌入这些城市，寻找机会与快乐。到2007年，已有一半以上的人口居住在城镇；2018年时，已有超过80%的北美人居住在城镇。包括墨西哥城在内的一些城市规模过大，被称为"特大城市"——这个词通常被用于定义人口超过1000万的城市。2018年，全球共有33个特大城市，其中有3个城市的人口超过了墨西哥城。东京位居榜首，其次是新德里和上海，这证明了亚洲的城市化进程非常剧烈。

　　从国家层面来看，中国经历了最大规模的人口迁移。在1980年之后的几十年里，有数亿村民迁往城市。1990年，有超过1/4的中国人口居住在城市。2013年时，中国已有100多个超过百万人口的城市，其中一半以上的人口是城市人口。这一进程是政府设计的新战略的一部分，是世界历史上规模最大、速度最快的城市化进程。

　　不过，快速的城市化也会产生一些环境和社会方面的问题，欧洲和美国在工业化最初的几十年中也曾经历过。污染和传染病，尤其是水源污染，威胁着数百万城市居民的健康。当局努力为不断发展的城市提供水、电、污水处理、警察和消防服务，但往往都不能尽善尽美。仍有许多居民生活在贫民窟里，尽管他们在城市人口中所占的比例正在下降。住房、交通、能源和基础设施的可持续发展将是保障城市居民环境健康的关键。根据预测，到2050年时，城市居民将占全球总人口的2/3。

右图　上海，中国城市化进程的领军城市

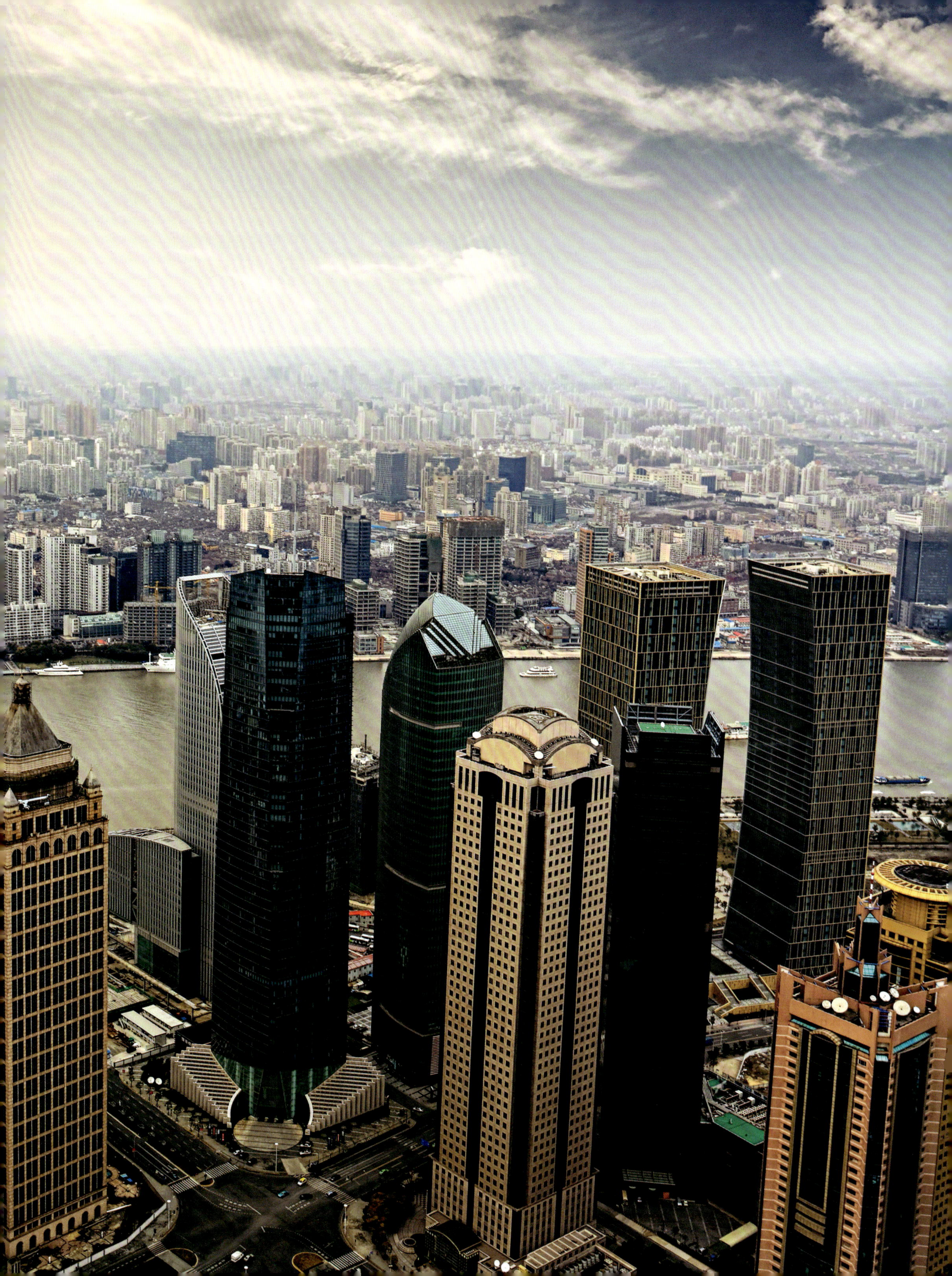

1995—2000 年

	政治与权力	地理与环境	文化与宗教
美洲	**1995 年**：俄克拉何马城一座联邦办公大楼前发生炸弹爆炸，造成 168 人死亡，500 多人受伤。主犯蒂莫西·麦克维和特里·尼科尔斯被捕。 **1996 年**：比尔·克林顿连任美国总统。1998 年因伪证和妨碍司法公正被众议院弹劾，但在 1999 年被参议院判定无罪。 **1997 年**：美国总统克林顿和墨西哥总统厄内斯托·塞迪略（Ernesto Zedillo）承诺要制定一项打击贩毒的联合战略。	**1996 年**：美国加大力度限制来自墨西哥的非法移民，雇用更多的美国边境巡逻人员，并在边境沿线安装了 22.53 千米长的围栏。 **1997 年**：加勒比海蒙特塞拉特岛近两年的火山喷发最终导致猛烈的火山碎屑流几乎摧毁了首府普利茅斯。 **1997—1998 年**：厄尔尼诺现象被认为是造成全美高温、干旱和频繁出现龙卷风的原因。	**1997 年**：美国总统克林顿向亚拉巴马州 399 名非洲裔美国人中的 8 名幸存者道歉。1932—1972 年，这些非洲裔美国人的梅毒并未得到治疗，这是美国政府进行的某项实验的一部分。 **1997 年**：美国烟草公司同意支付 3685 亿美元解决前吸烟者提出的索赔诉讼。 **1999 年**：美国联邦法院法官裁定软件巨头微软是垄断企业。
欧洲	**1997 年**：爱尔兰共和军的政治分支新芬党在爱尔兰众议院赢得首个席位。 **1998 年**：南联盟总统斯洛博丹·米洛舍维奇（Slobodan Milošević）命令他的部队撤出科索沃省，"科索沃危机"日益加重。 **1999 年**：北约对南联盟发动空袭。 **1999 年**：波兰、匈牙利和捷克加入北约。 **1999 年**：第二次车臣战争爆发。	**1996 年**：在覆盖了冰岛 1/10 面积的瓦特纳冰原下方，有一座火山爆发，热度穿透了冰川，引发了一场因冰融化而产生的洪水。 **1996 年**：由于疯牛病暴发，欧盟委员会禁止英国出口牛肉。 **1997 年**：科学家对从尼安德特人化石中提取的 DNA 的研究支持了这样一种理论：大约 60 万年前，起源于非洲的现代人类与尼安德特人分化开来，取代了后来灭绝的尼安德特人。	**1997 年**：戴安娜在巴黎死于车祸。据估计，全世界有 20 亿人通过电视观看了她的葬礼。 **1997 年**：第二次世界大战期间，法国政府将犹太人驱逐到纳粹死亡集中营，法国罗马天主教会为其沉默正式道歉。 **1998 年**：德国宣布成立一项养老基金，用于补偿前东欧国家犹太人大屠杀幸存者。
中东 & 非洲	**1996 年**：巴解组织领导人阿拉法特在巴勒斯坦首次大选中当选巴勒斯坦民族权力机构主席。 **1996 年**：以色列开始对黎巴嫩真主党发动大规模进攻。 **1998 年**：在伊拉克阻挠联合国核查人员检查伊拉克武器项目数年后，美国和英国向波斯湾派遣了部队。联合国秘书长科菲·安南（Kofi Annan）最终促成了一项协议，让核查人员返回并避免了一场战争。	**1995 年**：扎伊尔暴发了比艾滋病更致命的埃博拉疫情。 **1997 年**：扎伊尔恢复国名为刚果民主共和国后，图西叛军从卢旺达占领首都，总统蒙博托·塞塞·塞科（Mobutu Sese Seko）逃离。 **1998 年**：气候变化和人类活动使乍得湖从 1960 年的 4.5 万平方千米缩小到 1998 年的近 1 万平方千米。	**1995 年**：尼日利亚作家肯·萨罗-维瓦（Ken Saro-Wiwa）和其他 8 人被绞死，因为他们反对破坏奥戈尼地区的环境。 **1997 年**：改革派穆罕默德·哈塔米（Mohammad Khatami）当选伊朗总统。
亚洲 & 大洋洲	**1995 年**：越南与美国恢复外交关系，成为第一个加入东南亚国家联盟的社会主义国家。 **1996 年**：塔利班接管了阿富汗首都喀布尔并实施伊斯兰法律。 **1996 年**：伊斯兰恐怖组织基地组织的创始人奥萨马·本·拉登（Osama bin Laden）在被苏丹驱逐出境后移居阿富汗，并与塔利班结成联盟。	**1997 年**：香港回归中国，成为一个特别行政区。 **1997—1998 年**：印尼的种植园主为了清理农田，引发了东南亚历史上最严重的森林火灾，将近 150 万英亩的土地被烧毁。世界纪录级别的大气污染影响了至少 2000 万人的咽喉和呼吸系统。 **1999 年**：东帝汶投票赞成脱离印度尼西亚独立。	**1995 年**：日本东京地铁沙林毒气事件造成 13 人死亡，5500 人受伤。奥姆真理教被认为是罪魁祸首。 **1997 年**：印度加尔各答为特蕾莎修女举行了国葬，这位天主教修女为该城市的穷人服务了近 70 年。

科学与技术	人类与社会
1995 年：在线拍卖网站 eBay 成立于加利福尼亚州，成为有史以来发展最快的公司之一。 **1996 年**：IBM 研发的"深蓝"成为第一台击败世界象棋冠军的电脑。 **1998 年**：互联网搜索引擎谷歌（Google）上线，索引了 2600 万个网页。 **1998 年**：伟哥，一种治疗男性阳痿的新药，成为美国历史上销售最快的药物之一。	**1995 年**：巴尔的摩金莺队的卡尔·瑞普金，打破了尘封 56 年的由纽约洋基队球星卢·贾里格保持的连续出赛 2130 场职业棒球大联盟比赛的纪录。 **1995 年**：美国橄榄球联盟名人堂成员辛普森在"世纪审判"中被无罪释放。他被控谋杀前妻妮可·布朗·辛普森及其好友罗纳德·戈德曼。 **1998 年**：智利前领导人奥古斯托·皮诺切特因虐待和谋杀西班牙公民及其他人在伦敦一家诊所被捕。
1995 年：美国"亚特兰蒂斯"号航天飞机与俄罗斯"和平号"空间站成功对接。 **1995 年**：俄罗斯宇航员瓦列里·波利亚科夫（Valeri Polyakov）在"和平号"空间站上停留近 438 天后返回地球，这是人类有史以来在太空停留时间最长的一次。 **1995 年**：英国建立了世界上第一个基于 DNA 信息的犯罪情报数据库。 **1996 年**：英国遗传学家用体细胞克隆技术克隆了一只绵羊，名叫多莉。这一消息引发了关于克隆人的未来的国际辩论。	**1995 年**：雅克·希拉克（Jacques Chirac）接替弗朗索瓦·密特朗成为法国总统。 **1995 年**：世界贸易组织成立，以促进世界范围内的经济发展。 **1996 年**：鲍里斯·叶利钦开始其第二个总统任期。 **1997 年**：工党领袖布莱尔（Anthony Charles Lynton Blair）在英国大选中获胜。

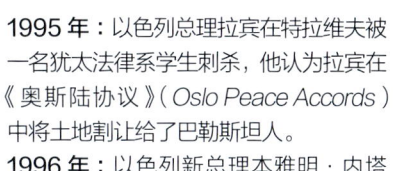

世界第一只克隆羊——多莉

	1995 年：以色列总理拉宾在特拉维夫被一名犹太法律系学生刺杀，他认为拉宾在《奥斯陆协议》（Oslo Peace Accords）中将土地割让给了巴勒斯坦人。 **1996 年**：以色列新总理本雅明·内塔尼亚胡（Benjamin Netanyahu）在耶路撒冷东侧重建定居点。
1996 年：第一批 DVD 播放机在日本发售。 **1996 年**：马来西亚吉隆坡石油双塔以 452 米的高度成为世界最高建筑，比芝加哥西尔斯大厦高约 10 米。 **1998 年**：世界上最长的悬索桥（全长 3911 米）在日本通车运营，连接了神户和淡路岛。 **1998 年**：印度和巴基斯坦举行核试验，引发了南亚军备竞赛的隐忧。	**1995 年**：英国女王伊丽莎白二世将土地和金钱归还新西兰毛利部落，作为对 19 世纪 60 年代英国对其进行侵略的补偿。 **1995 年**：日本设立了一项基金，向二战期间大约 20 万名慰安妇支付赔偿金。 **1997 年**：不良贷款、出口下降和货币贬值导致东南亚爆发了一场严重的经济危机。

右图 谷歌联合创始人谢尔盖·布林（右）和拉里·佩奇

谷歌

1991 年，万维网上只有这一个网站：http://info.cern.ch。到 1994 年，网站的数量已经增长到 700 个。两位斯坦福大学的研究生，杨致远（Jerry Yang）和大卫·费罗（David Filo），收集了一份手工编写的网络指南，他们最终将其命名为"雅虎！"。他们二人的想法与当时许多人一样，认为大多数用户不会搜索特定的话题，而只是浏览新生的互联网"奇观"。

1995 年，当网站的总数达到 2 万个时，另外两名斯坦福大学的研究生采取了不同的方法。谢尔盖·布林（Larry Page）和拉里·佩奇（Sergey Brin）开发了一种新的搜索引擎，他们最初称之为网络爬虫（BackRub）。1998 年一篇题为《大型超文本网络搜索引擎的剖析》（*The Anatomy of a Large-Scale Hypertextual Web Search Engine*）的论文中说明了这个引擎的算法，并根据网页链接的数量和质量对与这一引擎相连的网页进行排名。在那一年，他们搬进了加州门罗公园的一个车库，并将公司注册为谷歌（这个词源于"googol"，意为"10^{100}"）。凭借良好的口碑，加上利润丰厚的广告流，这家公司迅速成为新千年中全球信息交流的主导者。

第 9 章

全球化与颠覆

2000 年——

2018年,在英国,一群人正举起智能手机记录一场活动。新的个性化通信技术是塑造21世纪社会、政治和经济的主要力量

在21世纪的头十年里,世界变得越来越大,也越来越小。纯粹从人口数量上讲,世界肯定是变大了许多。1999年,全球人口突破60亿大关,12年后达到70亿,其中亚洲国家的人口最多。但是,人口增长率自20世纪80年代以来一直在下降。到2011年,随着人口增长放缓,滞后效应开始显现。与此同时,交通和通信方面的巨大进步使世界缩小到人们几乎可以通过移动电话联系到世界上的任何一个人。由于贸易和技术的联结,世界大部分地区都变得更为繁荣。

在新千年里,生活在极端贫困中的人数急剧下降,2008—2015年,极端贫困人口平均每天减少20多万。21世纪,世界各地的教育水平和平均预期寿命也有所提高。总体趋势都是好的,但这个相互联系、拥挤、快速变化的世界并不平静。此外,在人类努力建设、繁荣发展的过程中,自然环境继续在不经意间被牺牲。

国际冲突

新的世纪与前一个世纪一样,将会因暴力而风起云涌。与20世纪的战争不同,跨国恐怖主义和内战是最大的破坏力量。

2001年9月11日,恐怖组织基地组织的19名劫机者劫持了4架商业客机,并驾驶它们撞向纽约世贸中心的双子塔、华盛顿特区外的五角大楼以及宾夕法尼亚州的一块空地(有勇敢的乘客试图夺回飞机)。近3000人在这场历史上最致命的恐怖事件中丧生。这次恐怖袭击给美国与世界上许多国家带来了愤怒与创伤。

作为回应,同年10月,美国总统布什(George W. Bush)派军进入阿富汗,那里曾是恐怖分子的避难所。在英国和其他国际盟友的协助下,美国军队迅速推翻了阿富汗塔利班政府,并协助建立了哈米德·卡尔扎伊(Hamid Karzai)领导的新政府。到2014年,美国和北约正式结束了他们的军事干预,但由于塔利班依然强大,其与外部势力之间的角力也仍在继续,仍有外国军队驻留在阿富汗。比入侵阿富汗更有争议的是,布什总统于2003年入侵伊拉克的决定,尤其是在人们发现伊拉克并没有大规模杀伤性武器后,因为那是美国发动战争的主要理由。这场冲突和阿富汗战争一样延续了十多年。奥巴马总统在2011年之前撤出了大部分美国军队。伊拉克国内外的持续不稳定,使得基地组织在伊拉克的恐怖势力得以在数年内夺取该国大部分地区的控制权。基地组织后来发展成为"伊斯兰国"(ISIS)。除杀害平民外,该恐怖组织还故意毁坏博物馆里的珍贵文物,并铲平了亚述古城。

正如21世纪一些国家得到的惨痛教训,在某些方面,与迅速变化的恐怖组织作战要比进行传统战争更加困难。2011年,美国海军海豹突击队突袭了基地组织在巴基斯坦的一处院落,击毙了其头目奥萨马·本·拉登(Osama bin Laden),基地组织因此受挫,但该组织继续在中东冲突地区活动。尽管宗教极端主义组织"伊斯兰国"在饱受战争蹂躏的叙利亚和伊拉克受到遏制,但它在从尼日利亚到菲律宾的许多国家都发展了分支组织。在欧洲,与"伊斯兰国"有关联的个人或小团体使用炸弹、枪支和失控的卡车在巴黎、布鲁塞尔、尼斯、曼彻斯特等地杀害和恐吓人群,而伊斯兰青年党(al Shabaab)则在肯尼亚和索马里发动了致命袭击。许多组织,尤其是"伊斯兰国",都会巧妙地利用视频和互联网来宣传他们的杀戮,并招募新成员。恐怖袭击主要发生在伊拉克、阿富汗、印度、巴基斯坦、泰国和菲律宾,但它们的残暴性和不确定性使恐惧传遍了全世界。

上图 在2001年9月11日的恐怖袭击发生后，美国及其盟国部队于2001年10月入侵阿富汗，迅速推翻了塔利班政权。这张摄于2003年的照片显示，美国步兵在阿富汗与巴基斯坦边境附近的一个洞穴中放置了炸药，该洞穴被怀疑是恐怖分子的补给库

后殖民时代的不稳定、专制政权、长期的种族争端、宗教仇恨和石油问题（那些拥有石油的国家和渴望获得石油的国家）交织在一起，加剧了中东和北非的革命和内战。苏丹就是一个例子。这个国家地理位置重要，南部有石油矿藏，但其他地方几乎没有石油。1983—2005年，它被卷入种族冲突和内战。在战争结束时，政府军与贾贾威德民兵组织结盟，在达尔富尔地区杀害了数十万非阿拉伯平民。2011年，在全民公投之后，南苏丹脱离苏丹，成为世界上最年轻的国家。而南苏丹的内战接踵而至。

与此同时，从2010年12月开始，一系列旨在推动社会和政治变革的民众抗议席卷了中东，而在有些地方引发了更多的内战。首先，在突尼斯，人们抗议前总统扎因·阿比丁·本·阿里（Zine al-Abidine ben Ali）的政权，他因此下台，一个民选的新政府得以建立。突尼斯的成功鼓舞了其他国家，埃及人、也门人、约旦人和阿尔及利亚人也在2011年初启动了抗议活动。他们不满的原因包括巨大的贫富差距、高失业率、政府腐败、警察暴行和独裁统治。随着包括叙利亚、利比亚、伊拉克、沙特阿拉伯和阿曼在内的十几个国家的骚乱爆发，多米诺骨牌不断倒下。这些革命被统称为"阿拉伯之春"。

有些抗议成功了，有些则失败了。到2012年中期，四个国家经历了政权更迭，其中包括埃及，人们推翻了胡斯尼·穆巴拉克。利比亚的反对派推翻并杀害了自1969年以来掌权的穆阿迈尔·卡扎菲。类似的事件引发了叙利亚内战。2011年，叙利亚反对派武装对巴沙尔·阿萨德（Bashar al-Assad）的政府发起挑战。政府军开始对叛军控制的地区进行打击，混乱中，"伊斯兰国"进入并占领了这些地区。欧美加入了反对"伊斯兰国"的行列，而俄罗斯则与叙利亚政府结盟。联合国斡旋多次的和平谈判都以失败告终。在战斗中有数十万人丧生，许多城市沦为废墟。数百万叙利亚难民加入了伊拉克、阿富汗、尼日利亚和巴基斯坦的逃难队伍，前往土耳其、黎巴嫩和约旦避难。

许多移民选择前往德国和其他欧洲国家，他们的涌入给这些国家带来了焦虑。经济衰退和债务危机已经给欧盟造成不小的压力，但即便在21世纪10年代经济有所改善时，28个成员国之间的裂痕仍在扩大。2016年，英国通过公投决定退出欧盟，震惊了全世界。在整个欧洲，民粹主义政治家开始占据主导。右翼政党在德国、奥地利、法国和意大利势力扩大。在捷克共和国、匈牙利和波兰，民族主义候选人赢得了不少选票，他们的反犹言论不禁让人回忆起20世纪30年代的历史。

许多观察人士认为，这些冲突和焦虑为俄罗斯领导人弗拉基米尔·普京（Vladimir Putin）扩大俄罗斯的影响力提供了机会。这位曾做过克格勃特工的官员在2000年成为俄罗斯政府首脑。2014年，俄罗斯军队悄然接管了具有重要战略意义的乌克兰克里米亚地区，引发了西方国家对俄罗斯的制裁。但这些举措并没有削弱普京在国内的极高声望。

在21世纪，亚洲仍然相对平静，经济增长强劲。多年来，朝鲜半岛局势一直受到国际社会的关注。2011年，金正日去世，他的儿子金正恩成为朝鲜最高领导人。进入21世纪，朝鲜开始试射远程弹道导弹并进行地下核试验，让西方国家忧心不已。2018年，金正恩分别会见了韩国总统文在寅和美国总统唐纳德·特朗普。金正恩随后做出缓和敌对状态的承诺，国际社会也多持观望态度。

下图 伦敦的一名示威者举着英国国旗，为英国退出欧盟而奔走。这项俗称"脱欧"的举措在2016年的公投中获得通过

受到经济衰退和政治腐败的打击，拉美国家里有相对稳定和繁荣的智利，也有不够稳定的委内瑞拉，情况各不相同。委内瑞拉对石油出口的依赖，既带来了经济的繁荣，也最终导致了社会萧条。21世纪初，左翼总统查韦斯（Hugo Rafael Chavez Frias）将石油和其他行业国有化，增加了在社会项目上的支出。到2013年，委内瑞拉经济崩溃，通胀飙升，南部的巴西也在苦苦挣扎。在以往的多个世纪里，巴西的经济都在蓬勃发展，2012年甚至暂时成为世界第六大经济体。在随后的经济衰退中，受欢迎的巴西总统路易斯·伊纳西奥·卢拉·达·席尔瓦（Luiz Inacio Lula da Silva，简称卢拉）和他的继任者迪尔玛·罗塞夫（Dilma Rousseff）都卷入了腐败案。卢拉和罗塞夫都被弹劾入狱。2018年，巴西转向右翼，民粹主义者贾伊尔·博尔索纳罗（Jair Bolsonaro）当选总统。

全球经济

冲突和移民的跨境影响反映了21世纪一个更大的趋势。全球化，也就是贸易、技术和媒体在世界范围内的融合，重塑了人们的日常生活，从马来西亚的村庄到美国的中心地带，无一例外。各国减少了贸易保护主义壁垒，通信和运输成本下降，新兴势力开始跻身世界舞台，特别是"金砖四国"，即巴西、俄罗斯、印度和中国。单一产品的零部件可以在世界各地被生产出来。比如苹果于2018年推出的iphone，其零部件由从中国到巴西的200多家公司提供，在中国组装，最终由总部位于加州库比蒂诺的苹果公司销售。

由此产生的资金洪流以不平等的方式提振了许多国家的经济，很多个体也从中受益。最贫穷的国家及其居民的收入出现了一定的增长。发达国家和他们的公民得到的增长就没那么多了，他们的收入空间受到了挤压，而那最富有的1/100的人攫取了大部分的收入。批评人士指出，这种收入不平等是全球化带来的负面影响之一，那些跨国公司的发展是以牺牲当地商业、环境和文化为代价的。

在自20世纪70年代末开始的改革开放的推动下，中国在21世纪继续崛起为一个经济强国。随着中国从农业转向制造业，发展市场经济，该国的国内生产总值（GDP）大幅上升，贫困程度大幅下降。外国公司竞相向中国民众销售他们的产品。受亚马逊等企业巨头的启发，中国的电子商务公司阿里巴巴（Alibaba）迅速崛起，它占据着中国较大份额的网络购物业务，并于2014年在纽约证券交易所上市。

经济影响力使中国成为一股不可忽视的力量。一些观察家认为，21世纪将属于中国，就像20世纪属于美国一样。

从2007年开始的经济衰退和欧债危机也可以看出，全球化可能带来意想不到但无法避免的后果。2007年年末，火热的美国楼市和土地市场开始降温，许多投资不良抵押贷款的金融公司遭受重创。在接下来的两年中，美国人丢掉了800多万个工作岗位，股市下跌了一半以上。最终，2009年，政府的救助和刺激消费计划将美国经济从衰退中拉了出来，尽管失业率和工资水平的改善速度非常缓慢。

与此同时，欧洲的许多银行也陷入低谷，在21世纪最初的十年中陷入了需要救助的境地。在欧洲经济摇摇欲坠的形势下，一些欧盟国家已经积累起隐秘的、难以负担的债务。希腊、爱尔兰、葡萄牙、西班牙和意大利受到的冲击尤其严重。其中几个国家需要欧盟和国际货币基金组织（IMF）提供巨大支持，而这两个组织所提出的紧缩措施并没有得到受影响民众的认可。西班牙和希腊的青年失业率达到了50%。在接下来的几年里，大多数受影响的国家恢复元气，走出了需要援助的境地，希腊是其中的最后一个，于2018年摆脱了困境。

富裕国家和贫穷国家、稳定国家和不稳定国家的差距推动了国际移民。到2018年为止，移民已占世界人口的3%以上。大多数人离开祖国前往更富裕的国家寻找工作机会。然而，还有数以千万计的人是为了逃离冲突和饥荒，这导致国内的流离失所者和难民的人数达到了历史最高点。

上图 一名无家可归的男子睡在希腊雅典的一条小巷里。希腊受到经济衰退的重创，欠下了欧盟伙伴国的债务。2007年全球经济衰退后，希腊陷入了债务危机，失业率在随后几年飙升至25%以上。希腊的经济复苏一直很缓慢，这也取决于与欧盟紧缩措施相关的救助资金

美国的政治极化

21世纪的美国政治始于得克萨斯州州长乔治·沃克·布什颇具争议的选举，他于2000年击败了副总统阿尔·戈尔（Al Gore）。尽管布什在普选票上以微弱劣势落败，但在佛罗里达州重新计票后，他以获得537张选举人票而获胜。同年12月，美国最高法院驳回了戈尔在佛罗里达州四个县重新计票的请求。

"9·11"恐怖袭击事件使布什总统面临着重大危机。除了入侵阿富汗和伊拉克，美国政府还新成立了一个庞大的内阁部门——国土安全部，该部门整合了22个相关机构，随着不断发展，其雇员超过24万人。尽管布什在信息不足的情况下决定入侵伊拉克，而此举导致了国家的分裂，但他在2004年以比2000年更大的优势再次当选。发动伊拉克战争、应对"卡特里娜飓风"反应迟缓以及经济衰退的来临，都使得布什的支持率下降，并为另一派政治家——伊利诺伊州参议员巴拉克·奥巴马（Barack Obama）的上台铺平了道路。

奥巴马曾是一名宪法学教授，他是民主党中一颗冉冉升起的新星，于2008年成为第一位担任总统的非洲裔美国人。奥巴马在经济衰退最严重的时候当选总

上图　2016年美国总统大选呈现出两极分化之态，前国务卿希拉里·克林顿（左）与房地产和媒体大亨唐纳德·特朗普展开辩论

统，他实行了一系列振兴经济的项目。2010年，他签署了《平价医疗法案》（Affordable Care Act，常被称为"奥巴马医改"），支持对医疗体系进行重大改革。该法案中最引人注目的部分是要求保险公司接纳所有申请人，并向他们收取相同的费用，而不论申请人之前是否有病史。2012年，奥巴马再次当选。在第二个任期内，他支持同性婚姻合法化（于2015年完成），并使美国加入了应对气候变化的《巴黎协定》（The Paris Agreement）。在他执政期间，阿富汗的棘手冲突不断升级，不过这个问题在其前任和后任执政期间一直如此。

自21世纪初以来，美国的政治极化一直在加剧。共和党和民主党的分歧越来越大，而且越来越抵触对方。在2016年的总统竞选中，民主党人、前国务卿希拉里·克林顿（Hillary Clinton）和出人意料的共和党候选人唐纳德·特朗普之间的对决凸显了这些分歧。唐纳德·特朗普是一名房地产开发商，曾担任真人秀节目主持人，但从未出任公职。特朗普针对移民、少数族裔、环境监管、媒体以及对外贸易协议和条约的严厉言辞，吸引了对美国现状感到焦虑的共和党选民。在选举之夜，民调显示希拉里赢得了选举，但最终特朗普赢得了多数选举人票而当选总统，这让民调专家、许多选民甚至他自己都感到震惊。

特朗普总统任期的头几年充满了动荡。几周内，其政府采取的行动遭到公众的抗议，许多行动受到质疑或被驳回。共和党人占多数的国会未能通过特朗普选举时的大部分承诺，比如推翻《平价医疗法案》；但他确实成功实现了大规模减税。特朗普推行对企业有利的政策，这有助于从衰退中缓慢复苏的经济保持较强的增长势头，也将失业率降到较低水平。然而，特别检察官的调查对特朗普职位的合法性提出了质疑。到2018年为止，调查已产生了超过180项刑事指控，与特朗普竞选有关的官员中有6人认罪。

连接与破坏

在21世纪，人类是分裂的，但由于互联网、移动通信和社交媒体的爆炸式增长，人们之间的联系又比以往任何时候都更加紧密。2000年，全球有4.13亿人使用互联网。到2018年已有40多亿人上网，超过了世界人口的一半。然而，其分布并不平均，而是更倾向于更富裕的国家。手机用户数量也呈现出类似的增长态势，从2000年的少数人拥有跃升至几乎人手一部。

互联网的早期用途——比如电子邮件——被各种形式的社交媒体所取代。社交媒体脸书（Facebook）成立于2004年，2018年时，它的每月活跃用户已超过20亿。推特（Twitter）和照片墙（Instagram）等其他社交平台也出现了类似的增长。媒体和广告公司紧随其后，将传播消息的媒介从纸媒转向了网络。

移动通信的便捷性和直接性推动了颠覆性公司的崛起，并逐步取代传统业务。美国的亚马逊（Amazon）和中国的阿里巴巴凭借便利的电子商务淘汰了实体店。在油管（YouTube）、网飞（Netflix）、声田（Spotify Premium）以及其他平台上播放的流媒体视频和音乐开始取代传统媒体和电视。它们还消耗了带宽：2018年，流媒体占用了互联网80%以上的数据流量。

同样具有颠覆性的还有那些参与共享经济的公司，这些点对点的企业绕开了传统的公司架构。拼车服务，比如成立于2009年的优步（Uber）和成立于2012年的来福车（Lyft）巧妙地利用移动通信来缓解城市出行的压力，而这导致了出租车企业的衰落。成立于2008年的爱比迎（Airbnb）使得旅行者能够直接向房主预订房间或公寓。

在21世纪的第二个十年即将结束之时，世界各国政府都承认，他们共同面临着一个问题：人类活动所造成的环境破坏。2018年，环境研究已经表明，地球上的海洋和大气升温比预期的更快。珊瑚濒临灭绝、更为强烈的风暴和干旱、海平面上升、食物短缺、疾病肆虐以及大规模的人类迁徙，这些都只是恶果的冰山一角。在21世纪初，海岸群落的迁移、气温的上升和物种的灭绝就已经很明显了。2015年的《巴黎协定》使得195个国家通过了"旨在减少碳排放，将气温上升限制在1.5℃以内"的协议。但科学家警告称，要想保持这一上限，就需要世界能源生产向可再生能源转变。

气候变化、栖息地消失、狩猎和其他人类活动导致生物多样性持续下降。从20世纪70年代到21世纪初，脊椎动物的平均数量减少了60%，其中淡水动物，如青蛙，以及中美洲和南美洲的生物受到的影响尤为严重。要想减缓物种消失的速度，人们不仅需要通过国际合作来应对气候变化，还需要保护世界各地的陆地和海洋栖息地——也就是在人类日益增多的情况下，为其他物种留下生存的空间。21世纪的信息时代为世界提供了沟通和教育的工具。现在，世界需要学会利用它们来为地球上所有生物的共同利益服务。

下图 自工业革命以来，人类活动就在向空气中排放吸热性强的温室气体，尤其是二氧化碳。由于这种"温室效应"，全球气温正在上升。它所带来的影响包括海平面上升、干旱、野火、飓风、珊瑚礁消亡和物种灭绝，这些都会导致环境恶化和粮食短缺，使得人类流离失所

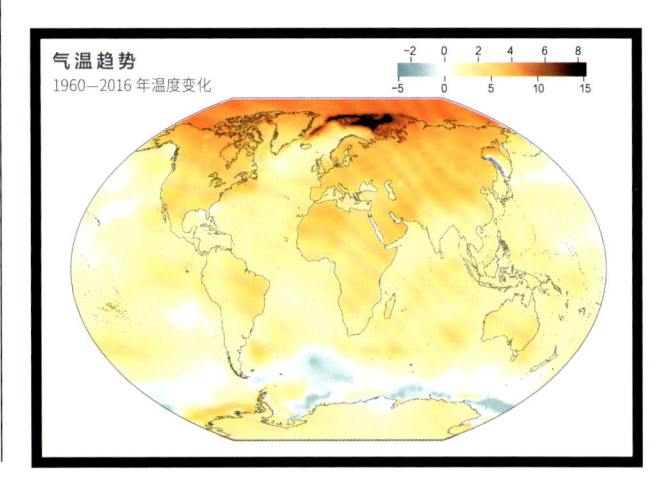

气温趋势
1960—2016年温度变化

2002 年
欧盟单一货币——欧元进入流通

2004 年
马克·扎克伯格（Mark Zuckerberg）创立脸书

北美洲

2008 年
巴拉克·奥巴马成为首位非洲裔美国总统

大西洋

太平洋

2013 年
巴西雨林的砍伐量激增 20%

南美洲

世界一览
2000—2018 年

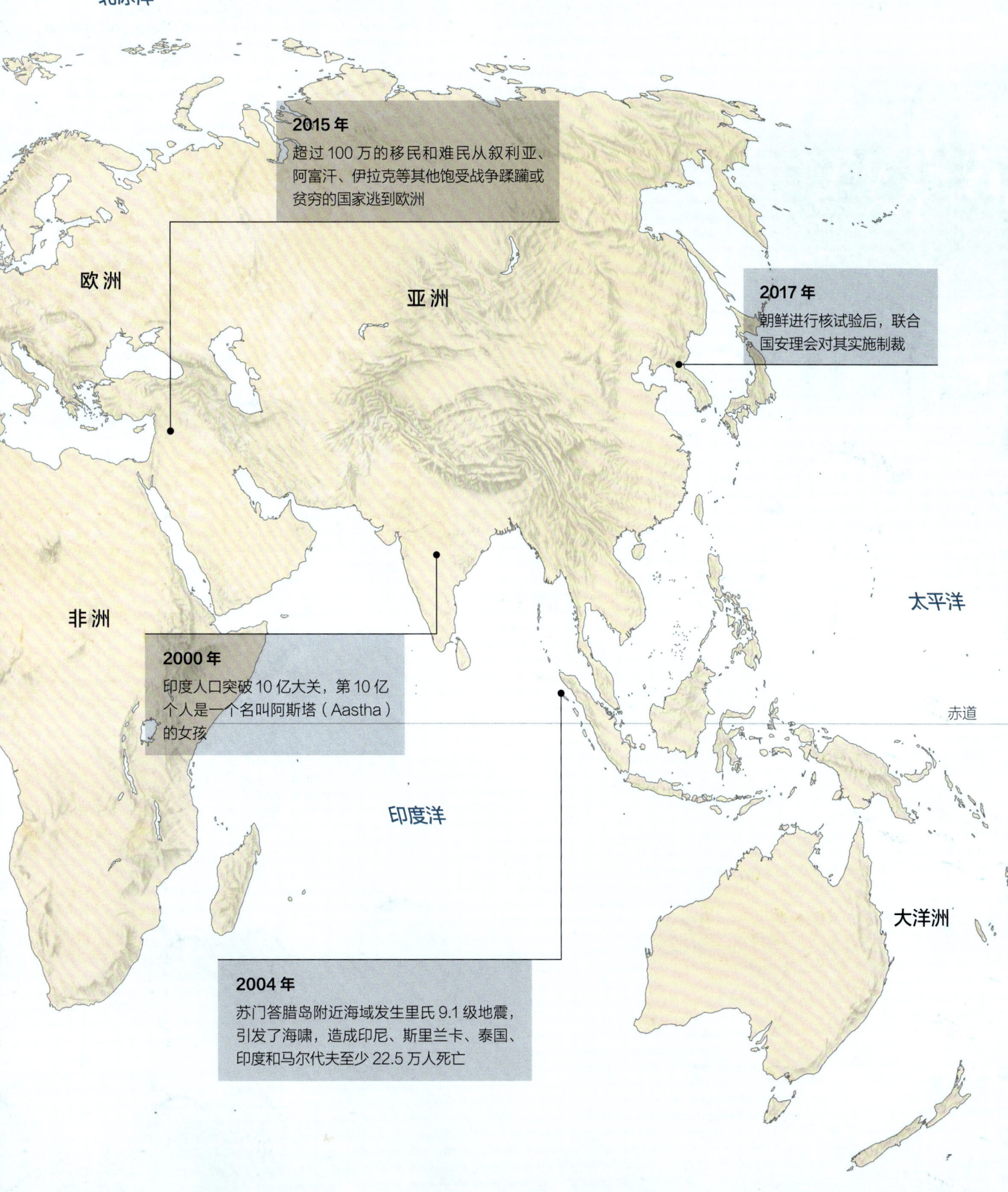

北冰洋

欧洲

亚洲

2015 年
超过 100 万的移民和难民从叙利亚、阿富汗、伊拉克等其他饱受战争蹂躏或贫穷的国家逃到欧洲

2017 年
朝鲜进行核试验后，联合国安理会对其实施制裁

非洲

太平洋

2000 年
印度人口突破 10 亿大关，第 10 亿个人是一个名叫阿斯塔（Aastha）的女孩

赤道

印度洋

大洋洲

2004 年
苏门答腊岛附近海域发生里氏 9.1 级地震，引发了海啸，造成印尼、斯里兰卡、泰国、印度和马尔代夫至少 22.5 万人死亡

2000—2004 年

	政治与权力	地理与环境	文化与宗教
美洲	**2000 年**：前总统乔治·赫伯特·沃克·布什之子乔治·沃克·布什当选美国总统。 **2000 年**：比森特·福克斯（Vicente Fox）当选墨西哥总统，标志着 1929 年以来墨西哥"官方"政党革命制度党（PRI）的垮台。 **2001 年**：两架被恐怖分子劫持的飞机撞向纽约世贸中心，摧毁了两座世贸大厦，造成近 3000 人死亡。第三架被劫持的飞机撞向五角大楼。第四架飞机在乘客的激烈反抗下坠毁。	**2001 年**：玻利维亚总统乌戈·班塞尔（Hugo Banzer）试图禁止人们生产古柯（可制作可卡因），安全部队与古柯种植者发生冲突。 **2003 年**：墨西哥太平洋沿岸发生地震，造成 29 人死亡，300 人受伤。 右图 欧元	**2000 年**：随着 20 世纪 90 年代科技繁荣的结束，许多网络公司倒闭。 **2001 年**：在线百科全书"维基百科"由拉里·桑格（Larry Sanger）和吉米·威尔士（Jimmy Wales）创办。 **2002 年**：天主教会因神父猥亵儿童事件和对这些事件的掩盖行为而令世人愤慨。 **2003 年**：马萨诸塞州最高法院裁决同性婚姻合法，这是美国第一个承认同性婚姻的州。
欧洲	**2000 年**：弗拉基米尔·普京当选俄罗斯总统。 **2000 年**：南联盟总统斯洛博丹·米洛舍维奇下台。 **2002 年**：国际刑事法院在荷兰海牙正式成立。	**2002 年**："威望"号油轮在西班牙沿海沉没，造成超过 2100 万加仑的燃油泄漏，污染了西班牙、葡萄牙和法国的海滩。 **2003 年**：一场毁灭性的热浪在欧洲导致大约 35000 人死亡，其中包括 14000 名法国人。	**2001 年**：荷兰成为世界上第一个同性婚姻合法化的国家。 **2002 年**：欧盟单一货币——欧元正式进入流通。
中东 & 非洲	**2001 年**：在以色列与巴勒斯坦的暴力冲突不断恶化的情况下，阿里埃勒·沙龙（Ariel Sharon）成为以色列总理。 **2003 年**：美国入侵伊拉克，理由是：根据情报，萨达姆·侯赛因隐瞒了大规模杀伤性武器。萨达姆被俘，但大规模杀伤性武器从未被找到过。 **2003 年**：苏丹政府支持的民兵开始对达尔富尔地区的非阿拉伯居民发动攻击，民族冲突爆发。至少有 7 万人死于饥饿和疾病，另有数百万人流离失所。	**2001 年**：美国支持建立巴勒斯坦国。 **2002 年**：以色列开始在约旦河西岸定居点周围修建一道名为"安全围栏"的巨大围墙（隔离墙）。 **2003 年**：伊朗东南部发生地震，造成 4 万多人死亡。	**2000 年**：教皇约翰-保罗二世访问以色列及其大屠杀纪念馆。 **2001 年**：在饱受战争蹂躏的刚果东北部，数百名被怀疑为女巫的女性被谋杀。
亚洲 & 大洋洲	**2001 年**：在将"9·11"恐怖袭击事件与塔利班支持的基地组织领导人本·拉登联系在一起后，美国入侵阿富汗并推翻了塔利班政权。 **2002 年**：恐怖组织"伊斯兰祈祷团"在印尼巴厘岛实施过三次大规模炸弹袭击，造成 202 人死亡。 **2002 年**：美国总统特使、助理国务卿凯利访问平壤。	**2000 年**：丰田普锐斯成为第一款在全球销售的量产混合动力汽车。	中国香港的儿童戴口罩来预防 SARS

科学与技术	人类与社会
2003 年：人类基因组计划的测序工作完成，确定并绘制了人类 DNA 中 2 万到 2.5 万个基因的图谱。 2003 年："哥伦比亚"号航天飞机于升空过程中在得克萨斯州中北部上空解体坠毁。	2000 年：在美国人口普查中，公民第一次获允申报多个种族身份。 2001 年：拉美裔超过非洲裔美国人，成为美国最大的少数族裔。 2001 年：能源贸易公司安然（Enron）因公司丑闻申请破产。 2002 年：记者丹尼尔·珀尔（Daniel Pearl）在巴基斯坦被恐怖分子绑架并杀害。
2003 年：欧洲航天局发射首个火星探测器"火星快车"号。 2003 年：协和式超音速喷气式飞机进行了它的最后一次跨大西洋飞行。	2000 年：英国医生哈罗德·希普曼（Harold Shipman）因谋杀至少 15 名病人被判终身监禁。他涉嫌杀害的人多达 250 人，是有史以来最致命的连环杀手之一。 2002 年：车臣绑匪劫持了莫斯科剧院的观众为人质，杀害了两名人质。在随后的营救行动中，有 129 名人质因吸入麻醉气体致死。
2000 年：艾滋病在非洲迅速流行，特别是在撒哈拉以南地区，每年有数百万人感染。 2003 年：利比亚穆阿迈尔·卡扎菲同意放弃核武器计划。	2001 年：本·拉登策划了美国本土有史以来最严重的恐怖袭击。 2001 年：加纳人科菲·安南和联合国获得诺贝尔和平奖。
2002 年："非典"（严重急性呼吸综合征）是一种致命的肺炎样疾病，蔓延到了世界各地。 2003 年：中国发射"神舟五号"，这是中国的第一次载人航天任务。	**下图** 2001 年，有 10 多名尼泊尔王室成员在枪击案中丧生，包括国王和王后

王室血案

自 1768 年起，统治尼泊尔王国的沙阿王朝对动荡的局面已有所准备，但谁都没能料到 2001 年那场枪击案，将这个王室击得四分五裂。2001 年 6 月 1 日，包括国王和王后在内的 10 多名王室成员在加德满都的纳拉扬希蒂王宫丧生。据称凶手是王储迪彭德拉（Dipendra），他在三天后死于枪伤。

袭击发生几天后，一个故事浮出水面。这位 29 岁的王储和他的家人在王宫共进晚餐。在晚宴上，这位王子明显喝醉了，他走进家人正在休息的台球室。身穿迷彩服、手持枪支的迪彭德拉首先杀死了他的父亲国王比兰德拉（Birendra），然后又枪杀了他的母亲艾西瓦娅（Aishwarya）王后、他的兄弟和其他几个亲戚。迪彭德拉随后开枪自杀。作为王位继承人，他在昏迷中被加冕为国王。前任国王的兄弟贾南德拉（Gyanendra）在迪彭德拉死后继承了王位。

王子的杀人动机尚不清楚，但最常被提及的原因是，他的家族反对他与未婚妻德维亚尼·拉纳（Devyani Rana）结合。据说，她与一个敌对家族以及与印度的关系遭到了王室的反对。然而，许多尼泊尔人仍然拒绝接受官方对该事件的说法，他们指出，包括下一任国王贾南德拉在内的其他嫌疑人也参与了这场杀戮。对这起事件的调查非常短暂，贾南德拉后来承诺的调查也一直没有下文。

这场王宫血案在很多方面标志着尼泊尔王室的终结。贾南德拉的统治时间很短。2008 年，尼泊尔议会废除了君主制，国王退休。

恐怖主义的新面孔

2001年9月11日，一个晴朗而和煦的秋日。那天早上，曼哈顿的人们照旧步行去上班，他们目睹了那非同寻常的景象：一架低空飞过的美国航空公司客机撞上了世界贸易中心北塔的顶部。在接下来的1小时15分钟里，第二架飞机撞上了南塔，第三架飞机撞上了弗吉尼亚州阿灵顿的五角大楼，第四架飞机坠落在宾夕法尼亚州尚克斯维尔市附近的田野里。这些飞机都遭到了伊斯兰极端组织基地组织的恐怖分子劫持。近3000人因此丧生，其中也包括19名劫机者，这是历史上最致命的恐怖袭击。

这场后来被称为"9·11"事件的恐怖袭击标志着旧的恐怖主义活动已经步入新时期。恐怖主义被粗略地定义为对平民使用暴力来影响他们的行为或实施报复。在20世纪末，恐怖主义主要集中在拉丁美洲、西欧和亚洲。然而，在20世纪末，中东、非洲和南亚的恐怖主义组织在全球范围内兴风作浪，其基础也变得更为广泛。

阿富汗长期的不稳定局势促使宗教极端主义组织"基地"崛起，该组织最初与苏联作战，但后来将注意力转向了美国。该组织的一个分支，伊拉克基地组织，联合其他几个极端主义组织，扩张到叙利亚，并更名为"伊斯兰国"。

有一段时间，"伊斯兰国"在叙利亚占领了地盘，表面上是为了在该地区建立哈里发国。然而，到2018年，在国际部队的打击下，它失去了大部分领土。它的最成功之处在于利用互联网的力量。除了在网上传播恐怖的斩首视频，它也向世界各地心怀不满的人发出招募邀请。

类似的极端组织包括尼日利亚的"博科圣地"和东非索马里的恐怖组织"青年党"。尽管这些组织公开表示对西方怀有敌意，但几乎所有受害者都是他们附近的伊斯兰国家。研究人员指出，大多数现代恐怖组织的兴衰起伏不超过十年。这些组织尽管能迅速散布恐惧，但通常无法实现其政治目标。

右图 2001年9月11日，一架被恐怖分子劫持的飞机将世贸中心撞毁

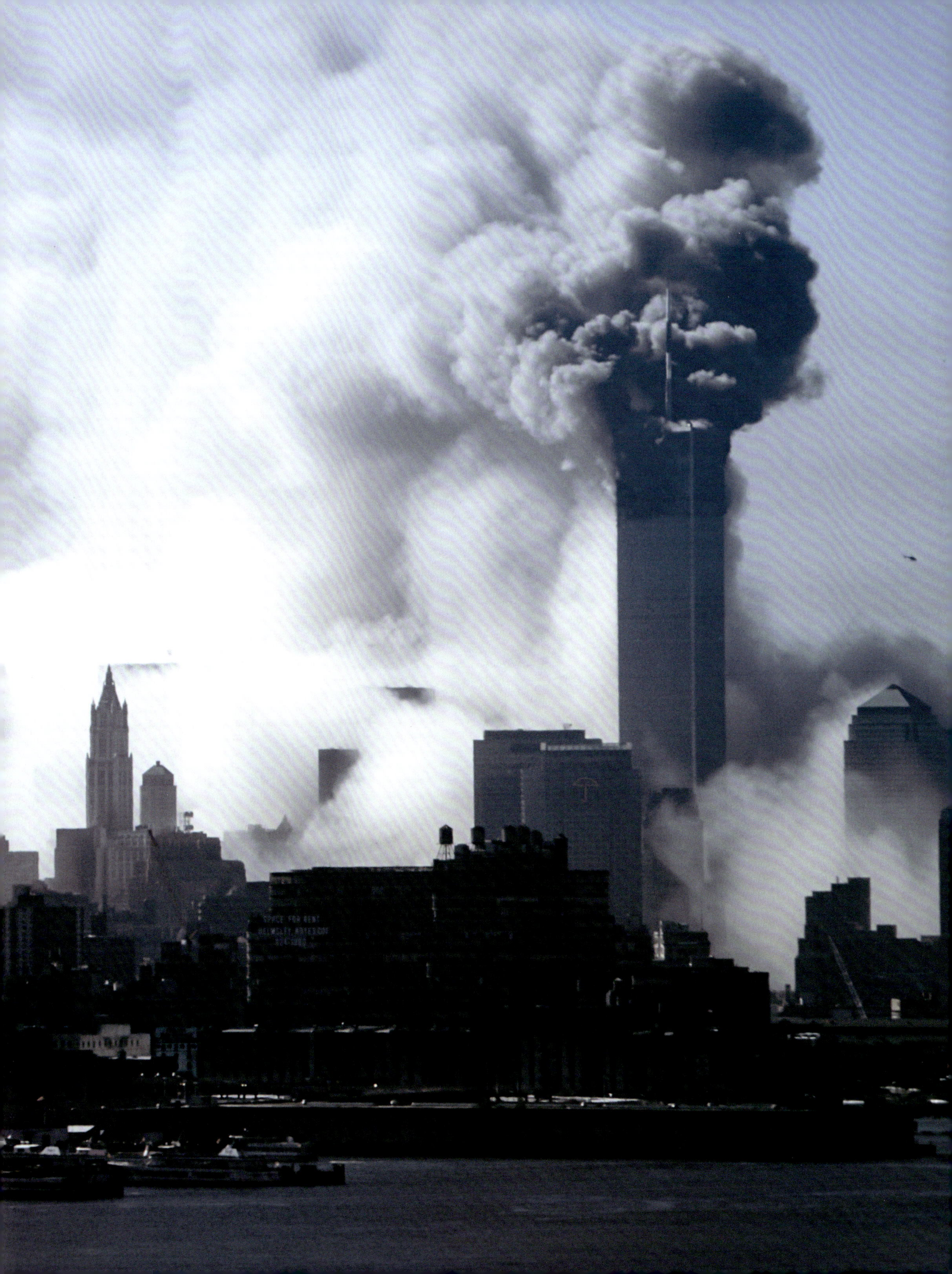

2004—2007 年

	政治与权力	地理与环境	文化与宗教
美洲	2004 年：小布什连任美国总统，迪克·切尼（Dick Cheney）任副总统。 2006 年：民主党在中期选举中控制了美国国会参众两院。 2006 年：拉斐尔·科雷亚（Rafael Correa）在委内瑞拉、阿根廷、巴西、智利、乌拉圭、巴拉圭、厄瓜多尔和玻利维亚的左翼政府执政的"粉红浪潮"时期，当选厄瓜多尔总统。	2005 年："卡特里娜"飓风袭击了美国墨西哥湾沿岸，这是美国历史上最严重的自然灾害之一。 2005 年：美国排放了 70 亿吨温室气体。 2006 年：一场大暴风雪将水牛城"埋"在 60 厘米厚的积雪之下。	2004 年：波士顿红袜队打破了体育界最著名的诅咒，赢得世界大赛冠军，这是他们自 1918 年以来首次夺冠。 2005 年：三名前贝宝（Paypal）员工创办了视频分享网站油管。 2006 年：智利选出第一位女性总统，社会党人米歇尔·巴切莱特（Michelle Bachelet）。 2006 年：推特联合创始人杰克·多西（Jack Dorsey）发出第一条推文。
欧洲	2004 年：车臣分离主义武装分子占领了俄罗斯北奥塞梯共和国别斯兰的一所中学；造成超过 330 名成人和儿童死亡。 2004 年：塞浦路斯、捷克、爱沙尼亚、匈牙利、拉脱维亚、立陶宛、马耳他、波兰、斯洛伐克和斯洛文尼亚加入欧盟。 2005 年：安格拉·默克尔（Angela Merkel）成为德国总理。	*波士顿红袜队赢得世界大赛冠军* 2005 年：国际环境条约《京都议定书》（Kyoto Protocol）在俄罗斯于 2004 年批准 90 天后正式生效。	2004 年：一项禁止在公立学校戴头巾的法律在法国生效。 2005 年：约瑟夫·拉辛格（Joseph Ratzinger）被选举为教皇本笃十六世（Benedict XVI）。 2005 年：哈利·波特系列的第六部《哈利·波特与混血王子》（Harry Potter and the Half-Blood Prince）出版，24 小时内售出 900 万册。
中东 & 非洲	2004 年：亚西尔·阿拉法特去世；2005 年，马哈茂德·阿巴斯（Mahmoud Abbas）当选巴勒斯坦解放组织执行委员会主席。 2005 年：埃伦·约翰逊-瑟利夫（Ellen Johnson-Sirleaf）当选利比里亚总统，她是第一位非洲国家女性领导人。 2006 年：利比里亚前总统查尔斯·泰勒（Charles Taylor）因战争罪被捕。	2004—2005 年：西非半干旱的萨赫勒地区在蝗虫入侵之后，有 900 万人面临饥荒，严重的干旱摧毁了他们的庄稼和牧场。	2004 年：麦加发生朝觐者踩踏事件，至少有 244 人丧生。 2004—2005 年：沙特阿拉伯举行 40 年来的首次市政选举。不过，女性可能无法投票或竞选公职。 2006 年：土耳其作家奥尔罕·帕穆克（Orhan Pamuk）获得诺贝尔文学奖。
亚洲 & 大洋洲	2004 年：柬埔寨国王诺罗敦·西哈努克（Norodom Sihanouk）退位。 2006 年：日本国会通过将防卫厅升格为防卫省的相关法案。	*利比里亚总统埃伦·约翰逊-瑟利夫* 2004 年：人们第一次在自然栖息地拍摄到一只活的巨型鱿鱼。 2004 年：一场里氏 9.1 级的地震引发了海啸，在印度尼西亚、斯里兰卡、泰国、印度和马尔代夫等地造成至少 22.5 万人死亡。	2004 年：新西兰毛利电视台成立。 2004 年：中国作家姜戎出版半自传体中文小说《狼图腾》，当年销售了至少 100 万册。

科学与技术	人类与社会
2004年：美国宇航局研制的"勇气"号和"机遇"号火星探测器在三周内相继成功登陆火星。 **2004年**：马克·扎克伯格创立脸书。 **2004年**：谷歌推出了Gmail电子邮件服务。	**2004年**：让-贝特朗·阿里斯蒂德在2001年第三次当选海地总统后，再次在叛乱中被推翻。 **2004年**：美国媒体公布了美军士兵在阿布格莱布监狱虐待和性侮辱伊拉克囚犯的图片。 **2006年**：美国人口超过3亿。
2004年：世界上最高的桥梁——横跨法国中部山区塔恩河的米洛高架桥通车。	
2003年：撒哈拉以南非洲人的预期寿命仅为52岁，这主要归因于艾滋病的流行。 **2003年**：非洲拥有手机的人数超过5200万。	
2003年：在印度尼西亚的弗洛勒斯岛上发现了体形矮小的古人类的化石。 **2004年**：巴基斯坦核项目负责人被怀疑向外国出售核技术。 **2005年**：濒临灭绝的缝叶吸蜜鸟（Stitchbird）被重新引入新西兰的一个保护区。	**2004年**：美国加州优尼科公司同意解决缅甸一起具有里程碑意义的人权诉讼，赔偿那些在优尼科输油管道施工期间遭受强奸、酷刑和被谋杀的村民。

链接

百视达的兴衰

曾经蓝黄相间的百视达标志是世界上最容易辨认的标志之一。1985年，这家录像带租赁公司在得克萨斯州的达拉斯成立时只有一家店，后来买下了竞争对手的全部股份，2004年巅峰时期曾将店面扩展至9000多家。每到周末，都会有许多家庭走进这些商店，受欢迎的电影很快就被抢购一空。然而，在百视达的业绩一路飙升的同时，它的竞争对手的业务也开始进入市场。成立于1997年的网飞通过在线租赁和邮件投递为消费者提供了一条更便捷的观影通道。随着网飞向流媒体视频和制作转型，百视达的门店帝国逐渐衰落。由于无法与网飞和其他流媒体服务在"狂欢刷屏"方面的便利相抗衡，2011年，百视达被迪什网络公司（Dish Network）收购。2018年，百视达关闭了阿拉斯加的最后四家门店。同年7月，百视达只剩下俄勒冈州本德的一家门店了，它的橱窗上还挂着"最新发行"的牌子。

"卡特里娜"飓风

2005年夏天，"卡特里娜"飓风摧毁了新奥尔良及其周边地区，这是美国遭受的最严重的一场飓风。受灾地区基础设施落后，人们反应迟缓，通信发生混乱，最终导致超过1800人死亡。这场风暴残酷地提醒着人们，在自然灾害到来时，受到最大伤害的往往是最贫穷的人。

"卡特里娜"飓风于8月25日以1级飓风的形式席卷了佛罗里达州。8月28日，它在墨西哥湾温暖的海面上增强，变为风速为每小时280千米的5级风暴，随后在路易斯安那州东南部登陆，变为风力仍然很强的3级风暴。向东北移动时，它带来超过6米的风暴潮，淹没了密西西比州和亚拉巴马州沿海的海湾和海滩。

然而，最大的破坏发生在西部低洼的新奥尔良市。在大雨中，阻挡庞恰特雷恩湖和博恩湖的堤坝坍塌了。8月29日，洪水淹没了新奥尔良市，这座历史名城的80%都被淹没了。虽然大多数居民已经撤离，但并非所有人都成功离开。一些站在屋顶上的人得到了救援，但也有许多人被淹死在家中。成千上万的人在新奥尔良的超级巨蛋体育馆避难，他们在那里忍受着食物短缺和肮脏的环境。在纪念医疗中心，被困的工作人员很绝望，对危重病人实施了安乐死。

联邦政府的援助几天后才到达，但最终救下了幸存者。许多逃离这座城市的人再也没有回来，直到2016年，这座城市的人口仍比"卡特里娜"飓风发生前少了近10万人。近年来，人们修建了更为坚固的堤坝，以抵御"百年一遇"的风暴。居民们祈祷着不会有更强的风暴来袭。

2007—2010 年

	政治与权力	地理与环境	文化与宗教
美洲	**2007 年**：克里斯蒂娜·费尔南德斯·基什内尔（Cristina Fernandez de Kirchner）成为阿根廷首位直选女总统。 **2008 年**：巴拉克·奥巴马当选美国首位非洲裔总统。 **2008 年**：菲德尔·卡斯特罗宣布，他"不寻求也不接受"再次担任古巴国务委员会主席和革命武装部队总司令两项职务。	**2007 年**：联合国政府间气候变化小组和美国前副总统艾尔·戈尔获得诺贝尔和平奖。 **2008 年**：龙卷风"超级星期二"在美国南部造成 57 人死亡。	**2007 年**：美国圣公会内部在接纳同性恋神职人员的问题上产生分歧，导致一些美国会众转向英国圣公会。 **2008 年**：牙买加短跑运动员尤塞恩·博尔特（Usain Bolt）赢得了他所获八枚奥运金牌中的第一枚，并打破了世界纪录。 **2009 年**：《阿凡达》（Avatar）上映，成为历史上票房最高的影片之一。
欧洲	**2007 年**：保加利亚和罗马尼亚加入欧盟。 **2007 年**：尼古拉·萨科齐（Nicolas Sarkozy）成为法国总统。 **2008 年**：在俄罗斯的援助下，南奥塞梯和阿布哈兹两省试图脱离格鲁吉亚，俄罗斯军队和格鲁吉亚军队发生冲突。		**2008 年**：《妈妈咪呀！》（Mamma Mia!）成为迄今英国电影票房史上最成功的电影。 **2009 年**：法国对山达基教会处以罚款，并以欺诈罪判处其部分领导人入狱。
中东 & 非洲	**2007 年**：在伊拉克雅兹迪社区发生的恐怖爆炸袭击造成至少 500 人死亡。 **2008 年**：安哥拉 16 年来首次举行议会选举。 **2009 年**：雅各布·祖马（Jacob Zuma）成为南非总统。	**2009 年**：卢旺达成为英联邦成员。 **2009 年**：肯尼亚的干旱导致了大范围的饥荒。	**2007 年**：希律王的古墓在耶路撒冷南部的以色列被发现。
亚洲 & 大洋洲	**2007 年**：巴基斯坦前总理贝纳齐尔·布托因遭到自杀式炸弹袭击身亡。 **2008 年**：尼泊尔废除君主制，成立尼泊尔联邦民主共和国。 **2008 年**：新加坡、中国香港和日本爆发金融危机。 **2009 年**：斯里兰卡政府击败泰米尔猛虎组织，结束了长达 25 年的内战。	**2007 年**：飓风"锡德"在孟加拉国造成数千人死亡。 **2008 年**：热带风暴"纳尔吉斯"袭击缅甸，造成至少 8.4 万人死亡。 **2008 年**：中国四川省发生里氏 8.0 级地震，造成近 7 万人死亡、1.8 万人失踪。	

选举之夜的奥巴马总统与他的家人

肯尼亚妇女站在干涸的河床上。气候变化加剧了食物和水的短缺

科学与技术	人类与社会
2007年：苹果发布了第一款智能手机iPhone。 2009年：美国宇航局发射月球勘测轨道飞行器（LRO）。 2009年：墨西哥暴发的猪流感，导致全球数千人死亡。	2007年：随着大衰退的开始，房价下跌，房屋拥有者开始拖欠高风险抵押贷款，投资银行出现流动性问题。 2008年：投资银行雷曼兄弟（Lehman Brothers）申请破产保护。 2009年：通用汽车公司宣布破产，然后以通用汽车公司的名义重组。 2009年：道琼斯工业平均指数3月份收于6547点，比2007年下降了46%。
2007年：瑞士天文学家史蒂芬妮·乌德利（Stéphane Udry）和他的团队在距离地球约20光年的地方，发现了一颗类似地球的行星，将其命名为吉利斯581c（Gliese 581c）。 2008年：世界上最大的粒子加速器"大型强子对撞机"（LHC）在日内瓦附近启动。	2008年：冰岛银行体系崩溃后，国际货币基金组织向冰岛发放了数十亿美元的救助资金。 2008年：德国和意大利的经济萎缩将整个欧元区拖入衰退之中。
2009年：生物化学家阿达·约纳特（Ada Yonath）成为首位获得诺贝尔奖的以色列女性。 2009年：古生物学家对在埃塞俄比亚发现的440万年前的地猿始祖种骨骼化石——阿尔迪（Ardipithecus ramidus）进行了综合描述。它可能是一种人类早期祖先的灵长类动物。	2008年：三个非洲贸易共同体宣布建立南部非洲发展共同体自由贸易区，涉及26个国家。 2009年：在奥巴马政府反恐怖主义顾问的指导下，美国无人机对中央情报局锁定的中东和非洲的目标的袭击频率不断增加。
2007年：中国成功发射第一颗绕月人造卫星"嫦娥一号"。 2007年：中国古生物学家徐星和他的同事在中国内蒙古发现了一种巨大的类鸟恐龙化石——巨盗龙。	

下图 苹果首席执行官史蒂夫·乔布斯展示新款iPhone

智能手机

多功能手机早在20世纪90年代就已经存在，但对大多数人来说，2007年1月9日才是智能手机诞生的日子。当天上午，在旧金山的展销会上，苹果公司（Apple）首席执行官史蒂夫·乔布斯（Steve Jobs）在电子产品狂热爱好者聚集的会场前发布了iPhone。这个手掌大小的设备将改变世界交流的方式。

在iPhone推出之前，要是想打电话、听音乐并发送电子邮件，大多数人都会携带两到三台设备。早在1993年，IBM就生产出了能够打电话、发送电子邮件和传真的西蒙个人通信器（Simon Personal Communicator）。它没有流行起来或许是因为它的标价为1100美元。2002年，RIM公司（Research in Motion）的黑莓（BlackBerry）最初只是一款寻呼机，后来发展成为一款可以发送电子邮件、短信和浏览网页的智能手机，不过它不能像电脑屏幕那样显示网页。

多年来，乔布斯带领工程师们去做以前从未有人做过的事情：把电话、文本、音乐、真正的网页以及更多的东西整合到一个精简的、靠电池供电的盒子里。此外，iPhone还推出了一款大型多点触控电容式触摸屏，用户只需用指尖触控就可以操控，用两根手指就可以放大或缩小屏幕。流畅、直观的设计赋予其一种其他手机无法比拟的现代感。

当这款手机在6月上市时，顾客们在商店外排起了长队。

大衰退

"美国一打喷嚏，全世界都会感冒。"这句老话背后的真相从未像自2007年开始的那场震撼全球经济的大衰退中表现得那么明显。

经济衰退的原因有很多，但其根源在于21世纪初美国对银行业放松了管制，以及随之而来的对投机性投资的监管不力。21世纪初，美国房地产市场蓬勃发展，美国和海外的许多金融机构投资于次级抵押贷款，即以高利率向信用记录不良的借款人发放的贷款。保险公司也加入进来支持这些投资。标准普尔（Standard & Poor's）等信用评级机构的付款对象正是它们所评估的公司，因此它们并没有强调这些贷款的高风险性。

于是，房地产泡沫从2007年开始破裂。房价下跌了大约25%，到2009年，全国已有将近10%的抵押贷款被拖欠。堆积如山的坏账开始压垮大型投资银行，包括贝尔斯登、美林、高盛，以及保险业巨头美国国际集团。随后，雷曼兄弟在2008年破产，这是美国历史上规模最大的破产案。美国政府的救助最终拯救了许多机构，其中一些大公司被认为是"大到没法破产"。

美国股市在17个月内损失了50%以上。由于投资枯竭和商业紧缩，失业率上升到10%。布什政府和后来的奥巴马政府为刺激计划注入了数万亿美元，经济开始缓慢攀升，并在2009年6月正式走出衰退。

与此同时，国际投资者，特别是欧洲投资者，也染上了这场经济流感。冰岛最大的三家银行倒闭，人们的工资下降，失业率上升。债务沉重的国家，尤其是希腊、葡萄牙、爱尔兰、西班牙和意大利等国，不得不接受欧元区北部邻国和国际货币基金组织的救助。

到了2018年，大多数经济体已基本复苏，希腊是最后一个摆脱衰退的国家。在美国，政府再次放松了对高风险银行业的监管。而投资者是否已经吸取了教训，还有待进一步观察。

右图 金融业的严重误判和不计后果的放贷导致了2007年的经济衰退，失业率和房屋止赎率因此飙升

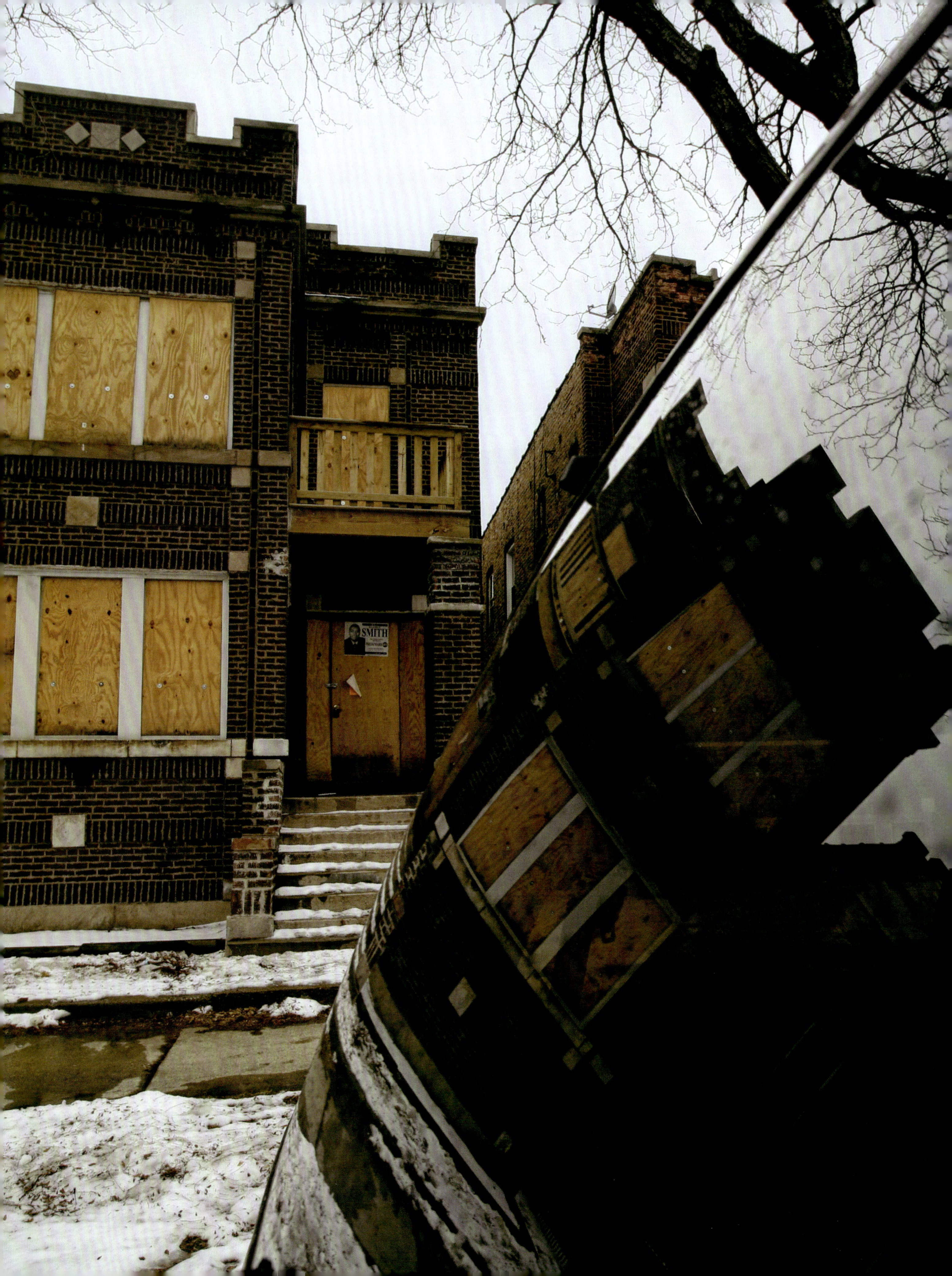
SMITH

2010—2013 年

	政治与权力	地理与环境	文化与宗教
美洲	2010 年：企业家塞巴斯蒂安·皮涅拉成为智利总统。 2011 年：亚利桑那州女国会议员加布里埃尔·吉福兹（Gabrielle Giffords）遭枪击，此次事件造成 6 人死亡，包括吉福兹在内的 13 人受伤。 2012 年：奥巴马击败威拉德·米特·罗姆尼（Willard Mitt Romney），再次当选美国总统。	2010 年：海地地震造成大约 10 万人死亡，数百万人无家可归。 2010 年：智利 33 名矿工因塌方被困井下达 69 天之久。 2010 年："深海地平线"钻井平台爆炸，造成 11 人死亡，钻井平台沉没，并向墨西哥湾泄出大量石油。 2011 年：4 月，美国南部发生持续四天的龙卷风，造成 321 人死亡。5 月，一场 EF5 级（最高级别）龙卷风袭击密苏里州乔普林，造成 158 人死亡。	2010 年：《玩具总动员 3》(Toy Story 3) 成为当年票房最高的电影，也是第一部全球票房超过 10 亿美元的动画片。 2012 年：皮尤研究中心的一份报告显示，越来越多的美国人（近 20%）声称自己"无宗教信仰"。
欧洲	2010 年：一架波兰空军飞机在俄罗斯斯摩棱斯克一机场降落时坠毁，机上 97 人全部遇难，其中包括波兰总统莱赫·卡钦斯基（Lech Kaczynski）。 2012 年：弗拉基米尔·普京当选俄罗斯总统，这是他第三次当选。 2012 年：弗朗索瓦·奥朗德（François Hollande）当选法国第 24 任总统。	2010 年：蓄意破坏者向意大利北部的兰布罗河排放了 250 万升柴油。 2010 年：冰岛中南部的埃亚菲亚德拉火山喷发所产生的火山灰导致欧洲大部分地区关闭了领空。	2010 年：欧洲的穆斯林人口达到 4400 万。 2011 年：教皇本笃十六世为约翰-保罗二世举行宣福礼。
中东 & 非洲	2011 年：突尼斯、埃及、也门、叙利亚和摩洛哥的抗议者走上街头。埃及总统穆巴拉克辞职。 2011 年：最后一批美军撤离伊拉克，伊拉克战争正式结束。 2012 年：叙利亚的冲突演变成了由总统巴沙尔·阿萨德领导的政府军与反政府武装之间的内战，双方都有国际盟友支持。	2011 年：南苏丹脱离苏丹独立。 2012 年：联合国大会投票同意巴勒斯坦国为"非成员观察员国"。	
亚洲 & 大洋洲	2011 年：恐怖分子头目本·拉登在巴基斯坦的阿伯塔巴德被美国海军海豹突击队击毙。 2011 年：金正恩在其父金正日去世后成为朝鲜最高领导人。	2011 年：新西兰克赖斯特彻奇发生里氏 6.3 级地震，造成 181 人死亡。 2011 年：海啸引发了日本福岛的核灾难。	2012 年：单曲《江南 style》(Gangnam Style) 成为油管上浏览量最高的视频（10 亿次）。

哈利法塔摩天大楼

科学与技术	人类与社会
2011年："亚特兰蒂斯"号航天飞机完成了美国航天飞机计划的最后一次飞行。 2012年：电影导演詹姆斯·卡梅隆成为第一位独自前往马里亚纳海沟深处"挑战者深渊"的探险家。马里亚纳海沟是已知海床最深的地方。 2012年：生物化学家珍妮弗·道德纳和埃玛纽埃勒·沙尔庞捷成功开发出基因编辑技术"成簇的规律间隔短回文重复序列"。世界各地的实验室都在进行类似的研究。	2011年：美国失业率达到9%。 2011年："占领华尔街"运动在纽约市祖科蒂公园发起。 2012年：20名儿童和6名成年人在康涅狄格州西部纽敦镇的桑迪·胡克小学被20岁的亚当·兰扎（Adam Lanza）枪杀。 左图 "挑战者"号远征海底时所到达的地点
2011年：德国宣布将逐步淘汰核能。 2012年：欧洲粒子物理研究所（CERN）的"大型强子对撞机"首次提供了希格斯玻色子存在的证据。	2011年：右翼极端分子安德斯·布雷维克（Anders Breivik）在挪威制造了大规模枪击和爆炸事件，造成77人死亡，其中包括许多青少年。 2012年：英国失业率达到8.4%。
2010年：世界最高建筑——828米高的哈利法塔向公众开放。 2011年：伊朗首座民用核电站布什尔核电站1号机组正式启用。	2010年：尼日利亚中部的一场宗教骚乱造成300多人死亡。 2010年：南非成为第一个主办世界杯足球赛的非洲国家。 2011年：被罢免的利比亚领导人穆阿迈尔·卡扎菲被反对派武装士兵杀死。 2012年：沙特女性首次参加奥运会。
2012年：中国的三峡水电站成为全世界最大的水力发电站。 2012年：中国古生物学家发现了一块有明显羽毛痕迹的暴龙类恐龙化石。	2010年：日本人口增长率降至零。 2012年：日本股市创28年来的新低。 2012年：巴基斯坦妇女权利活动家、青年领袖马拉拉·优素福扎伊（Malala Yousafzai）遭塔利班枪手枪击，受了重伤。

社交媒体与"阿拉伯之春"

2010年，当突尼斯街头小贩穆罕默德·布瓦吉吉（Mohamed Bouazizi）在自焚时，他或许不曾想过这将引发一场变革。塔里克·阿塔布·穆罕默德·布瓦吉吉只是一个靠在街头推车卖水果和蔬菜来养活母亲和兄弟姐妹的年轻人。他被迫从高中辍学，在那失业率极高的时期，他也找不到什么好工作。警察骚扰他，而检查员要求他行贿。2010年12月17日，在当局没收了他的物品后，他提出抗议，结果被一名警察扇了耳光。当地官员拒绝让他参加听证会。那天下午，他在市政府门前往自己身上泼洒油漆稀释剂，然后自焚。

布瓦吉吉的自焚行为使他一下子成了年轻突尼斯人的标杆。那天，在希迪布济德，人们开始在社交媒体上发表抗议。社交媒体和手机也让抗议者得以绕过政府审查，迅速组织起来。他们的视频和报道让国际观众们目睹了政府的残酷镇压。

2011年1月14日，突尼斯总统扎因·阿比丁·本·阿里（Zine El Abidine ben Ali）辞职并逃往沙特阿拉伯。经过一段短暂的政治过渡期，突尼斯人选出了制宪会议，随后进行了和平的民主选举并选出新总理。突尼斯的抗议活动给民主运动带来了希望，但这种相对和平的过渡被证明是个例外。埃及推翻了长期以来的执政者胡斯尼·穆巴拉克，但他的位置被一个军政府所取代，使这个国家容易遭受恐怖袭击。利比亚、也门、叙利亚、摩洛哥、阿尔及利亚等其他中东国家的类似政治运动也造成了经济不稳定和百姓的流离失所。

2013—2016 年

	政治与权力	地理与环境	文化与宗教
美洲	**2013 年**：美国国家安全局雇员爱德华·斯诺登（Edward Snowden）公布秘密文件，披露美国国家安全局收集美国公民数据，随后逃往俄罗斯。 **2014 年**：美国政府与古巴实现关系正常化。 **2014 年**：《平价医疗法案》开始生效，此法案使更多人有了获得医疗保险的机会。	**2013 年**：根据夏威夷莫纳罗亚火山顶部的测量结果，大气中的二氧化碳含量达到了 0.04%。 **2013 年**：巴西雨林的森林砍伐量激增 20%。 **2014 年**：加利福尼亚遭遇了 1000 多年来最严重的干旱。	**2013 年**：阿根廷枢机主教豪尔赫·马里奥·贝尔格里奥（Cardinal Jorge Mario Bergoglio）成为首位来自拉丁美洲的教皇。 **2015 年**：美国最高法院裁决支持全国范围内的同性婚姻。
欧洲	**2014 年**：乌克兰发生抗议活动后，总统维克托·亚努科维奇（Viktor Yanukovych）逃离基辅。俄罗斯控制乌克兰克里米亚地区。 **2014 年**：苏格兰选民反对独立，投票决定继续留在英国。 **2015 年**：超过 100 万的移民和难民从叙利亚、阿富汗、伊拉克和其他饱受战争蹂躏或贫穷的国家逃到欧洲。	**2015 年**：大众公司承认在柴油汽车排放标准上存在作弊行为，其排放的污染物是允许排放量的 40 倍。 **2015 年**：随着全球气温创历史新高，195 个国家在巴黎同意通过一项应对气候变化的计划。	
中东 & 非洲	**2013 年**：埃及数百万民众示威抗议穆罕默德·穆尔西（Mohamed Morsi）政府。 **2014 年**："伊斯兰国"武装组织占领了伊拉克的费卢杰、拉马迪和摩苏尔等城市。 **2014 年**：恐怖组织"博科圣地"在尼日利亚东北部奇博克镇的一所学校绑架了 200 多名女孩。	**2014 年**：犀牛盗猎行为在非洲国家变得前所未有地猖獗，仅在南非就有 1200 多头犀牛被盗猎。	
亚洲 & 大洋洲	**2013 年**：朝鲜宣布正计划进行第三次核试验。联合国安理会宣布对朝鲜实施制裁。 **2014 年**：泰国发生政变，由巴育·占奥差（Prayuth Chan-ocha）总理领导的军政府上台。	**2013 年**：台风"海燕"以每小时 315 千米的风速袭击了菲律宾，这是有史以来登陆菲律宾的最强风暴。 **2014 年**：中国和美国达成于 2030 年前控制温室气体排放的协议。	

那时的生活

教皇方济各

2013 年 3 月 13 日，阿根廷人豪尔赫·马里奥·贝尔格里奥成为教皇方济各时创造了许多个"第一"。他是第一位来自美洲的教皇——事实上，他是第一位来自南半球或西半球的教皇，也是 1000 多年来第一位非欧洲的教皇，还是第一位耶稣会士教皇。他在公开演讲时往往聚焦在穷人的困境、环境污染以及全球变暖问题上。在谈到同性恋神职人员时，他说："我有什么资格去评判？"不过他未能改变教会对同性婚姻与女性圣职的排斥。他主张更多地接受离婚的天主教徒和曾堕胎的人。他凭借简朴的生活方式与宽容的立场，赢得了全世界数百万天主教徒的爱戴。

科学与技术	人类与社会
2015年：美国宇航局的"新视野"号探测器飞越冥王星，人们得以看到这颗矮行星表面的细节。 2015年：在一次大规模的网络安全入侵中，一群黑客从美国联邦人事管理局窃取了超过2000万份记录。 2013年：科学家公布了一种在哥伦比亚和厄瓜多尔的森林中发现的形似浣熊的哺乳动物，被命名为"小尖吻浣熊"（Olinguito）。	2013年：在波士顿马拉松比赛过程中，有两枚炸弹爆炸，导致3人死亡、260人受伤。 2013年：底特律市申请破产。 2014年：在警方枪杀手无寸铁的少年迈克尔·布朗（Michael Brown）之后，维权组织"黑人命也是命"（Black Lives Matter）在密苏里州弗格森举行抗议活动。
2013年：一颗流星在俄罗斯城市车里雅宾斯克上空爆炸，其威力比核爆炸还大，窗户被震碎，约有1200人受伤。 2013年：科学家从西班牙发现的一块40万年前的古人类股骨化石中提取出线粒体DNA。 2014年：欧洲航天局的"罗塞塔"号探测器将一个登陆器降落在67P/楚留莫夫－格拉希门克彗星表面，这是探测器有史以来第一次在彗星表面着陆。	2013年：剑桥公爵夫人凯瑟琳产下英国王位第三顺位继承人乔治·亚历山大·路易斯。
2014年：前所未有的埃博拉疫情在几内亚蔓延到塞拉利昂和利比里亚，最终导致11000多人死亡。 2015年：人类学家在南非的一个洞穴中发现了人类新祖先纳勒迪人的骨骼化石。这些古人类可能与智人共存过。	乔治王子出生的公告
2013年：中国的"天河二号"以每秒33.86×10^{15}次的浮点运算速度成为世界上最快的超级计算机。 2014年：科学家称，在印度尼西亚爪哇岛贝壳上发现的刻痕表明，人类祖先"直立人"具有象征性思维的能力。	2013年：中国提出调整完善计划生育政策。 2013年：澳大利亚采取一项新政，开始拦截移民船只并将其送回原籍国。 2014年：马航MH370航班在飞行过程中失踪，机上共有乘客和机组人员239人。 2015年：教皇方济各在菲律宾马尼拉举行弥撒，吸引了创纪录的600万名信徒参加。

克里米亚

一直以来，悬在乌克兰下方、伸入黑海水域的克里米亚半岛都是俄罗斯人、乌克兰人以及欧洲人梦寐以求的地方。美丽的塞瓦斯托波尔有着一个具有重要战略意义的海军基地，其南部海岸的地中海气候吸引着来自世界各地的游客。

第二次世界大战后，克里米亚成为乌克兰的一部分，而乌克兰当时隶属苏联。苏联解体后乌克兰独立，此后克里米亚便一直是乌克兰的一部分。然而，俄罗斯获准在塞瓦斯托波尔保留其黑海舰队。主体为俄罗斯族人的克里米亚人和其他乌克兰人之间的关系仍然紧张。

2010年，亚努科维奇当选乌克兰总统。尽管他最初承诺要加强乌克兰与欧盟的关系，但2013年时他改变了路线，转而加强乌克兰与俄罗斯的联盟。2014年2月，亚努科维奇逃离乌克兰，最终到了俄罗斯。与此同时，一场无声的占领正在进行。身着无标记制服的士兵在乌克兰大陆和克里米亚之间设置路障。同样身份不明的枪手占领了克里米亚议会大楼。到3月时，情况已经十分明朗，这些士兵实际上是俄罗斯人，他们接管了克里米亚半岛。

俄罗斯方面声称，克里米亚的俄罗斯族居民希望与他们的俄罗斯邻居合并。持怀疑态度的外界人士认为，俄罗斯担心该地区会在欧盟的影响下脱离掌控。克里米亚通过全民公投，投票决定加入俄罗斯，尽管美国和欧盟对俄罗斯实施了制裁，但克里米亚至今仍然被俄罗斯掌控。

2016—2018 年

	政治与权力	地理与环境	文化与宗教
美洲	**2016 年**：唐纳德·特朗普击败希拉里·克林顿，成为美国第 45 任总统，他赢得多数选举人票，但输掉了普选票。 **2016 年**：巴西总统迪尔玛·罗塞夫（Dilma Rousseff）因政府财政存在违法行为遭到弹劾。 **2016 年**：哥伦比亚总统胡安·桑托斯（Juan Santos）与革命武装力量（FARC）达成和平协议，结束了长达 50 多年的斗争。	**2016 年**：奥巴马总统扩大了夏威夷的国家海洋保护区，使得他在保护陆地和水域的面积上超过了其他所有美国总统。 **2017 年**：飓风"哈维"、"艾尔玛"和"玛丽亚"给得克萨斯州和加勒比海地区带来了创纪录的洪水和破坏。	**2016 年**：芝加哥小熊队自 1908 年以来首次赢得棒球世界大赛冠军。 **2016 年**：音乐人鲍勃·迪伦（Bob Dylan）获得诺贝尔文学奖。 **2018 年**：宾夕法尼亚州匹兹堡的"生命之树"犹太教堂发生大规模枪击案，造成 11 人死亡，这是美国历史上最严重的反犹太袭击事件。 **2018 年**：考古学家宣布在危地马拉丛林下发现了一座玛雅古城。
欧洲	**2016 年**：土耳其军事政变失败。 **2016 年**：英国公投同意脱离欧盟，并定于 2019 年正式脱欧。	**2017 年**：加泰罗尼亚地区议会宣布该地区从西班牙独立。西班牙政府对加泰罗尼亚实行直接统治，并解除了该地区一些官员的职务。 **2018 年**：受气候变化的影响，欧洲范围内的热浪给葡萄牙和瑞典等国带来了创纪录的高温、野火和农作物歉收。	
中东 & 非洲	**2016 年**：叙利亚总统巴沙尔·阿萨德的军队在持续的内战中占领了阿勒颇市叛军控制的部分地区。 **2017 年**：伊拉克军队将最后一批"伊斯兰国"士兵赶出伊拉克。"伊斯兰国"的领土仅为原来的 2%。 **2018 年**：埃塞俄比亚和厄立特里亚结束长达 20 年的冲突。	**2017 年**：伊拉克库尔德自治区举行独立公投。作为回应，伊拉克政府接管了库尔德人声称拥有主权的基尔库克市。 **2017 年**：联合国警告也门、索马里、南苏丹和尼日利亚，由于内乱和治理不善，这些地方即将面临严重的粮食危机。 **2018 年**：最后一只雄性北方白犀牛在肯尼亚死亡。	**2017 年**：沙特王子巴德尔·本·阿卜杜拉·本·穆罕默德·本·法尔汉·沙特（Badr bin Abdullah bin Mohammed bin Farhan al Saud）以创纪录的 4.503 亿美元买下达·芬奇的画作《救世主》（Salvator Mundi）。 **2017 年**：在埃及西奈地区，持枪歹徒袭击了一座苏菲派清真寺,造成 305 人丧生。
亚洲 & 大洋洲	**2017 年**：朝鲜因试射导弹和核试验遭联合国制裁。 **2017 年**：缅甸政府升级了对以穆斯林为主的罗兴亚人的打击力度，冲突造成数千人死亡，60 多万人流亡海外。 **2017 年**：印度超越法国，成为世界第六大经济体。	**2018 年**：一场地震和海啸袭击了印度尼西亚的苏拉威西岛，造成 2100 多人死亡。	**2016 年**：1997 年去世的印度天主教修女和传教士特蕾莎修女，被教皇封圣。 **2016 年**：菲律宾总统罗德里戈·杜特尔特（Rodrigo Duterte）对涉嫌毒品走私者实施了一场极其严厉的禁毒行动。

小头畸形的巴西婴儿

科学与技术	人类与社会
2016年：据报道，在美洲有超过70万例寨卡病毒感染病例，其中一些患儿出现了小头畸形的病症。 2016年：科学家们宣布，路易斯安那州和华盛顿州的激光干涉引力波天文台（LIGO）的探测器记录下有史以来第一次探测到的引力波。 2017年：在美国，超过72000人死于药物过量，其中大部分死于阿片类药物，其死亡人数在过去的15年间增加了3倍。	2016年：佛罗里达州奥兰多市脉冲夜总会发生重大枪击事件，造成至少49人死亡。 2017年：白人至上主义者在弗吉尼亚州夏洛茨维尔集会，一名抗议者被杀。 2017年：史蒂芬·帕多克在拉斯维加斯的一个音乐节上枪杀了58人。 2017年：在电影制片人哈维·韦恩斯坦受到性侵犯指控后，揭露性骚扰的"MeToo运动"在世界各地蔓延开来。
2017年：一位比利时天体物理学家和他的团队在TRAPPIST-1恒星周围发现了七颗地球大小的太阳系外行星。 2018年：欧洲航天局的"火星快车"探测器探测到了火星上的冰下湖。	2016年：在法国尼斯，一名突尼斯裔法国公民驾驶一辆货运卡车冲向人群，造成86人死亡。 2017年：伦敦格兰菲塔大楼发生大火，导致72人死亡。
2016年：研究人员使用μ介子探测器在埃及开罗附近的吉萨大金字塔内发现了一个先前未知的空洞。 2017年：在北非发现的智人化石的历史可以追溯到30万年前，这意味着现代人类的历史比人们先前认为的还要长10万年。	2017年：在索马里的摩加迪沙，一枚青年党放置的卡车炸弹炸死500多人。 2017年：津巴布韦总统罗伯特·穆加贝（Robert Mugabe）在执政37年后辞职。

女性大游行

2017年1月21日，唐纳德·特朗普就任美国总统后的第二天，世界各地数百万妇女走上街头，为争取妇女权利而进行游行示威。在美国，大约400万抗议者在全国各地的城镇游行，这是美国历史上单日规模最大的抗议活动。在华盛顿特区，有50万—100万游行者聚集在地铁和宽阔的大街上，人们举着标语，戴着粉红色的针织帽子。阿拉斯加州费尔班克斯的抗议者冒着−19℃的严寒，巴黎、伦敦以及包括南极洲在内的每一个大陆都举行了游行。在南极洲，有一名参与者举着一块牌子，上面写着"企鹅爱和平"。

抗议活动的直接原因是唐纳德·特朗普本人的形象，他是一个极具争议性的人物，带着厌恶女性和性骚扰的名声入主白宫。在特朗普意外击败希拉里·克林顿的第二天，夏威夷的一名女子在脸书上发起了一场活动。邀请朋友们到华盛顿参加游行。其他女性也利用社交媒体平台发起了类似的活动，这些独立的抗议活动迅速演变成一场全国性的运动，随后演变成国际性运动。尽管唐纳德·特朗普的当选是这场游行的直接推动力，但许多酝酿已久的、有关社会正义的问题也为这场集会注入了活力。来自不同背景的演讲者就一系列问题向群众发表演讲，包括生育权、性少数权利、医疗保健问题、性别平等，甚至环境保护和移民改革——大大扩展了狭义的"女性问题"的概念。

尽管人数众多，但这些游行是和平而乐观的。人们举着的标语抨击了特朗普总统，敦促政客们不要插手女性权利，并声援科学研究。其中一条写得很简单："犯的错太多，这块

气候变化

2016年，人类所造成的气候变化导致了第一次哺乳动物的灭绝。不起眼的珊瑚裸尾鼠（Bramble Cay melomys）是一种长尾啮齿类动物，它只生活在澳大利亚沿海附近的一个小岛上。随着海平面上升、海水侵袭其栖息地，这种啮齿类动物消失了。世界生物物种多样性的小幅下降，只是气候变化这一紧迫的全球性问题所发出的众多警告之一。从工业革命开始，人类就开始向空气中大量释放温室气体，最多的是二氧化碳。1880年，大气中的二氧化碳含量为0.0288%。2016年，这个数字已经上升至0.0404%，而且仍在攀升。由于这种温室效应，全球气温正在上升。2018年，气温创下纪录，比20世纪的平均温度高了1.1℃。

全球变暖带来的影响是广泛的。动物们消失在它们曾经的栖息地中气温最高的地方。北极冰盖正在急剧缩小。冰川和其他陆地冰原也在融化，导致海平面比20世纪上升了20—23厘米。温暖的空气将地面上的湿气抽走，使得原本干旱的地区愈加干旱，在其他地方则引发了洪水。水分和热量的结合增强了飓风，还有随之而来的洪水和滑坡的高强度和高频率。自1980年以来，与气候有关的灾害数量增加了两倍多。仅在2010年，就有飓风"厄尔玛""玛丽亚""迈克尔"以及台风"海燕"和"玉兔"，都是历史上破坏力极强的热带气旋。

2018年，联合国政府间气候变化专门委员会发布的一份综合报告显示，全球气温最快可能在2040年比工业化前的水平上升1.5℃，造成的后果包括珊瑚礁大量死亡、更具破坏性的野火、食物短缺以及全球范围内的移民，那些生活在过于炎热和低洼地区的居民会逃到安全地带。

在这些可怕的统计数字之外，也不乏好消息。如果人类社会放弃使用碳排放源，尤其是煤炭，转而使用可再生能源，就完全有可能避免气候变化的最坏影响。目前，已经有价格低廉的技术能够实现这一点了。碳定价计划是有效果的，迄今为止，人们所缺乏的，只是集体的政治意愿。

右图 北极熊需要北极海冰栖息地，也需要生长的藻类来为海豹（它们的猎物）提供食物。卫星数据显示，海冰的融化会带来许多后果，包括海平面上升、永久冻土融化和甲烷气体的释放，这些都将加剧全球变暖

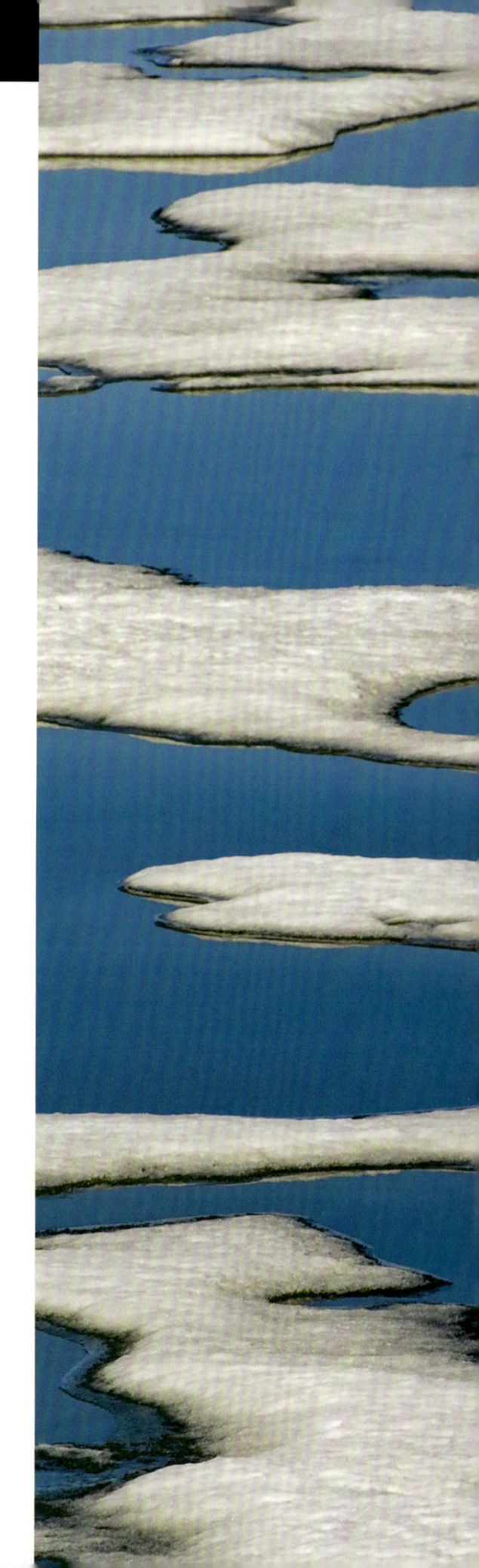

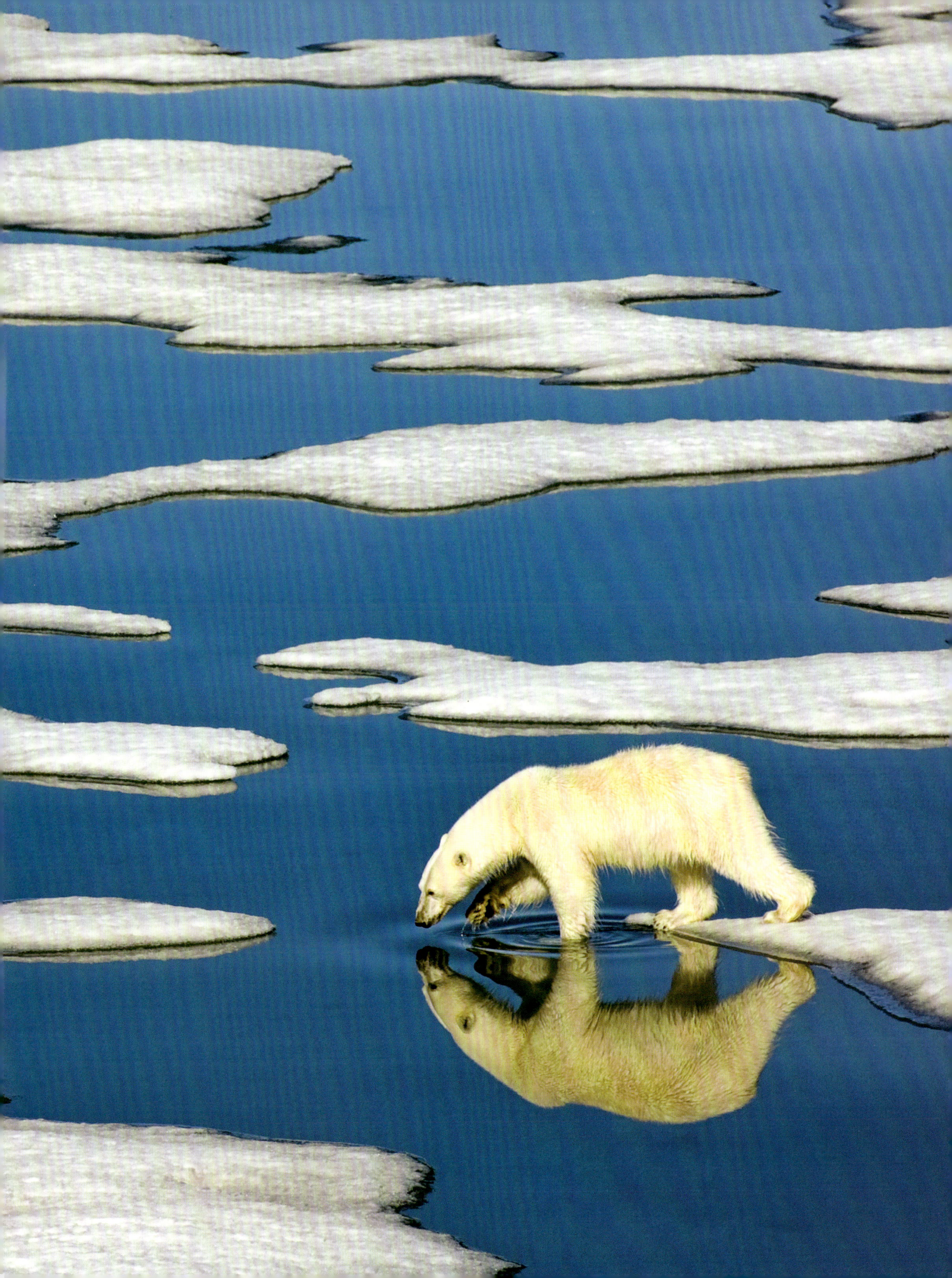

图片来源

封面

(UP LE), Ira Block; (UP CTR), Bob Sacha; (UP RT), NASA/Neil A. Armstrong; (CTR LE), John Springer Collection/Corbis via Getty Images; (CTR RT), Mona Lisa, ca 1503-1506 (oil on panel), Vinci, Leonardo da (1452-1519)/Louvre, Paris, France/Bridgeman Images; (LO LE), O. Louis Mazzatenta/National Geographic Image Collection; (LO RT), CSP_raduang/age fotostock. Back cover: (LE), Kenneth Garrett/National Geographic Image Collection; (CTR), Matthew Horwood/Getty Images; (RT), Paul Chesley/National Geographic Image Collection.

引言

2-3, Andia/UIG via Getty Images; 5, REZA; 6, Peter Stackpole/The LIFE Picture Collection/Getty Images; 9, Art by Dylan Cole. Sources: Instituto Nacional de Cultura, Peru; Center for Advanced Spatial Technologies, University of Arkansas; Cotsen Institute of Archaeology, UCLA; Vincent R. Lee.

第 1 章：冰河时代

10-11, Richard Nowitz/National Geographic Image Collection; 12, Kenneth Garrett/National Geographic Image Collection; 13, Kenneth Garrett/National Geographic Image Collection; 14, Steve McCurry/National Geographic Image Collection; 16, Kenneth Garrett/National Geographic Image Collection; 19, Patrick Frilet/Shutterstock; 23 (UP), Sisse Brimberg/National Geographic Image Collection; 23 (LO), Grant Dixon/Getty Images; 25, The Venus of Willendorf, fertility symbol, prehistoric sculpture, 30,000-25,000 B.C.E. (front view)/Naturhistorisches Museum, Vienna, Austria/Ali Meyer/Bridgeman Images; 26, Richard Nowitz/National Geographic Image Collection; 27, DEA/G. Dagli Orti/Getty Images; 28-9, Victor Boswell/National Geographic Image Collection; 29, Georg Gerster/Science Source; 30, DEA/G. Dagli Orti/Getty Images; 31, James P. Blair/National Geographic Image Collection; 33, Kevin Schafer/Getty Images; 34, Kenneth Garrett/National Geographic Image Collection; 35, Kenneth Garrett/National Geographic Image Collection; 37, Historical Views/age fotostock/Alamy Stock Photo; 39, Kenneth Garrett/National Geographic Image Collection; 41, DEA/G. Dagli Orti/Getty Images; 42, Bettmann/Getty Images; 43, Richard T. Nowitz/Getty Images; 45, (UP), Classic Vision/age fotostock; 45 (LO), Map artwork by Richard Schlecht; 48, Archive Photos/Getty Images; 49, DEA/G. Dagli Orti/Getty Images; 50 (UP), DEA/G. Dagli Orti/Getty Images; 50 (LO), Zev Radovan/BibleLandPictures/Alamy Stock Photo; 53 (LE), Gianni Dagli Orti/Shutterstock; 53 (RT), Map relief by Tibor Tóth; 55, Araldo de Luca/Getty Images; 56, Sisse Brimberg/National Geographic Image Collection; 57, Map artwork by John Burgoyne.

第 2 章：古典时代

58-9, O. Louis Mazzatenta/National Geographic Image Collection; 61, Bettmann/Getty Images; 62, DEA/G. Nimatallah/Getty Images; 63, Hulton Archive/Getty Images; 67, Gianfranco Vivi/Shutterstock; 70, Vanni Archive/Getty Images; 71 (UP), Todd Gipstein/National Geographic Image Collection; 71 (LO), Vodjani/ullstein bild via Getty Images; 72, B. Anthony Stewart/National Geographic Image Collection; 73, kostasgr/Shutterstock; 74-5, Georg Gerster/Science Source; 77, Werner Forman/Universal Images Group/Getty Images; 78, Eye Ubiquitous/Shutterstock; 81, Peter V. Bianchi/National Geographic Image Collection; 82-3, Michael Yamashita; 84, Leemage/Getty Images; 87, Bettmann/Getty Images; 89, Araldo de Luca/Getty Images; 90, North Wind Picture Archives via AP Images; 91, David Silverman/Getty Images; 92, James L. Stanfield/National Geographic Image Collection; 92-3, Roger Ressmeyer/Corbis/VCG/Getty Images; 94, W. Langdon Kihn/National Geographic Image Collection; 95, Ira Block/National Geographic Image Collection; 98, Gianni Dagli Orti/Shutterstock; 99, William Albert Allard/National Geographic Image Collection; 100, Vanni Archive/Getty Images; 101, Vincenzo Fontana/© Arte & Immagini srl/Corbis via Getty Images; 103, Benoy K. Behl.

第 3 章：信仰与权力

106-107, REZA; 108, Map artwork by Jean-Leon Huens/National Geographic Image Collection; 109, Tim Laman/National Geographic Image Collection; 113, Stefano Bianchetti/Getty Images; 115, Paul Chesley/National Geographic Image Collection; 118, N/Shutterstock; 119 (UP), Ira Block/National Geographic Image Collection; 119 (LO), Peter Noyce/imageBROKER/REX/Shutterstock; 120, Martha Avery/© Asian Art & Archaeology, Inc./Corbis via Getty Images; 121, Michael Yamashita/National Geographic Image Collection; 122-3, Bruce Dale/National Geographic Image Collection; 123, Map artwork by Ned Seidler/National Geographic Image Collection; 124, Kenneth Garrett/National Geographic Image Collection; 125, James L. Stanfield/National Geographic Image Collection; 127 (UP), Gianni Dagli Orti/Shutterstock; 127 (LO), Sarah Leen/National Geographic Image Collection; 129, Mansell/The LIFE Picture Collection/Getty Images; 130, Otis Imboden/National Geographic Image Collection; 131, George H.H. Huey/Alamy Stock Photo; 133, Kenneth Garrett/National Geographic Image Collection; 135, Leemage/Getty Images; 136 (UP), Photo by Enrico Ferorelli, art enhancement by Doug Stern; 136 (LO), Paul Chesley/National Geographic Image Collection; 138, Gianni Dagli Orti/Shutterstock; 141, W. Langdon Kihn/National Geographic Image Collection; 143, Bettmann/Getty Images; 145, The History Collection/Alamy Stock Photo; 147 (UP), George Steinmetz/National Geographic Image Collection; 147 (LO), Richard Schlecht/National Geographic Image Collection; 150-51, John and Lisa Merrill/Getty Images; 153, Martha Avery/© Asian Art & Archaeology, Inc./Corbis via Getty Images.

第 4 章：入侵与进步

154-5, Chronicle of World History/Alamy Stock Photo; 157, DEA/M. Seemuller/Getty Images; 158, Map artwork by Christopher A. Klein; 159, CPA Media—Pictures from History/GRANGER—All rights reserved; 161, Bettmann/Getty Images; 167, Jed Share/Getty Images; 169, ©BeBa/Iberfoto/The Image Works; 171, Slim Aarons/Getty Images; 172, Bettmann/Getty Images; 174-5, Paul Chesley/National Geographic Image Collection; 176, Bettmann/Getty Images; 177, Bettmann/Getty Images; 178-9, Ira Block; 181, Richard Alexander Cooke III; 183, Ira Block/National Geographic Image Collection; 184, Peter Guttman/Getty Images; 185, Michael

Yamashita/National Geographic Image Collection; 187, Bruce Dale/National Geographic Image Collection; 188-9, Mint Images/Art Wolfe/Getty Images; 189, James L. Stanfield/National Geographic Image Collection; 191, DEA/G. Dagli Orti/Getty Images; 193, Bettmann/Getty Images; 194, Leemage/Getty Images; 195, Tor Eigeland; 198, DEA/G. Nimatallah/Getty Images; 199 (UP), Bettmann/Getty Images; 199 (LO), Bob Sacha.

第 5 章：彼此交融的世界

200-201, Mark R. Godfrey; 202, Hulton Archive/Getty Images; 205, Bettmann/Getty Images; 206, Library of Congress Prints and Photographs Division, LC-USZ62-33994; 207, Hulton Archive/Getty Images; 210, "Mona Lisa," ca 1503-1506 (oil on panel), Vinci, Leonardo da (1452-1519)/Louvre, Paris, France/Bridgeman Images; 211, Map artwork by Kinuko Y. Craft; 212-13, Victor Boswell/National Geographic Image Collection; 214, Hulton Archive/Getty Images; 215, Leemage/Corbis via Getty Images; 216, Stefano Bianchetti/Getty Images; 217, Bettmann/Getty Images; 220, Universal History Archive/ UIG/Shutterstock; 221, James L. Stanfield/National Geographic Image Collection; 222, Bettmann/Getty Images; 226, Roger Wood/Corbis/VCG via Getty Images; 228, Stock Montage/Getty Images; 229, Gordon Wiltsie/National Geographic Image Collection; 232, Bettmann/Getty Images; 233, The Picture Art Collection/Alamy Stock Photo; 235 (UP), Hulton Archive/Getty Images; 235 (LO), Universal History Archive/ UIG/Shutterstock; 236-7, Mlenny/Getty Images; 238, Dennis Frates/Alamy Stock Photo; 239, Maxim Grebeshkov/Shutterstock; 241, Courtesy Carnegie Institution for Science; 243, William Albert Allard/National Geographic Image Collection; 244, Bettmann/Getty Images.

第 6 章：帝国与革命

246-7, Herbert Tauss/National Geographic Image Collection; 249, Library of Congress Prints and Photographs Division; 250, Corbis/Getty Images; 253, W. and D. Downey/Getty Images; 259 (UP), Hulton Archive/Getty Images; 259 (LO), Bettmann/Getty Images; 260-61, Hulton Deutsch/Getty Images; 263, Library of Congress Prints and Photographs Division, LC-USZ62-24644; 265 (UP), Historical Picture Archive/Getty Images; 265 (LO), Fine Art Images/Heritage Images/Getty Images; 267 (UP), Cci/Shutterstock; 267 (LO), Bettmann/Getty Images; 268 (UP), Bettmann/Getty Images; 268 (LO), Hulton Archive/Getty Images; 269, Fine Art/Getty Images; 270, Hulton Archive/Getty Images; 271, From Nathaniel Isaacs's *Travels and Adventures in Eastern Africa*, 1836; 272, Heritage Images/Getty Images; 277, MPI/Getty Images; 278, Bettmann/Getty Images; 281, Bettmann/Getty Images; 282, Alexander Gardner/U.S. National Archives, 165-SB-23; 282-3, Civil War photographs, 1861-65, Library of Congress, Prints and Photographs Division/Timothy H. O'Sullivan; 286-7, Library of Congress Prints and Photographs Division, LC-USZC4-4637; 288, Ben Wittick/U.S. National Archives, 111-sC-83726; 289 (UP), Hulton Archive/Getty Images; 289 (LO), Museum of the City of New York/Getty Images; 290, Hulton Archive/Getty Images; 291, Hulton Archive/Getty Images.

第 7 章：全球冲突

292-3, Peter Stackpole/The LIFE Picture Collection/Getty Images; 295, Bettmann/Getty Images; 299, U.S. National Archives, 238-NT-282; 300, W. Eugene Smith/The LIFE Picture Collection/Getty Images; 305, Fox Photos/Getty Images; 307 (UP), © 2019 Estate of Pablo Picasso/Artists Rights Society (ARS), New York. Digital Image © The Museum of Modern Art/Licensed by SCALA/Art Resource, NY; 307 (LO), Universal History Archive/ UIG/Shutterstock; 310, Imperial War Museum, Neg. #Q2041; 310-11, Paul Thompson/FPG/Stringer/Getty Images; 313, Corbis Historical/Getty Images; 315, Gilles Petard/Getty Images; 316, Time Life Pictures/Mansell/The LIFE Picture Collection/Getty Images; 318, Bettmann/Getty Images; 319, Bettmann/Getty Images; 320, AP Photo; 321, H. S. Wong/U.S. National Archives; 323, Imperial War Museum, Neg. #H 14250; 325, Official U.S. Navy photograph/U.S. National Archives; 326, U.S. National Archives; 327, Sovfoto/Universal Images Group/Shutterstock; 329, Official U.S. Navy photograph/U.S. National Archives; 331, U.S. National Archives; 332-3, U.S. Coast Guard Collection/U.S. National Archives; 334, Keystone/Getty Images; 335, U.S. National Archives; 336-7, Margaret Bourke-White/Time Life Pictures/Getty Images; 339, Margaret Bourke-White/Time Life Pictures/Getty Images.

第 8 章：走向新的世界秩序

340-41, Shutterstock; 343, Bettmann/Getty Images; 344, Bettmann/Getty Images; 347, Peter Magubane; 348, Antonio Ribeiro/Gamma-Rapho via Getty Images; 349, Per-Anders Pettersson/Getty Images; 355, John Springer Collection/Corbis via Getty Images; 357, CNP/Getty Images; 358-9, AP Images/Nick Ut; 361 (UP), NASA/Neil A. Armstrong; 361 (LO), Keystone-France/Gamma-Rapho via Getty Images; 363 (UP), Gina Martin/National Geographic Image Collection; 363 (LO), Jean-Claude Francolon/Gamma-Rapho via Getty Images; 364, Historical/Getty Images; 367, Karen Kasmauski; 369, Steve McCurry; 370-71, chuyu/Getty Images; 373 (LE), Karen Kasmauski/Getty Images; 373 (RT), Kim Kulish/Corbis via Getty Images.

第 9 章：全球化与颠覆

374-5, Matthew Horwood/Getty Images; 377, Eugene Hoshiko-Pool/Getty Images; 378, Luke MacGregor/Bloomberg via Getty Images; 379, Matt Cardy/Getty Images; 380, Jim Bourg/AFP/Getty Images; 384 (UP), M Panchenko/Shutterstock; 384 (LO), Vincent Yu/AP/Shutterstock; 385, Narendra Shrestha/EPA/Shutterstock; 386-7, Russell Kord ARCHIVE/Alamy Stock Photo; 388 (UP), Stephen Dunn/Getty Images; 388 (LO), Chris Hondros/Getty Images; 390 (UP), Nikki Kahn/The Washington Post via Getty Images; 390 (LO), Christopher Furlong/Getty Images; 391, Paul Sakuma/AP/Shutterstock; 392-3, John Gress/Corbis via Getty Images; 394, Sophie James/Shutterstock.com; 396, Michael Reynolds/EPA/Shutterstock; 397, Lefteris Pitarakis/AP/Shutterstock; 398, Clara Gouvêa/Barcroft Media via Getty Images; 399, Michael Reynolds/EPA/Shutterstock; 400-401, Ralph Lee Hopkins/National Geographic Image Collection.